THE PICTORIAL HANDBOOK OF ANCIENT CHINESE JADES

中国古玉器图典

古　方 ◎ 主编

文物出版社

图书在版编目（CIP）数据

中国古玉器图典／ 古方主编.—北京：文物出版社
2007.3（2023.11重印）
ISBN 978-7-5010-1875-8

Ⅰ．中… Ⅱ．古… Ⅲ．古玉器－鉴赏－中国－图集
Ⅳ．K876.8-64

中国版本图书馆CIP数据核字（2006）第010100号

中国古玉器图典

主　　编　古　方

责任编辑　张征雁
再版编辑　马晨旭
封扉设计　李　红
责任印制　张　丽

出　　版　文物出版社
社　　址　北京市东城区东直门内北小街2号楼
网　　址　http://www.wenwu.com
经　　销　新华书店
印　　刷　文物出版社印刷厂有限公司
开　　本　889mm×1194mm　1/16
印　　张　30.75
版　　次　2007年3月第1版
印　　次　2023年11月第3次印刷
书　　号　ISBN 978-7-5010-1875-8
定　　价　380.00元

中国古玉器图典

THE PICTORIAL HANDBOOK OF ANCIENT CHINESE JADES

古 方 主编

编写组成员（以姓氏笔画为序）：

马金花　古 方　员雪梅　张广文

周晓晶　赵永魁　徐 琳　黄耀全

曹 楠　喻燕姣　臧晓寒

目 录

凡　例

一、本书为中国古玉器专业工具书，以文物考古工作者、古玉器研究者和爱好者为读者对象。

二、本书涉及范围，限定在中国新石器时代至近代传世和出土的玉器。内容分为六部分：第一部分是中国古代玉文化概述，第二部分是玉料及产地，第三部分是制玉工艺，第四部分是器形与纹饰，第五部分是仿古玉辨伪与鉴定，第六部分是古玉研究主要文献索引。

三、"器形与纹饰"部分为本书重点，分新石器时代玉器、夏商西周玉器、春秋战国玉器、秦汉魏晋南北朝玉器、隋唐宋辽金元玉器和明清玉器等六部分。

1. 条目一般采用四级分类法，由概况到具体，如夏商西周玉器（一级条目）－器形（二级条目）－礼仪用玉·璧（三级条目）－同心圆纹高领玉璧（四级条目），其中二级条目为虚设条目。

2. 三级条目下按时序排列条目。个别情况因其特殊性，按器类排列条目，器类下再按时序排列条目。如夏商西周时段的"陈设用玉·圆雕动物"、秦汉魏晋南北朝时段的"装饰用玉·剑饰"部分。

3. 三级条目的用途分类，只是一个相对的概念，并不具备严格的科学意义。

4. 由于古玉发展阶段的特殊性，各部分分类不尽相同，如新石器时代玉器按考古学文化划分；隋唐宋辽金元玉器则新增佛教用玉和仿古玉，又由于新出现许多繁杂的器类，不可细分，故分置于一般通行的器类中；明清玉器新增文房用玉等。

5. 由于时代的变迁，同一器类在不同时期其用途和社会功能会有所变化，这些在本书条目的编排上亦有所反映。

6. 个别器物名称依惯例，不同时段称谓有所不同，如装饰用玉笄（新石器时代、夏商西周）、簪（春秋战国至明清）。某些同一器形的器物在组合使用时与单件器物的名称在习惯上有所不同，如成对的玉觿在组玉佩中称冲牙。

7. 条目中未标明器物出土地点的，均为征集品或传世品。

8. 文物收藏单位的名称依现称谓（2006年4月前）。

9. 条目中凡未标明件数，又配多图的，均为一件器物的不同面。

10. 所收器物的尺寸，受获取资料的限制，有的项缺。连续描述尺寸时，中间省去单位（厘米）用顿号。

四、凡标注的公元纪年，均省略"公元"及"年"字，标明起止范围的年代，前"年"字省略，如618～907年。

五、书中涉及的内容，截止到2006年4月前发表的资料。

六、全书共配插图1879幅，采取图文穿插的方式排列。

七、本书的"古玉研究主要文献索引"按书名的第一个拼音字母排序，字母以下按出版年排序，多次再版的，以最后一次出版时间为准。

八、书后附"器形与纹饰"部分所有条目的索引，以备检索。

前　言

　　在中华文明发展的历史长河中，玉器是一颗璀璨的明珠，是中华文明的缩影。它是远古先民顶礼膜拜的神物，是森严礼仪等级制度的象征，是古人审美观念的表现，更是中华民族美好品德的化身。中国玉文化绵延8000年而不绝，是世界史中罕见的文化现象，中华民族以"爱玉"和"尊玉"而著称于世。玉在中国人的心目中具有崇高的地位，自古以来，它对社会的政治、礼仪、宗教、审美情趣等方面都有很大影响，是一种高层次的文化载体，可以说玉器是中华文明的奠基石。

　　古玉的研究和著录肇始于宋代。宋代吕大临的《考古图》和薛尚功的《历代钟鼎彝器款识法帖》都收录了一些古玉，但数量很少。元代朱德润的《古玉图》是第一部古玉专著，收录玉器41件。清代中期以后，随着考据之风的盛行，古玉研究也进入高潮。清末吴大澂著《古玉图考》一书，以图文并茂的形式将传世的实物与历史文献相参证，详细考订玉器器名和用途，取得了突出的成果，对后世的研究影响很大。20世纪20年代末，中国考古学诞生。70多年来，考古学者发掘了大量的古代遗物，这不但对古史研究产生了很大影响，而且使古玉研究真正纳入了科学的轨道。因为从墓葬、窖藏等出土的玉器，时代清楚，而且根据它们的出土位置也可判断它们的作用。许多学者开始将考古资料与文献结合起来研究古玉。20世纪80年代以来，随着中国社会进步和经济的发展，不但出土的古玉日益增多，而且在全社会形成了文物收藏热潮，古玉更是玉器爱好者收藏的重点对象。但是，无论是专业研究人员还是爱好者，对古玉的认识和鉴赏仍然存在着很大困难。首先，中国古玉发展史长达8000年，器形和纹饰十分复杂，各时期的玉器特征和使用方式也不一致，没有长期的研究基础很难全面把握古玉的发展规律。其次，玉器与其他古代艺术品（如青铜器、书画、瓷器等）不同之处在于它的原料是天然的，古人在不同时期用料的情况以及玉料产地也不一样，因此，研究和鉴赏古玉必须具备矿物学和地质学的知识。第三，古人加工玉器的工具和程序，基本上是靠观察古玉上所遗留的痕迹获知的，而古代制作玉器的手工工艺现在已经被电动工具所代替，很少有人能够正确理解古玉的制作工艺。第四，仿古玉是困扰古玉爱好者的大问题，而仿古玉的辨伪和鉴定知识是他们收藏过程中所必备的。总之，目前需要一部相关的古玉工具书，以满足玉器界众多人士的需求。《中国古玉器图典》的编写工作，就是在这样的背景下展开的。

　　本书的涉及范围，限定在中国新石器时代至近代传世和出土的玉器。编写宗旨是：从中国古代玉器的原料产地、制作工艺、器形纹饰和辨伪鉴定四大方面入手，为读者提供一部全面、系统、具有权威性的工具书。条目中材料力求新颖，涵盖面力求广泛，解释力求详尽，使之具有资料性和实用性。

　　依据上述原则，本书共分为六部分：一、中国古代玉文化概述。简明扼要地叙述了中国8000年的玉器发展概况及所反映的文化现象，便于读者宏观把握中国玉文化发展的脉络。二、玉料及产地。介绍了古代各时期玉料使用的特点，以及和田玉、岫岩玉、独山玉、蓝田玉、小梅岭玉、龙溪玉、花莲玉和翡翠的产地、矿物特征、开采和使用历史，这些产玉地点多数见于文献资料并为考古出土玉器所证实。三、制玉工艺。分史前时代、商周时期、战国至汉代、明清至近现代四个阶段介绍制玉工艺的演变，并对制玉工具和工艺流程作了详尽的描述，具有较强的科学性，是读者深入了解、研究古玉必不可少的知识。四、器形与纹饰。分新石器时代玉器、夏商西周玉器、春秋战国玉器、秦汉魏晋南北朝玉器、隋唐宋辽金元玉器和明清玉器共六个时期介绍，是本书的重点。在每一时期中，器形部分按玉器用途大致分为礼仪（或朝廷）用玉、装饰用玉、丧葬用玉、陈设用玉、玉质容器、玉质用具等，并选取具有代表性的器物作典型标本加以说明。纹饰部分则详尽罗列了各时期玉器的典型纹饰。每一部分后设旧玉沿用与改形玉器，反映了玉器使用的历史惯性和珍稀性的史实。五、仿古玉辨伪与鉴定。介绍仿古玉产生的原因，古代和现代仿古玉作伪历史和特点，以及古玉鉴定的意义和方法，并按仿新石器时代玉器、仿商西周玉器、仿春秋战国玉器、仿秦汉魏晋南北朝玉器、仿唐宋辽金元玉器和仿明清玉器的顺序，介绍各时期仿古玉的特征及鉴定要点。这部分是作者长期鉴定古玉实践经验的总结，对于古玉收藏者具有重要的指导意义。六、古玉研究主要文献索引。罗列了清代以来主要的古玉研究著作、图录和考古专刊，便于读者进一步详细了解和研究中国古玉。

本书是一部图文并茂的工具书，除了在文字上尽量做到言简意赅、通俗易懂之外，还配有大量的器物图片，又有很多玉料及矿点、制玉工艺流程和仿古玉的标本等图片，很多资料是首次公布，弥足珍贵。全书约45万字，1879幅插图，是迄今同类辞书中规模较大的一种。

尽管本书资料收集上力求做到全面详尽，但在编排体例上是一次新的尝试，而且当今知识不断更新，考古出土资料层出不穷，学术问题见仁见智，存在不同观点在所难免。我们诚恳欢迎同仁们品头论足，以便将来对本书进行修订和改进，让这部工具书更加完善。

编　者

二〇〇六年四月

中国古代玉文化概述

图1 甲骨文和金文中的"玉"字

古往今来，"玉"字在人们心目中一直是一个美好而高尚的字眼。人们用玉字组成不计其数的词，来表达自己所喜爱的事物，例如玉貌、玉体、玉女、玉容等等，并把为正义而死形容为"宁为玉碎，不为瓦全。"我国最古老的文字是甲骨文和钟鼎文，这两种古文字中均有"玉"字（图1）。汉代学者许慎在《说文解字》中，将"玉"解释为"象三玉之连其贯也"。就是说"玉"是一个象形字，最初的意思是把三块横玉用一条玉贯连起来。许慎认为玉的特性是"石之美"，即外表美观，色泽纯正的岩石。他还说"凡玉之属皆从玉"，即凡是用"美石"制成的东西，器物名都有"玉"字旁。《说文解字》中收录了140个带"玉"旁的字，代表的字义很繁杂，有玉名、玉色、玉声以及治玉，还有"石之似玉"者。

玉器是一种高层次的文化载体，它对中国古代的政治、礼仪、商贸、图腾、宗教、信仰乃至生活习俗和审美情趣所产生的深刻影响，是其他任何古器物无法比拟的。玉器在古代社会中既是精神财富，也是物质财富。玉所特有的美丽光泽和温润内质使它成为一种超自然物品，被赋予人文之美，古人似乎对玉倾注了全部的才智和热情。所谓"君子比德于玉"，"德"既是玉的特性，又被拟人化、道德化，成为古人心目中正人君子良好品德的象征（图2）。《红楼梦》中还描写了玉的神灵效应。小说开篇写"补天石"幻形为"通灵宝玉"，将它

图2 温润典雅的玉佩是美好品德的象征

悬至门上，着了魔的凤姐、贾宝玉立刻峰回路转，病好如初。它的得失可使怡红院里的花树忽萎忽开，而正是这种神灵效应，使贾母等人对"通灵宝玉"倍加赏识，视为"命根子"。玉材的珍稀和雕工的艰难，以及用玉礼制化，使得玉器的身价为货宝之首，古人有"黄金有价玉无价"之说。

除中国外，世界上还有两个地方以玉器工艺闻名，即中美洲和新西兰。这两地所产玉器无论在造型、纹饰上，还是在玉的延绵使用时间和总体数量上，都远逊于中国古代玉器，所以中国制玉工艺在世界琢玉史上具有极为重要的地位。

中国古代玉器的发展，大致可分为两个阶段：第一阶段从史前时代至汉代，其特点是玉器使用的制度化，纹饰充满神秘色彩以及造型上远离世俗。比如汉代完备的葬玉制度、玉衣使用的等级制度等等；第二阶段从隋唐至明清，玉器风格逐渐摆脱了神秘感，向世俗化发展，反映出浓厚的生活气息。

玉是以其绚丽的外观和温润的内质受到人们重视和推崇的。作为一种工艺品，它的产生是与古人的审美观念相联系的。在人类迎来文明曙光之前，我们的祖先曾经走过了几百万年漫长的发展历程。到了距今4～1万年之间的旧石器时代晚期，随着制石工艺的进步，生活状况有了明显的改善。在我国北方的黄河、辽河流域的一些原始人类中，逐渐萌发出审美意识，这种意识反映在现实生活中，就是产生了许多以兽牙、骨制成的人体装饰品。在众多的装饰品中，以牙、骨类最多，石质较少。虽然人们对诸多岩石的不同性能及特点有了一定了解，但对玉似乎缺乏认识，没有用来制作装饰品。这并不意味着当时人们接触不到玉石原料，辽宁海城小孤山旧石器遗址就出土有用绿色蛇纹石制成的玉质工具（图3）。由于那时还处于打制粗糙石器的原始阶段，难以把硬度较大的玉料加工成小巧的装饰品，所以人们只能"望玉兴叹"了。虽然在旧石器时代还没有出现玉饰品，但其他各种质料人体装饰品的出现，表明了审美观念的萌生和人们精神世界的日益丰富，而这一切为玉制品的诞生奠定了基础。

新石器时代，人们普遍使用磨制工具，生产技能有了重大飞跃，随之而产生了治玉技术。从目前考古发掘

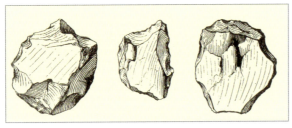

图3 小孤山遗址出土的蛇纹石制成的玉质工具

资料来看，最早的玉器出现于内蒙古自治区赤峰市敖汉旗兴隆洼文化遗址和辽宁省阜新市查海文化遗址中，这两处遗址的时代距今均为8000～7000年，共出土玉器数十件。这些玉器色泽纯正，磨制光滑（图4）。从玉器形制之奇巧、工艺之精致、选料之准确来分析，当时的玉器制作和使用已比较发达。玉器的出现与人类从打制石器转向磨制石器的生产技能的提高有密切关系，因为制作一件玉器最基本的步骤是切坯、琢磨和钻孔，需要有比较高的磨制技术，这样才能制作出具有一定美观造型的玉制品。

图4 兴隆洼文化遗址出土的玉玦

原始人类对玉器的认识有一个发展的过程，当时人们常把质地比一般石材更细腻坚硬、色彩绚丽斑斓近似玉质的彩石视为宝物，因此古人对玉的笼统概念是"石之美者"，并赋予这些充满神秘感的"美石"以信仰和崇拜功能。由于生产技术水平较低，加工这些玉石料不易，所以琢制成型的彩石更显珍贵，这是人类对玉的最初认识。当时的玉器质料较杂，并非像后世玉器以纯玉料制成，而是杂以各种石料，所以此时的玉器可称为"彩石玉器"。而现今人们常把质地坚硬细腻，色泽温润典雅，具有透明感，适于雕琢成工艺美术品的岩石和矿物称为玉。玉的质料有广狭二义。广义上的玉料包括软玉、硬玉、碧玉、蛇纹石、水晶、玛瑙（玉髓）、斜长石、黝帘石、汉白玉、石英岩、芙蓉石、松石、青金石等。狭义的玉料指的是软玉、硬玉、蛇纹石和黝帘

石，这个定义比较严格，具有科学性，因此被广泛采用。从矿物学角度来看，软玉是角闪石族钙角石组透闪石－阳起石－铁阳起石系列之具有呈毡状、簇状、捆状交织纤维显微结构者，具有油脂、蜡状光泽，摩氏硬度6～6.5度，比重为2.96～3.17。软玉的质量取决于它的显微结构特征，也就是透闪石－阳起石交织纤维的粗细程度，纤维越细，质量越好。优质的白色软玉由透闪石组成，分布不广而少见，正如古人所言："玉以少贵，石以多贱。"

俗话说：玉不琢不成器。早在史前时代，虽然琢制玉器的加工手段原始简陋，但古人却掌握了娴熟的琢制玉器技术。在考古发掘中，曾发现一些原始治玉工具，以及琢制玉器时废弃的边角料和留有加工痕迹的玉器成品，使我们可以循序复原出比较接近当时治玉工艺的真实工艺过程。据推测，当时的治玉工序分为采玉、开眼、解玉、钻孔、打磨、镂刻、抛光等。

中国史前时代的玉器文化以北方的红山文化和南方的良渚文化最为发达。红山文化分布于内蒙古东南部、辽宁西部、河北北部地区。红山文化玉器大多通体磨光，采用圆雕、浮雕、透雕、钻孔、线刻等技法制成，器形主要有猪龙、勾云形佩、箍形器等（图5）。玉器风格质朴而豪放，突出特点是对各种动物形象特殊的艺术概括，讲求神似和准确的对称感。多数玉饰边缘磨成似

图5 红山文化玉猪龙

刃的锐角，在玉面上细加研磨表现出浅凹槽纹路，或隐或现，富于变化，具有特殊的装饰美感。良渚文化分布于长江下游的太湖地区和杭州湾一带，器形有三叉形冠饰、戚、璧和琮等（图6）。良渚文化的许多玉器上都雕刻有繁简不一的神人兽面像，它与玉器相结合成为中国古代宇宙观通天行为的理想象征物，是图腾制度的产物，是纯巫术与宗教的神器，其设计与制作应是在巫术的冲动和宗教信仰的驱使下进行的。

图 6 良渚文化玉琮

商周时期是中国玉器发展的成长阶段，统一国家的形成加强了各地之间的文化交流，使得玉器风格趋于一致并不断创新，对后世影响深远的玉器礼制化也完备于这一时期。当时造型生动优美、数量最多的玉器莫过于各种人物和动物形象的玉雕。人物形象多为圆雕头像和圆雕全身像，基本造型也都是圆柱体（图7）。商周时期

是中国奴隶社会的繁荣时期，社会中存在着以"礼"为主的等级制度，"衣服有制，宫室有度"。人们必须按照严格的等级规定来穿着装饰，只有这样，才能不失身份，符合礼仪。因此，商周时期人物玉雕对研究当时的社会制度、服饰演变及宗教信仰等方面有着极为重要的意义。玉雕人物造型与图形既充满着神秘而浑厚的宗教色彩，又散发着浓郁的生活气息，写实性较强。但由于用于雕琢的玉材较小，不易表现人体动感，所以玉雕人物不似其他质地的雕塑品那样浑厚而有气势，然而它华丽的玉质感以及小巧玲珑、精工细琢所反映的外在美，常使人爱不释手，玩味良久。

玉雕动物既有平雕的，也有圆雕的，琢刻精致，题材新颖多样，写实性强，姿态活泼，具有很高的欣赏价值。在一些玉雕上往往钻有小孔，可供佩戴，是随身的装饰品；另一些玉雕的下部有较大的孔眼和长方形凹槽，可供插嵌；还有一些玉雕既可佩戴，又可镶嵌，是经过精心设计的。这些小巧玲珑的玉雕动物，为我们了解商周艺术打开了一扇窗口。由于动物形玉雕主要用于佩戴和观赏，具有装饰功能，所以它在构思上脱离了当时礼制性玉器思想意识的束缚，成为玉工们摆脱神秘的艺术色彩、抒发对自然美好形象和感情向往的一块小天地。玉工们在日常细心观察自然界飞禽走兽的各种神态的基础上，充分发挥自己的想像力和高超的琢制技术，雕刻出一件件活灵活现、栩栩如生的动物，向我们展现出一派生机勃勃的自然景象（图8）。写实玉雕的主题有猛兽家畜类、飞禽类、水禽类和昆虫类等。

图 7 商周玉人

图 8 商代鸟形玉佩

商周时期，青铜冶铸业非常发达，金属工具的使

用，使工匠们能够充分地发挥自己的聪明才智去雕琢玉器。因此商代的玉器工艺，无论是研磨、切削、勾线、浮雕、钻孔、抛光，还是玉料运用和创作造型，都达到了相当高的水平。商代琢玉技术的进步，首先表现在砣机的使用上。砣机又称砣子、砣具，是一种圆形工具。它可以装在木制车床上，用脚踏的方式带动旋转，是一种半机械化的琢玉设备，可以用来雕刻玉器表面的花纹和切割玉料。直到近代它仍是琢玉业中最主要的工具。虽然原始砣机可能在史前时代即已出现，但它的完备和熟练使用则是在商周时期，这是中国古代琢玉史上的一次革命，具有非常重要的意义。它的产生，首先使玉工可以随心所欲地按照自己的意图去加工玉料，制出造型不同、花纹各异的作品来，使玉器种类更加丰富，用途更加广泛；其次，使琢玉的速度大大加快，从而提高制玉的效率，使产品大量增加。从商代直到汉代，古玉的数量逐渐增加，这同砣具的使用有直接的关系。

图9 传世汉碑上见到的六种"瑞玉"的图形

春秋战国时期是中国传统玉器发展的繁荣阶段，玉器的制作和使用非常广泛，玉器的用途被系统化和理想化，反映在用玉制度上，就是出现了一系列礼玉。这些礼玉形制不同，用途各异，名称繁多。其中最主要的是璧、圭、琮、璋、琥和璜，合称为"六瑞"（图9）。这六种玉器是中国古代玉器的核心部分。

春秋战国时期也是社会大变革的动荡时代，周王室衰微，出现了诸侯大国争霸的"礼崩乐坏"局面。玉器的使用已不再被上层社会所垄断，特别是在战国时代，用玉随葬已成为比较普遍的习俗。在"百家争鸣"的社会背景下，各个学派从不同的立场观点出发，对玉器的功能价值提出了各自的看法。孔子是儒家的创始人，非常重视礼制，对于玉制礼器也极为推崇。他强调玉器的内在美，以及玉器的表现形式要与内容相统一。由于儒家思想被后世封建统治者奉为主导思想，因此孔子论玉对后世玉器文化体系的理念化影响也最大。在中国玉文化发展过程中，由于儒家思想的介入，玉器从主要为原始宗教活动的"法器"、祭祀鬼神的原始礼器，发展为贵族阶层用以表示身份、

地位的佩饰，这在玉器发展史上是很大的进步。贵族阶层佩戴成组玉饰的习俗在西周时期就已盛行（图10），儒家学派将这种佩玉习俗在理论上给予肯定，提倡以玉比德，使佩玉制度化，因而玉从主要为"神"服务转变为主要为"人"服务。这个转变过程，与孔子"不语怪、力、乱、神"，"敬鬼神而远之"，以及"未能事人，焉能事鬼"等含有唯物论因素的中庸思想有一定的因果关系。儒家学派继承并发扬了古人爱玉、崇玉的传统，选择

图10 西周时期的成组玉饰

"玉"作为其政治思想和道德观念的载体，提倡"君子比德于玉"，将玉道德化、人格化，大大加强了玉的文化含量，使玉文化在中国传统文化中从此占有重要的地位。

东周至汉代，人们对于玉石的温润内质和悦目外观有着深刻的认识，它既体现着拥有者的地位和身份，又表达人的品德。在这种背景下，社会上形成一股用玉浪潮，玉制品成为最华贵的东西，尊玉习俗非常盛行。在琳琅满目、精美缤纷的玉饰中，人们最注重的是随身装饰，因为雕制精巧的玉器不仅有美观的外貌，而且能显示出佩戴者的品格，"君子无故，玉不去身"，这种礼俗是人们日常生活不可缺少的一部分。当然，贫富贵贱的不同，决定了佩戴玉饰的精美程度及数量多寡的差异。从墓葬的出土情况来看，诸侯国君、贵族官僚的玉佩雕刻精美，玉质优良，数量很多，往往从头到脚都被玉装饰起来；而平民墓玉佩出土则较少，有很多饰物是用石料雕成的，但形状、纹饰与玉饰一样，这种以石代玉、玉石混杂的现象在战国时期很普遍。

悬挂在人的颈下和腰间的玉佩是最主要的装饰品。当时人们视缀于衣裳外面的玉佩为珍爱之物，并将玉佩

当作长寿的象征以及馈赠的礼品。从春秋到战国，玉佩组合更加繁琐，形成"组佩"，而从战国到汉代，玉佩又渐趋简化。组玉佩中最主要的是璧、璜、环、觽（冲牙）等，它们之间以丝带穿系，系带上缀以珠和玉管（图11）。从考古发掘来看，当时的组合形式似乎并没有统一的定式，可繁可简，因人而异。玉器花纹图案的特点是雕刻细密，样式繁多，纹饰抽象深奥，给人一种神秘感，其中以几何纹饰最多。几何形纹饰是以圆形、弧形和方折形线条为主，纹饰对称性强，变化灵活，既可看出单组纹饰，又能一组组连接起来，逐渐扩充为整体纹饰，动感极强，变幻无穷，使人百看不厌。流行最广、最常见的几何形纹饰有谷

图11 东周时期的组玉佩

纹、涡纹、云纹、雷纹和勾连纹，广泛地装饰在各种玉佩上。大量几何纹的出现，与当时的审美观有关。东周、汉代的玉器大多数作圆形或弧形，特别是装饰品，即使是转折处也琢成弧角。这样的玉器如果装饰上直线形纹饰，就会影响整体美的效果。而饰以圆弧形为主体的纹样，则显得和谐统一。古人大概很早就认识到了这一点，在商和西周时期的圆形玉器上，比如璧、环等，几乎看不到纹饰，这是因为当时的琢玉水平还达不到琢制细密对称纹饰的程度，所琢纹饰以直线或长弧线为主；而到春秋战国时期，琢玉水平达到空前的高度，任何纹饰都可以随心所欲地雕琢出来，能够按照当时人们的审美需要去雕琢装饰图案了。

汉代稳定的政治和繁荣的经济为制玉业提供了良好的社会环境，玉器的制作进入了全面发展阶段，琢制技艺日益精湛，各类玉器的功能也逐渐固定下来。西汉早期仍延续战国玉器器形和纹饰的风格，由于诸侯国众多

且实力强大，所以这一时期使用的玉器量丰而精美。汉代玉器风格在汉武帝时期发生了根本性变化。汉武帝一方面"独尊儒术"，强化中央集权，另一方面大大削弱了诸侯王势力，使他们无法与中央抗衡，体现在用玉制度上则是用玉数量逐渐减少，质量趋于一般。

汉代对玉的内质评价又有了新的认识。汉代许慎将先秦对玉自然属性的观察和演绎加以概括和充实，提出玉有五德之说，即"润泽以温，仁之方也；鳃理自外，可以知中，义之方也；其声舒扬，专以远闻，智之方也；不桡而折，勇之方也；锐廉而不忮，絜之方也。"可见五德不仅包括了玉的质、色、声、雕等的内涵，而且把它们同人的品质结合起来，将玉人格化，并赋予它美和德两重品格。

汉代玉器文化最具特色的是完备的葬玉制度。葬玉是专用来为死者送葬的玉器，主要有玉衣、玉口琀、玉握、玉窍塞、镶玉棺（图12）等。古人认为玉器有特殊的功效，施覆于人体各部位可以保护尸体，防止腐朽。玉衣是汉代皇帝、诸侯王和高级贵族死后的殓服，是由先秦时期的"缀玉面饰"演变而来的。据汉代文献记载，汉代皇帝死后使用金缕玉衣，诸侯王、公主等使用

图12 徐州狮子山楚王墓出土的镶玉棺

银缕玉衣，大贵人、长公主使用铜缕玉衣，这套制度是东汉时才严格建立起来的。玉衣由中央朝廷手工业作坊统一制作，皇帝把它作为礼物赏赐给各地的诸侯王及朝中受宠幸的大臣。当时中央设置了一个专门制作丧葬品的机构，称为东园匠，玉衣就是在它的监督下制作的。玉衣的制作是一个非常复杂的过程，所用的玉料要经过开料、锯片、磨光及钻孔等，每一玉片的大小和形状都必须经过精心的设计和细致的加工，这需要有高超的工艺技术水平。整个玉衣制作过程所花费的人力和物力是相当惊人的，据推算，汉代制作一件玉衣，约需一名玉工费十余年的功夫。口琀和窍塞是专用来堵塞死者身体

上"九窍"部位的玉器。"九窍"指的是双眼、双耳、鼻孔、嘴、肛门和生殖器，古人认为堵住这"九窍"，可防止人体内精气外逸而使尸体不朽。玉握是握在死者手中的玉器。汉代玉握常见为猪形，以"汉八刀"技法雕刻，大概有象征财富的含义。

三国两晋南北朝时期，玉器工艺呈现出衰落的景象，其原因是多方面的。首先，从东汉末年开始，天下大乱，豪强争霸，战争频繁。在社会政治动荡和军阀割据的分裂局面下，社会经济凋敝萧条，手工业也不例外，这极大地阻碍了琢玉业的发展。另外，中原的动乱削弱了内地政权对西域的控制，在西域和河西走廊纷纷建立了许多小国，控制了"丝绸之路"，使内地无法得到西域的和田玉，玉料来源无法保证。其次，玄学和佛学的流行冲击了传统的儒家礼制文化艺术。在南方，东晋和南朝的统治者热衷于超脱世俗的玄学，崇尚清谈、提倡放达的社会习俗蔚然成风，而繁琐礼法逐渐衰退。在北方，许多封建政权都是少数民族建立的，而他们本是游牧民族，进入内地后无法吸收和照搬原来的汉礼制文化的内容。无论在南方还是北方，佛教思想广为流行，其教义为社会各阶层所接受，成为民众一种新的精神支柱。以上种种社会背景，都与汉代以来玉器繁杂的器种、神秘的纹饰以及用玉制度相抵触。第三，在丧葬制度方面，薄葬代替了厚葬。厚葬的风气是在汉代形成的，绵延四百余年，汉代人"事死如生"，在随葬物品方面极尽奢华。从三国时期开始，墓葬的规模大大缩小，随葬的玉器也趋于简单化。第四，这一时期玉器制作和使用的衰退，并不意味着当时不存在用玉制度。在一些帝王贵族的大墓中仍有少量的玉器出土，但在造型、纹饰和数量上远逊色于汉代。迄今为止，我们对这一时期的用玉制度还缺乏全面认识，最主要的原因是这个时期的墓葬几乎都被盗掘一空，使原本不多的玉器所剩无几，出土位置凌乱，器物也残缺不全，从中我们无法认识王室玉器工艺及使用情况的全貌。

值得一提的是曹魏王粲新创制的一套玉佩，成为魏晋乃至隋唐时期广为流行的玉佩式样。这套玉佩包括蝙蝠形、飞碟形、梯形、半圆形玉佩，半璧形玉璜，带穿孔的玉环以及玉珠等。玉佩均为素面，未经抛光，雕琢纹饰者很少。两晋南北朝时期，中原和江南地区的许多墓中都随葬有这类玉佩（图13）。隋唐时期，玉佩形制仍沿袭魏晋风格，变化不大。王粲创立玉佩制度的目的是为"尊卑有度"，因此，只有身份和社会地位较高的皇室成员、王公贵族和高级官僚才能使用这类玉佩。佩戴成组玉佩下葬是朝服葬的标志之一，即墓主是身着官服入

棺下葬的。

隋唐和宋代玉器在风格上逐渐摆脱了神秘感，向世俗化发展，表现出浓厚的生活气息，特点是以写实为主，颇富情趣，反映在作品题材上，则是出现了大量人物、花鸟形象的玉雕和玉带饰。

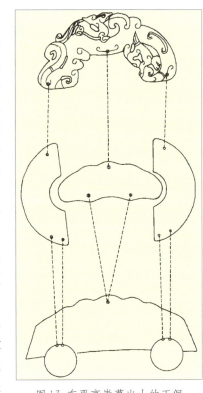

图13 东晋高崧墓出土的玉佩

唐代人物玉雕作品多为佛教题材，主要是玉飞天人像，人像以镂空技法制成，为飞天凌空驾云状（图14）。佛教自东汉传入中国后，经魏晋南北朝的发展，到唐代已达到极盛。与中国传统文化相结合的、具有中国特色的佛教观念，已渗透到社会各个领域中，尊佛之风十分浓厚。玉制佛教题材的作品就是在这种背景下大量出现的。据记载，最早的玉佛像是南京东晋瓦官寺中的"狮子国玉像"。狮子国即今南亚的斯里兰卡，这尊玉像就是从那里来的。北朝时期，雕造玉佛之风盛行，北魏、东魏及北齐的统治者都曾下令玉工雕琢大型玉佛置于寺院中供奉，玉飞天人像是众多玉雕佛像中的一类，表现的是一种在天空中

图14 唐代玉飞天

飞行的、地位较低的佛。从石窟壁画飞天像来看，早期飞天多为男性，唐代则变为女性。唐代玉飞天像塑造出的娇柔妩媚的女子形象，也是现实生活中美女的写照。宋代人物玉雕主要是各种形象的童子。这些童子塑造非常活泼生动，往往身着紧袖短衣，手腕带环，下穿大肥裤，或行走，或攀枝，或舞蹈，或作飞天状，形态各异，其中最常见的是执荷叶童子（图15）。宋人雕琢执荷童子，有祈子平安、望子成龙的寓意。在宋代社会生活中，折持荷花、荷叶是当时颇为流行的一种风俗。《东京梦华录》记载，在北宋都城汴梁，每年七月七前几日，街道上车水马龙，人们穿着华丽，争先恐后地去折采未开的荷叶提携而归，而小孩则需买新生的荷叶执在手中，并效仿"磨喝乐"的样子。到南宋时仍保留着这种风俗。"磨喝乐"是一种泥制的小人，在民间和宫廷都很盛行，除泥塑外还有用金、玉、象牙等雕刻。

唐宋以来，玉雕中出现了一种新题材，就是以花鸟为主题构图的玉器。这类玉雕往往雕琢精细，玲珑剔透，刻画景物惟妙惟肖，生机盎然，散发着浓郁的生活气息。花鸟题材玉雕的出现，与当时绘画艺术的成熟有很大关系。

玉带饰是装饰于腰带上的玉饰件，它既是装饰品，又是实用器，到后代则代表了佩戴者的身份。隋唐五代宋时期，是玉革带使用最为广泛的阶段。据记载，唐高宗显庆元年（656）之后，"以紫为三品之服，金玉带，銙十三。"玉带之制大概是从这个时候开始的。所谓"玉銙"就是嵌在革带上的方形或椭圆形玉板。位于革带首末两端的玉板，称为"铊尾"。一条革带上嵌钉十三块玉板，应是唐代最高品官的象征。唐代玉带目前发现较多。从各地零散出土及传世的唐代玉銙来看，所琢刻的纹饰以蕃人形象为主，有蕃人进宝、执凤头壶、持杯、弹琵琶、乐舞、吹奏、击鼓等（图16）。唐代，西域的于阗国大量开采玉石，并制成精巧的玉器向唐朝廷进贡。据记载，唐太宗贞观六年（632），于阗国曾派遣使者到长安进献玉带。唐德宗在位时（780～805），也曾派内给事朱如玉去西域求玉，在于阗国得到一大批

图16 唐代胡人乐舞纹玉带銙

玉宝，其中有"带銙三百"。因此这些雕有蕃人形象的玉銙应是在西域于阗国制造的，唐朝廷使用玉带可能也是受到于阗国的影响。宋代朝廷用玉之风炽盛，玉带仍为带之首。宋代玉銙纹饰也以人物形象为主，还有云雁纹、龙纹铊尾等。

契丹族和女真族是我国北方两个古老的民族，它们先后建立的辽国和金国都成为威震一时的大漠草原帝国。契丹和女真均以狩猎放牧为主要经济活动，它们的艺术风格有着明显的民族特点，表现在玉器上就是其所特有的"春水玉"和"秋山玉"。所谓"春水玉"，就是指以鹘捉鹅为主题的玉器，一般作椭圆形，通体以镂空加饰阴线纹雕成。图案为一只天鹅躲

图15 宋代玉童子

藏在水草中，上有一只鹘（又称海东青）向鹅俯冲而下，作追逐状；或直接雕刻一只鹘展翅攫住鹅首，欲食鹅脑（图17）。所谓"秋山玉"，是指以山林虎鹿为主

题的玉器，图案为山石、柞树、虎或群鹿，这两种题材表现了北方草原、山林天高地阔，飞禽走兽自由驰骋的自然风貌，是契丹和女真弋猎生活的真实写照。这两种玉器的背面都有穿孔或系环，应是随身的佩饰。

"春水玉"和"秋山玉"虽都充满了北国林野的情趣，但在艺术处理上是不同的。目前所见的"春水玉"比"秋山玉"多得多，雕琢水平及表现手法也稍胜一筹。一般来看，"春水玉"艺术格调激昂热烈，琢刻细致，飞禽雕造逼真，富有动感；而"秋山玉"表现手法均为野兽共处山林，相安无事，反映了一种宁静和恬淡的境界。金代早期的"春水玉"和"秋山玉"碾琢粗犷，图像朴拙，颇有民间艺术不求形似、只求神趣的风格；而金代中晚期则雕琢细致，注重写实，刻画逼真。

元朝虽然延续时间不足百年，但它制作的"渎山大玉海"却是中国琢玉工艺史上一件划时代的作品。玉海外表图案如同一幅绘画长卷，以传统的散点透视手法安排波涛与海兽的位置。海水与海兽间构成了主次分明、动静结合、千姿百态的场面，颇有"海阔凭鱼跃，天高任鸟飞"的气势。整体雕刻既粗犷豪放，又细腻精致，带有强烈的神秘感和浪漫色彩，其制玉工艺为明清高度繁荣的玉雕业奠定了基础。

明清时期是中国玉器发展最辉煌的时代，琢制技术

达到了历史最高水平，小如玲珑剔透的佩饰，大至宏伟壮观的玉山，无不精美绝妙，令人叹为观止。当时，琢玉业的主要地区在江南一带，而最重要的两个琢玉地点是苏州和扬州。苏州的琢玉工艺有着悠久的传统，技术基础十分雄厚。明清以来，以阊门为中心，在专诸巷和吊桥一带兴起了200多家琢玉工场，琢玉工匠近千人，形成了独立的手工行业。苏州琢玉业最盛时，沙沙琢玉之声昼夜不停，毗户可闻。雍正初年，宫廷在养心殿造办处设玉作，下令征调苏州玉匠到宫中任职。乾隆年间，在宫廷增设"如意馆"，几度下旨招苏州玉工到北京，专为皇家贵戚琢制和田美玉。乾隆皇帝常常把精美的玉料，画样后发往苏州，令在专诸巷加工制造。苏州玉工在琢玉时，精选用料，细致琢磨，制作出的器物造型精美新颖，富有创造性，显示出高超的琢玉功力。在细小局部处理上往往给人以"方寸之间见天地之阔"的感觉，特别是小件玉器，经精工细琢，雕得玲珑剔透，镂空、活环、套链等工艺运用巧妙，富有立体效果（图18）。

扬州琢玉业以琢治巨型玉器而闻名天下，所雕之器构思新颖，设计严谨，气势奔放，别具一格，充分体现了扬州玉工出色的创造力和高超的技艺，也奠定了扬州琢玉业在琢玉史上的特殊地位。现存于故宫博物院的扬州巨型玉雕主要有大禹治水图玉山、会昌九老图玉山、丹台晓春图玉山、秋山行旅图玉山及携琴访友图玉山等（图19）。扬州琢玉的主要特点在于：首先是将绘画艺术同琢治工艺有机地结合起来，准确地反映画面内容及情节。许多玉雕的艺术主题都是以名画或诗为蓝本，再根据玉料的颜色、大小进行再创作，充分利用玉雕的立体形象，将画面平面展示的内容琢成一幅具有透视效果

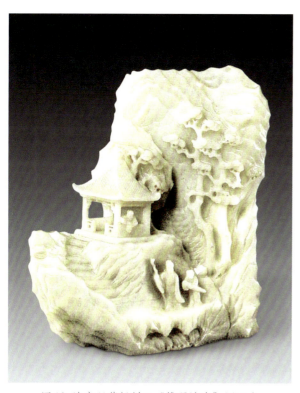

图19 清宫旧藏扬州工"携琴访友"图玉山

图20 清代"子刚"款玉佩

的宏伟场面。其次，在场景雕造上，善于运用高浮雕和圆雕的手法，表现远近、高低、上下不同层次的景物。大型玉雕的玉质中常含有许多颜色不同的杂质和较重的绺纹，但玉工能够充分发挥想像力，将其琢成嶙峋的怪石、枯黄的树叶、崎岖的山道等，它们与画面内容紧密相连，情景交融，使画面更具艺术感染力。再次，就是扬州的玉匠具有一套攻治巨型玉雕的丰富经验和成熟技艺。从现存的玉雕来看，琢治技术运用十分娴熟，而且精湛绝妙，是一般琢玉作坊无法做到的，这些必须用特殊工具和设备才能完成。

苏州和扬州琢玉业的空前繁盛，造就了一批身怀绝技的玉匠，其中代表人物是明代晚期极负盛名的治玉高手陆子刚。在传世的明清玉器中，有一些刻有"子刚"或"子冈"款的玉器，这类玉器构思奇巧，制作精致，成为人们所喜爱的珍品。明清时期，上流社会形成一股收藏古玩的风气，同时代名人的作品也在此之列。一些著名工匠因身怀绝技而成为社会名流，陆子刚属当时玉匠中顶尖人物，因此他的作品的价格往往比一般玉器要高数倍。到了清代，带有"子刚"款的玉雕作品更是人们竞价追逐的对象（图20）。

清代乾隆朝的宫廷玉器在数量、品种、加工技术、装饰纹样等方面都达到了全盛时期。清代玉器中最引人注目的是山子玉雕，它是利用天然玉料，随形设计雕刻，将自然界的山水、人物、亭阁浓缩在一块玉石之上，以小见大，反映了自然美的本质，具有独特的艺术效果。作为清乾隆年间扬州玉工开创的玉雕品种，它代表了中国古代玉雕工艺的最高水平。

宋元以来，在皇家贵族、达官显宦和文人墨客中盛行一股玩赏古物的风气。他们广为搜罗三代秦汉甚至更古的器物，作为珍爱之物收藏起来。明清时期，这种风气达到极盛，从皇室到民间，无不热衷于古物的搜集和玩赏，古玉亦成为玩赏物中的重要一类。但真正的古玉毕竟是后世无法再创作的东西，数量很有限，而玩赏者却日益增多，古玉交易也逐渐活跃。在这种背景下，仿古玉便应运而生。仿古玉是模仿古代玉器和铜器式样加工碾琢的玉器。民间制作仿古玉的目的，多是为了获取高额利润，而清宫廷制玉作坊则是为满足皇族玩赏的需要而制作仿古玉。仿古玉出现于宋而盛行于明清，特别是清代仿古玉的制造、销售、收藏、玩赏等规模均达到高潮，其数量相当可观，成为明清玉器中重要的组成部分。

仿古玉的制作首先是为满足清宫礼仪的需要，清代考据文献的风气十分浓厚，宫廷组织许多学者整理和著录了大量古代文献和器物，并对一些古代玉器名称、用途加以考释。乾隆皇帝本人嗜古成癖，很重视古玉器的考释，亲自写了一些考释文章，并常在古玉上题名、作诗。特别在对汉玉特征的认识上，乾隆的鉴定是比较准确的，宫廷"玉作"机构常依乾隆的旨意，仿制大量汉玉。

清代的治玉技术几乎到了随心所欲的地步，这大大地推动了仿古技术的进步。清宫内藏有极丰富的古玉，使得宫廷玉匠可以比较准确地认识和把握不同时代玉器的不同特征，制出的仿古玉几近以假乱真，这是民间玉工所不能比拟的。因此清代宫廷作坊的作品，代表了仿古玉的最高水平。

清宫仿古玉器复杂多样，从新石器时代至清代之前出现过的玉器都是刻意仿制的对象。仿制古玉首先要寻找与出土玉器相类似的玉料。因为古玉长期埋于地下，玉质会受到不同程度的沁蚀，而且有变色和骨化现象。民间多用带有斑点、绺道、瑕理的杂质玉或石质化重的劣质玉，颜色以杂色、石色和暗黄为主，以求达到乱真的效果。而宫廷仿古多用较纯的青玉和碧玉，采用人工沁色等方法仿古。汉唐以来的玉器较精致者多以和田羊脂玉制作，因此清宫内仿古玉以脂玉为玉材的很多，而且制作也很精致。

清代宫廷仿古玉的形制，主要源自传世古玉和文献图籍。模仿前者的玉器一般来说比较近似，较忠实于原物，仿古意味浓厚；模仿后者的玉器，多出于主观杜撰，器形似是而非，全无古意。清仿先秦玉器种类主要有琮、璧、锛、牙璋等，在纹饰、造型、风格方面与原物极似，只是由于工艺过于细致而失去了原有的古拙韵味。清代对于汉代玉器的风格特征一般能够比较准确地把握，这也是当时古玉研究的一大成就，仿汉玉器大量流行，也与此有很大关系。清代仿汉玉器多为玉佩，主要有心形佩、蟠螭佩、"宜子孙"璧式佩等，在造型上要比汉代玉佩复杂（图21）。其他仿汉玉器种类还有

璧、卮、角杯、环、鸠杖首、辟邪、剑饰等。清代仿唐玉器很少，仅有玉飞天、佛像、砚等，但由于器物本身的古朴和稀少，因此仿唐玉器备受皇帝喜爱。清代仿宋、元、明玉器数量和种类都比较多，有仿宋代的玉人、玉杯、玉佩；仿元代的玉炉顶、玉带扣、玉带钩；仿明"子刚"款玉器等。由于这些玉器的时代与清相去不远，因此清宫"玉作"在仿制上极其细致，不仅要求形似，而且在工艺和局部加工上也体现出当时的风格。

清代仿古玉器的另一特色就是仿制了许多三代青铜器。乾隆晚年，嗜古之癖大作，极力提倡以青铜器为蓝本的仿古玉。清宫保存的这类仿古玉主要有碧玉豆、蟠龙出戟花插、海棠式觚、四环耳壶、鱼鸟纹壶、兽耳方壶、兽面纹簋、单柄匜等。其特点是按青铜器的造型稍作改变，制作极为精致，器底往往镌刻"大清乾隆仿古"、"乾隆仿古"字样，标明仿古。这种仿古作品，借鉴了古代传统艺术，丰富了玉器的表现内容，是艺术的再创造（图22）。

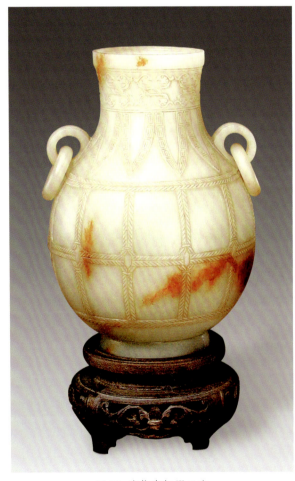

图22 清仿青铜器玉壶

图21 清仿汉代蟠螭玉佩

由于玩赏古玉成了宫廷生活中重要的活动内容，所

以清宫内收藏了大量通过各种途径所获的古玉。清帝玩赏古玉时常常别出心裁，按个人的喜好，将旧玉翻新、刻花和加款。据清宫档案记载，雍正三年（1725）一次改做旧玉近30件；乾隆三年（1738）七月，将20多件旧玉镌刻乾隆年制款，并配架座。大规模地改制旧玉，使得大量古玉被毁，变得面目全非，实是玉器史上的一次劫难。

清代仿古玉的制作工艺有两种情况，一种是依古玉造型和纹饰进行仿制，目的是为满足人们的爱好，这类仿古玉较易识别；另一种不仅在造型、纹饰上与古玉相同，而且通过特殊手段，对器表层颜色进行复杂处理，使之形神逼真，真伪难辨。

仿古玉的产生和发展，是与当时经济、文化条件相联系的，在一定程度上反映了当时的艺术风貌。玉工在创作中充分利用了智慧和技巧，制作出有着古色古香隽永格调的古玉。因此，仿古玉在中国玉器史上独树一帜，具有特殊的地位。

自宋代以来，金石著录很多而古玉专著极少，其原因一是古玉无文字可考，研究难度很大；二是唐宋以来，仿制古玉之风盛行，真假难辨。宋代吕大临的《考古图》和薛尚功《历代钟鼎彝器款识法帖》都收录了一些古玉，但数量很少。元代朱德润的《古玉图》是第一部古玉专著，收录玉器41件，主要为佩饰和剑饰，但缺乏考释。清代中期以后，在文人学者中逐渐形成一股考据之风。文人们埋头于古代经书中寻章摘句，校勘辑佚，来通经解史。在这种风气影响下，不少学者广为搜罗各种古器物，对它们进行详细的整理和研究，而在古玉研究方面最显著的成就是清末吴大澂的《古玉图考》。该书所收录的古玉不但数量多，而且种类齐全。所收玉器达220多件，超过以前任何一部古玉著作所收玉器的数量，种类多达近40种，几乎包含了所有常见的古玉品种，时代从史前时期直到明代。如此丰富的资料非常有助于读者认识整个中国古玉发展的历程。该书中所绘制的玉器线图极为精确翔实，并对一些重要礼器的名称进行了较详尽的考释（图23）。《古玉图考》问世后，立刻受到中外古玉研究者的极大重视。日本、美国和欧洲的一些学者也深受该书的影响。因此在它流传的100多年间一直被传统研究者奉为古玉研究的经典之作，时至今日还有相当多的学者仍在沿用吴大澂的学说。作为一部划时代的经典之作，《古玉图考》代表了当时最高的研究水平，而且第一次将实物与文献相验证，开创了一条较为科学的研究之路。

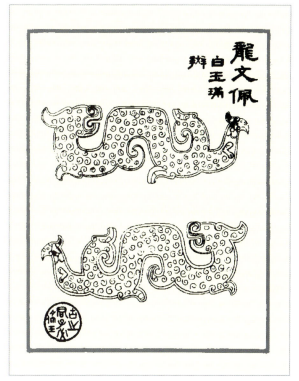

图23 吴大澂《古玉图考》所描绘的"龙文佩"

纵观中国玉文化8000年的发展史，既古老又年轻，至今魅力不减，而且生命力越来越旺盛，这不能不说是世界文明史上的奇迹。现今日常生活中，玉器或佩戴，或陈设，不过是寻常装饰品而已，但它在辉煌的中华文明史上曾经扮演过重要的角色，应该说是中华文明的奠基石。它是远古先民顶礼膜拜的神物，是森严礼仪等级制度的象征，是古人审美观念的表现，更是中华民族美好品德的化身。一部玉器发展史就是一部中国文明史，中华民族以"爱玉"和"尊玉"而著称于世。让我们发扬光大中国玉文化的优良传统，以玉比德，以德治国，共同去感受中华民族爱玉、尊玉的伟大情怀。

玉料及产地

古玉玉料概述

新石器时代人类受地理环境和生产工具条件的限制，开采玉料的特点是"就地取材"或"就近取材"，采玉点离生活聚落不远，且开采和运输方便。开采方式主要是在玉矿脉露头处敲击剥离矿石或捡拾已风化剥落的玉料。除透闪石玉料外，当时人们制作玉器还使用了玛瑙（玉髓）、绿松石、青金石、琥珀、水晶、莹石等作为原料（图1）。各地原始文化在玉材的使用上呈现出鲜明的地方色彩。例如，红山文化玉器原料一般呈黄绿色，产自辽宁岫岩软玉矿；良渚文化玉器中玉质较粗，为呈现不均匀斑杂结构的玉料，产自江苏溧阳小梅岭；齐家文化玉器中带褐色圆斑点，为不透明玉料，是产于西北地区的"布丁石"。新石器时代晚期，随着人类活动范围的扩大，各原始文化之间物质交流增多，长距离运输玉料的现象开始出现。玉料的输送并不是由一个部落来完成的，而是由分布在传输路线上的一些原始部落通过转手贸易的形式实现的，而这些原始部落往往也存在用玉的风气。例如，良渚文化玉器中有一部分呈黄绿色或深绿色，这种玉料不产自当地，而是从辽东半岛的岫岩跨过渤海海峡传输过来的。著名的和田玉是自西向东由齐家文化、新华文化和陶寺文化接力式传入中原的。

夏、商、西周时期，随着中原王朝的建立和用玉制度的完善，对玉料的需求大增，使用标准逐渐严格。装

图1 仰韶文化绿松石饰

饰玉器多采用和田玉作原料。当时和田玉虽大量传入中原，但限于运输工具的条件，玉料的块度都不大，而且颜色较杂，有白、青白、青、绿、墨等。由于玉料来之不易，故玉工在加工器物时十分珍惜玉料，很多玉器都带有玉皮，颜色不纯，甚至石性较重。经检测，殷墟商代晚期妇好墓出土的755件玉器中大多数为和田玉，还有一些岫岩玉和独山玉。商周时期一些形体较大的礼制玉器，如戈、矛、戚等是用牙黄色或灰黄色玉料专门制作的。这种玉料玉质细腻，但不透明，从背面透光呈红色，产地至今不详，流行于中原的新石器时代晚期至西周时期（图2）。

图2 商代牙黄色玉戚

春秋、战国至汉代，是中国统一的封建中央集权国家形成时期，和田玉成为玉料来源的主体，其他产地的玉料逐渐不用。西汉武帝时"丝绸之路"开通，促使和田玉输入量大增，同时，因铁制工具的发展，和田玉山料的开采也可能开始了。中原玉工在加工玉料时有了很大的选择性，多选用质料好、无绺裂、色泽纯净的玉料制作器物。战国至汉代，玉器的体积逐渐增大，玉璧最大直径可达30多厘米，特别是出现了较大的玉制容器，如玉耳杯、玉卮、玉奁、玉盒等，其所用玉料的块度应较大，这与交通条件、运输工具和开采技术的改善和进步有密切关系。装饰玉器和一部分葬玉（如玉握猪和玲蝉）的颜色多为白色，而葬玉中的玉璧为带墨点的青色或深绿色（图3）。后世用玉"崇白"的风气就是在这个时期形成的。

图3 汉代深绿色玉璧

隋唐时期，常见的玉带和仿金银器玉器多以白玉和青白玉为主，而组玉佩则用青玉制成。西域于阗国经常向唐王朝进贡美玉，玉质温润细腻，洁白无瑕

图4 唐代何家村窖藏出土的和田白玉籽料

（图4）。中亚国家进贡的骨咄玉带和玛瑙来通杯也很有特色。宋代时，中原与西域的联系不够畅通，虽然文献中记载当时用玉风气很盛，但目前所见宋玉出土和传世的都不多，说明和田玉料的输入有所减少。宋代玉器仍以白玉和青白玉为主，玉质优劣相差较大，优者温润细腻，劣者绺裂较多。北方草原的辽、金是游牧民族建立的政权，与西域诸国疆域相连，且无险阻相隔，因而彼此间保持着密切的联系，玉料来源自然也不成问题。辽、金时期的玉器基本上以白色为主，青白玉少见，连马具上的装饰品都用白玉制成，说明白玉料来源充足（图5）。元代立国时间甚短，玉料的来源和使用与宋、金无大区别。值得一提的是以独山玉制成的"渎山大玉海"，开创了后世以深杂色玉料雕琢巨型玉雕的先河。

明代时，中央朝廷闭关于嘉峪关，不能对西域实行直接统治，和田玉料需要辗转运输到内地，很多较好的玉料流落在民间。明代玉料既有细腻的白玉、青白玉，也有质地较粗、硬度不够的杂料。这种现象一直持续到清代前期。明代还有一种黑白颜色分明、被称为"水银

沁"的玉器，这实际上是玉料在形成过程中碳元素侵入所造成的，并非水银沁蚀所致。清乾隆时期，清政府控制了和田地区，进而垄断了和田玉的开采和交易，使和田玉在品种和产量上达到

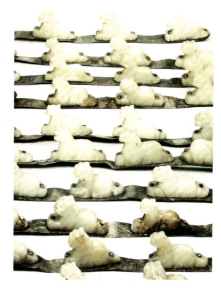

图5 辽代缀白玉饰银带局部

了历史上最繁盛时期，几乎所有颜色的玉料都被大量开采。由于乾隆皇帝对玉器的嗜好，玉工在选料设计上细心构思，充分利用各色玉料的特征来创作作品，取得了极高的艺术成就。例如，密尔岱玉矿所产青色玉料块度较大但绺裂较多，扬州玉工就雕成山子，巧妙设计青山峭壁，既掩盖了玉料的缺陷，又表现出山子玉雕气势宏大的场面；白玉河所产籽玉多带红褐色玉皮，玉工雕成留皮随形作品，既保留了原料的自然形状，又雕刻出人物和景色；墨玉河所产籽玉颜色较深，玉工多雕成文房用具和仿青铜器玉器，如笔筒、笔架、笔杆及鼎、炉等，显得稳重大方（图6）。清道光时，玉禁开放，和田玉料贸易兴旺，对民间用玉起了很大的推动作用。

图6 清代用墨玉籽料雕成的兽面纹仿古壶

纵观几千年来古玉玉料史，主要体现在和田玉的开发史上。当中原政权与西域贸易往来频繁或直接控制西域时，和田玉料会大量地输入中原，玉器制作的数量和质量也呈现出繁荣局面，反之，玉器制作的数量和质量就会下降。

产 地

从古代文献来考察，中国古代产玉之地相当多，仅《山海经》记载玉的产地就达259处之多，但是大多数已无踪可寻。从数千年古玉料的来源看，新疆和田、辽宁岫岩、河南南阳独山和陕西蓝田是中国古代玉料的主要产地。另外，江苏溧阳小梅岭、四川汶川龙溪、台湾花莲所产玉料，以及缅甸密支那地区的翡翠，也是中国玉器发展史上某一阶段的玉料产地（图7）。

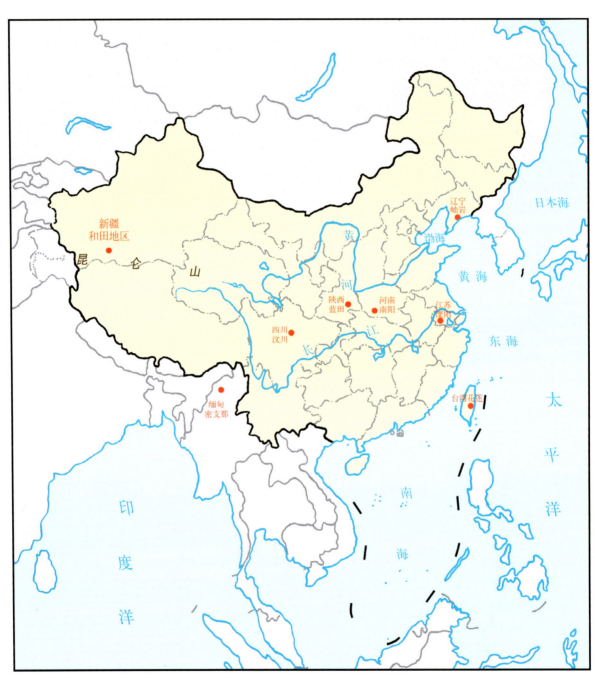

图7 古代玉料产地分布图

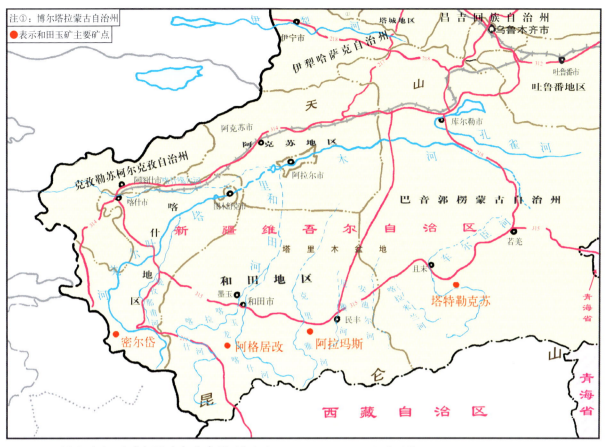

注①：博尔塔拉蒙古自治州
● 表示和田玉矿主要矿点

图 8 和田玉矿主要矿点分布图（密尔岱 E76°25′ N36°20′、阿拉玛斯 E81°54′30″ N36°12′41″、
阿格居改 E79°30′44″ N36°07′19″、塔特勒克苏 E86°25′24″ N37°52′26″）

和田玉

分布与矿物特征　和田玉产于新疆维吾尔自治区境内的
昆仑山上。昆仑山横亘于新疆与西藏的交界处，北临沙
漠广布的塔里木盆地，南面是辽阔的藏北高原。和田玉
玉矿的分布，西起喀什地区塔什库尔干的安大力塔格
（维吾尔语"塔格"为"山"之意，下同）－阿拉孜
山，经和田地区南部的桑株塔格、铁克里克塔格、柳什
塔格，东到巴州且末的阿尔金山北翼肃拉穆宁塔格，绵
延长达1100多公里（图8）。

和田玉矿脉形成于前寒武纪华力西期（距今约5.7亿
年），是中酸性岩浆侵入镁质大理岩和白云石大理岩的接
触交代形成的产物。中酸性岩浆即花岗岩和闪长岩化学成
分为二氧化矽（SiO_2）、二氧化铝（AlO_2）；镁质大理岩
和白云石大理岩化学成分为氧化镁（MgO）、氧化钙
（CaO）、二氧化碳（CO_2）。玉矿床产在接触带的外带，
侵入岩脉的附近，与接触面相距数米或1米以内。形成矿
脉还需要一些条件，即温度在300～340度、压力在4～8千

帕之间，但这些生成条件决定了矿体不大，一般只有几
米。矿体形状有脉状、透镜状、囊状等。在大约距今4千
万年前的喜马拉雅造山运动中，昆仑山隆起，成矿带被抬
升至海拔4200～5000米。后来在冰期（距今4千万年～数万
年）的冰川作用下，一些矿脉破裂并切割，矿石随冰积物
和水流冲到山下，形成"山流水"和"籽玉"。所谓"山
流水"是指原生矿石经风化崩落，并由河水搬运至河流中
上游的玉石，特点是距原生矿近，块体较大，棱角稍有磨
圆，表面较光滑。"籽玉"是指原生玉矿石经剥蚀被流水
搬运到河流中，分布于河床及两侧阶地中，玉石裸露于地
表或埋藏于地下，特点是块体较小，常为卵形，表面光
滑，质量较好（图9）。

和田玉在矿物学上属角闪石族透闪石－阳起石系
列，化学成分通式为：$Ca_2Mg_5(SiO_4O_{11})_2(OH)_2$，硬度6.5～
6.9，比重2.9。和田玉的矿物粒度非常细小，一般在0.01毫
米以下，矿物形态主要为隐晶及微晶纤维柱状，矿物组
合排列以毛毡状结构最普遍，这种结构使和田玉非常致

图9 和田籽玉

图10 和田玉的毛毡状结构

密细腻（图10）。和田玉的颜色主要有白、黄、青、墨四种。白玉为上等玉材，最名贵者色似羊脂，质地细腻光润，称"羊脂玉"。黄玉和青玉的颜色变化由矿物中所含微量元素决定，主要是氧化铁（FeO）。墨玉的颜色是因其所含较多的细微石墨鳞片所致。和田玉属微透明体，在一定厚度下能透光，其光泽带有很强的油脂性，给人以滋润柔和的感觉。和田玉的韧性很大，即使在重锤打击下，也很难敲下一块，其抗压强度为2500～6500公斤/平方厘米，这十分有利于玉料的精雕细琢。

开采和使用历史 早在远古时期，昆仑山就被人们视为"万山之祖"，称其为"唯天下之良山，宝玉之所在"，所产玉料就是著名的"和田玉"。和田，古称于阗，汉唐时期是丝绸之路西域南道上的重要国家。在今天和田市的东、西两面各有一条河流，分别称玉龙喀什河和喀拉喀什河。它们从昆仑山蜿蜒而下，在和田北面汇合为和田河，注入塔克拉玛干沙漠。这两条河以出产优质的和田玉料而闻名天下，其开采历史最早见于汉代文献。《史记·大宛列传》记载："汉使穷河源，河源出于阗，其山多玉石"。《汉书·西域传》也说："于阗之西，水皆西流，注西海；其东，水东流，注盐泽，河源出焉，多玉石"。所谓"河源"，是指和田河的上游源头，即玉龙喀什河和喀拉喀什河。考古发现表明，约在公元前20世纪，和田玉就开始向东传输。青海东部、甘肃中部和东部一带的齐家文化，陕西北部和内蒙古南部的新华文化，以及山西中南部的陶寺文化遗址和墓葬中，都出土了少量和田玉制品。这说明最初和田玉的传输路线是从和田向东，沿塔里木盆地南缘进入青海，经青海湖、湟水谷地到兰州附近，再向东北经宁夏

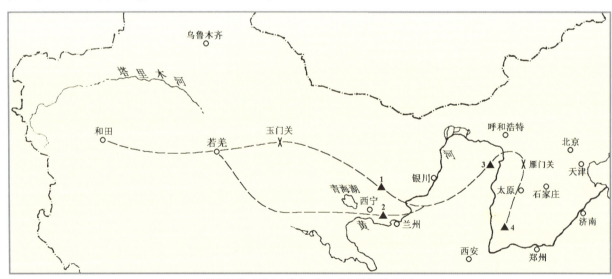

图11 公元前20世纪"玉石之路"路线图

—— —— "玉石之路"路线

▲古代遗址

1. 甘肃武威皇娘娘台（齐家文化）　　2. 青海民和喇家（齐家文化）

3. 陕西神木新华、石峁（新华文化）　　4. 山西襄汾陶寺（陶寺文化）

中部、内蒙古南部或陕西北部，越黄河进入山西西北部，过雁门关后再折向南到达山西南部的中原地区（图11）。这条"玉石之路"大概一直延续了2000年，直到汉武帝时"丝绸之路"开通后，才合并为一条固定的路线。

和田玉与中原内地的玉料相比，具有品种多、产量大、质量好的特点。古人根据长期的治玉经验，经过对多种玉料的对比和筛选，最终选定了和田玉为玉料中的佳品，从而奠定了和田玉为数千年来中国古代玉料来源的统治地位。至少在商代晚期（约公元前13世纪），和田所产籽玉即已大量输入中原内地，被制作成精美的玉器。河南安阳殷墟商代妇好墓出土的玉器中，有数件小型白玉雕就是用白玉河籽玉制作的（图12）。千百年来和田的玉料源源不断输入中原，为中华文明的起源和进步起到了推动作用。

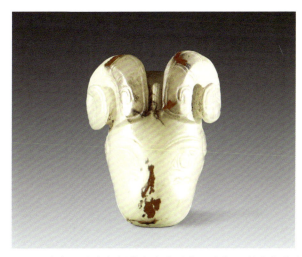

图12　河南安阳商代妇好墓出土的用和田白籽玉制成的羊头

玉龙喀什河又称"白玉河"，多产白玉（图13），特别是极品白玉"羊脂玉"；而喀拉喀什河则多出墨玉，称"墨玉河"。白玉河所产之玉，正如清代陈性

图13　玉龙喀什河（白玉河）

《玉纪》评价的那样："其玉体如凝脂，精光内蕴，厚质温润，脉理坚密，声音洪亮……"。由于自古至今人们对白玉的喜爱和追求，遂使白玉河成为数千年来采玉最重要的地方。和田玉的开采，一般有两种方式：一种是开采山料，称"攻玉"。在昆仑山海拔4000～4500米高度，有原生玉矿的成矿地带，每年5～8月天气转暖时，采玉人即登昆仑雪山之巅掘坑取玉。另一种是在河流上、下游拣玉或挖玉。玉龙喀什河上游有条支流叫汉尼拉克河，它的尽头是现代冰川，称阿格居改（图14）。

图14　阿格居改的冰川是白玉河玉料的源头

阿格居改的雪山处在玉矿的断裂带上，这里的冰川年复一年地侵蚀着玉矿带，将"山流水"块状的玉料挟带到河谷中。每年夏季冰川溶化时，就有人来到这里在冰舌附近、冰盖下或冰碛物里寻找"山流水"，偶有所获。在玉龙喀什河下游河滩上拣玉和挖玉，以及在河水中捞玉，是获得白玉河"籽玉"玉料的主要方式（图15）。

图15　白玉河下游的采玉人

每年春、夏时节，昆仑山积雪融化，形成山洪，河水暴涨时会将"籽玉"冲刷出来。明代宋应星的《天工开物》描绘了白玉河捞玉的图景：人们于秋高气爽的月光之夜在河边察玉，"玉璞堆积处，其月色倍明矣。"

（图16）还有采玉者由女人充当的奇异传说，如"其俗以女人亦身没水而取者，云阴气相召，则玉留不逝，易于捞取……"。

图16 《天工开物》所描绘的白玉河捞玉图

清朝统一新疆后，清政府于乾隆二十四年（1759）在和田设办事大臣，并设"哈什伯克"（玉石官）督办采玉。从乾隆二十六年（1761）起，官督民采成为和田采玉的主要方式，即在官员的监督下，役使当地采玉人捞玉，所得之玉全部归官。从清乾隆二十五年到嘉庆十七年的52年间，共计贡进朝廷的玉石多达20余万斤，其中多数是在乾隆朝进贡的。嘉庆皇帝即位后，他对玉的兴趣远不及乾隆皇帝，而且此时皇家府库玉料充盈，于是嘉庆四年（1799），清政府开放玉禁，准许当地民众开采和贩卖和田玉。官办的采玉生产虽未停止，但产量逐年下降。道光元年（1821），清政府完全停止了和田的官办采玉生产，任随民间采挖、捞拣，不予干涉，于是从清代晚期至民国时期，民间开采和田玉之风逐渐兴盛起来。

图17 新疆于田县柳什村墓地出土的玉饰

重要矿点 在和田玉的开采史上，以于田县的阿拉玛斯地段和叶城县的密尔岱地段所产玉料最为著名。

阿拉玛斯地段位于田县阿羌乡柳什村东南，克里雅河支流阿拉玛斯河的源头。矿区海拔4500米。矿点有阿拉玛斯矿、赛底库拉木矿、快克赛依矿、哈尼拉克矿等。阿拉玛斯矿床主要产淡青色的青白玉和微透明乳白色的白玉，青玉不到5%，含青白玉和白玉比例如此高的矿床在全世界都很罕见，是难得的优质玉材产地。造成这种现象的原因是侵入岩的化学成分铁低而镁高，成玉的围岩是纯净的白云石大理岩，成矿的温度不很高，CO_2未能形成晶质碳石墨等。

阿拉玛斯玉矿的开采史至少有3000年之久。柳什村旁有距今约3000年的古墓地，墓葬中出土了一件玉饰（图17），说明此地玉石很早就已开发。"柳什"是当地维吾尔人发汉语"玉石"一词之转音，可见这个村子的形成与历史上该地区玉矿的开发有密切的关系。至今在采矿坑壁上还留有清代采玉人书写的汉字。民国初年，天津人戚春甫、戚光涛兄弟在此组织开采，从采坑的上部（深约40米）掘出很多白玉和青白玉，其中高质量的白玉占三分之一，畅销京、津、苏、扬等地，深得琢玉厂家和购者的青睐，被称为"戚家坑"（图18），以后，"戚家坑"也成为和田玉优质山料的代名词。经过多年的开采，如今阿拉玛斯矿点上坑洞累累，废弃的碎玉料随处可见（图19）。阿拉玛斯矿的采掘坑还显示出了玉料颜色的垂直变化。20世纪60年代以前，该矿在浅部开采，产出等量的优质白玉和青

图18 "民国时期"的"戚家坑"

图19 阿拉玛斯玉矿遗弃的玉料

白玉，无青玉出现，采矿者称为上层矿；60及70年代，主要产出青白玉，白玉的比例下降，属中层矿；80年代以后，掘至50米以下，未见大块体的白玉，青白玉的色调也较深，称为下层矿。由于浅部白玉常年为积雪所覆盖，雪与玉相映成趣，阿拉玛斯白玉遂有"冰清玉洁"之美誉。

密尔岱地段位于叶城县棋盘乡棋盘河上游，主要矿点有密尔岱矿及附近的要隆矿、苏格拉西沟矿、夏努提沟矿、要瓦西矿、库尔马提矿等（图20）。矿石多为青

图20 密尔岱山远眺

玉、青白玉，白玉极少。青玉矿体较大，产在闪长岩与白云石大理岩之间。青玉的硬度较大，韧度较高，敲击时声音非常清脆。青白玉的巢状矿体较小，一般产在白云石大理岩之中。青白玉的颜色为浅绿白色，硬度较青玉稍小，但韧度仍较高，一般矿石的裂纹较多。密尔岱玉矿在清乾隆时期大量开采，采玉达3000人之多，是当时采玉规模最大的玉矿（图21）。相传"密尔岱"一名的由来是因古代有一位姓米的官员在此主持开矿，后不幸落水而亡，人们为纪念他，将此山称为"米大人

图21 密尔岱玉矿

山"，久而久之传为"密尔岱山"。直到清道光元年（1821），清政府停止了在和田的采玉生产，开放玉禁，密尔岱矿大规模的采玉活动也随之结束。密尔岱矿半个多世纪的开采史，是清代官府在和田采玉活动的缩影。

密尔岱矿所产玉石驰名天下，主要有三个原因。一是块度大。由于该矿是露天开采，可以从矿脉外部剥离玉料，因此能获得很大体积的玉料，清代宫廷许多大型玉山的原料就来自此地，如"大禹治水图"玉山、"秋山行旅图"玉山和"会昌九老图"玉山等（图22）。二是产量高。清乾隆时每年产玉估计不下5000公斤；清嘉庆四年（1799）曾采到大玉三块，"首者青，重万斤；次者葱白，重八千斤；小者白，重三千余斤"。三是玉质好、品种多。这里有白玉、青白玉、青玉等，而且玉声清脆悠长，可以制作玉磬。如今在密尔岱山还可看见许多废弃的矿坑，每年夏季很多人到老矿上扎营，从清代遗留下来的矿渣中寻找玉料，运气好的仍可找到块度较大的玉料。

图22 "大禹治水"图玉山局部

岫岩玉

分布与矿物特征　岫岩玉产于辽宁省岫岩县，分为蛇纹石和透闪石两个品种。

蛇纹石矿位于岫岩县城西北40公里哈达碑镇瓦沟，产区范围长达50公里，总储量1.76万吨。蛇纹石是镁质碳酸盐岩、镁质基质岩、超基性岩的交代蚀变矿物，产于接触变质的镁质大理岩中，化学成分为二氧化矽（SiO_2）、氧化镁（MgO）、氧化钙（CaO）、水和杂质。岫岩蛇纹石玉质地细腻，颜色通常为绿色，半透明至不透明，蜡状至油脂状光泽，硬度摩氏2.5～5.5，比重2.5～2.8（图23）。其中有一种硬绿蛇纹石，称为"鲍文石"，硬度稍大。

图24　岫岩软玉标本

图23　岫岩蛇纹石标本

图25　岫岩软玉玉料

透闪石矿位于岫岩县偏岭镇与海城县交界处的细玉沟，所产玉料又称"岫岩软玉"。岫岩软玉的透闪石含量达95%以上，杂质很少。颜色主要有黄白色、浅绿色、青色和黑色，中间还有一些过渡的颜色，有玻璃光泽和油脂光泽（图24）。硬度为摩氏6～6.5，比重2.91～3.02。根据地质产状的不同，岫岩软玉可分为原生矿和砂矿两类。原生矿即开采山料，俗称"老玉"，块度大小不一，形状各异，多为棱角状，有的有白色风化表皮（图25）。砂矿指细玉沟旁河谷底部及两岸阶地泥沙砾石层中的软玉砾石，俗称"河磨玉"，系原生矿剥落的玉料在河床中长期滚磨而成，一般磨圆度中等，有褐红、褐黄、灰褐和黑色的玉皮（图26）。岫岩软玉的内部常见片状褐黄色，俗称"糖色"，系微量铁元素渗透扩散天然染色所致。这种糖色在老玉中较多，在河磨玉中少见。

开采和使用历史　古代文献记载辽东有"医无闾山"，

图26　岫岩"河磨玉"

产"珣玕琪"之玉及"夷玉"，就是今天的岫岩玉。辽宁海城小孤山距今12000年的旧石器晚期古人类洞穴遗址中，出土三件蛇纹石制成的砍斫器。分布于内蒙古东部和辽宁西部史前时期的兴隆洼文化和红山文化玉器，大

图27 用岫岩软玉制作的红山文化
玉箍形器

部分也是用岫岩软玉制作的（图27）。商代妇好墓出土玉器中，也有一些是用岫岩玉制作的。在中国东部地区新石器时代晚期各原始文化之间物质交流中，岫岩软玉曾扮演过重要的角色。在山东地区的大汶口文化和龙山文化的玉器中，有一部分黄绿色的玉器就是用岫岩软玉制作的，同样现象也出现在江浙一带的良渚文化玉器中。这说明当时存在一条玉石传输路线，即从辽东半岛出发经渤海海峡的庙岛群岛到胶东半岛，然后源源不断地将岫岩软玉输送到山东内地及江南地区。河北满城和定州一带汉代中山王墓出土的玉衣片，外观上与岫岩玉很近似，可能是用岫岩玉制作的。岫岩玉在清代晚期大量开采，又称"新山玉"，因多在苏州雕琢加工，也称"苏州玉"。

独山玉

分布与矿物特征　独山玉产于河南省南阳市北郊的独山（图28）。独山玉是一种蚀变辉长岩，主要矿物有斜长石、黝廉石、辉透石、铬云母等。颜色比较复杂，有白、绿、黄、紫、杂等色，硬度较大，为摩氏6.5～7，比重3.29，外国人称其为"南阳翡翠"。独山玉质地细腻，

图28 独山远眺

多数呈不透明至半透明，抛光后有玻璃光泽。由于含有多种金属色素离子，独山玉颜色不均匀，常有杂质、白筋、裂纹等，往往各色相互交错混杂（图29）。

图29 独山玉料

开采和使用历史　独山玉开采已有很长的历史，南阳地区的新石器时代仰韶文化遗址中就出土有用独山玉料制成的玉铲和玉璜。20世纪40年代考古学家李济对河南安阳殷墟等地出土的62件玉器做了比重和硬度测定，确定了商代晚期就有独山玉的存在。1976年发掘的商代妇好墓中也有独山玉制品。加拿大安大略博物馆还收藏有一件商代独山玉制作的玉牛（图30）。战国时南阳地称

图30 商代用独山玉制成的牛

宛，手工业十分发达，技术水平很高，特别是所产铁器，天下闻名。西汉时这里为南阳郡郡治宛城所在地，设有工官、铁官。东汉时南阳豪强地主势力极大，庄园经济繁荣，成为全国商业中心。这些因素均是南阳玉雕业形成和发展的强大动力。汉代文献称独山为"玉山"，独山脚下的沙岗店村，汉代称"玉街寺"，有汉代加工、销售玉器的地方。北魏郦道元的《水经注》和

明代李时珍的《本草纲目》也都提到了独山玉，可见独山玉开采历史之悠久。置于北京北海团城内的元代巨雕"渎山大玉海"，是最大的一件古代独山玉作品。独山玉经数千年的开采，遍山洞穴，古代的采玉坑多为竖井式，由于使用工具较原始，所以一般较浅。

蓝田玉

分布与矿物特征　蓝田玉分布于陕西省蓝田县玉川、红星乡一带，距县城约40公里。采矿点位于公王岭后面的玉川山（图31），开采容易，交通便利。

图31　出产蓝田玉的玉川山

蓝田玉蕴藏在秦岭太古代秦岭群顶部一层变质较深的黑云母角闪片麻岩中，成夹层产出，断续延伸数公里。蓝田玉主要是蛇纹石化大理岩，矿物成分为方解石、蛇纹石及少量透闪石、绿泥石等，硬度一般小于摩氏6度，颜色有白色、灰白色、黄色、黄绿色、灰绿色、绿色和黑色等，大多不透明，其特点是多种颜色混杂一起，形成绚丽多彩的色彩（图32）。其中玉质最佳者为苹果绿色，杂质较少，透明度高，俗称"翠绿"。

图32　各色蓝田玉料

开采和使用历史　蓝田玉开发历史很早，据说曾发现过用蓝田玉制作的史前时期的玉璧，传说秦始皇的玉玺也是用蓝田玉做的。从考古资料来看，最早的一件蓝田玉制品是陕西西安附近沣西张家坡西周墓地出土的淡黄色蛇纹石玉琮，距今约3000年。在汉唐时期，蓝田玉的使用达到高潮。许多文献史料及诗词歌赋都提到了蓝田玉，如《汉书·地理志》和《后汉书·郡国志》都说蓝田出美玉；班固的《西都赋》和张衡的《西京赋》中对蓝田玉赞美有加；唐玄宗曾令"采蓝田绿玉为磬"；诗人李商隐的《锦瑟》则有"蓝田日暖玉生烟"的著名诗句。汉唐时期大量开采和使用蓝田玉是有其历史背景的。首先，中国古代玉文化在汉唐时期处在发达阶段，社会各阶层用玉蔚然成风，追求美玉成为时代的潮流；其次，当时的玉材以和田玉为上，但和田采玉和运输甚为艰难，其输入量难以满足汉唐盛世用玉的需求，蓝田玉正好填补了这个空缺；再者，蓝田地近汉唐都城长安，玉矿蕴藏量很大，而且开采和运输都极为便利，因此被大量使用。

汉唐时期的蓝田玉遗物近年来逐渐被发现。汉茂陵陵园的外城范围内，曾出土一件用一块完整的苹果绿色玉料雕成的四神纹玉铺首，高34.2、宽35.6、厚14.7厘米，重10.6公斤。其正面雕成兽面纹，张目卷鼻，牙齿外露，形象甚为凶猛。兽面两边浮雕青龙、白虎、朱雀、玄武形象（图33）。经检测，这件玉铺首在质地、色

图33　汉代用蓝田玉制成的四神纹铺首

泽、外观组织、比重、硬度方面均与现今蓝田玉矿石极为接近，可以断定它是用蓝田玉中的佳品"翠绿"玉制成的。西安碑林博物馆藏一尊隋代弥勒佛像，高约2米。由于长期的摩挲，佛像的膝部和胸部露出了蓝田玉的玉质特征，可以看出这尊佛像是用蓝田玉中不透明的黄绿色玉石雕成的（图34）。

唐代以后，随着政治、经济中心移出关中地区，蓝

图 34　隋代用蓝田玉制成的弥勒佛像

图 35　小梅岭玉料

通过物理、化学测试和比较分析，专家认为小梅岭玉中品质较佳的透闪石软玉与江苏武进寺墩、吴县草鞋山等地出土的良渚文化部分玉器相同或相近（图36），因此，可以确认小梅岭是良渚文化玉器原料的重要产地之一。

田玉的使用衰落下来。在此后的1000余年间，蓝田玉逐渐被世人所淡忘而变成了一个谜。宋代《本草图经》说，今蓝田不闻有玉。而明代宋应星在《天工开物》则说，蓝田是葱岭出产玉料的地名，更是将蓝田玉定在了今中亚一带。直到20世纪70年代末，随着商品经济的发展，蓝田玉才逐渐被开发出来，制成装饰品和工艺品进入市场。

小梅岭玉

分布与矿物特征　小梅岭玉产于江苏省溧阳县小梅岭村东南部横贯宜溧地区的茅山支脉上，系透闪石软玉。小梅岭玉矿体是镁质碳酸盐岩与酸性侵入体接触，发生接触交代变质形成的。透闪石岩矿体在地表露出长达30多米，宽度为几米至几十米。上层多颗粒较粗的透闪石岩矿，下层是品质较好的透闪石软玉。透闪石岩呈白至灰白色，质地细腻。透闪石软玉质地更细腻，呈白至青绿色，结构致密，透明度较好（图35）。小梅岭玉硬度为摩氏5.5～6，平均比重2.98。

开采和使用历史　小梅岭玉的开采和使用不见于文献记载，目前所见透闪石岩矿床是20世纪80年代以来发现的。

图 36　江苏武进寺墩良渚文化
墓葬出土的用小梅岭玉料制成的琮

龙溪玉

分布与矿物特征　龙溪玉产于四川省汶川县龙溪乡直台村。龙溪玉基本上是透闪石的单矿物岩石，它与透闪石石棉、方解石块体和伊利石脉密切共生，由透闪石纤维集合体构成。硬度为摩氏6左右。玉质颜色主要为黄绿或淡绿色，其次有绿、深绿、青灰及灰白色，裂纹较多，通常含少量白云石、滑石。表面光泽较暗，但抛光后为油脂光泽，有的有明显的星状或绢丝状反光。

开采和使用历史　龙溪玉的开采和使用不见于文献记载，但它的矿物特征与四川成都平原商周时期三星堆遗址和金沙遗址出土玉器质料基本一致（图37、38），因此，可以确定龙溪是商周时期成都平原玉器原料的产地。

图 37　龙溪玉料

图 38　四川成都金沙遗址
出土的用龙溪玉制成的双阑斧形器

花莲玉

分布与矿物特征　花莲玉产于台湾中部的花莲丰田乡知门干溪支流清昌溪的山脉中，俗称西林地区。花莲玉属于蛇纹岩型，产于蛇纹岩与结晶片岩的接触带上，接触

带有透辉石化，并有石棉共生。玉有两类：一类为草绿色或带黄色的绿色；另一类为浅绿色、淡黄和蜜黄色，少数为暗绿色。组成矿物除透闪石外，还有滑石、透辉石、石榴石等。

开采和使用历史　花莲玉的开采和使用不见于文献记载，但它的矿物特征与台湾台东卑南史前文化遗址出土玉器质料基本一致（图39、40），因此，可以确定花莲玉是卑南文化玉器的原料。

图 39　花莲玉料

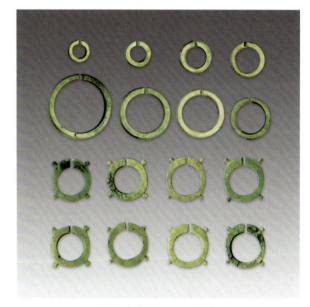

图 40　台湾卑南文化耳饰玦

翡翠

分布与矿物特征　翡翠又称硬玉、辉石玉，主要产于缅甸北部密支那地区的橄榄岩蚀变的蛇纹岩及冲击砾石层的大型矿床中。原生矿床主要分布在雷打场区和龙肯场区的西部和北部，河漫滩沉积砂矿主要分布在帕敢场区。翡翠

是辉石族钠辉石组中的一个矿物品种，其化学成分为钠、铝的硅酸盐，硬度为摩氏6.5～7，比重3.33，半透明至微透明，颜色有绿、红、黄、白、紫等，以纯正均匀、质地温润细腻、透明度好、浓艳翠绿者为上品（图41）。微量的铬（Cr）是造成翡翠具有翠绿色的主要元素。

图41 翡翠玉料

开采和使用历史 "翡翠"一词出现很早，原指一种鸟的两种羽毛颜色。《说文解字》云："翡，赤羽雀也；翠，青羽雀也。" 也有雄鸟为翡，雌鸟为翠的说法。这种鸟生长在中国的西南地区，是类似于孔雀的彩羽鸟。但古代何时以翡翠一词专指硬玉，尚不得而知。目前所见最早的翡翠制品是清代中期以后的，因此翡翠大量传入中国内地应是在18世纪末至19世纪初。翡翠初传入中国时，并未受到重视，价格也低于和田玉。慈禧太后当政时，独爱翡翠，经常向各地摊派索要翡翠制品，这也助长了民间的效仿之风，翡翠山子、带钩、方牌、手镯、项链成为当时最时尚的玉器（图42），价格也逐渐超过以和田玉为代表的中国软玉。

图42 清代"人物山水"图翡翠山子

中国古代玉料概览表

名称	产地	矿物成分	颜色	比重	硬度(摩氏)
和田玉	新疆南部昆仑山，分属喀什、和田及巴音郭楞蒙古自治州	透闪石－阳起石	白、青、黄、墨色	2.66-2.97	6.5-6.9
岫岩玉	辽宁岫岩县偏岭镇细玉沟	透闪石	黄白、浅绿、青和黑色	2.91-3.02	6-6.5
	辽宁岫岩县北瓦沟	蛇纹石	深浅不一的绿色	2.5-2.8	2.5-5.5
独山玉	河南南阳市独山	斜长石、黝廉石	混杂、绿、黑等颜色	3.29	6.5-7
蓝田玉	陕西蓝田县玉川、红星乡一带	方解石、蛇纹石	白、灰白、黄、黄绿、灰绿、绿和黑色	2.6-2.8	3
小梅岭玉	江苏溧阳县小梅岭	透闪石	白至灰白色	2.98	5.5-6
龙溪玉	四川汶川县龙溪乡	透闪石	黄绿、淡绿、深绿、青灰和灰白色	2.9	6
花莲玉	台湾花莲县丰田乡	透闪石、滑石、透辉石	绿和黄色		
翡翠	缅甸北部密支那地区	辉石族钠辉石组	绿、红、黄、白、紫色等	3.33	6.5-7

检测方法

目验法

目验法是一种传统的鉴别古玉玉料的方法，即通过肉眼对玉料的物理性质，如质地、颜色、光泽、透明度等进行观察，并辅以一些简易测试，如用小刀或硬度笔测试硬度等，以初步判断玉质种类。该方法主要依据鉴定者的经验，简单易行，而且对古玉器无损。但这种方法也有局限性。由于古玉表面曾经抛光，又经次生变化受沁，有时可变得面目全非，故不能完全准确地确定玉器的矿物结构成分。

图43 扫描电子显微镜下拍摄的透闪石纤维结构

仪器检测法

仪器检测是指用现代科学仪器对玉料的物理结构和化学成分进行观察和化验，依据检测数据来判断玉料矿物成分。18世纪时，法国矿物学家德穆尔用仪器对被英、法联军劫掠到欧洲的清朝圆明园皇家和田玉和翡翠玉器进行了检测，并将其比重、硬度、化学成分、分子式以及显微结构等检测结果公之于世。这是世界上首次以科技手段揭示玉料的矿物学特征。德穆尔还按硬度的不同，称和田玉为软玉（Nephrite），翡翠为硬玉（Jadeite）。

1948年，我国考古学家李济对河南安阳殷墟等地出土的62件玉器做了比重和硬度测定，结果多数标本的比重在2.90与3.10之间，硬度大半在6与7之间。20世纪70年代以来，地质工作者将用科学仪器等进行技术鉴定的方法引入了古玉鉴定领域，如偏光显微镜、化学分析、光谱分析、油浸法、X光照相分析等。如河北满城西汉中山王墓和河南安阳殷墟妇好墓出土的玉器以及江浙一带新石器时代的良渚文化玉器，就是用科学方法鉴定的。这些方法比较准确地确定了一些玉器的矿物成分。研究古玉的显微结构，需要有高精度的仪器才能进行，因为普通光学显微镜仅能放大数百倍，而质量较好的软玉均需放大1000倍以上才能较清晰地观察其显微结构。

近年来，又有学者采用了具有世界水平的对透闪石玉器的鉴定方法——室温红外吸收光谱、扫描电子显微镜和拉曼光谱仪。室温红外吸收光谱利用分子振动模式与频率特征，有对矿物的分辨能力较强和用量较小的特点，其标准样量为1毫克，可计算铁和镁的占位率以区分透闪石与阳起石。扫描电子显微镜一般只需几个粉末颗粒即可制样观察其结构，只要粉末颗粒显著大于显微结构的基本组成单位即可（图43）。这两种方法的另一优点是样品用量极少，共需约1毫克，若在古玉原有伤残或不起眼处小心取样就可达到近似无损分析的效果。陕西沣西西周墓、广州西汉南越王墓和辽河流域新石器时代的部分玉器就是用这种方法鉴定的，利用这两种方法还纠正了原来鉴定结论中的一些错误之处。拉曼光谱仪则可对玉器进行无损分析，测定器物的质料（图44）。

图44 专家正操作拉曼光谱仪检测玉器

制玉工艺

制玉工艺的演变

史前时代的制玉工艺

旧石器时代古人类打砸石块制作石器工具用于生产、生活，逐渐了解熟悉了石的特点和价值，久而久之，他们对石材的选择有了标准，并总结出了不同石材的打制方法，生产出了许多不同用途的石器工具。在这个过程中人们渐渐地把美丽的石材挑选出来，当作了装饰品。

新石器时代石器工具经过磨制，表面光滑细腻，石的漂亮内质显露出来，有的石头被选出来制成了装饰品，这些石质装饰品就是后来玉的起源。远古玉器是在劳动生产中因使用石器工具而诞生发展起来的。最初人们玉石不分，全部作为石器工具使用。后来人们区分了玉和石的不同，而且物质生活水平提高了，把玉看得就更为重要和珍贵了，遂出现了装饰和礼仪用途的玉器，玉器工艺逐步成熟，有了专门的制玉工匠和完备的制玉方法，成为专门的制玉手工业。

据推测，当时的治玉工序有采玉、开眼、解玉、钻孔、打磨、镂刻、抛光等十二个步骤。在原始社会，人们的生产活动受自然地理环境限制，形成一个个较为封闭的文化圈，同外界联系较少，各地玉料的来源多是就地取材。远古时期大量开采石器石料，估计采取玉料的方法与采石相似。玉多蕴藏于山地岩脉中，亦有被水冲刷而外露的，亦有崩落为零星砾块的（图1）。可能当时人们沿山溪寻找裸露在外的玉而采之，也可能是人们在采剖其他用途的石料时发现这类零星分布的"美石"而兼采之。由于几千年不断的开采，现今在史前文化较发达地区的地表或山边，已很难见到成片成块的玉蕴了。

开眼就是利用敲打锤击除掉玉璞外面的氧化层（俗称"玉皮"），使玉材内所含玉质得以完全暴露（图2、3）。开眼的工艺虽然简单，但要求玉工对玉材的识别、

图2 玉璞的外观

图3 玉璞的内质

图1 暴露在山顶的岫岩玉矿

选择及敲击技术有相当丰富的经验。原始时代用于开眼的工具可以用石块、石斧、石凿、石锤充任。开出的玉璞，可制成一器，亦可制成多器，这需要有比较精确的分割计算与设计。

解玉就是把开眼后的玉料依制作成品的需要截割下来。据原始玉料上遗留下来的抛物线截割痕迹判断，此时的玉料是用皮条弓截割的（图4）。其方法是先将兽皮用石刀划成长条，晒晾干后用竹子做成弓，皮条作弦，将玉料固定后，两人来回拉皮条子，

图4 良渚文化玉璧上遗留的线截割痕迹

一人不断加水蘸砂，利用皮条带动砂粒，慢慢将玉割开。如不用弓，仅用一根皮条也是可行的，方法基本同上，只不过是皮条两端可系一短木棒，便于两人握紧来回拉动皮条。由于皮条较粗，且两头用力往往不均产生晃动，所以在玉料截割面上留下的痕迹就必然凹凸不平。而有一些玉料的抛物线形截割面上所反映的抛光样光泽，当为兽皮脂肪摩擦浸渗所致。皮条弓的优点在于柔韧耐磨性较强，可随意改变切割方向，既能作直线运动，又能作弧线运动，很适宜用于开料和透雕。

至于有的玉料截割面上留下的平行直线截割痕迹，当是用竹片或木片加水蘸砂来回拉动截割的（图5），用长条形薄石片或骨片加水蘸砂也可以解玉。用竹片等物

图5 齐家文化玉料上遗留的片截割痕迹

体解玉留下的截割面较为平滑，有抛光样光泽。用竹、木片截割玉料较为费时，而且耗损大，但由于原料来源丰富，故这种方法在当时可能被广泛采用。

解玉砂在原始琢玉工序中是非常关键的辅助料，因为无论是旋转摩擦还是直线摩擦解玉，都离不开用砂作中介物，原始时代的解玉砂估计是经过筛选的天然砂。江苏武进寺墩良渚文化墓葬中出土的一件玉璧上铺有一层砂粒，系花岗岩粗砂粒，其中硬度高达7度的石英石占30%～40%，这应是史前时代玉工使用的解玉砂（图6）。

图6 史前时代的解玉砂

钻孔是在已截割好的玉料上根据需要钻出大小不同的穿孔。钻孔法有两种，一是"钻头钻"（即后来的桯钻），一是"管钻"。钻头钻的孔径比较小，一般0.1～0.3厘米，玉饰件上常见这一类的小孔。用于钻孔的钻头硬度必大于玉料的硬度。江苏丹徒磨盘墩良渚文化遗址及附近一些地点出土的大量细石器中有许多石钻头，石质为黑色燧石，即黑石英，硬度可达7度。经试验把这种钻头装在木柄上，再用人力在玉料上钻孔是完全可以的。

管钻所钻的孔径较大，可达2～5厘米，在当时可用于钻孔的管子有竹、木、骨管。当时管钻的方法是把已截割好的玉料固定，定好圆心后，将开了槽的管钻安放在圆心上，管钻的上端可能用木板或石块加一定的压力，一人稳定管钻，并不断向槽内加水添砂，也可借此人力，向下施加压力，另外一人或两人用皮条（或绳索）在钻柄上缠绕数道，握住皮条两端来回拉，使管钻转动，以带动砂粒摩擦而钻成圆孔（图7）。由于在玉料内钻孔越向下越费劲，所以琮、璧等玉器都是两面对钻，以减少夹塞阻力，提高速度，但因为圆心定位的偏差，所以两面对钻的孔位往往有错位（图8）。当时钻管

图7 齐家文化玉料上的管钻痕迹

图8 良渚文化玉琮孔内遗留的对钻错位痕迹

的壁较厚，转速也比较慢，表现出较原始的情形。

打磨是将已截割好、钻成孔的玉料打磨成型。当时打磨的方法可能有两种，一种是将玉料固定，用砺石加水在玉料上打磨（图9）；另一种是将砺石固定，用玉料

图9 红山文化玉磨具

加水在砺石上打磨，这实际上是一道成型工序。在玉料打磨成型的同时，也将玉料的大部分截割痕迹磨去，除部分玉器成品上由于截割痕迹较深而有保留外，一般玉器成品上常常见不到前几道工序的加工痕迹。

镂刻是在有些玉器成品上雕刻十分精美繁缛的纹饰。良渚文化玉器纹饰以其精美细致工整而闻名中外，其玉器纹饰线条有的细如发丝，宽仅1～2丝米，组成的个体仅比黄豆稍大。刻出的鸟眼睛，有的小如圆珠笔的滚珠，鬼斧神工，令人称绝（图10）。这些纹饰用铜、铁一类金属刀具很难刻动，因为青铜和铁的硬度都小于玉。江苏句容丁沙地良渚文化遗址曾出土阴线雕刻工具261件，质料为燧石、黑曜石、石英、水晶等，器身较小，长宽都在3厘米以内（图11）。器表有多次打击修理的痕

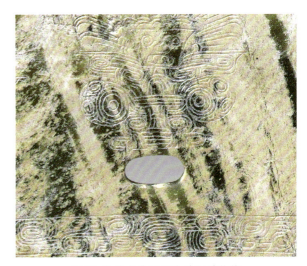

图10 良渚文化玉器上的细腻纹饰

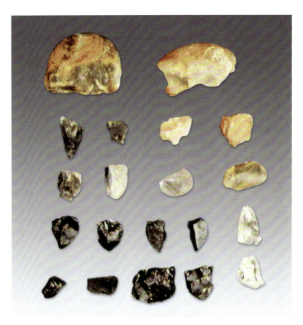

图11 良渚文化雕刻工具

迹，大多有锋利的尖部或弧状的刃部，可对玉料表面进行浅阴直线或曲线的刻划。当然，这种硬碰硬的雕刻是十分费力耗时的，需要有娴熟的技艺和持久的耐力，甚至需要有相当精密的规矩角尺等原始仪器和工具。

抛光是将玉器表面磨亮，达到闪闪发光、光可鉴人的效果。原始玉器几乎每一件都要经过抛光，抛光可用光滑的竹片或兽皮，而用兽皮的机会多一些。兽皮上有动物性脂肪，呈弱酸性，用兽皮在玉器上来回摩擦直至光滑。竹子茎秆亦含呈弱酸性的"竹沥"，也可以用于玉器的摩擦抛光。

商周时期的制玉工艺

商周时期是制玉工具设备的变革时期。当时已经有了铜器，可以用铜工具来制作加工玉器了。铜可以打造各种形状的工具，有利于制玉设备及工艺水平的提高，使切割、研磨、勾线、碾轧、勾撤等工艺流程变得容易起来。

王室有庞大的百工作坊，其中就有专门攻玉的作坊，如河南安阳殷墟曾发现了商代制玉作坊遗址。在作坊里，玉工不断改善生产工艺，提高生产技术，为宫廷生产了各式各样的玉器，制玉业形成了繁荣昌盛的局面。河南二里头遗址出土了很多大型玉兵器，有玉戈、玉刀等，大者在半米以上（图12）。用手工把半米长的玉片磨平，做出薄刃、脊线、锋线、血槽，并使它们平直，弯度和弧度适宜，是非常困难的。这需要在切割磨制中选择良好的工具和粒度适宜的河砂磨料，要细心掌握切磨技术，不能把刃器碰出缺口。薄片玉器在当时大量出现，是铜切片工具使用的结果。另外，玉石料的完整和没有裂纹、杂质也是重要条件。制成完整的一件大兵器，条件是很苛刻的，稍不留心就有折断和碰坏的危险。

图12 二里头遗址出土的大玉戈

用管钻打孔和镂孔在石器时代虽已出现，但还不够先进，镂空成形不准且不平滑，到了青铜时代有了很

大改进，这也是铜工具使用的结果。此期镂空成形准，孔眼平滑，能准确地表现物象形态，突出了剪影效果（图13）。有的镂空与纹饰结合，变化自如，对形象烘托细腻。这种镂空技术的复杂化，也是铜工具使用的结果。从镂空眼地分析可知，当时已经出现了弓弦镂空的方法，即以竹制弓，以铜丝作弦。铜丝弦穿入孔眼中，借助磨料来回搓动，能把各种弯曲孔眼镂空出来，使孔眼走线准确，棱角清晰，然后用铜扁条把眼地墙磨平，使眼壁平滑。

图13 具有剪影效果的商代玉鸮

管钻除打孔外，还能出造型，如玉虎的嘴。玉虎的嘴就是前面一钻，侧面一钻，取出钻芯后出现的虎张口形象。由于钻的尺寸大小应用合适，锋利的虎牙也能表现出来，这种钻孔效果可以从作品残留痕迹中看到（图14）。

从商代玉器表面的一些花纹的纹路来看，无论是直线还是曲线，都琢制得流畅舒展。虽然用较薄的青铜片蘸着研磨砂在玉料上长时间地来回摩擦，可以琢出线纹，但这种办法对于一些直线花纹能起作用，而对于弯曲的兽面纹，特别是线条弯曲度较大的地方，如鼻翼、眼睛等处，根本没有可容来回摩擦的余地，所以这种线条的产生，只能是使用圆形工具在同一个点进行研磨。还有一个值得注意的情况，商代一些玉器上的阴刻花纹

图14 商代玉虎嘴上遗留的管钻痕迹

线条的两端，深度多半越来越浅，宽度越来越窄，形成了一定的波面弧形，这也是使用旋转的圆形工具琢制时留下的痕迹。因为转动着的圆形工具，在琢制线端时，不可能琢出深度一致的垂直角来，所以必然会造成这样的弧形痕迹。

从上述情况判断，商代已经出现利用轮子带动蘸着研磨砂的圆形工具（即砣子）来对玉料进行琢制的工具了（图15）。当然，那时安装砣子的车床是非常简单的，由于桌、椅尚未出现，所以人们使用砣具时是席地而坐的。

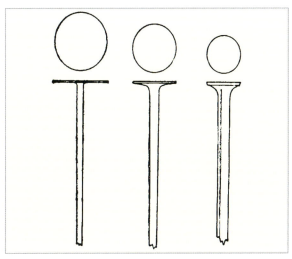

图15 商代的琢玉砣子

商周时期出现了很多浮雕作品。这些作品形象生动，其工艺技法也相应地复杂起来。浮雕是碾轧、勾撤效果的体现，即用各种形状大小不一的砣轮，在磨玉砂

作用下做出的起伏变化的纹饰。碾轧有粗细之分，要求工具形状变化多，即要砣轮大小和形状不一。玉柄形器就是使用几种特殊的砣轮作出的纹饰。制作这种纹饰的技法叫碾轧、勾撤，是玉工用如钉子状砣轮勾轧出的纹饰（图16）。

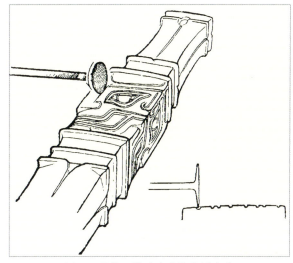

图16 琢制玉器时砣子的使用方式

商玉的工艺复杂还可以用商代妇好墓出土的玉簋（图17）来说明。玉簋所用玉石料都在10～20公斤左右，这要求选料必须完整、无绺裂、少杂质。切割出形、掏膛去余料是非常复杂的，包括了玉器工艺技术的全过程，也是制作玉器的尖端技术，其制作的器形要规矩，膛壁薄厚要均匀。在完成玉簋坯形之后，还要在周身碾轧纹饰，最后抛光完成作品。这一整套琢玉工艺费时、费力、费脑，是琢玉工艺的全面体现。

图17 商代妇好墓出土的玉簋

商周时期有了铜器，奠定了发展琢玉设备、工具、辅料、工艺技术的基础，这一时期，制玉工艺已相对完备，此后在几千年的时间里制玉设备、工艺技术方面均未发生太大的变化，而只有工具的改善。俗话说："工欲善其事，必先利其器。"对于玉器工艺技术而言，是"三分手艺，七分工具"，可见工具的重要性。中国古代制玉业的兴旺与琢玉工艺的不断发展是紧密关联的，磨玉设备、工具的变革决定了制玉技术的进步。

铜工具的使用对复杂形状的玉器制作很有利，它制作的纹饰为阳纹，也是铜工具所能达到的最好艺术效果。如商周玉器多为勾轧纹饰，其相关工艺称之为双勾碾轧（图18），但是，铜硬度不高，在切磨玉石的同时，也在快速地磨损本身，这不能不影响到玉石的细加工和深顶撞。

图 19 汉代的弧形铁锯

玉器运用装潢手段完成造型，注意了造型的分割尺度，将纹饰的选用、开合、疏密掺糅在美化古玉形态和贴近古玉用途上，其造型是装潢美、形象美、材质美有机结合的整体，达到了造型均衡、变化、统一的视觉艺术效果（图20）。

图 18 双勾碾轧的纹饰

图 20 战国玉器上的精美图案（镂空的双凤）

战国至汉代的制玉工艺

自春秋末期有了铁器后，制玉工具开始了第三次变革，东周时期玉器制作开始向深浮雕工艺发展，至汉代近800年间，制玉工艺水平发展到了它的辉煌时代。

纵观战国到汉代的玉器，其工艺有如下特点：

1. 自史前时代有玉器以来，经过了石工具阶段、铜工具阶段到铁工具阶段，制玉工艺有了划时代的进步，进入到最完美的时期。铁工具的使用使汉代玉器制作工艺达到了巅峰（图19）。这套由铁工具形成的制玉工艺，一直延续到20世纪50～60年代仍被使用，2000多年的历程证明了这种工艺技术的成熟性。

2. 战国、汉代玉器制作讲求造型美，人们在一些完整的玉器造型上增加了和谐的装饰，使均衡的造型有了变化，突破了古玉呆板、肃穆、单调的格局。此期

3. 战国以后玉器多顶撞地纹，如谷纹、蒲谷纹、涡纹、卷云纹、夔纹等。为了突出纹饰，玉工在制作时，勾轧、顶撞均要规矩整齐、线角利落，其地纹平整，面纹排列有序（图21），这是此期制玉工艺的一大特点。

图 21 汉代玉器上规整的图案

4．此期玉器纹饰细密，其线刻往往细如毫发，这种工艺称为"游丝工"（图22），这是小工具勾砣运用熟

图22 汉代玉器上的"游丝工"

图23 汉代的铜铤

练的结果。汉以后阴纹的勾线流畅，说明玉工使用工具合适，手法准确，走砣手劲运用得好，阴纹曲线很少有断砣或重复的现象。

5．此时玉器上的孔，或用管钻打，或用铁铤或铜铤打（图23）。以25厘米长的玉管为例，两面对钻，铤长或管长要在14厘米以上，人手掌握打孔工具是有很大难度的。

6．玉器的镂空，用搜弓子搜眼尖角利落，是细铁丝运用的效果（图24）。以现代镂空效果看，这种镂空用的丝和砂都很细，操作中丝易断，费时费精力，掌握起来有一定难度。为了使孔眼匀称和显现物象轮廓，在选择打孔部位和镂空走丝方向时必须精心安排，否则难以出现这样的效果。

图24 汉代玉器上的透雕图案

7．制玉的活环套接技术战国时期已很成熟，如战国曾侯乙墓出土的活环玉佩已是目前见到的最好的活环作品（图25）。这件活环玉佩环与环衔接紧凑，当是用打细孔工具打孔制成的活环。活环不仅可以使玉器造型富于变化，而且可以打破玉料长、宽、厚的局限，通过活环移位，达到巧用材料的目的，从而最大限度地使用材料。

图25 曾侯乙墓出土玉佩上的活环

8．玉器的镶嵌技术此时使用的已较为普遍，水平也很高，特别是嵌玉的金器和嵌玉鎏金铜器，装饰华丽，金碧辉煌（图26）。汉代金缕玉衣的拼接设计也是玉器工艺独有的创造。

图26 汉代嵌玉鎏金铜铺首

9．玉器的圆雕工艺，其技艺表现在形象刻划上，突出了形象美和玉质美，如玉璧、玉翁仲、玉蝉和玉猪等。这些作品有的生动传神，有的简练，寥寥数砣就使物象神似，现代人称为"汉八刀"即是这样的作品（图27）。

战国至汉代玉器工艺取得如此高的成就，与铁工具的使用有密切关系。铁有良好的锻造性能，可以打制各种形状的工具，尤其是用于精工细作的小件工具，它们在形制上和耐磨性上比青铜工具前进了一大步。如琢制纹饰用的掖、撞、勾、撤等小工具，勾面纹用的薄刃口勾砣，打长孔用的细长铤，搜尖角孔用的细金属丝等，这些用铁打造的工具既耐用，又没有

脆性。锻铁加碳成钢后硬度增大，能制成细长又硬的钢铤，可用于打长细孔，这样打制大、小眼孔就很容易了。

铁工具的使用标志着中国琢玉工艺进入了更高的阶段，也标志着中国玉雕工艺技术的成熟。使用铁工具可以制作任何工艺复杂的玉器，使制作纹饰精美、器形复杂的玉器成为可能，此后各代玉雕艺术在此基础上取得了辉煌的成就。

隋唐宋元时期制玉工艺仍以铁制工具为主，体形较大的玉雕和图案复杂的玉器增多，体现出制玉工艺仍在不断发展。

图27 汉代玉猪和玉蝉都是汉八刀作品

明清至近现代的制玉工艺

明清时期的制玉工艺，在古代文献中有详细的记载。明代宋应星的《天工开物》有琢玉图和文字描述（图28）。清代李澄渊的《玉作图》有琢玉过程全图，展示了捣沙、开玉、扎碢、冲碢、磨碢、掏膛、上花、打钻、透花、打眼、木碢、皮碢等十几道工序，基本上涵盖了琢玉全过程（图29～40）。这套琢玉工艺直至20世纪50年代末仍在使用（图41）。

玉器自古至今都以一种工艺制作，即手拿玉石在转动的工具上切磨。其他方法如玉石不动，用工具搓磨，虽然也使用，但只能用于切片、磨平、抛光等。只有手拿玉石才能做到弯转自如，制作复杂的纹饰。清代乾隆年间，扬州玉工在制作山

图28 《天工开物》中的"琢玉图"

子巨雕时，依据吊秤的原理，把玉石用吊装的方法吊起来使玉石处于活动状态，再用特制磨玉机接近局部磨制，逐步完成制作，创造了玉雕史上的奇迹。

20世纪60年代初，开始使用电动机传动代替两脚踩踏传动，节省了劳动量。最初电动机带动一根主轴，用皮带连接在琢玉木凳工具轴上，能带多台琢玉木凳工具轴转动，这是最原始的电动琢玉手段。60年代中期，制作了现代的磨玉机（图42）。这种磨玉机有多种样式，但都大同小异，没有太大的改革，到现在仍是琢玉的主要设备。

20世纪70年代初，钻石工具的兴起，成为琢玉工具的重要改革。铁工具头电镀了一层钻石粉，改变了用手搭砂的传统工艺。其工具头的形状有的和铁工具头相似，有的进行了改进。铁工具头和钻石粉工具头的不同是铁工具头可以用钢锉随意改变形状，磨损的大工具头可以改为小的使用。但钻石粉工具头则不行，钻石粉磨损后必须更换新的工具头。这种工具的改革方便了制作者，提高了效率，也方便了使用软轴琢玉，即蛇皮钻琢玉（图43）。人手拿软轴可自由活动，如同拿了一把雕刻刀，没有上下左右前后的限制，可以使玉石不动进行琢磨。现代的大件玉器都是用软轴卡上钻石粉工具制成的。

由于电动设备和钻石粉工具的使用，带动了专用设备的引进和改革。现在开料有多种开料机，打孔有台钻打孔和超声波打孔，磨珠全部机械化，作碗掏膛

图 29 捣沙图

图 30 开玉图

图 31 扎碢图

图 32 冲碢图

图 33 磨碢图

图 34 掏膛图

图 35 上花图

图 36 打钻图

图 37 透花图

图 38 打眼图

图 39 木碢图

图 40 皮碢图

有旋碗机、掏膛机，抛光有震动抛光机。还有新技术电脑雕刻、激光雕刻等，都在琢玉工艺中起着应有的作用。然而琢玉的主要工艺技术仍是手工劳动，任何机械也代替不了人的手和脑在玉器制作过程中的作用。因为玉石质料千差万别，制作器物要因材造器，所以玉器形态各异，几乎没有同规格的作品，不可能批量生产。这些决定了玉器生产的特殊性，它只能是手工生产的文化艺术品，所以玉器制作过程留给了工匠们充分的个性发挥空间。

图41 20世纪50年代琢玉场面

图42 现代琢玉机床

图43 用蛇皮钻琢磨玉器

制玉工具

设 备

中国古代琢磨玉器的专业设备，就是磨玉机。明代《天工开物》所载的磨玉机图与20世纪上半叶的磨玉机从功能和操作方法上几乎没有什么大的区别，全是脚踩轮动的琢磨玉器的方法，在形状上也大同小异。这种磨玉设备很有可能是中国古代琢磨玉器的最主要和最古老的磨玉设备。

20世纪50年代前，磨玉机叫"木凳"（图44），由木架支撑制成。其构造主要由凳面、凳槽、锅架、支撑架、座凳、踩板等部分组成。凳面上有前后支撑轴的"项板"和"山子"。前支撑点叫项板，后支撑点叫山子，两个支撑点把轴架起来。轴有木制和铁制

图44 古老的磨玉机——木凳（复原图）

两种，木制轴轴径约50～60毫米。轴端粘接铁制琢玉工具。轴中部绕绳几圈，下连接踩板。铁轴较细，约20毫米，轴端粘接琢玉工具，中部挂一皮带条，下连踩板。踩板是竹制的，另一端架在座凳撑上，人坐在座凳上，两脚上下踩动踩板，使绳或皮带上下运动，轴就可以来回转动。人的左手拿玉石，右手攃金刚砂，接触转动的磨玉工具，来琢磨玉器。凳槽做成簸箕状，放金刚砂和产品。凳槽前的锅架上有铁锅，便于接住流下的水和砂。

50年代初期，有人在开料方面研究使用电动机作动力，用以代替人力踩板，以减轻人的劳动强度。

1958年以后，磨玉机普遍使用电动机作动力，解放了工人的双脚。1964年前后，各地又相继研制了新式磨玉机。有的是在旧式"木凳"上作了较大的改动，有的则进行了重新设计。这种新式磨玉机虽然在功能上与旧"木凳"相似，但在造型、转速及安装工具头方面都有较大的变动。60年代，全国有磨玉机样式大约10余种。70年代由于钻石粉工具的推广，将磨玉机转速提高到了每分钟2万转。

琢玉设备的改进解决了两个问题：一是解放了玉工的笨重体力劳动，二是提高了生产效率。尤其是钻石粉工具和专用设备的使用，使很多费工、费时的劳动快起来，难活容易起来。

古代开大料用弓子锯，即用竹板弯成弓形，用多股铁丝拧花拴成弓弦，两人来回拉动弓子锯，一人向弓弦与料接触处搭水和砂，弓弦带入金刚砂把料锯开（图45）。

图 45 拉大弓形锯开料

打孔是玉器生产中一项很重要的工序。古时打孔虽然水平很高，但设备简陋，延续下来的打钻打孔方法，全是手拉钻杆钻孔。

手拉钻杆钻孔是利用一花盆状容器，容器内有支撑架，玉器卡在支撑架中，以弓弦拉动钻杆，钻杆头嵌入钻石或合金钢，依据玉石的种类和孔眼大小的要求，采用不同的工具打孔（图46）。

手拉空心钻杆打钻与上述手工打眼大同小异，只是工具头是用铁皮作的空心钻杆，拉动空心钻杆带入金刚砂打孔。空心钻打孔的孔眼可大可小，有的可以从玉石料上直接取下大碗料的钻心。目前手工打眼虽然仍有使用，但多为机械打眼所代替。

图 46 手工拉空心钻杆打孔

工 具

1. 雕琢工具：从战国、汉代至近代，雕琢工具基本以铁工具为主，铁工具有切削和研磨用的两种，有的工具功能介于切和磨之间。

铡砣：相当于圆形锯，称为铡砣。铡砣安装在磨玉机轴上，转起来带动金刚砂可以把玉石切开（图47）。铡砣片厚0.3～1.5毫米，用途最多的是厚度0.6～1.2毫米、直径400～500毫米的铡砣，其规格见下表。

图 47 铡 砣

铡砣规格用途表

规格（毫米） 圆径×厚度	用 途	能切开深度 （毫米）
900×1.5	铡切大料	350以下
600×1.2	铡切中块料	250以下
500×1.2	切割出坯	200以下
450×1.0	切割出坯	150以下
480×0.8	切割出坯	150以下
390×0.8	切割出坯	120以下
430×0.6	切割高档料出坯	120以下
390×0.6	切割高档料出坯	100以下
300×0.4	切割珍贵料	80以下
250×0.3	切割珍贵料	50以下

图48 修理铡砣

拍制和修理铡砣为制玉行业中的一门技术，其工匠称为大砣匠，他们能将铡砣整治得非常好用（图48）。铡砣用锻铁拍制，锻铁有热轧和冷轧两种板材。制作铡砣首先把铁板按要求剪成圆片，然后把圆片放在铁砧上用锤敲打平整，中心扦出12～19毫米的圆孔，圆孔周围还要敲打出直径60毫米左右的箍来，箍高出铁片平面10毫米。箍外是砣面，砣面呈微鼓形，用手搬动砣之边缘可明显感到左右移位之劲头。在左右搬动时，手劲感觉以不费力为好，过小则无挺劲，过大则挺劲太大，在围铡砣边缘试验时，要求手劲大小一致，砣口在一直线上。

图49 使用錾砣琢玉

錾砣：錾砣是小型的铡砣。制作錾砣选直径120毫米以下的圆铁片，在铁砧上拍平，中心冲方孔，放入磨玉机工具头的铤尖上（铤尖用钢锉锉出），再用小锤敲打尖部，至将圆铁片铆死。然后，边转轴，边敲铆点，使圆铁片成一直线运动，再锉外口呈圆状即成（图49）。

小錾砣：又称勾砣，是勾线、勾面纹使用的，也有顶掖的功能（图50）。

图50 使用小錾砣勾纹

图51 使用碗砣旋碗

碗砣：铁片制成碗状称碗砣，铆焊在工具头上，用于旋碗（图51）。

轧砣：砣轮状，厚度及大小不一，边口有平的，有倾斜梯状的，有馒头形的，分别称为平口轧砣、快口轧砣、膛砣等。轧砣工具有专人制造，称为"小砣匠"。砣轮用冲轧法制出，砣轮与铁铤用焊接法焊死。

弯子：弯子用粗铁丝制成，呈弓形，用于掏小口径内膛（图52）。

冲砣：冲砣是铁环状的工具，用于冲磨大的平面（图53）。

磨砣：是用厚钢板（2～4毫米）制成的圆片，大小如铡砣，有的上面车出弧槽，用于首饰的琢磨。

钉砣：是一种很重要的勾掖顶撞工具，形状像喇叭口，又称"喇叭口"，或称钉子。它既切割又碾轧，用平面还可以顶撞，向里掏掖，所以功能很多。钉砣的形状、大小有很多种，依用途而选择。琢玉工人多用大号钉子自制这种工具（图54）。

擦条：为一粗铁丝经拍扁后做成的工具，用于擦磨孔眼的不平处。

2．钻孔工具：见设备（打孔部分）。

3．抛光工具：抛光工具也为圆形，各地使用的抛光工具有所不同，一般按地方习惯自制。北京地区使用的玉器抛光工具如下：

胶砣：又称胶碾。用紫胶加人造金刚砂制成，有糙胶碾和细胶碾之分，用于去糙和磨细（图55）。

木砣：用木制成，用于抛光。

葫芦砣：用葫芦制成，用于抛光（图56）。

皮砣：用皮革制成，用于抛光。

刷砣：用鬃毛制成，用于去糙刷亮。

布带子：即布条，用于去糙勒亮。

布砣：用多层布黏合缝制而成，用于抛光。

石砣：用细水磨石制成，用于去糙抛光。

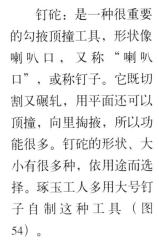

图53 使用冲砣琢玉

图52 使用弯子掏膛

图54 使用钉砣琢玉

图55 烘制胶砣

图56 制作葫芦砣

辅料和辅助工具

辅料：即辅助材料。在琢磨玉器中起主要作用的是磨料，其他还有抛光粉、蜂蜡、松香、墨汁、油、碱、漆皮等。

图57 放置在床上的磨料

磨料是琢磨工艺的主要辅料，用于研磨玉器，起切削作用，没有磨料不能琢磨玉器（图57）。古代使用的磨料是天然的各种硬质矿石砂，如石英砂、石榴子石砂、刚玉砂等，有着同玉器一样长的历史，直至20世纪40年代还在使用。目前使用的主要磨料是人工合成的磨料。

磨料要有锋利的棱，能通过滚动磨擦，把原材料表层剥落，起到切削作用。所以磨料的棱角愈多，愈锋利，切削作用愈大。磨料的粒状形状有点状体、球状体、桶状体、多面体、尖状体。尖状体占的比例大对磨料的质量有不利影响。磨料的切削能力还受磨料韧性的影响，磨擦压力可使磨料破碎，有的韧性大一些，有的脆性大一些，韧性大一些的耐用。另外，磨料破碎后产生的新形状对磨料的切削能力也有很大影响。

辅助工具：即用于琢玉中的作为辅助使用的工具，如用于工具修理的尖锉、锤、钳之类，用于拿放产品的夹具和垫、衬、箱之类，用于设计的笔、砚之类。这些辅助工具因工种和产品的生产需要，种类很多，有一些是通用工具，有一些是专用工具。

制玉工艺流程

玉石的选择、处理和设计

自古至今玉石种类很多，有白玉、青玉、墨玉、黄玉、岫岩玉、独山玉、石英岩玉、翡翠、水晶、青金石、松石、珊瑚等不下二十种。对每一种玉石的选择均用两个标准，即选用标准和等级标准。

选用标准是指是不是玉石的标准，也就是能不能作为玉器原材料的标准。由于对玉石的认识人们早已在行业中形成了一定的概念，它们用于对常规玉石的选定是不成问题的。它包括对玉石品种的选择以及与选料相关的器物造型、用途、商业目的等因素。

等级标准也可称质量标准，是指各种玉石的质量级别。玉石质量主要观察外表特征，是可见的，不难掌握。人们对它们有一个约定俗成的公认标准。选用玉石首先要认识玉石，这是玉器制作的第一道关口。原材料很贵重，每种玉石都有其相应的使用范围，一般规律是依据玉石的不同，设计不同的作品。

玉石由矿山产出，质量很复杂，制作玉器时对每一块玉石都要进行处理，摸清料的内外质量。这种处理称为审料，即审查原材料的情况，达到认识原材料的目的（图58）。审查的项目有：

图58 审料

1. 查看玉石料的形状、质地特点、绺裂分布、杂石含量、颜色分布、外皮特点，并称其重量，分清利用部分和剔除部分。

2. 按观察的情况安排审查工艺。审查工艺包括去皮、切开、挖脏、去绺裂、追色等项目，显现玉石优质的质地和颜色。

3. 依据玉石处理后出现的初步状态，考虑造型和选定造型。

4. 顺初步考虑的造型，继续追凿玉石的虚实，看与自己想像中的印象是否吻合，如果有问题可再作审查处理，达到逐步审料，逐步探索，逐步认识，直到设计定稿。

在审查玉石原料的过程中，已经把玉石质地、颜色等情况了解清楚了，也有了造型的考虑和实践，这样就可以进行设计了。设计一件玉器作品除对玉石审查外，还应注意材质美和造型美的结合，应重点考虑：

1. 好玉无瑕，作品的完整性是重要的。如果作品上出现显眼的脏和绺裂，其造型再好，也是有缺欠的。所以玉石的脏绺一定要去净，如果去不净，也要想办法遮躲，使作品中脏绺不醒目，行业中叫"挖脏遮绺"。

2. 为了烘托玉石美，要选择适于玉石特点的题材。不同玉石有各自的特点，有的质地均匀细腻柔润，有的颜色美，有的有透明度，有的有光泽，表现玉石美的特点是非常重要的。

3. 造型设计要符合工艺制作要求，能用工具制作出来。既要求工具能制作，又要求制作中不因玉石性质而损坏。玉石有的很脆，为防止损坏，不可玲珑剔透；有的有韧性，可以施以细工。玉器设计要求设计者必须有较强调动玉石特色的能力和有较高艺术美学的功力，只有两者结合得好，才能设计出出色的作品。

玉石设计虽是玉器制作的主要方面，但作品最终效果还是在制作中决定的，设计工作要跟随作品一直到终了。换言之，制作是设计工作的继续，制作者代替设计者完成设计意图。如果说设计是创造性劳动，那么制作仍然是创造性劳动（图59、60）。

图59 战国玉环上遗留下的纹饰设计痕迹

图60 战国玉环上已经完成的纹饰

虽然在设计工作中已经对玉料及其制作工艺考虑得很周密了，而且还又画定了图形，但在制作过程中，多数还会出现与设计意图不相符合的、意想不到的新问题，设计者必须按新出现的情况改动原设计意图。改动设计意图有积极的一方面，也有消极的一方面。如一件玛瑙盘当在制作过程中出现砂心孔洞时，设计者便会改变初始的创作意图，可能将纹饰琢成编网状，使作品不露破绽，这是积极的改进（图61）。又如一件仕女作品，

图61 玛瑙蟹

做到中途手断掉了，好在其他部位勉强能做出手来，这是被动地消极改动。技术好的制作者，在接受制作任务以后，运用熟练的技法，会锦上添花地丰富设计意图，使设计者创作激情更高，精益求精。技术差的制作者，需设计者一步一步地引导制作者推出造型，完成操作。

设计者是玉器生产的中坚力量，需要有多方面的知识和技能，用料、造型、工艺技术是设计者必须掌握的基本功，它成为设计者必备的条件。玉器生产，本应要求生产者就是设计者，但由于长期形成的生产结构和从业者知识技术水平的限制，能够有设计能力的人在玉器生产人员中是少数，能有高水平的设计能力者更是少数，故玉器制作行业中形成了"玉器设计"这一专业名词。

琢磨工艺

琢磨工艺是玉器工艺技术的主要环节，琢磨分琢和磨两道工序，目的是为了出玉器造型。

琢即切开，即将造型中的余料切除。切除余料的手法有铡、摽、扣、划等。

铡即切，与锯同义，有铡开大、小料之分。铡开大料一般是料不动，铡砣自重落下给力来切开料；开小料是左手拿料对准运转的铡砣，向上给以托力，保持垂直平稳，右手抓湿砂泥，砂在右手中不断地团攒接触铡砣面，并用掌部挤住左手中的料，运转的铡砣经

图 62 铡砣切料

图 63 用划的方法
去除多余的料

过砂团时带上一部分砂粒在砣面和砣口上，通过料时，磨擦把料切开（图62）。铡料要求按墨线铡开，不偏、不弯、砣口小。古代"木凳"的铡砣安装在木轴上，木轴端用烤热的可塑紫胶粘住铡砣，操作过程有一定的技术性。

摽、扣、划也属于铡，用铡砣和錾砣，只不过不是直线切开。摽指铡除楞角。扣指两个角度斜线切割，剜取中间部位。划指切和扣的反复运用，切不到底，扣不完整，是一砣一砣密排着去掉多余的料（图63）。摽、扣、划用于造型出坯工艺。用錾砣切料为錾，与铡、摽、扣、划没有区别，从手法和效果看更相似于划。

当不能再用切割的方法出造型时，换用研磨的工具，用研磨的办法，分别使用磨砣、冲砣和轧砣出造型。研磨也是去除余料，有冲和轧等不同手法。冲是指大面积的冲磨，轧是指推进的碾轧，冲和轧是磨的主要工序。产品经过铡、摽、扣、划和冲轧后，基本造型已经完成，称为出坯。为了清理细部，还要进行推、搬、勾、撤、掖、叠挖、顶撞、顺平等几种小工具的操作。推是用轧砣把不要的部分磨去；搬是上下层的起浮；勾是勾线；撤是顺勾线去除小余料；掖是把勾撤后的底部清理清楚，达到角、线利落；叠挖是起浮雕纹饰，把花鸟、草虫、衣纹、山水、树木、楼台做得起伏变化逼真；顶撞是把地纹撞平整。勾撤、掖撞既是出造型，又能使边线利落、影像颖脱的工艺，依造型和制作过程中的部位要求，选用合适的勾砣、轧砣和钉砣。顺平是平展顺溜儿的意思，即造型完成后，为使平面光滑，用各种工具再磨细一遍。顺平的工具一般使用铁制的磨砣、轧砣、棒等。

打孔工艺、镂空工艺、活环链工艺是跟随琢磨工艺一起进行的，有的由制作人自己完成，有的由专人完成。其中镂空是制作者很重要的基本功，有造型镂空和图案镂空。镂空按造型要求进行，使用的工具和方法很多，为把直线、弧线、角镂空规矩，用好搜弓子和擦条很重要（图64）。

图 64 用搜弓子搜眼地

抛光和装潢

抛光 磨制后的玉器表面并不光滑明亮，抛光就是把器体表面磨细，使光照射在其表面有尽可能多的规律性反射，达到光滑明亮的效果。

古玉表面光亮程度受两方面因素的影响：一是玉器材质决定的光亮，此称为光泽。另一种是玉器表面的反射现象，表面平整的程度决定着光线反射的角度，光线作规律反射即产生器表的高亮度。也就是说，不给以表面反射的条件，就不能反映材质本质的光泽。

玉器的抛光工艺直接关系到玉器美的程度，制作时其工艺往往因原料、造型的不同而异。

磨细：在抛光工序中磨细叫"去糙"，即去除表面的糙面，把表面磨得细腻。磨细是琢磨的继续，但不是为出造型，而是为抛光。去糙只能去除表面的不平整，不能伤害造型和纹饰。尤其造型和纹饰细部，不能因磨细而变得模糊。

磨细已不使用琢磨工具（用琢磨工具的磨细称揉细），而换用抛光工具。磨细抛光工具用非金属材料制成，有革、棉、木、竹、胶、石等。北京地区用的一种抛

图 65 用胶碾抛光

光胶是由胶和磨砂混合制成的，称为胶碾（图65），去糙使用糙胶碾。

罩亮：产品经去糙以后，基本上已达到乌亮的程度，即表面已很细腻光滑，为了使表面有强的反射光，还要罩亮。罩亮就是甩抛光粉磨亮器物，即将抛光粉蘸在旋转的抛光工具上，用力摩擦产品表面，使其表面平滑产生镜面光反射，达到镜面的明亮程度。

玉器是手工产品，造型丰富，其抛光难度主要在于保持造型的特点。制作时使用什么样形状的工具，抛光时还要仿效制作工具的形状制作抛光工具进行抛光，这

些工具有着专门名称和用途。

抛光工具称碾、轮、砣，如胶碾、布轮、皮砣、石砣等。还有的直接称呼材质名称，如用葫芦制的罩亮抛光工具，称为葫芦罩亮。拉布带子去糙罩亮，称为拉布带子（图66）。

图 66 拉布带子抛光

清洗：玉器抛光以后，要把上面的污垢清洗掉，使用的方法有水洗、冷洗、热洗等，依材质和玉器造型以及玉器上的污垢特点而选定。

过蜡、喝油、擦拭：这是玉器抛光后的重要工序，其作用仍然是弥补表面微观不平的现象。蜡和油都是油脂类物，浮在产品表面可产生油亮的感觉，显得滋润，也可填平微小低凹不平处，增加产品表面光的反射强度。所以，过蜡、喝油的玉器比没有过蜡、喝油的玉器要光洁，亮度也高。

图 67 玉器的喝油

过蜡是将玉器烤热以后，用蜡屑熔化在玉器表面上。喝油是将蜡或油脂加热后，放入玉器，使油或蜡脂浸入玉器（图67）。过蜡、喝油工艺

的选择依玉器材质的不同而不同。

玉器经过过蜡、喝油以后，还要在热的时候擦拭和冷后剔蜡，使油脂分布均匀和凝蜡不显著。擦拭用棉质巾类，以柔软吸油为好，剔蜡用竹、木签子，蜡和油还有保护玉器表面不被脏物污染的作用。

装潢 装潢的目的，一是美化玉器，二是保护玉器。清代宫廷玉器一般有座和匣两种主要装潢，有的还有成套的包装，如座上有玻璃罩，在玉器上结上丝绦、垂丝穗、镶金银等。

座：座是玉器的主要装潢，它能提高玉器的身价，使玉器放置平稳。

玉器的座有木、石、铜、铜镀金、金等，依玉器产品造型而设计，形状多随器形，有方形、长方形、圆形、椭圆形等。座的高矮、宽窄、薄厚要看玉器的尺寸，太高、太宽、太厚则不协调，喧宾夺主；太矮、太窄、太薄又显得穷气和不稳妥。

座的造型雕刻以玉器造型为依据，器皿玉器多用素几座，花鸟玉器多用天然木座，插屏多用支架座。木座以硬木制成，雕刻好后干磨使其硬亮、美观（图68）。

图 68 清宫中带有木座的玉器

座面承接玉器，一般要按玉器的底平把座面挖深一层，叫落窝。落窝的深浅，以放置玉器后稳、正、不紧、不晃为好，窝内要干净利落。

金属座、石座不如木座使用广泛，但也有应用。如元代"渎山大玉海"、清代"大禹治水图"玉山是很有代表性的。

匣：匣是为放置玉器而制作的，有纸、布、锦、木、金属匣等。匣内有软囊，将棉填入，糊绸布里。绸布里的颜色选择依产品的颜色而定，以托现玉器颜色醒目、协调为主。产品放入软囊中要不紧不晃，匣的外表分档次以纸、布、锦裱褙，纸匣是低档，布匣是中档（多用蓝布，称蓝布匣），锦匣是高档。还有硬木匣、花丝匣、漆木匣、珐琅匣、塑料匣、纸盒等（图69）。

图 69 清宫中加配丝穗及刻字泥金木盒的玉器

器形与纹饰

新石器时代玉器

新石器时代是指距今10000～4000年前的历史阶段，以磨制石器为主，这时砥磨、切割、钻孔等加工技术有了十分突出的进步，不仅制作了各种精致的石器，而且创制了多种多样的精美玉器。由于技术的进步、功能的分化，制玉工业逐渐从制石工业中分化出来，形成了独立的玉雕业和石雕业。据不完全统计，中国已发现的新石器时代文化遗址有7000多处，出土了大量的精美玉器。现有的发掘资料和研究结果表明，中国雕琢和使用玉器的历史可以追溯至距今8000年左右的新石器时代中期，西辽河流域兴隆洼文化玉器的发现开创了中国史前雕琢和使用玉器之先河。以红山文化和良渚文化玉器的发现为代表，西辽河流域和长江下游地区环太湖流域成为中国新石器时代两大雕琢和使用玉器的中心，与此同时，黄河上、中、下游地区，江淮地区、长江中游地区、华南地区新石器时代玉器也相继发现，面貌异彩纷呈。

根据有关考古资料的统计可以看出，新石器时代玉器的分布主要有以下几个地区。

北方地区：包括今东北三省、内蒙古等，出土玉器的遗址不下50余处。主要有辽宁、内蒙古东南部的兴隆洼、查海、赵宝沟、红山、小河沿、新乐下层、小珠山，吉林、黑龙江的左家山、新开流、昂昂溪，此外在内蒙古呼伦贝尔草原上还有哈克文化玉器等。兴隆洼文化玉器主要为装饰品和工具，前者有玉玦、匕形器、弯条形器、管等，后者有斧、锛、凿等。赵宝沟文化玉器有玉斧、钺、玦等。红山文化玉器有用具类、装饰品类、人物类、动物类和特殊类五大类，达到了西辽河流域制玉业的鼎盛阶段。小河沿文化玉器有用具、装饰品两大类。前者有钺、锛等，后者有环、镯、有领璧、璜、管、珠、猪龙等，种类较少，呈现衰落的趋势。新乐下层文化玉器有斧、凿等用具类和珠、圆锥形耳珰、伞状泡饰等。小珠山文化玉器主要有斧、锛、凿等用具类和鸟、鱼、坠、牙璧、环、小璧、锥形器等，该文化玉器与黄河下游的大汶口文化和山东龙山文化关系密切。吉林、黑龙江等地出土的玉器有玉玦、环、璧、双联璧、三联璧、匕形

器等，呈现了与西辽河流域相似的面貌，但发展阶段有所不同。哈克文化玉器有用具类和装饰品类。前者有玉斧和锛，后者有玉环、璧和绿松石珠以及玉雕人面像等。

长江下游地区：主要以太湖流域为中心，有河姆渡文化玉器、马家浜文化玉器、崧泽文化玉器及良渚文化玉器。长江下游江苏、浙江发现史前玉器较多，最令人瞩目的为江苏省吴县草鞋山和张陵山及武进县寺墩、上海市福泉山、浙江省余杭县反山及瑶山等地出土的良渚文化玉器。河姆渡文化玉器有玦、璜、管、珠、环、坠饰等小型装饰品，主要以璜为本地特色。马家浜文化后期，玉器除玉玦外，新出现很少量的半环形、长凹字形璜。崧泽文化玉器以各式璜为主，晚期新出现小型璧。良渚文化玉器飞跃发展，典型的有玉钺、琮、璧、锥形器、冠状饰、多器组合串饰及各类器物附件等。良渚文化玉器的分布，以今江苏南部及浙江北部为中心，故一般认为系古越族之遗存。其影响不但及于江苏北部之海安、新沂且远达长江中游之湖北、湖南及四川东部，甚至岭南之广东亦有琮、璧等良渚典型玉器发现。

江淮地区：包括江苏、安徽等地，主要有江苏的北阴阳营玉器、安徽的薛家岗文化和凌家滩文化玉器。北阴阳营玉器有璜、玦、环、管、坠、珠等。薛家岗文化玉器有环、璜、管、坠、铲、琮等。凌家滩文化玉器主要有用具类、装饰品类、礼仪类和玉芯料类。其中用具类有玉铲、斧和钻头等，装饰品类有环、璜、玦、管、镯、璧、人、鹰、龟、龙、刻纹玉版、三角形饰等多达二十余种，礼仪器类有钺、戈等，另外还有玉（石）芯、碎玉料和籽料，代表了江淮地区的最高水平。

长江中游地区：包括湖北、四川东部及湖南北部，早期为大溪文化玉器，中期为屈家岭文化玉器，晚期为石家河文化玉器。大溪文化玉器有玉璜、镯、玦、璧、环、坠饰、管、珠、扁薄形刀、人面形玉饰等，以玦、璜为主。屈家岭文化玉器有用具类铲、锛，装饰品类环、镯、璜、坠等，多见窄长环形和长凹字形璜。石家河文化玉器新出现了较复杂的人头和动物形玉雕。此类玉器出土于湖北钟祥县六合、天门市石家河等地。形体多较小，有斧、锛、

钻、凿等用具类，人头饰、人面饰、兽面饰、镂空兽面饰、镂空圆牌饰、兽形环、凤、龙、鹰、鸟、蝉、璧、璜、笄、管、坠等装饰品类。另外，还有礼仪类牙璋和一些玉石料、残片以及半成品等。

黄河中上游地区：包括河南、陕西、山西、甘肃、青海等省。河南、陕西、山西主要是仰韶文化玉器、庙底沟二期文化玉器、河南龙山文化玉器、陕西龙山文化玉器、陶寺文化玉器。甘肃、青海主要是马家窑文化玉器、齐家文化玉器。黄河中游主要是仰韶文化晚期半坡类型，龙山早期重点在郑州洛阳地区，主要出土断环形玉璜。庙底沟二期文化玉器有用具类、装饰品类和礼仪类。用具类有斧、铲、刀、凿等，装饰品类有牙璧、环、指环、璜、笄、绿松石腕饰、镯、兽头饰、管、坠等，礼仪类有钺、圭、琮和璧等，主要分布于晋南的芮城清凉寺和下靳等地。陕西龙山文化玉器，如延安芦山峁、神木石峁等遗址集中出土了一些玉器，主要有玉琮、璧、牙璋、钺等。山西陶寺文化玉器较为重要，有琮、璧、环、钺、梳、管等。黄河上游用玉主要始于大地湾文化二期，即相当于仰韶文化早期。整个大地湾文化玉器以小件用具为主，其后的马家窑文化基本上继承了大地湾文化玉器的特点，而再后的齐家文化玉器则有琮、璧、刀、圭等出现。

黄河下游地区：包括山东、苏北，有后李文化玉器、北辛文化玉器、大汶口文化玉器、龙山文化玉器。后李文化和北辛文化玉器有斧、凿等用具类和环、璜、玦、坠、珠等小型装饰品。大汶口文化玉器有用具类和装饰品类以及少量的仪仗器类。用具类有锛、斧、凿、刀等，装饰品类有锥形器、镯、小璧、环、牙璧、璜、玦、珠、管、坠饰、指环、串饰、双联璧、三联璧、人面饰等，仪仗器类有钺。龙山文化玉器有用具类、装饰品类和礼仪类三类。用具类有锛、斧、斧形器、矛等，装饰品类有锥形器、镯、璜、环、鸟形饰、半月形饰、牙璧、头冠饰、玉笄、珠等，礼仪类有钺、多孔刀、兽面纹锛、牙璋、琮、璧等。另外还有钻芯。龙山文化玉器分布较广，玉种较杂，而且器形的风格各地略有不同，同时受到北方红山文化、南方的良渚文化等的影响。

华南地区：包括广东、台湾、西藏，有石峡文化玉器、卑南文化玉器、卡若文化玉器等。岭南的石峡文化玉器主要有琮、璧、钺等，另外在珠江流域和雷州半岛等地都发现了玉玦，形制基本相同。卑南文化玉器有用具和装饰品两类。前者有锛、凿、矛、镞等，后者有玦、珠、

管、棒形饰、镯、璧、环和坠等。卡若文化玉器有斧、锛、刀、镞等用具类和璜、珠及垂饰等装饰品类。

器 形

兴隆洼文化玉器

兴隆洼文化是主要分布于西辽河流域、大凌河流域和燕山南麓等地的新石器时代考古学文化，年代为距今8200～7200年。出土玉器的地点有内蒙古敖汉旗兴隆洼、兴隆沟，林西县白音长汉，巴林右旗查干诺尔苏木锡本宝楞和洪格力图，辽宁阜新县查海以及天津宝坻县牛道口等遗址。玉器出自遗址的堆积层内、房址的堆积层内、房址的居住面上、墓葬内（居室墓、土坑墓、积石冢）等。兴隆洼文化玉器的种类有用具和装饰品两大类。用具有斧、锛、凿。装饰品有玦、匕形器、弯条形器、管。玉玦的出土数量最多，选材和加工均比较讲究，是兴隆洼文化玉器的典型器类之一。其形制分为两类：一类呈柱状，两端面光平，侧面有一道细长的缺口；另一类呈环状，侧面有一道窄缺口，体中部略起脊，横截面呈多角形或近似椭圆形，内外侧边缘较薄。玉匕形器亦为兴隆洼文化的典型玉器。器体呈长条状，一面略内凹，另一面外弧。末端平齐，前端呈圆弧形，缘部磨薄，靠近末端中部有一自单面钻成的小孔。玉斧、锛、凿有的通体磨光，刃部锋利，有的侧面和顶部留有切割痕或疤痕。兴隆洼文化玉器材质大部分为透闪石类软玉类，极个别为蛇纹石玉类，色泽呈淡绿、黄绿、深绿、淡青、乳白或浅白色。器形以小型制品为主，器类比较单一，在很大程度上体现出早期玉器的原始特征。兴隆洼文化玉器大多通体抛光，素面，目前仅在白音长汉遗址发现有装饰凹槽的纹样。兴隆洼文化玉器钻孔有单面钻成的小孔和两面对钻而成的长孔两种式样。从玉器在墓葬中的出土位置看，玉玦多成对出自墓主人左右耳部，应是墓主人直接佩戴的一种耳饰，但兼具以玉示目和礼器功能。玉弯条形器出自墓主人颈部，应是一种项饰。玉匕形器出土于墓主人的颈部、胸部、腰部，可能用于身上的挂饰，或缀饰、项饰。兴隆洼文化玉器是迄今国内所发现的年代最早的透闪石玉器。兴隆洼文化玉器的发现为此后辽西地区赵宝沟文化—红山文化—小河沿文化—夏家店下层文化玉器找到了直接源头，并在中国东北，以至东北亚地区玉器发展史上具有开创意义。

玉玦 兴隆洼文化装饰用玉，内蒙古自治区敖汉旗兴隆洼聚落遗址出土，现藏中国社会科学院考古研究所。

2件，直径2.8～2.9、孔径1.3～1.4、厚0.4～0.6厘米。玉质黄绿色。环状，侧面有一道窄缺口，通体抛光，外缘较厚，内缘磨薄，略起脊，一面有两小块红斑。二件玉玦分别出自墓主人的左右耳部，其中一件压在墓主人头骨左侧下面，缺口均朝上。■

玉玦 兴隆洼文化装饰用玉，辽宁省阜新县查海遗址出土，现藏辽宁省文物考古研究所。

直径3.8～4厘米。透闪石软玉制成，大部分白化呈乳白色，兼有绿色斑。环形，一端切割开口。体极不规整，剖面呈椭圆形，较厚重，留有加工的棱线。■

玉玦 兴隆洼文化装饰用玉，辽宁省阜新县查海遗址出土，现藏辽宁省文物考古研究所。

长2、直径2～2.2厘米。透闪石软玉制成，呈乳白色，有绿斑。通体呈柱状体，两端截面为扁圆形，中心对钻一孔。一侧有一缺口。■

玉玦 兴隆洼文化装饰用玉，内蒙古自治区林西县双井店乡白音长汗遗址出土，现藏内蒙古自治区文物考古研究所。

直径2.9～3.1、孔径0.7、厚1.2～1.4厘米。玉质黄绿色，细腻温润，间有白色絮状纹理。厚体，呈不规则圆形，中部单向钻一个圆形孔。孔平面打洼后对钻，孔径较小，光滑平直，外缘微鼓。玦口不平整，外宽里窄。柱状玉玦发现的不多，此种厚重、孔小的现象多见于兴隆洼文化，阜新查海遗址也出有一件形制相同的。■

玉玦 兴隆洼文化装饰用玉，内蒙古自治区巴林右旗查干诺尔苏木洪格力图出土，现藏巴林右旗博物馆。

7件，直径1.25～5、孔径0.47～2.5、厚0.5～0.75厘米。玉质淡黄色，细腻纯净，颜色由深到浅，半透明。环状，侧面有一道窄缺口，内缘磨薄。外缘微鼓呈弧形，两种形制，一是内孔直壁，外缘扁圆呈弧形。一是沿内缘向外为两个直平面，尔后再起漫圆呈弧状构成外缘，侧视为梯形。这七件玦，风格不同，加工方法亦有异。■

匕形玉器 兴隆洼文化装饰用玉，内蒙古自治区敖汉旗兴隆洼聚落遗址出土，现藏中国社会科学院考古研究所。

残长3.6厘米。玉质青色，有白沁。形似匕。末端略残，前端呈圆弧形，缘部磨薄，体呈长条状，一面略内凹，另一面外弧。靠近末端中部有一单面钻小孔。■

匕形玉器 兴隆洼文化装饰用玉，辽宁省阜新县查海遗址出土，现藏辽宁省文物考古研究所。

7件，最大长11.6、最小长2厘米。玉质乳白色，间有深浅不一的绿色斑。器体呈扁长条形，大小不一，形制基本一致，上端平齐，下端呈三角形漫圆。器身外侧凸起，内侧下凹，形似匕，其上端均有一穿孔，器缘修成薄刃状。据查海遗址七号房址西壁内侧一土坑墓出土的六件匕形器位于墓主人的胸部判断，此可能是一种佩饰。■

璜形玉坠 兴隆洼文化装饰用玉，内蒙古自治区敖汉旗兴隆沟聚落遗址出土，现藏中国社会科学院考古研

究所。

长9.5、厚0.69厘米。灰白色。器体呈弯条弧形，顶部微凹，末端渐细，一端有一圆形穿孔。■

玉管 兴隆洼文化装饰用玉，内蒙古自治区林西县双井店乡白音长汗遗址出土，现藏内蒙古自治区文物考古研究所。

高3.5～3.8、直径1.55、孔径0.4～0.7厘米。玉质绿色，器表有裂隙纹理。椭圆柱形，两端平齐。横剖面呈椭圆形，两端中部纵向对钻一圆形孔，中部相连处错位。类似的玉管曾出土于人头部颌骨下，推测应为颈部饰物。■

锛形玉器 兴隆洼文化玉质用具，内蒙古自治区敖汉旗兴隆洼聚落遗址出土，现藏中国社会科学院考古研究所。

长4厘米。玉质黄绿色。平面呈梯形，单面刃，顶部略残，刃部有一凹槽。■

赵宝沟文化玉器

赵宝沟文化是内蒙古地区的新石器时代考古学文化。该文化因内蒙古自治区敖汉旗赵宝沟遗址的发掘而命名。其主要分布范围在西拉木伦河流域、老哈河流域、教来河流域、牤河流域和滦河流域。所处年代约为距今7200～6500年。出土玉器的地点有翁牛特旗小善德沟遗址、赤峰市松山区赵宝沟文化遗址和敖汉旗敖润苏莫苏木羊羔庙等。目前赵宝沟文化出土玉器的种类、数量较少，有玉斧、钺、玦等，仅有五件。材质有透闪石、大理石等。器表光素无纹。

玉钺 赵宝沟文化礼仪用玉，内蒙古自治区林西县五十家子镇石门子村赵宝沟文化遗址出土，现藏林西县博

物馆。

长19.5、刃宽11.8、厚1.6、孔径1.6～2厘米。玉质青褐色，细腻光洁，闪蜡脂光泽。器呈长方圆角形，上窄下宽，弧背弧刃，中间微鼓，边缘渐薄，距顶端5厘米处有一单向钻孔，孔倾斜，孔壁光滑，修缘磨边，双面刃，刃部有一崩口，有使用痕迹。器通体打磨，光素无纹。■

玉玦 赵宝沟文化装饰用玉，内蒙古自治区赤峰市松山区赵宝沟文化遗址出土，现藏赤峰市松山区文物管理所。

直径3.3、孔径2厘米。玉质为淡黄色软玉。环状，内缘薄，斜直向上为平面，外缘微鼓，玦口为软性线切割。■

玉斧 赵宝沟文化玉质用具，内蒙古自治区敖汉旗敖润苏莫苏木羊羔庙出土，现藏敖汉旗博物馆。

长13.5、宽6.3厘米。玉质为墨绿色软玉。圆弧刃，稍斜，两侧边磨平，一边外弧，弧刃较锋利，有使用摩擦痕。■

红山文化玉器

红山文化是主要分布于内蒙古东南部、辽宁西部及河北北部地区的新石器时代考古学文化，年代距今约6500～5000年。红山文化玉器主要为红山文化晚期，距今约为5500～5000年。出土玉器的地点主要有辽宁建平、凌源两县交界处的牛河梁遗址群，阜新县胡头沟、福兴地，喀左县东山嘴。内蒙古巴林右旗那斯台、羊场，巴林左旗葛家营子、尖山子，克什克腾旗南台子，翁牛特旗三星他拉，林西县南沙窝子，宁城县打虎石水库以及敖汉旗境内的一些地点。另有河北围场下伙房等。红山文化玉器主要用于佩戴或装饰，器形可分为用具类、装饰品类、人物类、动物类和特殊类五大类。用具类有钺、斧、凿、纺瓜形器、勾形器、棒形器、锥形器等，装饰品类有环、镯、臂饰、珠、管、佩饰、菱形饰、绿松石串饰、玉睛等，人物类有玉人、人面饰等，动物类有牌饰、猪龙、龙、凤、双龙兽形玉饰、蚕、鸟、鹰、龟、鱼等，特殊类有璧、双联璧、三联璧、三孔玉饰、勾云形佩、箍形器等。经初步统计，发掘、采集及在红山文化分布区征集的红山文化玉器共有360余件，其中正式发掘品有140余件。从总体看，红山文化玉器的颜色有黄绿色、黄白色、墨绿色、淡蓝色等，材质主要以透闪石为主，另外还有少量的蛇纹石、绿松石、滑石、天河石等。人们运用这些玉材设计出几何形和动物形的造型，用纯熟的片雕、圆雕、透雕、切割、线刻技法，制造出浑厚、充满活力和独具特色的红山玉器。多见片雕，透雕主要是指勾云形佩中间部分的镂空。圆雕如箍形器、猪龙等。切割技术较为成熟的是线切割工艺，如箍形器的掏膛和勾云形佩的镂空。钻孔技术主要有桯钻和管钻钻孔两种方式，除一面钻、两面对钻的打孔技术外，主要流行一种自两侧斜钻的洞孔，即牛鼻孔。桯钻主要用于小孔的制作，管钻主要用于玉猪龙、环、璧中心的大孔。器表处理上，所有玉器都经过通体抛光，光洁圆润。大部分器表光素无纹，仅有少数器类在特定部位雕刻出阴刻的线纹、瓦沟纹以及图线纹等简单纹样。如勾云形佩、玉臂饰等饰有瓦沟纹，瓦沟纹之间的起伏随体形而变化，宽窄深浅十分均匀规矩，这种纹饰技法成为红山文化工艺的一个最显著特征。另外红山文化玉器极个别的动物形玉雕的头部擅长以浅浮雕的技法表现，如玉龟、鸟等。红山文化玉器以其特有的造型、简单的阴刻线纹和瓦沟纹饰、特殊的牛鼻钻孔以及边缘薄刃与其他文化的玉器相区别。

箍形玉器 红山文化装饰用玉,辽宁省建平县牛河梁遗址第二地点一号冢4号墓出土,现藏辽宁省文物考古研究所。

高18.6、上口径10.7、下口径7.4、厚0.3~0.7厘米。玉质碧绿色。器体为长筒形,筒扁圆,上大下小,上端呈斜面状,口沿外敞,边壁似刃。下端作平口,两侧各有一对钻的小孔。器表打磨光滑,孔壁留有线拉去料的切割痕。出土时枕于头下,长面在上,背面还可见有一小块头骨黏附其上。由此推测它的用途可能为束发器。同墓还出有一对玉雕猪龙,配挂在墓主胸前,反映出此墓所具备的较高规格,说明玉箍形器不是普通用品。■

旗草帽山祭祀遗址1号墓出土,现藏敖汉旗博物馆。

长9.9、宽9.4、孔径3.8~4.1、厚0.3~0.5厘米。玉质白色,表面有土沁黑灰色斑点,细腻致密,疏松钙化严重,不透明。器呈方形,璧孔为单向钻孔,小穿孔为两面对钻,可佩系。通体磨制,内缘磨光,外缘修缘成刃边,呈现中间厚,周边薄。山东临沂湖台也曾出土过方形玉璧。这种内圆外方形璧,也叫方圆形璧,有人称之为钺,还有人认为它是红山文化玉琮,其造型体现出古人天圆地方的观念。■

箍形玉器 红山文化装饰用玉,辽宁省建平县牛河梁遗址15号墓出土,现藏辽宁省博物馆。

高11.5、上口径8.4、下口径6.8厘米。玉质青绿色,表面布满土蚀褐斑。器体为椭圆形筒状,上大下小,呈倒置的马蹄形。器壁较薄,筒外光素平滑。上端呈斜面状,边壁似刃,有缺口,似经使用所致。下端平齐,底边处有一对钻的小孔,有使用痕迹。此器出土于墓主人头骨下方,可能是束发器,也有认为此类器是护臂器或祭祀中的乐器。■

方形玉璧 红山文化装饰用玉,内蒙古自治区敖汉

方形玉璧 红山文化装饰用玉,辽宁省凌源县三官甸子墓出土,现藏辽宁省博物馆。

长12.5、宽10.5、厚0.3厘米。玉质青色,质温润,半透明。近似方形,外方内圆,器面微微凸弧,内外缘呈薄刃状,近边处有两小孔,可以穿系,似为佩玉之一种。此方形璧,在辽宁牛河梁、三官甸子遗址及黑龙江新石器时代的亚布力等遗址亦见出土,内外缘呈边薄刃

状的玉璧为红山文化所特有。■

方圆形玉璧 红山文化装饰用玉，辽宁省建平县牛河梁遗址第五地点一号冢1号墓出土，现藏辽宁省文物考古研究所。

2件，左最大直径12、孔径3.9、厚0.6厘米；右最大直径12.9、孔径3.3、厚0.7厘米。玉质黄绿色。器外廓方圆形，器面略微鼓弧，内外缘呈薄刃状，体现了一种磨角为圆的原始风貌。上方有两个对钻孔，可穿系。此对玉璧，出土时位于墓主人头骨两侧，成对使用。同墓出土的还有勾云形器、箍形器、镯、龟等，推测可能是一种代表权力的佩饰品，为红山文化的用玉制度提供了重要的研究材料。此类方圆形玉璧是红山文化玉璧的一个显著特征。■

双联玉璧 红山文化装饰用玉，辽宁省建平县牛河梁遗址第二地点一号冢21号墓出土，现藏辽宁省文物考古研究所。

2件，左长5.5、宽4.7、厚0.3厘米；右长6.1、宽4.9、厚0.3厘米。玉质均为淡绿色。体甚薄，下璧较大，上璧甚小，两件形制有所不同，较小的一件两侧边斜直，只在侧边偏上方作出缺口，形成下璧方圆形，上璧近菱形的双联璧。较大的一件为明显的双璧相联。璧内外缘边薄似刃，上面小璧孔桯钻明显，通体磨光有透明感。■

双联玉璧 红山文化装饰用玉，辽宁省建平县牛河梁遗址第二地点出土，现藏辽宁省博物馆。

长13、宽8、厚1厘米。玉质青白色，局部有鸡骨白色沁蚀。体扁平，上璧较小，形近圆三角形，下璧较大，平而圆，两璧皆中有圆孔，器面凸弧，孔壁留有慢速旋转痕，边缘较薄，由两面磨成钝刃，制作规整。此类器形在黑龙江、辽宁、山东、江苏等地的新石器时代墓葬均有出土。■

双联玉璧 红山文化装饰用玉，现藏辽宁省博物馆。

长9.5、宽4.5厘米。玉质青白色，半透明。体扁平，形似不规则的两璧横向对称相连，左右两端凸出，上缘较平，中间有一道砣具琢磨的凹槽，凹槽两侧各有一小圆孔，可供系挂，器面微鼓，周边磨有刃边，制作精巧，具有红山文化玉器的特征。■

三联玉璧 红山文化装饰用玉，辽宁省阜新县胡头沟村石棺3号墓出土，现藏辽宁省博物馆。

长6.4、最宽3厘米。玉质青绿色，局部有褐色斑块。体扁平，形若三个不规则的璧相连，皆中有大小不等的圆孔，自上至下依次增大。璧的两侧各雕两组对称的"V"形缺口，上璧近圆三角形，一端略尖，璧顶端磨有一系沟，中璧扁方，下璧下圆上方，器边缘及孔周皆有两面磨成的钝刃。其形制与山东邹县野店大汶口文化墓葬所出玉串饰中的联璧形式相同，故用途也应一样。黑龙江亚布力新石器时代遗址也出土有相似的三联璧。■

三联玉璧 红山文化装饰用玉，内蒙古自治区巴林右旗巴彦汗苏木那斯台遗址出土，现藏巴林右旗博物馆。

长11.9、宽3.8、厚0.56厘米。玉质黄绿色，杂有白色絮状物质，半透明。器上端平齐，下端呈三连弧状，两侧方圆。三璧相连，之间以两条竖向凹槽即宽阴线相隔，上面阴刻线顶端有对穿的两个小圆孔，以便佩挂，右侧小圆孔上，有一定位打孔的痕迹，中间孔壁上有裂纹一道。通体磨制光滑，修缘，可能是部落族盟悬挂的标志物。■

双兽首三孔玉饰 红山文化装饰用玉，辽宁省凌源县三官甸子城子山2号墓出土，现藏辽宁省文物考古研究所。

长9.2、宽2.8、孔径1.9厘米。玉质青白色，间有褐色沁蚀。体为三联孔，上端为弧拱形，下端平直，两端以写实手法各雕一兽首，肥头大耳，长面拱嘴，吻端圆而上翘，菱形大眼，炯炯有神，形象似猪更似熊。中间三个圆孔的孔壁上均留有管钻的旋转痕，器侧饰连续的绳索纹，下端底上有四个漏斗形小穿孔。通体光素，圆润莹洁。■

玉镯、琮形玉器 红山文化装饰用玉，辽宁省建平县牛河梁遗址第三地点7号墓出土，现藏辽宁省文物考古研究所。

镯直径6.9、孔径5.8、厚0.5厘米。玉质黄绿色。镯体正圆，光素无纹，内缘厚，外缘薄，内缘弧直，外缘薄似刃，断面呈钝三角形，琢磨光洁细润，做工精致。琮形器高2.6、直径2.8、厚0.9厘米。青黄色。圆柱体，束腰。横断面外廓近方形，内穿上下贯通对钻圆孔，上下两端一端平齐，一端斜倾，整体形成外方内圆，已具备玉琮的基本特征，制作精巧玲珑。出土时，放置在墓主人的上腹处，可见其重要性，可能是通天地的法器。■

玉臂饰、玉镯 红山文化装饰用玉，辽宁省建平县牛河梁遗址第三地点9号墓出土，现藏辽宁省文物考古研究所。

臂饰长6.3、最宽8.1、厚0.5厘米。玉质淡绿色。臂饰体扁薄，呈半圆弧状，其上分布有四道规整的瓦沟

纹，上方与左右两侧均有绑孔，背面无光泽，有土渍。出土时位于人骨臂部，可能是一件臂饰。镯直径8.4、孔径6.7、厚0.8厘米。玉质淡绿色。镯甚圆，外缘薄如刃，截面为钝三角形，琢磨光洁，做工精细。出土于墓主人的手腕部位。由埋葬位置推知二器均为手部装饰品。■

玉箍 红山文化装饰用玉，辽宁省建平县牛河梁遗址第五地点一号冢1号墓出土，现藏辽宁省文物考古研究所。

高4.2、直径7.5、孔径6.4、厚1.1厘米。玉质黄绿色，略有瑕斑。圆口，内壁平直，外壁如鼓，中部最厚，两端渐薄似刃。出土时与勾云形玉佩一同置于男性墓主的胸前，从孔径大小来看，可能是手镯。此器制作规整，抛光度高，为红山玉器不可多得的珍品。■

玉龙 红山文化装饰用玉，内蒙古自治区翁牛特旗三星他拉出土，现藏中国国家博物馆。

长26、通宽21、剖面直径2.3～2.9、穿孔孔径0.95厘米。玉质墨绿色。龙体作"C"字形，上唇略翘，吻部前伸，嘴紧闭，鼻端平齐，上沿起锐利的棱线，有两个小鼻孔，眼为梭子形，梳形眉凸起，额及颚底皆刻细密的

菱形网状纹。颈背起长鬣，呈弧形向后飘动，边缘作钝刃，两侧有凹槽。龙身细体内弯，卷尾，极富动感。龙背有一小孔，如系绳悬挂，龙的首尾正好在同一水平线上。通体琢磨，光滑圆润，为一整块玉料圆雕而成，是迄今所知最早的玉龙，有人认为它是氏族部落的象征及图腾。目前这类龙只见于红山文化分布的赤峰地区，牛河梁地区尚未见。■

玉龙 红山文化装饰用玉，内蒙古自治区翁牛特旗广德公社黄谷屯征集，现藏翁牛特旗博物馆。

长16.8、体宽2.8、孔径0.7～0.8厘米。玉质黄色，细腻温润，局部有黄褐色沁斑，半透明。龙身呈"C"字形，首尾相距7.5厘米，头部的吻、眼、鬣部侧视呈圆润流畅的三阶梯状。双眼隐地凸起呈单凤形，以两条短阴刻线表示鼻孔，嘴部由细阴刻线表示，颚底有三角形网格纹，似表示兽毛，头上颈背翻卷的鬣毛上，施以宽浅的凹槽，飘逸飞动。玉龙头部琢刻生动，极具神韵。龙体光素无纹，中部有一对钻孔。■

玉猪龙 红山文化装饰用玉，辽宁省建平县采集，现藏辽宁省文物考古研究所。

长15、最宽10.2、断面最厚3.8厘米。玉质青色，器表沁蚀呈牙白色。整体作"C"字形。猪龙形首，头部甚

大，短肥耳，大圆眼，阔嘴，吻部前突，口露獠牙，鼻上有数道阴刻皱纹，因貌似猪首而俗称"猪龙"。龙身厚重，首尾卷曲成环形，环孔圆滑，首尾相对缺而不断，耳部后方有一个对钻的系带孔。造型浑厚粗犷，线条匀称流畅，为红山文化同类玉猪龙中形体较大、形制最规整的一件。■

玉猪龙 红山文化装饰用玉，内蒙古自治区敖汉旗下洼镇河西出土，现藏敖汉旗博物馆。

长7.1、最宽5.9、厚2.1厘米。玉质黄色，细腻莹润，有红褐色沁斑，半透明。猪龙身躯卷曲如环，尾端平收，首前额略凸，圆目中有菱形凸眼，立耳稍向外撇，吻部前伸，眼周及吻部有阴刻皱纹，首尾缺口已完全断开，缺口留有切割痕，颈部有一对钻小孔，内视有平行旋转的螺旋纹，小孔的磨损痕较深，证明此玉龙曾经过长期的垂挂使用。已发现的红山文化玉龙以碧玉为多，黄玉较少，此器玉质较好，透明度高，有红褐色斑沁，更显珍贵。■

玉猪龙 红山文化装饰用玉，内蒙古自治区敖汉旗萨力巴乡干饭营子出土，现藏敖汉旗博物馆。

长7.5、最宽5.8、厚2.4～2.7厘米。玉质墨绿色，微透明。呈"C"字形，兽首，两立耳残，额部前凸起，双目圆睛突起，炯炯有神，嘴与鼻前突，圆鼻孔，用砣具、桯钻使其形成褶皱，体卷曲。中部大孔以管钻对钻。打磨抛光后仍留有钻孔时的旋转痕，并残存有管钻时的一小段内芯，颈部小孔也为对钻，嘴与尾间的缺口处有切割痕。■

玉猪龙 红山文化装饰用玉，辽宁省西部地区征集，现藏辽宁省博物馆。

长4.2、最宽3.4、厚1.4厘米。玉质青绿色，有多条褐色斑纹相间。体形如龙首尾卷曲，呈"C"字形，貌似猪首，首部较小，但身躯拉长，中间圆孔加大，首尾分离如玦，尾端向内尖收。头略向下，双耳直立，双眼外突，吻前伸，吻部皱纹线条较宽，背部靠颈对穿有供系挂的小孔。通体磨制光滑，为猪龙向"C"形龙发展的过渡形态。该玉饰又名兽形玦，在红山文化遗址和墓葬中出土甚多，形制大致相同。■

玉猪龙 红山文化装饰用玉，辽宁省建平县牛河梁遗址第二地点一号冢4号墓出土，现藏辽宁省文物考古研究所。

长7.9、最宽5.6、厚2.5厘米。玉质淡绿色，背部及下部有褐斑。通体雕成卷曲的龙形，首尾衔接处完全断开。面似猪，身形如龙，双耳竖立，圆眼，口微张，吻部前凸，面部有多道皱纹。体较肥厚，颈背上对钻一孔。出土时为一对，置于墓主胸前，显示了墓主人是具有较高等级身份的特殊人物。■

鸟形玉玦 红山文化装饰用玉，内蒙古自治区巴林右旗巴彦汗苏木那斯台遗址出土，现藏巴林右旗博物馆。

长5.5、最宽5、厚1、中心孔径2厘米。玉质青色，沁蚀后呈灰白色。扁柱体，首尾卷曲相近，如鸟正在发育的胚胎。大大的鸟嘴，嘴端略微尖突，尖啄向下前伸，额头隆起，刻双圆圈重环大眼，几乎占据了鸟的整个头部。身上有两个尖脊，翅肩向外突出，翅尾向下，凸尖较大，圆弧状的鸟尾向上卷曲接近鸟喙。中间为一圆形大孔，颈间处对穿一孔，造型极为奇特，器形风格与红山文化玉猪龙有些相似。■

玉鹰 红山文化装饰用玉，内蒙古自治区敖汉旗征集，现藏敖汉旗博物馆。

长5.3、宽4.5、头厚1.9厘米。玉质黄色，细腻温润，上有橘红色沁斑。体扁平。鹰首呈倒三角形，有一双隐地凸起的阳纹大圆眼，勾喙较短。双翅展开，与肩平齐，上饰两条方转的阳纹表示羽翅。双爪蜷缩，作下扑状，阴刻数道线纹表示鹰爪。尾部平齐长方形，略呈扇面状并微向前卷。胸腹微鼓。背面无纹，后颈有一斜对钻穿孔。■

玉鹰 红山文化装饰用玉，内蒙古自治区巴林右旗巴彦汗苏木那斯台遗址出土，现藏巴林右旗博物馆。

长4.6、宽4.4、厚1.7厘米。玉质黄绿色，莹润细腻。鹰体近方形，作展翅欲飞状。头呈倒三角形，阴刻圆形双目，三角形鸟喙向下凸出。腹部丰满微鼓，半圆形的两爪并列作攀附状，足端阴刻数道直线表示鹰爪，展开的双翅上饰有阴刻羽毛纹，尾部呈长方形，上饰五条阳文线，表示鹰尾翅。鹰背部有三个相通的圆孔，背中部遗有一道细密螺旋纹痕迹。■

玉鹰 红山文化装饰用玉，内蒙古自治区巴林右旗巴彦汗苏木那斯台遗址出土，现藏巴林右旗博物馆。

长6.1、宽6、厚1.8厘米。玉质淡黄色，细腻温润。体呈扁片状，头部圆凸，头顶为两只直立的半圆形耳，勾喙，舒展的双翅与肩平齐，翅翼为隐地凸起的方转阳纹，胸腹部丰满，腹部下方刻划四道斜线表示鹰爪，双爪呈半圆形蹲伏在三角形平台上，尾部平齐呈长方形，上饰四道凸起阳纹。背面平直，无纹，有交叉钻孔三对。在红山文化中玉鹰发现多件，说明鹰可能是红山先民们极为推崇的鸟类。■

绿松石鹰 红山文化装饰用玉，辽宁省喀左县东山嘴遗址出土，现藏辽宁省文物考古研究所。

长2.5、宽2.8、厚0.4厘米。正面表层为绿松石质，背面为黑色石皮。器

扁平，鸟作正面展翅状，通体雕刻较细，头、耳、目、喙乃至尾部皆刻画分明，雕刻线条流畅准确。头下钻单孔，背面中央横钻鼻状孔。■

玉鹰 红山文化装饰用玉，辽宁省阜新县胡头沟墓地1号墓出土，现藏辽宁省文物考古研究所。

长3.1厘米。玉质淡绿泛黄色。全器为一展翅的鹰形。头上双耳尖立，面部隐约可辨，以压地技法制作微凸的爪，翅膀较窄，尾部较长，展翅内收，尾及翅均雕羽纹。背面横钻鼻状单孔。造型朴拙，线条简练。■

玉鹰 红山文化装饰用玉，辽宁省阜新县胡头沟墓地1号墓出土，现藏辽宁省文物考古研究所。

长3.8厘米。玉质淡绿泛黄白色，器表钙化，局部有褐斑、附着物等。鹰大展翅，短宽尾。双目省略，耳在头顶，尖嘴，鼓腹，翅膀上端雕琢有棱线，左右翅各饰三道阴线代表翅羽。尾部琢成四叉形。背部上方有一横穿，系两端钻孔贯穿而成。造型写实，栩栩如生。■

玉鸟 红山文化装饰用玉，辽宁省建平县牛河梁遗址第二地点四号冢出土，现藏辽宁省文物考古研究所。

长3.3、宽2、厚0.4厘米。玉质青白色。片状，通体近梯形，为鸟的简化形，作展翅状。头部钻有一孔，中央及两翼有单刻阴线，造型概括抽象。■

勾云形玉佩 红山文化装饰用玉，辽宁省凌源县三官甸子2号墓出土，现藏辽宁省文物考古研究所。

长22.5、宽11.5、最厚0.5厘米。玉质淡绿色。整体作长方形，器中央透雕勾云形孔，四角亦外弯勾，正面的勾云形体上，有随形的凹槽。背面平滑，每角各有一对相通的穿孔，并各有两条平行的凹痕。孔周及外边缘磨成刃状。勾云形玉佩因其有镂空的卷云形孔而命名，是红山文化玉器的代表性品种。因出土时置于墓主人胸部，很可能是缝缀在死者衣服上或佩挂在胸前作佩饰，作用相当于护身符一类的辟邪器。■

勾云形玉佩 红山文化装饰用玉，辽宁省建平县牛河梁遗址第二地点一号冢14号墓出土，现藏辽宁省文物考古研究所。

长15.8、宽6.9、厚0.6厘米。玉质白色，有青灰色斑。体甚长，中央镂雕勾云形，四角向外作卷钩状，两面磨出走向一致的浅凹槽。中央勾卷本体与各部位分辨清晰，整体造型呈现几何化的组合风格。上缘中部和下缘右侧都有为了系绑断裂处所钻凿的圆孔，可见古人修复玉器的情形。此器出土时置于女性墓主的胸前，故推测当为佩饰。■

勾云形玉佩 红山文化装饰用玉，辽宁省建平县牛河梁遗址第二地点一号冢27号墓出土，现藏辽宁省文物考古研究所。

长28.6、宽9.5、厚0.6厘米。玉质深绿色，有黄色瑕斑，因光线照射角度不同玉质的明暗变化会极为明显。体扁薄，呈长方形，正面饰瓦沟纹，纹饰规整，反面略内弧。兽面，具有旋涡形的双眼及獠牙，两侧侧面龙首依稀可寻。器面凹槽纹饰依体形而盘旋曲折，在纹饰间透雕以小孔和窄条形镂孔。此器外形对称，带齿的兽面纹，应当是一种动物图腾的图案化，当是古人用作图腾祭祀的神器。出土时为竖置，反面朝上，为迄今所知红山文化玉器中最大的一件勾云形玉佩。■

勾云形玉佩 红山文化装饰用玉，现藏天津博物馆。

长16.5、宽5.4厘米。玉质青绿色，有褐色沁。体扁平，略呈长方形。整体镂雕作左右对称式相背双鸟造型。左右两端为鸟首，尖喙，头顶有冠羽，颔下有短毛或肉垂。鸟身呈盘卷状，随形磨出沟槽，中间镂空卷云形孔。双鸟之间有一凸起的棱线，下部中间有一对钻的佩戴孔，佩之上边缘有七组对称的脊齿纹，每两个为一组。器体周缘及镂空处边缘，皆两面对磨而呈钝刃状。工艺古拙原始，风格粗犷。此佩同辽宁凌源三官甸子、内蒙古巴林右旗所出之勾云纹玉佩的形制、工艺技巧、

艺术风格相似，故此佩与红山文化的勾云形饰有着密切的关系。■

勾云形玉佩 红山文化装饰用玉，辽宁省建平县牛河梁遗址第二地点一号冢9号墓出土，现藏辽宁省文物考古研究所。

长6.2、宽2.4、厚0.4厘米。玉质淡绿色。器体呈扁椭圆形，长边一侧和短边两侧呈圆弧状，长边另一侧作三组齿状凸，共六枚。中间对穿两孔，上钻单孔。发展初始的玉佩正面兽首图案是由中间两个桯钻圆眼，与下方的三组齿状獠牙及左右两短边的圆弧、弯勾共同组合而成。因而，此玉佩为未完工的正侧像合一的兽形佩。■

勾云形玉佩 红山文化装饰用玉，内蒙古自治区敖汉旗征集，现藏敖汉旗博物馆。

长12、宽4.5厘米。玉质白色，上有黑褐色纹理，半透明。器扁体，呈椭圆形，上端和左、右两侧为圆弧状，两下端为勾云状，形体勾称。下边为三个突尖齿，每一尖齿的两面均有凸起的阳纹向脊部延伸，脊边正中穿一小孔，外缘及三个尖齿部分为黑色。通体温润，光泽内敛，利用天然玉石俏色制成，韵味十足。■

钩形玉佩 红山文化装饰用玉，现藏辽宁省文物总店。

长9.5、宽3.1厘米。玉质青绿色，半透明，略有褐斑。体扁平，薄而长。器身中间琢磨出两道凸棱，将全器分为弯钩与直柄两部分。形体有如后世的钩兵形状，上钩卷起，锋部呈弯勾刀形，弯勾部分双面磨刃，中有凹槽随形弯转。直柄部分下端收缩为一方扁的榫头，上有一桯钻圆孔，为红山文化的特有器形。■

兽面纹"丫"形玉佩 红山文化装饰用玉，现藏辽宁省文物总店。

长12.4、宽4.1、厚0.2厘米。玉质淡绿色。器身中间微微弧凸，边缘呈薄刃，形若"丫"字。头部雕琢一兽面纹，开叉为兽耳，耳间有小凸脊，耳下为圆圈形双眼，绕以皱纹，再下钻两小眼为鼻孔，口微张，嘴角凸出体外。头部以下雕琢多道凸凹的平行瓦沟纹，下端渐薄，似有榫部，上面有对钻单孔。此类玉器在考古发掘中尚未见出土，故对其意义及功用不甚明了。此种造型与纹饰似为圆雕猪龙的正面像，是猪龙在平面上的表现形式，应是原始社会图腾崇拜进一步宗教化的产物。■

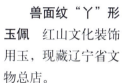

兽面形玉佩 红山文化装饰用玉，辽宁省建平县牛河梁遗址第二地点一号冢21号墓出土，现藏辽宁省文物考古研究所。

长14.7、宽10.2、厚0.4厘米。玉质淡黄色。薄片形，形似"丫"字形头部的一个大特写。大长耳，正圆形大孔为双目，钻两小眼为鼻孔，嘴部的两侧边外凸，耳根、两目间、吻部都有刻线相交或相连。此器出土于墓主人下腹部，似为腰带饰物之类。下端尖突，表面不磨光，又似为插入某部件内的榫部，据分析，其带榫的尾部似可与木柄或器座相连，以便于在祭祀活动中手持或放置，造型神秘。■

玉蚕 红山文化装饰用玉，内蒙古自治区巴林右旗巴彦汗苏木那斯台遗址出土，现藏巴林右旗博物馆。

长7.98、直径3.4、厚2.6、孔径1.68～2.58厘米。玉质淡黄色，局部有红色沁斑。呈圆柱状，头部平圆，隐地凸起一双圆眼，两眼之间有一道凸棱纹，上有一短阴刻纹，双眼之上有两条向上弯曲的阳凸纹，表示蚕成蛾时的翼翅。背微凹弯，以数道凸弦纹以示蚕体的分节，表示躯体，尾端斜收成尖圆状。腹部光素无纹，腹身两侧有一对穿不规则圆孔，从蚕体第一道阳纹斜透穿于第二道阳纹，内视可见桯具旋转钻孔留下的螺旋纹。■

玉龟 红山文化装饰用玉，辽宁省建平县牛河梁遗址第五地点一号冢出土，现藏辽宁省文物考古研究所。

2件，左长9.4、宽8.5、厚2厘米；右长9、宽7.7、厚1.9厘米。两龟玉质黄绿色。均呈扁圆形状，龟首均作三角形，颈微缩，雕出口、目、四肢和四足。龟背呈弧状，光素无纹，腹部平直，左龟腹部中心有一凹窝。两龟做工精致，朴实无华，由于形体大小略有差别，故有人认为是雄、雌一对。出土时置于男性墓主人左右手中，流行于汉代的"玉握猪"正是这种葬俗的遗风。■

玉龟 红山文化装饰用玉，辽宁省建平县牛河梁遗址第二地点一号冢21号墓出土，现藏辽宁省文物考古研究所。

背长5.3、宽4.1，腹残长4.5、宽3.8、厚2.7厘米。玉质淡绿色，质地莹润。器呈龟壳形，龟背有三道棱脊，两端以刻线表示头和尾，极为写实。腹甲边缘也有与背甲对应的简略刻线。腹底平滑，由首至尾有一贯通系孔，并与腹甲大孔相互贯通。以前后贯通的玉质龟壳随葬，可能与以玉龟通神的宗教信仰有关。玉龟壳在安徽含山凌家滩新石器遗址、河南安阳商代妇好墓、北京琉璃河周初燕国墓、山西西周晋侯墓等均有出土。但以牛河梁出土的这一件时代最早，制作也最精。■

玉龟 红山文化装饰用玉，辽宁省阜新县胡头沟墓地1号墓出土，现藏辽宁省文物考古研究所。

2件，左长4.8、宽2.8、厚0.5厘米；右长3.9、宽3.6、厚0.6厘米。左玉质淡绿色。龟颈前伸，嘴部光圆，龟背呈弧形，四足内缩，作蜷伏状，短尾略呈三角形。背面无纹，腹部正中雕有一道竖脊，脊中横穿一洞孔。右玉质青绿色，表面有黄斑，不透明。龟首呈三角形，龟身呈方形，以简单的线纹将龟背和四足隔开，形成近六角形的龟背和作爬行状的脚爪，再以阴线圆雕出目、口、爪等细部。颈微缩，屈肢有力。龟腹部平滑，颈下有一个程具对钻的穿孔。两件玉龟同出土于一男性墓葬，可能为一雌一雄。■

玉人 红山文化装饰用玉，辽宁省建平县牛河梁遗址第十六号地点4号墓出土，现藏辽宁省文物考古研究所。

长18.6厘米。玉质淡黄绿色。圆柱状。双目微闭，双手伸张，抬臂上举。刻划线条粗犷浑厚。头顶及脑后钻有三联孔。玉雕立人曾在安徽含山凌家滩新石器遗址出土六件，与牛河梁这件玉立人神态非常相似。它们都是沟通天地神祖的巫师的写照，为"玉神器"。■

人面玉佩　红山文化装饰用玉，内蒙古自治区巴林右旗出土，现藏巴林右旗博物馆。

长4.2、宽3.7厘米。玉质青绿色。器呈椭圆三角形，圆脸尖下颏，首顶两侧雕琢尖凸状，脸边缘刻划出椭圆形面庞，阴刻线表示人脸，两条平直阴刻线表示人的眉毛，三角形眼，上部刻出一横线，鼻子为长三角形，鼻下有一横线表示嘴，下刻划菱形网格纹以示胡须。背面略鼓，光素无纹，有一斜钻对穿孔。■

玉凤　红山文化装饰用玉，辽宁省建平县牛河梁遗址第十六号地点4号墓出土，现藏辽宁省文物考古研究所。

通长19.5、厚1.2厘米。玉质为黄绿色软玉。扁状，曲颈回首，高冠，圆睛，扁喙，背羽上扬，尾羽下垂。背面有四组横穿隧孔。出土于墓主人的头下。■

龙首玉璜　红山文化装饰用玉，辽宁省喀左县东山嘴祭坛遗址出土，现藏辽宁省文物考古研究所。

长4.1厘米。玉质青白色。器身作弯弧状，两端雕成龙首，双首前伸，吻部凸出，口微张，双目呈菱形。器正面雕琢瓦沟纹，底部光素无纹，中央部位横钻一鼻状

孔，左右对称。这种双龙首的璜形玉饰，在红山文化中极为少见。东山嘴祭坛遗址是一处红山先民的祭祀遗址，祭坛周围又出土了一些象征生殖、丰收的女神像，推测这件双龙首玉璜可能是部落联盟共同献给女神的礼物。■

牙形玉佩　红山文化装饰用玉，内蒙古自治区翁牛特旗海金山遗址出土，现藏翁牛特旗博物馆。

长2.7、宽2.4、厚0.4厘米。玉质黄色，细腻温润，上有雾状白色水沁。器扁平，牙角状。上部有两个单向钻孔，并有两个浅浅的阴刻线。另一面在钻孔旁遗有打孔痕迹。通体磨制，光素无纹。■

小河沿文化玉器

小河沿文化是新石器时代的考古学文化，年代约距今5000～4000年。其文化主要分布于辽河以西，内蒙古昭乌达盟（今赤峰市）境内以及河北北部。出土玉器的地点有内蒙古敖汉旗新惠镇北的石羊石虎山、西山，翁牛特旗解放营子乡大南沟村，克什克腾旗新井乡上店村，河北阳原姜家梁遗址等。玉器种类比较单一，分为用具、装饰品两大类。用具类有钺、锛等，装饰品类有环、镯、有领璧、璜、管、珠、猪龙等。环、镯类有薄片状和外缘鼓、内缘直立以及内外缘都直三种，整体造型比较规整，与红山文化同类器有很大差别。玉器材质主要为大理石，另有少量的透闪石、绿松石等。透闪石玉类仅在大南沟墓地的51、65号墓中分别出土有一件玉锛和玉管。钻孔技术在小河沿文化的玉器中使用较多，除玉锛外，其余全部都有钻孔，环由管钻而成，珠由桯钻两面对钻。器物无论大小、质地，均制作比较精细，磨制光滑，很难看到切割、琢磨痕迹。

玉镯 小河沿文化装饰用玉，内蒙古自治区克什克腾旗新井乡上店村小河沿文化墓地出土，现藏克什克腾旗博物馆。

直径7.9、孔径6厘米。玉质白色，细腻致密，硬度低，有蜡脂光泽，不透明。圆环状，内缘厚，外缘薄。制作规整精细，磨制光滑。玉镯出土时，套在墓主人的臂骨上，表明是臂饰或腕饰。小河沿文化时期的玉镯，绝大部分为白色，数量多，形制多，制作精。◼

玉璧 小河沿文化装饰用玉，内蒙古自治区喀喇沁旗大牛群乡征集，现藏喀喇沁旗文物管理所。

直径14.2～14.5、孔径5.8～6、内缘厚2、外缘厚0.7厘米。玉质青绿色，泛白，细密坚硬。器为不十分规整的圆形，单向钻孔，内缘厚外缘薄，内缘在璧体上凸起0.25厘米，形成一周凸棱，一面侵蚀严重，表面有一层疏松的钙化层。通体磨制，光素无纹，是目前史前期仅见的一件凸缘璧。◼

哈克文化玉器

哈克文化是呼伦贝尔草原新石器时代的考古学文化，年代约距今6000～4000年。其生产生活工具以细石器为代表，同时也出现有玉器工艺制品。哈克文化玉器出现的时间可能在哈克文化的晚期。出土玉器的地点有内蒙古鄂温克旗塔头山南、海拉尔哈克乡团结村、海拉尔哈克镇团结新村、呼伦贝尔陈巴尔虎旗东乌珠尔苏木、呼伦贝尔鄂温克旗辉河支流河畔、新巴尔虎左旗甘珠尔庙西南等。到目前为止，哈克文化玉器共计14件。玉器种类较为简单，其种类有用具类和装饰品类。用具类有玉斧和玉锛，装饰品有玉环、璧和绿松石珠以及玉雕人面像等。其制作工艺，普遍采用了切割、压剥、琢打、磨光、抛光等技法。制作的玉器多呈几何形，除一件玉雕人面像外，未见有动物雕像。哈克文化的玉器造型简洁，而且很少施加纹饰，以殷实古朴为其特点，显示出它的实用性以及粗犷豪放的风格。这种风格与这一地区草原居民的传统风俗密切相关，并源远流长。

玉璧 哈克文化装饰用玉，内蒙古自治区海拉尔区哈克镇团结村哈克遗址2号墓出土，现藏呼伦贝尔民族博物馆。

直径9、孔径4.4、厚0.4厘米。玉质黄绿色，半透明，夹杂红褐、灰褐色瑕斑。器内外缘均呈圆形，体扁薄，两面光平，靠近内外侧边缘略薄，器体周正端庄。◼

玉斧 哈克文化玉质用具，内蒙古自治区海拉尔区哈克镇团结村哈克遗址2号墓出土，现藏呼伦贝尔民族博物馆。

长12.4、宽4.4、厚1.6厘米。玉质青绿色，半透明，

纯净无瑕。器形呈长方形，中部略厚，四周均渐薄，斧顶部有使用留下的打击疤痕，纵向垂直于刃口有六条脊线，使器身纵向形成面积不等的六个面，显得更加挺拔坚固。刃口平直，刃锋微鼓。■

玉锛 哈克文化玉质用具，内蒙古自治区海拉尔区哈克镇团结村哈克遗址2号墓出土，现藏呼伦贝尔民族博物馆。

长5.1、上宽1.4、下宽2.5、厚0.9厘米。玉质淡绿色，微透明，夹杂灰白色斑纹。整体呈梯形，中部微鼓，器身磨制抛光，两侧脊斜直，一面平直，一面微鼓过渡至两端刃口，使两端锛刃锋利，制作精致。锛不仅是用具，同时可作兵器。■

大汶口文化玉器

大汶口文化是黄河下游地区的新石器时代考古学文化，年代约为距今6200～4600年。主要分布地域为山东省全境及苏、皖两省的北部。出土玉器的地点有山东省的泰安大汶口，兖州王因，邹县野店，曲阜尼山，西夏侯，枣庄建新，滕州岗上，茌平尚庄，诸城呈子，莒县陵阳河、大朱村、杭头，胶县三里河，安丘景芝，广饶五村、傅家，桓台前埠下，江苏的邳县刘林、大墩子，新沂花厅，安徽的蒙城尉迟寺等。玉器种类有用具类、装饰品类以及少量的仪仗器类。用

具类有锛、斧、凿、刀等。装饰品类有锥形器、镯、小璧、环、牙璧、璜、璜形坠、玦、臂环、珠、管、坠饰、指环、串饰、双联璧、三联璧和人面饰等。仪仗器类有钺。由璧、管、珠、坠等多个小型玉饰组成的串饰是大汶口文化装饰品的特点。大汶口文化出土玉器中，装饰品较多，这是大汶口文化玉器的一大特点。玉器的材质有透闪石、蛇纹石、绿松石、滑石、孔雀石、大理石、叶蜡石、蛋白石、玉髓、煤精等。透闪石玉的运用集中在大汶口、野店、花厅、三里河、陵阳河等遗址。小玉璧中间的穿孔比较圆，而边缘圆度一般不太规整，有的磨成薄刃。出现了绿松石镶嵌制品，如野店22号墓的骨指环、大汶口4号墓的骨雕筒，其上都有绿松石片、玉珠镶嵌，这是新石器时代最早的嵌绿松石工艺的实例。玉器以素面为主，刻纹玉器有滕州岗上遗址采集到的人面玉饰，以简练的线条，勾划出五官，虽比例不甚协调，但轮廓较分明。大汶口文化玉器与周围辽海地区的红山文化、辽东地区的小珠山中层的玉器有明显的交流关系。如野店22号墓所出串饰中的二联璧、四联璧从出土位置、器形、工艺上都可反映出其是来源于红山文化的同类玉器。

玉铲 大汶口文化礼仪用玉，山东省泰安市大汶口墓地出土，现藏山东省博物馆。

长17.8、宽7.2、厚0.4厘米。玉质淡黄色，色泽晶莹。器呈扁平梯形，顶端略作弧形，两边斜直，刃部稍宽，较锋利，上部正中有一管钻圆孔，两面透钻。通体磨光，无使用痕迹。玉斧形似石斧，实为礼器，是权力和财富的象征，为部落首领所占有。■

玉串饰 大汶口文化装饰用玉，山东省邹城市野店出土，现藏山东省博物馆。

由11件玉饰组成，单璧直径3～5.1、孔径1厘米左

右；双联璧长6.8厘米；四联璧长4.8厘米；绿松石坠长3厘米。玉质青色和白色，玉色斑斓。玉片扁薄，小璧体的内外边缘较薄，为钝刃状，磨制光滑，制作不甚规整。有单璧、双联璧、四联璧，这种联璧在同期红山文化、良渚文化中均有出土。此串饰出土于墓主人头颈部，当为项饰，为山东地区难得一见的多件璧组成的玉串饰。■

玉串饰 大汶口文化装饰用玉，江苏省新沂县花厅16号墓出土，现藏南京博物院。

周长92厘米。由2个琮形小管、2个兽面纹冠状饰、23颗弹头形管、18颗鼓形珠和28颗米粒珠组串而成。玉质呈白色。两个琮形管，内圆外方，中心有一圆穿，体外分四节，上饰简化的"人兽复合纹"，组串在串饰左右两侧。两个冠状饰为扁平体，两面均饰相同的"兽面纹"，其间各结挂一组小米珠组成的串饰。弹头形管串联在串饰的上部。大小不等的鼓形珠，串联在琮形管之下。整组串饰洁白光润，制作精致。类似此式的玉串饰及其上的琮形管、冠状饰的造型纹样，在良渚文化中多有发现，而在大汶口文化却从未见过，反映了南北文化的交流融合。■

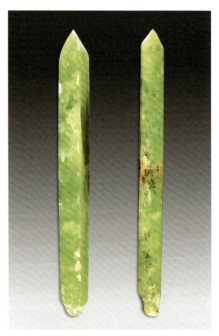

锥形玉器 大汶口文化装饰用玉，山东省莒县陵阳河出土，现藏山东省文物考古研究所。

2件，左长7.2厘米；右长8.5厘米。玉质绿色，局部有白斑，抛光圆润。长四棱锥形，刃部锋利，末端铤部残。锥形器既可装饰于冠帽上，又可成串缀饰于项下。■

龙山文化玉器

山东龙山文化是由大汶口文化发展而来的新石器时代考古学文化，其年代为距今4600～4000年左右。山东龙山文化分布的中心区域主要在山东境内，其西到聊城、菏泽、商丘和周口东部，南界大致在淮海以北的苏北和皖北一带，东至黄海，而外延的北界大抵在辽东半岛南部。其中出土玉器的遗址有泗水尹家城、邹县野店、滕县庄里西、临沂湖台和大范庄、沂南县罗圈峪、日照两城镇和尧王城、五莲丹土和上万家沟、安丘老峒洞、海阳县司马台、昌乐袁家庄、潍坊市姚官庄、胶县三里河、临朐朱封等。玉器可分为用具类、装饰品类和礼仪类三类。用具类有锛、斧、矛等，装饰品类有锥形器、镯、方形镯、璜、环、鸟形饰、半月形饰、牙璧、头冠饰、笄、珠等，礼仪类有钺、多孔刀、兽面纹锛、牙璋、琮、璧等。另外还有钻芯。玉器材质有透闪石、大理岩、蛋白石、石英岩、蛇纹石、燧石等。其中以透闪石、大理岩、蛋白石、绿松石为主。优质玉材增多，说明了人们鉴别和获得这些玉材的能力有所提高。此时期，工艺水平的高超，不仅在设计水平上有所体现，而且在切割、钻孔、琢磨、抛光等制作玉器的整个过程中都有反映。玉器制作更加规整、扁薄、光滑。一些钺、锛边线笔直，刃部极锋利，大型钺和刀的增多体现了玉料切割制坯工具和技术的进步。线切割不仅用于切割成材，而且也用于镂空工艺中。钻孔技术在大部分器物上都有反映，有单面、双面管钻。镶嵌技艺更加流行，出现了几种方式的镶嵌工艺。第一种是绿松石或别的质料直接镶嵌于骨器、玉器上的钻孔中。第二种是用某种类似胶的物质将绿松石粘贴于玉器上。第三种是玉器与玉器之间的嵌合。玉器以素面为主，施纹饰的玉器较少，如日照两城镇的一件玉锛，底部刻有纤细流畅的阴刻兽面纹，在兽面头冠两侧有上翘的三层卷云纹。龙山文化玉器亦反映出了与周围地区文化的交流，如五莲丹土、董家营出土的玉牙璧与辽东地区小珠山中层瓦房店三堂村出土的同类器相似。

长方形，双面刃，厚薄均匀，通体磨制光滑。穿四孔，近刀背处三孔，尾端中部一孔，均为单面穿。一般小型的刀，是用来刮治兽皮，收割农作物，而这种大型的多孔刀，当属于武器类，但不会是实用武器，根据其质地和刃部情况判断，可能是作为一种权力的象征。■

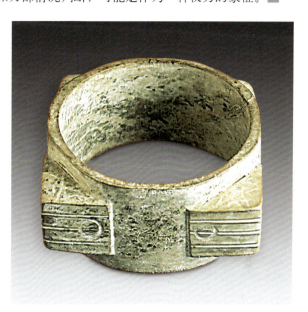

兽面纹玉锛 龙山文化礼仪用玉，山东省日照市两城镇征集，现藏山东省博物馆。

长17.8、刃宽4.9、厚0.5厘米。玉质青中泛黄色，质坚硬，上半截有白斑和白色沁蚀，原断为两截，受土沁形成不同颜色，通体抛光。器体呈扁平长方形，单面刃稍宽，厚薄均匀，四面平整光滑。近背部两面阴刻神兽纹，头顶为"介"字形的冠形装饰，旋转形双目，两眼正视，有一种狰狞感。两面图案皆突出于目、鼻、口的刻画，或为古代鬼神的脸谱或为被人格化的兽面纹。构图对称，线条繁缛，纤细有力，行刀流畅。锛是部落首领权力的象征物。兽面纹与良渚文化兽面纹饰相似，似有某种宗教意义，应是当时人们所崇拜的图腾形象的刻画。■

玉琮 龙山文化礼仪用玉，山东省五莲县丹土村出土，现藏五莲县博物馆。

高3.5、边宽7.3、直径7.1、孔径6.6厘米。玉质褐黄色，局部显露墨绿色的玉质。琮呈矮方柱体，内圆外方，中有圆孔，孔较大，器外表四面平整，每面由较宽的竖槽一分为二，由三条很窄的横槽，分为相等的四节。琮身外侧所饰三道双阴线弦纹和大圆圈眼组成的兽面纹，与良渚文化出土玉琮相似。此琮制作规整，琢磨光滑。■

四孔玉刀 龙山文化礼仪用玉，山东省日照市两城镇出土，现藏山东省博物馆。

长48、宽13厘米。玉质青绿色，有褐色沁蚀。刀作

玉牙璧 龙山文化装饰用玉，山东省五莲县丹土村

出土，现藏五莲县博物馆。

最大齿径22.5、孔径17.2、厚0.5厘米。玉质青色，局部有白色沁蚀。器体扁平，中央有一圆孔，孔径较大，外缘有三个形状及方向均相同的锯齿状凸脊，凸脊上又刻出小凸齿，皆作等距分布。有人认为此类器为仪器中的齿轮，但大多认为此器是与璧相同的装饰品。器上作旋转状的齿牙可能具有某种礼仪或宗教意义。■

玉牙璧 龙山文化装饰用玉，山东省海阳市司马台遗址出土，现藏海阳市博物馆。

直径14.4、孔径11.4、厚1.05厘米。玉质受沁呈鸡骨白色。器扁平，中央有圆孔，形似变形的环。外缘雕琢三个形状相同、向同一方向旋转的锯齿状凸脊。■

竹节形玉笄 龙山文化装饰用玉，山东省临朐县西朱封202号墓出土，现藏中国社会科学院考古研究所。

通长23厘米。由两部分组合而成。笄首长9、宽4.5、厚0.4厘米。玉质乳白色，局部有褐斑。正视呈扁平扇形，对称透雕纹饰，镂孔间有阴刻线纹，类似良渚文化冠状器。其顶部作两侧卷翘的冠冕状，中部和下部居中分别以椭圆形、折角形、卷云形镂孔显示眉、目、鼻、口的形

象，左右两端雕镂出翼状耳，并用四颗圆形绿松石饰件镶嵌在玉件两面的左右耳垂部位。玉件正反两面，在鼻下磨出长方形凹面，凹槽两侧各有一圆形小孔，当用于穿绳以捆缚固定嵌件。笄长19.5厘米。玉质呈墨绿色。通体有三组竹节状旋纹，断面略呈扁圆形，一端尖锐，另一端有深槽，用以嵌插笄首。此透雕笄首为中国新石器时代玉器所仅见，体现出极高的琢玉工艺水平。■

人面玉笄 龙山文化装饰用玉，山东省临朐县西朱封202号墓出土，现藏中国社会科学院考古研究所。

通长10.3厘米。玉质乳白色，半透明，晶莹润泽。圆柱体，笄首雕成钩状，顶端齐平，稍下有束腰状凸箍一周，体下部呈旋转的蜗形，近似人耳，中间镂空，一侧有缺口。中下部呈扁圆柱状体，稍显棱脊，末端出尖。在笄的上中部共有三个高浮雕人面像，其一在上部呈弧形一侧之突出部位，其二在另一侧缺口下方，其三在中部柱状笄身，与第二人像同侧。前二人像头顶朝上，后一人像头顶朝下，处于同侧的第二、三人像下颌相对位置。笄应与冠饰组件配合使用。■

庙底沟二期文化玉器

庙底沟二期文化是中原地区的新石器时代考古学文化，其分布范围以晋南地区为中心，东到黄河以南的伊洛河流域，西到陕西关中以西的浒西庄一带，北到山西晋中太谷附近。其年代约为距今5000～4400年。出土玉器的地点有河南孟津姊娓、洛阳王湾，山西晋南垣曲古城东关、芮城清凉寺、临汾下靳墓地，陕西扶风案板和武功浒西庄等遗址。其中尤以晋南地区出土的玉器数量最多，陕西仅有几件零星的出土品。玉器可分为用具类、装饰品类和礼仪类。用具类有斧、铲、刀、凿等，装饰品类有牙璧、环、指环、璜、笄、绿松石腕饰、镯、兽头饰、管、坠等，礼仪类有钺、圭、琮和璧等。玉器材质有透闪石、蛇纹石、大理石、蛇纹大理石、绿松石、滑石等。大部分玉器制作规整。从玉璧、琮、管、环、钺等玉器上留下的制作痕迹观察，切割玉料采用片切割和线切割，主要以片切割为主，个别采用线切割。穿孔有管钻和桯钻两种，小孔主要为桯钻，大孔则为管钻。

盐湖和芮城博物馆征集的80余件玉器和山西省考古研究所发掘出土的清凉寺玉器中，有穿孔的大部分运用管钻，并且以单面管钻占多数，有的尚具有十分清晰的螺旋形钻痕。清凉寺、下靳墓地出土的组成联环、联璧的璜几乎都为桯钻孔。镶嵌技术比较发达，出现了绿松石镶嵌制品。对开成形技术得到了运用。大部分玉器光素无纹，并经过打磨和抛光。可能工艺技术仍然不是很高，一些器物尚留有明显的切割和打磨痕迹。

玉璧 庙底沟二期文化礼仪用玉，山西省芮城县清凉寺墓地30号墓出土，现藏山西省考古研究所。

直径16.6、孔径6.7、厚0.5厘米。玉质青色，局部有白沁。器扁平，呈圆形，璧面平整。中孔为双面管钻，钻痕明显。外缘不规整有直边及刃状边。外缘不规整，是晋南史前玉璧的特点。从璧的内外径来看，较接近良渚玉璧的风格。新石器时代玉璧多用于随葬或祭祀，反映着古代原始宗教意识。■

玉环 庙底沟二期文化礼仪用玉，山西省芮城县清

凉寺墓地29号墓出土，现藏山西省考古研究所。

直径10.3、孔径6.3、厚0.5厘米。玉质青色泛黄，有糖色。器呈扁平圆形，光素无纹。外缘不规整，两面均有片状工具的切割痕迹，内孔边缘有打孔时留下的旋转痕迹，靠外缘有一个穿孔。■

玉琮 庙底沟二期文化礼仪用玉，山西省芮城县清凉寺墓地52号墓出土，现藏山西省考古研究所。

高4.2、宽7.3～7.5、孔径6.2、射高1厘米。玉质青色泛白，有黑斑。矮圆柱体，内圆外方，器上、下两端各有一凸起的圆环形口沿，射口外有凹槽。中心部位从上至下有一圆穿，系双面对钻而成。外部作方筒形，光素无纹，磨制光滑，制作规整。考古资料显示，玉琮最早出现于距今5000多年前，以江苏南部和浙江北部良渚文化的遗址、墓葬出土最多，故可判定琮当起源于中国东南地区，其后逐渐传播于黄河流域。■

三孔玉刀 庙底沟二期文化礼仪用玉，山西省芮城县清凉寺墓地110号墓出土，现藏山西省考古研究所。

长24、中部宽15.8、孔径2.5厘米。玉质牙黄色。整体呈不规则凸形，背部微弧，刃部凸弧。近背部有三个穿孔，均为单面钻成。■

玉钺 庙底沟二期文化礼仪用玉，山西省临汾市下

双孔玉刀　庙底沟二期文化礼仪用玉，山西省临汾市下靳153号墓出土，现藏山西省考古研究所。

长22～23.5、宽5.1～6.9、厚0.5厘米。玉质青色受沁，上有褐绿色斑纹。体扁平，略呈梯形。顶部和底部均呈斜坡状，两侧均有刃。上下两端略靠中间的位置各钻有一个圆形孔，孔壁留有加工痕迹。玉刀磨制精致，无使用痕迹，是该墓地出土玉器中的代表器类。出土时放在墓主人肋骨外侧，可能具有某种特殊意义，其墓主具有一定的地位与身份。推测它或是用于丧葬的某种风俗，或是作为一种礼器。■

靳410号墓出土，现藏山西省考古研究所。

长13.5、背宽8.3、刃宽9.3、厚0.8厘米。玉质灰褐色。器扁平，呈斜梯形，顶端较平，微残，两边斜直，底端刃部斜直，双面刃。中部管钻一孔，单面透钻，尚留有管钻错位游移痕迹。■

联璜玉璧　庙底沟二期文化礼仪用玉，山西省临汾市下靳483号墓出土，现藏山西省考古研究所。

直径11～12、孔径6.2、厚0.2厘米。玉质青色泛黄。器扁平，由六个近璜形的玉片组合为璧形，中间有圆孔，外缘呈六方形。每片玉的两端均有一个或两个穿孔，璧经这些穿孔缀连而成。由六个玉片组合而成玉璧，可称为"六合"形。中国古代以天、地及东、南、西、北四方谓之六合。用六方形兼外周为圆廓的玉器来表示六合，并以此作为祭祀天地四方神灵的神玉，可能是当时一种祭祀形式的表现。■

玉牙璧　庙底沟二期文化装饰用玉，山西省芮城县清凉寺墓地100号墓出土，现藏山西省考古研究所。

孔径6.2、中心厚度0.5厘米。玉质青色，周边有钙化现象，抛光较好。平面为方形，中间为大孔。由孔边向边缘逐渐变薄，断面为楔形，四牙边刃明显。两面均有线拉切的痕迹。中心孔为管钻，两面对钻而成。■

玉环　庙底沟二期文化装饰用玉，山西省临汾市下靳47号墓出土，现藏山西省考古研究所。

直径12、孔径7、厚0.4厘米。玉质青白色，有沁斑。器扁平，呈圆环状，内厚外薄，磨制精细。该环

已断为两部分，断裂处分别钻有三个圆孔，推测当是将断环缀合所用，可见先民对玉料的珍惜及玉环之珍贵。■

陶寺文化玉器

　　陶寺文化是中原龙山文化的一支，亦为新石器时代考古学文化，年代约距今4600～4000年。主要分布于晋南地区，以陶寺遗址出土玉器最多，陶寺遗址总面积400万平方米。1978～1986年，曾对该遗址做过大规模发掘。在已发掘的1309座墓中，随葬玉器的墓有200余座，共发现各类玉器随葬品800多件（组），含1000多个单件，还有散落的绿松石镶嵌片900余枚。2000～2001年又对该遗址进行了钻探发掘，发现了一座陶寺文化城址，清理了12座墓葬。2002～2003年在陶寺文化中期偏晚的22号墓中又发现了高规格精美的玉器。玉器可分为用具类、装饰品类和礼仪类。用具类有锛、凿、镞等，装饰品类有环、璜、梳、组合头饰、镶嵌腕饰、镯、项饰、指环、管、珠、兽面等，礼仪类有钺、圭、琮、璧、复合璧等。玉器材质有透闪石、大理石、蛇纹大理石、蛇纹石、滑石、绢云母、白云母、绿松石等。陶寺穿孔多用桯钻，且两面对钻。出现了镂空技术，如陶寺墓地玉兽面和璜形玉佩。陶寺的镶嵌技术也比较发达，陶寺出土绿松石嵌饰片达900余枚，组装成多个镶嵌头饰。另外在陶寺墓地出土的一些玉斧、钺上常有一些小穿孔，这些穿孔钻凿整齐，有可能也是作为镶嵌之用的。大部分玉器光素无纹，仅个别的玉琮、动物形玉饰上有简单的凹槽或线条。玉器大多经过仔细的打磨抛光，光滑圆润。

玉钺　陶寺文化礼仪用玉，山西省襄汾县陶寺墓地1265号墓出土，现藏中国社会科学院考古研究所。

　　长12.6、宽4.7～5.3、厚0.3厘米。玉质乳白色，有沁斑。器扁薄，近长方形，背缘平直，侧缘一边外弧，一边内收，斜刃，棱角分明，琢制技术纯熟。近端部中间钻一圆孔，落孔准确。钺一般是被捆绑在木柄上，在祭祀祖先或进行巫术及某种重大活动时舞动，以示庄重威严。■

玉钺　陶寺文化礼仪用玉，山西省襄汾县陶寺墓地1265号墓出土，现藏中国社会科学院考古研究所。

　　长19.2、宽9.4、厚0.35厘米。玉质橙黄色。体扁平，平面呈梯形。背部已残。背端窄于刃端。刃部平直，双面刃，较锋利。侧缘呈对称的斜线，棱角分明。钺体钻有三孔，一孔钻在侧缘近刃部，另两孔钻在钺中轴线近背端处，其中一孔已残。落孔准确，孔径均在1厘米左右。整器造型规整。■

玉璧 陶寺文化礼仪用玉,山西省襄汾县陶寺墓地1423号墓出土,现藏中国社会科学院考古研究所。

直径12.5、孔径6.2、厚0.3厘米。玉质呈白褐相间并杂有蛋青色斑纹,局部半透明。器呈圆形,内外缘直边,制作精致。在各地史前玉器中,如此薄的璧尚属罕见。环形玉器磨薄现象是陶寺玉器的特色之一。这件玉璧证明,当时开料和磨制技巧都已达到极高的水准。■

镯形玉琮 陶寺文化礼仪用玉,山西省襄汾县陶寺墓地1267号墓出土,现藏中国社会科学院考古研究所。

高2.5、直径7.2～7.5厘米。玉质呈豆青间白色,表面光洁润泽,局部受沁。通体如筒状臂环。内外皆圆,无射。外侧周缘分别以阴线刻长方框,在较宽的四个弧面上,各磨出近三棱形的横槽三道。通体磨制光滑。出土时,套在死者的右臂上。根据迄今发现的史前玉石琮,可知镯形琮之出现先于外方内圆的玉琮。■

玉琮 陶寺文化礼仪用玉,山西省襄汾县陶寺墓地3168号墓出土,现藏中国社会科学院考古研究所。

高3.2、孔径6.3、射高0.3厘米。玉质呈黄褐间黑褐色。矮方柱体。内圆外方,外侧作近直角的方形,中孔为规整的圆形,上下两端有矮短弧圆的射。外表分四面,每一侧平面的中部都有一竖置的带状浅凹槽,以四角为中轴向两侧展开,各磨出横向窄槽三道。器表温润,磨制光滑。■

兽面形玉饰 陶寺文化礼仪用玉,山西省襄汾县陶寺墓地22号墓出土,现藏中国社会科学院考古研究所。

长6.4、宽3.4、厚0.2厘米。玉质白色,温润细腻。器扁平,头上有三凸形冠,其下出钩状"飞鬓",眼睛为镂空形,鼻翼突出于上颌以下。整个形象充满着神秘的色彩。所谓三凸形冠,实即羽冠,亦即鸟冠。钩形造型,可能是后世发饰的"飞鬓"。其戴三凸冠的造型,可在山东龙山文化、湖北石家河文化的兽面形、人面形玉器中找到相似的实例。■

河南龙山文化玉器

河南龙山文化主要是指河南省境内的新石器时代王

湾三期考古学文化造律台类型及豫北冀南的新石器时代后岗二期考古学文化等类型，年代约为距今4600～4000年。河南龙山文化出土玉器的地点有禹州吴湾、瓦店，孟津小潘沟，汤阴白营，安阳后岗，南阳黄山，遂平县，镇平县，新安西沃等。玉器可分为用具类、装饰品类和礼仪类。用具类有玉铲、凿、锛等，装饰品类有玉环、璜、坠饰、玦、串珠、鸟、耳环等，礼仪类有铲、璧等。数量较少，器类单一，形体较小。玉器材质有透闪石、大理石以及石灰岩等。琢磨精细，抛光较好。

玉铲 龙山文化礼仪用玉，河南省南阳市黄山出土，现藏河南博物院。

长15.5、宽10.2厘米。玉质青白色。体扁平，略呈梯形。上窄下宽，上端较平，两侧斜直，下部为双面弧，刃部较宽。中上部有一圆形穿孔，两面透钻。玉铲表面光滑，无使用痕迹，可以认定是一件礼器，当是权利或财富的象征物，为部落首领所占有。■

玉饰 龙山文化装饰用玉，河南省淅川县下王岗遗址出土，现藏河南博物院。

长4.3、宽2.7厘米。玉质黄绿色。长扁椭圆形，上端有一孔。通体打磨修整。■

玉玦 龙山文化装饰用玉，河南省孟津县小潘沟出土，现藏洛阳市博物馆。

直径1.2厘米。玉质淡黄色，环状，其上有一缺口。这是中原地区出土的唯一的一件玦。■

绿松石坠 龙山文化装饰用玉，河南省孟津县小潘沟出土，现藏洛阳市博物馆。

长1.1、宽1.2厘米。绿松石质。呈梯形，器表光滑。上端中部有一个单面钻孔。上端边缘留有一个残孔。■

陕西龙山文化玉器

陕西龙山文化是指分布于陕西渭河流域的新石器时代考古学文化，又被称为客省庄二期文化，年代大致为距今4500～4000年。出土玉器的地点有长安县花楼子，华县梓里，西安市米家崖，临潼县康家，兴平县侯家村，榆林县三岔湾，岐山县双庵，神木县新华、石峁，延安县芦山峁等。其中神木新华、石峁，延安芦山峁为目前陕北地区出土时代较早玉器的遗址。在这三处遗址中，经过正式发掘的仅新华遗址，其他两处出土玉器绝大部分为采集品。因此，关于神木石峁、芦山峁出土玉器的年代，一直以来是学者们讨论的焦点。目前对石峁玉器共有三种认识，一是属于客省庄二期文化。一是早于偃师二里头文化，晚于客省庄二期文化。一是夏代早期。芦山峁玉器为龙山文化晚期。新华遗址出土的32件玉器位于一坑内，可能和当时某种祭祀活动相关。玉器的年代应该与陶寺晚期相当或略晚。其年代约为距今4100～3900年，相当于龙山文化晚期和夏代早期。玉器种类有斧、锛、凿、铲等用具类，环、镯、璜、多璜联环、牙璧、笄、坠饰、管、鸟、人头像、绿松石饰等装饰品类，钺、刀、圭、璋、牙璋、琮、璧等礼仪类。钺大部分为宽短形，斜弧刃。刀以窄长形的多孔刀居多。总的来说，玉器器形以片状为主，个别器体极薄。玉器材质有透闪石、大理石、蛇纹大理石、蛇纹石、滑石、绿泥石和绿松石等。钻孔技术比较普遍，有管钻和桯钻两类，小型装饰品和钺、刀、璧、环几乎都有钻孔，甚至有的玉器上还钻有多个孔。大部分玉器制作规整精美，光素无纹，仅芦山峁玉琮上饰有简化兽面纹和简化眼纹。

玉钺 龙山文化礼仪用玉，陕西省神木县新华村祭祀坑K1出土，现藏陕西省考古研究所。

长14.8、柄端宽8.6、刃端宽10、厚0.2厘米。玉质墨

绿色，不透明，夹有杂质。器体扁平，近梯形。凸弧刃，刃部略薄，直背，近柄端处有一个单面钻圆孔，孔呈马蹄状，孔径1.85厘米。玉钺磨制精致，器体很薄，质地硬脆，无法使用，仅是仿用具和武器形的非实用性玉器，应是当时的仪仗器。■

墨色，器表有水蚀斑垢。体扁平，形似铲，首部歧出如两个齿牙相对，内凹成月牙状，刃在里侧。柄作方形，正中穿一孔，末端斜形。柄体连接处向两侧突出成齿状饰。器表有阴刻的平行线和交叉线。刃口浑圆，没有开刃，可知此器已非实用物，当有某种象征性意义。此器又名刀形端刃器。■

玉铲 龙山文化礼仪用玉，陕西省神木县新华村祭祀坑K1出土，现藏陕西省考古研究所。

长17、宽8.15、厚0.4厘米。玉质淡黄色，夹杂黑色瑕斑。器扁平，呈长方形，一角已残。两短边斜直，一长边上有一半圆形缺口。刃部较薄，削去一角。柄端部位有一个单面钻圆孔，孔径1.2厘米。玉铲磨制精致，虽残，仍不失为精品。新石器时代晚期的玉制用具，已不单单是生产工具，更多的具有宗教意义，标志着个人财富以及与之相适应的某种权力的出现。■

玉璋 龙山文化礼仪用玉，陕西省神木县石峁遗址出土，现藏陕西历史博物馆。

残长34.5、首端残宽7.8、柄厚0.3厘米。玉质

玉琮 龙山文化礼仪用玉，陕西省延安市芦山峁遗址采集，现藏延安市文物研究所。

高4.4、直径7、厚0.3厘米。玉质青黄色，间有褐红色沁斑。器呈矮方柱体，内圆外方，圆孔较大，内壁光洁，外壁刻划凸出的直条纹，上层三道，下层两道，角部上下均饰象征兽面的圆形纹饰，具有良渚文化玉琮的某些特征。此琮已裂成大致相等的四块，每块裂线处，左右各钻有两个小圆孔，使其系接在一起，反映出原始先民对玉的珍爱。■

玉牙璧 龙山文化装饰用玉，陕西省延安市芦山峁遗址出土，现藏延安市文物研究所。

直径10.3、孔径6.2、厚1.2厘米。玉质青黄色，边缘有少量浅褐色。体扁平，呈环状。内孔圆形，外缘雕琢

出四个对称的缺口，每个缺口长2.3、深0.3厘米。此类器常见于黄河中下游龙山文化遗址中，始见于山东大汶口文化，流行于辽东半岛及黄河流域的龙山文化区，殷周还见其遗制。■

玉人头像　龙山文化装饰用玉，陕西省神木县石峁遗址出土，现藏陕西历史博物馆。

长4.5厘米。玉质乳白色，局部有褐色沁斑。体扁平，双面平雕。头像作侧视，头束高髻，团脸，以阴线刻一橄榄形目，鹰钩形鼻，口微张，下唇稍长，耳轮偏后，外凸，腮部鼓出，细颈，面颊透钻一圆孔。该器雕刻手法古拙，各部位比例虽有失当，但形象传神，酷似今日陕北壮汉之相貌。■

七孔玉刀　龙山文化玉质用具，陕西省延安市芦山峁遗址出土，现藏延安市文物研究所。

长54.6、宽10、厚0.4厘米。玉质青灰色，间有粉白纹斑。刀呈长方形，一长边为刃部，双面磨制，中部略向内弧，刃锋利。刀两端各有若干小齿凸起。刀背平直。器身中有四孔，近脊背处有三孔，略呈半圆形。估计此器制作时可能改工。整器造型规整，通体磨光，细腻光润。多孔刀在江苏北阴阳营青莲岗文化、安徽潜山薛家岗文化、山东龙山文化、陕西神木石峁龙山文化等遗址均有出土。■

河姆渡文化玉器

河姆渡文化是主要分布于宁绍平原东部杭州湾南岸的新石器时代考古学文化，年代约为距今7000～5300年。出土玉器的地点主要有余姚河姆渡、象山塔山遗址等。玉器出土于地层和墓葬，种类为玦、璜、管、珠、环、坠饰等小型装饰品。河姆渡文化早期的璜大多由玦、管等玉器残料改制而成，置于墓主人的头部附近，为项饰。玉玦，扁圆形，大都位于头部耳下位置，为耳饰。河姆渡遗址是我国迄今考古发掘最早出土玉璜的遗址，玉玦则是长江下游地区所出的同类器物中所见最早的。材质以萤石、叶蜡石、玉髓为主，其萤石产自河姆渡遗址附近的冯家村。玉器造型简单，不太规整，表面留有明显的琢磨痕迹。河姆渡文化玉器开创了长江下游玉器工艺的先河，并对江苏、浙江等地的马家浜文化、崧泽文化以及良渚文化玉器的形成和发展产生了深刻的影响。

玉玦、玉管
河姆渡文化装饰用玉，浙江省余杭县河姆渡遗址出土，现藏浙江省博物馆。

玦2件，直径2～2.2厘米；管2件，长2.61～3厘米。萤石质，灰白色。玉玦器体呈环形，一面略弧，另一面较平，缺口较窄，外缘及孔缘均不规整，缺口面不平直，造型不很规范。表面粗糙，琢工不精，留有明显的手工琢磨痕迹。玉管中有穿孔，琢制光滑。■

玉璜　河姆渡文化装饰用玉，浙江省余杭县河姆渡遗址出土，现藏浙江省博物馆。

3件，长4～4.9厘米。叶蜡石和萤石质，淡黄绿色。均为窄条形，横断面呈扁圆形，一端钻有一孔，其中一件两端各有一孔。■

马家浜文化玉器

马家浜文化是长江下游新石器时代的考古学文化遗存，年代约为距今6500～5500年。主要分布于太湖流域，南到钱塘江北岸，北到江苏常州一带。出土玉器的地点有嘉兴马家浜、吴县草鞋山、上海青浦崧泽、吴兴邱城、常州圩墩、苏州越城及张家港东山村、梅园里和桐乡罗家角等遗址。玉器主要出于地层和墓葬中。玉器的种类有璜、玦、璧、环、镯、珠、坠等装饰品，其中以玦的数量最多，其次为璜。玦主要有厚片窄环状；厚片宽环状；圆立柱形三种。墓主大都单耳佩玦，极个别双耳佩玦。璜主要为片形，有三种形式。一是窄条状，上端各有一小孔；二是弧度较大且较平直，二个穿孔靠近中心；三是近半璧形，二个穿孔位于两端顶部中心。璜出土时主要位于人的颈胸部，两端向上，为项饰。玉器材质多为灰白色、褐色和黄色的透闪石类，另有少量玉髓。全部光素无纹。琢磨水平较低。钻孔大多为小孔，孔缘圆度不太规整。

玉玦 马家浜文化装饰用玉，江苏省常州市圩墩出

土，现藏南京博物院。

2件，直径2.1、孔径0.6～0.9、厚1.7厘米。玉质黄褐色，细腻温润。玦呈算珠状，有缺口。孔为单面钻成，孔径正面大，底面小，外缘微鼓，玦口为软性线具切割，不平整，外窄内宽。玉料硬度低，似为滑石。■

玛瑙玦、玛瑙镯 马家浜文化装饰用玉，浙江省余杭县梅园里出土，现藏浙江省文物考古研究所。

4件，直径3.3～7.8厘米、孔径1.3～6厘米。玛瑙质，呈黄色、黄白色、灰白色。出土时直径较小的两件位于死者头部两侧。直径较大的两件则位于死者两侧手腕部，应是镯。此种用途为马家浜文化独有，可能有特殊意义。■

崧泽文化玉器

崧泽文化是长江下游地区新石器时代的考古学文化遗存，年代约为距今5900～5300年，主要分布于太湖流域地区。出土玉器的地点有常州圩墩、张家港许庄和徐家湾、武进寺墩、青浦崧泽、上海福泉山、昆山绰墩、常熟钱底巷、嘉兴南河浜等遗址。玉器主要出于地层和墓葬中。玉器的种类有璜、口玲、镯、环、坠、管、珠、小玉璧、耳饰等和礼仪类钺。其中以璜为主，玦少见。玉璜一般出于人骨的颌下部，为项饰。形制有窄条形、近半璧形和近新月形三种，没有统一定制，弧边凹缺，不太对称。玉玲出土于人骨的口部。形制有璧形、心形二种。崧泽文化玉玲的出现代表了长江下游地区丧葬用玉的开始，标志着此时期先民们的意识形态发生了重大的变化。玉器材质有青、白、青白色等透闪石玉和少量的萤石。切割多采用线切割技术。钻孔有单面钻和两面对钻两种。器形不甚规整，表面光素，抛光技术也不甚发达。不管是从数量上还是工艺上看都明显比马家浜文化进步。

玉钺 崧泽文化礼仪用玉，浙江省嘉兴市南河浜遗址61号墓出土，现藏浙江省文物考古研究所。

长15.2、宽4.3～6.6厘米、孔径1.2厘米。玉质黛绿色。体形狭长厚重，上部钻有一孔。此件玉钺的出土，表明玉作为礼仪用品在崧泽文化晚期已开始出现。■

鸡心形玉玲 崧泽文化丧葬用玉，上海市青浦县崧泽遗址92号墓出土，现藏上海博物馆。

长4.2厘米。玉质碧绿色。体扁平，呈鸡心形。一端宽圆一端尖锐，中有一圆形孔，是以管钻从单面钻成。通体光素无纹，造型规整，琢磨精致。此器出土时置于墓主口部。崧泽文化时期的墓中共发现三件玉玲，另有圆饼形和璧形两件，它们是迄今所知最早用玉做成一定形式的器物含入死者口中的例证，代表了长江下游地区最早出现的葬玉新风尚，说明中国的这一风俗，最晚在五千年以前已开始流行。■

桥形玉璜 崧泽文化装饰用玉，江苏省吴县草鞋山88号墓出土，现藏南京博物院。

长9、宽1.5～1.9厘米、厚0.3～0.4厘米。玉质淡绿色，有褐斑。体扁平，倒置似拱桥形。上端两侧有小孔，正面微弧凸，背面有数道粗细不等的切割痕迹，器表磨制光滑。桥形璜是一种特殊样式的璜，在长江中下游地区史前遗址中较常见，出土时多置于人骨胸部，系胸饰。■

桥形玉璜 崧泽文化装饰用玉，浙江省嘉兴市南河浜遗址59号墓出土，现藏浙江省文物考古研究所。

长14.8、宽5.8厘米。玉质绿色，温润有光泽，有沁色。桥形，两端分别有两个钻孔。此璜体现了崧泽文化晚期璜由桥形向半璧形演化的过程。■

鱼鸟形玉璜 崧泽文化装饰用玉，上海市青浦县崧泽遗址64号墓出土，现藏上海博物馆。

长6.6厘米。玉质湖绿色，间有灰白斑纹。体扁平，一端似鱼形，另一端似鸟形。上端两旁各有一穿孔，系单面钻，孔缘不规整，留有明显的悬挂磨损的痕迹。器表磨制光滑，造型别致。玉璜出土时置于尸骨的颌下部，证明玉璜确是项饰。■

分体玉镯 崧泽文化装饰用玉，浙江省嘉兴市南河浜遗址96号墓出土，现藏浙江省文物考古研究所。

直径8.7、孔径6.3厘米。此为圆形玉玦一分为二，在断茬处两侧分别镂孔或切割凹槽，以供系连。镯的断茬处

有些切割磨制光滑，有些比较粗糙，似自然碎裂。分体玉镯是断裂所为还是有意识的行为，尚需研究。■

良渚文化玉器

良渚文化是长江下游地区的新石器时代的考古学文化，年代距今5300～4000年。其文化主要分布于环太湖地区，其南端到钱塘江，北至江苏常州一带。良渚文化出土玉器的地点主要有罗墩、高城墩、寺墩、喇叭浜、徐家浜、章家浜、雀幕桥、福泉山、普安桥、龙潭港、达泽庙、瑶山、吴家埠、庙前、汇观山、反山、钵衣山、上口山、横山等。其中以瑶山、反山和福泉山最为丰富和具有代表性。玉器种类可分为用具类、装饰品类以及礼仪类。用具类有斧、铲、凿、纺轮等，装饰品类有璜、镯、玦、管、珠、带钩、锥形器、鸟形佩、蛙形佩、鱼形佩、觿、串饰等，礼仪类有钺、璧、琮、冠形器、三叉形器、组合项饰等。其种类繁多、数量巨大是中国同时期的考古学文化中所不见的。玉器材质主要为透闪石，也有少量为叶蜡石、萤石和玛瑙等。在高等级的墓葬中，一般只见透闪石玉，而在中等级的墓葬中往往有叶蜡石等其他材质的制品，反映出在用料上的等级区别。由于土质和埋藏深度等的差异，各地出土玉器的受沁程度往往也不同。在接近山地地区，一般受沁较严重，多呈鸡骨白色。而在上海、嘉兴等平原地区，则多见未受沁的碧绿色玉器。良渚文化玉器的制作工艺，主要采用线切割、锯切割、管钻、雕刻和琢磨等技术手段，进行片雕、浮雕、镂雕、圆雕、阴线刻和阳线雕。纹饰主要有神人兽面纹、龙首纹、鸟纹、直线纹等。在对神人兽面纹的表现上往往阴刻、浮雕和镂孔透雕等各种技术手段同时使用，从而使神人兽面纹的表现达到了若

隐若现、神秘莫测的效果。其雕工之繁之精细，使人叹为观止，对周围地区的玉器产生了深远的影响。如江苏新沂花厅、广东石峡。其玉器流传很广，如山西襄汾陶寺、陕西延安芦山峁等遗址均见出土。在二里头、殷墟等许多夏商时代的遗址中，也都发现了源自良渚文化的玉琮、玉璧以及良渚文化或长江与黄淮下游地区其他史前文化的玉钺等玉器。良渚式的玉琮、玉璧和玉锥形器等还发现在四川广汉三星堆以及成都金沙等商周时代的遗址中。这些发现为理解良渚文化的后续发展，以及中华文化从多元走向一统的融合过程，提供了启示，对于探索中华文明的起源过程无疑具有十分重要的意义。

神人兽面纹玉琮　良渚文化礼仪用玉，浙江省余杭县反山12号墓出土，现藏浙江省文物考古研究所。

高8.8、孔径4.9、射径17.1～17.6厘米。玉质黄白色，表面有不规则紫红色瑕斑。器呈扁矮的方柱体，俯视如玉璧形。转角布列四节八组简化兽面纹，其两侧各雕一鸟纹，鸟的头、翼、身均变形夸张。四个柱面中间直槽内上下各琢刻一神人与兽面复合的图像。上部为头戴丰茂羽冠的人面，两臂曲折向内，双手扶住兽面大眼。兽面为宽嘴，其两侧连接前肢，下端是兽的前爪。整体形象是一位面目庄严的男子，骑在巨兽上。这种神人兽面复合像应是良渚人崇拜的"神徽"，也是良渚文化玉器上的典型纹饰。这件"琮王"出土时平正放置在墓主人头骨左下方，是一件神圣崇高的礼器。■

神人兽面纹玉琮　良渚文化礼仪用玉，江苏省武进县寺墩4号墓出土，现藏南京博物院。

高7.2、上端孔径6.8～6.9、下端孔径6.7～6.8、上端射径8.5～8.6、下端射径8.3厘米。玉质乳白色，带翠绿、赭红斑纹。器呈扁方柱体，外方内圆，中有对钻圆孔，孔

壁微弧，琢磨光滑。两端有短矮弧圆的射。外表分四面，每面由竖槽分左右两块，中部由横槽分上下两段。以四角为中线，上端饰繁缛的带冠人面纹，下端饰繁缛的兽面纹，并以细密匀称的云纹、弧线、横竖短条直线组成曲尺形饰带，象征人的上肢和兽的前肢。雕琢规整细密，以浮雕与线刻相结合的手法琢刻而成，线刻细如发丝，堪称玉器微雕工艺的杰作。■

兽面纹玉琮　良渚文化礼仪用玉，浙江省余杭县瑶山9号墓出土，现藏浙江省文物考古研究所。

高4.5、孔径6.3、射径7.9厘米。玉质白色，有青灰色斑。器呈圆筒形。中间孔较大，器壁较薄，俯视如玉镯，是玉琮的较早形态。外壁剔地凸起四块长方形弧面，每块上琢一兽面图像。兽面的眼、鼻、口及两眼间均以浅浮雕琢出轮廓，以阴线刻出眼球、鼻孔及獠牙等细部，再以繁密的卷云纹为地纹。整个画面富有层次感，使主题纹饰处在一种神秘的气氛之中。■

人面纹玉琮　良渚文化礼仪用玉，江苏省武进县寺墩遗址3号墓出土，现藏南京博物院。

高33.2、上端孔径6、下端孔径5.8、上端射径8.1、下端射径7.3厘米。玉质青白色，表面有褐色花斑，系铁质蚀化所致。整体作上大下小的长方柱形，两端有四方圆角形口，中心有一从上至下相通的两面穿透圆孔，孔壁平整光滑。器表每面中央有一垂直凹槽，并以较粗的横刻阴弦纹为界，将器体分为十一节，每节四角皆饰简化人面纹，每组人面纹均以边棱为中线，由两条凸起平行的横棱和转角上的凸横档组成，全器共四十四组。该琮为已知良渚文化玉琮中较长者，为长琮之精品。这种长方柱体玉琮，出自墓主人胸腹部，以数个围成环形，用绳穿系，表明墓主人的身份是当时部族中主持祭祀的贵族或巫师，这些玉琮可能是其生前使用的祭祀用具。■

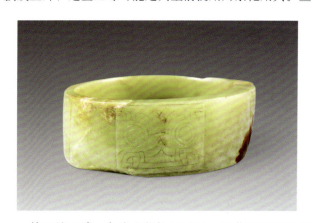

兽面纹玉琮　良渚文化礼仪用玉，江苏省吴县张陵山4号墓出土，现藏南京博物院。

高3.5、孔径8.2、射径10厘米。玉质黄绿色，有褐红斑，润泽晶莹。整体为圆筒形，对钻大圆孔，孔壁有一周台阶痕，外表有四块对称的长方形凸弧面。其上阴线刻兽面纹，粗眉圆眼，横鼻阔口，獠牙外露，十分凶猛。图案以对称手法表现，眼睛为双重圆圈，眉毛为重叠弧线宽带，用双线勾出阔嘴双唇，上獠牙在外缘伸出

下唇，下獠牙在内缘伸出上唇，线条刚劲，是目前我国发现刻于玉器上最早的兽面纹之一。■

神人兽面纹玉琮　良渚文化礼仪用玉，上海市青浦县福泉山9号墓出土，现藏上海市文物管理委员会。

高5、孔径6.7～6.9、射径7.1～7.4厘米。玉质湖绿色，有透光性。矮方柱体，上大下小，内圆外方。中间对钻大圆孔，孔壁磨光。器表四面纹饰分为上下两节，上节为带冠的人面纹，下节为兽面纹。在人面和兽面的两侧各刻一只飞鸟，每一组神人兽面纹饰布列四只飞鸟，全器共四组十六只飞鸟，这一图案可称为神人神兽神鸟图案。所有刻线均细如毫发，堪称良渚文化玉器珍品。■

玉璧　良渚文化礼仪用玉，江苏省吴县张陵山东山1号墓出土，现藏苏州市吴中区文物管理委员会。

直径23.5、孔径4、厚1～1.3厘米。玉质淡绿色带暗绿色，间有黄褐色斑点，边缘有白色沁蚀痕迹。整体呈扁平圆形，正中有对钻圆孔，孔壁有旋纹、台痕和0.1厘米宽的

钻槽。璧面留有一道弧形割痕，似为圆盘形砣具旋切所致。器表磨制光滑。此璧玉料据鉴定为绿色透闪石－阳起石玉。■

玉璧　良渚文化礼仪用玉，江苏省武进县寺墩3号墓出土，现藏南京博物院。

直径26.2、孔径3.6、厚1厘米。玉质淡绿色，内含云母片。器呈扁平圆形，中有对钻圆孔，孔内一面有台阶痕和钻槽。通体磨光，光洁无纹。此璧出土时置于墓主人腹部，是墓中出土的25件玉璧中直径最大、制作最精细的一件。良渚文化的玉璧均为素面，且多出自墓葬之中，尺寸大小及随葬数量不等，可能与墓主人财富多寡有关。■

神人兽面纹冠形玉饰　良渚文化礼仪用玉，浙江省余杭县瑶山2号墓出土，现藏浙江省文物考古研究所。

上长7.7、宽5.8、厚0.3厘米。玉质白色间有绿色。扁平，上宽下窄。上端中部有尖顶凸起，作华盖状，正下方有一椭圆形透孔。两侧斜弧，近下端处凹弧内收，下端锯割出扁榫，榫上有三个等距小孔。正面用细线刻出神人兽面与鸟纹相配的图形。居中为头戴羽冠的神人，

眼、鼻、口俱全。兽面的眼睛呈椭圆形，宽鼻，阔嘴，一对獠牙外伸。左右上角各刻一鸟纹，鸟头朝外，引颈昂首，尾翼舒展，振翅欲飞。器底边刻饰一道卷云纹带。整器构图严谨，线条流畅。出土时扁榫部位有朱砂痕迹，并与木质纤维相连，推测应是与木件配套组装成整件使用的。■

神人纹冠形玉饰　良渚文化礼仪用玉，浙江省余杭县反山15号墓出土，现藏浙江省文物考古研究所。

上长6.8、下长6.2、通宽3.9、厚0.3厘米。玉质浅黄色，局部有茶褐色块斑。体扁平，上宽下窄。上端中部尖顶平凸，作冠顶状。下端扁榫上有三个等距的小透孔。正反面以透雕和阴线刻相结合技法，雕琢出肢体俱全的神人图像。神人头戴羽冠，脸面方正，带眼角的单圈眼，阔嘴，内刻牙齿，四肢张开，相互盘连，上肢上举，下肢蹲踞。通体刻卷云纹、弧线、短直线作衬托，图形繁复而连贯，整体对称，布局严谨。此器是良渚文化玉器中唯一有全形神人像的作品。它既可嵌插又可插销固定，原应镶接在某种木质实体的顶端，可能为巫觋所用的一种法器。■

神人纹冠形玉饰　良渚文化礼仪用玉，浙江省余杭县反山16号墓出土，现藏浙江省文物考古研究所。

上长10.4、下长6.4、通宽5.2、厚0.3厘米。玉质黄白色，局部有粉白色块斑。器形如有双翼的冠，似蝴蝶展翅。扁榫上有五个等距的小透孔。通器镂雕而成，中间阴刻以细线纹作为装饰。器中部为兽面纹，两眉上卷，双眼透空，并以线刻重圈和弧线三角勾画出眼眶和眼角，扁圆鼻，大阔嘴，口外有一对獠牙。兽面纹两侧各镂刻一头戴羽冠侧身侧脸的神人。以重圈为眼，宽鼻，阔嘴，四肢张开，上肢上举，下肢作蹲踞状，足呈鸟爪形。此种侧身侧脸神人形象在良渚文化玉器中尚属首见，对了解神人图像全貌有重要的参考价值。■

兽面纹三叉形玉冠饰　良渚文化礼仪用玉，浙江省余杭县瑶山10号墓出土，现藏浙江省文物考古研究所。

长7.4、通宽5.2、厚1.3厘米。玉质白色，有少量褐斑，晶莹润泽。整器呈"山"字形。底部圆弧，上部锯切出平齐的三竖叉，刻满羽毛纹，代表兽面所戴之羽冠。中叉上有纵向贯孔，出土时尚插有玉管，推测原玉管内也应插有羽毛。正面以浅浮雕兼阴线雕琢出兽面，大圆眼，宽扁鼻，大阔嘴，嘴内一对獠牙毕现，四周刻饰卷云纹。背面光素无纹。此器厚重，形象传神，是玉冠饰的代表作。玉冠饰出土时置于死者的头部，可知原是用于地位显赫之人，如酋长的冠饰。玉冠饰上所刻羽毛纹或插入的鸟羽，则证明酋长的冠上也饰鸟羽毛。它象征着中国王权的诞生。■

兽面纹三叉形玉冠饰　良渚文化礼仪用玉，浙江省余杭县反山14号墓出土，现藏浙江省文物考古研究所。

长5.9、通宽3.65厘米。玉质灰白色。整体略呈

"山"字形，下端圆弧，上端分为三叉，左右两叉平齐，中叉略短。正面微弧凸，中叉下方用细阴线刻兽面纹及蹲踞的下肢。左右两叉上端用阴线刻一对神鸟。背面三叉上端和下端正中均有凸块，凸块上皆钻有上下贯通的小圆孔。凸块表面用细阴线刻出卷云纹、弧曲线和重圈眼纹等繁密图案。刻纹纤细，肉眼难辨，为良渚文化玉器中纤细刻纹之冠。此器出土于墓主人头骨上方，应是插在冠帽上的饰件。■

神人兽面纹三叉形玉冠饰　良渚文化礼仪用玉，浙江省余杭县瑶山7号墓出土，现藏浙江省文物考古研究所。

通长8.5、宽4.8、厚0.8厘米。玉质白色，有黄色沁蚀。器体扁薄，形如"山"字，底面圆弧，左右两叉略高，上端平齐，向外有凸边，中叉较矮，有竖向贯孔。左右两叉各刻一侧面神人，头戴羽冠，方脸，圆眼，宽鼻，阔嘴，牙齿平齐，身躯短小，抬臂弯膝。中叉上端饰五组羽状纹，象征正视的神人羽冠，下端以长短不一、纵横卷曲的阴线刻兽面纹。整器纹饰布局别样，刻纹精细流畅。出土时中叉顶端紧连一长玉管。■

兽面纹三叉形玉冠饰　良渚文化礼仪用玉，浙江省余杭县瑶山9号墓出土，现藏浙江省文物考古研究所。

长6.8、通宽5、厚0.9厘米。玉质白色，有褐斑。扁薄，整器呈"山"字形。上部锯切出三个竖叉，左右两叉平齐，上端略宽，在两叉面上各有一小穿孔，与叉顶端的竖向贯孔相通，中叉较短较窄，只有竖向贯孔。正背两面皆阴刻对称图像。左右两叉上端各刻饰四组羽状纹，中叉刻饰三组羽状纹，其下为卷云纹，下端为圆眼、阔口獠牙的兽面纹。整器刻有周边框线，线条流畅，制作精细。■

玉斧　良渚文化礼仪用玉，上海市青浦县福泉山9号墓出土，现藏上海市文物管理委员会。

长21.9、宽16、厚0.25厘米。玉质青黄相间色。体扁薄，平面略呈梯形。器表琢磨光洁，四边较薄，器身较厚。上部中间有对钻大圆孔，孔壁有细旋纹和台痕，两面弧刃，弧刃两端呈圆角，刃口无使用痕迹。■

神人纹玉钺　良渚文化礼仪用玉，浙江省余杭县反山12号墓出土，现藏浙江省文物考古研究所。

长17.9、肩宽14.6、刃宽16.8、厚0.8厘米。玉质青

入钺柄之内，并作斜向捆扎加固。从出土情况看，一端有玉钺的冠饰，另一端有玉钺的端饰，并通过钺柄组成一套完整的玉钺。■

色，表面有少许褐斑，略透明。体宽阔扁平，作"风"字形。肩窄刃宽，刃部两侧弧尖，两侧边缘略内弧，背脊略短。近背处钻一孔，孔径仅0.5厘米。背脊隐约可见两道斜向捆扎痕迹和密集的摩擦痕。刃部两角均有纹饰，且两面相对，上角浅浮雕头戴冠、四肢俱全的神人与兽面复合的图像。下角为浅浮雕神鸟纹，鸟头向外。在钺体上雕刻鸟纹，为所有良渚玉钺所仅见。与钺同时出土的还有玉钺的冠饰和端饰，它们之间原有木柄相连，通长计80厘米，置于墓主人左侧。■

玉钺 良渚文化礼仪用玉，浙江省余杭县瑶山7号墓出土，现藏浙江省文物考古研究所。

长16.3、上端宽10.3、刃宽13、孔径1.5厘米。玉质青白色，有褐色斑。平面作扁平梯形。顶端破裂，双面弧刃，并略向外翘，钝口。上部中间为对钻的圆孔，圆孔两侧各有一道向后延伸的捆扎痕迹，表明钺身顶端原嵌

玉钺冠饰 良渚文化礼仪用玉，浙江省余杭县瑶山7号墓出土，现藏浙江省文物考古研究所。

长7.7、宽6.7、厚1.5厘米。玉质白色。整体近方形。上部顶端倾斜，作台阶状，前端尖凸如角。器身两侧各有三道横向凸脊，将其分为上下两部分，分别刻有竖向羽状纹和卷云纹。底端中段有长方形凸榫，上有横向圆孔穿透凸榫，榫中开直向的卯槽，凸榫两侧各有一不规则的卯孔。根据其出土部位，此器应卯合于钺柄前端，当为钺冠饰。■

玉钺镦 良渚文化礼仪用玉，浙江省余杭县瑶山7号墓出土，现藏浙江省文物考古研究所。

长7.5、宽3.5厘米。玉质白色。整体近长方形，底端呈台阶状，与钺冠饰相呼应。承接器柄的一端有椭圆形榫头，并有横向凹槽，凹槽中有长方形卯孔，便于安装。器身两侧的装饰图案也为三道横向凸脊，上刻有羽状纹和卷云纹，与玉钺冠饰的装饰图案相似。■

玉钺冠饰 良渚文化礼仪用玉，江苏省吴县张陵山东山1号墓出土，现藏苏州市吴中区文物管理委员会。

上长9.1、下长5.7、宽4.4、厚0.5～1厘米。玉质乳白色，有黄斑。整体略呈倒置梯形。器身中部由一横脊分为上下两部分。上部较宽，镂有圆孔及弧形孔，相间错

落，前端外伸上翘，顶端有扉棱三个。弧形孔端尚留有圆孔痕迹，可知弧形孔系钻出圆形孔后再加工扩大而成。下部内凹较窄，光素无纹。底端面中部钻挖出一个扁形卯眼，可作木质柄把的榫头嵌插之用。器表光滑，琢镂精细。■

长5.8、宽3.5、厚0.3厘米。玉质浅青色，有深绿色斑点。器扁平，呈半圆形。底边平齐，上方呈圆弧形，弧缘略薄。正面微弧凸，浅浮雕兽面纹。以尖顶和弧形边框象征羽冠，紧贴在双眼之上，眼为管钻重圈，外眶刻有椭圆形眼睑，眉心琢有卷云纹，弧曲线勾勒鼻翼，大阔嘴。背面内凹，钻有三对小隧孔，用于镶嵌在它物之上。半圆形器出土于墓室的头端，均四器为一组，可能被缝缀在皮革或织物带上，围成一圈，放置于死者的头部，应是冠帽上的饰件。此器是此套中唯一有刻纹的，纹饰线条流畅，雕刻精致。■

龙首纹玉饰 良渚文化装饰用玉，浙江省余杭县瑶山11号墓出土，现藏浙江省文物考古研究所。

直径4.8、厚0.6厘米。玉质粉白色。器形如璧，器表有切割痕。在边缘的一侧雕琢有三个头向一致，作纵向排列的龙首形象。与同墓出土的龙首玉璜及瑶山1号墓出土龙首玉镯上的兽面纹形象相似，均长脸、双角（耳）、圆眼、阔口露齿，鼻梁处雕有双菱形纹。形象顽强粗壮，怪诞可畏。■

兽面纹玉璜 良渚文化装饰用玉，浙江省余杭县反山23号墓出土，现藏浙江省文物考古研究所。

长13.8、宽5.6、厚0.7厘米。玉质棕黄色，有茶褐色块斑。器形如半璧，下端弧圆，边缘略薄，上端平齐，正中有一凹弧形缺口，在其两侧有对钻的透孔。正面中部雕刻兽面纹，两角为对称的一对鸟纹。兽面纹双眼为管钻而成，外眶为椭圆形的眼睑，以桥形凸面相连，扁圆形鼻，折角形阔嘴。鸟纹头向外，单圆小眼，尖喙，细长颈，椭圆形鸟翼，身躯短小内缩。整器均用减地浅浮雕琢成，制作规范，纹饰琢刻精致。良渚文化玉璜出土时一般置于死者的胸腹间或颈项间，当为佩饰。■

兽面纹玉饰 良渚文化装饰用玉，浙江省余杭县反

兽面纹玉璜 良渚文化装饰用玉，浙江省余杭县瑶

山11号墓出土，现藏浙江省文物考古研究所。

长12.7、宽4.8、厚0.35厘米。玉质白色。整体作半璧形，下端圆弧，边缘略薄。两面对称用透雕及阴线刻技法，雕琢兽面纹图案。两端各以对钻孔为兽面的眼，并用阴刻勾勒出枣核形的眼眶，中部用弧边十字形或三角形透孔表现鼻梁和鼻翼，下端用弧形透孔和阴刻线勾勒出阔嘴。此器镂孔，留有阴线勾勒、管钻、线切割等琢制痕迹，是研究良渚文化琢玉工艺的珍贵标本。■

人面纹玉璜 良渚文化装饰用玉，浙江省余杭县反山16号墓出土，现藏浙江省文物考古研究所。

长7.5、宽3.7厘米。玉质浅青色，有灰白色块斑，具有透光性。整体作半璧形，中部有凹缺口，两侧各钻有小圆孔。两面对称以透雕和阴线刻技法雕琢神人面纹。管钻透空大圆眼，两侧小透孔加线刻勾出眼眶，下端管钻大圆孔，与弧边三角形透孔勾出阔嘴。璜表面略有凸凹，镂孔琢制痕迹清晰，均系先用阴线勾勒出镂孔部位，再用管钻法钻透，然后再用线切割法扩成。■

兽面纹蛙形玉冠饰 良渚文化装饰用玉，浙江省余杭县瑶山7号墓出土，现藏浙江省文物考古研究所。

长7.1、宽3.9厘米。玉质粉白色。器扁薄，器形为边缘不规整的半圆。全器以透雕和阴线刻相结合技法雕琢兽面纹。两角为枣核形眼眶，上有阴刻线，两只大圆眼以管钻镂孔而成。眉心间有一扁长镂孔，下部的阔嘴中心为弧边十字形镂孔，两侧为对称弧曲形镂孔，阔嘴两侧边缘各有锯齿状凸面，似蛙爪。镂孔皆为钻出圆孔后，再用工具加工扩大而成。整器正视为兽面，俯视则似伏蛙。这种多维变形图像，应是在某种观念形态长期支配下反复抽象升华的产物。■

神人兽面纹玉牌饰 良渚文化装饰用玉，浙江省余杭县瑶山10号墓出土，现藏浙江省文物考古研究所。

长8.3、宽6.2、厚0.6～1.2厘米。玉质白色，局部有褐色块斑。整体平面似倒三角形，底角圆钝呈弧形。正面以浅浮雕和阴线刻成神人和兽面的组合图像。牌饰上端为神人头像，头戴羽冠，中有凸脊，是为羽冠之顶。脸作倒梯形，橄榄形眼眶，单圈眼，蒜头鼻，扁圆嘴，神人颈两侧有椭圆形镂孔，勾勒出细长的脖颈。下端较厚，为凸面兽面纹，圆眼外凸，四重圈眼眶，鼻翼上刻饰卷云纹，大阔嘴琢刻在器底下缘，两侧各刻有两对獠牙。器背面平整，有斜向钻成的四对小隧孔，应为穿缀之用。该器制作精致，构图巧妙，为良渚文化玉器之精品。■

兽面纹玉管 良渚文化装饰用玉，浙江省余杭县瑶山9号墓出土，现藏浙江省文物考古研究所。

长3.6厘米。玉质白色，带有黄褐斑。圆管形，中有对钻圆孔。器表用浅浮雕和细刻阴线琢出圆凸及重圈，象征性地表现出兽面形态。上下两端对称，均有两道凹弦纹组成的边额，上下两排三只圆凸状眼睛围以阴刻单

圈，两眼之间以粗细两道平行线相连，中间嵌以菱形复线图案，当为早期的云雷纹，刻划细致。■

神人兽面纹玉管　良渚文化装饰用玉，上海市青浦县福泉山9号墓出土，现藏上海市文物管理委员会。

2件，均长6.8、孔径0.6厘米。玉质黄白色。长方柱形，外方内圆，中有上下对钻圆孔，如琮形管。管面纹

饰分为上下两节，每节各有两条横棱，横棱下以角线为中心，交替刻有神人脸和兽面。神人脸以上节的两道平行凸纹表示简化羽冠，以圆圈表示眼睛，以转角下凸面表示嘴巴。兽面饰有椭圆形眼眶，圆眼，阔嘴。■

玉觿　良渚文化装饰用玉，江苏省吴县张陵山5号墓出土，现藏南京博物院。

长6、宽1.2厘米。玉质淡绿色，有褐斑。整体呈扁平角状，是兽角形的模拟。器身镂空花纹，上下两处有"丫"形镂雕，系在对钻孔内向三侧切割成弧形深槽所成，边缘也切割出大小不一的六处缺口，风格独到。此件玉觿是迄今发现最早的透雕玉器。良渚玉觿虽仅一件，但也为此类佩玉的传统造型找到了源头，同时也是古文"觿"字从角的最早例证。■

筒形玉器　良渚文化装饰用玉，江苏省吴县张陵山4号墓出土，现藏南京博物院。

高3.2、直径7.1、孔径6.1厘米。玉质青白色。圆筒形，外壁凹弧，经加工琢磨，壁面光滑，孔壁中有对钻圆孔留下的台痕。整件器物晶莹温润，琢制技术娴熟高超，是玉器制作工艺的精品。■

绞丝纹玉镯　良渚文化装饰用玉，浙江省余杭县瑶山11号墓出土，现藏浙江省文物考古研究所。

直径6.5、孔径5.7、厚2.3厘米。玉质白色，有青绿色及红褐色瑕斑。器呈宽带环状，镯身略宽，内壁平直，外壁浅浮雕一周相互平行的斜向凸棱纹，为绞丝纹的初现。这种纹饰为良渚文化镯类器中所仅见。绞丝纹自良渚玉镯开始后，商周秦汉等历代玉器均有继承，具有重要的学术价值。■

龙首纹玉镯 良渚文化装饰用玉，浙江省余杭县瑶山1号墓出土，现藏浙江省文物考古研究所。

直径7.4、孔径6、厚2.6厘米。玉质灰白色。镯体呈宽扁的环状，横断面略呈长方形，俗称"蚩尤环"。内壁平直光滑，外壁以浮雕加线刻琢有四个对称的龙首图案。龙首作方形，顶部雕出两只桃形耳，耳间连以两道

桥状阴刻线凸起的重圈眼，口中一排整齐的牙齿，其上横条表示上唇和鼻，并在两端刻出鼻孔。这种长吻双角兽的形态，若以平面和一个侧面进行斜向观察，与常见良渚文化兽面纹不同，似可认作龙，环状镯身或可视作龙体的象征。类似的龙首纹饰还见于玉璜、玉圆牌等器。在台北故宫博物院及美国赛克勒美术馆也藏有同类器物。■

玉龟 良渚文化装饰用玉，浙江省余杭县反山17号墓出土，现藏浙江省文物考古研究所。

长3.2厘米。玉质浅黄色，有灰白块斑。头颈前伸，四爪短小，作爬行状。背上有纵向脊向两侧倾斜，中部有一道短脊线。腹底平整，有一对小隧孔。整器雕琢简练，造型生动。■

玉蛙 良渚文化装饰用玉，江苏省吴县张陵山4号墓出土，现藏南京博物院。

长4.8、宽3.2、厚0.2～0.7厘米。玉质黄绿色，有褐斑，晶莹温润。蛙体较长，前窄后宽，正面微凸，背面平整，近椭圆形。前端以简练的圆点、直线阴刻出头、眼，两侧刻出四肢，身上有数道阴刻弦纹。外形如蛙，倒置又如蝉形。前端钻有对称的一对小透孔，一侧边缘又有一个小孔。雕刻简练，生动传神。■

玉鱼 良渚文化装饰用玉，浙江省余杭县反山22号

墓出土，现藏浙江省文物考古研究所。

长4.9厘米。玉质白色。头部微凸，平唇，单圈圆眼，鱼背略拱，腹部微弧，腹下对钻有两个小孔，尾鳍分叉，刻有斜向细线。造型逼真，线条流畅。■

色，表面均有深浅不一的褐斑。器形基本相同，皆作展翅飞翔状，头部及尖喙前伸，双眼微凸，浅管钻成重圈，两翼向外平展，背部微凸或浅凹，背面均有一对或两对穿孔，可穿缀。这些玉鸟分别出自反山14号、15号、16号、17号等4座墓的墓主人的脚端和头端，造型简练，形象生动。■

玉鸟　良渚文化装饰用玉，上海市青浦县福泉山126号墓出土，现藏上海市文物管理委员会。

长1.8、宽2.7、厚0.3厘米。玉质乳白色，光滑润泽。整体呈扁平侧立鸟形，头上昂，作鸣叫状，鸟尾上翘，鸟眼为一透孔，鸟身浅刻细线象征羽毛。虽雕工寥寥，但栩栩如生。■

兽眼玉鸟　良渚文化装饰用玉，浙江省余杭县瑶山2号墓出土，现藏浙江省文物考古研究所。

长3.2厘米。玉质青色，有褐斑。整体为飞翔的鸟形，上端尖凸，下端舒展，尾端平凸，底面平整有三对小隧孔。鸟头后饰二兽眼，用浅浮雕和阴刻线琢出兽面形象，此与玉琮兽面纹兽眼相同。如将鸟嘴向下，犹如俯冲而下的青鸟，又似挺角露齿的牛首，造型奇特。兽眼鸟纹反映了当时鸟兽崇拜的内容，而鸟崇拜来源于良渚人以水禽捕鱼的渔猎活动。■

神人兽面纹玉锥形器

良渚文化装饰用玉，上海市青浦县福泉山9号墓出土，现藏上海市文物管理委员会。

长15厘米。玉质湖绿色，润泽晶莹。通体作方柱形，一端作钝尖，另一端有短柄，柄上有对钻小孔。方柱体上雕有两节神像纹，每节以对角线为中心，各刻一组。以两条横档、两个圆圈和一条横凸块组成神脸，再以两个椭圆形凸面、线刻圆圈及桥形凸块组成兽面。此器质地透明，雕琢精细，为同类器之精品。■

玉鸟　良渚文化装饰用玉，浙江省余杭县反山墓地出土，现藏浙江省文物考古研究所。

4件，长分别为5.5、4.3、3、2.6厘米，宽分别为5.8、5.3、5.1、4.7厘米。玉质除一件呈黄色，余皆为白

形器中纹饰最为纤巧繁复的精品。良渚文化玉锥形器，目前发现100余件，除方体外，还有圆锥体，皆光素无纹，大多以集束状放置于墓主人头骨上方，尖端多指向上方，似象征羽冠羽毛。■

神人面纹玉锥形器　良渚文化装饰用玉，浙江省余杭县瑶山9号墓出土，现藏浙江省文物考古研究所。

长6厘米。玉质白色，沁蚀严重。器作琮形，上端钝尖，下端琢有小短榫，榫上有对钻小孔，方体上以细弦纹将整器分为上下等长的两部分，上端光素，下端琢刻简化神徽。细弦纹象征羽冠，阴刻云纹为额，椭圆形眼，眼球凸出。以转角为中线，构成上下相叠的两幅神人面纹。■

神人兽面纹玉锥形器　良渚文化装饰用玉，浙江省余杭县反山20号墓出土，现藏浙江省文物考古研究所。

长14厘米。玉质白色，有褐色和浅青色结晶块。通体作方锥体形，上端磨成圆形钝尖，下端琢有小短榫，榫上有两面对钻的小孔，中端偏下琢刻四节两级简化神徽。第一、三节为神人面纹，上饰平行细线纹象征羽冠，重圈圆眼，阔嘴。第二、四节为兽面纹，上下错列，以单圈为眼，椭圆形眼睑，小凸横档表示阔嘴。各部琢刻纤细，图案繁缛，为锥

兽面纹玉坠饰　良渚文化装饰用玉，上海市青浦县福泉山9号墓出土，现藏上海市文物管理委员会。

长2.5、宽1.4厘米。玉质湖绿色。椭圆锥体，形如小甲虫，一端钝尖，一端有榫，榫中有小穿孔，坠饰上有两条弦纹，弦纹下琢雕有两兽面纹饰，各刻一组圆圈眼，眼睑为椭圆形凸面，下部横凸块为鼻。■

玉串饰　良渚文化装饰用玉，浙江省余杭县反山22号墓出土，现藏浙江省文物考古研究所。

玉珠长0.6～1、玉坠长3厘米。玉质白色，部分有浅黄斑。串饰由26颗玉珠和1件小玉坠串联而成。玉坠呈椭圆形，较粗短，尖端圆钝，另一端有榫，中有小穿孔。玉珠均呈腰鼓形，两端管钻成孔，大小不等，串列有序。■

玉串饰　良渚文化装饰用玉，上海市青浦县福泉山74号墓出土，现藏上海市文物管理委员会。

长30、宽28厘米。玉质湖绿色，有的已显乳白色。玉串饰由大小不一、形状不同的47颗珠、2件玉管、6件玉圆锥形器串联而成。锥形器分布左右两侧，每侧三

缺留有小尖顶，两侧各有一圆孔，正面有阴线兽面图案。兽面双眼以圆管镂孔加圆圈勾勒，卷云纹和弧曲线刻成宽鼻，阔嘴，獠牙。背面平素。玉管粉白色，作圆柱状，出土时十六节管，首尾相接并与玉璜紧密相连，可确知原为贯联成串的佩饰。由于全串直径较小，应是一种颈饰。■

件，对称排列，间以二颗玉珠。玉珠有的呈腰鼓状，有的呈圆珠形，颈项下部下坠的珠穿孔做牛鼻形。整个串饰美观大方，发现时置于墓主人的胸部，当为项饰。此图排列位置为出土时的情景。■

玉串饰　良渚文化装饰用玉，浙江省余杭县瑶山11号墓出土，现藏浙江省文物考古研究所。

外圈管长2.2～2.5、直径1.41、孔径0.5～0.6厘米，内圈管长2.4～3.9、直径1.1～1.3、孔径0.5～0.6厘米。玉质白色。按出土时的部位及序列由内外两串共39颗玉管串联而成，外串23颗，内串16颗。管体作圆柱形，中空，大小粗细不一，长短不等，带有筋条状斑纹。两串玉管均与四龙首玉璜相接，玉璜长8、宽3、厚0.4厘米。玉质白色，上有青褐色块斑。器如倒置的桥形，中部较厚，两端略薄，上部两端各对钻两小孔，下端弧缘上浅浮雕四个等距离分布的龙首形象，龙首方向一致，纵向排列，均为短角、凸圆眼、方菱形鼻、阔口露齿。其形象怪谲可畏，似可认作龙。该器出土时与玉管珠相连，出土位置在墓主胸腰部，可能是一组胸饰或覆盖于墓主人身上的佩饰。■

玉串饰　良渚文化装饰用玉，浙江省余杭县瑶山4号墓出土，现藏浙江省文物考古研究所。

管长2.5～3.1、直径1.2～1.3、孔径0.5厘米；璜长14.7、宽5.7、厚0.5厘米。玉质浅黄色，表面有浅灰色结晶。璜为半璧形，中部略厚，下端匀薄，上端中部凹

乳钉纹柱形玉器　良渚文化玉质用具，浙江省余杭县反山16号墓出土，现藏浙江省文物考古研究所。

通高4.2、直径4.3厘米。玉质白色，有浅黄色斑块。矮圆柱体。上

下宽，中间较窄，中心有一对钻孔，纵向贯通。上端带盖，盖与柱体玉质玉色相同，盖面光素，顶弧凸，盖底平整，底中央有斜向对钻的小隧孔。柱体纹饰以浅浮雕和阴纹线刻雕琢而成。上下两端均有凸起的边额，中为两排乳钉状的圆凸，左右相邻的乳钉之间以粗细两条平行线相连，上排乳钉另有半圆形的弧线在上下两侧错开相连，构成连续性图案。纹饰较为少见。■

反山14号墓出土，现藏浙江省文物考古研究所。

长7.5、宽4.5、厚3.6厘米。玉质粉白色，上有浅黄色块斑。通体呈长方形，一端有纵向圆孔，可穿带连接。另一端钩头向下向内曲折，线割成弯钩状。正面弧凸，背面平整。正面雕琢兽面纹，图案较为简单，单圈圆眼，外眶有椭圆形眼睑，以桥形凸面相连，鼻子为内凹的扁方形。带钩上琢雕纹饰，为良渚文化玉器所仅见。此带钩出土于墓主人的腹部，由此判断为上衣的挂钩，是实用品，开传统玉带钩的造型之先河。■

兽面纹柱形玉器

良渚文化玉质用具，浙江省余杭县瑶山9号墓出土，现藏浙江省文物考古研究所。

通高4.2、直径4.7厘米。玉质白色，有黄褐色结晶斑。整体作扁圆柱形，中部有较大贯孔。盖略为球冠体，素面，底部平整，底中央有一对可供穿系的牛鼻孔。盖顶与柱体为同一玉料分割而成。柱体上以剔地法雕琢有三组形象繁复的兽面纹，额部刻有羽状纹，双眼为管钻而成的重圈，宽鼻，阔嘴，两侧有一对伸出嘴外的獠牙。整器制作规整，刻纹精致。此类玉器大多出土于棺盖之上，部分出于棺底，以其放置位置看，似为葬具的某种附件或与某种葬俗有关。■

玉带钩 良渚文化玉质用具，浙江省余杭县反山16号墓出土，现藏浙江省文物考古研究所。

长7.7、宽3.2、厚2.4厘米。玉质浅青色，有浅灰色斑。扁长方体，通体光素，正面及两端微凹，背面平整，留有清晰的弧线切割痕迹。一端有纵向圆孔，为对钻而成，可穿带连接。另一端钩头向下向内曲折成弯钩状，与春秋时期及后世玉带钩的钩首向上弯曲恰恰相反。■

玉纺轮 良渚文化玉质用具，浙江省余杭县瑶山11号墓出土，现藏浙江省文物考古研究所。

直径3.9～4.3、孔径0.6、厚0.9、杆长16.3厘米。玉质因沁蚀钙化呈白色，不透明。扁平圆饼形，器表光素无纹，厚薄不匀，断面为梯形，中穿一圆孔。出土时有青玉圆杆穿在纺轮中，圆杆上端锥尖，有一孔径0.5厘米的对钻小孔。■

兽面纹玉带钩 良渚文化玉质用具，浙江省余杭县

北阴阳营文化玉器

北阴阳营文化是长江下游江苏宁镇地区的新石器时代的考古学文化，其时代距今约6200～5700年，主要遗址有北阴阳营和营盘山、江宁太岗寺和庙山、江浦蒋城子、安徽涂县朱勤大山等。北阴阳营墓地多使用璜、玦，管和坠饰也得到较多应用。在玉器的使用上玉玦常发现于死者的耳部，可能作为耳饰。玉璜、管、坠等，常发现于死者的头部到胸部一带，可能是颈胸腹部位的

饰品，其中玉管、坠往往成组发现，形成一套串饰。种类有璜、玦、管、坠饰、泡饰、系璧、珠、条形饰以及与玉石质料相似的花石子。装饰品体形较小。器物多为厚片形，琢磨精细，表面光润。珠、管表面不甚平匀，均光素。穿孔甚小，为细锥钻钻成。北阴阳营文化玉器制坯切割技术使用了硬性片状和软性线状切割工具，也利用边角余料随形制器。钻孔使用管钻、桯钻工具，有两面对钻、两面斜对钻和单面钻。一般一器一孔，有的二孔至四孔，其利用暗槽连接的手法颇为特别。这种技法在璜、条形玉饰和玉玦中得到运用。大多数最后经过打磨和抛光工序。玉器质地呈青色、灰色、碧色、灰褐色、米黄色、白色、灰白色、绿色等，玉色不够纯净，常有少量杂色，个别质地中夹有云母末，少量玉质受沁后有程度不等的白化现象。质料主要为阳起石、透闪石、蛇纹石和玉髓，也有少量石英、云母片、叶蜡石、绿松石等。

玉玦　北阴阳营文化装饰用玉，江苏省南京市北阴阳营191号墓出土，现藏南京博物院。

直径4.6厘米。绿色蛇纹石质，局部带沁痕。圆环状，环体有缺口，磨制光滑精致，出土时多置于人骨架的耳际，且缺口向上成对出现，应是耳环一类的装饰品。■

玉璜　北阴阳营文化装饰用玉，江苏省南京市北阴阳营194号墓出土，现藏南京博物院。

长8.7厘米。玉质青色，局部沁蚀，质坚而润。璜体半环形，一面圆弧，另一面扁平，并留下明显的抛物线切割痕。两端的小孔，系两面对钻而成，孔两端大小不一，既有琢磨时留下的痕迹，也有长期佩挂的痕迹。■

凌家滩文化玉器

凌家滩遗址位于安徽省含山县铜闸镇凌家滩村，是新石器时代的考古学文化，年代约距今5500～5300年。玉器种类有用具类、装饰品类、礼仪类和玉芯料类。其中用具类有玉铲、斧和钻头等，装饰品类有环、璜、玦、管、镯、璧、人、鹰、龟、龙、刻纹玉版、三角形饰等多达20余种，礼仪器类有钺、戈等，同时墓葬中还较多地随葬玉（石）芯和碎玉料。玉器有白色、乳白色、灰白色、黄白色、青灰色、淡绿色、牙黄色等，少量色质不纯夹有白斑或其他颜色，个别呈透明和半透明状。绝大多数在埋葬环境中受沁白化，失去了本来的面貌。玉器材质主要以透闪石为主，另有少量的蛇纹石、玛瑙、玉髓、水晶、石英、煤精等。凌家滩玉器总的特点以片雕为主，圆雕为辅。相当数量的玉器一面制作精细，另一面却加工痕迹明显，留下了线切割、片切割和砣切割技术得以应用的证据。管钻大量应用于玉环类器物的制作。实心钻主要用于璜、坠、环等器物上系戴孔的制作及玉管中间穿孔的制作，按加工方向可以分为双面实心对钻、单面实心钻，斜对穿（牛鼻穿）、隐藏式穿孔等。玉器表面素面无纹的占多数，阴线刻纹饰多在某些特殊形制的器类上发现，如虎首璜、人、鹰、版、三角形片、龙等。镂空技术在凌家滩墓地出土的玉器中，典型代表有三角形玉冠饰、镂空玉璧、刻植物纹玉片饰及玉人腿部之间的镂空。

玉钺　凌家滩文化礼仪用玉，安徽省含山县凌家滩遗址20号墓出土，现藏安徽省文物考古研究所。

长24.2、刃宽13、端顶宽9、厚0.7厘米。玉质灰白

色，有绿斑纹。器似梯形，扁薄。弧刃，两面磨制，从两侧延至顶部，略束腰，平顶，近顶有一对钻圆孔。钺表面留有多道弧形凹线，线形深浅、宽窄不一。可能是砣轮切割玉料时留下的切割痕，与良渚文化玉器上的线切痕几无差别。■

鹰作展翅飞翔状。头和嘴琢磨而成，眼睛用一对钻的圆孔表示。两翅各雕一猪首。腹部规整地刻划一圆圈，直径1.8厘米，内刻八角星纹，八角星纹内又刻一圆，直径0.8厘米，圆内偏上有对钻孔眼。尾部雕刻呈扇形齿纹。鹰两面雕刻相同，表面抛光润泽。于猪眼、鼻、腹、鹰眼处共钻六孔。玉鹰可能是凌家滩人用以拜星求雨的神玉，故它也有礼仪用玉性质。■

玉龙 凌家滩文化装饰用玉，安徽省含山县凌家滩遗址16号墓出土，现藏安徽省文物考古研究所。

长径4.4、短径3.9、厚0.2厘米。玉质灰白色泛青。器扁平，呈椭圆形，龙体卷曲，首尾相连。龙吻部突出，头顶雕出两角，阴线刻出嘴、鼻，脸部阴刻线条表现折皱和龙须。龙身脊背阴刻规整的圆弧线，表现龙为圆体，连着弧线阴刻十七条斜线并两面对称，似龙身鳞片，靠近尾部对钻一圆孔。玉龙两面雕刻基本相同，通体抛光温润，造型简练，风格粗犷，是迄今江淮地区新石器时代玉龙的首次发现，非常珍贵。■

玉鹰 凌家滩文化装饰用玉，安徽省含山县凌家滩遗址29号墓出土，现藏安徽省文物考古研究所。

长8.4、宽3.5、厚0.3厘米。玉质灰白色。器宽扁形。

刻纹玉版 凌家滩文化装饰用玉，安徽省含山县凌家滩遗址4号墓出土，现藏故宫博物院。

长11、宽8.2、厚0.2~0.4厘米。玉质牙黄色。平面呈长方形，两短边略内弧，阴线刻纹饰。玉版中部琢一小圆圈，圆圈内琢有黄淮平原自大汶口文化刘林期就已出现的方形八角星图形，小圆圈外又雕琢一个大圆圈，大小圆圈间以直线平分八等份，每份中均雕琢一圭形纹饰，又于大圆圈通向方形玉版的四角部位各琢出一圭形纹饰。玉版两端短边凹槽上各钻五个小圆孔，上下两长边一边的凹槽上对钻九个圆孔，另一边无凹槽，上穿有四个圆孔。八角星纹当代表古代二十八宿鸟宿的井宿。八角星纹外的圆圈及圭形纹饰，表示太阳光芒照射四面八方。出土时玉版与玉龟背腹甲叠合为一器，说明玉版与玉龟有密切的关系。■

玉龟 凌家滩文化装饰用玉，安徽省含山县凌家滩遗址4号墓出土，现藏故宫博物院。

高4.6、长9.4、宽7.5、厚0.3～0.6厘米。玉质灰白色。器圆雕，分龟背甲和腹甲两部分。背甲圆弧形，背上有脊、龟纹，两边各对钻两圆孔，两孔之间雕刻凹槽，背甲尾部对钻四个圆孔。腹甲中部较平，两边侧略弧。腹甲的两侧与背甲钻孔对应处也对钻两圆孔，腹甲尾部对钻一圆孔，这些上下对应的孔应是拴绳固定之用。出土时长方形刻纹玉版夹在龟腹背甲之间，推测两器应同用，可能是用玉龟测占井星与太阳，以判定四方水旱吉凶。■

遗址23号墓出土，现藏安徽省文物考古研究所。

直径7.4、孔径4.3、小孔径0.2、厚0.2厘米。玉质灰白色，半透明。器扁圆形。环面上对钻圆孔三个，呈等腰三角形，通体磨光。环是凌家滩出土最多的玉器类型，截面有圆形、三角形、扁方形和扁形。环上钻三孔，呈等腰三角形布局的较多。在玉环上面钻孔，可能用于悬挂和固定。环的大量使用，也是江苏北阴阳营文化、安徽薛家岗文化、四川和湖北大溪文化晚期的共同特点。■

玉玦 凌家滩文化装饰用玉，安徽省含山县凌家滩遗址出土，现藏安徽省文物考古研究所。

直径7.3、孔径5.3、厚0.5厘米。玉质乳白色，半透明，晶莹润亮。器扁圆形。环最宽处有一缺口，与缺口对应处较窄细。玦有一断痕，两边各对钻圆孔，两孔之间有暗槽相连，补接断口。这说明先民们对稀有的玉器十分珍惜。钻孔缀合，是凌家滩玉器的显著特点。■

玉环 凌家滩文化装饰用玉，安徽省含山县凌家滩

玉齿环 凌家滩文化装饰用玉，安徽省含山县凌家滩遗址出土，现藏安徽省文物考古研究所。

直径9.9、孔径7.7、厚0.1～0.4厘米。玉质灰白色泛绿色斑纹，半透明。器圆形，断面呈三角形。内壁上有两面对钻痕迹，周边外缘很薄，琢磨一周小齿（其中有两个半圆孔）。表面温润光泽，制作精致规整。齿环不应是装饰品，一是很薄，二是带齿挂在胸前很不方便，故可能是固定在某种器物上的部件。■

虎首玉璜 凌家滩文化装饰用玉，安徽省含山县凌家滩遗址8号墓出土，现藏安徽省文物考古研究所。

长11.9、宽1.9、厚0.5厘米。玉质灰白色，有黄色沁斑。器扁圆弧形。璜的两端各浮雕虎首，用阴线、钻孔浮雕出眼、鼻、耳、前额上的皱纹及向前奔的爪。璜上阴线花纹表现虎的花斑，造型独特。凌家滩还出有四件虎头璜形器，表明先民对虎的敬仰。这件玉璜是已知玉璜中时代最早的一件。■

虎首玉璜 凌家滩文化装饰用玉，安徽省含山县凌家滩遗址15号墓出土，现藏安徽省文物考古研究所。

长16.5、宽1.9、厚0.8、眼孔径0.3厘米。玉质灰白色。器呈长方形。璜的一端圆雕虎头，另一端有极为平整的切割痕迹，可知现存的形态是特意制作而成的，并非意外造成的断裂，侧面对钻一圆孔和凹槽，因只剩半截，孔、槽痕迹也只是一半，故全器全长应为33厘米左右。凌家滩出土的这种带有合符记号的虎头璜形器，或许是后世"虎符"的初始。■

龙凤首玉璜 凌家滩文化装饰用玉，安徽省含山县凌家滩遗址9号墓出土，现藏安徽省文物考古研究所。

外长16.5、宽0.9～1.5、厚0.5厘米。玉质灰白色。璜半圆扁方形，由两件组成，中间分开，两端平齐，侧面各对钻一圆孔并有暗槽相连。两头端一琢磨猪龙首形，一琢磨凤首形。在猪龙首眼部和凤首眼部各对钻一孔。凌家滩出土的玉璜较多，制作比较讲究，不但尽可能地选择上好玉料，而且在玉璜的两端雕刻有兽头、鸟头等形状。一件璜形器上出现两种动物，这可能意味着两种动物是两个氏族图腾的象征物。■

玉人 凌家滩文化装饰用玉，安徽省含山县凌家滩遗址29号墓出土，现藏安徽省文物考古研究所。

长8.1、肩宽2.3、厚0.5厘米。玉质灰白色。器扁长形。玉人头戴圆冠，冠饰方格纹，长方脸，浓眉大眼，宽鼻梁，大嘴微闭，上唇饰八字胡须，两大耳下部各饰一孔眼。两臂弯曲，五指张开置于胸前，臂上各饰八个玉环，腰间饰斜条纹腰带。大腿和臀部宽大，腿显短，似为蹲踞状，脚趾张开。■

玉人 凌家滩文化装饰用玉，安徽省含山县凌家滩遗址1号墓出土，现藏故宫博物院。

长9.6、肩宽2.3、厚0.8厘米。玉质灰白色。器扁长形。玉人头戴圆冠，冠上饰两排方格纹。方脸，浓眉大

眼，蒜头鼻，大嘴，上唇留有短胡须，两大耳，耳下部有穿孔。两臂弯曲，十指张开置于胸前，双臂各饰六个玉环。腰部饰宽0.3厘米的腰带，带上饰斜条纹。站立状，赤双足，左右脚各刻五趾。器表抛光润亮，人体比例匀称，展现出江淮地区原始先民的风貌。■

兔形玉饰 凌家滩文化装饰用玉，安徽省含山县凌家滩遗址10号墓出土，现藏安徽省文物考古研究所。

长6.8、宽1.9、厚0.2厘米。玉质灰白色。薄片状，表面润亮，琢一飞奔状的兔。兔昂头，两耳紧贴脊背，后足抬起，尾上卷。兔下部琢磨长条形凹边，凹边上有对钻四个圆孔，可能为镶嵌所用。兔形玉饰所表现的不仅仅是动物本身，通过动物形体表现出的是某种原始宗教信仰，应具有某种特殊的含义。■

玛瑙豕 凌家滩文化装饰用玉，安徽省含山县凌家滩遗址13号墓出土，现藏安徽省文物考古研究所。

长6.9、宽2.7、厚1.3厘米。玛瑙质乳白色，含黄色斑纹。器利用玛瑙料自然形态琢磨而成，呈半圆弧形。吻部凸出，鬃凸出，尾较细小。吻部和尾部各有对钻的孔眼。从形态上看可能是野猪，形象逼真又不乏艺术夸张。■

玉勺 凌家滩文化玉质用具，安徽省含山县凌家滩遗址4号墓出土，现藏安徽省文物考古研究所。

长16.5、柄长9.5、勺匙宽2.7、柄宽0.7、厚0.1～0.3厘米。玉质青绿色，泛白斑纹。器为长柄舌形汤勺。勺池琢磨细腻，勺柄弯曲细长，十分优美。柄断面呈半圆凹形，柄端扁圆，上有一对钻小孔。器表温润亮泽，制作精美。玉勺的发现表明，当时已有饮汤的餐具。这是我国目前发现最早的一件玉质勺。■

大溪文化玉器

大溪文化是长江中游的新石器时代考古学文化，年代距今6500～5300年，主要分布于湖北中南部、四川东部和汉水中游沿岸。出土玉器的地点主要有重庆巫山大溪，湖北松滋桂花树、宜昌白狮湾和华容车轱山，湖南澧县丁家岗和城头山古城址、湘潭堆子岭等。玉器种类有璜、镯、玦、璧、环、坠饰、管、珠、扁薄形刀、人面形玉饰等。基本上以装饰品为主。玉玦，形状不甚规整，可分两种形式，一为扁平形，二为缺口两边伸长，似桃状，且端部外撇的玦。玉璜，形制较多，有弧形璜、半璧璜和折角璜三种。人面形玉饰，椭圆形，正面浅浮雕，为同时期难得之玉中精品。大溪文化时期玉器制作工艺尚未脱离石器制作工艺，主要采用敲打或磨擦切割成大体形状，然后再加以打磨、钻孔、抛光的工艺。从器形上看，大溪文化玉器和长江下游的新石器时代玉器，有着较多的相似性或相同之处，反映了两者的交流关系。

玉玦　大溪文化装饰用玉，湖南省澧县城头山古城址墓葬出土，现藏湖南省文物考古研究所。

直径2.7、孔径1.3厘米。玉质淡黄色。扁平圆环形，制作精细。孔系管钻法两面对钻而成。■

玉璜　大溪文化装饰用玉，重庆市巫山县人民医院遗址2号墓出土，现藏巫山县文物管理所。

长7、宽2.7、厚0.65厘米。玉质灰白色。体扁薄，底平。两端上翘，各有一圆孔。■

人形玉佩　大溪文化装饰用玉，重庆市巫山县人民医院遗址出土，现藏巫山县文物管理所。

长6.8、最宽3.5、最厚3厘米。玉质黑色。立体圆雕

一大一小二人，作背负状。前面大人双手叉于腿上，半蹲状，后面小人贴于大人后背。大人面部琢两坑及点表示眼睛，小人面部则有三坑及点分别表示眼睛和嘴。器表磨制光滑，造型简约。■

屈家岭文化玉器

屈家岭文化是长江中游地区新石器时代的考古学文化，年代约为距今5300～4600年，主要分布于湖北、湖南地区。出土玉器的地点较少，主要有湖南省澧县梦溪乡三元官村、城头山等。玉器种类有用具类铲、锛，装饰品类环、镯、璜、坠等。玉器材质为高岭玉、绿松石等。加工琢磨不很精细，有的玉器侧边保留有明显的切割痕迹。

玉锛　屈家岭文化玉质用具，湖南省澧县梦溪乡三元官村8号墓出土，现藏湖南省博物馆。

长2.9、刃宽3厘米。玉质浅绿色，局部有斑痕。锛呈扁平梯形，顶端平直，两面开刃，斜刃稍弧。一侧平直，一侧内弧，通体磨光。器形甚小，未见使用痕迹。■

石家河文化玉器

石家河文化是长江中游地区新石器时代晚期的考古学文化，年代约为距今4600～4000年，主要分布在湖北、

河南南部和湖南北部地区。出土玉器的地点主要有湖北钟祥六合、天门石家河罗家柏岭和肖家屋脊，湖南澧县孙家岗等。玉器的种类有斧、锛、钻、凿等用具类，人头饰、人面饰、兽面饰、镂空兽面饰、镂空圆牌饰、兽形环、凤、龙、鹰、鸟、蝉、璧、璜、笄、管、坠等装饰品类。另外，还有礼仪类牙璋和一些玉石料、残片以及半成品等。其中大部分玉器随葬于瓮棺中，属于石家河文化晚期。而湖南澧县孙家岗的玉器则出于较大的土坑竖穴墓中，玉器有璧、璜、凤和龙等。玉器材质以透闪石为主，另有高岭玉、绿松石、大理石、水晶、滑石等。玉器有片雕和圆雕。雕刻技法有浅浮雕、阳线雕、阴线雕及镂雕。钻孔方式主要为桯钻，分单面钻和两面对钻两种。

长2.85、冠顶宽2.2、厚0.55厘米。玉质黄绿色，光泽温润。器为长方形片状人头像。冠为平顶，前面饰对称的涡形云纹。菱形眼，外眼角向上翘，宽鼻，闭口。两耳垂环，环中间穿圆孔。颈部也有一圆孔。背面平光。石家河玉雕人像共发现十几件，多为常人头像，比较写实。玉人头像是石家河文化玉器中的精华。■

玉神人头像　石家河文化装饰用玉，湖北省天门市石家河肖家屋脊遗址6号瓮棺出土，现藏荆州博物馆。

长3.7、额顶最宽3.6、额部最厚1.4厘米。玉质浅黄绿色。于三棱柱形的玉片上，采用平面透雕与浅浮雕相结合的技法，表现一着冠的神人头像。神像头戴浅冠，两耳上方有弯曲的兽角形装饰及齿牙。耳垂大环，菱形目，宽鼻梁，鼻尖向外凸出，口角两边各有上下獠牙一对。器背面内凹，光素。颈部有一道细凹槽，从头顶到颈底有一纵向贯通的隧孔，以供佩戴，也可能是被固定在某种物件的弧形面上。玉人形象风格神秘，可能为巫觋一类的宗教人物，也许是原始的玉神像。■

玉人头像　石家河文化装饰用玉，湖北省天门市石家河肖家屋脊遗址6号瓮棺出土，现藏荆州博物馆。

璜形玉人头像　石家河文化装饰用玉，湖北省天门市石家河肖家屋脊遗址6号瓮棺出土，现藏荆州博物馆。

弦长5.7、厚0.5厘米。玉质青黄色，表面有乳白色斑点。器形似璜。人像头戴尖冠，眼似果核，外眼角上挑，内眼角略向下弯，眼眶和眼珠凸出。鼻较短，下尖。大口敞开，厚唇，下颌和口角有卷云纹。耳较小，细长，耳下戴环。器下端有一小孔。此玉头像构思奇特，极其精巧。制作者以一个璜形器的外缘为对称轴，把一个完整人面分成两半，分雕于璜形玉片的两面，两面人像相同。■

玉蝉 石家河文化装饰用玉，湖北省天门市石家河肖家屋脊遗址6号瓮棺出土，现藏荆州博物馆。

长2.5、宽2、厚0.9厘米。玉质黄绿色，表面有粉状白斑。蝉头部口吻凸出，双目近似椭圆形。颈部较宽，上阴刻卷云纹，颈下有数道平行细弦纹。双翼收合，翼脉清晰，翼尖向上向外弯翘。两翼间露出带节的背和尾。蝉是石家河文化玉器中最多的一种器形，多数玉蝉刻有阴线卷云纹与翅脉纹，比红山文化、良渚文化的玉蝉更具有写实性，其重要价值在于开商周时代玉蝉造型之先河。■

玉虎头像 石家河文化装饰用玉，湖北省天门市石家河肖家屋脊遗址6号瓮棺出土，现藏荆州博物馆。

长3.5、宽2.2、厚0.4厘米。玉质黄绿色。器呈片状，倒梯形。采用平面透雕和浅浮雕技法琢制。虎额顶有三个尖状凸起，正中有一道竖棱线。双耳直立，耳廓近似树叶形，耳角向斜上方伸出，耳内有旋涡状纹，中心穿有小圆孔。鼻宽大，鼻梁线与眉相连。圆眼，颧骨较鼓。■

兽面形玉饰 石家河文化装饰用玉，湖北省天门市石家河肖家屋脊遗址6号瓮棺出土，现藏荆州博物馆。

长3.3、宽1.8、厚0.4厘米。玉质黄绿色，表面有白斑。器呈片状，两面光平，侧面和底面连成半圆形，为

一抽象的透雕虎头形象。头戴人字形冠，两侧上方有弯角形饰物。眼为镂空形，鼻、口、耳等均未表现。戴羽冠的兽面造型与良渚文化的三叉形兽面纹冠相似。这种三凸形的冠饰，实际是被简化了的皇冠，它们同样属于被神秘化和神灵化的形象。■

玉龙 石家河文化装饰用玉，湖北省天门市石家河肖家屋脊遗址6号瓮棺出土，现藏荆州博物馆。

最大直径3.8、体侧宽1.2、厚0.8厘米。玉质黄绿色，表面有灰白斑。整体作"C"字形。上颌尖凸，下颌短，口微开，额部有一道横凸棱，额顶至颈后部有长角形浮雕，尾呈钝尖。■

玉鹰 石家河文化装饰用玉，湖北省天门市石家河肖家屋脊遗址6号瓮棺出土，现藏荆州博物馆。

身长1.9、翅尖宽4.2、厚0.35厘米。玉质黄绿色，表面有白色斑纹。器正面浮雕，背面光素。鹰长喙下勾，双目圆睁，胸背宽阔，尾部较圆，额上到后颈雕琢出羽毛。双翅向后斜展，并向上抬举，翅尖突出，呈现出展翅翱翔的形态，自然生动。■

鹰纹玉笄　石家河文化装饰用玉，湖北省天门市石家河肖家屋脊遗址6号瓮棺出土，现藏荆州博物馆。

长8.1、直径1厘米。玉质黄绿色。方圆柱体，上端为方棱柱形，浮雕鹰一只，尖喙弯勾，双目圆睁，长翅收合，两翅上各有四道带钩的平行羽纹，两组羽纹在背部斜交。笄中端有一单面穿的小孔，孔下侧有一道凸棱。下端光素无纹，近圆锥形。■

凤形玉佩　石家河文化装饰用玉，湖南省澧县孙家岗14号墓出土，现藏湖南省文物考古研究所。

长12.6、宽6.2、厚0.2厘米。玉质乳白色，表面较光滑，略受沁蚀。器呈扁平状，纹饰以透雕技法制出。凤鸟头顶羽冠，曲颈长喙，喙下有一变形小兽。凤翅舒展，长尾下垂并向后弯卷。凤身装饰阴刻线条。透雕佩饰在新石器时代玉器中发现很少，是当时琢玉工艺达到一个新水平的标志。■

龙形玉佩　石家河文化装饰用玉，湖南省澧县孙家岗14号墓出土，现藏湖南省文物考古研究所。

长9.1、宽5.1、厚0.2厘米。玉质灰白色。器呈扁平状，纹饰以透雕技法制出。龙体蟠曲，头顶作高耸华丽的角状装饰。器表的一面未透雕部分仍然保留有加工前勾画图形的浅褐色线条，至今清晰。整器龙头顶的装饰无论从尺寸比例，还是镂雕工艺均远远超过龙体本身，具有强烈的抽象性，因此有着明显的装饰功能。■

玉璜　石家河文化装饰用玉，湖南省澧县孙家岗14号墓出土，现藏湖南省文物考古研究所。

长12.7、厚0.6厘米。玉质白色，沁蚀严重。体扁平，断面呈扁棱形，弧度弯约170度。弧面正中部有一长3.6、宽2.3厘米的带状装饰，上下均突出于璜的边缘，用减地法剔刻。带状凸起两边各有一小孔。璜内外呈扉棱齿状凸出，因而使得整个璜看起来似半个牙璧。这种形式的璜甚为少见。■

石峡文化玉器

石峡文化是珠江流域新石器时代的考古学文化，主要分布于粤北地区，年代距今约为4900～4500年。玉器种类有用具类锛、斧，装饰品类环、镯、璜、特形玦、笄、锥形饰、珠、管、绿松石片等，礼器类有琮、璧、钺等。上下边缘琢成不规则锯齿形玉璜以及边缘附设四个"C"形玉环是石峡文化所特有的器形。而单节刻兽面纹和多节刻小圆圈的玉琮与良渚文化玉琮十分相似，说明良渚文化玉器已传播和影响到了岭南地区的石峡文化。玉锥形饰与大汶口文化、良渚文化玉器中的同类器的形制大体相似，反映出它们之间的交流关系。玉器材质有透闪石、蛇纹石、高岭玉、大理岩、绿松石及水晶等。大部分玉器制作精致，表面打磨光亮。器表无纹饰者占多数，仅在玉琮表面有一些阴线刻纹。极个别玉器边缘有镂空。

玉琮 石峡文化礼仪用玉，广东省曲江县石峡遗址出土，现藏广东省博物馆。

高13.8、射径7.2厘米。玉质灰褐色。长方柱体，外方内圆，上大下小，四面平直，分五节。每节以方角为中轴刻出一组简化人面纹。内圆孔以双面管钻而成，孔内遗留有残断玉芯。石峡文化的玉琮其式样与良渚文化玉琮相似，表明两地之间互有文化交流和往来。■

玉玦 石峡文化装饰用玉，广东省曲江县石峡遗址出土，现藏广东省博物馆。

直径6.2厘米。玉质青色。体扁平，环形残断。玦体有一缺口，周边有四个"山"字形饰，与环体形成和谐

的组合装饰。形制规整，边、棱、角整齐划一。通体磨制光滑。此类玉玦为新石器时代装饰玉器中所罕见，代表了岭南地区的文化风貌。■

齐家文化玉器

齐家文化是中心区域在甘肃中西部、青海东部以及宁夏部分地区的新石器时代考古学文化。齐家文化的分布区，东起泾水、渭河流域，西至湟水流域、青海湖畔，南达白龙江流域，北入内蒙古阿拉善右旗附近。年代为公元前2000年左右。出土玉器的地点有甘肃武威皇娘娘台遗址、永靖秦魏家齐家文化墓地和大何庄齐家文化遗址、广河齐家坪遗址、积石山新庄坪齐家文化遗址、青海乐都柳湾墓地、大通上孙家寨齐家文化遗址、西宁沈那遗址、民和清泉遗址和喇嘛遗址、尖扎下奴布墓地、平安东村墓葬、互助总寨墓葬、同德宗日遗址，宁夏固原海家湾墓葬。齐家文化的玉器种类有用具类斧、锛、凿、铲等。礼器类主要有琮、璧、环、璜、钺、刀、多璜联璧等。玉杂料中有玉芯、玉料、玉管等。玉器材质有透闪石、阳起石、蛇纹石。造型简洁、装饰朴素是齐家文化玉器制作的特点。玉器多以长方形和圆形等几何图形为主，光素无纹饰，缺乏动物形象和精雕细琢的装饰风格。玉材切割以片切割为主，平直、光滑的切割面及薄而直的切割断茬台面是片切割的明证。其钻孔有单面钻和两面钻之分，工具有桯钻和管钻两种。玉璧多采用单面钻工艺，玉琮多采用两面对钻工艺，玉芯即是管钻的证据。齐家文化玉器的琢磨、抛光工艺在不同种类的玉器上，使用情况不同。玉璧、琮等玉礼器，玉质较好，琢磨精细。多数玉器仅稍加抛光琢

磨，玉器表面光泽不强。少数玉器琢磨抛光不够，尚保留完整的加工痕迹。

有直线切割痕，切割断茬平面明显并经打磨，切痕宽不足0.2厘米。■

玉璧 齐家文化礼仪用玉，甘肃省武威市皇娘娘台出土，现藏甘肃省博物馆。

直径约8.5厘米。玉质青白色，边缘有黄褐色沁斑。玉料开片厚薄不匀，制作不规整，单面钻孔，两面的孔径大小不等。璧面凹凸不平，留有加工痕迹，孔壁也有加工痕。齐家文化是玉、石并用的文化，出土玉璧较少，且器形也小，玉质不佳，制作粗糙，多出土大、中型石璧。■

玉环 齐家文化礼仪用玉，青海省民和县喇家遗址出土，现藏青海省博物馆。

直径约10、孔径4.8、厚1.2厘米。玉质青白色，质地细腻温润。器物表面受沁处呈浅褐色。通体磨光。环中部略厚，边缘渐薄，边缘经锯割后整修磨制，不甚规整。■

四孔玉刀 齐家文化礼仪用玉，青海省大通县上孙家寨墓地出土，现藏青海省博物馆。

长54、宽8.5～10.3、厚0.8厘米。玉质青黄色，内布褐色藻叶斑纹及深褐色藻团块。略呈梯形，背部平直，窄端受沁略呈白色，宽端有一长6.5、深0.3厘米的切割痕。双面刃，刃呈内弧状，较钝，有一残缺口，刃磨痕宽1.8厘米。两端部略开刃，磨痕宽1.3厘米，无使用痕迹。通体磨光。背部等距钻四孔，单面钻，孔径1～1.2厘米，孔壁倾斜，螺旋痕迹明显。■

玉璧 齐家文化礼仪用玉，青海省民和县喇家遗址出土，现藏民和县博物馆。

直径17.7～19、孔径5.8～6.5、厚0.7厘米。玉质青灰色，质地细腻，边缘有糖皮，部分受沁呈白色状。通体磨光。圆形扁平状，单面钻孔，孔壁倾斜并留有螺旋痕。璧边缘经锯割后修整磨成，不甚规整。璧的一面留

玉铲 齐家文化礼仪用玉，青海省民和县喇家遗址出土，现藏民和县博物馆。

长15.8、宽4.8、厚0.9厘米。玉质青白色，内有絮状白色纹理。铲呈长条形，身有一钻孔，孔径0.6～0.8厘米。双侧边缘切割成型，侧边留有两面切割痕。双面刃直，略经磨制，无使用痕迹。■

卡若文化玉器

卡若文化是分布于西藏东部昌都地区的新石器时代考古学文化，其年代距今5500～4000年。出土玉器数量少，类型比较单一。玉器种类有玉斧、锛、刀、镞等用具类和璜、珠及垂饰等装饰品类。其中以用具占绝大多数。玉器材质为透闪石和孔雀石等。

玉斧 卡若文化玉质用具，西藏自治区昌都县卡若村遗址出土，现藏西藏自治区博物馆。

长21.5、刃宽5、厚3厘米。玉质墨绿色，表面有褐色沁蚀。为扁体长方形，剖面做长方形。四边有棱，腰平直。单面刃，有使用痕迹，应为实用器。玉斧是西藏高原史前遗址中较常见的实用玉器。■

卑南文化玉器

卑南文化是台湾地区迄今所知范围最大、古文化遗留最丰富的一处新石器时代考古学文化遗址，年代为距今5000～2000年。玉器种类有用具和装饰品两类。用具有锛、凿、矛、镞等，装饰品有玦、珠、管、棒形饰、镯、璧、环和坠等。另外，还有大量的制作玉器过程中废弃的玉料。玉玦有环形、环状四凸形、长方形、"几"字形、单人形和卧兽双人形以及多环兽形等。玉珠呈铃形，为成串的头上装饰品或钉缀在头饰带上的缀珠。玉器材质以黄绿色透闪石为主，一些标本夹杂少量透辉石、蛇纹石、斜黝帘石，磁铁矿为伴随矿物，另外还有绿泥石、板岩等。其玉器材料来源最有可能是花莲丰田及西林地区。玉器钻孔为两面钻，可分为两种方式：一是由两正面相对钻穿的直线孔，二是由正面与端面对穿的直线孔或转弯的孔。琢磨精细、器形规整是卑南文化玉器的重要特点。

双人形玉佩

卑南文化装饰用玉，台湾省台东县卑南遗址出土，现藏台湾史前文化博物馆。

长6.7、宽4厘米。玉质暗绿色。器体扁平，透雕双人头上横卧一兽。双人体健剽悍，双手叉腰而立，肩端无项，细腰，双腿略分，脚下有踏板，两膝各有一横道。二人头顶的卧兽尖耳张口，躬身翘尾，身体上有一对补缀的孔。通器磨制平滑，造型独特。表现的可能是祭祀的场面。■

玉玦 卑南文化装饰用玉，台湾省台东县卑南遗址出土，现藏台湾史前文化博物馆。

共16件，最大件直径约10、最小件直径3.3厘米。玉质暗绿色，有白色沁。玦体呈窄环状，有细缺口。有一部分玦体外对称分布四个凸出的小柱。卑南文化玉器中，耳饰玦出土数量最多，形制多样，除此之外，还有长方形等多种。可以看出耳饰已是当时普遍的装饰品。■

纹 饰

槽纹 红山文化玉器主要装饰纹样，亦见于良渚文化晚期玉器。即利用阴线刻的方法，在玉器表面刻划出各式凹下的浅圆弧状剖面的凹沟槽（瓦沟纹），沟槽内常见垂直于沟槽之平行细纹。红山文化的阴线纹已较成熟，玉龟、鸟、鹰的阴线较短。玉龟的阴线较宽，粗放刚劲。沟槽较宽、槽底是凹弧形的，如勾云形佩和曲面牌饰。■

凸线纹 红山、龙山文化玉器装饰纹样，凸线纹即"隐地凸起"阳线纹，最早见于红山文化的鹰形佩翅羽纹上，成熟期多见于龙山时代玉圭上的人面纹、兽面纹和鹰纹以及凤纹。它是利用浅浮雕的技法，在玉器表面磨出凸起的线纹，故又可名为"减地起线"，即把起阳线以外的地子磨减下去，使阳线凸起。这些纹饰的工艺和艺术特征是规整且粗细均匀，线形圆润流畅。■

直线纹（平行线纹、弦纹） 良渚文化玉器装饰纹样，玉琮上常见。以阴线刻的方法在玉琮的侧面雕刻数条平行直线纹。其特点是直线条工整匀细。另外在陶寺玉琮和龙山文化玉圭以及石峁牙璋的阑部常可见这种纹饰。■

鸟纹 良渚文化玉器装饰纹样，鸟身往往雕琢成"兽面纹眼睛"形式，可见某种程度上鸟形象是神人兽面纹的一个组成部分。一般除了单独成件的玉雕鸟形象，还有的鸟纹与神人兽面纹共同组合成一个整体，它们均位于神人兽面纹的两侧，且鸟首朝向外侧。有异形造型与异形纹饰，神秘别致。异形造型者，如瑶山锥形饰，锥体上半部为圆锥形，下半部为四方琮形，并饰兽面纹。异形纹饰者，如瑶山鸟形佩上的兽眼鸟纹。良渚文化玉器的鸟纹，可分为写实性鸟纹和神鸟纹两类，它们的共性是，主体为鸟，鸟头后附设二兽眼，兽面纹用浅浮雕和阴线刻出，其形象与玉琮兽面纹兽眼相同。兽眼鸟纹反映了当时鸟兽崇拜的内容。■

龙首纹 良渚文化玉器装饰纹样，一般饰于玉镯、圆牌饰、璜、管及锥形器上，多饰于器物一周或外缘部位，以浅浮雕和线刻两种技法表现，视觉效果均为立体竖向。龙长脸，双角（耳），圆眼睛，阔口露牙，鼻梁处有"◇"形纹。其形象粗壮诡秘。此类龙首纹的图案结构与兽面纹之间既有区别又有紧密的联系。龙首纹的出现年代要比兽面纹早，良渚文化玉器上的神人兽面纹之兽面纹很有可能是直接从龙首纹发展而来的。■

神人兽面纹 良渚文化玉器典型装饰纹样。良渚文化玉器的纹饰大多以神人兽面纹为主题，各件玉器的神人兽面纹繁简不一，有的以神人兽面组合出现，有的则以神人或兽面单独为饰，并在平整的器表上与垂直折角的器面上作不同的设计。此组神人兽面纹雕琢在浙江省余杭县反山出土的玉琮表面，神人头戴羽冠，身披皮甲，双臂开张，骑坐在兽背上，显得十分威严神圣。兽双眼圆睁，口露獠牙，兽面与人面皆用浅浮雕技法表现，神人四肢则以阴刻线纹组成。简化之神人兽面纹的神人羽冠简化为长平行线，四肢消失，以小圆圈纹与横档嘴组成人面纹。兽面双眼较大，椭圆形的眼眶朝向两侧上方倾斜，两眼之间有拱形鼻梁，下有横档嘴。雕琢规整细密，以浅浮雕与线刻相结合的手法雕刻而成，线刻工艺细如发丝。■

绞丝纹 良渚文化玉器装饰纹样，见于瑶山祭坛遗址玉镯上，为浅浮雕兼阴线刻式样的平行斜向纹，犹如蚕丝缠绕成束把状。绞丝纹始自良渚文化，商周秦汉等历代均有继承。■

八角星纹 凌家滩文化玉器装饰纹样，见于刻纹玉版和玉鹰上。刻纹玉版的中央和玉鹰的胸部均饰以阴线刻八角星纹。八角星纹当代表古代二十八宿鸟宿的井宿。八角星纹外的圆圈及羽毛纹，应表示太阳及四射的光芒。■

夏商西周玉器

夏代玉器大致可分为两类：一是玉礼仪兵器，有圭、璋、钺、戚、刀、戈、镞等；二是装饰品，有柄形饰、管、珠、镯形器、绿松石饰、嵌绿松石兽面纹铜牌饰。装饰玉中以镶嵌玉器最有特色。河南二里头遗址57号墓出土的一件镶嵌绿松石铜牌饰，是我国早期"铜嵌玉（石）"工艺的突出代表，开夏代镶嵌绿松石工艺的先河。

从出土实物可以看出，夏代玉器多大件礼仪玉，且由兵器转化而来的礼仪玉器占相当大的数量，小件饰玉较少；多扁平几何造型，不见立体动物形象的佩饰用品；大多光素无纹，以质为美，所饰花纹多不在器物主要部位，而在边缘，主要装饰纹饰有三类：其一是扉牙，即在玉器两侧雕出对称的锯齿小牙，亦称之为扉棱；其二是用阴刻细线刻划的直线纹、斜格纹、云雷纹。玉刀两端、玉牙璋内与援相接处都有成组的阴刻直线和斜格纹，这些线较细，但雕得较深，非常直。云雷纹则见于玉圭；其三是兽面纹，橄榄形眼眶，圆眼珠，宽鼻翼，阔口，见于柄形器。钻孔多为一面钻孔，一头大一头小，光滑圆整，一器数孔，大小基本一致。夏代的玉钺、玉圭同龙山文化有直接联系，玉刀受薛家岗文化影响，玉牙璋是龙山文化铲形器的完善化和复杂化。总体上看，夏代玉器同山东龙山文化有某些继承关系，又融合了其他玉器的某些特点。玉器使用尚不普遍，器类也还较为单一，制玉工艺如开料、造型、雕琢、钻孔、抛光等方面，都已达到较高水平。夏代玉器材质主要有白玉、青玉（含河南独山玉）、绿松石等。

夏代玉器虽然发现很少，但却上承新石器时代玉器的造型、风格，下启商代玉器之先声，其在历史交替时期的承上启下作用是显而易见的。

商代玉器是在新石器时代和夏代玉器的基础上发展起来的，出土数量较多，范围较广。目前学术界将商代玉器分为早、晚两期。

商代早期（约公元前1600～前1300年）玉器品种主要有璧、牙璋、戈、铲、凿、笄、柄形器、璜等。种类及数量都很少，造型简单，基本无纹饰。湖北黄陂盘龙城商代遗址出土了20多件玉器，品种有仪仗类的戈、工具类的雕刀以及装饰品类的柄形饰、玉蝉等。商早期玉器最突出的是形体较大的玉戈，一般刃部都无使用痕迹，应为商代礼器，如盘龙城出土的大

玉戈长达94厘米。此外，动物形象的佩饰开始出现，阴刻、平雕技法得到应用。

商代玉器高峰期在商代晚期（约公元前1300～前1046年），即盘庚迁殷后250余年间，玉器工艺得到了蓬勃发展，品种之繁，工艺之精，数量之多，纹饰之繁复，令人叹为观止。

商代晚期玉器，以安阳殷墟出土的最为集中。殷墟位于河南省安阳市西北郊，范围约24平方公里，包括小屯村、武官村、侯家庄、大司空村等村落。据不完全统计，1949年前，殷墟出土玉器在1200件以上。1949年后，殷墟发掘在原有基础上取得更大成就，其中尤以在小屯村西北发掘的商王武丁妻子妇好墓最为著名，该墓随葬玉器达755件之多，品种繁多，造型各异，玉质优良，制作精细。特别是圆雕人物、动物及各类装饰、佩饰玉的出土，大大丰富了商代玉器的内容，这些精美的玉器代表了商代玉器工艺发展的水平。

商代晚期玉器使用已十分普遍，阴刻、平雕、浮雕、圆雕品应有尽有，种类繁多，造型丰富。礼仪仪仗类玉器主要有璧、琮、圭、璋、戈、矛、戚、钺、大刀、凿、铲、锛、斧、锄等；装饰类玉器主要有璜、玦、觽、柄形器、环、珠、管、坠以及片雕的玉人和动物形象玉饰等；陈设艺术品主要是一些人物和动物形象的立体圆雕作品；玉质容器有簋、盘；用具类主要有研磨朱砂的臼和杵、调色盘以及梳、笄、耳勺、鞢（扳指）、匕、纺轮等。玉器材质有南阳玉、和田玉、岫岩玉、绿松石等，玉材色泽一般不甚纯净。

商代玉佩饰在玉器中占的比例很大，数量及品种都很多。尤其是动物形象异常丰富，造型生动优美，雕琢细腻，绝大多数为极薄的扁平器，也有立体圆雕作品。扁平器仅表现雕琢对象的外形轮廓，有剪影式的艺术风格。

商代玉器造型朴拙，运用写实与夸张的手法，轮廓简练，注重突出人物、动物的头部、眼睛和鼻子的刻画。大眼、大鼻、大嘴是商代人物、动物的特点。人物与兽面的眼睛以"臣"字眼为主，眼球超过眼眶，亦有平行四边形眼、圆圈眼。玉雕动物之角也很有特色，主要有三种：蘑菇角，下部如粗柱，顶端有一圆锤，似未开的蘑菇，多饰在龙之身上；牛角，较短，下端较宽，上端极锐，弯度较大，两侧为弧形，角上饰成排的双连弧纹；羊角，一端粗，另一端锐，

弯成"刁"形或"冂"形。

商代玉器纹饰极为丰富，以简单的几何纹为主，直线纹、斜线纹、重环纹、对角方格纹、双连弧纹、三角形纹、卷云纹、云雷纹、菱形纹、方折纹、回纹、兽面纹、饕餮纹以及各种人物、动物形纹饰常见。纹饰刻划短直线多于弧形线，粗线多于细线，阴线多于阳线，刀锋较硬。双勾阴线纹是商代后期玉器上普遍出现的线型，它是由小型勾砣旋刻而成的两条勾细平行的阴线组成。由双勾阴线构成的卷云纹，是商代后期玉器纹饰的主体形式。

带柄的背脊出齿牙及饰菱形花纹的斜刃大玉刀，各种动物形雕刻玉刀，玉梳，玉凤，玉虎，玉鹦鹉，玉鸮，龙形玉璜，鱼形玉璜，三分之一环形玉璜，玉镂，仿青铜器的玉簋、玉盘，各种动物或人物的圆雕作品都是商代新出现的玉器品种。商代已开始利用巧色雕琢器物，开巧色玉之先河。

西周玉器大致可分为四类，一是礼仪仪仗玉器，有璧、琮、圭、璋、戈、戚、钺、斧、刀、匕、铲、圭璧、琮璧组合等；二是装饰艺术品，主要有璜、环、玦、柄形器、管、珠、觽、组佩以及人、人龙合体和牛、鹿、兔、熊、马、羊、鱼、鸽、鹰、蚕、龟、蝉、贝、龙、凤、龙凤合体、兽面等各种动物形象的佩饰；三是丧葬用玉，主要有玉琀、玉覆面、玉握等；四是少量的人物和动物立体圆雕陈设品以及簋、匜、罍等玉质容器。西周改制玉器较多见。大型结构复杂的组佩，双龙首纹璜、玦、双人首纹璜、玦、龙首束丝纹觽以及匜、罍、覆面、圭璧组合、璧琮组合皆为新创品种。玉器材质有和田玉、岫岩玉，还有少量的玛瑙、绿松石、水晶、滑石、汉白玉、煤精和天河石等，多为透闪石软玉。

西周玉器纹饰线条流畅，弧形线多于短直线，讲求曲线美。西周中期以后图案抽象和简化相结合，出现了对称纹饰。纹饰采用双阴线外侧大斜刀的技法，线条弯转流畅，内线较细，外线较粗。主要有卷云纹、重环纹，各种人物和动物形纹等。

西周玉器与商代玉器可以说是一脉相承，在造型、纹饰、雕琢技艺方面基本沿袭商代后期作风，但从总体来看有简化的趋向，雕琢技艺在继承商代双勾阴线的同时，独创一面坡粗线或细阴线镂刻的琢玉技法，变商代的两条垂直阴线出阳纹，为一条垂直阴线和一条斜坡阴线相交出阳纹，刚柔相济，利用不同反光和阴影之差，使玉器装饰更具立体感和图案美，它

在鸟纹或兽面纹玉器上大放异彩，获得极佳的艺术效果。西周玉器多为平面片雕，圆雕作品少且多为小型。纹饰线条圆曲流畅，飘逸柔美。

器 形

礼仪用玉·璧

夏代玉璧发现极少，商、西周时期玉璧成为贵族阶层专用的礼器。商代玉璧多光素无纹，个别的在璧面琢有几周阴刻同心圆纹。有的璧之孔边还留有一周环状凸棱，器体边缘浑圆或略薄，工艺较为草率、随意。西周早期玉璧光素者多，边缘不甚规整，并遗留有切割痕与伤残痕迹，器面内厚外薄，常见有较深的直线截口。中孔单面桯钻。晚期璧面出现了以阴线刻划的卷体龙纹、凤鸟纹，云纹等，刻法常用宽细阴线加隐起阳文相结合的手法，宽阴线斜挖而成，线条较商代柔和流畅，构图也很严谨，极具特色。西周首开中国玉璧图纹装饰之风。

同心圆纹高领玉璧 商代晚期礼仪用玉，河南省安阳市妇好墓出土，现藏中国社会科学院考古研究所。

直径18.6、孔壁高1.4、边厚0.4厘米。玉质绿色，有褐斑，两面有灰白色沁痕。扁平圆形，边缘和孔都较圆。孔周两面凸起呈圆口状，孔壁直而抛光，璧两面各有四组同心圆纹，每组由一条粗阴线和三条细阴线构成。线条规矩流畅，工艺水平较高。此式璧为商代典型玉璧形式。■

同心圆纹高领玉璧 商代晚期礼仪用玉，江西省新

干县大洋洲乡商代墓出土，现藏江西省博物馆。

直径18.3、孔径7.5、孔壁高2.4、边厚0.5厘米。玉质浅绿色，大部分风化呈乳黄色。器扁平圆形，制作规整，体扁薄而匀称。孔壁两面凸起呈圆口状，孔口光滑，周缘两面有等距离的同心圆弦纹六组，每组弦纹三周。两面抛光。■

龙纹玉璧 西周礼仪用玉，山西省曲沃县晋侯墓地63号墓出土，现藏山西省考古研究所。

直径15.6、孔径6.8厘米。玉质褐色。器为圆形。两面均饰有两条蟠曲的龙纹，龙首近璧的外缘，体躯呈圆弧形，双龙首尾相接，龙鼻上卷，张口，"臣"字眼，眼角线勾曲，有利爪，双龙之间的空间刻有卷云纹。纹饰用宽细阴线加隐起阳文相结合的手法雕琢，精工细刻，线条弯转流畅而富有变化。■

璧、琮组合玉器 西周礼仪用玉，陕西省扶风县城关案板坪村西周遗址灰坑中出土，现藏扶风县博物馆。

璧直径12.3、孔径6.1、厚0.5～0.7厘米。两器均为青玉，玉质温润，半透明。玉璧呈扁平圆形，厚度不甚均匀，但内外圆度十分规矩，与同出的玉琮质地完全相同。玉琮为矮筒形，内圆外方，且正好能与玉璧相套合，并且能够旋转。两器通体磨制光洁，光素无纹。璧、琮组合，是古代用来祭祀天地神祇的神玉。■

礼仪用玉·琮

夏代玉琮极少发现。商、西周时期玉琮数量不多，器体外方内圆，从出土实物看，这一时期琮的形体普遍矮小，玉琮切割规整，两端有射，中孔较大，琮体较新石器时代略薄。商代玉琮多光素或仅刻几道线纹和凸棱，四周凸面分饰蝉纹、弦纹等。此时玉琮已失去了良渚玉琮那种非同寻常的神秘感。西周玉琮造型皆呈高矮不等的方柱体，边角线挺拔刚劲，器面多光素无纹。极少数玉琮，在方体四个平面上雕刻有鸟纹或其他纹饰，纹饰线条柔美流畅。

玉琮 商代晚期礼仪用玉，河南省安阳市妇好墓出土，现藏中国社会科学院考古研究所。

高2.8、直径7.2、射径6.7、厚0.5厘米。玉质墨绿色，半透明。器呈矮圆柱形，四周琢磨出四个弧形凸棱，凸棱中间各有两条平行横线，将纹饰分为上、下段。以凸棱为中线，两侧各有两个凸起的圆点，近似兽面的眼睛。凸棱两边各有竖直阴线两组。表面纹饰

精致，孔近直，内外抛光。■

隅形成略突起的凸面；凸面之间又开横槽，将琮分为四节。每节刻划三道一组的平行直线纹三组。平行直线纹平直而规整，线条纤细而流畅。器通体打磨光洁，内壁也光滑平整。平行直线纹是夏商时期玉器上常出现的一种纹饰，这件玉琮整体造型庄重华贵，带有明显的商代玉琮简朴的风格。■

蝉纹玉琮　商代晚期礼仪用玉，江西省新干县大洋洲乡商代墓出土，现藏江西省博物馆。

通高7、孔径6.3、射高0.5、射壁厚0.8～1.2厘米。玉质牙白色，有紫斑。器为矮圆筒体，有短射，分为上、下两节，每节的四角都有凸棱形成对称的方弧面，其上浮雕蝉纹，蝉尾相对。器身刻阴弦纹多条，中腰横刻0.6厘米宽的凹槽一周。表里均抛光。此器形制独特，应是内圆外方琮的变体。■

直线纹玉琮　商代晚期礼仪用玉，四川省成都市金沙遗址出土，现藏成都市文物考古研究所。

通高16.57、宽11厘米。玉质灰白色，呈现出黄、黑、褐等多色沁斑和一些灰白色条状斑，以黄色最多。玉琮为长方柱体，外方内圆，中间贯穿一孔，两端出射。在柱体四面中间开出竖槽，将每面一分为二，使四

玉琮　西周早期礼仪用玉，陕西省西安市山门口出土，现藏西安市文物保护考古所。

高7.6、孔径4厘米。玉质青绿杂有白色。器呈方柱体，外方内圆，两端有射，通体光素无纹，是西周素面玉琮的典型器。■

三区2号墓出土，现藏中国社会科学院考古研究所。

长17.4、宽4.4、厚0.6~0.8厘米。玉质牙黄色，上有褐色、灰白色沁斑。器呈扁平长条形，通体磨光，两面刃，近钝端穿二孔，两孔间饰弦纹、带状菱形刻纹，上孔上端的一面有三道朱条纹。■

鸟纹玉琮　西周礼仪用玉，陕西省长安县张家坡村170号墓出土，现藏中国社会科学院考古研究所。

高5.5、宽4.3、孔径3.3、厚0.5厘米。玉质青褐色。方筒形，两端琢成圆口，一端口部略有缺损，中心有大圆孔上下穿透，呈外方内圆形。在器表方体四面，各以内细外粗的弧形双线纹雕一鸟纹，尖喙，垂冠，扬翅，勾爪，长尾垂地。此类鸟纹是西周玉雕工艺中最常见的装饰纹样之一。■

礼仪用玉·圭

夏代玉圭沿袭了龙山文化玉圭的遗风，均为平首，呈扁平长条状，穿孔，钝端穿一孔的多光素无纹，穿双孔的孔旁有阳文横直线或细阴线刻划的菱形四方连续式云雷纹装饰。商代玉圭有两种形式，一种仍沿用夏代玉圭的样式，平首带穿，有的玉圭上出现了纵向的双阴线条纹或用挤压法雕出的凸起直线纹，另一种尖首平端圭，近似后代的圭。西周玉圭一般为尖首长条形，圭身素面，制作精良。

玉圭　夏代礼仪用玉，河南省偃师县二里头遗址

槽纹玉圭
商代晚期礼仪用玉，河南省安阳市妇好墓出土，现藏中国社会科学院考古研究所。

长22.7、宽3.8~4、厚0.9厘米。玉质深绿色，上有棕黄色沁斑。器呈扁平长条形，刃宽端窄。端部平，靠端中部有一圆穿。刃厚，转角圆润。圭身两面分别琢刻竖直阴线槽纹八条，中间六条两两紧依，靠端部又琢以四条横行线，两两相依。此种形制的圭与《古玉图考》著录的"琬圭"相似。■

玉圭 西周中期礼仪用玉，陕西省扶风县黄堆村25号墓出土，现藏周原博物馆。

2件，左残长5.5、宽1.1、厚0.1厘米；右残长5.8、宽0.8、厚0.15厘米。玉质青色较佳，上有白点沁斑。器呈尖首长条形，左圭两面平整，中部似残断，右圭中部起脊，底部似残断，两器均通体磨光，光素无纹。■

对称的扉棱。■

礼仪用玉·璋

夏代玉璋目前多见于河南二里头文化遗址，器体较长，首端呈叉状凹弧刃，两尖斜出自然而不对称。柄部两侧常琢饰出对称的扉棱阑，在阑之间常有数道阴线直线纹或网格纹。商代玉璋器身较长且扁薄，顶端弧刃或开出一个大小不等的豁口，从而形成两个凸尖状角，有的还在上面装饰了一只小鸟。身与柄之间均有阴刻平行线条，并在两侧琢出齿状扉棱。柄中有一圆穿，少数者，器面琢有纹饰。商代玉璋主要出土于四川广汉三星堆和成都金沙遗址，似与陕西石峁和二里头文化玉器有密切关系。西周玉璋比较少见，器形与商代近似，器身窄长，尺寸较小，中略内凹，三角形端刃一尖长，一尖短，长方柄，扉棱之间亦饰有平行线。

玉璋 夏代礼仪用玉，河南省偃师县二里头遗址出土，现藏中国社会科学院考古研究所。

通长49.6、宽5.9~9、厚0.9厘米。玉质浅绿色，杂有白斑。器呈长条形，首端呈叉形凹弧刃，两尖斜出。柄端为长方形，柄部有小圆穿一个，柄身交界处两侧有

玉璋 商代中期礼仪用玉，河南省郑州市杨庄村出土，现藏河南博物院。

通长66、宽13、厚0.4厘米。玉质淡青色，上杂有褐色沁斑。形体较大，呈长条形，器身首端外张，斜刃微内凹，两侧呈弧形内收，柄部两侧琢出对称的扉棱两对，并涂有朱砂。柄短窄，上有一穿，后缘稍内倾。■

鸟锋玉璋 商代晚期礼仪用玉，四川省三星堆遗址1号祭祀坑出土，现藏三星堆博物馆。

通长38、柄长6.8、厚0.6厘米。玉质鸡骨白色，一侧呈黑灰色，不透明。器为长条形，顶端开出一个豁口，形成两个凸状尖角，上面装饰一只鸟，略残。器身两面各刻出一相同的璋形图案，璋的刃部内凹呈弧形，从柄至刃两侧各有琢纹六组。阑部上端两侧各有二扉棱，阑中间两侧凹进，琢出四齿；阑下近柄部两侧各琢出一组较长的齿棱。柄部呈长方形。阑部正中一圆穿。在两侧齿棱之间琢有平行阴线。■

弦纹玉璋 商代晚期至西周早期礼仪用玉，四川省成都市金沙遗址出土，现藏成都市文物考古研究所。

长5.3、宽1～1.56、厚0.19～0.22厘米。玉质墨色。呈长方形，基本对称，器体扁薄，刃部略宽，柄部略窄。刃内凹呈弧形，双面刃。长方形柄，中部有一两面钻成的圆孔。附阑上有两道阴弦纹，主阑为歧尖式，上饰三道阴弦纹。整器制作粗糙、简单，器表满布斜向磨痕，形制较小。同类器在广汉三星堆商代遗址亦有发现。■

玉璋 商代晚期至西周早期礼仪用玉，四川省成都市金沙遗址出土，现藏成都市文物考古研究所。

长42.25、宽4.32～9.18、厚0.36～0.55厘米。玉质墨色，质地较纯净，身两侧呈现出黑褐色斑纹。呈长条形，不对称，器体扁薄。刃部较宽，柄部较窄。长边一侧微厚，短边一侧略薄。刃部呈斜内弧形，单面刃，一面磨成。长方形柄端略向外弧，柄部近主阑处有一双面钻成的圆孔。阑部上有平行弦纹，阑间两侧各有两组扉棱。整器制作较为精细，器表打磨得极为光滑，复杂的阑部装饰显示出很高的工艺水平。其造型具有典型的中原地区玉璋风格。■

玉璋 西周早期礼仪用玉，四川省广汉县中心乡出土，现藏四川省博物馆。

长56.1厘米。玉质青灰色，有白斑。器为长条形，首端呈叉状，一尖略长，中间开凹弧刃。柄部长方形。阑与柄之间两侧分别有两组凸出齿状扉棱，两组扉棱之间两面刻线多道。通体磨光。■

礼仪用玉·戈

玉戈是夏商周流行的一种礼仪仪仗用器。夏代玉戈是龙山文化玉戈的延续，多直内，窄长援。刃部规矩，器面平整，无使用痕迹。内中部均有穿孔或饰有简单的线纹。周缘开刃处，有明显而挺拔的凸棱。有的器体硕大，琢磨光洁细腻。商代玉戈均直内并有穿孔，援长短宽窄无定制，大多有边刃和中脊，器面光洁，边角棱线规整，一般无使用痕迹。有的在内、阑及援的后端饰有兽面或几何纹，个别的在戈面刻划或书写文字。西周玉戈多数沿袭了商代戈的形制和特征，并出现了一些形体很小、制作精巧的佩饰类小玉戈。此外，还出现了以凤鸟、神兽（人）纹装饰玉戈的作品，可谓西周玉作的创举。这类玉戈不但构思巧妙，造型别致，而且大大增加了玉戈神圣而高贵的气韵。

玉戈 夏代礼仪用玉，河南省偃师县二里头遗址3号坑出土，现藏中国社会科学院考古研究所。

通长30.2、援宽6～6.9、厚0.5～0.7厘米。玉质绿色夹有白斑，独山玉。玉戈呈扁平长条形，援分两段，近内处陡然收窄，形似双重内。援一面平直，一面略斜。双面刃，刃与援间有分界线，每面刃中部都有一细而工整的凸棱。戈锋尖锐，刃锋交界处逐渐增厚成弧形。直内，内中部有一单面圆穿，穿援间有若干浅刻平行细阴线，并有安柲痕。■

玉戈 商代中期礼仪用玉，湖北省黄陂县盘龙城李家嘴3号墓出土，现藏湖北省博物馆。

通长94、最宽13.5厘米。玉质灰白略呈黄褐色。体扁，援作宽长条形，有中脊，两边有刃，一边平直，一边略呈弧形，前锋薄而利，呈三角尖刀形。内略呈长方形，阑两侧有凸脊，内的近阑处居中有一圆穿。通体磨琢光润，制作精致。此戈为商代玉戈中最大者，对了解商代中期玉器的开料技术具有一定意义。■

铜内玉援戈 商代中期礼仪用玉，河南省新郑县新村乡出土，现藏新郑县文物管理所。

通长32、最宽6.9、厚0.4厘米。玉援呈青白色，局部有银粉色沁斑。体扁长。援略有弧度，有中脊和上下刃，前锋犀利，锋部呈三角形。内为青铜质，有上下阑，阑前呈三角形，有一穿，饰以兽面纹。后部呈磬折形，饰夔形纹。■

玉戈 商代晚期礼仪用玉，河南省安阳市妇好墓出土，现藏中国社会科学院考古研究所。

通长27.4、援长20、内厚0.6厘米。玉质黄绿色，有褐斑。长条三角形援，有中脊和边刃，前锋锐尖，援后琢出上下阑，内呈长方形，后缘稍斜，靠阑处有穿，穿后内上有安柲痕迹，柲痕宽3.5厘米。阑前援的上下侧各刻竖直阳纹短线数条。边刃甚薄，无使用痕迹。■

玉戈 商代晚期礼仪用玉，河南省安阳市小屯11号墓出土，现藏中国社会科学院考古研究所。

通长31、内长8.6、厚0.5厘米。玉质灰白色，另一面援前部呈淡绿色，质较好。援窄长，锋端尖锐，有中脊和边刃，援后部雕出上下阑。援两面后部与阑上饰云纹兼目纹。内呈长方形，中部有两条竖线，其后雕琢平行阳线四组，直至末端，极富装饰性。内前端有一圆穿。整器雕琢非常精美。■

玉戈 商代晚期礼仪用玉，四川省成都市金沙遗址出土，现藏成都市文物考古研究所。

通长16.2、宽2.73～4.78、厚0.53～0.56厘米。玉质白中泛青，正面有少量黄褐色、黑色点状沁斑，反面有黄褐色片状、白色细纹状沁斑。器体扁平，无中脊。援大部分为连弧形，锋部呈三角形，上下刃均修磨打薄。援靠近内处有一单面钻呈喇叭形的穿孔，孔底部残留有台痕。内呈长方形，显得宽短。该器整体线条流畅，加工细致，器表有抛光。同类器物在三星堆祭祀坑中有发现，但不见于四川以外的地区，是古蜀文化地方特征的反映。■

兽面铭文玉戈 商代晚期礼仪用玉，甘肃省庆阳县野林乡出土，现藏庆阳市博物馆。

通长38.6、最厚0.6厘米。玉质白色，局部有褐斑，半透明。器扁薄，援前锋呈三角形，锐利，有中脊和上下刃，内呈长方形，后缘琢出扉棱五组，正、反两面分别以双勾法饰"臣"字形眼的兽面纹一个，内的上下缘各刻斜行双短直线和圆圈纹四组。近阑处中央有一单面钻的圆穿。阑前一面中部竖行阴刻三字："乍册吾"。此戈玉质较纯，纹饰精美，又有少见的铭刻，是商代玉戈中的珍品。■

玉戈 西周早期礼仪用玉，陕西省岐山县贺家村102号墓出土，现藏周原文物管理所。

通长11.6、宽2.2、厚0.15厘米。玉质青白色，上有淡黄色沁蚀，半透明，玉质细腻。器呈长条形，直援直内，三角形锋，援、内中部起一条脊线，两边低凹，两

侧开刃，锋尖部微翘，内部钻一圆孔。通体磨制光洁，形制规矩，是西周小型玉戈中的精品。■

玉戈 西周礼仪用玉，陕西省长安县张家坡村170号墓出土，现藏中国社会科学院考古研究所。

长22.9、最宽9.1、厚0.5厘米。玉质浅褐色，局部泛灰绿色。援宽而长，圆弧锋，长方形内后突出三角形角。援边减地，形成锋刃。上下阑各有一长方形穿孔，内部、体部和锋下端各有一小穿孔，孔均由一面钻透。援身雕出三道弧线，内后端以单线雕兽面纹，三角形角上饰三角纹。两面花纹相同。此种形制的玉戈很少见。■

玉戈 西周礼仪用玉，山西省曲沃县晋侯墓地63号墓出土，现藏山西省考古研究所。

长54.4厘米。玉质黄褐色，已沁，仅末端稍见碧玉本色，且内部有墨绿斑。器呈长条形，援中起脊，前锋和边刃琢磨锐利。内前端中部有一大圆孔，后端上下各有一小圆孔。援近阑处刻有双阴线双方框纹和网格纹，内中部有两条并列的双阴线，把内一分为二，后端有较宽的横列阳纹五组，直至末端，富有装饰性。刻纹内有朱砂痕迹。■

鸟形玉戈　西周礼仪用玉，山西省曲沃县晋侯墓地63号墓出土，现藏山西省考古研究所。

长15.9厘米。玉质黄褐色。前部为戈，后部为一立鸟。戈有中脊和边刃，前锋与边刃折角明显。内下一鸟形。昂首，圆眼勾喙，颌下有长长的肉垂，长颈饰有重环纹，腹部微鼓，翼翅略展，足爪粗壮，尾羽及地，足下有穿孔。纹饰皆用单阴线。造型生动，富于想像力。■

人首神兽纹玉戈　西周礼仪用玉，山西省曲沃县晋侯墓地63号墓出土，现藏山西省考古研究所。

长36.2厘米。玉质黄褐色。器为长条形，长援起脊，内有一穿孔，两边有棱脊，通体抛光。内部两面纹饰相同，为一侧面人首神兽图案。神兽以尾支地作蹲踞状。

"臣"字形眼，大耳，圆鼻下有一向内弯曲的大獠牙，下颌有一缕直垂至足的长髯。一臂曲屈，以手摸髯。手除拇指为人手指形外，其余手指和足趾均为猛兽利爪形。纹饰以双阴线大斜刀技法为主，并辅以极细的阴线。神兽头发细密，每毫米并列5～6条阴线。此戈制作精良，神兽题材诡异，纹饰深镂细刻，雕琢技艺高超，是一件罕见的玉器精品。■

鸟首纹玉戈

西周礼仪用玉，陕西省扶风县强家1号墓出土，现藏周原博物馆。

通长7.5、厚0.35厘米。玉质白色，半透明。短直内，呈榫头状，直援，三角形锋刃，两侧边有斜刃，上下阑均呈凤鸟首状。两凤鸟均为圆眼，尖勾喙，且振翼高于其首，上阑鸟首及鸟翼小于下阑，两面造型与纹饰完全相同。

纹饰多为双阴线大斜刀技法雕成，通体磨光。此玉戈构思之奇，造型之美，制作之精，是西周罕见的玉器艺术品。■

戈、环组合玉器　西周礼仪用玉，山西省曲沃县晋侯墓地8号墓出土，现藏山西省考古研究所。

戈通长58.5、宽8.7厘米；环直径21.5、孔径11.1厘米。戈玉质牙黄色，出土时，置于环上，长援，短内，无胡。援中部起脊，上下刃向前折成锋，援内交界处有一圆穿。内上有弦纹二道，其下刻横线纹十五道。环体较薄，外缘有凸牙，孔径较大，素面。此戈环组合，是圭璧组合的替代方式，圭璧在古代是用作祭祀天神地祇的祭玉。■

礼仪用玉·刀

玉刀是由石刀发展而来，早在新石器时代已有发现，夏商西周仍有生产，是古代代表权威和地位的玉仪仗器。夏代玉刀呈扁平长条梯形，无柄，平背，双面刃，两侧多饰对称的扉棱，近背部有平行、等距的多个圆孔，器面或光素，或琢饰阴纹、斜格纹等。这种玉刀，形体宽大，有的长达60多厘米，似非实用，当为礼仪用器。商代玉刀的种类很多，包括小型刀、刮刀、梯形刀和小刻刀。小刻刀一般是玉制小动物（如鹦鹉、鱼、壁虎等）的尾部制成，刃部较锋利，或许是用作雕刻器。商代还出现一种带有短柄的长条形玉刀，刀身窄长多凹背弧刃，刀尖上翘，柄短且薄。有的刀背饰齿状扉棱或在刀面近背处雕琢出龙纹或几何形图纹。西周流行一种饰鸟纹或龙凤纹玉刀，不仅大小适中，雕琢精美，而且有的柄端穿孔，既可系挂，又便于手握。

三孔玉刀 夏代礼仪用玉，河南省偃师县二里头遗址57号墓出土，现藏中国社会科学院考古研究所。

长53.5、宽8.8、厚0.7厘米。玉质豆青色，上有黄褐色、黑色沁斑。器为长条梯形，长边为双面刃，近刃处与两侧陡然减薄，减薄处其界限分明。背部有等距圆孔三个，两侧有扉棱各四个。■

七孔玉刀 夏代礼仪用玉，河南省偃师县二里头遗址出土，现藏洛阳博物馆。

长65、宽9.5、厚0.1～0.4厘米。玉质墨绿色，局部被沁成黄色，体扁平，呈肩窄刃宽的长条梯形，两端有对称的锯齿状扉棱。平背，双面刃，由两面斜磨而成，两端近扉棱处均有细密阴刻斜线相互交织成的斜方格纹。

近刀背处有平行、等距的圆孔七个，孔由一面钻穿。这种形制的石刀在安徽薛家岗遗址曾大量出土，是新石器时代常见的器形。■

龙纹玉刀 商代晚期礼仪用玉，河南省安阳市妇好墓出土，现藏中国社会科学院考古研究所。

通长33.5、柄长3.2、刀身厚0.5厘米。玉质绿色，有褐斑，并有受沁痕迹。刀体狭长呈窄弧形，凹背凸刃，刀尖上翘，双面刃，稍残。短柄较薄。刀背上雕锯齿状扉棱，表示龙的脊骨，两面均雕精细的张口龙纹，龙头朝向柄端，上唇略翘，"臣"字形眼，长眉，平卧式蘑菇形角向后，长身尖尾，直通刀尖。身、尾饰菱形纹兼小三角形纹。刀身后端靠近柄处有一圆穿，造型与纹样均极典雅。■

玉刀 商代晚期礼仪用玉，河南省安阳市妇好墓出土，现藏中国社会科学院考古研究所。

通长13.2、厚0.4厘米。玉质墨绿色，上有白色沁斑。凹背曲刃，刀尖上翘，背较厚，脊部雕出锯齿状扉棱。刃由两面磨成。柄甚短，略下垂。刀身两面琢刻以

"S"形纹为主体的纹饰，在"S"形纹之间，琢有目形纹，刀身上下琢有横阴线。此种形制的刀在同墓中出土二件，无使用痕迹，应非实用器。■

长13.6、最宽3.8厘米。玉质青绿色，上有黄褐色沁斑。器呈长条形，体扁，顶和两侧有对称的扉棱，下端由两面斜磨成刃。两面纹饰相同，皆以弧形粗细阴线琢上下两只直立鸟纹，高冠，圆目，勾嘴，长尾。玉刀纹饰精致，为西周玉器中罕见之精品。■

玉刀 商代晚期礼仪用玉，河南省安阳市妇好墓出土，现藏中国社会科学院考古研究所。

通长13.2、宽3.6、厚0.6厘米。玉质绿色，柄有褐色斑。凹背曲刃，刃由两面磨成，刀尖略翘。柄窄而短，与背相连。背较厚，上有阳纹脊线，脊线两侧刻阴线三角形纹。无使用痕迹。■

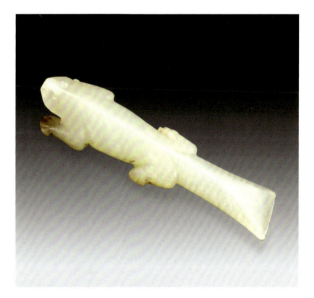

壁虎形玉刻刀 商代晚期礼仪用玉，河南省安阳市妇好墓出土，现藏中国社会科学院考古研究所。

长5.1、刃宽1厘米。玉质白色，微沁。柄端的壁虎作昂首爬行状，圆眼微鼓，四足向前屈伸，宽尾，尾末刻出斜刃，刃由两面磨成。胸部有斜穿小孔，可佩系。此器玉质系新疆和田白玉，有较高的艺术价值。■

鸟纹玉刀 西周早期礼仪用玉，山东省济阳县刘台子征集，现藏德州市文化局。

玉刀 西周早期礼仪用玉，陕西省岐山县凤雏村甲组宫室（宗庙）基址T37出土，现藏周原文物管理所。

通长10.8、宽1.8、厚0.4厘米。玉质青色，夹有墨色，半透明。器呈长条形，隆背凹刃，刃部首端呈弧形，尖部上翘。柄部呈长方形，背部与刃部均呈弧形。其形制与殷墟妇好墓出土的玉刀相似，刃部至今仍很锋利。通体磨光，是西周古玉中之精品。■

龙纹玉刀 西周中期礼仪用玉，陕西省扶风县齐家34号墓出土，现藏周原博物馆。

通长6.2、最宽处2.6、厚0.4厘米。玉质灰黄色，上有赭黑色沁斑，不透明。下部呈刀形，上端较大，两面均用粗细阴线大斜刀技法雕琢一龙纹。龙椭圆形眼且头上有云纹耳（或角），张口吐长舌，卷上唇，翘鼻，体躯缩小回卷。上端下部钻一圆孔，两面打磨光洁。■

礼仪用玉·戚、钺、铲、锛、斧、凿

玉戚、钺、铲、锛、斧、凿均源于石斧，原为兵器，夏商周时期精工制作的这些玉器，已失去了原有的实用功能，成为礼仪用玉器。

夏代玉戚形制似钺，长方或近似圆形，器面有一大小不等的圆孔，两侧各琢出扉棱装饰。商代玉戚沿袭了夏代的形制，或长方或弧圆，但器体两侧均饰有齿状扉棱，似乎是继承了夏代玉戚的手法，有的器面还出现了兽面纹装饰。西周玉戚形制与商代后期的同类器物几无二致，一类基本呈长方形，刃部微弧，两侧中部起锯齿状扉棱，另一类是宽弧刃，两侧起扉棱，戚身中部有一大穿孔。

商周时期，玉钺仍然沿用，此时玉钺形制较之新石器时代有了较大变化。钺形式仍呈"风"字形，但中央孔洞加大，使整个器物看起来如环状，刃部亦由弧形变成折刃、宽刃。玉钺的用途也是仪仗用器。

玉铲、锛、斧、凿在商周也较为常见，均为斧状器物的变体，造型稍有不同，形体多呈长方形、梯形、平刃或斜刃，多双面磨成。制品大多光素无纹，通体磨光。

玉戚　夏代礼仪用玉，河南省偃师县二里头遗址5号坑出土，现藏中国社会科学院考古研究所。

长10.8、刃宽10、厚0.6厘米。玉质青色。器略呈圆形，背部较圆，两侧近直，各有扉棱六个。刃分四段，为双面直刃，由两面斜磨而成，段间过渡处较厚，中部

透穿大圆孔，孔上有管钻留下的螺旋纹。此器开商代同类器形之先河。■

玉戚　商代晚期礼仪用玉，河南省安阳市妇好墓出土，现藏中国社会科学院考古研究所。

长7、宽5～6、厚0.5厘米。玉质绿色，有褐斑。器略呈椭圆形，顶与刃均呈弧形，刃较宽，较厚，由两面磨成。两侧稍内凹，分雕扉棱四枚，中部有一大圆孔，系用管钻所制。顶端中部有一小圆孔，呈漏斗形，也系管钻所制，上端似有穿系的磨痕。此种玉戚的加工制作过程，似系先加工成环状雏形，再根据设计雕琢而成。■

玉戚　西周早期礼仪用玉，山东省济阳县姜集乡刘台子出土，现藏济阳县博物馆。

长4.4、宽3.5、厚0.2厘米。玉质青色，局部有褐色沁。器略呈长方形，顶与刃均呈弧形，双面刃，较薄而锋利。两侧稍内凹，各有扉棱一排。器中部有一大圆孔，为管钻所制，顶端中部亦有一小圆孔。■

玉戚　西周中期礼仪用玉，陕西省扶风县齐家村19号墓出土，现藏周原博物馆。

长5.3、刃宽4、厚0.3厘米。玉质棕黄色，半透明。顶部和底部呈弧形，下大上小，中心部位钻一圆孔，两侧各有互相对

称的扉棱四个，刃部在下端。制作规整，通体磨光，光素无纹。■

玉戚 西周晚期礼仪用玉，河南省三门峡市虢国墓地2001号墓出土，现藏河南博物院。

长14.4、顶端宽9.7、刃端宽13.3、器身最厚处0.8厘米。玉质豆青色，间杂有少量黄白色斑纹与斑点，半透明。形体较大，顶端较窄，刃端阔而呈弧形，两侧中部有锯齿状扉棱，器身中部穿孔为圆形，刃端正背面各磨出四个内连弧形斜平面，背面尚留一道锯切痕迹。■

玉钺 商代晚期礼仪用玉，河南省安阳市妇好墓出土，现藏中国社会科学院考古研究所。

通长17.6、刃宽10.5、内厚0.3厘米。玉质棕褐色，上有黑色沁斑。器作扁平长方形，弧形双面刃，上有剥落痕迹。有上下阑，内呈长方形，中部有一穿。两面抛光。■

玉铲 夏代礼仪用玉，河南省偃师县二里头遗址3号坑出土，现藏中国社会科学院考古研究所。

长13.5、宽4.2、厚0.9厘米。玉质白色，部分表皮为紫红色。略呈长方形，棱角分明，圆弧双面刃，顶端有一圆穿。■

玉铲 商代晚期礼仪用玉，四川省广汉市高骈乡出土，现藏四川省博物馆。

长25、宽11、厚1厘米。表面呈牙黄色，内呈浅灰色，通体磨光。器略呈梯形，刃部内弧，双面刃，甚锋利。顶端圆，并有三个直径为0.8厘米的小孔，三孔呈三角形排列。■

玉铲 西周早期礼仪用玉，陕西省凤翔县崔木镇出土，现藏陕西历史博物馆。

长18.8、宽7.2厘米。玉质黄色泛灰。器作扁平长方形，顶端平直，刃由两面斜磨而成，刃中凸起，近顶端居中有一圆孔。■

玉铲 西周礼仪用玉，陕西省扶风县黄堆村37号墓出土，现藏周原博物馆。

通长7.4、厚0.15厘米。玉质青白色，透明度极强，玉质鲜润细腻。为上小下大的长条形，刃部在下端呈弧形，刃部极薄，至今仍十分犀利。通体磨光。■

玉锛 商代晚期礼仪用玉，河南省安阳市妇好墓出土，现藏中国社会科学院考古研究所。

长15.1、刃宽4.1、厚0.7厘米。玉质灰色，上有浅黄色沁斑。器作扁平窄长体，顶宽刃窄，短内，近顶端中部有一穿，平刃，转角圆润，刃由两面磨成。抛光精细，色泽鲜润，无使用痕迹。■

号墓出土，现藏周原博物馆。

长6.5、上宽2.3、下宽2.8、厚0.3厘米。左侧及下端为青灰色，上端及右侧为赤褐色。通体磨光，整体呈长条梯形，下端有很短的刃部，上部正中钻一外大内小的圆孔，孔内镶嵌一圆形玉片，当为装饰之用。■

玉锛 商代晚期礼仪用玉，四川省成都市金沙遗址出土，现藏成都市文物考古研究所。

长25.7、宽4.81～6.43、厚1.53～1.67厘米。玉质牙黄色，平面有大块黄色、褐色沁斑。弧面基本呈灰褐色，有少量小块黄色沁斑夹杂其间。器呈长条梯形，扁长而体重。平顶，上有浅短凹形磨痕，刃沿外弧。横断面为扇面形。此类器物在金沙遗址发现较多，大多选料精美，制作规范，加工细致，说明该器类在当时的礼仪活动中占有重要的地位。类似器物在四川广汉三星堆遗址中也有出土。■

玉锛 西周中期礼仪用玉，陕西省扶风县黄堆村25

兽面纹玉斧 商代晚期礼仪用玉，河南省安阳市妇好墓出土，现藏中国社会科学院考古研究所。

通长10、体厚2.6厘米。玉质深绿色，顶端呈黄绿色。器作长方扁圆体，剖面作椭圆形，上厚下薄。下段两侧磨出边棱，刃部外凸呈弧形，双面刃。内呈长方形，较薄，中部有一圆穿，可安柄。斧身两面均雕口向刃部的兽面纹，以单线和双勾饰粗大的绳索纹眉、"臣"字形眼，巨角内卷，纹样精细，无使用痕迹。■

玉斧 西周早中期礼仪用玉，陕西省扶风县庄白村西周遗址出土，现藏周原博物馆。

通长7.4、宽1.5～3.5、厚0.3厘米。玉质黄色，边缘有褐色斑，半透明，玉质细腻坚硬。整体呈梯形，顶端较小且两角斜杀，下端单斜刃，刃锋利。通体磨光，制作规整精美。■

玉凿 商代晚期礼仪用玉，河南省安阳市妇好墓出土，现藏中国社会科学院考古研究所。

长15.3、厚1.3厘米。一面深绿色，另一面黄褐色。器作扁平长条形，顶端略呈弧形，上部有一圆穿。平刃，系两面磨成，体两侧有边棱。研磨、抛光都较精细，无使用痕迹。■

玉凿 商代晚期礼仪用玉，四川省成都市金沙遗址出土，现藏成都市文物考古研究所。

长14.17、宽3.17～3.51、厚1.19～1.31厘米。玉质细润温和，一面粉红色，有大面积灰白色细条状斑和少许黑色点状沁斑。另一面橘黄色，有黑色点状沁斑、白色毛状细丝纹斑。器呈长条形扁平体，上窄下宽。椭圆形顶，两侧边直，两面微凸。末端为双面弧刃，刃口薄而锋利。整器制作规整，打磨光亮，无使用痕迹。同类器物在四川广汉三星堆遗址中亦有大量出土。■

礼仪用玉·锄形器

仅在四川广汉三星堆遗址出土一件，似锄形，无使用痕迹，应为仪仗玉器。

玉锄形器 商代晚期礼仪用玉，四川省广汉市三星堆遗址1号祭祀坑出土，现藏三星堆博物馆。

长20.5、宽9.6厘米。玉质灰白色，不透明。上宽下窄，似舌形。体薄，两面平，周边无刃。器中部有一高起的圆銎，銎直径4.3厘米，可安柄，无使用痕迹。■

礼仪用玉·矛

商代玉矛形体较薄，锋部尖锐，作仪仗兵器使用。

铜柄玉矛 商代晚期礼仪用玉，河南省安阳市大司空村25号墓出土，现藏中国社会科学院考古研究所。

通长21、铜柄长12厘米。玉矛头呈淡绿色，有线状褐色斑。矛三角形，中间有脊线，尖锋，边锋不锐。铜柄作张口蛇形，矛头的后缘嵌入蛇口内，深约1.5厘米。柄上细下粗，后端有深銎，銎内有朽木痕迹。柄两面饰蛇纹，蛇头蛇身均由绿松石碎块镶嵌

而成，蛇鳞纹隐约可见，工艺精湛。蛇纹之后饰以兽面纹，亦镶绿松石。商代绿松石镶嵌工艺，由此可见一斑。■

装饰用玉·璜

《说文》曰："璜，半璧也。从玉黄声。"但目前发现之璜，除半璧者外，大多为弧形璜。商、西周时期，玉璜仍普遍使用。从现今考古发掘的实际情况看，此时绝大多数玉璜，已失去了礼器的用途，而是作为典型的装饰品使用。商代玉璜多呈扇面形或半环形，光素，两端有孔，边角不甚规整。精致者，璜面琢有几何形纹。此外，还出现了龙形璜、鱼形璜和兽形璜等。龙形璜，体弯曲呈弧形，背部雕出脊棱，身上饰变形云纹。还有的以两端为龙首，躯体刻重环纹、双连弧纹、菱格纹等。纹饰线条刚劲有力，有刀刀见锋之感。西周玉璜以半璧形或扇面形为多。两端有孔。除光素者外，一般均以浅阴线刻划出龙纹和凤鸟纹等。线条舒展流畅，较多地使用长弧线，装饰趣味较为浓厚。还有的玉璜直接以动物为形，显得更加生动别致。

龙形玉璜　商代晚期装饰用玉，河南省安阳市妇好墓出土，现藏中国社会科学院考古研究所。

长11.7、宽2.2、厚0.2厘米。玉质淡绿色，上有白色、淡黄色沁斑。体呈半环形，龙张口露齿，方形眼，独角后伏，背脊雕成扁棱状，较薄，尾尖上卷，尾端有小孔。身、尾饰重环纹，间饰双连弧纹。两面纹样相同，线条都采用阴线双勾，是商代典型的装饰纹样。■

鱼形玉璜　商代晚期装饰用玉，河南省安阳市妇好墓出土，现藏中国社会科学院考古研究所。

2件，右长10.5、宽2.4、厚0.3厘米；左长10.4厘米。玉质米黄色。雕作鱼形，鱼身呈弧形，作跳跃状，嘴微

张，嘴后有一小孔。尾略内弯，颇形象。胸鳍与腹鳍向两侧展开，浮雕与圆雕巧妙结合。体两面各刻弧形线三条。尾上、下侧各有一小孔，可与口上的小孔并系佩戴，保持饰品的平衡，设计巧妙。■

龙凤纹玉璜　商代晚期装饰用玉，河南省鹿邑县太清宫长子口墓出土，现藏河南省文物考古研究所。

长13.9、宽4.2、厚0.6厘米。玉质深绿色，微沁，上有青铜锈斑，半透明。扁平体，两端略窄呈榫状，璜体的龙凤造型系透雕和阴刻并举，龙在上，凤在下。凤勾喙，"臣"字形眼，方圆睛，昂首收足，垂尾分叉。龙为长嘴厚唇，"臣"字形眼，圆睛，矮粗角，长尾下伸，尾尖上卷。两端及嘴和龙尾处各有一对钻圆孔，两面纹饰相同，用双勾阴线、双连弧纹和单阴刻线表现龙凤之细部。纹饰华丽，自然流畅。其纹饰和造型具有商代玉雕特征。■

人龙纹玉璜　西周晚期装饰用玉，河南省三门峡市虢国墓地2001号墓出土，现藏河南博物院。

长9.5、宽2.9、厚0.3厘米。玉质青白色，有数处红褐色斑点。质地细腻，温润光洁，半透明。正面饰二组相

对称的人龙纹，背面为素面。人形无四肢，身体蜷曲，鼻、眼、耳、发纹样俱全。龙身盘曲，头上有角，鼻上卷，椭圆形眼，口露獠牙，器身周边有扉棱形饰，两端各有一个穿孔。纹饰采用双阴线外侧大斜刀的技法，线条流畅，在人龙纹间有透雕孔。造型、纹饰均为西周玉璜典型特征。■

龙纹玉璜　西周装饰用玉，山西省曲沃县晋侯墓地31号墓出土，现藏山西省考古研究所。

　　长7.3厘米。玉质褐色，透亮。器呈弧形，两面饰以粗细阴斜线变形龙纹，两端的穿孔为眼，凸出的棱脊为口，躯干饰有卷云纹，身尾相接。纹饰简洁流畅。二个龙的身躯中间斜向交缠，是西周典型的缠身同体纹饰。■

人首龙纹玉璜　西周装饰用玉，山西省曲沃县晋侯墓地31号墓出土，现藏山西省考古研究所。

　　长9.2厘米。玉质黄褐色。两面刻有造型相同的纹

饰。一端为人首形，刻有简略的眼睛，扉棱为鼻和下颌，下颌处有穿孔。躯体饰有变形云纹，脊背上有扉棱，下为一龙首，卷鼻，刻变形"臣"字形眼。另一端残缺，有一穿孔。纹饰采用双阴线外侧大斜刀的技法，线条流畅。穿孔均外大内小，由两面穿透而成。■

鱼形龙纹玉璜　西周装饰用玉，山西省曲沃县晋侯墓地31号墓出土，现藏山西省考古研究所。

　　长8.5厘米。玉质褐色。形制、纹饰不对称，整体为鱼形，首尾两端穿孔。两面纹饰相同，采用双阴线外侧大斜刀的技法，线条流畅。两端为回顾的龙首，变形"臣"字形眼，眼角线拉长且勾曲，龙尾相互交连。此璜雕琢精细，富有立体感。■

装饰用玉·环

　　商代玉环与璧的特点近似，唯孔较大，其中有一种环，孔两面各有一周环形凸起。西周时期的玉环直径较小，有些光素无纹，有些则饰有变形的龙凤纹、鸟纹、云纹，线条流畅自然。

高领玉环　商代晚期装饰用玉，河南省安阳市妇好墓出土，现藏中国社会科学院考古研究所。

　　直径10、孔径5.5、厚0.3厘米。玉质黄绿色，微有褐

色沁。器作圆形，周缘与孔均较圆。孔周一面略凸起，一面平。两面刻有纤细的同心圆阴线。色泽光润，制作颇精。■

高领玉环　商代晚期装饰用玉，四川省广汉市三星堆遗址2号祭祀坑出土，现藏三星堆博物馆。

直径8.3厘米。一面为绿色，另一面呈乳白色。制作规整。孔壁两面凸起，环两面都琢有两周同心圆阴线，线条流畅。■

龙纹玉环　西周中期装饰用玉，陕西省扶风县召陈村西周遗址出土，现藏周原博物馆。

直径10.8、孔径5.9、厚0.3厘米。玉质白色，泛红褐色，有瑕疵，半透明。环外沿一周有三个凹形和两个"山"字形缺口。玉环两面均有用大斜刀雕琢的两条首尾相连的龙纹。龙椭圆形眼，张口卷上唇，翘鼻，有眉尖，头上有角，腹部有一肢一足，线条流畅，通体磨光。■

玉环　西周装饰用玉，陕西省长武县出土，现藏陕西历史博物馆。

直径13.8、孔径7.4厘米。玉质青色，有白、褐色沁斑。椭圆形，中央有一圆孔，形似变形的环。外缘有三

组形状相同的扉棱。两组均有大小扉棱八个，另一组现存大小扉棱七个，疑一扉棱残缺，大小相同，等距分布。此椭圆形带有扉棱的玉器实属少见。■

装饰用玉·玦

玉玦作扁圆体，造型如环、璧，但有一缺口，是商、西周时较为流行的装饰用玉。商代玉玦呈片状，有素面玦，亦有龙形玦。龙形玦作卷曲龙形，龙张口露齿，背饰扉棱，头上有短而粗的蘑菇角，身饰重环纹或方格纹，线条转角方硬，图案化风格强烈。西周玉玦仍作片状，玦体明显宽于商代，玦身多光素无纹，少数作品出现了以弧形粗细阴线琢饰的凤鸟纹、龙纹等，线条流畅，工艺精细。

龙形玉玦　商代晚期装饰用玉，河南省安阳市妇好墓出土，现藏中国社会科学院考古研究所。

直径5.5、孔径1.2、厚0.5厘米。玉质淡绿色，微沁。龙作"C"字形，首尾相对。蘑菇形角，张口露齿，方形目，脊背雕成扉棱形，尖尾外卷，颈部穿一孔，身、尾

饰卷云纹。此类龙形玦所见甚多，是商代晚期的典型作品。■

龙纹玉玦 西周晚期装饰用玉，河南省三门峡市虢国墓地2012号墓出土，现藏河南省文物考古研究所。

2件，均直径3.9、孔径1.2、厚0.4厘米。玉质黄色，温润微透，体表单面饰双首交尾龙纹。纹饰采用双阴线外侧大斜刀的技法，线条流畅。两件玉质、玉色、大小、纹样与制作工艺均同。■

龙形玉玦 商代晚期装饰用玉，河南省安阳市妇好墓出土，现藏中国社会科学院考古研究所。

直径9、孔径5.8、孔壁高1.2、厚0.2厘米。玉质米黄色，微有赭褐沁。玦雕作蟠龙形，龙张口露齿，头尾相接，中有缺口。边窄孔大，孔周两面凸起。周边为龙的背脊，呈扁棱形。龙身两面各有两组圆周刻线，各由两条细线构成。周线是在缺口切割前琢磨而成的。颈后部有小孔，悬挂起来，龙体平衡，头恰在一侧的中部，扁棱的雕琢与孔的位置是经精心设计的。■

鱼尾龙纹玉玦
西周晚期装饰用玉，河南省三门峡市虢国墓地2012号墓出土，现藏河南省文物考古研究所。

2件，均直径4.15、孔径1.5、厚0.3厘米。玉质青色，有少许黄色斑点。润而微透，体表单面饰鱼尾龙纹。龙作方口，宝瓶形角，"臣"字形眼，单爪，鱼形尾，龙身满饰双排鳞纹。两件玉质、玉色、大小及制作工艺均同，唯器表所饰鱼尾龙纹相背。■

卷云纹玉玦 西周中期装饰用玉，陕西省扶风县云塘村出土，现藏周原博物馆。

直径4.3、孔径1.4、厚0.25厘米。玉质白色，上有淡黄色沁斑，制作规整，正面用粗细阴线相结合的大斜刀技法雕琢卷云纹，亦可看成两条略去头部的龙纹，身尾相叠，线条流畅自然，背部为素面。■

装饰用玉·觿

《说文》曰："觿，佩角，锐端可以解结。"说明觿的功能是用来解绳的，其主要特征就是一端呈尖角状。最早古人以兽骨或兽牙制作，带在身上，用于解结。以玉制觿，使之逐渐丧失了其原始功能，成为佩饰件之一。玉觿于商代流行。商代玉觿整体近似柱形，上端略粗，下端略尖细，上面饰有兽面纹或几何纹，线条刚劲有力，作品显得粗重，有气势。西周玉觿造型简洁洗练，形似牙角状，有的弯曲成简单的圆锥形，有的则将顶端雕刻成兽、龙或人面，还有的直接以玉蚕或玉蝗为形。龙纹觿柄部为龙首，龙身弯曲，上饰卷云纹，尾部饰三角纹，颌下、尾端各钻一小孔。玉觿多用于串饰和组佩之中。

牛首纹玉觿　商代晚期装饰用玉，河南省安阳市大司空村14号墓出土，现藏中国国家博物馆。

通长6.1、柄长2.9厘米。玉质碧绿色，半透明。器作长条形，横截面呈三角形。下端如角锥，上端为柄。柄部琢一牛首，耳、鼻、眼雕琢极精，作衔锥状。柄端一侧有一圆孔。商代玉觿出土物甚少，此为玉质极精的一件。■

龙纹玉觿　西周早期装饰用玉，河南省洛阳市庞家沟出土，现藏洛阳文物工作队。

长11、宽2.8、厚1厘米。玉质青色，上有黄褐色点状沁斑。器为长条形，端尖，柄部作夔龙形，尾上卷，有一孔。■

牛角形玉觿　西周早期装饰用玉，河南省鹿邑县太清宫长子口墓出土，现藏河南省文物考古研究所。

长4、宽1.5、厚0.15厘米，玉质灰褐色，微透明，上稍有朱红斑点沁。器呈牛角形，素面，两面打

磨光亮，角根部单面钻一孔，孔内有朱砂痕，造型简洁洗练。■

玛瑙觿　西周中期装饰用玉，陕西省扶风县强家1号墓出土，现藏周原博物馆。

通长3.8厘米。玛瑙质白色，晶莹坚硬，透明度高。形状类似兽之獠牙，上端为榫头状，包黄金箔一周。整器打磨光洁。■

龙形玉觿　西周晚期装饰用玉，河南省三门峡市虢国墓地2001号墓出土，现藏河南博物院。

最大直径8.5、最大断面长径0.9、短径0.6厘米。玉质青色，受沁呈灰白色，细腻微透明。整体作龙形。上端为龙首，器身边缘凸出一个环形纽，首端有穿孔，末端有锥形尖。■

龙纹玉觿　西周装饰用玉，陕西省长安县张家坡村60号墓出土，现藏中国社会科学院考古研究所。

长5.8、最宽1.5、厚0.5厘米。玉质青绿色。器表以弧形双阴线雕龙纹，龙嘴略张，眼睛凸起，鼻子微翘，体部饰卷云纹，尖尾。两面纹饰相同。颌下及尾端各有一

小穿孔，均在侧面，孔由两边钻透。■

装饰用玉·柄形饰

柄形玉饰，是夏代新创玉种，开商周同类器之先河。夏代玉柄形器多出土于河南二里头文化中，有的呈扁平长条形，有的呈方柱形。器面或光素，或饰有简单的弦纹和较抽象的兽面纹。商代玉柄形器扁体长方形或方柱形，有的两端平齐，有的下端琢一较小的榫头。器件光素或饰有兽面纹、蝉纹、弦纹等，穿孔部位不尽相同，有的甚至无孔。西周玉柄形器发现较多，形制差别较大，长短、粗细各不相同，多数在柄上饰有平行的凸棱和阴线刻纹，少数器面出现了优美的鸟纹及云纹等图案，并在末端镶嵌有绿松石、玉石条片组成的装饰物。

饕餮纹柄形玉饰 夏代装饰用玉，河南省偃师县二里头遗址4号坑出土，现藏中国社会科学院考古研究所。

通长17.1、柄部宽1.8、厚1.5～1.8厘米。玉质乳白色。外形似鞭，身分六节，粗细相错，三粗节饰饕餮纹，中间两节饰花瓣纹，以凸弦纹间隔，首节穿联通三孔。这是夏代柄形玉饰中最精美的一件，反映出夏代已有相当高的琢玉水平。■

莲花纹柄形玉饰 商代晚期装饰用玉，河南省安阳市妇好墓出土，现藏中国社会科学院考古研究所。

长15.3、宽1.1、厚1厘米。玉质乳白色，半透明，玉质极佳。器为长条形，平顶，向下稍内收。横断面近方形。柄端饰凸弦纹两周，往下四面雕莲瓣形花纹五段。下端有尖状短榫。■

卷云纹柄形玉饰 西周早期装饰用玉，河南省鹿邑县太清宫长子口墓出土，现藏河南省文物考古研究所。

长13.5、宽1.6、厚0.9厘米。玉质白色，微泛绿，半透明，温润细腻。器体较厚，面微鼓，下端内收，平齐。体两面各饰三组优美的卷云纹，用两道凸弦纹隔开，纹饰纤细，线条流畅，具有西周柄形玉器特征。■

凤纹柄形玉饰 西周晚期装饰用玉，河南省三门峡市虢国墓地2012号墓出土，现藏河南省文物考古研究所。

长9.1、宽2.3、厚1厘米。玉质青白色，润而微透，为上好和田玉。器呈长条形，平顶，柄部弧形内收，末端有榫。四面饰纹，正背两面饰凤鸟纹。凤鸟曲冠，勾嘴，圆目，高足，利爪。两侧面饰变形蝉纹，有对钻贯穿圆孔。纹饰采用粗细阴线外侧大斜刀技法琢成，繁缛精美，造型与纹样均具有西周玉器典型特征。■

鳞纹柄形玉饰 西周装饰用玉，河南省洛阳市机瓦厂出土，现藏洛阳博物馆。

长16厘米。玉质青色，有白色沁斑。器为长方形，中部雕饰五道鳞纹，柄上部有两道弦纹，下端呈刀状。■

云纹柄形玉饰 西周装饰用玉，陕西省长安县张家坡村170号墓出土，现藏中国社会科学院考古研究所。

长14.4、宽1.7、厚1.3厘米。玉质青绿色，杂有一条褐色斑痕。器作扁方柱形，连柄首共分五节，柄首中部束腰，有两条弦纹，以下四节各以弦纹间隔，每节四面各以粗细阴线大斜刀雕出云纹。类似的方柱柄形饰也曾见于河南省偃师县二里头村的夏代墓葬中。■

柄形玉饰 西周装饰用玉，陕西省扶风县齐家村出土，现藏周原博物馆。

通长6.4、宽1.8、厚0.2～0.4厘米。玉质黄色，表面光滑细腻，半透明。器作长条形，首端为两级台阶状榫头，中部长条形，靠柄端束腰，有两道阴刻弦纹，柄端似向外撇开的双足。器身中高外低，此类柄形器较为少见。■

装饰用玉·人形佩

夏代未见有玉雕人像。商代玉片雕人像有侧身人像和神人头像两种。商代侧身人像均为片状浮雕，多作侧身蹲踞状。头微昂，高鼻凸嘴，"臣"字形眼，云纹耳。头戴琢有扉棱的高冠，双臂上举，手握抱于胸前，腿部弯曲，两面皆用双勾线刻出相同的纹饰。其下端有扁薄的短榫和穿孔，似作插嵌之用。商代神人头像扁平长方形，正面中段琢出浅浮雕的神人兽面像，"臣"字形眼，云头鼻，阔嘴微张，嘴角各有一对钩状獠牙，耳下饰环，头戴高筒状羽冠，可能是古人崇拜的一种神祖像。

西周片雕玉人多呈扁平不规则的长条形，两面纹饰相同，一般作侧身蹲锯状。头部刻画具体，其脸部不像商代那样面部下凹，到了西周晚期更近乎于平，脸部较长，云纹作耳，额头隆起，鼻头与下颌略凸，其身躯描绘则较为抽象。尤其是眼睛，它是在商代"臣"字形眼的基础上变化为眼梢长出眼眶并勾卷的形式，有的是两边眼梢都长出眼眶，并在眉毛中刻短小阴线纹。身上纹饰不像商代的线条那样硬，而是弧线多于直线，雕刻做工也不如商代精细。

高冠人形玉佩

商代晚期装饰用玉，1953年国家文物局调拨，现藏中国国家博物馆。

长10.2、宽3.5、厚0.5厘米。玉质鸡骨白色，局部有褐色沁，不透明。玉人作侧身蹲踞状，两面纹饰相同，头微扬，长鼻，云形耳，"臣"字形眼，张口，头戴高冠，冠缘有对称性扉棱，臂上弯，置于胸前，握拳，足蹲踞。股上有一圆孔，脚下琢榫，似镶嵌用。全器以商代典型的阴勾双线刀法琢刻，刀法粗放有力。这种侧身人像在商代较为多见。■

人面纹玉佩　商代晚期装饰用玉，河北省藁城县台西村85号墓出土，现藏河北省文物研究所。

长3.6、宽2.6～2.8厘米。玉质青绿色。浮雕，平面近似长方形，正面雕人面纹，方脸，大口，高鼻，"臣"字形眼，凸眼球，细眉，额上阴线雕出细密发丝。背面内凹，无纹饰。出土时，握于墓主人右手，可能是套在手指上的装饰品。■

神人兽面纹玉佩　商代晚期装饰用玉，江西省新干

县大洋洲乡商代墓出土，现藏江西省博物馆。

通长16.2、下宽5、厚0.4厘米。玉质牙白色，上有浅褐色沁斑。扁平长条形，正面中段浅浮雕神人兽面像，"臣"字形眼，外眼角上挑呈内勾状，内眼角下收呈外勾状，大圆睛，两道卷云眉，其间由两条竖直线构成粗宽的鼻梁，鼻线过眉脊左右外展为额，向下内卷成两圆点成蒜头形鼻头，脸面两侧有向上卷曲的角状扉棱装饰。下部分为兽面，长方阔口，嘴角各有一对钩状獠牙，头顶上为高耸左右的卷角羽冠，羽冠由十一组竖刻的放射状羽翎组成。■

神人首玉佩　西周早期装饰用玉，陕西省岐山县凤雏村甲组宫室（宗庙）基址T25出土，现藏周原文物管理所。

长5.2、宽4.9厘米。玉质白色，微泛黄，半透明。背为平面，正面鼓起，神人头部雕有"介"字形冠，橄榄形眼，浮雕出蒜头状鼻子。头部两侧有勾卷对称的扉

棱，下面垂有两个环状物，口中雕出两排牙齿，两侧有对称的獠牙，脖子较长，下端凸出，从冠端直至颈端有一穿孔，并与背面上下两端的孔穿透。通体磨光。■

龙纹发式人形玉佩 西周装饰用玉，山西省曲沃县晋侯墓地8号墓出土，现藏山西省考古研究所。

长9.1、宽3.3厘米。玉质暗绿色。玉人作扁体站立状，发饰为双龙纹组成，呈倒"U"字形，中间镂空，上端卷起形成一穿孔，下端二龙头与肩部相接。玉人后脑可见直发。玉人圆脸，浓眉，大眼，宽鼻，扁嘴，身着高领衣，领下右侧开短衽，均刻交叉斜格纹，束腰，下呈梯形，中有箭镞形蔽膝，斜格纹为边，两脚跟相连，脚尖上翘。整体皆以斜切刀法刻成阴线勾勒轮廓。此种发式造型的玉人，颇为少见。■

装饰用玉·珠、管、坠

玉珠、管、坠均为串饰、组佩中的饰物，史前时期已普遍出现于各区域文化中。商、西周时期，这类器物上常饰有龙凤纹、兽面纹、云纹、弦纹等。西周玉管为圆柱形，体粗短，中腰略细，中心有一上下贯通的穿孔，器面常用阴线琢出龙凤纹和几何纹等。

兽面纹玉珠 西周早期装饰用玉，河南省鹿邑县太清宫长子口墓出土，现藏河南省文物考古研究所。

长1.6、直径2.2、孔径0.7厘米。玉质青白色，有绛红色沁蚀，半透明。圆球体，中部对钻圆孔，球面刻三组变形兽面纹，以菱形纹作鼻梁。上下用相互勾连的云纹表示角和口部，菱形纹用单阴线刻成，云纹用双线勾勒，线条自然流畅。■

兽面纹玉管 西周早期装饰用玉，河南省鹿邑县太清宫长子口墓出土，现藏河南省文物考古研究所。

长2.5、宽1.4、壁厚0.3厘米。玉质青白色，管口有褐色斑纹，半透明，质地纯净。体呈半管状，中部对立凸起，上有对应的小穿孔，单面钻。管面中部用双阴线一分为二，上下各刻三组变形兽面纹，中间兽面纹较大，上下兽面头部相对，用卷云纹勾勒出宽额和双目，突显菱形口，两侧兽面头相背，长圆形口，纹饰极细，线条流畅柔和，具有西周玉器纹饰的典型特征。■

几何纹玉管 西周中期装饰用玉，陕西省宝鸡市茹家庄强伯墓出土，现藏宝鸡市博物馆。

2件，均长7、直径2厘米。玉质皆呈深褐色，上有黄、白色沁。器为圆管状，两端略粗，中腰稍细。中心各有一上下对穿的圆孔。器外以两道阳线圈将管分为三节，每节以

细阴线饰装饰性几何纹。■

龙首纹玉管

西周晚期装饰用玉，河南省三门峡市虢国墓地2012号墓出土，现藏河南省文物考古研究所。

长2.1、宽1.1、厚0.6厘米。玉质青色，莹润微透。器体扁平，双面饰弧形阴线龙首纹，两端对钻圆形贯穿孔，此器为玉组佩的一部分。■

蝉纹玉坠　商代晚期装饰用玉，江西省新干县大洋洲乡商代墓出土，现藏江西省博物馆。

2件，高2.8～3.2、孔径1.9、壁厚1.4厘米。左玉质牙白色，有黄褐斑；右玉质墨绿色，有灰斑。两件近似，上端均为斜面，下端面平齐，中腰有凹弦纹将器分为两节。右边一件刻阴线蝉纹四组，两蝉尾相对。左边一件为浅浮雕变形云纹四组，刻线简练。两端面均对钻穿孔，孔内侧有坠痕并有台痕。■

装饰用玉·鸟形佩

商代鸟形佩有怪鸟、鹦鹉、长尾鸟、鸮、鹤、鹰、鸬鹚、鸽、燕等，从超现实的凤到自然界普遍存在的鸟应有尽有，造型生动，别具特色。可分两种：一种为写实型，其造型与真实鸟类区别不太大，另一种为夸张型，鸟身装饰凸齿及复杂纹样，鸟头部有高冠。怪鸟有兽身鸟首的，也有鸟身兽首的，虽形态各异，但结合巧妙，浑然一体，器身满饰商代流行的双勾线几何形图案，可能是一种想像中的神化动物。鹦鹉勾喙，短尾，双翅较宽大，并以勾连的几何纹饰翎羽，足爪粗壮，坚实有力，头顶上耸立着饰有齿状边棱的高冠，冠末端下

垂卷曲，个别的颈部琢有重环纹，整体装饰极为华丽，似有一种神圣庄严的感觉，可能是商代人崇尚的神鸟。长尾鸟身体舒展修长，尖嘴圆眼，没有华美的几何纹装饰，仅用阴线刻划出眼与鸟翅和略有弯曲的长尾，线条十分流畅，具有一种自然写实的气息。鸮勾喙，圆眼或"臣"字形眼，多作圆雕站立状，双耳弧圆竖起，颈部仅用一道凹槽区分出头与身躯，双翼合拢，胸部鼓凸，腿粗短并与下垂的宽尾共同作为支撑点，造型古朴浑厚，充满威严的神秘感。

西周玉鸟扁平长方体，多以圆圈为眼，头顶有短角，嘴较宽，并在上下端琢出凸尖，尾部宽大下垂，拖至于地。身上不见了商代那种复杂的几何形图案，仅用简单而少量的阴线表示羽翅与长尾，双爪匍匐，胸前多有一圆穿。

神鸟负龙形玉佩　商代晚期装饰用玉，河南省安阳市妇好墓出土，现藏中国社会科学院考古研究所。

长11.3、厚0.3～0.5厘米。玉质黄褐色，龙尾呈淡绿色。浮雕怪（神）鸟负龙踏云升天的画面。怪鸟作站立状，圆眼尖喙，头长两蘑菇角，短尾一足，足有四爪，爪下有座，上刻云纹，以象征云彩。鸟背上驮一龙，龙身上竖，张口，"臣"字形大眼，尾尖内卷，蘑菇角上竖，身下一足，足有两爪。全器纹饰均采用商代典型的双勾阴线装饰。鸟翅雕翎纹，龙的身、尾饰菱形纹和重环纹，胸部雕目纹和细弯的眉，两面纹样相同。此器构思新颖，可能是据当时的神话设计而成，在商代玉器中目前仅见此一例。■

鹤形玉佩　商代晚期装饰用玉，河南省安阳市妇好墓出土，现藏中国社会科学院考古研究所。

长12、厚0.3厘米。玉质黄褐色。鹤呈站立姿态，长颈下弯，头置于胸前。尖喙圆眼，翅微展，尾下垂，肢粗壮，下有爪。颈饰鱼鳞纹，用回纹雕琢出翅的轮廓，翅饰羽纹，尾饰变形云纹。纹饰线条为典型的商代双勾阴线。造型美观，雕琢细腻。爪钻有小孔。■

鹰形玉佩 商代晚期装饰用玉，河南省安阳市妇好墓出土，现藏中国社会科学院考古研究所。

长6、厚0.2厘米。玉质深绿色。鹰作展翅飞翔状，头歪向一侧，颈内缩，尖喙圆眼，双翼外缘雕成扉棱形，两足内弯呈钩状，雕出锐爪，尾分两叉。一面双线阴勾脊背和翎纹。另一面以单线勾勒出胸、腹和翎纹。喙上有小孔。■

鹦鹉形玉佩 商代晚期装饰用玉，河南省安阳市妇好墓出土，现藏中国社会科学院考古研究所。

长11、厚0.6厘米。玉质浅绿色，有褐斑。鹦鹉作站立状，勾喙高冠，"臣"字形眼，长眉，胸外凸，短翅长尾，尾端呈鱼尾形，腿粗短，下有四爪。冠上端较薄，雕作扉棱形，类似鸡冠。用双勾云纹雕琢出翅与尾的轮廓，两面纹饰相同。爪下有榫，可镶嵌，长尾可作支撑点。■

龙冠鹦鹉形玉佩 商代晚期装饰用玉，河南省安

阳市妇好墓出土，现藏中国社会科学院考古研究所。

长12.5、厚0.4厘米。玉质浅绿色，有黄斑，似为沁蚀形成。鹦鹉作站立状，头上有龙形冠，龙大头，尾上卷恰如冠形。鹦鹉勾喙，"臣"字形眼，身体丰满，胸外凸，翅微翘，作展翅状，尾下垂内弯，肢前屈，四爪作钩状。胸、尾外缘作扉棱形，勾喙刻"人"字形纹，胸腹饰双勾云纹，尾刻内弯的弧线。两面纹饰相同，均甚精致，线条刚劲有力。■

双鹦鹉形玉佩　商代晚期装饰用玉，河南省安阳市妇好墓出土，现藏中国社会科学院考古研究所。

长12、宽8.1、厚0.3厘米。玉质深褐色，有黄土、石灰沁。器作扁平状，鹦鹉头相背，尾相连。圆眼勾喙，短冠，胸脯外凸，短翅，长尾内卷，肢前屈，有四爪。翅饰双勾阴线翎纹，尾饰变形回纹，两面纹样相同。两尾相连处有一圆孔，冠上各有一小圆孔，可穿系佩戴，也可镶嵌饰物。■

鸟形玉佩　商代晚期装饰用玉，河南省安阳市郭家庄东南1号墓出土，现藏中国社会科学院考古研究所。

长7.6、宽1.8、厚0.5厘米。玉质灰色，有斑纹。鸟形，长身，长尾，尖喙。鸟身两面用阴线纹刻出眼及翅形，胸部有一小孔。■

鸟形玉佩　商代晚期装饰用玉，河南省安阳市大司空村8号墓出土，现藏中国国家博物馆。

长7.8、宽3、厚0.2厘米。玉质灰白色，有黑色沁斑，不透明。鸟呈匍匐状，圆眼勾喙，头顶有冠，向上卷曲，肢前屈，四爪着地，宽尾下垂，用阴曲线琢雕出翅和尾，两面纹样相同，头部有两个圆形孔。■

雁形玉佩　商代晚期装饰用玉，河南省安阳市孝民屯南216号墓出土，现藏中国社会科学院考古研究所。

长4.7、两翼间宽4、厚0.4厘米。玉质浅褐色，色泽不匀。雁有长颈，长喙，双翼展开，尾部分叉。用浮雕手法刻出两爪，用阴线纹刻出双翼轮廓。颈部有一小孔。■

燕形玉佩　商代晚期装饰用玉，山西省灵石县旌介村2号墓出土，现藏山西省考古研究所。

长3.3厘米。玉质牙白色，透明。玉燕形体轮廓清晰，嘴、翅、尾用阴线勾出，圆眼，肢前屈。琢雕精细，嘴部有孔。■

鸮形玉佩 商代晚期装饰用玉，陕西省西安市毛西乡毛西村出土，现藏西安市文物保护考古所。

长5.3、宽2.5厘米。玉质青色，淡黄泛褐。鸮作站立状，圆目长喙，高卷冠，双翅用双勾阴线云纹勾勒。翅与足以夸张手法雕刻以显示出其凶猛有力，技艺精湛。■

鹈鹕形玉佩

西周早期装饰用玉，山东省济阳县姜集乡刘台子出土，现藏济阳县博物馆。

高3.6、长5.1、厚0.6厘米。玉质青色泛黄。鹈鹕作站立回首状，嘴衔一小鱼，屈足，垂尾，头部有一孔，腹饰羽纹，鱼尾上翘，挣扎欲脱，造型生动。鹈鹕青黄色，光洁细腻。小鱼呈赭色，两者色泽分明，匠师们利用一块玉的自然色泽，运用粗、细阴线相结合雕琢技法，雕琢出两个不同颜色的传神作品，是少见的西周俏色艺术珍品。■

鹰形玉佩 西周早期装饰用玉，山东省滕州市庄里西村出土，现藏滕州市博物馆。

高7.6、厚0.4厘米。玉质青色，经轻度沁蚀，略显鸡骨白。鹰作扁体伫立状，长颈前伸，圆目勾喙，弯背垂翅，羽尾下收，足翘起，颔及颈根处各有一圆穿。两面纹饰相同，皆以阴线琢成。■

燕形玉佩

西周中期装饰用玉，陕西省扶风县齐家村42号墓出土，现藏周原博物馆。

通长3.3、宽1.6～3.6、厚0.35厘米。玉质青色，右侧有受沁白斑，温润半透明，具有玻璃光泽。玉燕作展翅飞翔状，小尖嘴，圆眼，短尾分叉，两翅平展，嘴下和右侧翅上各钻一圆孔，纹饰均为单阴线。翅饰云纹和直线纹，线条流畅，两面纹饰完全相同，通体磨光。■

凤形玉佩

西周中期装饰用玉，陕西省扶风县云塘村出土，现藏周原博物馆。

通高3.5、厚0.25厘米。玉质洁白，细腻温润。凤鸟作蹲状，圆眼，尖勾喙，头上冠残失，凸胸，勾爪，翅尖上翘，大尾垂地且分叉，在尾部的一面钻有一个未透的小孔。通体抛磨光洁，两面纹饰相同，均用大斜刀阴线雕琢身体轮廓，是一件艺术价值很高的精品。■

鸟形玉佩 西周中期装饰用玉，陕西省扶风县杨家堡4号墓出土，现藏扶风县博物馆。

通长5.2、宽2.4、厚0.25厘米。玉质青色泛黄，并有

墨色及褐色斑。鸟呈栖息状,有冠,缩颈,凸胸,圆眼,嘴微张,羽翅上翘,尾部后伸分叉。胸部钻一圆孔,两面纹饰均采用大斜刀阴线雕琢,线条流畅,深刻有力。■

鸟形玉佩 西周装饰用玉,陕西省长安县张家坡村170号墓出土,现藏中国社会科学院考古研究所。

长9.3、宽2.3、厚0.2厘米。玉质碧绿色。以单阴线雕出圆眼,双翅上扬,脚作匍匐状,长尾下垂。两面用粗阴线雕出身体轮廓,胸前有一面钻透的穿孔。■

凤形玉佩 西周装饰用玉,山西省曲沃县晋侯墓地

63号墓出土,现藏山西省考古研究所。

2件,均长10.9、宽5.2厘米。玉质白色,透亮,有褐斑及黑麻点。凤作伏卧状,圆眼,勾喙,花冠后卷,鼓胸,短翅上翘,肢爪前屈,长尾起伏卷曲。纹饰用曲线雕琢,两面纹饰相同。造型流畅别致。喙、冠、尾、胸、爪、尾等处共有六个大小各异的穿孔。两件玉凤的玉质纹理基本吻合,系一块玉材横剖为二制作而成。■

装饰用玉·蝉形佩

商、西周玉蝉用于日常佩戴,形制古朴,雕刻粗放。商代玉蝉造型呈扁圆体,中心稍厚,头部平齐,有的嘴尖而凸出。两只微鼓的大圆眼,位于头部两侧,还有的刻在头部轮廓线内。羽翅简单,仅用阴线稍作表现。腹部一般光素,少数刻有弧线形腹纹。穿孔多为首尾贯通,或在口部对穿。商晚期有些蝉的身上加饰了一些雷纹和阴线装饰。西周玉蝉头部较宽,尾端略尖,整体近似三角形。眼睛微微鼓凸,双翅合拢略呈弧圆,或光素,或用阴线作简单的装饰,一般均有穿孔。

蝉形玉佩 商代晚期装饰用玉,山东省滕州市前掌大遗址4号墓出土,现藏中国社会科学院考古研究所。

长3.1、宽1~1.4、厚0.65厘米。玉质青灰色。蝉作伏卧形,嘴尖凸出,两侧圆眼微鼓,颈部刻两条平行线,居中刻三角纹并以直线延伸分出双翼,两翼并拢。以直线分出腹背两面。腹部前端两侧刻圆角三角纹,之间以"V"形纹相连,腹间至尾有五道弧形纹。刻纹间涂有朱彩,形象较逼真。■

蝉形玉佩 商代晚期装饰用玉,山西省灵石县旌介

村2号墓出土，现藏山西省考古研究所。

长1.9厘米。玉质青白色，微有褐色沁，透明。蝉作伏卧形，双目凸起，用阴线勾勒出头和两翼。嘴有一孔。■

蝉形玉佩 西周装饰用玉，山西省曲沃县晋侯墓地31号墓出土，现藏山西省考古研究所。

长3.9、宽2.3厘米。玉质受沁呈褐色。头宽，双目凸出，双翼掩合，尾尖，头与体比例适当。纹饰均为单阴线刻划，头尾两端有斜穿孔通于腹面。刻纹内有朱砂痕迹，技法简洁，寥寥数刀即表现出蝉翼的轻盈。■

蝉形玉佩
西周晚期装饰用玉，陕西省扶风县召陈村乙区建筑基址出土，现藏周原博物馆。

长2.4、最宽处2厘米。玉质白色，半透明。外轮廓近似三角形，背面正中有一凹槽，光素无纹。正面正中起脊，蝉眼较大，尖嘴尖尾，用双阴线和单阴线雕琢出眼、颈、翅等，左侧翅稍残。■

装饰用玉·蚕形佩

西周玉器中玉蚕较为常见，主要用于玉串饰和玉组佩之中，绝大多数是圆雕作品，首尾分节，从五节至十节不等，以六节者最为常见。蚕体多做弧形，雕琢精细。

蚕形玉佩 西周中期装饰用玉，陕西省扶风县强家1号墓出土，现藏周原博物馆。

长7.5厘米。玉质青色，略显黄绿，半透明。蚕躯体弯曲，呈半环状。头部似兽，头端平齐，巨目，圆嘴，嘴沿雕成两道凸棱，大圆耳。身躯琢成凹凸节状，尾端有扁平榫头，腮两侧有对穿小孔。■

蝉形玉佩
西周晚期装饰用玉，河南省三门峡市虢国墓地2012号墓出土，现藏河南省文物考古研究所。

长2.4、宽1.1～1.7、厚0.8厘米。玉质深黄色，有白色沁斑，半透明。凸睛，双翅，以阴线界出头部，中部

有竖向透穿孔，背部上下各有一个斜穿孔。■

蚕形玉佩 西周晚期装饰用玉，河南省三门峡市虢国墓地2012号墓出土，现藏河南省文物考古研究所。

长3.5、厚0.4厘米。玉质青色，受沁呈黄褐色，微透明。蚕作长条形，圆睛张口，口下有小足前伸，体为七节，背部略弧。■

蚕形玉佩 西周装饰用玉，陕西省扶风县齐家出土，现藏周原博物馆。

通长1.9厘米。玉质白色，微泛黄，晶莹温润，透明感强。蚕体曲身，圆眼，张口，下唇上钻一圆孔。蚕身短粗肥胖，用阴线琢出体节，通体磨光，造型生动，是难得的西周玉雕精品。■

装饰用玉·鹅形佩、鸭形佩

商代鹅形佩、鸭形佩作片雕，多是侧面形象，用阴线雕出示意性的装饰纹样表示身体的轮廓和羽毛。玉鹅琢成挺身站立、曲颈养神状，展示羽翎之美，一副悠闲神态。

鹅形玉佩 商代晚期装饰用玉，河南省安阳市妇好墓出土，现藏中国社会科学院考古研究所。

长7.2、厚0.6厘米。一面灰色，另一面呈灰褐色，有细小斑点。鹅作站立状，凸顶，圆眼，长扁嘴紧闭，颈向后缩，头弯于胸前，短翅并拢，腿粗短，下有趾。趾下有榫。通体纹饰用双勾线雕琢，颈饰鳞纹以示羽毛，翅饰翎纹，两面纹样基本相同。■

鸭形玉佩 商代晚期装饰用玉，河南省安阳市郭家庄东南1号墓出土，现藏中国社会科学院考古研究所。

高4、长4.4、厚0.4厘米。玉质乳白色。鸭作蹲坐形，长颈，长尾，背部凸起。鸭形两面用阴线纹刻出眼、翅及足形轮廓。胸前有一小圆孔。■

装饰用玉·鱼形佩

商代玉鱼大多为扁圆长条和体态弯曲的弧形、半环形等。小型的较为简单仅具轮廓而已，较大的工艺精细。鱼形头部较宽大并琢有圆眼，背部和腹部用短阴线刻划出鱼鳍，有的在背脊还饰有齿状扉棱。鱼身光素，或饰简单的鳞纹。头部皆有穿，也有的用穿孔代替眼睛。西周玉鱼继承了商代晚期玉鱼造型，鱼身扁平，或直或略弧，圆目张口，嘴较宽而且两端出尖，同时还以短阴线分别琢饰出背鳍和腹下两组分水鳍，尾分一叉，鱼身光素或饰弧形鳞纹，阴线刻划较浅细，口部多有穿孔。西周墓葬中出土玉鱼数量较多，形态各异，除作为佩饰外，也作葬具之饰，所谓"鱼跃拂池"，即缀于棺罩四角。

鱼形玉佩 商代晚期装饰用玉，河南省安阳市小屯村103号墓出土，现藏中国社会科学院考古研究所。

2件，长7.7～7.8、厚0.3厘米。玉质乳白色，表面润泽。鱼作弧形，大头，体肥，圆眼，口微张，其鳃、鳞、胸、背鳍、腹鳍和尾鳍雕琢形象。尾下弯作游动状，纹饰精细，两面纹样相同。口部有一小孔。■

长14.5、宽2.2、厚0.2厘米。玉质青绿色，有灰色条状斑痕。鱼作长条形，以单阴线雕出鱼头、鱼眼、背鳍和腹鳍，前腹下多一前肢作匍匐状，尾分叉。嘴上有一小穿孔，孔由一面钻透。■

鱼形玉佩 商代晚期装饰用玉，河南省辉县琉璃阁150号墓出土，现藏中国国家博物馆。

长4.7、厚0.3厘米。玉质淡绿色，半透明。鱼作扁平弧形，圆目张口，背、腹部用细斜线刻出鳍，尾分两叉。身略弯作游水状。头、尾处共有小孔三个。两面纹饰相同，制作简单古朴。■

鱼形玉佩 西周装饰用玉，陕西省长安县张家坡村50号墓出土，现藏中国社会科学院考古研究所。

长11、宽1.9、厚0.2厘米。玉质乳白色，背部有一黑色斑点。器作鱼跃状，呈璜形，以单线雕出鱼头、鱼眼、背鳍和腹鳍，尾分叉。嘴上有一小穿孔，孔由一面钻透。■

装饰用玉·贝形佩

商代贝形佩写实性强，形象优美，富有生活气息。西周贝形佩器扁平呈菱形，中间有的开有凹槽，但两侧已无齿饰，两面均光素无纹；有的则仅具轮廓，形制过于简陋。

鱼形玉佩 西周早期装饰用玉，陕西省岐山县贺家村砖厂7号墓出土，现藏周原文物管理所。

通长7.2、宽1.9、厚0.25厘米。玉质青色，微泛黄，有白色斑点。鱼作长条状，体宽大，尾部分叉，两面削薄而呈刀刃状，用细阴线雕出鱼眼、鱼鳃和鳍，背鳍前端钻一圆孔，前腹之下多一肢，呈匍匐状，通体磨光。■

鱼形玉佩 西周装饰用玉，陕西省长安县张家坡村44号墓出土，现藏中国社会科学院考古研究所。

贝形玉佩 商代晚期装饰用玉，四川省成都市金沙遗址出土，现藏成都市文物考古研究所。

长3.24、宽2.7、厚0.2～0.63厘米。玉质青白色，温润细腻。器呈海贝形状，身正面弧背，背面平直。两侧边圆滑，并各在中段饰四个较浅的齿状凸起。中部有一纵向沟槽。槽两侧琢出十四排对称浅凹槽，以示海贝齿纹。沟槽顶端有一穿系用的小孔，背面光素无纹。■

贝形玉佩 西周装饰用玉,陕西省扶风县黄堆39号墓出土,现藏周原博物馆。

长2.5、厚1厘米。玉质青黄色,半透明,鲜润细腻,通体磨光。整体为菱形,小端上部钻一圆孔。■

装饰用玉·龙形佩

商代玉龙以单体龙形为主,身体多呈卷曲状,首尾相接,有的背脊出现扉棱。头部较大,张口露齿,并在头顶处琢饰有粗短的蘑菇形双角。"臣"字形眼,云纹鼻,躯体分别饰菱格、三角或变形云纹。有的在腮部还刻有重环纹、双连弧纹。西周玉龙片状器较多,纹饰线条也由商代的方折挺拔而且规矩变得舒展流畅,显得更加自然活泼。西周晚期有的龙体较前瘦长,角的雕琢亦不太明显,有的甚至变成了云纹状耳,同时"臣"字形眼也逐渐被圆形眼睛所替代。

尾衔接,尾尖内卷,呈椭圆形,两蘑菇形角竖起,闭口,"臣"字形眼,眼珠微凸,长眉。背与尾饰重环纹,体两侧饰勾云纹,腹下刻细密短线,表示腹鳞。背上部有两个未钻透的孔。■

龙形玉佩 商代晚期装饰用玉,河南省安阳市妇好墓出土,现藏中国社会科学院考古研究所。

长径7、厚1.5厘米。玉质墨绿色。龙作蟠卷形,头尾相接,口有缺口,尾较细内卷。龙张口露齿,鼻梁隆起呈一直线,"臣"字形眼,眼珠外凸,双目明亮有神,长眉,头上有两后伏的蘑菇形角,角略上翘。腹部较厚,两面平,腹下有两短足。双角刻两组"人"字纹,角侧面刻"人"字纹兼饰勾云纹,身尾饰双线菱形纹,兼饰三角形纹。背部中脊凸起,两侧饰小三角形纹,背上部中脊两侧有钻透的斜孔。尾端一面有一未钻透的圆孔。■

龙形玉佩 商代晚期装饰用玉,河南省安阳市妇好墓出土,现藏中国社会科学院考古研究所。

长径5.2、短径4.8、厚1.8厘米。玉质墨绿色。龙头与

龙形玉佩 商代晚期装饰用玉,河南省安阳市妇好墓出土,现藏中国社会科学院考古研究所。

直径5.8、厚0.9厘米。玉质乳白色,有黄斑。龙作

蟠曲状，头尾相接，尾尖外卷。大头，张口露齿，"臣"字形眼，两蘑菇形角后伏，角尖翘起。身尾饰双勾线云纹，背饰菱形纹兼小三角纹。上下门齿内侧连接。龙口是先钻孔，再镂出牙齿。尾端一侧有未钻透的孔。■

角有一穿孔，长鼻上卷，张口，下腭弯曲，椭圆形目，曲爪，尾内卷。细部以阴刻单线勾勒，采用了透雕技法。■

龙形玉佩 西周早期装饰用玉，山东省滕州市庄里西村出土，现藏滕州市博物馆。

　　长8.9、厚0.2厘米。玉质青白色。龙作扁体状，身体弯曲，两边有齿状扉棱，作游动状。两面以弧形双阴线饰两尾相交的夔龙纹，两端凸脊处各有一小孔，通体线条流畅，做工精细。此器在西周出土物中，尚属初见。■

龙形玉佩 西周装饰用玉，山西省曲沃县晋侯墓地63号墓出土，现藏山西省考古研究所。

　　长7.8厘米。玉质白色透亮，满布黄色玉沁。造型为璜形玉龙，双面刻纹，近似圆雕。一端为龙头，角尖上勾，张口，卷翘鼻，吻下有一穿孔，变形"臣"字形目，饰有龙须。身体拱起呈螺旋状，前端刻爪。头、爪采用外粗内细的弧形阴线大斜刀技法雕琢，局部附以极细的阴线。造型规整，纹饰刻划一丝不苟。■

龙形玉佩 西周中期装饰用玉，陕西省扶风县齐家41号墓出土，现藏周原博物馆。

　　通长3.6厘米。玉质乳白色，半透明，晶莹温润，上有瑕疵，通体光滑。龙呈卷体翘尾腾跃状，圆眼，上唇卷，翘鼻，下唇回卷，口中两面对钻一圆孔，头上有钝角。全身饰云纹，采用双阴线外侧大斜刀技法，线条流畅，刀法娴熟，造型生动，是西周玉龙中较为少见的精品。■

装饰用玉·虎形佩

　　商代玉虎或作圆雕，或作薄片状。多作伺机而起的伏卧状，昂首，张口露齿，屈足，"臣"字形眼或方框眼，尾端多向上卷曲，身上饰云纹及变形几何斑纹，腮、背部常见重环纹，尾部则多饰简化重环纹、双连弧纹。一般圆雕虎身体呈柱状，扁平片体之虎，两面纹饰相同。西周玉虎扁平片状体较多，造型同商，仍为卧伏状，虎头平视或下垂，云形耳向上凸起，张口露齿，尾巴上翘或卷曲，身细长，身上的装饰，早期与商相似，晚期十分简朴，仅用单阴线表示一下肢体轮廓而已。

龙形玉佩 西周装饰用玉，山西省曲沃县晋侯墓地31号墓出土，现藏山西省考古研究所。

　　高3.6、长4厘米。玉质褐色。龙作回首状。卷

虎形玉佩 商代晚期装饰用玉，河南省安阳市妇好墓出土，现藏中国社会科学院考古研究所。

长13.3、厚0.5厘米。玉质绿色，有灰黄沁。扁平体，虎作行走状，昂首，张口露齿，"臣"字形眼，云形大耳，鼓腹凸臀，尾略上卷，肢前屈，足雕四爪。颈饰重环纹，身饰变形卷云纹，尾饰双连弧纹。此虎具商代晚期玉器的典型特征。■

虎形玉佩 商代晚期装饰用玉，河南省安阳市妇好墓出土，现藏中国社会科学院考古研究所。

长18.1、宽3.6、厚0.9厘米。玉质深褐色，背面腹部呈绿色。虎作趴伏状，略昂首，张口露齿，圆眼，外有眼圈，中间钻孔。耳后伏。长尾，尾端呈尖状。前后肢作前屈状，足雕四爪。颈饰重环纹，腹饰斑条纹，类似虎皮，臀部饰云纹，尾饰重环纹，两面纹样相似。前后肢与爪下磨平。尾端磨出尖状刃。颈部有一较大圆孔，孔壁经修磨。两爪上各有一个未钻透小孔。此虎尾似锥子，可佩系，或许也有实用价值。■

虎形玉佩 西周装饰用玉，河南省信阳地区出土，现藏信阳地区文物管理委员会。

长6.4厘米。玉质青灰色，局部有黄褐色斑沁。器作片状弓形，虎头部用弧形双阴线刻卷云纹。虎身光素无纹，尾回卷翘起。两面纹饰相同，头尾各有一圆孔。此器似为半成品。■

虎形玉佩 西周装饰用玉，山西省曲沃县晋侯墓地8号墓出土，现藏山西省考古研究所。

长8.4厘米。玉质白色，受沁后呈土黄色。片状透雕

一虎与小龙。虎作半伏状，前肢半屈前伸，后肢伏地，臀部隆起，长尾回卷，虎目圆睁，吻上翻，躯体轮廓用弧形细阴线纹表示。小龙用嘴含住虎耳部位，身体上伏直到虎口处，卷尾成穿孔，龙虎嬉戏，富于情趣。■

装饰用玉·熊形佩

商代玉熊无论是片雕还是圆雕，多雕成蹲坐状，头微昂，双耳竖起。"臣"字形眼，嘴略长而且前凸。前肢抱膝，身饰双线勾云纹，一副逗人喜爱的憨厚神态。一般在颈部或其他部位钻孔。

熊形玉佩 商代晚期装饰用玉，河南省安阳市妇好墓出土，现藏中国社会科学院考古研究所。

长8、厚0.4厘米。玉质黄褐色。熊呈抱膝蹲坐姿态，头微昂，长嘴前伸，小耳上竖，"臣"字形眼。用阴线勾勒身体轮廓，两面颈饰双连弧纹，体饰卷云纹。全身纹饰虽较简单，但各部位轮廓清晰。其一面后肢与臀部稍残蚀，颈部有小孔。■

装饰用玉·鹿形佩

商代玉鹿片状体居多，造型简单，常呈短腿直立状，少有纹饰，亦有饰双勾云纹的，特别突出鹿角和"臣"字形大眼，也有圆圈眼等。臀部琢一凸尖，表示鹿尾。一般均有穿孔。

西周玉鹿是动物形玉雕中最具特色的器物，有回首、前视、伏卧、站立等各种造型。一般为片状，光素无纹，仅有几条简洁轮廓线，然而鹿角却琢制得十分俊美，像多杈小树一样耸立在鹿之头上，生动逼真，透露出一种矫健的神采。

鹿形玉佩　商代晚期装饰用玉，河南省安阳市妇好墓出土，现藏中国社会科学院考古研究所。

长6、宽4.9、厚0.5厘米。玉质墨绿色，头部有黄斑。形似幼鹿，无角，作伏卧回首状，闭口，圆眼小耳，前肢较长，屈于腹下，蹄朝上；后肢前屈，蹄朝下。短尾。用疏朗的双勾云纹雕琢肩与臀部的轮廓，腹部饰较密集的勾云纹，类似鹿身上的斑纹。颈饰重环纹，背脊与尾刻双连弧纹，前后肢则依据兽类四肢的特点用弧线和弯曲线条勾勒。两面纹样相同。蹄磨光。后肢上有小孔，可佩戴。■

鹿形玉佩　商代晚期装饰用玉，山东省滕州市前掌大遗址3号墓出土，现藏中国社会科学院考古研究所。

长5.4、宽4.3、厚0.5厘米。玉质豆绿色兼微黄。鹿作弯颈回首状，翘首，圆眼，上下颌、鼻、嘴分明，颈间有涡纹，圆臀小尾，后腿微弯，两角枝杈突出。颈间有一穿孔。两面平雕，纹饰相同。■

鹿形玉佩　西周中期装饰用玉，陕西省宝鸡市茹家庄弜伯墓出土，现藏宝鸡市博物馆。

2件，大者长8.4厘米。玉质皆青色。鹿均呈扁平体，大者昂首前视，小者回首顾盼。大者角长枝繁，小者角短枝茂。大者饰"臣"字形眼，小者饰圆目，大者于角根钻一圆孔，小者于角中钻一圆孔。■

鹿形玉佩　西周晚期装饰用玉，河南省三门峡市虢国墓地出土，现藏三门峡市文物管理委员会。

长8.8、宽5厘米。玉质褐色。鹿作片状，呈站立形，昂首前视，橄榄形眼，耳向后，刻一圆孔以示其鼻。头顶有枝长叶茂的树杈形角，鹿身躯以粗阴线勾勒出鹿的轻盈神态。■

鹿形玉佩　西周装饰用玉，陕西省长安县张家坡村4号墓（右）和163号墓（左）出土，现藏中国社会科学院考古研究所。

2件，左长4.3、宽2.8厘米；右长4.1、 宽2.7厘米。一件玉质灰白色（左），一件玉质灰青色（右）。两鹿均作回首状，一立一伏。立者通体无纹。伏者仅以单线勾勒出眼睛和前后肢轮廓，头顶均有树杈形鹿角。■

鹿形玉佩 西周装饰用玉，山西省曲沃县晋侯墓地63号墓出土，现藏山西省考古研究所。

长8.3、宽5.9厘米。玉质黄褐色。扁体片状，鹿呈站立状，昂首观望，"臣"字形目，大耳，吻部前凸，前胸挺出，后背拱起，短尾，体态丰润，蹄趾明显。长角粗壮，分两杈向左右平展，前杈上扬，卷成两个大圆孔，后杈向后勾曲。体肌以两道圆弧线表现，简练明快。后肢前屈，表现了鹿在起跑瞬间时的神态。造型富有活力，纹饰简洁，为西周玉鹿之精品。■

装饰用玉·马形佩

商代片雕玉马短腿直立，没有明显的蹄足，头部较大，双耳竖立，耳后有一圆穿孔，"臣"字形眼，嘴微张，颈脊处琢有齿状扉棱，似表示鬃毛。通体光素，尾斜直垂下，工艺较简单。

马形玉佩 商代晚期装饰用玉，河南省安阳市妇好墓出土，现藏中国社会科学院考古研究所。

长6.3、宽2.9、厚0.2厘米。玉质青白色，有褐斑。马作行走状，俯首，张口竖耳，"臣"字形眼，颈有细密鬃毛，足肢粗短，长尾下垂，尾中部有一小节突，尾末磨成斜刃，马耳后穿一孔。这种玉马在商代十分少见，也是玉器中最早的马的形象。■

装饰用玉·狗形佩、猪形佩

商、西周狗形佩、猪形佩多为片状，用简单的阴刻线勾画出身体轮廓，时代特征明显，其上均有穿孔。

狗形玉佩 商代晚期装饰用玉，河南省安阳市妇好墓出土，现藏中国社会科学院考古研究所。

长5.7、宽3.5、厚0.5厘米。玉质墨绿色。形似狗或狼，作伏卧回首状。圆眼，耳后伏，臀部隆起，前后肢较短，前肢屈于颈下，后肢前屈，长尾下垂。颈饰重环纹，身饰变形卷云纹，两面纹样相同。前后蹄磨光，尾端磨出斜刃。上唇与前蹄上各有小孔。唇上的孔位于体中部，穿系时可使器保持平衡。可佩戴，也可作刻刀用。■

狗形玉佩 西周晚期装饰用玉，河南省三门峡市虢国墓地2006号墓出土，现藏河南省文物考古研究所。

通长5.3、宽2.9、厚0.5厘米。玉质青色，受沁多作灰白色。扁平片雕。狗垂目低首，张口露齿，塌腰屈腿，尾上卷，全器以单阴线勾勒出各部轮廓，双面纹饰相同。口及尾处各有一穿孔。■

猪形玉佩　西周晚期装饰用玉，河南省三门峡市虢国墓地2012号墓出土，现藏河南省文物考古研究所。

长5.5、宽2.7、厚0.6厘米。玉质深豆青色，局部受沁有土黄色斑，微透明。猪躬身而立，长嘴大耳，阴线刻扁圆目，吻部前凸，短尾，下唇处有一细斜穿孔。■

猪形玉佩　西周装饰用玉，陕西省长安县张家坡村390号墓出土，现藏中国社会科学院考古研究所。

长4、宽3.4、厚0.5厘米。玉质浅褐色。猪阔嘴大耳，项有阴刻鬃毛，四蹄短，尾细，形象逼真。整器用阴线勾勒轮廓，背有一小穿孔，孔由两面钻透。■

装饰用玉·猴形佩

商代猴形佩在妇好墓发现一件，仰面向天作蹲式，大眼阔鼻，前肢做拱状，后肢较短，臀下压一短尾。西周玉猴与同时期的玉雕动物一样，身上不见商代那种复杂的几何形图案，纹饰线条变得舒展流畅。

猴形玉佩　西周装饰用玉，山西省曲沃县晋侯墓地102号墓出土，现藏山西省考古研究所。

长9.4厘米。玉质青白色。同墓出土共有两件，形制、纹饰相同，均双面雕刻同样纹饰。上部为一龙，目呈菱形，张口，鼻部下接猴首，歧尾上扬，有一斜穿孔。猴首五官清晰，凹眶凸目，卷云纹形大耳，凸吻，直颈，胸、腹为头朝下的龙，长尾下卷，腿作蹲屈状。侧面刻有鳞纹。纹饰是以内细外粗的双线加单阴线组合而成，线纹流畅，整体构思新颖别致。■

装饰用玉·兔形佩

商、西周玉兔多以剪影手法勾画出兔的轮廓形体。四肢蹲伏欲跃，抬头前视，长耳向后。通体虽光素无纹，却较形象地刻画出了小兔静中寓动之神态。较之商代玉兔，西周玉兔则显得更秀巧敏捷。

兔形玉佩　商代晚期装饰用玉，河南省安阳市妇好墓出土，现藏中国社会科学院考古研究所。

长10、宽5.8、厚0.5厘米。玉质黄褐色。扁平体，作奔兔之形。首略昂，双圈大眼，张口露舌，鼻翼系刻出，长耳后竖，肥躯翘尾，足前屈，爪、趾毕露。前足处钻一孔。玉兔始见于殷商，商周时较为流行。■

兔形玉佩　西周早期装饰用玉，山东省济阳县姜集乡刘台子墓出土，现藏济阳县博物馆。

长4.9、宽2.1、厚0.3厘米。玉质碧色。兔作蹲伏欲跃状，昂头，双目注视前方，长耳向后，前后足着地，尾稍卷，生动地刻画出兔静中寓动的神姿。■

装饰用玉·人物龙凤形佩

人物龙凤佩是西周时期常见玉器佩饰，有龙凤人物合体、人龙合体、龙凤合体多种形式，特别是在人像的上下肢与头顶处饰有龙、凤等卷曲的神灵动物，这种奇特的人与动物合雕在一起的佩饰，为西周玉器所特有。龙凤鸟造型多以一龙一凤为主体，姿态虽不尽相同，但一般多是龙位于凤鸟头部，其身上各饰有一定规律和定型化的几何纹，这是西周特有的龙凤组合形式。这些龙凤人物玉雕作品，集圆雕、透雕、浮雕、阴刻等多种技艺于一体，所饰花纹，精细流畅，所雕图像玲珑剔透，是西周玉雕技艺进步的重要标志。

人龙鸟形玉佩　西周中期装饰用玉，陕西省扶风县强家1号墓出土，现藏周原博物馆。

2件，均长5.8、厚0.3厘米。玉质黄白色。两件大小质地纹饰均相同，扁平雕，整体形象似为一长尾鸟，细观之，鸟头部位实则是一头上有卷云纹状角、张口、吐舌的龙形象，与龙上腭连接的是一圆头、圆眼、卷云纹耳，但略去下巴的人头纹。鸟尾一分为二，一尾尖长上翘，另一尾短小下垂，腹下有一鱼尾式扉棱。龙角上钻有一小孔。纹饰是以内细外粗的双线纹组合而成，线纹流畅，通体磨光，背面光素无纹。■

人龙形玉佩　西周中期装饰用玉，陕西省扶风县强家1号墓出土，现藏周原博物馆。

通长4.2、厚0.6厘米。玉质黄褐色。整体为一屈膝蹲踞的侧身玉人形象。两面纹饰相同，玉人头上有细发和高翘的发髻，圆眼，隆鼻，卷云纹状大耳，面目似猴，人的胸腹部则为一龙，龙头位于人背部。龙菱形眼，张口翘鼻，卷体成为人的上肢与手，龙口中所吐之舌下延至人的臀部之下和人的足后，与人下肢和足组成一体，如同鱼之尾部。纹饰以内细外粗的双线纹组合而成，线纹流畅，通体磨光。■

人龙形玉佩　西周中期装饰用玉，陕西省扶风县强家1号墓出土，现藏周原博物馆。

通长5.5、厚0.5厘米。玉质黄褐色。整体为一蹲踞在龙头上的侧身玉人形象。两面纹饰相同，玉人头上有高翘的发髻，上钻一圆孔，椭圆形眼，隆鼻，卷云纹状大耳。玉龙位于人的胸腹部，龙头在人背部，圆眼，张口，翘鼻，卷体成为人的上肢与手，口吐长舌成为人的臀部与

下肢。纹饰以内细外粗的双线纹组合而成，线纹流畅，通体磨光。■

躯用几何线条表示。人像的上下肢与头顶处饰有卷曲的龙、虎、马等神灵动物，为西周玉器所特有。■

龙凤形玉佩　西周中期装饰用玉，陕西省扶风县黄堆25号墓出土，现藏周原博物馆。

通长4.3、宽2.6、厚0.2厘米。玉质白色，有淡黄色沁斑。整体为"S"状龙凤合雕玉佩，两面纹饰均相同，龙上凤下。龙为圆眼，单角，有眉尖，张口翘鼻，龙背上有两个鱼尾式扉棱。凤为圆眼，尖勾喙，凸胸，翘翅与龙身尾连为一体，翅后端亦有一鱼尾式扉棱，且有一下垂的小尾。凤腹下之腿爪呈榫状，可以嵌入它物之中。纹饰以内细外粗的双线纹组合而成，线纹流畅。■

龙凤人形玉佩　西周装饰用玉，陕西省长安县张家坡村157号墓出土，现藏中国社会科学院考古研究所。

长6.8、宽2.4、厚0.5厘米。玉质青绿色。透雕人兽复合纹，共有三龙一凤和二人。一大人粗眉深目，云形耳，头梳螺形髻，长发后披，头后有一相背的小人，二人身躯中部均蟠曲一龙。大人腿前屈，足为凤鸟头形，臀后处蟠曲一卷尾龙。正背纹饰相同。大人发髻处有一穿孔。这种人兽复合玉佩在西周十分流行，为其特色之一。■

人龙形玉佩　西周晚期装饰用玉，河南省三门峡市虢国墓地2011号墓出土，现藏河南省文物考古研究所。

长5.9、宽1.9、厚0.25厘米。玉质青色，局部受沁呈灰白色与黄白色，半透明。整体为一蹲踞状的侧身人形，人首似猴形，头部盘有一龙，龙尾屈于人头之上。颈下亦雕有龙，臀部饰一龙首，头部蟠龙的卷尾处有一圆穿。头部刻画具体，脸较长，云纹作耳，额头隆起，鼻梁下凹，鼻头与下颔略凸，其身

羽人龙形玉佩　西周装饰用玉，山西省曲沃县晋侯墓地31号墓出土，现藏山西省考古研究所。

长4.5、宽2.9厘米。玉质褐色。两面纹饰相同，为羽人和龙纹合体。羽人置于龙的前端，头向前，刻划出眼、耳、鼻、嘴的轮廓，发饰卷曲成龙角，上有一穿孔。身体自上而下有羽翼接于龙爪，肩部亦与龙身相接。龙作回首状，椭圆形眼，卷唇，吻部形成穿孔，曲爪向前，尾部上卷。纹饰以内细外粗的弧形双线纹组合而成，线纹弯转流畅，并运用了透雕技法。■

人龙形玉佩 西周装饰用玉，山西省曲沃县晋侯墓地63号墓出土，现藏山西省考古研究所。

长8.1、宽3.1厘米。共出土五件，造型大致相同。玉质白色泛青。片状透雕一侧身蹲踞的人，圆眼大鼻，脑后饰一龙，头朝下，卷鼻，菱形目，尾上卷形成穿孔。胸部为一蟠曲的龙。龙首较大，翘角，卷鼻，菱形眼，眼角有长线，体躯内卷，成为团状。后腰部为一龙首，头朝上，角、鼻、吻部清晰，角下有穿孔。玉人腿作蹲踞状。两面刻有相同的纹饰，纹饰以内细外粗的双线纹组合而成，线纹流畅，线条内有朱砂痕迹。■

龙凤纹圭形玉佩 西周装饰用玉，山西省曲沃县晋侯墓地31号墓出土，现藏山西省考古研究所。

长10.3、宽3.8厘米。玉质已沁呈褐色。尖端为钝角形，有穿孔，一面孔较小，另一面孔较大。平端也有穿孔。两侧与平端有棱脊。双面均刻有形制相同的凤鸟纹和龙纹。凤鸟高冠，勾喙，圆眼，展翅，尾羽上卷，蟠曲回旋至凤喙，凤爪置于龙身上。龙身蟠曲，卷鼻，"臣"字形目出眼角线，吻前有一穿孔，内嵌绿松石，色艳华贵。纹饰多以弧形斜切线和较细的阴线相配合的技法。勾勒双线轮廓，颇为精致。■

商、西周玉兽面较为多见，多作扁平浮雕形。面部刻画具有商代玉器特点，"臣"字形眼，云头鼻，头戴扁平的冠帽，头两侧琢有卷曲的角状装饰，背平且光素，颈下设榫并有穿孔，可能是一种镶嵌饰件。

兽面形玉佩 商代晚期装饰用玉，河南省安阳市妇好墓出土，现藏中国社会科学院考古研究所。

长3.5、厚0.5厘米。玉质浅绿色，有褐斑。兽面呈弧形，上端弧度较大，下端弧度略小，两侧雕作扉棱形。兽作张口状，头上有双角，口鼻分明，"臣"字形眼，眼珠微凸，下眼角内弯，双目炯炯有神。雕琢精致，线条流畅，表面抛光。背面作内凹的弧形，无纹饰。上端两角和下端一角各有一小孔。■

兽面形玉佩 商代晚期装饰用玉，河南省安阳市小屯11号房址出土，现藏中国社会科学院考古研究所。

长、宽各3.1、厚0.4厘米。玉质绿色，间杂灰白沁。器作扁平体，面部下端椭圆，以阴勾双线刻"臣"字形眼，卷云形鼻，眉似云纹，头顶双角上竖，双角之间饰"人"字形纹。眉心处穿一孔，背面光素。这种玉兽面商代特色鲜明。■

牛面形玉佩 商代晚期至西周初年装饰用玉，河南省鹿邑县太清宫长子口墓出土，现藏河南省文物考古研究所。

长4.4、宽3.1、厚1.2厘米。玉质

黄褐色，一侧呈褐色。近圆雕，两面均作牛首形，双角中分呈弧状，小叶耳凸出，宽额，眼周边下凹，留出微凸的菱形目，唇上有一横穿孔，两面钻。背面牛首与正面基本相同，两侧从角至耳中部有刻槽，似乎原打算将器体一分为二而未成，造型具有商周玉兽面的特征。■

高耸，圆睛凸目，条状鼻，正面凸起，背面平整无纹，中间单面钻圆形透孔。■

牛面形玉佩 西周早期装饰用玉，陕西省扶风县召李村出土，现藏周原博物馆。

通长2.5、最宽处2.6、厚0.4～0.6厘米。玉质青白色，微泛黄，半透明，通体磨光。牛头背面光素无纹，外形上大下小，上薄下厚，采用阴阳线条表现牛头各个部位。"臣"字形眼，小耳，大角，薄额，厚唇，大鼻孔，额部高出牛角，其上琢有十道互相平行的倒"人"字形阴线纹，额部正中有一从两面对钻的圆孔，造型生动。■

牛面形玉佩 西周晚期装饰用玉，河南省三门峡市虢国墓地出土，现藏三门峡市文物管理委员会。

长11.2、宽9.8厘米。玉质浅黄色。器作片状，正面雕牛头形，双牛角弯曲对称，角根宽扁，上为尖状，立耳，"臣"字形眼，腮两侧外鼓，嘴端有一圆孔。■

兽面形玉佩 西周晚期装饰用玉，河南省三门峡市虢国墓地2012号墓出土，现藏河南省文物考古研究所。

长2.1、宽0.9～1.4、厚0.3～0.7厘米。玉质青白色，润而微透。上宽下窄，单面作兽首状，双角

马面形玉佩 西周装饰用玉，河南省三门峡市虢国墓地出土，现藏三门峡市文物管理委员会。

长5.6、宽3.5厘米。玉质青色泛绿，嘴及右侧有沁。器作片状。头面长方似马，双眼圆瞪，两鼻端凸起，头顶饰透雕卷曲角状物，脸面饰宽带纹，雕琢精致。■

装饰用玉·牌形佩

商代玉牌饰不多见，纹饰具有商代玉器特征。西周玉牌饰一般为组佩中的饰件，多呈片状的长方、椭圆形等。器面或镂空或以动物为形，或用阴线刻画出龙凤及几何纹图案，线条弯转，相互缠绕。尤其是龙纹，常在勾连的几何纹中，以较凸出的圆眼或有较长眼线的"臣"字形眼来作为它的表现形式，躯体则极为抽象。

兽面纹牌形玉佩 商代晚期装饰用玉，河南省安阳市高楼庄后岗1号墓出土，现藏中国社会科学院考古研究所。

长8.9、宽4.8、厚0.5厘米。玉质深绿色。器作扁平长方形，上窄下宽，两端均有刃。器表上下端各饰一兽面，头向相反，上端的头向上，口鼻清晰，"臣"字形大眼，有眉有角，两角尖上翘，刻"人"字形纹。下端的头向下，口、鼻、双目与上端的兽面相似，唯有眉无角，略有

差异。背面平，无纹饰。两侧有扉棱，上有对称的狭小镂空三对，上端中部有孔。此件玉器仅一面雕琢，纹饰少见。■

龙纹牌形玉佩 西周装饰用玉，山西省曲沃县晋侯墓地102号墓出土，现藏山西省考古研究所。

长8.3、上宽5.2、下宽7.6厘米。玉质浅黄色。器呈梯形，单面雕刻两条双首龙纹，为"S"形，龙身外轮廓部分镂空，整体构图对称，纹饰为弧形斜切线与细阴线相结合，线条流畅。玉牌上端有七个侧背斜穿孔，下端有九个侧背斜穿孔，用以穿系其他质地的珠、管串组合成组玉佩。■

装饰用玉·镞形佩、螺形佩

商代、西周镞形佩和螺形佩写实性强，纹饰简单，形象生动。

镞形玉佩 商代晚期装饰用玉，河南省安阳市小屯北地11号房址出土，现藏中国社会科学院考古研究所。

长3.6厘米。玉质乳白色。形似石镞，上端有三对凸起的扉棱，中间扉棱下方有一小圆孔，下端呈三角形，通体抛光，当是佩饰。■

螺形玉佩 商代晚期装饰用玉，河南省安阳市小屯北地11号房址出土，现藏中国社会科学院考古研究所。

长3厘米。玉质灰色有黑斑。螺作锥状体，上雕螺旋纹四周，纹饰虽简单，但形象生动。上部有小孔。■

螺形玉佩 西周中期装饰用玉，陕西省扶风县召陈村西周遗址出土，现藏周原博物馆。

通长10.8、底径4.5厘米。玉质白色，上有黄色斑点，通体磨光。螺近似圆锥，上琢出螺纹九道，下部有榫头，可能是插入某器之中的。■

装饰用玉·组佩

大型组玉佩为西周首创，是由多件玉器串联组成悬于身上的佩饰玉。其主体多以璜、牌形饰、管、珠等串联而成。有的一套佩饰多达数十件玉璜，有的则由几百件玉牌、玉珠组合连接。由此可见西周组玉佩在数量和长度上是相当可观的。据研究，大型组玉佩的使用，有严格的制度，使用范围有可能仅限于公、侯等诸侯国国君及其夫人或有相应封号的贵族。多璜组玉佩是国君与高级贵族区别贵贱、等级的标志之一。

组玉佩 西周中期装饰用玉，陕西省扶风县强家1号墓出土，现藏周原博物馆。

长约50、宽约30厘米。玉组佩由淡黄、淡绿、白三色玉璜、玉管、玉兽面和红、黄玛瑙等396件组成。其中各种玉佩饰28件，玛瑙管珠328件，料珠管40件，它们巧妙结合，绚丽多彩，是十分华贵的装饰珍品。该佩饰保存完整，上系于人颈部，下可垂至胸腹。■

组玉佩 西周晚期装饰用玉，河南省三门峡市虢国墓地2001号墓出土，现藏河南博物院。

长87厘米。由玉、玛瑙、料器等374件不同质地、不同形状的饰件相间连缀而成。分上、下两部分：上部是一组由一件人龙合纹玉佩、青玉管和红玛瑙珠组成的项饰，下部是一组由七件玉璜与红玛瑙珠、料珠组成的胸组佩饰。出土时玉璜、玉管、玛瑙珠、料珠的穿孔相对，成行排列，有条不紊，某些管、珠的穿孔内尚有红色丝线残连。依出土位置可以看出，该组玉佩原曾用线绳串联，挂于颈间，佩于胸前，长达骨盆以下，西周玉组佩之壮观由此可见一斑。■

组玉佩 西周晚期装饰用玉，河南省三门峡市虢国墓地2012号墓出土，现藏河南省文物考古研究所。

兽首形佩长3.3、宽1.5～3.4、厚1.8厘米；双面蝉形佩长3、宽2.2、厚0.4厘米。组佩以一件青白色兽首形佩为结合部，由一件双面蝉形佩，六件形制相同的束绢形佩，依次108颗红色或橘红色玛瑙珠成双行相间串系而成。出土时位于墓主人颈间。■

组玉佩 西周装饰用玉，陕西省长安县张家坡村58号墓出土，现藏中国社会科学院考古研究所。

大璜长12.2、宽3.3厘米；中璜长10.8、宽2.1厘米；小璜长9.4、宽1.7厘米。

此组玉佩由三件玉璜、四件玉管及玛瑙珠等组成，长约70厘米。璜和管玉质均为青灰色或乳白色。珠为肉红色玛瑙。三件璜上都有弧形双阴线雕出的龙纹，两面

花纹相同。四件管的形状各异，只有三件有花纹，且各不相同。璜和管上的穿孔，有一面钻透的，也有两面钻透的。■

组玉佩 西周装饰用玉，河南省平顶山市出土，现藏河南博物院。

长35.5、最宽处9厘米。组玉佩整体可分为泛黄的青玉板饰和缀在玉板下面的五个各自成串的碧玉、青玉与红玛瑙管、珠小件串饰几部分。玉板上刻有对称的四龙首纹，下连两侧的柄形器和玉棒，并以玉管、玉珠、玛瑙珠相横连，玉板下又连两行为一组的由玉、玛瑙质数十枚珠和管串成的四组串饰。整体设计新颖别致，造型丰满谐调，当为胸饰。■

组玉佩 西周装饰用玉，山西省曲沃县晋侯墓地92号墓出土，现藏山西省考古研究所。

14件，最大径5.5、最小径2.3厘米。玉色青灰色。分

两组，一组6件，出土于墓主头部的左侧；一组8件，出土于墓主头部的右侧。出土时自上而下、由小至大依次排列，右侧最上端多出二件小玉块，其余和左侧配套成对。其中有一对刻有龙纹，龙作蟠曲状，头尾相接，中有缺口，背有棱脊。龙角上翘，张口，下腭长而弯曲，长眼，眼眶勾曲，细部由弧形阴线勾勒。■

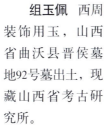

组玉佩 西周装饰用玉，山西省曲沃县晋侯墓地92号墓出土，现藏山西省考古研究所。

最大璜长8.5厘米。出土于墓主的胸腹部。由282件形制各异的玉器组合而成，主要有玉珩、玉璜、玉圭、束腰形玉片、玉贝、玉珠、玉管以及玛瑙珠、玛瑙管、绿松石管、料珠、料管等。过颈部分为三列珠、管，两侧为成串的珠、管，并各有束腰形玉片，下端分别系玉贝为坠。中间自上而下为成组的珩、

璜，末一件珩的两端分别系有玉圭。珩、璜中素面二件，其余均单面刻有相交的龙纹，珩的龙首相反，而璜的龙首相对，布局对称，刻工细腻精致。■

组玉佩 西周装饰用玉，山西省曲沃县晋侯墓地63号墓出土，现藏山西省考古研究所。

最大璜长15.8厘米。由玉璜、玉珩、玉冲牙、玉管、料珠、玛瑙管组成，共有204件。大致有三列，中列有璜19件，珩3件，玉雁2件，左右两列各有璜13件，冲牙1件，上部由玉管、料珠、玛瑙串连。璜、珩饰姿态各异的双龙纹、双首鸟纹、人龙合体纹，其中一件两面刻琢双龙纹。龙纹相互交连，每条龙一端为龙头，另一端为人首。人首侧视，大眼阔嘴，圆鼻巨耳，腮下有须，前肢伸出利爪。组佩的下端有两件玉雁，昂首展翅，生动活泼。纹饰以内细外粗的双线纹和细阴线组合而成，线纹流畅，工艺精湛。大多为正背穿孔，少数为侧背穿孔。■

形玉片组成，它们分别代表人面的前额、眉、眼、耳、鼻、腮、嘴和胡须，合成五官七窍。形象写实，每块玉片上均有小孔，覆于死者脸面上。■

玉覆面 西周丧葬用玉，山西省曲沃县晋侯墓地92号墓出土，现藏山西省考古研究所。

嘴长4.3、宽1.8厘米。此套缀玉覆面共23块，9块带扉棱的玉器围成脸部轮廓，中间自上而下分别为眉、额、眼、鼻、脸颊、嘴、腮、下颌等，由14块构成完整的人面形。出土时，刻有纹饰的一面朝下，紧贴在墓主脸部。无纹饰的一面，均有斜穿孔，用于缝缀。围边玉器呈褐色，鼻、腮呈青白色，其余呈黄色。■

丧葬用玉·覆面

玉覆面始于西周，是由较形象的人面五官，如眼、眉、鼻、口、耳及各种小饰片等组成。多数构件均有穿孔，在当时可能是缀饰于纺织品上或用线连接到一起，是一种殓葬时盖于死者头上的"幎目"。

玉覆面 西周丧葬用玉，河南省三门峡市虢国墓地出土，现藏河南省文物考古研究所。

最大玉件直径10.7厘米。玉质青绿色。面罩由14块各

玉覆面 西周丧葬用玉，山西省曲沃县晋侯墓地31号墓出土，现藏山西省考古研究所。

嘴长6.2、宽2.9厘米。出土于墓主的头部，由79件形制

各异的玉件组成。周边围绕大小两种三角形片，大三角形尖端向内，小三角形尖端向外相隔排列。面部自上而下为眉、额、鼻、目、耳、脸颊、嘴、腮、下颌。眉、目之间的鱼形饰可能是眼帘，还有一些钩状器分布于各部位。每件玉饰上均有对穿孔，位置大多在边缘，有正背面钻，也有侧背面钻，根据钻痕推断，系采用双面钻、单面钻两种方法。一些玉件上有纹饰，其中眉、额、鼻梁上部、脸颊，是利用雕琢过的材料改制而成的。■

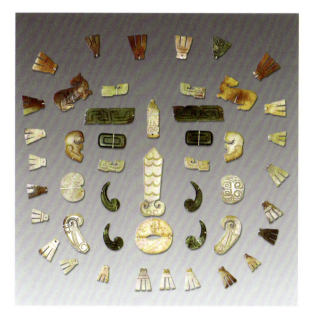

玉覆面 西周丧葬用玉，山西省曲沃县晋侯墓地62号墓出土，现藏山西省考古研究所。

鼻长8.5、宽3.3厘米。出土时置于墓主的头部，由48件形制各异的玉片组成。周边围绕有带平齿的梯形缀片。面部自上而下为额、眉、目、鼻、耳、脸颊、嘴、

腮，共有24件。除梯形缀片外，皆雕刻有纹饰。额角为虎形饰，屈腿蹲踞，回首观望。额为简略的人龙合体纹，眉为勾连纹，耳、脸颊、腮、嘴饰有式样不一的几何纹。纹饰多以双阴线琢刻，制作颇为精细。鼻的侧、背有小穿孔，其余玉件皆为正背穿孔。眉、眼以碧玉制作，玉质上乘。■

丧葬用玉·握

玉握为死者手中握着的器物。商周时期，死者手中多握数枚贝币或玉管状器物，以示死者不空手而去。西周玉握多为管形，有方管、扁圆管和圆管多种。

龙纹玉握 西周晚期丧葬用玉，河南省三门峡市虢国墓地2011号墓出土，现藏河南省文物考古研究所。

长1.8、宽0.7厘米。玉质青灰色。长方体，断面方形，中部单向钻孔，四面饰龙纹，线条流畅自然。此玉管与其他六件扁圆形管、圆管串系，握于墓主右手上。■

玉握 西周晚期丧葬用玉，河南省三门峡市虢国墓地2012号墓出土，现藏河南省文物考古研究所。

2件，左长6.5、直径2.3～2.9、孔径0.25～1.3厘米；右长6.4、直径2.3～2.9、孔径0.25～1.3厘米。出土时分握于墓主人左右手中。玉质青白色，局部受沁有黄白斑。管状，两端粗细不同，中部束腰，单面钻透孔，光素无纹。■

丧葬用玉·琀

口琀又称"饭琀"，是放在死者口中的玉器。使用口琀的目的，是古人相信人死后灵魂不灭，而口腔是五脏六腑与外界联系的主要途径，所以古人非常重视往死者口中填充物品，希望死者在阴间能像在人间一样饮食，也祈求以玉石质硬色美的特性来保护尸体不朽。西周玉琀造型多为珠、管、片、贝等，玉片大多是有意将玉器折断而成，玉管最常见有圆形管、扁圆形管和扁方形管多种。

管形玉琀 西周晚期丧葬用玉，河南省三门峡市虢国墓地2006号墓出土，现藏河南省文物考古研究所。

玉件长1～2厘米。一组10件，出土时位于墓主人口中。玉质青白色，润而微透，受沁者多呈灰白、灰黑、灰绿色。体作圆形、扁圆、扁方形不一。其中三件器表分饰云纹、弦纹及线纹。◼

鸟形玉琀 西周晚期丧葬用玉，河南省三门峡市虢国墓地2013号墓出土，现藏河南省文物考古研究所。

通长4.6、宽2.2、厚0.2厘米。玉质青白色，局部受沁呈青灰色或灰白色，质润而微透。鸟作圆睛，勾喙，胸翅略翘，垂尾单爪，嘴与胸部各有一穿孔。此玉琀入殓时被有意折为两截。◼

丧葬用玉·踏

玉踏是专为死者制作的殓尸玉器。西周踏玉作扁薄长条形或作玉圭形，出土时位于墓主足下，均光素无纹。

圭形玉踏 西周晚期丧葬用玉，河南省三门峡市虢国墓地2012号墓出土，现藏河南省文物考古研究所。

2件，左长9、宽2.8、厚0.9厘米；右长8.7、宽2.7、厚0.9厘米。玉质均青色，局部受沁有黄白斑。器呈玉圭形，均通体光素，唯下端二角各有一孔。出土时分别位于墓主人左右足下。◼

陈设用玉·圆雕人物

圆雕人物形玉器始见于商代。殷墟妇好墓出土的商代晚期玉人可视为这一时期的典型。商代圆雕玉人一般为跪坐式，以手抚膝，头部较大，五官刻画细致，面部下凹，高颧骨，大眼，大鼻，鼻梁下塌，大嘴凸出，嘴唇很厚并上翻。眼睛多数为"臣"字形大眼睛，还有橄榄形眼、椭圆形眼。一个显著的特点是前额窄小凸出。发型以短发为主，即自头顶向四周下垂剪齐，这是商代流行的一种发式，还有的在头上戴圆箍形颊，颊前连着卷形冠。人物形象有的裸体，有的似有纹身图案，有的则身着华丽的服饰，可能是一些身份地位不同的商代现实生活中的人物形象，对研究商代不同阶层人物的衣着、发式等，具有重要价值。西周圆雕玉人分着衣和裸体两种，着衣者，头部较大并戴有羽冠或高冠，面目深沉端庄，双手捧腹，上衣下裳，十分合体。有的衣裙光素无纹，有的则在裙摆、披肩处刻有斜格纹，同时还用阴线琢出衣纹。这种造型，或许正是西周时期贵族人物的形象。裸体者，亦为双手捧腹状，头上为螺旋状发髻或戴高冠，足下有榫，可供插嵌，可能具有某种特殊的宗教意义。

佩宽柄器玉人 商代晚期陈设用玉，河南省安阳市

妇好墓出土，现藏中国社会科学院考古研究所。

高7厘米。玉质黄褐色，上有白色沁斑。玉人作踞坐姿态，双手抚膝，长脸尖下颌，眉毛饰成弯月形，"臣"字形双眼前视，双唇紧闭，鼻梁微凸，大嘴，"C"形耳。头发梳成一条长辫，辫根在右耳后侧，向右盘至头顶，再绕至左耳后侧，又由左耳侧伸向右耳，辫梢与辫根相接。头上戴圆箍形颊，颊前沿出卷筒，其上刻双线"人"字形纹。头顶露出发丝，上有左右对穿的小孔，似作插箅用。身穿长衣至足踝，交领于胸前，袖长至腕，袖口较窄，腰束宽带。衣上饰有商代常见的云雷纹，腹前又悬长条形蔽膝，双足穿鞋。左腰侧斜插一似"T"字形的宽柄器，器上饰有双连弧纹、卷云纹等装饰。玉人身体、衣饰、发型的雕琢一丝不苟，近乎写实，是了解当时衣饰最珍贵的实物资料。■

短辫玉人　商代晚期陈设用玉，河南省安阳市妇好墓出土，现藏中国社会科学院考古研究所。

高8.5厘米。玉质褐色，面部有浅绿色，头顶有淡黄色。踞坐式玉人，全身比例极不协调，大头，肩窄，粗

宽躯干，短细腿。上身略前倾斜，头微垂，圆脸，细长眉，"臣"字形眼前视，耳、鼻都较大，雕出鼻孔，闭嘴。双手抚膝，五指并拢，长袖至腕，窄袖口，衣下缘似小腿。赤脚，露出五趾。头顶有直发和发辫一条，胸前雕兽面纹，左右臂及左右腿衣上琢蛇形纹，背部为几何云纹。头顶上有左右相通的斜孔。身下两腿之间（臀下）有一较大的圆孔，可供插嵌。■

阴阳玉人 商代晚期陈设用玉，河南省安阳市妇好墓出土，现藏中国社会科学院考古研究所。

高12.5、厚1厘米。玉质淡绿色，局部褐色沁。作裸体站立状，一面为男性，椭圆形脸，宽长眉，双目微凸，宽鼻，大嘴，大耳，头上梳两个角状发髻，耸肩，双手置放胯间，双膝略内弯，身上以双勾阴线琢出各部肌肉、关节。脚下有一短榫，可供插嵌。另一面为女性，形象近似男性。这种阴阳人形象仅此一见，可能含有某种巫术的意义。■

羽纹玉神人 商代晚期陈设用玉，江西省新干县大洋洲乡商代墓出土，现藏江西省博物馆。

通高11.5、身高8.7、前胸厚0.8厘米。玉质枣红色。神像作侧身蹲坐状，眼似"臣"字形，粗眉，钩鼻，半环形耳，头戴羽冠，两手拱于胸前，腰至臀部刻鳞片状羽毛，似为羽化神人。冠后用镂空法雕出三个相互套连的长圆形活环，这种连接活环的商代玉器，尚属首次发现。■

虎首跪坐玉人 商代晚期陈设用玉，河南省鹿邑县太清宫长子口墓出土，现藏河南省文物考古研究所。

高5、宽2.5、厚2.8厘米。玉质黄绿色，顶部有褐斑，顶端微沁，微透明。从正面看为一虎首跪坐人，从背面看似鸮。虎首高昂，大口暴张，上下各有七齿，上齿呈倒钩状，小鼻，长圆形双目，虎视眈眈，半圆形双耳，

虎头以下为人身形状，体向前倾，踞坐，双手扶膝，五指向下，似着鞋，身着衣。鸮呈蹲状，虎之双耳为鸮耳，耳后倾，大钩鼻，圆目凸睛，鼻下一圆孔，人背作鸮身，人之胳膊作双翼，人之双足作鸮足，昂首挺胸，怒视前方。通体用双勾线和阴刻直线刻划出身体轮廓，生动传神。此器与殷墟妇好墓出土的圆雕玉人式样纹样基本相同，显示了共同的时代特征，而将人、虎和凶禽完美地集于一体的圆雕玉器甚为罕见。■

玉人 西周早期陈设用玉，甘肃省灵台县白草坡1、2号墓出土，现藏甘肃省博物馆。

2件，左长17.6、宽2.3、厚1厘米；右长7.9、宽1.1、厚0.8厘米。玉质均浅黄色。大者盘发似蛇，发髻首部饰虎头，长脸宽颊尖颏，大鼻头，贴耳，眉凸起，大眼，裸体，瘦骨嶙峋，两手捧腹，双足下端为铲形，刃薄坚

硬，双耳穿孔。小者头戴歧角高冠，长扁脸，宽额，橄榄形大眼，蒜头鼻，闭嘴。身似着袍服，上下有四条缠绕的刻纹，于背面中部交叉，似作被捆绑状。下部作尖锥形，不露足。胸部有一小穿孔。两件玉人神态各异，仅见于西周，是难得的玉雕珍品。■

玉人　西周中期陈设用玉，陕西省扶风县强家1号墓出土，现藏周原博物馆。

高2.7厘米。玉质棕黄色，半透明。人蹲踞状，面部似猴形，双眼注视前方，眉弓凸出，隆鼻大耳，头上有凸起的发髻，上钻一细孔。臀部蹲踞，屈膝，双足并拢，双手抚于膝上，背部琢有菱形纹，似为背带式服饰，通体磨光。■

玉人　西周中期陈设用玉，陕西省扶风县黄堆25号墓出土，现藏周原博物馆。

通高6.4、厚0.8厘米。玉质白色，晶莹鲜润，洁白无瑕。整体轮廓系一呈蹲踞状戴龙冠的人。冠部之龙头上有角，角上有一细孔，圆眼，有眉尖，张口，翘鼻。玉人长鼻，菱形眼，双手抚膝，整器纹饰用粗细阴线刻画。■

玉人　西周陈设用玉，山西省曲沃县晋侯墓地63号墓出土，现藏山西省考古研究所。

高9.4厘米。玉质青白色，上有棕褐色点状沁斑。人站立状，正面略有起伏，背面平整。高冠，冠在顶端形成小冠尖，正中有穿孔。密发中分，从耳后下垂，两侧发梢上卷。浓眉，椭圆形目，宽鼻，平嘴，大耳，粗直颈，有斜网纹披肩，屈臂紧贴腹部，束腰，下有蔽膝，边饰斜格纹。脚尖上翘，一腿有穿孔，两面对钻。纹饰均为单线阴刻。蔽膝为系在衣服前面的围裙，刻划清晰，为服饰史研究提供了实物资料。■

玉人　西周陈设用玉，山西省曲沃县晋侯墓地63

号墓出土，现藏山西省考古研究所。

高6.3厘米。玉质黄褐色。人站立状，头发部分用碧玉雕琢，可与身体分开，头顶有小穿孔，头发向四周整齐垂下，发梢齐额，同墓出土的龙耳人足方盒上的人形，也梳这种发式，后脑刻有小辫垂至颈部。细眉杏眼，阔鼻平嘴，耳廓外凸，下有坠饰。衣领齐肩，右侧开短衽，并刻有三角纹，胸前刻对称的圆圈纹，束腰，双臂下垂，下端略呈梯形。玉人有上下直通的穿孔。■

陈设用玉·圆雕动物

商周时期圆雕玉动物大量出现，品种丰富，有龙、虎、象、熊、马、羊、鸟、螳螂、鳖等。多是用方柱形材料雕琢而成，棱角处磨圆，整体上保持着长方形体的圆形，注重写实，姿态各异，生动传神。在艺术表现上，主要强调各类动物的体态特征和生活习性，动物身上不雕皮毛，而用双阴线雕出示意性的装饰纹样。工艺与纹饰特征均与同类片雕器物相同。

玉龙 商代晚期陈设用玉，河南省安阳市妇好墓出土，现藏中国社会科学院考古研究所。

高5.6、长8.1厘米。玉质墨绿色，局部有浅褐色沁。龙呈伏卧状，方形头，昂首张口露齿，鼻微凸，"臣"字形眼，眉细而弯，头顶有一对蘑菇形角贴于颈上。背脊雕成锯齿状扉棱，两短足前伸，各有四爪。短尾卷于身侧，身、尾饰菱形纹和三角形纹，均为阴线双勾琢出，左足外侧琢云纹，下颌正中有一个对钻小孔。此龙质优形美，凝重端庄，是商代肖生玉雕品中最出色的作品之一。■

玉虎 商代晚期陈设用玉，河南省安阳市妇好墓出土，现藏中国社会科学院考古研究所。

高4.3、长11.7厘米。玉质深绿色，局部有褐斑。方头，体肥硕，张口露锐齿，双耳竖起，"臣"字形大眼，背微凹，臀部隆起，四肢前屈，呈行走状。足上雕出利爪，尾下垂且尾尖上卷。身饰双勾线云纹，尾部为连弧纹，主要花纹均为阴线双勾。左前肢有疤痕，形象富有生气。■

玉虎 西周早期陈设用玉，河南省洛阳市兆瑶乡庞家沟出土，现藏洛阳博物馆。

高3.8、长16.5、厚2厘米。玉质灰白色。虎作四腿曲卧状，俯视，张口露齿，长尾上卷。背部刻饰平行波折纹，且利用自然黑斑巧作虎背纹。■

玉象 商代晚期陈设用玉，河南省安阳市妇好墓出土，现藏中国社会科学院考古研究所。

高3、长6厘米。玉质黄褐色。象作站立状，身体肥

大，昂首前视，长鼻前伸，鼻头微下卷成一圆孔，口微张，下唇呈三角形，"臣"字形眼，小眼细眉，大耳，四肢短粗，刚健有力，足雕四趾，尾下垂。身两侧及足饰以商代常见装饰手法双勾云纹，背前端饰菱形纹，背中部及尾部均饰双连弧纹。形似幼象，刻画得极为生动形象。■

玉熊 商代晚期陈设用玉，河南省安阳市妇好墓出土，现藏中国社会科学院考古研究所。

高4厘米。玉质绿色，一侧有黄斑。熊呈蹲坐状，前肢抱膝，头微昂，面部呈三角形，嘴前凸，张口露舌，大眼小耳，鼻梁隆起，下有小而浅的鼻孔。前后肢下均刻足趾，前肢趾较长，后肢趾较短。臀上有三角形短尾。背脊两侧与上肢用双勾云纹勾勒轮廓，线条简练。背脊上有两个上下钻透的斜孔。■

玉马 西周陈设用玉，山西省曲沃县晋侯墓地63号墓出土，现藏山西省考古研究所。

残高5、残长7.7厘米。玉质白色略泛灰，有黄色沁斑。马作站立状，体态较为丰满，具有写实风格，目前视，口深裂，鼻翼翕张，颈项粗壮，刻有鬃毛。胸肌略鼓，臀腹紧圆。以双勾阴线云纹表现马的肌体，线条柔和。整体制作规矩，符合解剖原理，表现了马的静态。此器耳、尾残缺。■

玉羊 西周陈设用玉，山西省曲沃县晋侯墓地63号墓出土，现藏山西省考古研究所。

高2.5、长5厘米。玉质青白色。羊作回首卧伏状，卷角圆眼，前后腿屈蹲，蹄趾明显，底座为凸出的长方形，以较宽的、排列有序的阴线来分界羊之四肢体躯。最具特色的是，羊的头至颈部、背至尾部有隆起的棱脊，上饰排列整齐的阴刻纹，造型简练。■

玉鸮 商代晚期陈设用玉，河南省安阳市妇好墓出土，现藏中国社会科学院考古研究所。

高6.5、底径4.6厘米。玉质呈绿色，局部有黄色玉皮。鸮作站立状，体呈圆形，勾喙，"臣"字形眼，

眼珠微凸，小耳上竖。凸胸，双翼并拢，短尾下垂，两肢粗短，肢下有爪。胸饰羽毛纹，双翼饰云纹，背饰头向上的蝉纹。纹饰均采用商代典型的双勾阴线纹，体下中间钻一圆孔，顶后部亦有上下钻通的斜孔。可悬挂，也可作为插嵌饰物。■

嘴2号墓出土，现藏周原博物馆。

高2.6、通长4厘米。玉质白色，晶莹鲜润。凤鸟呈栖息垂尾状，圆眼，大喙弯勾，头上有花冠，冠端如金文中的山字。爪部为一长方形座，两面均用阴线琢出纹饰，线条深刻有力，凤鸟嘴部钻一圆孔，通体磨光，为西周玉雕中的精品。■

玉燕雏 商代晚期陈设用玉，河南省安阳市妇好墓出土，现藏中国社会科学院考古研究所。

高3.3、长7.3厘米。玉质乳白色，间有褐色绺斑。一待哺之燕雏仰首，圆眼，尖喙，敛翅，上饰双线阴刻之翎纹，首、颈饰单线阴刻之羽毛纹，背饰双连弧纹，胸下琢出长方形两足，颈下有上下对钻的牛鼻孔。此器琢雕精细，为商代玉雕中少见。■

花冠玉凤 西周早期陈设用玉，陕西省岐山县王家

玉雌鸟 西周中期陈设用玉，陕西省扶风县齐家19号墓出土，现藏周原博物馆。

通高3.5厘米。玉质乳白色，细腻晶莹，表面磨制光洁。鸟呈伏卧状，圆眼，圆尖冠，伸颈张嘴作长鸣

状。翅尖上翘，尾部下垂且分叉，爪部为一长方形座。底座下钻一较大圆孔与侧面一细孔相通。玉鸟除眼部与前腹处之外不见雕琢痕迹，它与雄鸟一站一卧，极富情趣。是西周玉器中罕见的艺术佳作。■

玉雄鸟 西周中期陈设用玉，陕西省扶风县齐家19号墓出土，现藏周原博物馆。

通高4厘米。玉质乳白色，细腻晶莹，表面磨制光洁。鸟呈站立状，圆眼昂首，张嘴，喙端

呈钉头状，头上有圆尖冠，身上琢有稀疏的羽毛，尾自然下垂，腿较短，爪部为一长方形座，下钻一较大圆孔。胸前有一对穿的细孔。刀法简括有力，是西周玉雕中罕见的艺术佳作。■

玉螳螂 商代晚期陈设用玉，河南省安阳市妇好墓

中国古玉器图典

出土，现藏中国社会科学院考古研究所。

高2、长6.8厘米。玉质浅绿色，有褐斑。螳螂作停立状。体细长，头向右歪，尖嘴微残，圆眼凸起，双翼翕合，两长足前屈，右足微残，尖尾。足下有小槽，两足间有小孔。颈部雕四周阴线纹，翼纹为阴勾双线。■

玉螳螂　西周陈设用玉，山西省曲沃县晋侯墓地63号墓出土，现藏山西省考古研究所。

长7厘米。玉质白色，有黄色沁斑。造型由一大一小两只螳螂组成。大者在上，体态修长，大腹宽尾，屈肢斜伸，以爪抚摩着下面的小螳螂头顶。小者躬身，头尾及地，肢爪屈缩。体均呈三角形，头背挺直似趴伏在地，圆目凸起，腹部呈节状。肢体只用几道单阴线表现，风格简约，形象逼真。■

玉鳖　商代晚期陈设用玉，河南省安阳市小屯北地11号房址出土，现藏中国社会科学院考古研究所。

长4厘米。利用玉料的天然色泽，用黑色部分制成鳖的甲，用肉红或灰白等色部分制成腹、颈等部

位，琢出双眼、爪趾，生动逼真。吻部微残，双目圆睁，眼球与眼睑分明，四足略外伸。腹部右上方有上下对钻的牛鼻孔。玉鳖在古玉中数量不多，这种利用玉材不同色泽加以设计的俏色工艺萌生于商代。■

玉龟壳　西周陈设用玉，山西省曲沃县晋侯墓地63号墓出土，现藏山西省考古研究所。

长5.4、宽4厘米。玉质黄绿色，微沁。背甲隆起，中脊、缘板分明，共刻有三十三块。腹甲刻作九块，尾甲分两歧，造型肖似。前后镂空，不见头尾四爪。纹路均用单阴线雕刻，模仿逼真。两端穿孔贯通首尾，腹甲一端有穿孔。■

陈设用玉·圆雕牛

商代圆雕玉牛多为跪卧或伏卧状，双目平视，神情庄重，身饰云纹和简化重环纹，额中常有一菱形装饰。西周圆雕玉牛多呈站立状，四肢较短，并简单地刻划出蹄足，且躯体浑圆，光素无纹，尾巴下垂，头部比例较商代略小，已具有一定的写实意义。

玉牛　商代晚期陈设用玉，河南省安阳市妇好墓出土，现藏中国社会科学院考古研究所。

高5.8、长11、厚1.5厘米。玉质墨绿色，有褐斑。头部圆雕，身体较薄，牛作伏卧回首状，双角后伏，张口翘鼻，两鼻孔穿通，"臣"字形眼，圆眼珠。体长，前肢前屈，后肢屈于腹下，尾下垂。颈饰重环纹，背饰"人"字形双连弧纹，身饰卷云纹，两面纹饰相同。前后肢下刻有宽约3厘米的浅槽，可镶嵌饰物。■

玉牛 商代晚期陈设用玉，河南省安阳市小屯11号墓出土，现藏中国社会科学院考古研究所。

高3.1、长4.6厘米。玉质浅绿色，上有白色沁斑。牛作跪卧状，口微张露舌，方形目，两角后伏，前肢呈跪状屈于颈下，后肢前屈，短尾下垂。体饰双勾线云纹，角饰"人"字形纹，四蹄磨光。两前蹄之间有一小孔。■

玉牛 西周中期陈设用玉，陕西省宝鸡市茹家庄强伯墓出土，现藏宝鸡市博物馆。

高2.4、长4.2厘米。玉质青色，局部有白斑。牛昂首前视，四足直立，尾下垂，通体光素无纹。肌肉丰满，从角形看，当系水牛。玉牛在殷墟妇好墓中已见，但均作卧式，此牛应是一件时代较早的立式玉牛。■

玉牛 西周陈设用玉，山西省曲沃县晋侯墓地63号墓出土，现藏山西省考古研究所。

高3.7、长7.1厘米。玉质黄褐色，玉色温润。牛昂首前视，口微张，下唇有穿孔，大眼有神，尖角后耸，从角形看应为水牛。叶形耳，肌体丰满，背脊微突，短尾下垂，腿粗壮，四足直立。身体用几条阴线刻划，非常简练。商和西周玉器中牛的造型有卧式、伏式以及站立式三种，而以站立式为最少，此器是时代较早的立式玉牛。■

玉牛 西周陈设用玉，山西省曲沃县晋侯墓地63号墓出土，现藏山西省考古研究所。

高4、长7、厚2.2厘米。玉质青色，较纯净。牛置于平板上，脖套上有绳与平板牵拉，牛正欲起立，前身前昂，前肢用力，将力表现于牵绳上，动感极强，似乎表现的是献牲祭祀场面。通体素面抛光。■

玉质容器·簋

商代玉簋侈口圆唇，深腹平底，圈足直矮，通体满饰以兽面、几何纹为主的装饰纹，琢制精细。西周玉簋浅腹高圈足，纹饰简练。

兽面纹玉簋 商代晚期玉质容器，河南省安阳市妇好墓出土，现藏中国国家博物馆。

通高10.8、口径16.8、壁厚0.6厘米。玉质白色，有黄斑。造型仿青铜器，撇口、肥腹、圈足，通体满饰纹饰。口沿下饰三角形纹，腹部分别由二龙组成三组饕餮纹。饕餮阔鼻，"臣"字形眼，上下夹以弦纹，下腹部为四方连续的菱形纹，圈足上饰勾云纹和目纹。琢制精细，造型典雅庄重。出土时，腹腔内放置有两件精美骨匕和一件铜匕，当系配套之物。此簋是首次发现的商代高档玉制器皿，也可能为祭祀用具。■

几何纹玉簋　商代晚期玉质容器，河南省安阳市妇好墓出土，现藏中国社会科学院考古研究所。

通高12.5、口径20.5、壁厚1～1.6厘米。玉质绿色，有黄斑。造型仿青铜器，直口平沿，方唇，微鼓腹，圈足。口沿下饰两周凸弦纹，腹部满饰波形雷纹，有四道竖直扉棱，圈足上饰云纹和目纹。■

涡纹玉簋　西周早期玉质容器，河南省鹿邑县太清宫长子口墓出土，现藏河南省文物考古研究所。

高10.2、口径13.5、腹径14、圈足径11厘米。玉质浅白色，微泛青色和黄色，腹部和圈足有白色沁斑，半透明，内外抛光。造型仿青铜器，口微敛，斜折沿，方唇，腹外壁弧形，内壁上直下弧，圆底，圈足微外撇，腹内壁圆润光滑，圈足内壁留有明显的凿磨痕。造型端庄沉稳，腹上下饰弦纹，中部等距离分布八个浮雕圆涡纹，与妇好墓簋深腹矮圈足、纹饰较繁缛相比，此簋浅腹高圈足，纹饰简练，具有明显的西周时代特征。■

玉簋　西周中期玉质容器，陕西省扶风县云塘上务兹村出土，现藏扶风县博物馆。

通高7.5、口径10.7、腹深3.4厘米。玉质白色，泛黄色，通体磨光。器圆腹、直壁、高圈足、直口、平沿，口沿及腹下共饰粗弦纹三道。一边残缺，已修复。■

玉质容器·调色盘

箕形调色盘仅在殷墟妇好墓出土一件，纹饰反映的时代特征明显。

鹦鹉纹玉调色盘　商代晚期玉质容器，河南省安阳市妇好墓出土，现藏中国社会科学院考古研究所。

通长11.8、宽6.5、盘深0.4厘米。正面灰白色，上部稍风化，背面为墨绿色。造型如箕，有裂痕，三边有高起的边框，一边敞平而薄。

盘底满染朱砂，当系实用器。盘后雕一对背尾相连的勾喙鹦鹉，足刚健有力，作站立状。鹦鹉"臣"字形大眼，锯齿状矮冠，短翅长尾，尾尖内卷。在两尾相连处有一个高起的圆纽，纽上有孔。背面亦雕以双鹦鹉纹，但系单线阴刻，而正面的纹样为双线阴勾。殷人屡以朱砂书写，此调色盘应起后来砚台的作用。■

玉质容器·盘

殷墟妇好墓出土一件，与青铜器造型相似，素雅大方，用以盛稻粱肉食等祭品，作祭祀之礼器。

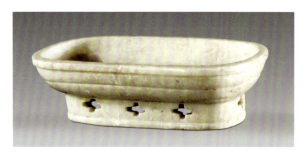

玉盘 商代晚期玉质容器，河南省安阳市妇好墓出土，现藏中国社会科学院考古研究所。

通高4.3、口长14.6、宽8.6厘米。玉质乳白色，有黄斑，半透明。器呈圆角长方形，平沿，腹略内收，浅腹平底，圈足较高，与青铜器造型相似。腹部饰弦纹，圈足下部雕凸棱一周。圈足两长边各有"十"字形镂空三个，短边各有一个。长边与短边的"十"字形镂空分别相对应。"十"字形镂空外壁拐角规整，但内侧镂空较小，雕琢较粗糙。■

玉质容器·罍

仅在晋侯墓地出土一件，这是西周墓中发现的唯一的一件玉质罍。

凤纹玉罍 西周玉质容器，山西省曲沃县晋侯墓地

63号墓出土，现藏山西省考古研究所。

高6.2厘米。出土于椁室西北角的一个青铜方盒内，这件方盒盛满各类玉质小件器物，有玉人、熊、牛、鹰、鸮、罍、龟等，可能是墓主生前玩物。其中罍为深绿色。小口，圆腹，无底。内壁有碾磨的痕迹，外壁肩饰阴线凤鸟纹，勾喙，圆眼，曲冠，扬翅，勾爪，长尾垂地。上腹部浮雕涡纹间叶纹，下腹饰三角垂叶纹。从器形到纹饰均仿青铜罍，甚为少见。■

玉质容器·匜

陕西扶风西周墓中出土一件，造型与青铜匜相似，是西周创新型玉器。

牛首柄玉匜 西周中晚期玉质容器，陕西省扶风县齐家村出土，现藏扶风县博物馆。

通高4.9、通长10.5、口径6.4、腹深2.7厘米。玉质淡黄色。形同青铜匜，四矮足，有流有柄。柄作牛首形，角呈螺旋状，嘴部凸起，鼻孔扩张，柄下有耳。匜腹饰二道凸起弦纹，足饰圆涡纹，通体抛磨光洁，造型精巧，雕琢精致。类似的西周玉容器比较罕见。■

其他·鲽

鲽在商代是射箭时用于勾弦的，相当于清代的扳指。殷墟妇好墓出土的商代晚期的鲽可视为该时期的典型器。

兽面纹玉鲽 商代晚期玉质用具，河南省安阳市妇好墓出土，现藏中国社会科学院考古研究所。

高2.7～3.8厘米。玉质淡绿色，少部分呈淡褐色。器呈短矮筒形，上口沿倾斜，下口沿平

直。中空，正好套入成年人拇指。背面下部有一条横向的浅槽，槽由窄而宽。器面琢有兽面纹，兽口向下，细长眉，方形眼，双角如牛角，两耳后贴，面部两侧分别雕以身、尾和足，纹样精细。双目下各有一圆孔，以供穿绳系缚于手腕。韘在商代是射箭时用的勾弦器。■

其他·笄

商代玉笄近似圆锥形，顶端多平顶无帽或呈椭圆形。精细者在笄头还雕饰有凤鸟纹、龙纹或人形图纹，器体磨制得较为光洁。

兽纹玉笄 商代晚期装饰用玉，河南省安阳市妇好墓出土，现藏中国社会科学院考古研究所。

通长13.7、厚0.2厘米。玉质黄褐色。扁条形，由上至下渐细，端呈扁尖形。笄头饰一大勾喙、"臣"字形眼、一足、短尾上卷的奇形兽。■

玉笄 商代晚期装饰用玉，河南省安阳市小屯18号墓出土，现藏中国社会科学院考古研究所。

2件，右长16.7、厚0.4厘米；左长16.5、厚0.5厘米。玉质乳白色。笄头较长，顶一侧呈弧形，似卷云纹，其下雕扉棱三对。另一侧顶部表面雕"人"字形纹两组，其下雕扉棱四对。笄杆扁圆，光滑平素，上粗下细，下端呈尖状，表面抛光。■

其他·箍

商代玉箍一种呈较高的圆筒形，壁较薄，大者可为臂饰；一种较窄且厚，两端平行，个别有将棱角磨圆的，偶见有纹饰，多为弦纹。商代西周玉箍也有器作圆形，孔呈圆筒状的，用途不甚明确。

玉箍 商代早期装饰用玉，河南省偃师县二里头遗址出土，现藏中国社会科学院考古研究所。

高5.7、直径7.1、壁厚0.7厘米。玉质淡青色，晶莹光润。器圆筒形，壁厚度不匀，整器光素无纹。■

卷云纹玉箍 商代晚期装饰用玉，河南省安阳市妇好墓出土，现藏中国社会科学院考古研究所。

高3.6、直径6.7、壁厚0.6厘米。玉质深绿色，有白、褐色沁斑。器上下口面平整，表面雕四组相同纹饰，每组各分为上、下两段，以横平行弦纹为主纹饰，中间饰凸起的卷云形纹，近似简化兽面，但不甚形象。孔壁上下近直，似未抛光。■

玉箍 商代晚期装饰用玉，河南省安阳市小屯18号墓出土，现藏中国社会科学院考古研究所。

高4.1、孔径5.1厘米。玉质蓝色，有褐斑，其质地经鉴定为石英夹高岭石。形似圆箍，两端外撇，中部稍内收，中有大圆孔，口面平整，腰部向外凸出宽而薄的棱一周，似盘状，两端表面饰凸起弦纹，表面抛光。类似的器形妇好墓曾出土一件，确切用途不甚清楚。■

眉，小眼，身尾蟠卷，头尾衔接。身饰"人"字形节状纹，尾端节状纹较密，以示卷曲。背面头部磨光，身尾雕数条弧形阴线，表示腹纹。体中部有两面钻穿的圆孔。■

其他·梳

商代玉梳为纵向长方形，齿较粗但尖端薄且排列整齐。梳背较宽大，或饰兽面纹，或雕出凤鸟形象，且有很强的装饰性。

玉箍　西周装饰用玉，四川省广汉市出土，现藏四川省博物馆。

直径10.4、孔径7.2厘米。玉质紫褐色，带有粉斑。体圆，内有一穿孔，两端外径略大，中腰略收，并有外凸的圆环形边。两端口沿外各刻有阴线弦纹两圈，通体打磨光洁。■

兽面纹玉梳　商代晚期玉质用具，河南省安阳市妇好墓出土，现藏中国社会科学院考古研究所。

长7.1、宽4.4～4.9、厚0.4厘米。玉质淡灰色。梳身为纵向长方形，上窄下宽，背顶正中有一个长条形纽，纽下有圆孔。梳背较宽大，两面均雕兽面纹，"臣"字形眼，粗眉大角，巨鼻裂口，鼻中部饰菱形纹。梳面较宽，有齿八枚，齿较短但尖端薄且排列整齐，两侧齿稍宽于中间的，兽口朝向梳齿。■

其他·纺轮

商代纺轮大小厚薄不均，有些还琢有兽面纹或虺形纹，大部分不甚精细。

龙纹玉纺轮　商代晚期玉质用具，河南省安阳市妇好墓出土，现藏中国社会科学院考古研究所。

直径5、厚0.7厘米。玉质呈淡绿色。器作圆形，中部较厚，边缘稍薄，上雕龙形纹。龙头呈三角形，大耳、细

其他·匕

商代玉匕平面呈扁平长方形，顶平，两侧稍内凹，上饰有精美纹饰。

兽面蝉纹玉匕　商代晚期玉质用具，河南省安阳市妇好墓出土，现藏中国社会科学院考古研究所。

长14.7、柄宽2.1、厚0.4厘米。玉质棕褐色，有黄黑斑。形似骨匕。平顶，柄两侧稍内凹，下端呈舌形。纹饰精致，均为双勾阴线，其一面柄饰蝉纹，匕面饰头向下的蝉纹四个。大头，方目，短身，两前足外屈，双翼展开，腹下呈尖状；另一面柄饰上下两段纹饰，上段饰头相对的龙纹，下饰兽面纹。匕面花纹分三段，上段饰兽面纹，中段饰目雷纹，下段饰双重三角纹。柄端中部有一个小圆孔。匕面下部有长期使用的痕迹。■

其他·鼓

玉鼓仅在晋侯墓地出土一件，是西周新创玉器品种。玉器中鼓的造型颇为少见。

玉鼓　西周装饰用玉，山西省曲沃县晋侯墓地63号墓出土，现藏山西省考古研究所。

高5.7、宽6.2厘米。玉质黄绿色，有褐色沁斑。器为椭圆形，鼓腔短于鼓面，造型扁阔，便于系挂。鼓腔上部为圆形冠，中有穿孔，刻有方框。鼓面凸出鼓身，边缘平斜，刻有两圈椭圆形纹。两侧各有一立体兽首，兽首有两个蘑菇形角。鼓下部有足，底部刻琢有不规则长圆孔，是由三个孔打通而成。纹饰均用单线阴刻而成。■

纹　饰

直线纹　夏商玉器装饰纹样，线条较细、笔直、圆润，雕得较深，系用小型勾砣勾划而成，成组饰于器物之上。■

菱格纹　夏商玉器装饰纹样，主要流行于商代。用双阴线雕出方格，相邻两格以角部连接，二方连续排列或等距排列，系用小型勾砣制成，多饰于玉龙等动物或器物之上。■

云雷纹　夏商周玉器装饰纹样，是一种连续环绕的纹饰，圆形的连续构图，称云纹，方形的连续构图称雷纹。云雷纹是商周时期青铜器上常见的纹饰，玉器上也有，由方折角的回旋线条组成，系用

薄体勾砣制成，常饰于玉质容器或人物、动物身上。■

双勾阴线纹 商代玉器装饰纹样，是用小型勾砣旋刻而成的两条勾细平行的阴线组成的纹饰。由于两线之间的距离仅约0.1厘米，故在视

觉上给人以两条阴线中间"起"阳线的错觉。这种效果，可称为"双阴挤阳"，即中间的"阳线"，似是由二阴线"挤"出来的。运用双线并列的阴刻线条，有意识地形成一条阳纹，使阳纹呈现在两条阴线中间。线条深而似沟，这种工艺叫勾，两条双阴线就叫双勾阴线。由双勾阴线构成的勾云纹，是商代玉器纹饰的主体形式，见于各种佩饰及人物、动物身上。■

减地起阳线纹 商代玉器装饰纹样，沿纹样两侧边缘用细砣分别刻出阴线，再将阴线两侧略加修磨，使线痕加宽，这样中间的阳纹就夹在两条阴线间，形成稍凸起的阳线纹。阳线纹浮起的高度约为0.1厘米。双阴线压地后的阳纹，转折处方

硬，呈现刚劲有力的纹饰风格。这种纹饰在动物和一些几何形玉器中常见，但阳线纹在商代玉器中只占少数。■

三角纹 商代玉器装饰纹样，分为小三角纹与大三角纹，小三角纹多用于玉龙或玉璜，大三角纹由多层直线组成，均由砣具制成，饰于器物之上。■

龙纹 商代玉器装饰纹样，其龙纹的特点为龙身似蛇而短，尾部呈勾卷状，只雕一足。头有角，角似柱形或蘑菇头形。眼睛多作"臣"字形眼、目雷纹眼或斜方格眼，且多雕成张大嘴的姿态，以表示凶猛。商代早期龙身上纹饰有单线条和双线条两种，线条以直线为多，有棱有角。商代晚期在龙身上出现的纹饰，有重环纹、单环纹、三角纹、菱格纹和云纹。西周时龙纹身体变得细长，身上的纹饰也较复杂，线条多弯形或弧形，出现了云纹式的耳形角，眼睛呈斜方格纹眼和"臣"字形眼，但"臣"字形眼的眼角线拉长，有的拉长再勾卷，形成了西周独有的风格。此外这时期大多不刻划龙足，龙身上的纹饰呈图案化，起着装饰作用，均由砣具制成。■

连弧纹 商周玉器装饰纹样，用单阴线雕出的两个相连小弧，似"人"字，纵向排列，系用小型勾砣制

成，常用于动物身上或器物之上。■

重环纹 商周玉器装饰纹样，主要流行于商代。双阴线雕，形如盾，由若干个近椭圆形的环组成纹带，环有一至三层不等，阴刻折线，长线顶端折回似框，中部歧出分线，分线亦折，在环的一侧有两个尖锐角。用小型勾砣制成，常饰于龙及动物之身，作为动物身体上的装饰。■

鳞纹 商周玉器装饰纹样，形似鱼鳞，常雕成上下数层，重叠出现，系用小型砣具制成，流行于商代晚期至春秋时期。商代常在

玉鱼、禽鸟颈上饰以鳞纹，以示鱼鳞和羽毛纹。■

凤纹 商西周玉器装饰纹样，玉器上琢有尾长如孔雀，头上有大冠，且弯喙的鸟形即为凤纹。商代晚期，凤鸟纹图案逐渐增多，大多采用写实、概括和夸张相结合的手法进行雕琢，轮廓简练，纹饰规整，特点突出，系用小型勾砣制成。西周的凤鸟，圆眼勾喙，在

线条上逐渐摆脱了那种严谨规整的直线条的束缚，开始用斜砣雕琢，以弧线为主来塑造凤鸟形象，线条流畅，是以内细外粗的双线纹组合而成，使凤鸟显得更加活泼舒展。■

"臣"字形眼纹 商周玉器装饰纹样，商代"臣"字形眼用砣具以双线压地法雕琢，目中眼珠常琢凸起的圆形，目框用双勾线刻出，是商代人物、动物纹的眼睛特征。西周"臣"字形眼眼角线拉长弯勾，系用薄体砣具制成。■

大斜刀（一面坡）线纹 西周玉器装饰纹样，由双线纹组成，内线较细，外线较粗，较粗的外线由斜刀琢磨成倾斜的坡面，俗称"大斜刀"，亦称"一面

坡"，此法是以斜砣雕琢而成。大斜刀线纹变商代的两条垂直阴线出阳纹，为一条垂直阴线和一条斜坡阴线相交出阳纹，刚柔相济，给平面纹饰造成立体动感，常饰于动物和各种佩饰之上。■

旧玉沿用与改形玉器

旧玉沿用

神面纹玉琮 良渚文化旧玉，四川省成都市金沙商代遗址出土，现藏成都市文物考古研究所。

通高22.26、宽6.3～6.95厘米。玉质青色，质地温润，半透明。器表有条状浅黑色、粒状灰黑色沁斑及大片白化现象。器呈长方柱体，外方内圆，上大下小，中间贯穿一孔，上下均出射。琮壁四面从中间开出竖槽，竖槽将琮的每面分为左右两部分，使器身近转角处形成凸面，又以九条细小的横槽将器分为十节，全器共80个凸面。以四角为中轴线，每节角上两侧的二个凸面组成一个完整的简化神面纹，全器共40个神面纹。在玉琮上射的一面还阴刻一神人纹。制作规整，抛光讲究，无论从形制、纹饰、玉质，还是雕刻工艺，都具有典型的良渚文化玉琮特征，它应是辗转流传下来的新石器时代良渚文化玉琮。■

玉凤 石家河文化旧玉，河南省安阳市商代妇好墓出土，现藏中国社会科学院考古研究所。

长13.6、厚0.7厘米。玉质黄褐色，有棕褐色沁痕。凤作侧身回首欲飞状，喙、眼、冠似鸡，短翅长尾，翅上用阳线雕翎毛纹，尾翎分叉。已基本具备了后世对凤"鸡头、燕喙、龟颈、龙形、鳞翼、鱼尾、其状如鹤、体备五色"的描绘。胸下有两个小镂孔，背、尾的相应部位各有一和两个长条形镂孔。腰间有一凸起的圆钮，上有小孔。线条舒展，工艺精细。此凤的形象、风格与湖北石家河文化的玉凤的风格、雕琢手法相近，应是新石器时代石家河文化遗留之物。■

玉戚 夏代晚期旧玉，四川省成都市金沙商代遗址出土，现藏成都市文物考古研究所。

长13.49、宽11.53～13.04、厚0.47～0.48厘米。玉质墨绿色，坚硬细密，表面残存有铜锈斑、黑色条状斑、深红褐色斑、牙黄色点状沁斑。器扁平似璧形，中部有大圆孔，孔壁光滑。顶端呈圆形，两侧微向外斜，各有两组扉棱。刃部分四段磨成连弧双面刃，器上有明显的打磨痕迹。整器制作精细，其整体和细部与中原地区二里头遗址出土的两件玉戚极为相似，应是夏代二里头文化遗留下来的器物。■

玉牛 商代晚期旧玉，山西省曲沃县西周晋侯墓地63号墓出土，现藏山西省考古研究所。

高2.1、长3.5、宽3.9厘米。玉质青色。整体造型为牛之卧状，头部轮廓清晰，身体正面夸张舒展成拱形，大角短尾，四肢卷屈。身饰减地凸起阳纹。自口至尾有相通的贯孔。造型与纹饰具有商代玉器的特征，应为商代遗物。■

"王伯"龙纹玉觿 商代晚期旧玉，河南省三门峡市西周虢国墓地2006号墓出土，现藏河南省文物考古研究所。

通长9.2、宽2.5、厚0.8厘米。玉质青色，致密温润。体呈角状弯曲，上部以双勾阴线雕作龙形，龙首前伸，"臣"字形眼，斜眼角，张口躬身，宝瓶状角，贴脊，龙腿前屈，双爪着地，龙尾上卷。龙身饰云雷纹，龙尾饰单排重环纹，器中束腰，下部饰三组变形蝉纹，间以平行线纹两周。双面纹饰相同。龙卷尾处有一圆孔，下部外侧有刻铭"王伯"。"白"字曾重刻。前刻"白"字较小，笔画亦较细浅，后刻"白"字形体较大，且下部压于原"白"字之上。本器制作年代为晚商时期。"王伯"是纪名性刻辞，为商周玉石刻中所习见，又见于商周卜辞与金文，"王"应指商王，"伯"应是一种身份的称谓。■

玉龙 商代晚期旧玉，河南省三门峡市西周虢国墓地出土，现藏三门峡市文物管理委员会。

长6.5厘米。玉质褐色。龙为片状，用阴线刻画身体轮廓。龙扬头，张口向前，收后腿，作前捕状，头顶一蘑菇柱，长尾向上卷曲，有一小孔。根据造型与纹饰特征判断，此器应为商代遗物。■

玉牛 商代晚期旧玉，河南省三门峡市西周虢国墓地2012号墓出土，现藏三门峡市虢国博物馆。

高2.05、体长4.75厘米。玉质青色，局部受沁呈棕黄色，个别处有灰白色斑，润而微透。牛屈腿而卧，双角，角下有耳。"臣"字形眼，细线眉，圆臀短尾。身和角部饰双勾线云纹，腿与蹄部有轮廓线。下唇部有一斜穿。根据器形与纹饰，本器的制作年代为晚商之时，在殷商同类器中是一件难得一见的佳作。■

"小臣妥"玉戈 商代晚期旧玉，河南省三门峡市西周虢国墓地2012号墓出土，现藏河南省文物考古研究所。

通长28.4、援长24.4、援宽4.7～5.2、内长4、内宽4.5、厚0.1～0.6厘米。玉质青色。一面受沁呈灰黄色，一面为墨绿色。三角形锋，有脊、刃，直内，援中部有一圆穿，内部有笔画清晰的竖行铭文三字："小臣妥"。"小臣"是一种称谓，为卜辞、金文中所习见，一般认为是一种官职，也有学者认为是臣下对王的谦

称。"殴"即古"投"字，卜辞中释为一种用牲之法，这里应是小臣之名。或小臣殴此人即是掌管此种用牲之法的官吏。本器形制与河南安阳殷墟妇好墓出土的两件玉戈相近，依其铭文字体和结构，其时代应在商代武丁前后。■

兽面形玉佩 商代晚期旧玉，河南省三门峡市西周虢国墓地2012号墓出土，现藏河南省文物考古研究所。

通长3.3、宽1.5~3.4、厚1.8厘米。玉质青白色，白而泛青，质地细密微透，乃上好之和田玉。器作三棱体状。正面饰兽面纹，以中部棱线为轴，两侧纹样相同。"臣"字形眼，双耳长角上扬，中部竖向穿孔，背面中部尚有一穿孔与竖向穿孔相通。根据器形与纹饰，本器之制作年代当为晚商之时。■

蝉形玉佩 商代晚期旧玉，河南省三门峡市西周虢国墓地2012号墓出土，现藏河南省文物考古研究所。

通长3、宽2.2、厚0.4厘米。玉质青白色，青而泛白，润而微透。器略呈正方形，正面略鼓，背面略凹。双面饰蝉纹，圆目，双足前伸并于头部两侧，双翅下敛，背部饰变形蝉纹，背面上下两端各有两个斜穿圆孔，嘴部有象鼻穿。根据器形与纹饰判断，本器制作年代当为晚商之时。■

玉人 商代旧玉，山西省曲沃县晋侯墓地63号西周墓出土，现藏山西省考古研究所。

长9.7厘米。玉质褐黄色。人呈站立状。长脸宽额，浓眉，"臣"字形眼圆睁，宽鼻阔嘴。发式为两个前耸

的犄角形，螺旋而上，后脑发式下垂微曲。双臂前举，双手抱拳，臂饰有双勾线云纹。腹略鼓，有一周宽腰带，上饰斜方格纹。腹一侧佩一龙形器，前端为龙首，有蘑菇形角，方目，卷鼻，吻部有穿孔，龙体饰有重环纹。玉人双腿屈立，腿上饰有勾云纹。脚似穿方头鞋，其下为片状榫头，表明此器可能是插在某一物件上使用的。从造型及装束分析，可能有某种巫术含义。此器为商代遗物。■

龙形玉刀 商代旧玉，陕西省西安市客省庄西周墓葬出土，现藏中国国家博物馆。

长8.4、宽1.4厘米。玉质褐色。器呈扁长形，龙张口，"臣"字形眼，双耳后并，蘑菇形角，尾上卷，双爪弯曲，趴伏在地。尾斜磨成刀。口部有一圆孔。从龙的造型与纹饰看，具有典型的商代后期龙纹造型特征，它应是商代遗留之物。■

牛形玉调色器 商代旧玉，河南省洛阳市庞家沟西周墓葬出土，现藏洛阳博物馆。

长11、宽5厘米。玉质灰白色。牛作卧状，头前伸，两侧有耳，上端浅浮雕双角，牛躯体作方形，背部宽平，上有四个圆孔，为调色之用。玉牛身上用商代典型的双勾阴线雕刻几何纹，而其形象与河南安阳殷墟妇好墓玉牛极似，它应是商代遗留之物。■

玉龙 商代旧玉，陕西省长安县张家坡村60号西周墓出土，现藏中国社会科学院考古研究所。

最大径6.5、厚0.7厘米。玉质碧绿色。器作曲体龙形，卷鼻，张口，头上有蘑菇形角，腹下有爪，尖尾内卷。首尾相接，如玦状。器表以双勾线雕出"臣"字形眼和身上的双连弧纹，两面纹饰相同。背上有中脊，两侧作鳞片状。身上有二个小穿孔，孔由一面钻透。此龙与河南安阳殷墟妇好墓玉璜的龙形极似，应为商代遗留之物。■

玉鸮 商代旧玉，河南省洛阳市庞家沟西周墓葬出土，现藏洛阳博物馆。

长7.8、宽5、厚2.4厘米。玉质青色泛灰。器作蹲伏状，勾嘴，两角似羊角弯曲，尾向下卷曲，爪及翅尖为浅黄色，身上用双勾阴线刻有粗翅羽纹。此玉鸮与河南安阳殷墟妇好墓羊角形耳朵的玉鸮造型相同，应为商代之物。■

玉熊 商代旧玉，山西省曲沃县西周晋侯墓地63号墓出土，现藏山西省考古研究所。

高4.7、宽2.9、厚2.1厘米。玉质青色，较杂，通身有黑点沁色。整体造型为坐姿的熊，竖目，吻向前，眼视前方，似正在聆听。其腿屈踞，两前爪抚于膝上，憨态可掬。身饰双勾线云纹，屈膝面至内凹处有一穿孔。其造型与纹饰都表明此器物是商代遗存。■

玉熊 商代旧玉，山西省曲沃县西周晋侯墓地63号墓出土，现藏山西省考古研究所。

高5.1、宽4.5厘米。玉质青色，略带黄斑。共出土二件，造型相同。熊团身呈蹲坐状。头微昂，面部呈三角形，嘴前凸，口略张，大眼，眼眶凸出，鼻梁隆起。躬背，前掌抱抚于膝上，臀部有三角形短尾。后脑部有一穿孔，脊背两侧与上肢用简练的阴线勾勒出轮廓，古朴生动。河南安阳殷墟妇好墓曾出土过相似的玉熊，此器应为商代遗物。■

玉鹰 商代旧玉，山西省曲沃县西周晋侯墓地63号墓出土，现藏山西省考古研究所。

长10.3、宽4.3厘米。玉质青绿色，局部有褐色青斑。鹰作站立状，头上有龙冠，龙首较大，有蘑菇形角，"臣"字形眼，龙口张开，齿外露，体躯短小，尾上卷恰以鹰冠，并刻有重环纹。玉鹰勾喙，方目，鼓胸，双翼略翘，作展翅状，腿粗壮，爪作勾抓状，尾部下垂及地，与前爪呼应呈"三足鼎立"状。颈部饰重环纹，胸腹饰双勾线云纹。纹饰精致，线条刚劲有力。造型纹饰具有商代玉器的典型特征，应为商代遗物。■

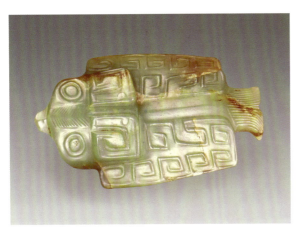

玉鸮　商代旧玉，山西省曲沃县西周晋侯墓地63号墓出土，现藏山西省考古研究所。

长6.9、宽3.8、厚2.3厘米。玉质浅绿色，有褐色沁斑，透亮。器为一展翅滑翔的玉鸮，圆目凸睛，双眼之间有一排"人"字形纹，勾喙内弯及胸，形成一穿孔，大耳勾曲，体躯正面羽翼展开近似方形，短尾分叉，背面刻有鸟身的肌体。底为圆孔方座，两侧各有一穿孔，可供插嵌。纹饰采用典型的商代减地起阳线技法，雕琢精细，造型显示出鸮滑翔于天空时的神态，为玉器中的精品。此器为商代遗物。■

改形玉器

玉玦　西周早期改形玉，河南省鹿邑县太清宫长子口墓出土，现藏河南省文物考古研究所。

直径5.2、孔径2.8、厚0.5厘米。玉质青白色，有褐斑，透明度较高，晶莹光亮。素面，圆形，有不等宽缺口，边部宽窄、厚薄不等。从玦缺口部位观察，此器是由一件玉环改制而成。■

莲瓣纹柄形玉器　西周早期改形玉，河南省鹿邑县太清宫长子口墓出土，现藏河南省文物考古研究所。

通长11.9、宽1.8、厚0.7厘米。玉质黑色，漆黑发亮，为墨玉，部分微泛白色，无沁蚀。体较厚，下端有短榫，榫端微残，下部一侧有半圆形斜钻孔，单面钻，说明此器是由它器改制而成。柄中部饰一道凸弦纹，体四面均饰莲瓣纹，每面饰四个，上下对应，下部三个莲瓣纹之上各饰两道凸弦纹。■

玉戈　西周早期改形玉，河南省鹿邑县太清宫长子口墓出土，现藏河南省文物考古研究所。

通长28.8、宽7.2、厚0.5厘米。玉质青灰色，有灰褐色斑块，通体抛光，不透明。此戈是由它器改制而成，后缘折断痕明显，上缘亦缺角。长援三角形锋，锋尖较锐利，上刃平直，下刃内弧，两面磨刃，刃较钝，前锋起中脊，援内相连无分界线。援中部有一穿孔，单面钻。■

玉玦 西周晚期改形玉，河南省三门峡市虢国墓地2013号墓出土，现藏河南省文物考古研究所。

2件，左直径3.05、孔径0.8、厚0.3厘米。玉质青白色，局部有灰白色沁斑，质润微透。两面纹饰相同，均保留了原器阴线人面纹的主体部分。人面有下勾的"臣"字形目，短眉，隆鼻，细长发向上弯曲，无下颚，耳部被中间单面钻孔而毁。

右直径3、孔径0.8、厚0.3厘米。玉质青色，局部有灰白色沁斑，质润。正面保留了高冠回首凤首纹的主体部分，背面保留了云纹的主体部分。■

虎形玉佩 西周中期改形玉，陕西省岐山县贺家村砖厂7号墓出土，现藏周原文物管理所。

长4.8、宽1.7、厚0.3厘米。玉质青色，晶莹鲜润，透明感强，通体抛磨光洁。器为一平雕匍匐状虎，小圆眼，三角形耳，眼后钻一圆孔，长方形口裂开，用单阴线在两面琢出虎腿及耳纹等，但未琢出爪部，造型简洁明快，形象生动。从玉佩特征观察，可以看出它是由一件玉璜改制琢成的。■

束绢形玉佩 西周晚期改形玉，河南省三门峡市虢国墓地2012号墓出土，现藏河南省文物考古研究所。

长4.85、宽1.8～1.9、厚0.3～0.5厘米。玉质青色，局部受沁有黄白色沁斑，半透明。作亚腰束绢形，背部残存有旧玉纹样，可见其是由旧玉改制的，上下两端各有二斜穿孔。■

玉玦 西周晚期改形玉，河南省三门峡市虢国墓地2006号墓出土，现藏河南省文物考古研究所。

2件，左直径3.1、孔径1、厚0.4厘米；右直径3、孔径1、厚0.4厘米。出土时位于墓主人颈间左右侧。玉质青白色，全器受沁呈灰白色，两件均单面留存原器部分刻纹，是用它玉改制而成。■

柄形玉器 西周晚期改形玉，河南省三门峡市虢国墓地2012号墓出土，现藏河南省文物考古研究所。

长15.3、宽2.2、厚0.3～0.6厘米。出土时位于墓主人腰部。玉质青白色，局部受沁有棕色斑纹。平顶，柄部弧形内收，末端平齐，有单面偏刃。本器为一管状器改制而成，正面尚存有原器浮雕节状纹样，背面留有原器

的贯通孔痕及改制时留下的切割痕。■

玉刀 西周晚期改形玉，河南省三门峡市虢国墓地2001号墓出土，现藏河南博物院。

长11.1、最宽2.9、刀背厚0.35厘米。玉质浅豆青色，润泽光洁，半透明。器作扁薄长条形，两端近于平齐，一端略窄而另一端稍宽，其中一侧边磨有明显的刃部，刀面上有残存纹饰，明显系它玉改制而成。■

鱼形玉佩 西周晚期改形玉，河南省三门峡市虢国墓地2006号墓出土，现藏河南省文物考古研究所。

长8.6、宽1.1、厚0.9厘米。玉质墨绿色，全器受沁多作灰白色。器条形，系用柄形器改制而成，鱼圆目平鳃，尖尾直身。鱼身保留柄形器身节状凹弦纹，嘴下一斜穿。■

璜形玉佩 西周晚期改形玉，河南省三门峡市虢国

墓地2006号墓出土，现藏河南省文物考古研究所。

直径6、宽1.7、厚0.2厘米。玉质青色，致密，微透，受沁处呈灰白色。璜形，应由玉璧改制而成，外侧边缘处斜杀，一端有两个小圆孔。■

凤纹玉玦 西周改形玉，山西省曲沃县晋侯墓地31号墓出土，现藏山西省考古研究所。

直径4.9厘米。玉质白色，微沁。为其他玉件改制，因而纹饰不完整。两面均刻有双凤鸟纹。凤鸟相对而立，大圆眼，勾喙，长冠下垂，羽翼微展，饰有鳞纹。一面有宽0.5厘米的带状纹，刻有九条细线，刀法细腻，工艺精湛，改制时精心保留了原器的部分主题纹样。■

凤纹玉璜 西周改形玉，陕西省长安县张家坡村273号墓出土，现藏中国社会科学院考古研究所。

长8.7、宽1.9、厚0.6厘米。玉质青绿色。形若半环，两端各有一小穿孔，孔由两面钻透。器表以弧形粗细斜线雕一凤鸟，线条流畅飘逸，两端各雕一兽头，一端完整，一端不完整，两面纹饰相同。从纹饰布局的情况看，此器或是用玉环改制而成的。■

春秋战国玉器

春秋、战国时期出土玉器的分布，大致可分为中原地区、关中地区和江淮地区。

中原地区包括河南、河北、山西和山东，是晋、韩、赵、魏、燕、齐、鲁等诸侯国和方国的辖地，所出玉器数量最多。出土地点主要有河南洛阳中州路东周墓、三门峡上村岭虢国春秋墓、洛阳金村东周王室墓、新郑故城李家楼春秋大墓、辉县固围村魏国王室墓、山西侯马市上马村晋国墓地、侯马秦村盟誓遗址、太原金胜村晋国赵卿墓、长治分水岭韩国贵族墓，河北邯郸百家村赵国墓地、平山中山王墓、山东淄博临淄朗家庄齐国墓地、沂水刘家店子莒国墓地、曲阜鲁国故城战国墓地等。这一地区春秋早期的玉器风格与西周晚期十分接近，春秋中、晚期玉器纹饰由简变繁，双勾和隐起的谷纹大量流行，战国时期以璧、璜、环为主体的组玉佩最为常见，缀玉幎目、玉握、玉琀等丧葬用玉也被广泛使用。

关中地区是秦国的领地，主要出土玉器的地点有陕西凤翔秦雍城宫殿和宗庙建筑遗址、凤翔秦公1号墓、户县宋村春秋秦墓、咸阳黄家沟战国秦墓等。这一地区春秋时期玉器多为礼器，纹饰华丽，造型规整，以云雷纹玉璧最有特点。战国时期秦国玉器出土很少，主要有玦、璜、环等佩饰，形制简单，这可能是秦国玉器工艺受到战争影响而发展缓慢的结果。

江淮地区是一些宗周诸侯国和楚国的领地。这些宗周诸侯国玉器出土地点有湖北随州擂鼓墩曾侯乙墓，河南信阳平桥西樊君夔夫人墓、光山宝相寺黄君孟夫妇墓、固始侯古堆宋勾媇夫人墓，安徽寿县蔡侯墓，江苏吴县吴国玉器窖藏、无锡鸿山越国贵族墓和浙江绍兴越国卿大夫祝墓等。这些诸侯国在春秋末、战国初年为楚国所灭，因此出土玉器都是春秋时期的标准器。玉器绝大多数是佩饰，造型优美，雕琢工艺精良，具有极高的工艺水平。

楚国玉器主要出土地点有湖北襄阳余岗山春秋楚墓，河南淅川下寺楚令尹子庚墓、信阳长台关战国楚墓、淮阳平粮台战国楚墓和安徽长丰杨公战国楚墓等。楚国玉器最早见于春秋中、晚期，受到周围临近宗周国家玉器风格影响较大，器类和纹饰都很接近，战国时期楚国玉器风格与中原地区玉器相似，战国晚期已经形成了自身的风格特点，并影响到了汉代玉器的风格。

春秋、战国时期玉器按用途可分为礼器、用具、装饰品和艺术品等四类。有些玉器同时具有两种功能，如璧、璜等，既是礼仪用玉又可作为装饰品。

礼器包括祭祀玉、盟誓用玉和葬玉。春秋、战国时期，璧、圭、璋仍然是主要的玉礼器。玉琮的数量很少，而且形制多不规整，已经不属主要礼器。璜和琥主要用作佩饰。此外，环、玦、龙等，有时也可作为事神的礼玉。而戈、钺、戚、斧、矛等，都不是实用的武器，只是作为显示贵族威严的仪仗用具。春秋、战国时期玉礼器的演变，正是当时社会经济、政治制度以及意识形态变革和发展的一种反映。祭祀用玉有圭、璋、璧、璜、简等。陕西凤翔秦宗庙遗址的祭祀坑中出土100多件祭祀玉，玉璧多至81件，玉璜21件。河南辉县固围村1号墓旁的2号祭祀坑中出土有50枚玉简册、6件玉圭、43件玉环和6件玉璜。由此可见春秋、战国时期祭祀用玉的情况。盟誓用玉主要见于山西侯马和河南温县的东周盟誓遗址中，器形有圭、璋、简等，上书盟辞与璧、璜等同埋于祭祀坑中，是盟誓时奉献给神祇或祖先的祭玉。丧葬用玉有殓尸用的大玉璧、缀玉幎目、玉琀、玉握等。

春秋、战国时期玉质用具包括带钩、觿、匕、簪、镶、耳杯、梳、镜架等，器形不大，都是实用器，有些玉器上有明显的使用痕迹。

装饰用玉是春秋、战国玉器中最精美、数量最多的部分，品种繁多，很有特色。春秋、战国时期的佩玉，数量和种类都很多，用途也不尽相同。有戴在颈部作为项饰的，有戴在手腕上作为手镯的，有作为耳饰的，有作为腿部装饰的，还有佩挂在胸腹部的玉串饰或组玉佩。出土于胸腹部的组玉佩很多，盛行于春秋晚期至战国时期。其组成部分多种多样，主要有人形饰、牌饰、小型璧、环、璜、觿、瓶形饰及龙、虎、龙凤形佩、玉珠等，结构复杂，完整的一套组玉佩长达1米以上。春秋、战国时期除各级贵族普遍佩玉外，一些高级贵族身边的女婢也佩戴组合较为简单的玉串饰。其他玉饰还有耳饰玦、衣服上的玉坠、片饰等。

春秋、战国时期的玉质艺术品主要用来观赏，数量虽然不多，但多制作精美，如河南洛阳战国墓出土的伏兽玉人和山东曲阜鲁故城战国墓出土的玉马，玉质温润细腻，抛光莹亮，是罕见的艺术珍品。

春秋、战国时期玉器装饰纹样比较丰富，主要有蟠虺纹、谷纹、涡纹、云纹、勾连纹、卧蚕纹、云雷纹、兽面纹、窃曲纹、蝉纹等，其中云雷纹和蝉纹是春秋时期的纹饰，源于西周时期的牌饰纹饰。云雷纹见于璧、璜，蝉纹饰于管上。其他纹饰流行于春秋、战国时期，谷纹、涡纹、云纹和勾连纹最为常见，多饰于璧、璜、龙、虎、管上，卧蚕纹饰于璜、龙等佩饰上，蟠虺纹和兽面纹常见于牌饰和璧上，窃曲纹则常见于牌饰等玉饰上。

春秋、战国时期玉器的主要特点表现在：一、礼仪用玉仍然占有重要地位。礼器多见圭、璧，商代和西周以来的琮、戈、矛、斧、钺等礼器逐渐消失。祭祀、盟誓、丧葬用玉流行，在社会经济、政治生活以及意识形态方面占有重要地位。二、佩玉成为春秋、战国玉器的主流。春秋、战国时期的佩玉种类繁多，用途不同，组合多变。佩玉的种类除珩、璜、玉觿等外，还有璧、环及龙、凤、虎、珠、管、人形饰等，简单者仅一璧一璜，复杂者则有很多配件，讲究上下左右对称。三、纹饰满而密，器物表面布满纹饰，不留空白，纹饰繁缛，一件玉器常用几种图案组成，纹饰结构抽象而精细，用线条粗细凹凸的变化，表现出不同层次，让人感觉神秘莫测。

器　形

礼仪用玉·圭

春秋、战国时期，圭开始广泛使用。圭的质料有石、玉、陶和蚌，形制虽然相近，但是尺寸大小差异较大，有的圭底部有一个小圆孔。河南辉县固围村魏国墓地有两座祭祀坑，出土玉圭6件。20世纪50年代，在河南洛阳中州路发掘的东周墓葬中，出土54件石圭。这些圭底部磨平，多数底长大于肩部宽度，只有一件圭底部有穿孔，而且圭的长短不一，最大的长19厘米，最小的仅5.2厘米。石圭摆放的位置，有头部、胸部、腹部和脚部附近，以及棺椁上和棺椁之间，可见圭的用途远比记载的要复杂得多。这一时期，圭还用于盟誓活动中，起简册的作用。山西侯马和河南温县的盟誓遗址中，盟辞大多书写在圭形简上。这些圭的主体狭窄，圭角尖锐，制作整齐精致。

玉圭　春秋晚期礼仪用玉，山西省侯马市秦村盟誓遗址出土，现藏山西省考古研究所。

长20.3、宽4.3厘米。玉质深灰色，不透明，表面沁蚀有一层白浆。体扁平，尖首，两边斜直，底边平整。原来应为礼器，盟誓时作为"玉币"与牺牲共同埋在一个坎内。■

玉圭　战国中期礼仪用玉，河南省辉县固围村1号墓祭祀坑出土，现藏中国国家博物馆。

长18.8、宽5.8厘米。玉质灰白色，有黑斑。扁平长方形，尖首，平底。一边磨平，另一边有切割痕迹，底部有一钻孔。器表无纹。表面残留有绢帛残片，为朱白相间的条纹，由此可知此器是先用绢帛包裹而后埋进祭祀坑内的。■

礼仪用玉·璋

春秋、战国时期的盟誓遗址中，出土有许多玉璋形器，上面书写盟辞。但这种玉璋形器并不是标准的玉璋，看上去像有侧刃的长刀。如果将两件璋形器拼在一起，与书写盟辞的玉圭的形状很接近，符合"半圭为璋"的定义，所以从这一点来看，璋形器也是一种玉璋。由于盟誓活动带有军事联盟的政治色彩，因此在这种场合使用玉璋也符合它的定义。

玉璋　春秋晚期礼仪用玉，山西省侯马市秦村盟誓遗址269坎出土，现藏山西省考古研究所。

长36.1、厚0.5厘米。玉质青灰色，不透明。扁平体，接近半圭形。顶部呈锐角状，器身有一切割直线纵贯璋体，下部有一钻孔。素面，为盟誓用的礼器。■

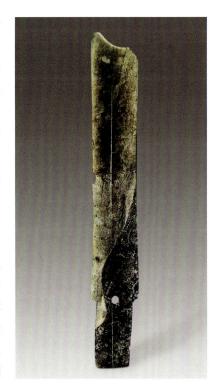

玉璋 春秋晚期礼仪用玉，山西省侯马市秦村盟誓遗址314坎出土，现藏山西省考古研究所。

长26.5、厚0.5厘米。玉质青白色，半透明，沁斑较多。扁平体，半圭形，一端有斜角。上下各有一个钻孔。素面，为盟誓用的礼器。■

礼仪用玉·戈

玉戈出现很早，新石器时代龙山文化即有，但不是实用武器，而是作为显示贵族威严的仪仗用具。夏、商、西周时期，玉戈作为一种礼仪仪仗用具很流行。春秋、战国时期玉戈出土不多，但是功能依然没有改变，多出于祭祀坑、盟誓遗址。

玉戈 春秋晚期礼仪用玉，山西省侯马市秦村盟誓遗址284坎出土，现藏山西省考古研究所。

长23.2、厚0.12厘米。玉质青白色，质地温润，表面光洁，有沁斑。锋呈锐角状，援的上下刃锋利。下刃略弧起，上刃较直，援有中脊。内接近援处有一钻孔。此器雕琢精细，应该是死者生前的仪仗用器。盟誓完毕后，作为重要信物而被埋于坎内。■

礼仪用玉·琮

春秋、战国时期玉琮发现很少，有素面琮、兽面纹琮和半琮等。素面琮常见于春秋、战国时期，形体较小、造型简单，制作比较粗糙。兽面纹琮和半琮见于战国早期的湖北曾侯乙墓中。春秋、战国时期玉琮与商、西周时期玉琮基本相同，只是纹饰有所变化，神秘感较强。春秋、战国时期出土玉琮数量的减少，说明琮作为礼器的地位已经减弱，此与《周礼》记载的用玉制度不符。

蟠虺纹玉琮 春秋晚期礼仪用玉，山西省太原市金胜村赵卿墓出土，现藏山西省考古研究所。

边长4.6、孔径3.5、厚1.83厘米。玉质黄白色，温润光滑，部分有深褐色沁斑。琮体外方内圆，四角各雕出一个三棱体的凸棱，表面雕琢蟠虺纹，制作精美。■

兽面纹玉琮 战国早期礼仪用玉，湖北省随州市擂鼓墩曾侯乙墓出土，现藏湖北省博物馆。

高5.4、宽6厘米，中部直径6.6、孔径5.5厘米。玉质青白色，温润，局部有褐色沁斑和裂痕。琮体矮小，内圆外方，中部稍大于两端，局部有残损。孔为对钻，射稍高。琮四面各阴刻一相似的兽面纹，狰狞恐怖，射上阴刻横"S"形纹、网纹。此件玉琮与良渚文化玉琮相似，但纹饰和布局自有特色，应是曾侯乙的藏品。■

动物形玉半琮　战国早期礼仪用玉，湖北省随州市擂鼓墩曾侯乙墓出土，现藏湖北省博物馆。

高4.8、边长6.9、厚0.8厘米。玉质黄褐色，有沁斑，抛光较好，为外方内圆的矮体琮的一半，故名半琮。两射和琮体透雕成动物形。此类玉半琮在考古发现中尚属首例，时代早于战国，应是曾侯乙的藏品。■

玉琮　战国早期礼仪用玉，湖南省长沙市浏城桥1号墓出土，现藏湖南省博物馆。

高3.4、边长5.3、孔径3.6厘米。玉质青灰色，不透明，内圆外方，短射，素面。■

礼仪用玉·璧

玉璧是出现最早，使用时间最长的一种礼仪用玉。新石器时代良渚文化的墓葬中就出土了大量的玉璧，均是作为权力、财富的象征。商至西周时期，玉璧发现不多，形状较小。春秋、战国时期是使用玉璧的最繁盛阶段，此时玉璧表面出现了纹饰。此时，玉璧除在礼制方面起重要作用外，还大量用于装饰。一般来说，用作礼器的玉璧形制较大，造型规整，多用于祭祀、盟誓和丧葬殓尸。

龙纹玉璧　春秋晚期礼仪用玉，陕西省凤翔县马家庄1号建筑群遗址出土，现藏宝鸡市青铜器博物馆。

直径29.7、孔径5.9厘米。玉质墨绿色，温润细腻，边缘有灰白沁斑。璧面厚度不均匀，两面均刻出四圈头部方形、身尾以勾连云纹组成的斜三角形龙纹，两条龙为一组，身尾交叠，每圈龙纹两侧各饰一圈绚索纹，由外至内，第一、二圈各为九组共18条龙纹，第三圈五组共10条龙纹，第四圈三组共6条龙纹，每面共计刻出52条龙纹，两面共有104条龙纹。纹饰线条均匀流畅，布局合理，是迄今为止发现的春秋时期纹饰最为繁缛、形体最大的玉璧。■

礼仪用玉·其他

主要为建筑遗址、祭祀或盟誓坑中出土的玉璧、玉璜、玉册和玉龙等，多数器形较大，雕琢规整，纹饰精细。

玉龙　春秋晚期礼仪用玉，河南省温县西张计春秋盟誓遗址37坎出土，现藏河南省文物考古研究所。

长14.5、宽5.4、厚0.4厘米。玉质青白色，半透明，质地细润，不够光滑。扁平体，龙张口，回首，躬身，卷尾，表面阴线雕刻三只小龙，碾琢粗糙。■

谷纹龙首玉璜 战国中期礼仪用玉，河南省辉县固围村1号墓祭祀坑出土，现藏中国国家博物馆。

长9.4、宽2.1厘米。玉质黄色，半透明，温润光泽。扁平体，半璧形。两端雕成龙头形，龙吻前伸，向上弯曲，口部镂空。两面纹饰相同，周缘有轮廓线，表面碾琢疏朗规整的谷纹。璜两端以龙口为孔，顶部亦有一个钻孔。■

玉册 战国中期礼仪用玉，河南省辉县固围村1号墓祭祀坑出土，现藏中国国家博物馆。

简长22.5、宽约1.2、厚0.11厘米。玉质青灰色，半透明。共50枚，相次成卷，共宽约62厘米。简上无字，也不见朱墨痕迹，也许由于原本无字，只是作为哀册的象征，或文字因时代久远而脱落。■

装饰用玉·璧

春秋、战国时期璧面纹饰图案主要有云雷纹、蟠虺纹、勾连纹、卷云纹、浅浮雕谷纹或阴刻的涡纹、兽面纹，另外还有素面玉璧。云雷纹、蟠虺纹常见于春秋时期，勾连纹、卷云纹和谷纹、涡纹玉璧则流行于整个春秋、战国时期，兽面纹在战国早期开始出现，重圈纹则到战国晚期出现在江淮流域。春秋时期玉璧的造型比较

单一，到战国时期造型趋于多样化，玉璧的内孔和外缘上常透雕有精美的纹饰。内孔多为一龙，外缘有龙、凤和螭虎，对称或等距离分布。一般佩饰的璧形制较小，造型多样，除圆形外，还有椭圆形和圆角方形，造型新颖，装饰精美，常透雕附加纹饰。

蟠虺纹玉璧 春秋早期装饰用玉，河南省光山县宝相寺黄君孟夫妇墓出土，现藏河南博物院。

直径11.6、孔径6、厚0.2～0.3厘米。玉质黄褐色，有黑色沁斑。扁平体，圆形，中有一孔。一面阴线刻出繁缛的蟠虺纹，另一面光素无纹。该玉璧造型规整，纹饰奇特，是春秋早期不可多得的珍品。■

蟠虺纹玉璧 春秋晚期装饰用玉。河南省淅川县下寺2号墓出土，现藏河南省文物考古研究所。

2件，均约直径6.3～6.8、孔径2、厚0.2厘米。玉质浅黄褐色，部分泛白，略有黑斑。两件形制相同，一侧及其上下两边琢扉棱，外缘略呈扁圆形。内外缘有阴刻轮廓线，面饰阴刻蟠虺纹。此种玉璧与春秋时期常见的玉璧形制不同，应是开战国、西汉时期玉璧外缘雕琢螭龙、铺首的先河之器。■

蟠虺纹玉璧　春秋晚期装饰用玉，江苏省吴县严山出土，现藏苏州市吴中区文物管理委员会。

直径7.5、孔径2.37、厚0.3厘米。玉质淡黄绿色，质地纯净温润。扁平圆形，中心有一圆孔，制作规整。璧的正背两面雕琢减地隐起蟠虺纹，并间有羽状划纹。璧面纹饰共分为十二组，雕工精致。■

蟠虺纹玉璧　春秋晚期装饰用玉，江苏省吴县严山出土，现藏苏州市吴中区文物管理委员会。

直径6.6、孔径2.8、厚0.35厘米。玉质乳白色，有棕红色沁斑。扁平体，正圆形，璧面与内外缘经过打磨，圆润规整。璧面饰减地隐起蟠虺纹，间有羽状划纹。■

卷云纹玉璧　战国早期装饰用玉，湖北省随州市擂鼓墩曾侯乙墓出土，现藏湖北省博物馆。

直径8.4、孔径4、厚0.6厘米。玉质青白色。扁平

体，圆形，内外缘有阴刻绚索纹轮廓线，两面饰卷云纹，中间一圈有逗号式的谷纹做衬地。■

龙纹玉璧　战国早期装饰用玉，湖北省随州市擂鼓墩曾侯乙墓出土，现藏湖北省博物馆。

长7.2、宽3.8、厚0.4厘米。玉质青白色，半透明。扁平体，玉璧两侧各透雕一龙，素面。两龙相背，皆做"S"形，龙头向外，上有独角，尾部下卷。璧的一面残留一道割痕。■

凤纹玉璧　战国中期装饰用玉。山东省曲阜县鲁国故城乙组58号墓出土，现藏曲阜孔府文物档案馆。

直径4.4、孔径1.5厘米。玉质青色，半透明，有深褐色沁斑。扁平体，以玉璧为主体，两侧各附着一个透雕的玉鸟。玉璧内外缘有阴刻的轮廓线，表面雕琢谷纹。玉璧上部有一扉棱，左右偏下各雕一凤鸟相背而立。凤鸟尖喙，长冠，屈身，卷尾，线条流畅，造型优雅。此璧造型独特，雕工精良，与玉环、珠、管、龙形饰同出于墓主人的胸部，应是组玉佩的一部分。◼

勾连云纹玉璧　战国中期装饰用玉，河北省平山县南七汲村中山国1号墓出土，现藏河北省文物研究所。

直径14.6厘米。玉质黄褐色，半透明，局部有沁斑。扁平体，正圆形。内外缘都有阴刻轮廓线，璧面碾琢五圈勾连云纹，纹饰中残留一条接合线，线两侧有不完整的勾连云纹，显然是由于在雕刻纹饰前，预先设计不准确，留白不足造成的。此璧纹饰繁缛密集，是战国时期很有特色的一件玉璧。◼

龙纹玉璧　战国中期装饰用玉，河北省平山县南七汲村中山国1号墓出土，现藏河北省文物研究所。

长8.9、宽4.3厘米。玉质黄褐色，半透明，有光泽。扁平体，椭圆形。内外缘都有凸起轮廓线，两面碾琢减地谷纹。两侧透雕背向的蟠龙，龙首朝上，独角，闭口，身体向下蟠曲，下端一分为二，其一身体向上旋转，尖尾回卷，中钻一孔。另一身体向下方回卷，然后自一穿孔中钻出。龙身分歧处另钻一孔。此件玉璧造型奇特，可能是组玉佩的主要部分。◼

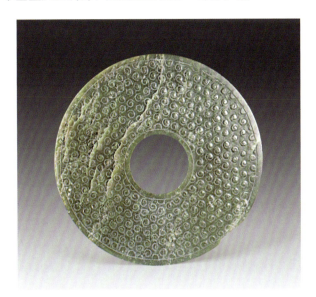

谷纹玉璧　战国中期装饰用玉，河北省平山县南七汲村中山国1号墓陪葬墓出土，现藏河北省文物研究所。

直径13.9厘米。玉质青色，半透明，温润光泽，局部有裂纹。扁平体，正圆形，璧大于孔，外缘部分已残。内外缘都有阴刻轮廓线，两面碾琢谷纹。此璧器形规整，纹饰密集，是战国时期玉璧的常见形制。◼

凤纹玉璧　战国中期装饰用玉，河北省平山县南七汲村中山国1号墓出土，现藏河北省文物研究所。

长7.6、宽4厘米。玉质白色，半透明，温润光泽，有铜绿色沁斑和黑色斑点。璧扁平体，正圆形。内外缘都有阴刻轮廓线，两面碾琢减地谷纹。两侧透雕背向而立的凤鸟，与璧外缘相连。凤鸟长冠，首向外，尖喙垂胸，身作"S"形弯曲，长颈挺胸，尾上卷，一足前伸。凤鸟表面用单阴线雕出轮廓，间有云纹和阴线纹。此璧造型新颖，透雕工艺精湛，碾磨光润。■

龙纹玉璧　战国装饰用玉，河北省平山县三汲乡中山王墓出土，现藏河北省文物研究所。

直径10.4、孔径2.4、厚0.4厘米。玉质青色，细腻润泽，个别处呈半透明灰白色。璧内外分别有大小二个谷纹同心圆环，环边起棱。二环之间为透雕连续龙纹，现存五龙，首尾相连，卷尾曲躯。大环外有一作卷枝状透雕附耳，做工细致，一半已残缺。■

谷纹玉璧　战国晚期装饰用玉，河北省平山县南七汲村中山国6号墓陪葬墓出土，现藏河北省文物研究所。

直径13.9厘米。玉质青色，半透明，温润光泽，局部已经白化。扁平体，正圆形。内外缘都有阴刻轮廓线，两面碾琢减地谷纹。此璧器形规整，纹饰密集，是战国时期玉璧的常见形制。■

龙凤纹玉璧　战国装饰用玉，现藏故宫博物院。

直径12.8厘米。玉质青色，纯净温润，局部有沁斑。扁平体，正圆形，璧内外缘都有阴刻轮廓线。表面碾琢对称的卷云纹，纹饰构图严谨，雕刻精致。内孔镂雕螭龙，张口，独角，身体蟠卷，尾卷起，作行走状。外缘附雕一对相背的凤鸟，长冠，尖喙，尾羽修长而下垂，造型厚重典雅。■

装饰用玉·璜

春秋时期玉璜出土数量多，造型以传统样式为主，多为素面，也有的雕刻兽面纹、鸟纹、云雷纹、勾连云纹、卷云纹。战国时期玉璜造型和纹饰增多，有边缘雕琢出扉棱的璜、两端雕刻成龙首或虎首的璜以及整体透雕成动物造型的璜，后一种璜常作龙首相背或龙首回顾状。纹饰有谷纹、涡纹、勾连云纹、卷云纹、网纹等，以浅浮雕、阴刻线或勾彻法制出。一些璜的边缘外侧常带有透雕纹饰，如龙、螭虎、凤鸟和卷云形，造型别致，制作精美，多数玉璜上有一圆穿，可以佩戴。

蟠虺纹玉璜 春秋早期装饰用玉，河南省光山县宝相寺黄君孟夫妇墓出土，现藏河南博物院。

长11、宽2.5、厚0.2厘米。玉质青色，半透明，光润。扁平体，扇形。边缘有对称的扉棱，一面以中部为界，雕刻左右对称的双勾阴线变形蟠虺纹。两端各有一圆穿。此璜造型传统，纹饰精美，线条流畅规整，雕工细致，是春秋时期玉璜的标准器。■

卷云纹玉璜 春秋晚期装饰用玉，山西省太原市金胜村赵卿墓出土，现藏山西省考古研究所。

长10、宽3.1、厚0.2厘米。玉质青色，半透明。扁平体，扇形。两道绚索纹将璜体分割成三部分，两侧的较大，中间的略小。两侧雕出扉棱，外缘有轮廓线，表面碾琢卷云纹、卧蚕纹。中间有一小穿孔，右侧有两个较大的穿孔，左侧有一个穿孔。■

勾连云纹玉璜 春秋晚期装饰用玉，山西省太原市金胜村赵卿墓出土，现藏山西省考古研究所。

长10、宽1.9、厚0.75厘米。玉质青褐色，半透明，两侧

有沁痕。扁平体，弧形。璜两侧有扉棱，外缘有轮廓线，表面雕琢勾连云纹。中间有一个圆形穿孔。■

兽面纹玉璜 春秋晚期装饰用玉，山西省太原市金胜村赵卿墓出土，现藏山西省考古研究所。

长11、厚0.4厘米。玉质青色，半透明，温润。扁平体，扇形。中部以两道绚索纹将璜分为三区，中区用卧蚕纹雕琢出兽面纹，有一钻孔。左右两区边缘雕出扉棱，以卷云纹、卧蚕纹组成侧看的兽面纹，两端各有一个钻孔。■

蟠虺纹玉璜 春秋晚期装饰用玉，江苏省吴县严山出土，现藏苏州市吴中区文物管理委员会。

长12.2、宽5.6、厚0.45厘米。玉质黄白色，有光泽。扁平体，扇形，两端琢成对称的龙形。内外缘用细密的阴刻斜线纹作为轮廓线，表面碾琢减地蟠虺纹、斜线纹。龙头上有对称的扉棱，口角处各有一个较大的钻孔，璜的上部亦有一钻孔。■

蟠虺纹玉璜　春秋晚期装饰用玉，江苏省吴县严山出土，现藏苏州市吴中区文物管理委员会。

长9.5、宽2.1、厚0.32厘米。玉质青黄色，有光泽，已经沁成鸡骨白色。器扁平体，扇形，两端透雕成龙形，二龙连体。内外缘有阴刻轮廓线，璜体碾琢减地蟠虺纹、斜线纹。璜顶端、两端龙首各有一钻孔。■

蟠虺纹玉璜　春秋晚期装饰用玉，河南省辉县琉璃阁甲墓出土，现藏台北历史博物馆。

长9.3、宽2.9、厚0.4厘米。玉质白色，有黑褐色沁，间杂朱砂及土沁。器作扇形，四边皆有扉棱，双龙头、身相接，表面满饰蟠虺纹、卷云纹间刻阴线羽纹，两面纹饰相同。纹饰为粗细两种刀法交错使用雕刻，两侧各有一穿孔。此器当为组佩的主体。■

卷云纹玉璜　春秋晚期装饰用玉，河南省固始县侯古堆1号墓出土，现藏河南省文物考古研究所。

长7.8、宽1.7、厚0.2厘米。玉质白色，半透明，温润光泽，残留朱砂痕迹。扁平体，扇形，两端雕成龙形，双龙连体，左右对称。外缘有扉棱，表面饰隐起的卷云纹、阴刻斜线纹。顶端、左侧龙首各有一个钻孔，右侧龙首有两个钻孔。■

蟠虺纹玉璜　春秋晚期装饰用玉，河南省固始县侯古堆1号墓出土，现藏河南省文物考古研究所。

长10.9、宽3、厚0.2厘米。玉质青色，半透明，一面已经沁成深褐色，残留有朱砂痕迹。扁平体，扇形，两

端雕成龙形，双龙连体。外缘雕出扉棱和阴刻轮廓线。一面分成三区，满饰隐起的蟠虺纹和卷云纹。另一面两端饰龙纹，中间装饰疏散的卷云纹。璜顶端、两端龙首各有一个钻孔。■

龙纹玉璜　战国早期装饰用玉，山东省曲阜市鲁国故城乙组52号墓出土，现藏曲阜孔府文物档案馆。

长8.7、半径约4厘米。玉质青色，半透明，有光泽，沁色斑驳。扁平体，扇形，外缘有阴刻轮廓线，表面雕刻卷云纹。璜下透雕一对连足龙，二龙相向而视，独角，张口，曲身，卷尾下垂，身体上雕琢鳞纹。龙张牙舞爪，状甚威猛，璜顶部有一钻孔。■

卧蚕纹金缕玉璜　战国早期装饰用玉，湖北省随州市擂鼓墩曾侯乙墓出土，现藏湖北省博物馆。

长11.8、宽2.7、厚0.25厘米。玉质青白色，半透明，

温润光泽，有褐色沁斑。扁平体，半璧形，已经残断，用三段金丝连接。玉璜边缘雕出对称的扉棱，两端各雕成一龙首。璜体以绚索纹分成三区，每区都雕琢隐起的卷云纹和卧蚕纹。玉璜除两端各钻二孔外，还有直径大小不同的六孔，用来系佩其他饰件组成组玉佩。■

卷云纹玉璜　战国早期装饰用玉，湖北省随州市擂鼓墩曾侯乙墓出土，现藏湖北省博物馆。

　　长15.4、宽4.3、厚0.5厘米。玉质青白色，半透明，有光泽及褐色沁斑。扁平体，扇形。周边有对称的扉棱，中区的上下边缘分别刻有斜线纹。璜体两面分别碾琢隐起的卷云纹、卧蚕纹。顶部有一钻孔。■

龙纹玉璜　战国早期装饰用玉，湖北省随州市擂鼓墩曾侯乙墓出土，现藏湖北省博物馆。

　　长16、宽4.6、厚0.4厘米。玉质青黄色，半透明，温润光泽。扁平体，扇形，左右对称。主体由四条龙构成，多处透雕，龙身体弯曲盘绕，身姿变换多样。璜体一面碾琢云纹、鳞纹、线纹，另一面素面。此器显示出极高的碾琢技术。■

卷云纹玉璜　战国早期装饰用玉，浙江省绍兴市坡塘306号墓出土，现藏浙江省文物考古研究所。

　　长9、宽2.6厘米。玉质白色，半透明，温润光泽。扁

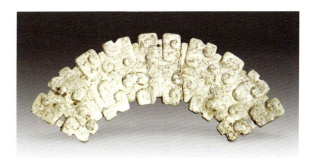

平体，扇形。左右对称，上下边缘有扉棱，表面碾琢卷云纹，顶部和两端各有一个钻孔。■

卷云纹玉璜　战国中期装饰用玉，河北省平山县南七汲村中山国1号墓出土，现藏河北省文物研究所。

　　长5.4、宽1.6厘米。玉质白色，半透明，光泽温润，一端有小块褐色沁斑。扁平体，扇形。边缘有多个扉棱，中间有一竖线将璜面分成两区，左右对称。璜面碾琢卷云纹，璜两端各有一个钻孔。■

卷云纹玉璜　战国中期装饰用玉，河北省平山县南七汲村中山国1号墓出土，现藏河北省文物研究所。

　　长4.9、宽1.5厘米。玉质黄褐色，半透明，有光泽。扁平体，半璧形。上下边缘各有阴刻轮廓线。两端雕成龙头形，龙独角，菱形眼，口部镂空成一穿，吻部和颈下雕出卷云纹，颈下碾琢绞丝纹。璜体雕出卷云纹和细密的网格纹，中间一个钻孔。■

　　谷纹玉璜　战国中期装饰用玉，河南省信阳市长台关1号墓出土，现藏中国国家博物馆。

　　长15.2、宽3、厚0.4厘米。玉质淡绿色，半透明，有光泽。扁平体，扇形，两端稍宽，中部略窄，四边雕琢对称的扉棱。边缘有轮廓线，表面碾琢谷纹，顶部有一钻孔。■

　　谷纹玉璜　战国晚期装饰用玉，湖北省江陵县望山1号墓出土，现藏湖北省博物馆。

　　2件，均长15.5、中宽3.3、厚0.6厘米。玉质青色，半透明，有光泽。扁平体，扇形，两端稍宽，中部略窄。边缘有阴刻轮廓线，表面碾琢谷纹，顶部有一钻孔。■

　　蟠虺纹玉璜　战国晚期装饰用玉，河南省淮阳县平粮台16号墓出土，现藏河南省文物考古研究所。

　　长9.4、宽2.5厘米。玉质褐色，有白斑。半透明，有光泽。扁平体，扇形。两端雕成兽头形，边缘有对称的扉棱。表面碾琢减地蟠虺纹，顶部和兽头部各有一个钻孔。■

　　龙形玉璜　战国晚期装饰用玉，安徽省长丰县杨公2号墓出土，现藏故宫博物院。

　　长13.6、宽3.7、厚0.3厘米。玉质黄色，质地纯净润泽，大部分已经沁成褐色。扁平体，透雕，两端雕成龙首形。龙回首，独角，一足向后卷曲，另一足伸出器身外侧。龙体通饰勾连云纹。佩上部雕云纹并从龙体中部一直向下延伸蟠曲于龙体下部。此件玉佩构图新颖，线条流畅，雕工精良，是战国时期玉器的珍品。■

　　龙纹玉璜　战国晚期装饰用玉，安徽省长丰县杨公2号墓出土，现藏安徽省文物考古研究所。

　　长10.6、宽1.7、厚0.3厘米。玉质黄灰色，半透明，温润光泽。扁平体，扇形。一端略残，一端雕成龙首形，龙独角，圆目，张口，龙体向后弯曲。弧形下另雕一倒置的龙首，龙张口，菱形目，独角向后卷起，并与上边的龙同体。龙前方透雕云纹，身后透雕蛇身。■

凤纹玉璜 战国晚期装饰用玉，安徽省长丰县杨公2号墓出土，现藏安徽省文物考古研究所。

长13.5、宽3.7、厚0.3厘米。玉质黄色，半透明，温润光泽，局部有褐色沁斑。扁平体，扇形，一端已残。璜外缘雕有阴刻轮廓线和对称的扉棱。顶部透雕伏卧的回首双凤，翅翼向前卷曲，尾翎向后卷起，部分下卷于边廓内，以阴刻线作卷云状。璜体表面满饰蒲纹，两面纹饰相同。■

长20.5、宽4.8厘米。玉质青白色，半透明，温润光泽。扁平体，由七块玉组合而成。中间一块近方形，其下透雕一兽，作回首垂尾卷伏状，上端有一鼻纽。两侧两块玉较长，饰变形云纹。其外的两块玉雕成龙头形。此五块玉均有穿孔，由一铜片贯联。铜片两端各出一小鎏金兽头。■

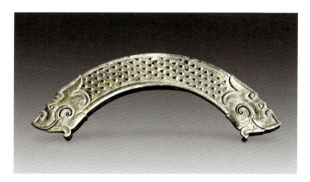

勾连谷纹玉璜 战国晚期装饰用玉，安徽省长丰县杨公2号墓出土，现藏安徽省文物考古研究所。

长17.5、宽3、厚0.4厘米。玉质青色，半透明，温润光泽，大部分已经沁成褐色。扁平体，扇形。两端雕成龙首形，龙独角，口部透雕而成。外缘有阴刻轮廓线，表面碾琢整齐的勾连谷纹，顶部有一钻孔。■

装饰用玉·龙形佩

龙体造型多为单或双"S"形，也有作团身和圆体的。龙体两端多为一首一尾，也有雕出双龙首，或相对或相背。龙足作爪形或羽状，有的龙体无爪，似蛇形。玉龙除素面外常见纹饰有涡纹、谷纹、卷云纹、勾连纹等。战国晚期玉龙还有缠体双龙、五重曲体龙等复杂造型，一些玉龙体侧外缘常附雕有精美的凤鸟等纹饰。

谷纹玉璜 战国晚期装饰用玉，安徽省长丰县杨公2号墓出土，现藏故宫博物院。

长11.1、宽2.3、厚0.5厘米。玉质青色，半透明，温润光泽，部分已经沁成褐色。扁平体，扇形。两端雕成龙首形，龙独角，杏仁眼，口部透雕而成。外缘有阴刻轮廓线，表面碾琢整齐的谷纹，顶部有一钻孔。■

云纹龙形玉佩 春秋早期装饰用玉，河南省三门峡市上村岭虢国墓地1662号墓出土，现藏中国国家博物馆。

长7.6厘米。玉质淡绿色，半透明，有光泽。扁平体，雕成"C"形。龙大头，独角，头顶起脊，圆眼，张口，上唇上卷，下唇向反方向卷起。龙体外缘有阴刻的轮廓线，表面碾琢云纹。器形古朴，与商、西周时期的虬龙相似。■

龙纹玉璜 战国装饰用玉，河南省辉县固围村出土，现藏中国国家博物馆。

卷云纹龙形玉佩 春秋晚期装饰用玉，山西省太原市金胜村赵卿墓出土，现藏山西省考古研究所。

长11.7、厚0.35厘米。玉质青白色，局部有褐色沁斑。扁平体，雕成龙形。龙回首，独角，圆眼，吻向上卷曲。龙体曲折，尾巴上翘。龙尾雕琢成凤首。龙体外缘有轮廓线，表面饰凸起的卷云纹，脊背顶端有一个钻孔。龙体曲线流畅，造型活泼，身体上的纹饰凸现出来，极富动感。■

涡纹龙形玉佩 春秋晚期装饰用玉，山西省太原市金胜村赵卿墓出土，现藏山西省考古研究所。

长9.9、厚0.4厘米。玉质青白色，部分有褐色沁斑。扁平体，雕成龙形。龙体伏首，拱身，卷尾，体下有足，额上有角。龙身周围用细线阴刻轮廓，轮廓内阴线刻出涡纹，尾部饰线纹。龙体威猛，呈蓄势待发状。■

卷云纹龙形玉佩 春秋晚期装饰用玉，河南省固始县侯古堆1号墓出土，现藏河南省文物考古研究所。

长10.9、宽3、厚0.2厘米。玉质白色，部分有褐色沁斑。器表遗留有朱砂痕迹。扁平体，雕成龙形。龙回首，躬身，卷尾上翘。龙体外缘有轮廓线，通体雕琢卷云纹、卧蚕纹。龙体上共有八个穿孔，便于勾挂其他佩饰从而组成组玉佩。■

龙形玉佩 春秋晚期装饰用玉，河南省辉县琉璃阁甲墓出土，现藏台北历史博物馆。

长7.6、宽4.8、厚0.4、孔径2.6厘米。玉质青色。采用玉环出廓的设计方式，双环为虬龙交缠，并以透雕的方式表现龙身。龙圆目、卷鼻、吐舌，器表面以阴刻细线纹刻画出轮廓线。两面纹饰相同。器上有朱砂、土蚀痕迹。■

勾连云纹龙形玉佩 战国早期装饰用玉，山东省曲阜市鲁国故城乙组52号墓出土，现藏曲阜孔府文物档案馆。

长17.5、宽6厘米。玉质青色，半透明，大部分有深褐色沁斑。扁平体，雕成龙形。龙昂首，独角，卷尾。龙身体连续弯曲呈"弓"字形，龙体外缘有阴刻轮廓线，角、足刻斜线纹。通体雕琢勾连云纹，中部顶端有一孔。龙体长而粗壮，颇有力量感。■

卧蚕纹龙形玉佩 战国早期装饰用玉，山东省曲阜市鲁国故城乙组52号墓出土，现藏曲阜市文物管理委

中国古玉器图典

186

员会。

　　长15.2、厚0.5厘米。玉质青灰色，半透明，部分有深褐色沁斑。扁平体，雕成龙形，龙头小，尾大。龙独角，回首，曲身，卷尾。通体透雕，外缘有凸起的轮廓线，龙体碾琢卧蚕纹，背部有一钻孔。■

谷纹龙形玉佩　战国早期装饰用玉，山东省曲阜市鲁国故城乙组3号墓出土，现藏曲阜孔府文物档案馆。

　　长12.3、厚0.2厘米。玉质青灰色，半透明，大部分有深褐色沁斑。扁平体，雕成龙形。龙独角，吻部前伸，背部弓起，尾部勾回。外缘有凸起的轮廓线，龙体上雕琢谷纹，背部有一钻孔。造型简洁，线条流畅，空灵飘逸。■

卷云纹龙形玉佩　战国早期装饰用玉，山西省长治市分水岭53号墓出土，现藏山西博物院。

　　长9.3、厚0.4厘米。玉质已经沁成鸡骨白色，有光

泽。扁平体，雕成龙形。龙独角，头部前伸，背部拱起，卷尾。外缘有凸起的轮廓线，龙体上浅浮雕卷云纹，颈部有一道绳纹，龙眼用阴线同心圆表示。纹饰碾琢精致工整，极富立体感。■

卧蚕纹龙形玉佩　战国早期装饰用玉，山西省长治市分水岭53号墓出土，现藏山西博物院。

　　长8.5、厚0.4厘米。玉器已经沁成鸡骨白色，有光泽。扁平体，雕成龙形。龙独角，回首，背部稍微隆起，卷尾。外缘有凸起的轮廓线，通体浅浮雕卧蚕纹、束丝纹，背部有一钻孔。■

卷云纹龙形玉佩　战国早期装饰用玉，河南省叶县旧县1号墓出土，现藏河南博物院。

　　长13、厚0.55厘米。玉质青白色，半透明，温润，边缘有褐色沁斑。扁平体，透雕成龙形，龙头已残。龙俯首、拱背、卷尾，四足亦卷曲。龙体表面阴刻细网纹、细线纹和卷云纹，背部有一钻孔。■

龙凤纹玉佩 战国早期装饰用玉，河南省叶县旧县1号墓出土，现藏河南省文物考古研究所。

长9.9、宽5.5、厚0.4厘米。玉质青白色，半透明，温润光泽，小部分有白斑。扁平体，透雕而成，图案左右对称，由四龙、四凤、二蛇组合而成。内外缘有阴刻的轮廓线，龙、凤、蛇的眼睛用圆圈表示，玉佩表面碾琢阴刻的线纹、网纹。此件玉佩透雕技法精湛，玲珑剔透，是战国时期玉器的代表作。■

卧蚕纹龙形玉佩 战国早期装饰用玉，湖北省随州市擂鼓墩曾侯乙墓出土，现藏湖北省博物馆。

2件，左长11.5、宽8.7、厚0.6厘米；右长11.3、宽8.7、厚0.6厘米。玉质青黄色，半透明，温润光泽，部分已经沁成褐色。扁平体，透雕成龙形，两件器形、纹饰基本相同。龙回首，张口，独角，背部高高拱起作"S"形回旋，足伸出身体。外缘雕刻斜线纹轮廓线，表面碾琢云纹、卧蚕纹、网格纹，背部有一钻孔。造型威猛，纹饰雕刻精良。■

龙形玉佩 战国早期装饰用玉，湖北省随州市擂鼓墩曾侯乙墓出土，现藏湖北省博物馆。

长12.9、宽4.9、厚0.3厘米。玉质青黄色，半透明，温润光泽，有酱黄色斑点。扁平体，略呈长方形，透雕出对称的两条相连的"S"形卷龙。龙伏首，张口，圆目，独角，曲身，卷尾。龙的上吻咬着与龙身相连的小龙。龙体外缘有阴刻轮廓线，表面刻阴线纹、卷云纹、三角网格纹、"S"形纹。两龙身体相接触下部雕成变形饕餮，表面刻出网状三角纹，左右刻双勾云纹，上部有三周同心椭圆。造型独特，雕琢工艺精湛，是战国时期玉雕制品中的精品。■

龙凤形玉佩 战国早期装饰用玉，湖北省随州市擂鼓墩曾侯乙墓出土，现藏湖北省博物馆。

长9.5、宽7.2、厚0.4厘米。玉质白色，半透明，温润光泽，局部有褐色沁斑。扁平体，由一块白玉透雕三个玉环、四节小玉佩组合而成。三环中，只有中间的一环能自由折卷。每一节小玉佩上都设计左右对称的完整龙凤图案。三环四节又组成一个大的龙形图案。两面用细线刻出龙、凤的眼、角、冠、嘴、爪、鳞甲和羽毛。玉匠充分利用整块美玉，巧妙构思，施以高超的雕刻技巧，使雕琢工艺在此玉佩饰上运用得天衣无缝。■

龙凤纹玉佩 战国早期装饰用玉,湖北省随州市擂鼓墩曾侯乙墓出土,现藏湖北省博物馆。

长48、宽8.3、厚0.5厘米。青白玉质,半透明,温润光泽。扁平体,有白斑。整组玉佩呈长带形,由十六节组成,其主要构件有五组,四个活环,可以拆开,还有八个活环不可拆卸,但可以卷折。主体图案以龙、凤为主,雕刻技法集平雕、浮雕、透雕、阴刻、剔地、碾磨于一体,工艺复杂,是中国玉器工艺史上的奇葩。■

体外缘有凸起的轮廓线,表面碾琢谷纹,背部有一钻孔。■

三龙环形玉佩 战国中期装饰用玉,河北省平山县南七汲村中山国1号墓出土,现藏河北省文物研究所。

直径6.4厘米。玉质黄褐色,半透明,有光泽。扁平体,镂雕而成,两面纹饰相同。中间有一环,内外缘有阴刻轮廓线,表面刻绚索纹。环外镂雕三条姿态相同的游龙顺时针方向奔跑互相追逐,龙独角,圆目,回首,张口,弓身,翘尾,前后足卷曲。表面碾琢鳞纹和云纹。此玉饰镂雕难度大,线条流畅,加工精致。■

谷纹龙形玉佩 战国中期装饰用玉,山东省曲阜市鲁国故城乙组58号墓出土,现藏曲阜孔府文物档案馆。

长15.4、宽5.8厘米。玉质青色,半透明,有深褐色沁斑。扁平体,透雕成盘曲的龙形。龙回首,独角,曲身,尾部向下盘卷并一分为二。龙

谷纹龙形玉佩 战国中期装饰用玉,河北省平山县南七汲村中山国1号墓陪葬墓出土,现藏河北省文物研究所。

长23.2、宽11.4厘米。玉质褐色,半透明,有白斑。扁平体,透雕而成龙形。龙回首,曲体,卷尾下垂。内外缘有凸起的轮廓线,上通身雕琢谷纹。两面纹

饰相同，背部有一钻孔。此龙佩形体巨大，线条流畅，是战国时期此种佩饰中的上乘之作。■

龙形玉佩　战国中期装饰用玉，河北省平山县南七汲村中山国1号墓陪葬墓出土，现藏河北省文物研究所。

长6.6、宽3.6、厚0.2厘米。玉质淡青灰色，半透明，有光泽。扁平体，器形为两条弧形龙从中部斜相交叉，龙尾向上卷，尾端与龙体相连。二龙皆独角，张口，龙体外缘有阴刻单线纹。两龙背部相交的上部形成一孔，下部二小龙相连成"乂"形，首尾倒置，尾端与上部两条大龙尾部连成一体。二小龙头上有角，尖嘴弯成钩状。龙体表面碾琢鳞纹。器表的一面有墨书文字"公全一吉玉"。■

卷云纹龙形玉佩　战国中期装饰用玉，河北省平山县南七汲村中山国1号墓陪葬墓出土，现藏河北省文物研究所。

长10、宽3.2厘米。玉质黄褐色，半透明，温润光泽。扁平体，雕成横"S"形。龙头在身体下，回首独角，扁圆眼，张口，身体向上回旋，尾部一分为二向左右卷曲。龙足、吻、尾部都阴刻绚索纹，龙体外缘有轮廓线，表面碾琢卷云纹，背部有一钻孔。它与此时典型的龙形佩造型不同，显得灵动飘逸。■

卷云纹龙形玉佩　战国中期装饰用玉，河南省信阳市长台关1号墓出土，现藏中国国家博物馆。

长8.6、厚0.3厘米。玉质白色，半透明，温润光泽，部分有褐色沁斑。扁平体，扇形，透雕而成。主体图案为连体双龙和牛首，以牛首为轴，左右造型、纹饰完全对称。双龙独角，吻部前伸，回首，身体蜷曲，龙体相连，背部有一钻孔。背部下雕一倒放的牛首。纹饰采用减地浅浮雕和阴刻相结合的技法，网纹、卷云纹、线纹错落有致，精致华丽。■

卷云纹龙形玉佩　战国中期装饰用玉，河南省信阳市长台关1号墓出土，现藏中国国家博物馆。

长10、厚0.53～0.55厘米。玉质碧绿色，半透明。扁平体，透雕成龙形。龙回首，独角，背部拱起，尾部上卷。内外缘阴刻轮廓线，表面满饰阴刻卷云纹，背部有一钻孔。■

谷纹四凤玉佩　战国中期装饰用玉，河北省平山县南七汲村中山国3号墓出土，现藏河北省文物研究所。

长5.6、宽2.6厘米。玉质黄色，半透明，有光泽。扁平体，略呈长方形布局。上雕连喙双凤，其下各雕一凤昂头向上。凤皆尖喙，圆目，长冠，修尾。四凤立于璜

上。凤鸟碾琢阴线纹、谷纹，璜体上也雕刻谷纹。此玉饰镂雕而成，四凤对称分布，巧妙地表现出凤鸟优雅的动态。■

卷云纹龙形玉佩 战国晚期装饰用玉，湖北省江陵县望山2号墓出土，现藏湖北省博物馆。

2件，均长18、厚0.5厘米。玉质碧绿色，半透明，温润光泽。两件龙形佩造型基本相同。扁平体，透雕成盘曲的龙形。龙独角，回首，背部拱起，尾部弯曲上卷，龙形矫健威猛。内外缘有凸起的轮廓线，表面碾琢整齐的卷云纹，背部有一钻孔。■

涡纹龙形玉佩 战国晚期装饰用玉，湖南省澧县新州1号墓出土，现藏湖南省文物考古研究所。

长14.2、厚0.4厘米。玉质青色，有黑色疵点，半透明。扁平体，透雕成龙形。龙有长独角，回首，背部拱起，尾部上卷，龙体伏卧蜷曲。内外缘有阴刻轮廓线，角、足、尾部饰阴线纹，龙体碾琢阴刻涡纹，背部有二钻孔。■

涡纹龙形玉佩 战国晚期装饰用玉，湖南省澧县新州1号墓出土，现藏湖南省文物考古研究所。

长19、厚0.42厘米。玉质青色，有白斑。扁平体，透雕成龙形。龙长吻，回首，拱背，长尾下垂。龙体内外缘阴刻轮廓线，身体部分碾琢阴刻涡纹，头部、尾部、足部阴刻线纹。背部、吻部、一足各有一个钻孔，可以组成组玉佩。■

谷纹龙形玉佩 战国晚期装饰用玉，河南省淮阳县平粮台16号墓出土，现藏河南省文物考古研究所。

残长14、厚0.3厘米。玉质青色，半透明，温润。扁平体，透雕成飞龙形，尾部残。龙独角，下吻部卷曲成一孔，回首，曲身，尾部飞扬。内外缘有阴刻轮廓线，龙体碾琢谷纹，头部、足部阴刻线纹，背部有一钻孔。■

涡纹龙形玉佩 战国晚期装饰用玉，河南省淮阳县平粮台16号墓出土，现藏河南省文物考古研究所。

长22、宽6.2厘米。玉质青色，半透明，温润，部分有褐色沁斑。扁平体，透雕成龙形。龙独角、长吻，下吻卷成一孔，回首，背部拱起，尾部上卷。龙体内外缘阴刻轮廓线，主体阴刻涡纹，头、颈、尾、足部阴刻线纹，背部有一钻孔。■

光泽，有褐色沁斑。扁平体，透雕成盘曲的龙形。龙独角，回首，背部拱起，尾部上卷，尾尖雕成凤头。凤鸟俯首垂喙，修尾展翼。内外缘有凸起轮廓线，龙体上碾琢谷纹、卧蚕纹，角、足、翼饰阴线纹，两面纹饰相同。背部有一钻孔。■

勾连云纹龙凤玉佩 战国晚期装饰用玉，安徽省长丰县杨公2号墓出土，现藏故宫博物院。

长15.4、宽6.8、厚0.3厘米。玉质黄褐色，半透明，温润光滑，大部分已经变成褐色。扁平体，透雕，主体为璜形，两端雕对称的龙形，一端龙首残断。龙首向前观望，圆眼，独角，张口，联体。内外缘有阴刻轮廓线，颈、主体饰阴刻勾连云纹。双龙下镂刻背向而立的双凤。凤鸟长冠尖喙，挺胸玉立，卷尾。双凤之间以勾连云纹组成一心形纹饰，连接双凤。佩上有一孔，双龙腹下各有一孔，可以系佩其他玉饰，形成组玉佩。此件玉佩造型、图案设计巧夺天工，将雕、琢、镂、刻、切、磨、钻等琢玉工艺巧妙结合，是中国古玉艺术的上乘之作。■

谷纹龙凤玉佩 战国晚期装饰用玉，安徽省长丰县杨公2号墓出土，现藏安徽省文物考古研究所。

长21.4、宽11.5、厚0.9厘米。玉质黄色，半透明，温润光泽，有褐色沁斑。扁平体，透雕成一条盘旋飞舞的龙形。龙张口，回首，身体多次盘卷，尾部变成凤鸟。内外缘有凸起轮廓线，龙体上碾琢谷纹、卧蚕纹，角、足、翼饰阴线纹，背部有一钻孔。■

羽纹龙凤玉佩 战国装饰用玉，河南省洛阳市金村东周王室墓出土，现藏美国堪萨斯州纳尔逊美术馆。

长6.8、宽5.9厘米。玉质青黄色。扁平体，透雕成双龙双凤盘绕纠缠状。双龙首相背，张口，头后长鬃上扬成钩状，龙体相连，龙爪变形为长钩状。龙体上方阴刻两只凤鸟，头相对，口略张，一只足踏龙身，一只展翅欲飞，鸟尾修长垂于龙头上。龙和凤鸟身上碾琢羽状纹、双勾线纹等。此玉饰构图新颖，图案对称平衡，透

谷纹龙凤玉佩 战国晚期装饰用玉，安徽省长丰县杨公2号墓出土，现藏安徽省文物考古研究所。

长22、宽11.5、厚0.9厘米。玉质黄色，半透明，温润

雕空白处均呈弯曲状，线条流畅优美，是战国时期装饰玉中的巅峰之作。■

谷纹龙虎玉佩　战国装饰用玉，现藏故宫博物院。

长12、宽5.6、厚0.5厘米。玉质青色，有褐色沁斑，温润光泽。扁平体，雕成连体双龙形。龙回首，独角，圆眼，张口，拱背，外缘有轮廓线，表面雕琢疏朗的谷纹。龙躯体下透雕一对相对而立的虎，圆目，单耳，前腿及下部相连，尾翻卷，顶端及两侧各有一钻孔。■

装饰用玉·虎形佩

在"六瑞"中，玉虎是祭拜西方的礼器。由于玉虎的形状与其他五种瑞玉不协调，有的学者干脆用璜来代替它。事实上，用虎形玉器作礼器显得太牵强附会，因为商代以来，玉虎都是用作装饰品或陈设品。战国时期，虎的形象被制成虎符，是王侯用来调兵的信物。战国时期的虎形玉佩大多是卧虎形，样子与虎符非常相似。此时的玉虎都是作为佩饰使用，玉工在准确抓住虎的特征的同时，进行了大胆的夸张和渲染。例如，玉虎

大头，巨口利齿，身体呈长方形，用长线条表示虎体斑纹。玉虎的神态往往通过对足的刻画反映出来，疾奔者威武凶猛，势不可挡；匍匐者虎视眈眈，一触即发。

卷云纹虎形玉佩　春秋早期装饰用玉，河南省光山县宝相寺黄君孟夫妇墓出土，现藏河南博物院。

长12.7、宽6.2、厚0.3厘米。玉质黄褐色，有黑斑，半透明，有光泽。扁平体，雕成虎形。虎低头，张口，耳前伸，身体向上拱起，卷尾。虎口和尾部各有一个钻孔。虎的前后足向前匍匐，虎爪勾卷。虎头、虎身和虎尾雕琢卷云纹来象征虎皮斑纹。双足上饰垂鳞纹，虎耳刻细密的阴线纹，外缘有双阴纹轮廓线。■

卷云纹虎形玉佩　春秋早期装饰用玉，河南省光山县宝相寺黄君孟夫妇墓出土，现藏河南博物院。

长12.7、宽6.2、厚0.3厘米。玉质青白色，半透明，温润光泽，局部有深褐色沁斑。扁平体，雕成虎形。虎头宽大，张口，背有扉棱，尾端渐细而上卷。虎外缘有阴刻双勾轮廓线，表面碾琢卷云纹象征虎皮斑纹，口、尾、背部各有一孔。■

卷云纹虎形玉佩　春秋早期装饰用玉，河南省光山县宝相寺黄君孟夫妇墓出土，现藏河南博物院。

2件，均长2.5、宽1.3、厚0.3厘米。玉质青白色，半透明，温润光泽，局部沁成褐色。扁平体，长方虎形。虎伏卧，张口，卷尾，表面碾琢阴线双勾卷云纹象征虎皮斑纹，头、尾各有一孔。■

卷云纹虎形玉佩 春秋晚期装饰用玉，江苏省吴县严山出土，现藏苏州市吴中区文物管理委员会。

长11.9、宽3.8、厚0.1～0.3厘米。玉质青白色，有黑斑，大部分已经沁成鸡骨白色。扁平体，厚薄不均，雕成虎状。虎匍匐，身躯向上卷曲，头上扬，后体上翘，卷尾。虎头、尾部各有一个钻孔，其中一足处有一小钻孔。通体雕琢卷云纹，并添刻羽状地纹。虎似目不转睛盯视着猎物，蓄势待发。■

虎形玉佩 春秋晚期装饰用玉，河南省淅川县下寺1号墓出土，现藏河南省文物考古研究所。

2件，均长14.6、厚0.4厘米。玉质黄色，部分沁成棕红色，半透明，有光泽。两件玉虎取自同一块玉料，因此颜色完全相同。虎伏卧，身体蜷曲，闭口，卷尾，外缘有阴刻细轮廓线，表面用粗细不同的阴线纹装饰虎的头尾和耳，虎的头尾部各有一个钻孔。■

虎形玉佩 战国早期装饰用玉，湖北省随州市擂鼓墩曾侯乙墓出土，现藏湖北省博物馆。

长9.6、宽2.7、厚0.1厘米。玉质青黄色，半透明，有光泽。扁平体，一面雕成伏虎形。虎圆目，腿蹲踞，卷尾。外缘以双阴线刻画出虎的轮廓，表面用双勾线碾琢斑纹。另一面雕成鸟形，阴线刻出鸟首、鸟的圆眼、钩状喙和羽毛。此件玉饰极薄，两面雕琢阴线纹饰，工艺精湛。■

卷云纹虎形玉佩 战国早期装饰用玉，山西省长治市分水岭84号墓出土，现藏山西博物院。

长2.7、宽1.7、厚0.5厘米。玉质纯净，青黄色，半透明，温润光泽。虎昂首，伏卧，尾卷成螺旋状，身体上用浅浮雕手法琢出卷云纹。虎腹下有一钻孔，可以插于其他器物上作为饰物。■

卷云纹虎形玉佩 战国中期装饰用玉，河北省平山县南七汲村中山国1号墓陪葬墓出土，现藏河北省文物研究所。

长11.1、宽4.8厘米。玉质黄褐色，有光泽，局部有黑斑。扁平体，雕刻成虎形。虎口、耳、足、尾都镂雕出扉棱。虎张口，圆目，伏卧，尾上卷。虎体外缘阴刻绚索纹

轮廓线，表面上半部分阴刻疏朗的斜线，下半部分碾琢浅浮雕卷云纹，虎背部和尾部各钻一孔。■

卷云纹虎形玉佩 战国中期装饰用玉，河北省平山县南七汲村中山国1号墓出土，现藏河北省文物研究所。

长9.9、宽4.4、厚0.7厘米。玉质绿色，半透明，有光泽。扁平体，雕成虎形。虎圆眼，闭口，拱背，尾上卷成一孔，俯卧。虎上下缘有阴刻轮廓线，身体碾琢出卷云纹、鳞纹，虎头、后腿各有一个钻孔。背面无纹，有墨书"集玉"二字。集，汇集或收集之意。■

谷纹虎形玉佩 战国装饰用玉，河南省洛阳市金村东周王室墓出土，现藏美国华盛顿弗利尔美术馆。

长14.8、宽6.1厘米。玉质黄白色，扁平体。虎作俯卧状，怒目圆睁，张口，耳上扬。双腿盘曲，肘部和足端雕出钩状爪，背凹下，雕出一钩状物，尾下垂上卷，背部有一钻孔。虎首上以阴线饰羽状细纹，身体外缘有轮廓线，身体上碾琢浅浮雕谷纹和卷云纹，尾上阴刻单

线和双勾线。此虎形佩使用透雕、剔地浅浮雕、阴线刻等技法制成，用夸张的手法雕出硕大的虎背，来表现虎的威猛强健，是一件观赏性较强的艺术品。■

装饰用玉·其他动物形佩

由于动物形玉雕主要用于佩戴和观赏，具有装饰功能，便成为玉工们充分发挥琢玉技巧和审美思想的天地。玉工们在日常细心观察自然界飞禽走兽的各种神态的基础上，雕琢出一件件栩栩如生的动物形象。

兽面形玉佩 春秋早期装饰用玉，河南省光山县宝相寺黄君孟夫妇墓出土，现藏信阳地区文物管理委员会。

长6、宽5.5、厚0.2厘米。玉质青灰色，半透明，温润光泽。扁平体，上宽下窄，一角残缺。下部用阴线碾琢出兽眉、目、口、鼻、须和向左右伸张的角，兽面上端雕刻阴线双勾蟠虺纹，两侧及下方各有一个钻孔。■

鱼形玉佩 春秋早期装饰用玉，河南省光山县宝相寺黄君孟夫妇墓出土，现藏信阳地区文物管理委员会。

长6.1、宽1.2、厚0.15厘米。玉质青褐色，半透明，温润光泽。扁平体，新月形。背、腹部刻扉棱，外缘有

阴刻轮廓线，表面碾琢双阴线卷云纹和鱼鳞纹，鱼背鳍上有一钻孔。■

蚕形玉佩 春秋早期装饰用玉，河南省三门峡市上村岭虢国墓地1704号墓出土，现藏中国国家博物馆。

长1、宽0.4厘米。玉质白色，半透明，纯洁温润。圆雕成蚕形，头粗尾细，头部有突出的双目。身体雕琢七周线纹，越往尾部越密，头部有一钻孔。■

蟠虺纹鹦鹉首玉佩 春秋晚期装饰用玉，江苏省吴县严山出土，现藏苏州市吴中区文物管理委员会。

弧长8.4、宽3、厚0.5厘米。玉质淡绿色，半透明，有光泽。扁体长方形，两端雕刻成对称的鹦鹉首。鹦鹉高冠，尖喙，长颈与器身连为一体。此饰品外缘有阴刻轮廓线，器表以"十"字形阴线分为四区，每区内都碾琢减地蟠虺纹和羽状纹。此器造型奇特，是春秋时期玉器中的珍品。■

兽面形玉佩 春秋晚期装饰用玉，河南省辉县琉璃阁甲墓出土，现藏台北历史博物馆。

高3.3、宽3.7、厚1厘米。玉质青黄色，上缘有浅黑褐色沁。器作兽面形，背面光素无纹，似为镶嵌用玉。该器正面的兽面为椭圆形眼，卷云眉，眉间连接稍凸，鼻作长方形镂空，鼻下突起向下延伸作吐舌状，獠牙用长圆形镂空表现。■

卷云纹兽形玉佩 战国早期装饰用玉，山西省长治市分水岭126号墓出土，现藏山西博物院。

长3.9、宽3.1、厚0.7厘米。玉质青色，半透明，有光泽。雕成长方兽形，鬃毛向后飘扬，尾部下卷。此兽通体以浅浮雕技法雕琢蟠虺纹和卷云纹，玉质均匀，颜色一致，纹饰突出。■

卷云纹兽形玉佩 春秋晚期装饰用玉，河南省淅川县下寺3号墓出土，现藏河南省文物考古研究所。

长2.2、宽1、厚0.23厘米。玉质棕褐色，半透明，有光泽。扁平体，雕成伏卧回首兽形。兽弓背，卷尾，通体碾琢阴线卷云纹，兽耳部有一钻孔。■

卷云纹鸟形玉佩 战国早期装饰用玉，湖北省随州市擂鼓墩曾侯乙墓出土，现藏湖北省博物馆。

长5.9、宽4.2、厚0.5厘米。玉质青白色，半透明，温润晶莹，局部有褐色沁斑。扁平体，圆角方形，透雕成两只

相背而立的鸟形。鸟低首，冠向下卷曲，圆眼，尖喙，身体盘曲，尾下卷。内外缘有凸起的轮廓线，表面碾琢卷云纹、卧蚕纹。此器与玉环、玉璧、玉璜同出，可能是组玉佩的一部分。■

卷云纹鸟首玉佩 战国早期装饰用玉，湖北省随州市擂鼓墩曾侯乙墓出土，现藏湖北省博物馆。

长9.3、宽2.9、厚0.4厘米。玉质青白色，半透明，晶莹温润。扁平体，接近长方形，透雕。鸟尖嘴，圆眼，勾爪。鸟体外缘有斜线纹轮廓线，表面碾琢卷云纹、束丝纹。此佩造型极其独特，在战国玉器中极为珍贵。■

马形玉佩 战国早期装饰用玉，山东省曲阜市鲁国故城乙组3号墓出土，现藏曲阜市文物管理委员会。

高5.7、宽1.6厘米。玉质青色，半透明，温润。马立于方座上，昂首，立

耳，直视前方，身体健壮，腿短而粗，马尾挽起。此马造型写实，雕琢精细，是战国时期玉马的代表作，也是迄今所见东周时期玉器中第一匹圆雕玉马。■

云纹鹦鹉形玉佩 战国中期装饰用玉，河南省辉县固围村2号墓出土，现藏中国国家博物馆。

长7.6、厚0.5厘米。玉质白色，半透明，温润光泽，有白斑，局部有深褐色沁斑。扁平体，透雕成鹦鹉形。鹦鹉俯首勾喙，圆目，长冠，垂尾。表面碾琢云纹、斜线纹。■

鸟形玉佩 战国中期装饰用玉，河南省辉县固围村6号墓出土，现藏中国国家博物馆。

长3.7、宽1.8厘米。玉质黄褐色，半透明。扁平体，雕成孔雀状。圆目前视，尖喙闭合，缩首高冠，尾部大而上扬。表面用阴线碾琢雏鸟的冠

和尾部，喙和腹部各有一个钻孔。此玉鸟造型奇特，碾磨光滑。■

凤形玉佩 战国晚期装饰用玉，现藏故宫博物院。

长11.6、厚0.5厘米。玉质白色，有褐色沁斑，温润光洁，半透明。扁平体，镂雕成凤鸟形。凤鸟长冠，尖喙，张口，菱形目，双足后卷，羽翼后扬。外缘有阴刻轮廓线，表面有阴线表示凤鸟的翎毛，凤鸟头部有一钻孔。造型飘逸轻灵，线条流畅，显示出了凤鸟的高贵尊严。■

装饰用玉·组佩

组玉佩是春秋、战国时期悬挂在人们颈下和腰间最主要的装饰品。当时人们把玉佩作为装饰服装的珍品，并将它作为长寿的象征以及馈赠的礼品。从春秋、战国时期玉佩组合更加繁琐，形成"组玉佩"。组玉佩中最主要的器类是璧、璜、环和冲牙等，它们之间用丝带穿系，系带上缀珠子和玉管。著名考古学家郭宝钧先生曾根据发掘出土遗物和古代文献记载，复原过一套完整的春秋、战国"组佩"，它基本可以反映出当时玉佩的面貌。这套玉佩中央是一件大玉璧，上下各有一件玉璜。上璜两端缀玉珠，璜上部有一件玉环。下璜两端所缀玉饰叫玉牙，两牙之间的方形玉饰叫玉冲，人佩戴行走时，冲牙相触，发出悦耳的声音，以驱除杂念。大型多璜组玉佩仅出于国君及其夫人的墓中，包括太子在内的其他高级贵族墓均不见，说明大型组玉佩的使用有严格的制度，使用范围仅限于公、侯等诸侯国国君及其夫人。同时，多璜组玉佩也是区别贵贱、礼尊卑的标志。从春秋、战国墓葬出土的玉佩饰来看，社会地位越高的贵族佩戴的组玉佩串饰越多，质地、工艺越精良。相反，社会地位越低的贵族，佩饰就越少。

组玉佩 战国早期装饰用玉，河南省洛阳市中州路1316号墓出土，现藏中国国家博物馆。

大玛瑙环直径5.5、小玛瑙环直径3、玉璧直径3.6、龙形石饰长7.1厘米。这组玉佩由二件玉玛瑙环、一件玉璧、一件龙形石饰组成。组合方式是：最上面是一件较大的玛瑙环，其下中分两行，左行由上至下分别为绿松石珠、紫晶

珠、玉璧、绿松石珠。右行由上至下分别为紫晶珠、绿松石珠、玛瑙环、绿松石珠。最下面为一件龙形石饰。玉璧圆形，内外缘有轮廓线，中间碾琢卧蚕纹。龙形石饰回首，曲身，尾上卷，浅浮雕轮廓线和卷云纹、卧蚕纹。龙形饰背上有一穿孔，与其他构件连接。出土时组玉佩佩戴于墓主人的胸部。■

组玉佩 战国早期装饰用玉，河南省洛阳市金村东周王室墓出土，现藏美国华盛顿弗利尔美术馆。

全长约41厘米。由玉管、双舞人佩、连体双龙佩和卷体龙形佩组成，用黄金链穿缀。佩饰上方为一对玉管，长2.5厘米，饰勾连纹。其下方有一饰勾连纹的玉管，长3.9厘米。

下方悬系双舞人佩，长7.5厘米，透雕而成。舞女一手甩长袖于头顶之上，另一手置于腰间。黄金链拧成发辫状，左右对称各穿饰一只玉管。链下平缀一只长5厘米的玉管。玉管下有一件连体双龙佩，佩最长11.2厘米，双龙首相对，龙体相连，饰卷云纹，两侧外缘附雕云形饰，各挂一件卷体龙佩。龙口大张，足踏卷形饰，龙体饰谷纹。全器配置简练，玉饰雕琢精良，金玉辉映，是一件罕见的艺术珍品。■

组玉佩 战国中期装饰用玉，山东省曲阜市鲁国故城乙组５８号墓出土，现藏曲阜市文物管理委员会。

玉璧直径5.2、玉龙形饰长10.7厘米。组玉佩由1件玉璧、9件玉管、1件玉龙形饰组成。青白玉质，有黑褐色沁斑，半透明，有光泽。玉璧位于最上方，上部有一方形齿凸，用于系佩，下部外缘左右透雕凤纹装饰，璧上碾琢谷纹。璧下是八件玉管分两行对称排列，管上装饰谷纹。其下是一件玉管，玉管两侧各透雕一条龙附于管壁，管上饰谷纹。最下面是一件龙形饰，龙独角，张口，回首，曲身，卷尾，满饰谷纹，背部穿一孔。此组玉佩组合工整对称，各个玉质构件碾琢精致，是战国时期组玉佩中的精品。■

装饰用玉·环

春秋时期玉环截面作扁平长方体，以素面为主，也有饰勾连纹、谷纹者。战国时期玉环截面除扁平长方体外，还有椭圆形和菱形的，后一种玉环常与带钩同出于人体腰部，可能是束带用具。纹饰主要有谷纹、涡纹、卷云纹、勾连纹、绞丝纹、绚索纹等。出土玉环中最精美的是外缘上透雕龙凤图案的环以及双环之间透雕卷龙纹的套环，造型奇特，纹饰雕刻细腻多样。

卷云纹玉环 春秋晚期装饰用玉，山西省太原市金胜村赵卿墓出土，现藏山西省考古研究所。

直径6、孔径2.7厘米。玉质黄色，温润，半透明，局部有深褐色沁斑。扁平体，内外缘都有凸起的轮廓线，通体雕琢减地卷云纹、卧蚕纹。器表打磨光滑。■

绞丝纹玉环 春秋晚期装饰用玉，河南省固始县侯古堆1号墓出土，现藏河南省文物考古研究所。

直径1.7、孔径1厘米。玉质墨色，温润有光泽。圆环状，制作规整。表面阴线雕琢细密的绞丝纹，残留有朱砂痕迹。此器小巧别致，制作技术高超。■

玉环 战国早期装饰用玉，山东省曲阜市鲁国故城乙组52号墓出土，现藏曲阜市文物管理委员会。

直径7.4、孔径6.7厘米。玉质青黄色，半透明，器表有光泽及黑褐色沁斑。圆形，柱状。环壁较高，素面。■

直径4.8厘米。玉质黄褐色，质地温润，半透明，表面有光泽。扁平体，内外缘有阴刻轮廓线。表面阴刻卷云纹。■

龙纹玉环 战国早期装饰用玉，山西省长治市分水岭53号墓出土，现藏山西博物院。

直径5.2、孔径2.8、厚2.7厘米。玉质鸡骨白色。扁平体，圆形。内外缘有凸起的轮廓线。表面浅浮雕六组龙纹和蝌蚪纹，其尾巴雕刻生动，装饰效果很强。■

谷纹玉环
战国中期装饰用玉，河南省信阳市长台关1号墓出土，现藏中国国家博物馆。

直径5.5、孔径3、厚0.2厘米。玉质白色，质地温润，有褐色沁斑。扁平体，内外缘有阴刻轮廓线，两面雕琢谷纹。■

谷纹玉环 战国中期装饰用玉，河北省平山县南七汲村中山国1号墓出土，现藏河北省文物研究所。

直径10、孔径5.7、厚0.5厘米。玉质淡绿色，半透明，表面有光泽，局部沁成褐色。内外缘有凸起轮廓线，两面雕琢谷纹。器形规整，纹饰密集而均匀，是春秋、战国时期玉环的标准器。■

卷云纹玉环 战国中期装饰用玉，河北省平山县南七汲村中山国1号墓出土，现藏河北省文物研究所。

谷纹玉环 战国晚期装饰用玉，河南省淮阳县平粮台16号墓出土，现藏河南省文物考古研究所。

直径9、孔径6.4、厚0.4厘米。玉质白色，半透明，大部分被沁成深褐色，温润光泽。扁平体，内外缘有阴刻轮廓线。表面雕琢谷纹，碾琢精致。■

装饰用玉·玦

春秋、战国时期的玉玦出土数量不多，常见有两种样式：一种为新石器时代就已存在的传统样式，扁平体，多为素面，也有雕刻云纹、勾连纹、龙纹，或在缺口部位雕刻出双龙首形的；另一种为圆柱体，为春秋、战国时期所特有，玦表面碾琢弦纹、兽面纹或素面。由于大多出于墓主人的头骨两侧，因此推知此类玦应为耳饰。

龙纹玉玦　春秋早期装饰用玉，河南省光山县宝相寺黄君孟夫妇墓出土，现藏河南博物院。

2件，均直径5.5、孔径2.3厘米。玉质黄褐色，半透明，温润光泽。扁平体，环状。一面用双勾阴线饰两组头向缺口两尾相交在一起的简化夔龙纹，另一面无纹。玉玦碾琢精细，纹饰线条流畅，是春秋、战国时期此类玉玦的精品。■

蟠虺纹玉玦　春秋早期装饰用玉，河南省光山县宝相寺黄君孟夫妇墓出土，现藏河南博物院。

2件，左高2.6、直径2.2厘米；右高2.7、直径2.3厘米。玉质黄白色，局部有深褐色沁斑。两件形制、纹饰相同。圆柱体，中空，一侧有缺口。表面辗琢细密的蟠虺纹。■

玉玦　春秋早期装饰用玉，河南省三门峡市上村岭虢国墓地1665号墓出土，现藏中国国家博物馆。

直径3.2、孔径0.9、厚0.2厘米。玉质黄白色，半

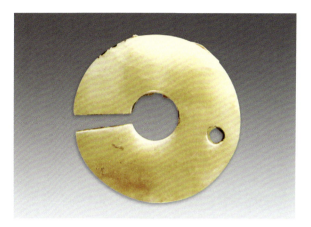

透明，有光泽。扁平体，圆形，中央有一圆孔，一侧有缺口，与缺口相对处有一钻孔。素面。■

蟠虺纹玉玦　春秋晚期装饰用玉，河南省辉县琉璃阁甲墓出土，现藏台北历史博物馆。

2件，均高2.6、直径2.7、孔径1.5、厚0.6厘米。玉质青黄色，一件沁成黑褐色，部分可见玉的原来质地。圆柱形，一侧有缺口，外宽内窄，中间有圆穿。表面饰减地蟠虺纹，龙首张口，卷鼻，圆眼。运用斜刀与阴线交错技法在卷鼻部分饰鳞纹，鼻下饰羽纹。■

蟠虺纹玉玦　春秋晚期装饰用玉，河南省淅川县下寺3号墓出土，现藏河南省文物考古研究所。

高3、直径2、孔径0.9厘米。玉质浅褐色，半透明，有光泽。圆柱体，中有圆孔，一侧有缺口。器表琢饰蟠虺纹，顶部饰双环纹，碾琢精致。■

卷云纹玉玦 战国早期装饰用玉，湖北省随州市擂鼓墩曾侯乙墓出土，现藏湖北省博物馆。

2件，左直径5、厚0.35厘米；右直径3.2、厚0.3厘米。玉质青白色，半透明。扁平体，圆环形，一侧有缺口。一件有褐色沁斑，单面雕琢卷云纹，外缘饰斜线纹。一件两面饰卷云纹，内外缘碾琢斜线纹。■

饰、形制均相同。玉质青色，温润光泽。扁平体，角形。外缘雕扉棱，表面阴刻夔龙纹。夔龙张口，侧身，尾端刻五道线纹，龙口部有一钻孔。该墓中还出土有两件形体、雕刻纹样相同的玉觽。■

卷云纹龙首玉玦 战国中期装饰用玉，河北省平山县南七汲村中山国1号墓出土，现藏河北省文物研究所。

直径3.9厘米。玉质黄褐色，半透明，温润。扁平体，环形，有缺口。缺口的两端雕成龙首形，龙首杏仁眼，独角，张口。内外缘有阴刻轮廓线，表面碾琢减地卷云纹，顶端有一孔。■

蟠虺纹玉觽 春秋晚期装饰用玉，河南省辉县琉璃阁甲墓出土，现藏台北历史博物馆。

长10.1、宽2.1、厚0.3厘米。玉质青色，有黑褐色沁，凹处可见朱砂。上宽下尖长，龙圆眼，卷鼻，下颚及角饰阴刻细线纹，器身交错分布浅浮雕蟠虺纹、羽纹，龙头部有一个穿孔。■

装饰用玉·觽（冲牙）

春秋、战国以后，觽在组玉佩中往往成对出现，因其冲击其他玉器而发出声音，所以又称冲牙。从考古材料来看，春秋、战国时期玉觽常成对出土，上均有圆穿或镂孔，造型相同，纹饰精美。可知此时的玉觽主要作为佩饰，位于组佩最下方。春秋时期的玉觽似兽牙，比较粗短，觽首为兽首形，觽身装饰有蚕纹、云雷纹、勾连纹等。战国时期玉觽多为细长的长角状或弯曲的龙体，觽首作虎首或龙首，觽身饰涡纹、勾连纹、卷云纹等，一些觽的外缘附有透雕的云纹。

龙纹玉觽 春秋早期装饰用玉，河南省光山县宝相寺黄君孟夫妇墓出土，现藏信阳地区文物管理委员会。

2件，均长6.5、上宽1.5、厚0.12厘米。两件玉质、纹

蟠虺纹玉觿 春秋晚期装饰用玉，河南省淅川县下寺1号墓出土，现藏河南省文物考古研究所。

2件，均长5.3、宽0.7、厚0.65厘米。玉质青白色，半透明，两件器形、纹饰相同，一件有浅褐色沁斑。扁平体，弧形，一端雕成兽头形，另一端平直。器体阴刻斜线纹轮廓线，中间碾琢阴线蟠虺纹，兽头一端有一孔。■

蟠虺纹玉觿 春秋晚期装饰用玉，江苏省吴县严山出土，现藏苏州市吴中区文物管理委员会。

长8.5、宽2.85、厚0.3~0.5厘米。玉质鸡骨白色，碾磨光滑。扁平体，雕琢成弯角形，绳纹栏将玉饰分成两部分。上部外缘刻扉棱，表面浅浮雕蟠虺纹，阴刻束丝纹、鳞纹，顶端有一钻孔。■

涡纹龙形玉觿 战国中期装饰用玉，河北省平山县七汲村中山国1号墓出土，现藏河北省文物研究所。

长22厘米。玉质青灰色，半透明，温润。扁平体，弧形，透雕成龙形。龙回首，独角，长上吻，颈部向后卷曲与下吻相交，颈下伸出前足，略残缺。尾部分为二支，一支向前回卷与龙体相交，另一只尾端向下弯曲，尖锐。颈部刻单阴线纹，龙体上下缘有阴刻轮廓线，表面碾琢涡纹，龙口部和背部各有一钻孔。此玉觿造型巧妙，雕刻线条流畅，是战国时期的玉器精品。■

鸟形玉觿 战国晚期装饰用玉，安徽省长丰县杨公2号墓出土，现藏安徽省文物考古研究所。

长11.5、最宽3、厚0.6厘米。玉质青白色，半透明，

有褐色沁斑。器上端宽，下端尖，透雕成鸟形，尖喙，长冠，圆目，翼向上卷起，尾下垂。表面用细密的阴线纹表示羽毛，尾部尖锐。碾磨光滑，造型别致。■

装饰用玉·其他

为造型各异的长方形、椭圆形、拱形片状和管形玉质装饰品，片状玉饰上往往有数个穿孔可供佩系，或许是组玉佩上的饰件，一面光素者也可做葬玉中的缀玉衣服使用。管形玉饰包括不规则圆柱形、长条形、竹节形和瓶形等，皆有一纵穿，穿缀于组玉佩的系绳上。

卷云纹玉佩 春秋晚期装饰用玉，山西省太原市金胜村赵卿墓出土，现藏山西省考古研究所。

长12.7、宽6.1厘米。玉质浅褐色，部分有深褐色沁斑，一角已残，中部有一道裂纹。器呈不规则长方形，四周边缘均雕琢扉棱，表面以两条棱线分成三区，棱线上有"人"字形纹。玉佩整体装饰卷云纹、卧蚕纹，四角各有一个钻孔。■

卷云纹玉佩 春秋晚期装饰用玉，山西省太原市金胜村赵卿墓出土，现藏山西省考古研究所。

长4.55、宽3.8厘米。玉质青绿色，部分有褐色沁斑。器呈长方形，四周边缘均雕琢扉棱，整体装饰卷云

纹、卧蚕纹。玉佩左右两边各有两个凹槽，四角各有一个钻孔。玉佩切割很薄，质地坚硬，色泽温润。■

干组纹饰，除下部正中为一兽面纹外，其他部分均是左右对称的变形蟠虺纹，背面无纹。其纯净的鸡骨白色、生动的兽面纹和繁缛的蟠虺纹，施以浅浮雕技法，使整块玉饰显得庄严诡秘。■

卧蚕纹牌形玉佩 春秋晚期装饰用玉，山西省太原市金胜村赵卿墓出土，现藏山西省考古研究所。

长5.8、宽3.2、厚0.3厘米。玉质青白色，半透明，质地晶莹温润。扁平体，椭圆形，器身拱起作盾形，正面中部有十字脊，以隐起的直线雕成正交叉的十字宽带，把器表分成四区，每区内雕琢卧蚕纹。此器边缘除十字脊占有的部分外，均雕琢隐起的宽带纹边缘。两长边的中部均雕琢凸出于轮廓线的穿孔。■

兽面纹牌形玉佩 春秋晚期装饰用玉，河南省淅川县下寺1号墓出土，现藏河南省文物考古研究所。

长7.5、宽7.1、厚0.2厘米。玉质鸡骨白色。片状，呈倒梯形，两侧有对称的扉棱。整块玉饰用浅浮雕刻出若

蟠虺纹管形玉佩 春秋晚期装饰用玉，江苏省吴县严山窖藏出土，现藏苏州市吴中区文物管理委员会。

长4.9、孔径0.65厘米。玉质黄色，半透明，温润光泽，局部沁成褐色。一端已残。呈不规则圆柱体。稍细的一端碾琢两组三周线纹，较粗的一端雕刻减地蟠虺纹。细的一端有一对穿的小孔，另外还有一纵穿圆孔，碾磨光滑。■

卷云纹条形玉佩 春秋晚期装饰用玉，山西省太原市金胜村赵卿墓出土，现藏山西省考古研究所。

2件，均长10.6、宽1.2、厚0.5厘米。玉质深褐色，扁体，长方形。两侧雕成扉棱状。通体雕琢平凸的卷云纹。此二器，皆纵钻一孔。■

细腻，半透明，有光泽。长方形，一端粗，一端细。通体碾琢减地蟠虺纹。粗端有长方形銎孔，銎孔壁上钻有对称的小孔，细端有凹槽，可以镶嵌和捆绑。■

蟠虺纹条形玉佩 春秋晚期装饰用玉，江苏省吴县严山窖藏出土，现藏苏州市吴中区文物管理委员会。

长10.6、宽2.2～2.5、厚0.6厘米。玉质牙白色，有暗绿色斑点，已经沁成鸡骨白色。扁平体，长方形，边缘雕出对称扉棱。两面用阴刻和减地方法碾琢出变形蟠虺纹和羽状纹。一端有一钻孔，另一端破成楔形。■

兽面纹拱形玉佩 春秋晚期装饰用玉，江苏省吴县严山窖藏出土，现藏苏州市吴中区文物管理委员会。

通长8.2、宽5.65厘米。玉质鸡骨白色。器身拱起，中间起脊，两侧以浅浮雕技法雕琢对称的兽面纹。每个兽面纹的两侧又对称雕刻凤鸟纹。玉饰布局规整，构图新颖，造型独特，是春秋时期的玉器佳品。■

兽面纹条形玉佩 春秋晚期装饰用玉，江苏省吴县严山窖藏出土，现藏苏州市吴中区文物管理委员会。

长4.25、宽1.65、厚0.65厘米。墨绿色玉质，半透明，有光泽，局部有白斑。扁平体，长方形，正面略鼓起。中部刻出一凹槽将玉饰分为两区，碾琢两组相同的兽面纹并添以网格纹和羽状地纹。此玉饰应是镶嵌于其他器物上的装饰品。■

蟠虺纹条形玉佩 春秋晚期装饰用玉，河南省淅川县下寺3号墓出土，现藏河南省文物考古研究所。

长6、宽1.5～1.8、厚1厘米。玉质乳白色，质地纯净

龙纹竹节形玉佩 春秋晚期装饰用玉，江苏省吴县严山窖藏出土，现藏苏州市吴中区文物管理委员会。

长6.1、宽1.2、厚1厘米。玉质牙黄色，半透明，纯净光泽。长方体，中间自两端对穿一孔，一端略收。表面有三周凸弦纹将玉饰分为四节，碾琢变体夔龙纹和"S"形双阴线纹。■

凤纹管形玉佩 战国晚期装饰用玉，安徽省长丰县杨公2号墓出土，现藏安徽省文物考古研究所。

长5.3、宽3.2厘米。玉质青色，质地细润，半透明，有光泽。管由一块玉透雕而成，中间圆管浮雕谷纹，以阴线勾连。玉管一侧透雕一只依管站立的凤鸟，高冠，圆眼，伸颈，屈身，卷尾，足与管壁相连。另一侧雕琢蔓草。造型别致，线条流畅优美。玉管中间自上而下穿孔，可能是组玉佩中的一件。■

谷纹条形玉佩 战国晚期装饰用玉，安徽省长丰县杨公2号墓出土，现藏安徽省文物考古研究所。

长6.5、宽2.4、厚0.6厘米。玉质青黄色，半透明，有光泽。扁平体，长方形，一端略向外突出。玉饰外缘有阴刻轮廓线，表面碾琢谷纹，有浮雕感。两侧雕刻桥形穿孔，用来插嵌在其他器物上。此玉饰造型奇特，纹饰磨制整齐精致。■

卷云纹瓶形玉佩 战国晚期装饰用玉，安徽省长丰县杨公2号墓出土，现藏安徽省文物考古研究所。

长3.2、厚0.5厘米。玉质青褐色，半透明，有光泽。

扁平体，主体为桃心形，外缘有阴刻轮廓线，表面碾琢卷云纹。两侧透雕出蔓草纹，底部刻出卷云纹，上端为一平台，中间纵穿一孔。此玉饰造型新颖，雕工精致。■

装饰用玉·人形佩

玉人形佩饰有平雕和圆雕两种。春秋时期仅见平雕和圆雕的人首形玉饰。战国时期玉人造型多样，平雕玉人多雕出全身形象，如中山王墓牛角发形玉人及玉舞人等，圆雕玉人有洛阳小屯村1号墓出土的伏兽玉人、曾侯乙墓出土的双面玉人等。平雕玉人上多有穿孔或下端有榫，可以佩戴或插嵌，圆雕玉人制作精良，抛光明亮，是用于观赏的艺术品。另外，这些玉人又是研究当时人们的外貌、服饰的宝贵资料。

人首纹玉佩 春秋早期装饰用玉，河南省光山县宝相寺黄君孟夫妇墓出土，现藏河南博物院。

2件，均直径3.8、厚0.2厘米。玉质黄色，温润光泽。两件厚薄、纹饰相同。扁平体，椭圆环形。两件正反面纹饰略有差别，右边一件一面阴刻人的头发、眼睛、耳、口、鼻和蛇身，另一面纹饰大体相同，只是眼睛为圆圈纹。左边一件一面阴刻纹饰，一面为剔地阳

纹。两件皆为侧身人形，耳戴圆环，似为一男一女。玉饰制作精致，人首蛇身造型奇特，是已出土玉器中的绝品。■

人形玉佩 春秋晚期装饰用玉，河南省固始县侯古堆1号墓出土，现藏河南省文物考古研究所。

高2.5厘米。玉质青白色，半透明，温润光泽。玉人头上梳双髻，圆脸，双手交叠置于腹前，跽坐。一钻孔从头顶贯穿至跽坐的腿部。■

人首形玉佩 春秋早期装饰用玉，河南省光山县宝相寺黄君孟夫妇墓出土，现藏河南博物院。

高3.8、宽2.5、最厚1.8厘米。玉质黄色，半透明，温润光泽。器圆雕成正面头像。人头顶戴两侧下垂

的冠，"臣"字形目，高鼻梁，张口，双耳佩玉饰。颈部雕成圆柱状，可嵌入它器。头顶至颈部纵穿一孔，可以系佩。此头像比例适当，刻工精致，其佩戴的耳饰、冠是研究当时服饰的实物材料。■

人形玉佩 战国早期装饰用玉，湖北省随州市擂鼓墩曾侯乙墓出土，现藏湖北省博物馆。

高2.5、宽1、厚0.7厘米。玉质青黄色，半透明。整体简略雕出人之头、肩、身体及面部的双眉、眼睛和耳朵，身着长裙，不见手足，自头顶中部纵钻一孔。此玉人造型简单，雕琢不精。■

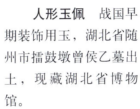

人形玉佩 春秋中期装饰用玉，河南省淅川县下寺8号墓出土，现藏河南省文物考古研究所。

高3.6厘米。玉质白色，半透明，有光泽。圆管状，一侧浮雕人形，大头，头顶平齐，短颈，细目，鼻翼宽

大，双手袖于胸前，下身穿蔽膝，短腿，光脚。人物造型简朴，憨态可掬，可能是组玉佩的饰件。■

人形玉佩 战国中期装饰用玉，左1～3为河北省平山县七汲村中山国3号墓出土，右1为河北省平山县七汲村中山国6号墓出土，现藏河北省文物研究所。

4件，高2.5～4、宽1～1.3厘米。玉质黄褐色、青灰色、黑灰色，半透明。扁平体，造型为站立的儿童、成人女子。儿童头梳圆形小髻，成人均头梳尖角状双髻。人之五官由阴线雕出，均身穿圆领长袍，窄袖，双手袖于胸前，胸部有卷云纹。腰间系蔽膝，垂到足部。蔽膝由方形图案组成，上面碾琢菱格纹。玉人双腿伫立，足间可见斜方格裤脚，饰方格纹。■

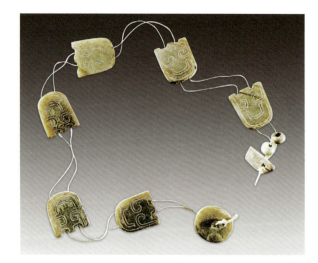

骑兽人形玉佩 战国中期装饰用玉，河南省洛阳市小屯村1号墓出土，现藏中国国家博物馆。

高3.1、长3.3、宽1.4厘米。玉质灰白色，半透明，温润光泽，有黑色斑点。玉人头梳双髻，圆脸，鼻梁隆起，小口微张，双耳卷曲，双手前伸执兽耳。兽似伏虎，昂首，双目前视。兽侧身碾琢卷云纹，背臀部雕刻网格纹，腹下有细线卷云纹，自小儿头顶至兽腹部纵钻一个穿孔。■

装饰用玉·串饰

春秋、战国时期贵族墓中，墓主人的颈、胸、头侧、腕部、棺、椁间或椁外常发现有由玉珠、其他玉饰组成的串饰，一般珠呈管、菱、球形，饰为管形、长方形、马蹄形、贝形及蚕、蝉、龟形和不规则形等，串联的方法各有不同。其中颈部的项饰最多，腕部的串饰次之。项饰是当时很流行的一种串饰，男女都可佩戴。另外，贵族家里地位较高的奴婢也佩戴玉串饰，但玉饰的种类较少，一般只有玉珠、玉璜和玉环，组合比较简单。

玉项饰 春秋早期装饰用玉，河南省三门峡市上村岭虢国墓地1634号墓出土，现藏中国国家博物馆。

玉珠直径0.3、厚0.2厘米；玉片长2.5、宽2厘米。玉珠玉质灰白色，马蹄形玉饰玉质青色，正面阴刻卷云

纹。两件玉片，颜色深浅不一。玉饰构件用双线串连成一串，出土于墓主人颈部。■

玉项饰 春秋早期装饰用玉，河南省三门峡市上村岭虢国墓地1662号墓出土，现藏中国国家博物馆。

马蹄形玉珠长2.5、宽2厘米。鸡血色石珠大小不一，制作粗糙。马蹄形玉饰一面阴刻卷云纹，两端各雕一个横凹槽，槽内有两个圆孔，与下面两个圆孔相通。此项饰系用双线将鸡血色石珠与马蹄形玉饰穿插排列，组成串饰。■

玉项饰 春秋早期装饰用玉，河南省三门峡市上村岭虢国墓地1820号墓出土，现藏中国国家博物馆。

椭圆形玉饰长2.4、宽2、厚0.3厘米；马蹄形玉饰长2.2、宽2.2、厚0.3厘米。这套项饰由101枚鸡血色石珠、10枚马蹄形玉片、1枚椭圆形玉片和2枚小石饰组

成。鸡血色石珠用双线串成两行，每隔若干枚珠子，双线并穿入一枚马蹄形玉片中。马蹄形玉片用璞玉制成，正面雕琢双阴线勾连纹，背面无纹。椭圆形玉片上刻双阴线凤鸟纹。项饰红白相间，色彩绚丽。■

蟠虺纹玉簪帽　春秋晚期装饰用玉，河南省淅川县下寺2号墓出土，现藏河南省文物考古研究所。

左长1.7、右长1.8厘米。左玉质浅黄色，半透明，有光泽。两端平整，上粗下小，束腰。上下边缘有阴刻轮廓线，表面碾琢蟠虺纹，侧面有一钻孔。右玉质浅黄色，半透明，温润光泽。圆柱体，上下边缘阴刻轮廓线，表面雕刻蟠虺纹，上端有一钻孔。两件均不见簪身。■

装饰用玉·剑饰

玉剑饰是用于装饰金属剑和鞘的玉制饰件以及用玉雕成的玉剑。最早的玉剑饰见于河南省三门峡市上村岭虢国墓地中出土的西周晚期的玉茎铜芯铁剑上。春秋、战国时期玉剑饰最早见于江苏六合县程桥春秋晚期墓中，仅出玉剑首和剑格，均作长椭圆形柱体。战国时期玉剑饰出土较多，形制也比较完备，包括剑首、剑格、剑璏、剑珌等，纹饰有谷纹、涡纹、卷云纹、兽面纹等。这些玉剑饰的形制直到汉代还在沿用，所装饰的剑称为"玉具剑"。真正的玉剑仅见于战国早期的湖北随州市曾侯乙墓中，美观但不实用。

装饰用玉·簪

发现极少，仅见圆锥体形玉簪，簪帽呈钉头状。

卷云纹玉簪　春秋晚期装饰用玉，河南省淅川县下寺1号墓出土，现藏河南省文物考古研究所。

长16、直径0.9、帽头直径1.9厘米。玉质青色，半透明，温润细腻。圆锥体。簪帽呈钉头状，上粗下细，钉头处下凹，有一穿孔。簪帽上端碾琢卷云纹，下端雕刻两周绹索纹，中间添加卷云纹。簪身圆锥状，雕刻三周卷云纹带，之间为两条竖阴线，横钻一孔。簪尖部碾磨光滑，加工精致。■

动物纹玉剑璏　春秋晚期装饰用玉，山西省太原市金胜村赵卿墓出土，现藏山西省考古研究所。

长5.3、宽4.2、厚2厘米。玉质白色，部分有深褐色沁斑。扁长方形，透雕多种动物形象。上部琢蟠虺纹，虺颈细长，向下折曲成为鹅身，鹅表面装饰蟠虺纹，其后琢出鱼尾，并琢出细密的阴线。虺首下雕琢龙首，龙嘴部与虺口吻合。龙角上装饰四道凸起的云纹，至后端琢出阴线鳞纹。此剑璏结构独特，雕琢工艺精湛，是春秋时期玉剑饰的极品。■

卧蚕纹玉剑璏　春秋晚期装饰用玉，山西省太原市金胜村赵卿墓出土，现藏山西省考古研究所。

长4.4、宽2、厚2厘米。玉质青白色，半透明，部分有褐色沁斑。长方形，一侧平滑，另一侧有凸棱，中空，有带弧度的长方形孔，表面饰卧蚕纹。■

卧蚕纹玉剑珌　春秋晚期装饰用玉，山西省太原市金胜村赵卿墓出土，现藏山西省考古研究所。

长4、宽2.7、厚0.9厘米。玉质青褐色，局部有深褐色沁斑，半透明，有光泽。呈扁长方形，上端两角各有一个钻孔，孔内穿三道金丝与剑鞘下端相联结。中部有两个凹坑，容纳剑鞘下端。表面饰卧蚕纹，打磨光洁。■

卧蚕纹玉剑饰
春秋晚期装饰用玉，山西省太原市金胜村赵卿墓出土，现藏山西省考古研究所。

高4.5、孔径0.85厘米。玉质白色，部分有褐色沁斑。圆柱体，上粗下细，饰三道凸弦纹，间饰卧蚕纹。顶面有一蓝色料珠，一侧有孔，便于剑柄插入。■

卷云纹玉剑首、玉剑格　春秋晚期装饰用玉，江苏省六合县程桥2号墓出土，现藏南京博物院。

玉剑首长4.8、宽3.5、厚3.8厘米；玉剑格高1.2、宽3.6厘米。剑首、剑格玉质均青色，质地温润。剑首呈长方体，两侧各有三道凹槽，整体雕琢蟠虺纹和卷云纹。剑

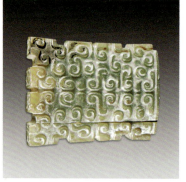

格呈椭圆形，周围雕刻出连续的长方形纹饰，中饰卷云纹。这种形式的剑首、剑格，在东周时期很独特。出土时，不见剑璏、剑珌，尽管青铜的剑茎、剑锷已经残段，仍然可以看出这把玉具剑是一柄精美的利兵。■

玉具剑　战国早期装饰用玉，湖北省随州市擂鼓墩曾侯乙墓出土，现藏湖北省博物馆。

通长33.6、宽5.1、中厚0.5厘米。玉质白色略黄。器由剑首、茎、格、璏、鞘、珌六部分构件组成一套完整的玉具剑。每个构件都有钻孔，用金丝与其他构件相连。剑首是一件透雕的玉佩饰，雕琢出左右对称的龙凤纹。剑璏呈钩形，碾琢卷云纹。一般来说，玉具剑由玉剑首、剑格、剑璏、剑珌四部分组成，直接镶嵌在剑或剑鞘上，不用金丝连缀，金属剑具有实用性。此种玉具剑与常见的玉具剑有很大不同，不具实用性。■

有白斑，半透明。扁平体，圆形。剑首外缘有阴刻轮廓线，内部有一周绚索纹将其分成内外两区，内区碾琢涡纹，外区雕刻五凤纹和束腰网纹。背面中部雕刻一圆圈，圈外钻六孔，两两相通，用以穿系固定到剑茎顶端。■

龙纹玉剑鞘　战国装饰用玉，浙江省杭州市半山区石塘镇2号墓出土，现藏杭州历史博物馆。

通长31.4、宽4.9、厚3.5厘米。玉质青黄色，局部有黑色杂质。鞘由两面扣合而成，每面图案可分为六段，除一段光素外，均饰以成组的龙纹，间或饰以卷云纹。从此器长度和结构来看，并非实用器，可能是明器。■

装饰用玉·雕饰板

雕饰板均出土于战国时期中山王墓中，是镶嵌在棺椁上的装饰玉。这些玉板，都采用隐起的雕刻技法，浅浮雕动物、龙、凤、蟠螭纹样，风格怪诞离奇，神秘又美观。这种玉雕板画是中山国独创的雕刻艺术，不见于同时期其他诸侯国。

凤纹玉剑首　战国晚期装饰用玉，四川省成都市羊子山172号墓出土，现藏四川省博物馆。

直径4.8、厚0.6厘米。玉质黄白色，部分沁成褐色，

龙纹玉板 战国中期装饰用玉，河北省平山县南七汲村中山国3号墓出土，现藏河北省文物研究所。

长14.8、宽12.5厘米。玉质墨色，半透明，温润光泽。扁平体，长方形，构图为对角对称。对角雕一对夔龙，大小相等。龙回首，独角上翘，椭圆形眼，卷唇。龙身卷曲成"S"形，作匍匐状。另一对角雕琢变形饕餮纹。整块长方板采用减地隐起雕刻法，具有浮雕感，有很高的艺术价值。■

龙纹玉板 战国中期装饰用玉，河北省平山县南七汲村中山国3号墓出土，现藏河北省文物研究所。

长14.7、宽11.5厘米。玉质黑灰色，不透明，表面光泽。扁平体，长方形镂雕而成，左右对称。中间的十字隔栏将板分成四个长方形。上栏镂雕一对尾部相对的夔龙，龙回首，独角，拱背。下栏镂雕一对龙，身体盘绕卷曲呈"S"形。十字隔栏和左右框上阴刻由网格纹构成的长方形和三角形纹，夔龙身上碾琢斜线纹、卷云纹、网格纹，龙身上雕刻斜线纹、鳞纹。图案对称，碾琢精致。■

龙纹玉板 战国中期装饰用玉，河北省平山县南七汲中山国3号墓出土，现藏河北省文物研究所。

长10.6、宽6.3厘米。玉质灰褐色，透明度差，器表光滑。扁平体，长方形，四边外缘有凸起的轮廓线。玉板布局分为三部分，右侧三分之一处有一竖线，左侧由左上至右下有一对角线分别将玉板隔开，竖线相间阴刻网格纹，对角线饰绹索纹。右区碾琢减地双尾"S"形龙纹，龙体阴刻鳞纹。左侧右上区雕刻夔龙纹，夔龙回首，椭圆形目，吻前伸，闭口，独角修长，龙体上阴刻细密的网格纹和并列的单阴线纹。左侧左下区刻减地的龙纹，阴线雕刻双眼，龙身作顺时针方向旋转，尾端伸入三角形的左上角处。龙体外缘有阴刻轮廓线，表面碾琢鳞纹。布局紧凑，雕工精湛，是战国时期玉制工艺品的代表作。■

龙纹玉板

战国晚期装饰用玉，河北省平山县南七汲村中山国3号墓出土，现藏河北省文物研究所。

长14.8、宽11.3厘米。玉质黑灰色，不透明。扁平体，长方形，

雕刻四条对称盘绕的龙。左侧两条盘绕成双"S"形，龙头相向，交叉于龙身弯曲处。头上有双目，额头上雕刻细密的阴线纹，身体的外缘有较粗的轮廓线，前后足附于身体两旁，足端可见利爪。龙尾两歧分别向上勾卷。龙身上又雕小龙，身体与大龙身体重合，龙身上分别雕刻细密的鳞纹和绹索纹。右侧构图与左侧完全相同，仅龙身上的纹饰相反，即对角线上的两龙身体纹饰一致，构图独具匠心。■

丧葬用玉·殓尸大璧

大璧是春秋、战国时期专门用来殓尸的一种丧葬用玉。一般放在墓主人的胸部和背部，出土数量较多。玉璧均用深青色玉料制成，器形较大而且纹饰规整，加工较粗糙。璧面纹饰为夔首和涡纹或蒲纹，多分为内外两区，亦有三区纹饰带者。大多出土于山东曲阜鲁国故城乙组52号墓及其同一墓地的58号墓中。此外，还有放置于棺上的饰有卷云纹、谷纹或涡纹的玉璧。

龙纹玉璧 战国早期丧葬用玉，山东省曲阜市鲁国故城乙组52号墓出土，现藏曲阜孔府文物档案馆。

直径32.8、孔径11.6、厚0.6厘米。玉质深绿色。扁平体，正圆形。内外缘阴刻轮廓线。器面纹饰分为三区。内外两区雕琢双尾连体龙纹，内区纹饰分为三组，有隔栏。外区纹饰分为五组，亦有隔栏。中区装饰谷纹，三区纹饰之间用绹索纹隔开。此墓棺内死者身上从头至脚均放一层玉璧，身下亦垫一层玉璧，反映出战国时期"君子无故玉不去身"的佩玉礼俗和鲁国丧葬礼仪。此璧纹饰诡异，雕琢精良。■

龙纹玉璧 战国早期丧葬用玉，山东省曲阜市鲁国故城乙组52号墓出土，现藏曲阜孔府文物档案馆。

直径19.9、孔径6.9、厚0.4厘米。玉质青褐色，质地纯净温润，有光泽。扁平体，正圆形。内外缘有阴刻轮

廓线。器用一周隐起的绹索纹分隔成二区，内区饰涡纹，外区对称分布四组双尾龙纹。龙纹相互缠绕，神秘飘逸。此样式是战国玉璧的典型器，对汉代玉璧影响很大，在同墓及其同一墓地的58号墓中还发现有类似的玉璧四件。■

涡纹玉璧 战国早期丧葬用玉，山东省曲阜市鲁国故城乙组52号墓出土，现藏曲阜孔府文物档案馆。

直径13.4、孔径4.4厘米。玉质青白色，有光泽。扁平体，正圆形。内外缘都有阴刻轮廓线。璧面阴刻蒲格纹，每格内阴刻涡纹。纹饰规整，风格朴实。■

卷云纹玉璧 战国早期丧葬用玉，湖南省长沙市浏城桥1号墓出土，现藏湖南省博物馆。

直径10.6、孔径3.9、厚0.45厘米。玉质青色，不透明。扁平体，正圆形，器形规整。两面都有阴刻卷云纹。纹饰布局整齐，琢磨精致。■

谷纹玉璧　战国中期丧葬用玉，河南省信阳市长台关1号墓出土，现藏中国国家博物馆。

直径10.1、孔径5.9、厚0.65厘米。玉质灰绿色，沁蚀严重，有黑色沁斑。扁平体，正圆形。内外缘有轮廓线，两面饰浅浮雕谷纹。器形厚重，纹饰古朴。■

谷纹玉璧　战国晚期丧葬用玉，湖北省江陵县望山2号墓出土，现藏湖北省博物馆。

直径21.7、孔径8、厚0.8厘米。玉质青色，半透明，温润光泽。扁平体，正圆形。内外缘有阴刻轮廓线。两面均雕琢菱形格，格中阴刻隐起的谷纹。此璧造型、纹饰规整，是战国时期常见器形。■

丧葬用玉·缀玉幎目

缀玉幎目是将玉片缝缀在织物上，然后覆于死者面部。最早见于西周中期的诸侯贵族墓中，春秋、战国早期盛行将玉片制成人面五官形的面饰，战国中、晚期新出现一种镂雕玉片的面饰。汉代的玉衣就是从缀玉幎目发展而来的。

缀玉、石幎目　战国早期丧葬用玉，河南省洛阳市中州路1316号墓出土，现藏中国国家博物馆。

最大件长约3厘米。灰色璞玉制成，表面无光泽。扁平体，雕成各种几何形。由27片组成人面形。眉、颊、鼻、口、腭用动物形石片摆出，眼用梭形石片表示，在两颊上有二块兽形玉饰，嘴饰下各有二块兽形玉饰斜直放置，代表胡须。外围用十块长方形石片代表脸形轮廓。额上摆放一枚石璧。这些玉石饰排列有一定规律，各片石片饰上均有数量不等的小孔，可以缝缀在丝织品上，用来覆盖在墓主人脸上。■

缀玉幎目　战国中期丧葬用玉，河南省洛阳市中州路1723号墓出土，现藏中国国家博物馆。

最大件长约5厘米。灰色璞玉制成，表面无光泽。扁平体，雕成各种几何形。共23片（本图缺一片），出土于墓主人的面部，各件分别放在相当于面部的额、眉、眼、鼻、口、耳以及面部轮廓部位，组成人脸形。各玉

片上均有数量不等的小孔，原来都缝缀在一块方形的外黑内红色的织物上。■

丧葬用玉·玲

玉玲是一种含在死者口中的丧葬用玉，春秋、战国时期出土玉玲不多，形体很小，多为残玉器和碎玉块，也有雕琢较好的玉禽兽、玉珠、玉贝等。

玉玲 战国早期丧葬用玉，湖北省随州市擂鼓墩曾侯乙墓出土，现藏湖北省博物馆。

14件，长1.2～2.4、宽0.5～0.8厘米。均出土于墓主人口内。玉质青白色，半透明，滋润光泽。器为仿生圆

雕，有牛、羊、猪、狗、鸭、鱼等。器小如豆，只勾勒出轮廓，不雕出细部，但形态逼真。■

丧葬用玉·握

春秋、战国时期出土很多，握在死者手中，多为圆柱状，是汉代猪形玉握的雏形。

云纹玉握 战国早期丧葬用玉，湖北省随州市擂鼓墩曾侯乙墓出土，现藏湖北省博物馆。

2件，均长4.8、上径1.8、下径2.1厘米。玉质灰白色，半透明，纯净滋润。圆柱体，两端平齐，一端较小。玉握分为上下两区，分别以阴刻斜线作轮廓，中间碾琢云纹。两握纹饰相同，分别出土于墓主人的左右手处。这种圆柱形玉握在战国时期很流行，河南洛阳中州路战国墓中出土有多件。■

玉质用具·带钩

春秋、战国时期的玉带钩出土较多，作为束带之用，常见有四种形制：第一种作水禽形，钩体似鸭腹形，鸭嘴形钩首，纽近尾端，大多数素面，也有雕刻涡纹、方格网纹、谷纹的。第二种为铲形，钩体为铲形兽面，钩首为龙首。第三种为分节带钩，用金属杆串联数件玉块制成细长条，钩首和钩尾作龙首或虎首形，钩体饰卷云纹。第四种为嵌玉带钩，即在金银质带钩中嵌入玉玦、玉鸟等玉饰。第一种带钩流行于整个春秋、战国时期，后三种战国时期才出现，一般造型新颖，制作精良，既实用又美观，为贵族所拥有。

鸭首玉带钩 春秋晚期玉质用具，河南省固始县侯古堆1号墓出土，现藏河南省文物考古研究所。

长2.1、宽1.7、厚1.3厘米。玉质羊脂白色，半透明，温润光洁，器表残留朱砂痕迹。钩头呈鸭首状，一端琢有扁方孔与纽部相通，表面雕刻蟠虺纹和云纹。此带钩可能用作挂钩，造型别致。■

鹅首玉带钩 战国早期玉质用具，湖北省随州市擂鼓墩曾侯乙墓出土，现藏湖北省博物馆。

长6、腹宽1.5、腹厚0.9厘米。玉质青白色，半透明，温润光滑，局部沁成褐色。器呈鹅首形，长颈扁嘴。颈腹正面雕刻云纹，两侧、背面及纽面阴刻方格纹和圆圈网纹。曾侯乙墓共出土玉带钩七件，都呈粗短肥厚的琵琶形，钩身富于变化，是战国时期带钩的典型样式。■

鸭首包金嵌玉银带钩 战国中期玉质用具，河南省辉县固围村5号墓出土，现藏中国国家博物馆。

长18.7、宽4.9厘米。带钩呈琵琶形，银托，器表包金组成浮雕兽面，口含鸭头形白玉弯钩。脊背上镶嵌三块白玉玦，其中前后两块玉玦中各嵌入一枚蜻蜓眼玻璃珠。这件玉带钩包金嵌玉，用料和谐，琢工精细，造型设计独具匠心，工艺繁杂，是战国时期手工艺技术的集大成之作。■

龙首玉带钩 战国中期玉质用具，山东省曲阜市鲁国故城58号墓出土，现藏曲阜孔府文物档案馆。

长8.3、宽6.8厘米。玉质黄色，半透明，有光泽，局部有褐色沁斑。钩头雕成龙头形，钩身为一卷眉兽面，外缘向内卷曲。钩表面碾琢卷云纹、平行线纹等多种纹样。整体构图奇特，颇有狰狞、威慑之感。这件带钩出土于墓主人腰部，应为生前的实用之物。■

兽首鎏金嵌玉铜带钩 战国中期玉质用具，山东省曲阜市鲁国故城58号墓出土，现藏曲阜孔府文物档案馆。

长11厘米。钩端做成兽首形，通体鎏金，钩身中部镶嵌一玉鸟和绿松石圆泡。玉鸟下为鎏金的鸟翅，它与带钩前端的兽头合成一体，像一头飞兽。玉为青白玉质，半透明，有朱砂残留痕迹，扁平体，弧形，一端有一钻孔。此带钩由多种材料组合而成，通过鎏金、镶嵌工艺组成一体，色彩艳丽。■

兽首玉带钩　战国中期玉质用具，河北省平山县南七汲村中山国1号墓陪葬墓出土，现藏河北省文物研究所。

长17.2、宽2.3厘米。玉质青色，半透明，温润光泽。钩为螭首，圆形纽，钩端呈兽头形。腹面有六个凹凸的方块，分别雕刻阴线圆圈纹、卷草纹、方格纹以及云纹等。背面雕刻有三组纹饰，均以一枝含苞待放的芙蓉花为主，纽面碾琢柿蒂纹，两侧刻云纹。此带钩纹饰精美，线条细如毫发。■

龙首玉带钩　战国晚期玉质用具，河南省淮阳县平粮台16号墓出土，现藏河南博物院。

长5.7、厚2.2厘米。玉质白色，半透明，温润光泽，局部沁成褐色。钩首做成龙头形，钩身呈长方体，钩纽扁方。■

玉质用具·韘

玉韘也叫扳指，是射箭时勾弓拉弦用的，西周至战国时期非常流行。王公贵族还以佩戴精美玉料制成的玉韘为荣，显示其地位和身份。玉韘作椭圆形，中有一孔可以戴入成年人的拇指，侧面突出的小钩用来勾弓弦，后壁上的小孔可以穿绳而挂在身上，防止丢失。

玉韘　春秋晚期玉质用具，山西省太原市金胜村赵卿墓出土，现藏山西省考古研究所。

2件，左长4.2、宽3厘米；右长4.5、宽2.75厘米。左玉质白色，右玉质深褐色，素面，光洁莹润。■

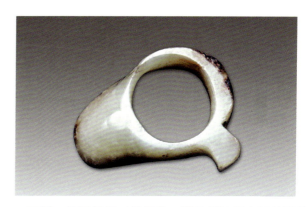

玉韘　战国早期玉质用具，湖北省随州市擂鼓墩曾侯乙墓出土，现藏湖北省博物馆。

高1.1、长4.3、宽3.4厘米。玉质青白色，半透明，温润光泽，素面无纹。■

玉质用具·梳

梳子的发展大概经历了四个阶段。第一阶段，从史前时代到春秋末期，流行长方形梳子，以竖长形为主，齿数较少。第二阶段，从战国早期到唐代末期，流行箕形梳子。由于制作技术的提高，齿数逐渐有所增加。第三阶段，从五代到明代初期，流行半月形梳子。第四阶段，从明代中叶开始，流行长条形梳子。

蟠虺纹玉梳 春秋晚期玉质用具，河南省淅川县下寺1号墓出土，现藏河南省文物考古研究所。

长7.7、宽5.5、厚0.5厘米。玉质黄褐色，半透明。扁平体，长方形。正面略鼓，两侧外凸。梳齿长，共有十八根，尖细，其中七根残断。梳背部碾琢阴线蟠虺纹。背面平整，雕琢精细。■

卷云纹玉梳 战国早期玉质用具，湖北省随州市擂鼓墩曾侯乙墓出土，现藏湖北省博物馆。

长9.6、上宽6、下宽6.5、中厚0.4厘米。玉质青白色，半透明，通体抛光，滋润光泽。扁平体，梯形。梳齿分布密集，共有二十三枚，齿尖锐利。梳背外缘雕刻

斜线纹，中间对称分布卷云纹，梳背顶端中部有一钻孔。此梳玉质纯净，加工精致，是战国时期最精美的玉梳。■

凤纹玉梳 战国中期玉质用具，河北省平山县七汲村中山国1号墓出土，现藏河北省文物研究所。

长4.9、宽4.6、厚0.4厘米。玉质黄褐色，半透明。扁平体，半椭圆形。梳背呈半圆形，弧边阴刻卷云纹，下横边饰束腰纹及细密斜格纹，内部透雕双凤。双凤相对而立，回首，颈部相连，头部有尖角状冠，勾喙，长颈，垂尾。身体雕刻羽毛纹。梳齿有十枚，齿尖为两面斜刃状。■

卷云纹玉梳 战国中期玉质用具，河北省平山县南七汲村中山国1号墓出土，现藏河北省文物研究所。

长6.5、宽3.8、厚0.4厘米。玉质灰绿色，半透明。扁平体，略呈圆角长方形。梳背透雕而成，上部圆弧形边阴刻"S"形纹，并用细密斜格纹作底纹。上下均为卷云纹，中部为蜷身的螭虎纹。梳齿有五枚，刻宽阴线纹。此梳背面无纹，但是残留雕琢图稿的虚线。■

玉质用具·其他

分为两类：一类是玉镇、玉钩、玉博具等实用器；另一类为嵌玉的铜器或金器，如玉首铜刀、金柄玉环、镶玉铜镜架等。

勾连云纹玉镇 春秋晚期玉质用具，浙江省绍兴县印山越王允常墓出土，现藏绍兴县文物保护管理所。

2件，均高6.3、底径8厘米。玉质较差，结构呈较疏松的片状，白色，内有灰黑色夹心。表面通体抛光，实心，器体一周有八条纵向的折棱，将器物分为八个等分的区域，底平面为等边八边形。弧顶的中心有一个扁圆形小纽，纽上横穿细孔可穿丝线。除底部平面外，玉镇通体阴刻精细的勾连云纹。■

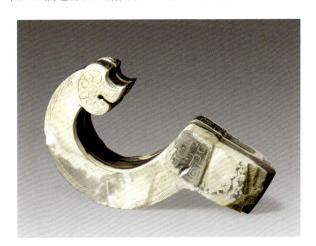

龙首玉钩 春秋晚期玉质用具，浙江省绍兴县印山越王允常墓出土，现藏绍兴县文物保护管理所。

长12.3、宽2.7、厚1.9厘米。玉质白色，结构呈较疏松的片状，表面多处抛光。弯钩为半圆弧形，钩头部分卷起，加工成龙首形，龙嘴稍张，上唇上翘，尾部方折成钩柄。钩尖龙首部分和钩、柄转折处均三面阴刻简化兽面纹，钩身脊面及两侧面边棱全部阴刻短线羽状纹。龙首部分的兽面纹图案酷似龙的面额，加上微微张开的龙嘴，栩栩如生。此玉钩可能是用于悬挂青铜乐器的。■

铁匕首玉柄 春秋晚期玉质用具，河南省淅川县下寺10号墓出土，现藏河南博物院。

长10、厚0.5厘米。玉质青白色，半透明，温润光泽，靠近銎孔部分已经沁成褐色。玉柄扁平体，加工成"工"字形。外缘雕刻对称的扉棱，表面碾琢隐起蟠虺纹和云纹。此玉柄一端有一銎孔，可以嵌插匕首，由于埋藏日久，铁器腐蚀严重，现在只残存一小段。■

玉首铜刀 战国早期玉质用具，湖北省随州市擂鼓墩曾侯乙墓出土，现藏湖北省博物馆。

通长22.3，玉首长4.2、宽3.4、厚0.3厘米。刀茎与刀身为青铜质地，与玉环首相接处呈龙形衔住玉环首状。玉环首玉质青白色，半透明，光洁温润，四角有酱黄色杂质。扁平体，略呈长方形，局部已残。玉首内为方环形，四周透雕龙首形，表面碾琢蟠虺纹和卷云纹。■

玉博具 战国早期玉质用具，山东省曲阜市鲁国故城乙组52号墓出土，现藏曲阜孔府文物档案馆。

6件，均长2.1、宽2.1厘米。玉质青色，半透明，温润光泽。器正方体，表面无纹。■

卷云纹金柄玉环　战国晚期玉质用具，河南省淮阳县平粮台16号墓出土，现藏河南省文物考古研究所。

长径3.5、短径2.7，孔长径2.1、短径1.2，厚0.4厘米。玉质白色，半透明，有光泽，有褐色沁斑。扁平体，椭圆形。内外缘有阴刻轮廓，两面碾琢双阴线卷云纹、网格纹。金柄剖面呈长方形，向外延伸的一端残留有铜削痕迹。据此可知此玉环应是铜削的金柄玉质环首。■

谷纹金柄玉环　战国晚期玉质用具，广东省肇庆市北松岭山1号墓出土，现藏广东省博物馆。

直径4.7厘米。玉质已经沁成鸡骨白色。扁平体，圆形，内外缘皆有扉棱，扉棱内为阴刻轮廓线。环表碾琢谷纹。金柄为长四棱扁条形，嵌于玉环一侧。此器应是铜削的环首。■

镶玉鎏金铜镜架　战国晚期玉质用具，河南省淮阳县平粮台16号墓出土，现藏河南省文物考古研究所。

长6.2、宽3厘米。梯形，顶端做成兽首形，镶嵌两枚绿色料珠为兽眼，镜架主体镶嵌梯形玉片。玉片玉质为白色，半透明，温润光泽，外缘有一周阴刻轮廓线，表面碾琢卷云纹。青铜镜架两侧鎏金，已经腐蚀。镜架顶端的兽首向上张口，正好衔住圆形铜镜的下缘。此镜架是目前我国发现最早的铜镜附属物，也是汉晋时期镜台的雏形。此器出土时叠压在铜镜之下，推测两者配套使用。■

玉质容器·杯、樽

目前所见玉制容器均属战国时期，尚未见到春秋时期的玉容器。战国玉容器有耳杯、樽等，主要用作酒具，用料考究，制作精良，装饰华丽，出土于地位和身份很高的墓葬中，应为东周王室或诸侯王的专用玉器皿。值得一提的是浙江省杭州市半山区石塘镇1号墓出土的水晶杯，是迄今为止我国出土的早期水晶制品中最大的。

勾连纹玉耳杯　战国玉质容器，河南省洛阳市金村东周王室墓出土，现藏美国哈佛大学艺术馆。

长13.5、宽9.8厘米。玉质黄褐色，半透明，有光泽。

杯口呈椭圆形，杯内底部以阴线刻出双椭圆形线，内填勾卷的"S"形纹。杯口沿外侧有双耳，耳上透雕卷云纹。杯身作舟形，器表饰勾连纹和柿蒂纹，杯底为矮圈足，平面呈圆角长方形，地面阴刻双勾"S"形纹。此杯仿漆耳杯形制雕成，杯内掏挖规整，纹饰雕刻精细，为实用器。■

龙凤勾连谷纹玉樽 战国玉质容器，河南省洛阳市金村东周王室墓出土，现藏美国华盛顿弗利尔美术馆。

通高9.5、直径11厘米。玉质黄褐色。器由器身和器盖组成。盖顶面呈弧圆状，中央有一半圆环形纽，纽周围阴刻四个对称柿蒂纹，盖面上阴刻一周卷云纹。盖边缘雕刻三个立体凤鸟和三只爬行的蟠龙，镶嵌一周金饰。器身表面满饰勾连谷纹，中间以一周弦纹分为上下两栏。器身中部对称雕出一环和一穿接着活环的桥形纽。器底有三兽蹄形足。此玉樽工艺精湛，是战国玉器佳作。■

水晶杯 战国玉质容器，浙江省杭州市半山区石塘镇1号墓出土，现藏杭州历史博物馆。

高15.4、口径7.8、底径5.4厘米。水晶质。杯敞口，平唇，斜直壁，圆底，圈足外撇。素面无纹，造型简洁，是迄今为止我国出土的早期水晶制品中最大的。■

纹 饰

云雷纹 春秋早期玉器装饰纹样，是一种线条方折的纹饰，以阴刻手法制成。单体云雷纹呈"S"纹，在装饰上，每三个雷纹构成一组图案，构图对称，纹饰显得较细密。这种纹饰是春秋早期特有的一种纹饰，具有断代的意义。它显然是受当时青铜器上所盛行的云雷纹的影响而出现的，但装饰在玉器上则显得较呆板，缺乏生气，到春秋晚期和战国时它便演变成了最富变化的勾连纹。■

谷纹 春秋、战国玉器装饰纹样，又称谷粒纹，是以剔地浅浮雕的方法，在玉器表面雕琢出许多凸起的弧形圆点，这些圆粒排列有序，经抛光后闪闪发亮，十分悦目。谷纹是战国时期最流行的纹饰之一，由于谷纹制

作难度较大，所以它装饰的玉器往往比较精致，观赏价值很高。■

蝌蚪纹 春秋、战国玉器装饰纹样，是由谷粒纹派生出来的一种纹饰，就是在谷粒边缘上琢出一道弧线，形似蝌蚪的尾巴，所以称"蝌蚪纹"。所琢刻的"尾巴"，方向并不固定，似乎是玉工随意雕刻出来的，但装饰效果较好，它常饰于玉龙上，增强了龙的动感。■

卧蚕纹 春秋、战国装饰纹样，由谷纹派生出的一种纹饰，以剔地浅浮雕的方法，在谷粒边缘上琢出一条弧线，形似卧蚕，故称"卧蚕纹"。卧蚕纹的谷粒和弧线大小比例匀称，一般分布在云纹和蟠虺纹之间，似为玉工随意所为，但是装饰效果很好。卧蚕纹流行于春秋晚期的玉器上，战国中期以后逐渐消失。■

云纹 春秋、战国玉器装饰纹样，状如云头形，以

阴刻或浅浮雕方法雕出，每组云纹是由两个单体相对的谷纹或涡纹尾部相连构成。这种纹饰既有玉工有意刻成的，也有随意刻成的。前者往往排列整齐，后者则常与谷纹、涡纹相杂，显得富丽美观。云纹是春秋战国时期常见的一种纹饰，由它派生出的有一种变体云纹，纹道长而细，富有飘逸感。■

勾连纹 春秋、战国玉器装饰纹样，源于雷纹和云纹，以阴刻手法制成，由单体雷纹或云纹相互勾连而成，不过雷纹的线条已由折变成圆弧。最早的勾连纹玉器见于春秋中晚期，勾连纹线条为双勾线，弯转流畅，时代特征明显。战国时期的勾连纹看上去似乎集中了雷纹、云纹和涡纹的特点，显得整齐平稳。除了这两种最基本的构图外，派生出的图案也很多，颇具特色的是勾连云纹。■

勾连云纹 春秋、战国玉器装饰纹样，是将几组云纹对称地勾连在一起，到战国晚期和西汉早期，有的器物上则出现通体十分规整和细密的勾连云纹，非常华丽。■

蟠虺纹 春秋、战国玉器装饰纹样，是由弯转流畅的双勾阴线组成一组组侧面龙首纹，龙眼为单阴线圆

圈。纹饰细密而规整，生动美观。流行于春秋时期，常装饰于玉璧、玉环上。■

兽面纹 春秋、战国玉器装饰纹样，又称饕餮纹，用阴刻或浮雕手法琢出一只狰狞凶猛的兽首，常装饰于各种小型玉饰、玉璧、玉剑饰之一的玉璏及玉铺首上。兽面纹出现在玉器上最早是春秋时期，在战国至汉代很盛行，基本特征与春秋时大致相同，只是眼睛有的作圆形，牙齿有的为一排整齐门牙等。■

涡纹 战国玉器装饰纹样，是以阴刻手法雕刻出的水漩涡形纹饰，形似"蝌蚪纹"。这种纹饰最早见于西周时期，但数量很少。春秋时期，涡纹的尾端拖得较长，形似弯钩。战国时期，涡纹成为千篇一律的漩涡

状。由于涡纹雕刻简单，又能达到谷纹美观的效果，所以它在战国时被大量采用。■

蟠龙纹 战国玉器装饰纹样，是战国至汉代常见的纹饰，常以高浮雕或透雕琢出，作盘曲蜿蜒或攀援匍匐状，装饰于玉璧、剑饰和玉印等器物上。古人将蟠龙作为天空中游弋的神兽，因此在塑造蟠龙形象时，往往衬以流云纹。■

旧玉沿用与改形玉器

旧玉沿用

鹰纹玉圭 新石器时代旧玉，山西省侯马市春秋时期祭祀坑出土，现藏山西省考古研究所。

长21、宽4、厚0.1厘米。玉质黄白色。中部阴刻一展翅鹰形图案，其下阴刻两组六道横线，再下有一圆穿，上下两端磨薄出刃，具有山东龙山文化玉圭的风格。■

玉璧 新石器时代旧玉，山西省侯马市春秋时期祭祀坑出土，现藏山西省考古研究所。

直径18.5厘米。玉质青白色，有褐色斑及白色沁斑，边缘残损。从此器玉料及形制判断，应为晋南史前陶寺文化遗留之物。■

玉燕 商代旧玉，河南省辉县琉璃阁战国时期甲墓出土，现藏台北历史博物馆。

长3.2、宽2.9厘米。玉质青白色，器作展翅而飞的燕形，头部眼睛稍凸，身体中部有一个圆孔，中有从口至尾一个圆穿孔。器正面用凸起阳文勾勒出羽翅、尾部及燕身体轮廓，尾部外展如鱼尾。此玉燕具有商代玉器风格，可能是周王室所得商朝玉器，再赐给诸侯之物。■

龙形玉佩 西周旧玉，河南省三门峡市上村岭春秋时期虢国墓地1657号墓出土，现藏中国国家博物馆。

长4.6、宽2.5厘米。玉质淡绿色，半透明，温润光泽。扁平体，镂雕成"S"形双连体虬龙。龙长角，张

口，唇上卷，下颚与龙体相连，伏卧状足。龙的轮廓用单阴线和卷云纹雕成，眼睛及身体纹饰亦用阴线琢出。纹饰线条流畅，背面光素无纹。■

龙纹柄形玉饰 西周旧玉，河南省辉县琉璃阁战国时期甲墓出土，现藏台北历史博物馆。

长10.5、宽2.7、厚0.3厘米。玉质青白色，器长如柄，两侧不平整，均有锯齿状扉棱，器上侧为鱼尾形。器表面阴刻细线卷云纹及一头双尾的龙纹，两面纹饰大略相同。此件柄形饰有西周玉器风格，可能是西周时期的旧器沿用至此。■

改形玉器

玉鱼 春秋早期改形玉，河南省光山县宝相寺黄君孟夫妇墓出土，现藏信阳地区文物管理委员会。

长5.9、宽2.4、厚0.15厘米。玉质翠绿色，半透明，质地晶莹，局部有黑斑。尾部残断。扁平体，鱼吻部上

翘。表面用阴线碾琢出鱼头、眼睛、嘴、鳃、鳞，背鳍、胸鳍用阴刻斜线文表示，嘴部有一钻孔。此鱼与西周张家坡墓地出土的玉鱼相似，只是鱼鳞纹略有变化。腹部残断，另钻两孔，应是西周玉器的改制品。■

卷云纹玉觽　战国中期改形玉，河北省平山县南七汲村中山国1号墓出土，现藏河北省文物研究所。

长6.8厘米。玉质黄色，半透明，温润光泽。扁平体，雕成弯角形，器形宽短，一端雕出兽头，另一端有尖。外缘有阴刻轮廓线，表面碾琢隐起的卷云纹，兽头部有一钻孔。此器兽头部分残留有半个较大钻孔，可能是玉璜改制而成的。■

秦汉魏晋南北朝玉器

目前考古发掘的秦代玉器，主要在陕西、湖南、河南、河北等地。可明确为礼仪用玉的有西安北郊联志村出土的玉璧、琮、圭、璋、璜、琥等，为成套的"六器"礼仪用玉，因大多玉器素面无孔，故此可能为祭祀之玉。另外还有山东烟台芝罘原阳主庙后殿前侧出土的两组青玉器，有玉璧、瓒、圭共八件，每组一璧、一圭、两瓒。据考证，此为秦始皇登芝罘时，在此封禅，并用牲牢圭币祭祀遗留下来的器物。此外山东荣成还出土有秦始皇祭祀用玉璧一件，玉圭二件。秦代装饰用玉出土并不太多，目前所见精品亦少，主要有玉璜、剑饰、龙佩、环、带钩、鸟等。较为精致者有河南沁阳官庄秦墓出土的铁芯十节白玉带钩，长19厘米，十节中间以一铁芯贯穿，每节均可活动，钩首尾均为龙形，身饰勾连雷纹，纽为扁圆柱形，构思精巧，雕刻精细。陈设用玉中最为精致者是西安市东张村出土的一件玉杯，纹饰精细华丽，构图严密。此杯出于秦阿房宫遗址，可能为当时宫廷用玉，它显示了秦代玉雕的高超水平，应可视为秦代玉器的代表作。

两汉是目前发现玉器最多的时代，考古出土品及传世品均非常丰富，其主要成就在西汉和东汉，新莽时间少促，所见玉器甚少，故暂忽略不计。目前考古出土的汉代玉器，主要分布于陕西、河南、河北、山东、江苏、安徽、湖南、广东、北京等地，精品多集中于诸侯王墓中。汉代帝陵因还没有大规模的考古发掘，面目还不清楚，但这不排除目前所见玉器中有一部分原为帝后所用，如出于汉元帝渭陵附近的附属礼制建——"长寿宫"遗址中的辟邪、仙人奔马、熊等，可能原为宫中陈设。还有出土于长陵附近的"皇后之玺"，推测可能为吕后用玺。

汉诸侯王墓目前发现有大大小小上百座，出土玉器数量约有数千件，可分为礼仪、丧葬、装饰、陈设用玉及玉质容器几个大类。两汉时期，祭祀礼仪用玉已不像商周那样发达，器形也少见，主要有璧、圭、戈、钺等。文献中对用璧、圭祭祀的记载较多，但目前出土可明确的祭祀礼仪用玉较少，山东荣成曾发现汉武帝时祭日的礼仪用璧一件、玉圭二件、玉璜一件。汉代最为发达的礼仪用玉为丧葬用玉，商周时的玉覆面至此已接近尾声，代之以成套的玉衣与九窍玉塞制度，玉衣分金缕、银缕、铜缕、丝缕等形式，完全依照人形制作，加之玉塞的使用，将尸体完全置于玉的包裹中，借此希望

肉体能如玉一样万古长存。丧葬用玉还有漆棺镶玉、璧、握、枕等。滇国西汉墓葬还出土有"珠襦玉柙"（即盖在尸体上的尸帘）。西汉早期玉握较为多样，有以璧改制的半月形器和镂空玉瓒等，中期以后玉握逐渐集中为猪形。玉琀由多变的形式向蝉形玉琀的定式转变。两汉最为丰富多彩的玉器是装饰用玉，此期装饰用玉不仅品类繁多，而且工艺精湛，其种类主要有：玉璧、环、璜、龙佩、凤佩、瓒、带钩、簪、剑饰、鲽形佩、舞人佩、组佩、珠、管等。陈设用玉多为各种玉兽，主要有玉熊、豹、马、猪、鹰、辟邪、仙人奔马等，另外还有各式玉人，均圆雕制作，造型生动逼真，是汉玉艺术性的集中体现。玉质器皿主要有玉高足杯、耳杯、角形杯、卮、盒、壶、砚滴等，其大量出现不仅显示了汉代制玉工艺的进步和玉料来源的充足，而且预示着玉器的发展已逐渐从神圣化走向日常生活，为唐宋以后玉器的世俗化奠定了基础。汉代还出现了许多新的器形，如寄托人们辟邪压胜思想的刚卯、严卯、司南佩等。玉印也是此期较为盛行的器物，但从出土玉印看，似乎并不严格按照文献记载的用印制度，僭越现象十分普遍，诸侯王墓中或低等级墓葬中出现高等级、规格用印是常有的事，玉质私印也较为多见。历来当朝沿用前代玉器并不少见，汉代也多。但将旧玉或者已残破之玉重新改制并加以再设计者，汉代不乏精品之作，如南越王墓的金钩玉龙，在已残断之龙体上，重新设计虎头金钩与之相配，形成龙虎相斗之势，显示了玉器设计者的独具匠心。此期出土有多件改制玉器，所改之器有前朝的，也有当朝的，可见在汉代玉料已比先秦充足许多的情况下，人们对玉器的珍视程度仍然很高。

两汉玉器是纹饰与造型艺术最为丰富的时代，有着前所未有的想像力和创造力，很多纹饰与造型被后世仿效至今，如螭纹、龙纹、凤纹、熊纹、虎纹、貘纹、鸟纹等不仅有着结实的肌肉、矫健的身躯，而且其身体的扭曲、游动感是后世玉雕所无法比拟的，尤其是龙纹、螭纹的刻划，张力十足，充满无限的生机与活力。汉代尚白玉，在制玉中大量使用白玉，尤其是装饰用玉、陈设用玉及器皿用玉，这与玉料来源的丰富有关，张骞通西域及汉武帝对匈奴战争的胜利客观上使和田玉料可以源源不断地输送至内地。另外，汉代出现许多体形较大的玉器，如大的玉璧、佩饰、器皿等，从其玉料上看，汉人用玉并不局限于和田玉，出土品中，还出现有较多的蓝田玉、岫岩软玉等。

总之，两汉400余年的玉器艺术是中国玉器史上最为辉煌灿烂的时代，有着前无古人、后无来者的大气磅礴之势，是后世玉器艺术无法达到的高峰。

魏晋南北朝玉器，包括三国、西晋、东晋、十六国与南北朝各朝代，有着约360余年的历史。此期由于朝代频繁更迭、战事不断、政治分裂、经济发展缓慢等因素，玉器制作从两汉的高峰跌落下来，出现了数量少、品种少、工艺简单的低潮现象。此期祭祀礼仪用玉几乎不见，丧葬用玉也因曹魏以来，朝廷明令禁止厚葬而大为减少，主要有猪、蝉等，甚至还用非"真玉"来代替，如滑石、绿松石、青金石等。装饰用玉主要有云形佩、蝠形佩、鸡心佩、带钩、剑饰、簪、带板等，最为精致者是北周若干云墓所出的蹀躞玉带，选料考究，均为白玉质，是迄今发现时代最早、结构最完整、抛光制作工艺相当精湛的玉带，以后隋唐所出的玉带，其形制、结构均与此带相同，可见玉带的形制在北周时已趋于成熟。陈设用玉及日用器皿也较为少见，并向简约化发展。主要有玉兽、羊、杯、卮、樽、盏等，玉兽多与六朝的大型石刻造型相似，玉质器皿最为精致者为湖南安乡刘弘墓所出的卮、樽，其风格延续了汉代玉器的造型纹饰特征。

此期纹饰明显简约，素面玉器增多，虽也有龙纹、螭纹、云纹、谷纹等纹饰，但已不似两汉时生动有力，高浮雕器物减少，多平面片状素面器，玉器抛光亦较为粗糙。白玉少见，多为青玉、青白玉，滑石器增多，以补玉料之不足。

器　形

礼仪用玉·圭

目前发现的秦汉六朝礼仪用玉中，玉圭相对较多。其形制基本一样，以青玉制作，均尖首、折肩、平底、素面，多无孔，西汉中期有在下部穿一孔者。秦代玉圭除西安联志村的以外，在山东烟台芝罘原阳主庙后殿前秦代祭祀坑中也出土有两组玉器，其中有圭，放于璧孔中央，可见玉圭是祭祀时必用之器，西汉以后玉圭发现较少。

玉圭、玉璜　秦代礼仪用玉，陕西省西安市北郊联志村祭玉坑出土，现藏西安市文物保护考古所。

各2件，左圭长8.5、宽2.1厘米；右圭长7.1、宽2.5厘米；右璜长11.5、宽2.6厘米。玉质均青色，素面无纹。《周礼》规定以苍璧、黄琮、青圭、赤璋、白琥、玄璜

祭祀天地四方，青圭用于祭祀东方之神，玄璜用于祭祀北方之神。■

玉圭　西汉中期礼仪用玉，河北省满城县陵山1号墓出土，现藏河北省文物保护中心。

长18.6、宽7、厚1.35、孔径0.35厘米。玉质青色，有黑点，表面有灰白色沁。素面，上端尖锐，下端平直，近底部有一小圆孔。同墓共出二件，另一件稍长，均为祭祀礼仪用玉。■

玉圭 西汉礼仪用玉，江苏省扬州市邗江西湖胡场7号墓出土，现藏扬州博物馆。

2件，均长7.1、宽2、厚0.2～0.4厘米。玉质青色，中有黑点。器扁平状，长方形出尖。此器出于棺室内，同出还有钺形穿孔青玉片，应同为礼仪用玉。■

礼仪用玉·璋

此期玉璋发现较少，亦无纹饰。璋用于祭祀南方之神，为天子巡守、祭祀山川和诸侯娉女等所用。

玉璋 秦代礼仪用玉，陕西省西安市北郊联志村祭玉坑出土，现藏西安市文物保护考古所。

长21.3、宽6.6、厚2.3厘米。玉质青色。器素面无纹，为半圭之器形，顶端为斜边，呈锐角。■

礼仪用玉·璧、琮、觿

此期出土玉璧极多，但多为丧葬用玉及装饰用玉，可明确为礼仪用玉者仅西安联志村秦代祭祀坑、山东烟台芝罘秦代祭坑出土的两组玉器中的玉璧及山东荣成秦代祭坑出土的玉璧。烟台玉璧上饰有阴刻隐起的涡纹，联志村者则素面无纹。琮在此期亦发现极少。觿于两汉多有出土，但多为装饰用玉，作为礼仪用玉的只能确定山东芝罘和西安联志村两处出土的玉器。

玉璧、玉琮、玉觿 秦代礼仪用玉，陕西省西安市北郊联志村祭玉坑出土，现藏西安市文物保护考古所。

共4件，玉璧直径4.2厘米；琮长5.2、宽4.7厘米；觿长11、宽1厘米。玉质均青色，素面。璧、琮中央钻一小孔，觿于头部有一孔。琮已为象征性玉器，仅呈一正方形扁片。觿扁平弧形，一端尖一端平，觿寓意解结之意，大多作装饰用玉，在此为礼仪用玉。■

玉琮 六朝礼仪用玉，江苏省南京市幕府山1号墓出土，现藏南京博物院。

长6.55、宽6.8、孔径5.7厘米，玉质青色，有黑褐色沁斑。琮体光素无纹，短射，此可能为前朝遗物。■

礼仪用玉·璜、琥

作为《周礼》六器中的玉璜、玉琥之器，一为祭祀北方之神，一为祭祀西方之神。除秦代西安联志村所发现的外，玉璜虽在两汉时期出土较多，但多为装饰用玉及丧葬用玉，少有专做祭祀礼仪之器的。

兽面纹玉璜 秦代礼仪用玉，陕西省西安市北郊联志村祭玉坑出土，现藏西安市文物保护考古所。

长11.5、宽2.5厘米。玉质青色。器扁平弧形，两端刻阴线兽首并以阴刻线勾出轮廓，兽首有獠牙，菱形眼，两面纹饰相同。此器无钻孔，无法系挂，当为礼仪用玉无疑。■

玉琥 秦代礼仪用玉，陕西省西安市北郊联志村祭玉坑出土，现藏西安市文物保护考古所。

2件，均长11.5、宽4厘米。玉质青色。器扁平片状，以阴刻线简单勾出虎的眼睛、身体。玉琥礼西方，位于西方的秦即奉祀白虎。■

礼仪用玉·戈、钺

此期玉礼仪兵器发现较少，目前所见集中于西汉。除永城僖山汉墓及徐州狮子山汉墓所出玉戈外，山东曲阜九龙山鲁王墓还出土一直内戈，其一面刻满纹饰，内上有两穿孔，可绑缚固定于戈柲上。其他还有两处玉戈、玉钺已纯属礼仪象征之器，并且玉戈的造型趋于装饰艺术化。

勾连云纹玉戈 西汉礼仪用玉，河南省永城县芒山镇僖山汉墓出土，现藏河南博物院。

通长18.3、援长11.3、宽10.3、厚0.5厘米。玉质青白色。器两面纹饰相同，其为狭援胡单刺式戈，援后段较前段更狭，胡较长，有三长方形穿，并出小刺。内为长方形，中有一穿，一侧下角有一缺口，除中脊和刃部外，援、胡与内下半部饰勾连云纹，是汉代较为少见的玉制兵器。■

龙纹玉戈 西汉礼仪用玉，江苏省徐州市狮子山楚王墓出土，现藏徐州博物馆。

长17.2、宽11.2、厚0.7厘米。玉质青白色，局部有黄色土沁及白色水沁。为宽援胡双刺式阔内戈，胡上三半月形穿，内上一穿。援、胡刃部出廓透雕一身带飞翼的行龙，龙张口，斧形下颚。援、胡之上饰勾连云纹，内上一面饰翻腾虬曲的螭龙，另一面饰勾喙振翅的凤鸟。此器雕工精致，构思新颖，为集礼仪与装饰用途于一身的汉玉精品。■

玉钺 西汉礼仪用玉，河南省永城县芒山镇僖山汉墓出土，现藏河南博物院。

残高9、宽9.1、銎长5、宽2厘米。玉质青色。器为半圆形刃，上有崩口。銎部长方形，两面阴刻卷云纹，銎孔为长条形。■

礼仪用玉·俑

目前所见均为扁平片状，纹饰简单，仅见于秦代祭玉坑和墓葬中，可能为祭祀用品或葬玉。

人形玉俑 秦代礼仪用玉，陕西省西安市北郊联志村祭玉坑出土，现藏西安市文物保护考古所。

2件，男性长7.5、宽1.5厘米；女性长7.4、宽1.4厘米。玉质均青色。器呈成扁平片状，以简单阴刻线刻划出五官，男性头挽髻，有胡须，面容与出土的秦俑相似，腰束带，饰交叉格纹。女性仅简单的饰出五官，腰部划一阴刻线。同出玉器中，有成套的"六器"祭祀用玉等八十五件，多为素面片状器，有雕工的也只是简单勾出轮廓，此玉人身无孔，故应是用来做祭祀之用。■

装饰用玉·璧

秦代玉璧目前发现较少，先秦时以璧为礼仪祭祀用玉的制度延续至今，且文献多有记载。汉代璧、圭组合祭祀用玉还时有发现，但可明确者较少，目前考古发现之璧几乎均用于装饰及丧葬。汉代装饰用璧出土较多，器形、纹饰也变化多端，除常见的谷纹、涡纹、蒲纹玉璧以外，还有透雕玉璧，如广州南越王墓的透雕龙凤纹玉璧及北京大葆台透雕鸡心纹玉璧等，此类玉璧一般形体较小，做装饰佩挂用。另外还有体形较大的夔龙纹系列分区玉璧，这类玉璧大多为丧葬用玉，也有少数体形较大、做工精致者原为墓主生前所

用、死后随葬的玉璧。另外还出现较多的出廓璧，有内出廓、外出廓及璧内外均出廓三种形式，出廓纹饰多为龙纹、螭虎纹、凤纹等。东汉时还大量流行吉语璧，常见有"宜子孙"、"益寿"、"长乐"等语。总之，玉璧发展到汉代，在造型、纹饰、工艺上均达到了玉璧历史上的最高峰。

涡纹玉璧 秦代装饰用玉，湖南省长沙市左家塘1号墓出土，现藏湖南省博物馆。

直径16.4、孔径5.2、厚0.5厘米。玉质青色，部分受沁。器身饰浅涡纹，璧边缘刻"四百十七"字样，当为器物编号。在战国到秦汉的玉璧边缘，经常会发现一些带有数字的文字，这可能是王侯宫廷用玉的一种规则。■

谷纹玉璧 西汉中期装饰用玉，河北省满城县陵山1号墓出土，现藏河北省文物保护中心。

通长29.9、璧径13.4、孔径4.2、厚0.6厘米。玉质青色，表面有水沁。璧身满饰谷纹，内外边缘棱斜起。璧上出廓饰对称的双龙卷云纹，龙昂首挺胸，脑后鬣毛呈绞丝状上卷，龙首上

方为流畅的卷云纹，顶部有一小圆孔。龙身姿矫健有力，为汉玉中的精品之作。■

凤纹玉璧　西汉中期装饰用玉，河北省定县（今定州市）40号墓出土，现藏河北省文物研究所。

长6.7、宽3.6厘米。玉质青色。璧为重环状，外环饰谷纹，内环饰阴线卷云纹，璧左右两侧各有一张口挺胸之凤，以浮雕与阴线表现的凤鸟，造型优美。出土时位于墓主颔下，应为墓主生前佩戴之物。■

龙凤纹玉璧　西汉晚期装饰用玉，北京市丰台区大葆台1号墓出土，现藏北京市大葆台西汉墓博物馆。

直径9.2、厚0.3厘米。玉质青白色。璧中间圆孔正好为鸡心之圆孔，其一头出尖，一端圆弧，两旁分别透雕一龙一凤，并以阴刻线表现纹饰，构思巧妙独特。■

谷纹玉璧　西汉装饰用玉，江苏省徐州市狮子山楚王墓出土，现藏南京博物院。

直径12厘米。玉质白色。璧两面饰谷纹，每个谷纹上都有一阴线刻饰的旋涡，从谷粒头至尾，似一逗号。内外两边斜磨出棱。此璧玉质极好且谷纹工整。■

谷纹双联玉璧　西汉装饰用玉，广东省广州市象岗南越王墓出土，现藏西汉南越王博物馆。

通长12.4、通宽7.6、璧径6.2、厚0.4厘米。玉质青色，已严重受沁成鸡骨白。两璧连接，上饰谷纹，中间上下各透雕卷云纹及双凤纹，下部凤纹构成抽象三角形器座，两璧孔间有丝带痕。此器汉玉中少见，造型奇特，应为佩饰。■

龙凤纹玉璧　西汉装饰用玉，广东省广州市象岗南越王墓出土，现藏西汉南越王博物馆。

直径10.6、孔径5.2、厚0.5厘米。玉质青白色，表面有水沁，局部较重。分两环，一游龙置身于内环中，其前爪与后腿伸入外环，一凤在外环之内，站于龙前爪上，回眸与龙对视，凤首高冠与凤尾延伸成卷云状。龙的绞丝形尾卷曲于外环内。龙张口露齿，身体扭曲，充

分展示出肌肉的遒劲有力。这种充满动感的张力是汉以后玉雕龙所没有的，整个纹饰细部以水滴纹、双"S"纹装饰，构图极具艺术性。■

直径13.84、孔径2.8、厚0.74厘米。玉质青色，局部有褐斑。璧两面饰乳钉纹，排列有序。璧的一角，有一弧形纹将璧分成两部分，两面纹饰相同。此器纹饰独特，较为少见。■

龙纹玉璧 西汉装饰用玉，广东省广州市象岗南越王墓出土，现藏西汉南越王博物馆。

直径33.4、孔径9、厚0.7～1.1厘米。玉质青色，有白色沁斑。以三圈绳索纹将纹饰分为三区，内外边缘磨平起棱。内外区均为一首双身夔龙纹，内区三组，以双勾"S"纹分隔，外区七组，以弧线相连。中间饰蒲格涡纹，内外缘均有管钻留下的丝丝平行细线纹。此璧出于"头箱"，是目前出土此类三区玉璧中直径最大、雕刻双体龙纹最多的一件。■

乳钉纹玉璧 西汉装饰用玉，安徽省寿县南门外养猪场坝西1号墓出土，现藏寿县博物馆。

玉璧 西汉装饰用玉，江苏省高邮市天山乡神居山2号墓出土，现藏南京博物院。

直径12.5、孔径4.2、厚0.6厘米。玉质青色，有白色沁斑。璧素面，在器外侧壁阴刻铭文"上合"二字，较为少见。■

"宜子孙"玉璧 东汉装饰用玉，江苏省扬州市邗江甘泉老虎墩东汉墓出土，现藏扬州博物馆。

通长9、璧径7、厚0.4厘米。玉质青色，已受沁为白色。璧双面透雕，上出廓一回首凤，腹下刻一"宜"字，"子孙"两字刻于璧内。两旁饰螭虎，螭虎造型扭

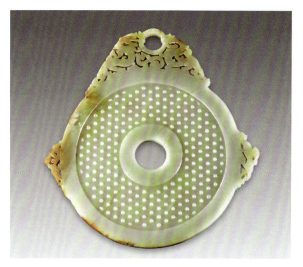

曲有力度。此璧构思巧妙，是东汉透雕吉语出廓璧的典型器。■

廓透雕，两侧各出两小螭，上端雕两龙衔环，两龙一正面，一侧面，身体各自扭曲，并不对称，环上装饰勾连云纹。此璧工艺精湛，是汉玉中精品之作。■

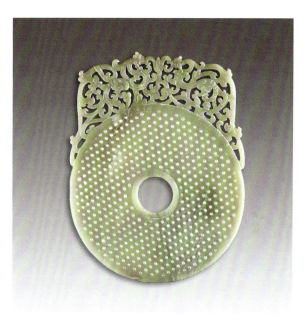

"宜子孙"玉璧　东汉装饰用玉，山东省青州市马家冢出土，现藏青州市博物馆。

通长30、璧径20.7、厚0.6厘米。玉质青色，有白色和黑色沁斑。璧上方出廓透雕双龙与流云纹，中央为"宜子孙"三字，每字中央阴刻字形线，字上部有一朵云形提纽。璧分内外两区，内区饰乳钉纹，外区浮雕熊纹、螭虎纹，线条流畅，是汉玉中精工之作。■

乳钉纹玉璧　东汉装饰用玉，河北省定县（今定州市）43号墓出土，现藏定州市博物馆。

通长30、璧径24.4、厚1.1厘米。玉质青色，细腻温润。璧内外缘为素面宽带，中间减地雕乳钉纹。璧外出

乳钉纹玉璧　东汉装饰用玉，河北省定县（今定州市）北庄汉墓出土，现藏河北省文物保护中心。

通长25.5、宽19.9、厚0.7厘米。玉质青色，表面有水沁。璧两面皆饰乳钉纹，出廓透雕双螭纹与长云纹。两螭对视，圆凸眼，圆耳，身饰圆圈纹和"二"字纹，其纹饰虽繁但杂而不乱。东汉常见这种出廓玉璧。■

乳钉纹玉璧　东汉装饰用玉，现藏天津博物馆。

通长15.7、璧径13.9厘米。玉质白色，有黄褐色斑。璧上端出廓双螭纹，中以尖状花蕾纹分隔。双螭曲身卷尾，身饰毛纹与圆圈纹。璧面饰乳钉纹，内外边缘磨平

龙形玉环

西汉中期装饰用玉，江苏省扬州市邗江西湖蚕桑砖瓦厂西汉墓出土，现藏扬州市文物考古队。

直径2.1、孔径0.9、厚0.5厘米。玉质青色，有沁斑。环身雕双龙相对，龙吻上翘，双目鼓凸，龙脊相连鼓起，双面钻孔。此环雕工圆润，有春秋战国玉器遗风。■

出棱。此器上部出廓较为狭长低矮，与东汉常见三角形出廓不同，较为少见。■

装饰用玉·环

此期玉环数量较多，造型、纹饰亦多样，除常见的谷纹、涡纹、绞丝纹及素面玉环外，还有勾连云纹、绞绳纹玉环，另外还出现透雕龙纹、螭纹、龙凤纹及带有貘纹的玉环。另一类就是衔尾龙纹所组成的玉环，有单独一龙，也有龙凤合体者，后者为一小凤站于大龙身上，造型新颖，纹饰流畅。这些环有单独佩饰，也有组玉佩之一者，是此期佩饰件的大宗。

龙鱼貘纹玉环　西汉晚期装饰用玉，江苏省扬州市邗江甘泉姜莫书墓出土，现藏扬州博物馆。

直径9.5、孔径4.1、厚0.3厘米。玉质白色。器已残，透雕双龙纹、鱼纹及貘纹。鱼尖嘴，圆眼，以绞丝纹饰颈部，身披飞羽。貘杏眼，圆耳，尖嘴上翘，以阴刻细线饰背部毛纹。■

谷纹玉环　秦代装饰用玉，河北省易县燕下都高陌村秦墓出土，现藏河北省文物研究所。

直径7.9、孔径4.7、厚0.4厘米。玉质白色，边缘部分受沁。两面饰微凸起的谷纹，以阴刻线勾勒谷纹轮廓，内外边缘斜磨起棱。■

凤貘纹玉环　西汉晚期装饰用玉，江苏省徐州市石桥村2号墓出土，现藏徐州博物馆。

直径7.9、孔径4.1、厚0.3厘米。玉质白色温润。两面纹饰相同，以透雕技法雕刻双凤及一貘，旁饰流云纹，相互缠绕。■

螭龙纹玉环　西汉装饰用玉，广东省广州市象岗南越王墓出土，现藏西汉南越王博物馆。

直径9、孔径4.8、厚0.4厘米。玉质青色，已严重受沁成黄色。透雕双龙、双螭相间缠绕穿行。龙杏眼，眼角出勾，回首。螭尖嘴尖耳，似狐面，眼、眉集中于面下方。龙螭肌肉结实有力，雕工精细。■

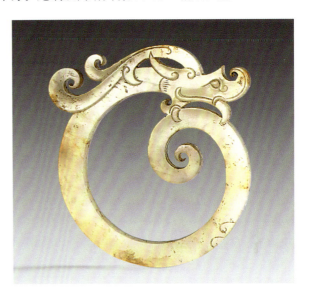

龙纹玉环　西汉装饰用玉，广东省广州市象岗南越王墓出土，现藏西汉南越王博物馆。

直径9.6、孔径4.4、厚0.6厘米。玉质青白色，部分沁为鸡骨白色。两面纹饰相同，透雕成两重环状，内环浅浮雕三条一首双身的连尾龙，龙首衔外环，外环饰谷纹。此环构思精巧，形状别致。虽出土于玉衣内作为殓葬用玉，但从造型及工艺看，应为墓主生前用玉，非专为丧葬而制。■

龙形玉环　西汉装饰用玉，安徽省天长市三角圩汉墓群出土，现藏天长市博物馆。

最大直径5.3、厚0.4厘米。玉质白色，温润有土沁。透雕一龙，龙首衔尾如环，尾尖向内打卷。龙杏眼出梢，嘴大张衔尾，上小唇前卷后翻，獠牙勾尾，龙发分叉后飘，身体上阴刻两勾云纹。此器造型生动传神，有很强的艺术表现力。■

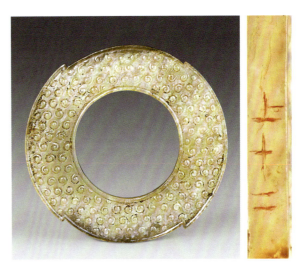

谷纹玉牙环　西汉装饰用玉，安徽省天长市三角圩汉墓群出土，现藏天长市博物馆。

直径9、孔径4.7厘米。玉质白色。环两面均刻饰谷

纹，玉环外缘两处出脊牙，约各占四分之一，造型较为独特，在环最厚处侧边有"上十二"字样。■

勾连云纹玉环 西汉装饰用玉，安徽省天长市安乐北岗汉墓群出土，现藏天长市博物馆。

直径5、孔径3.2、厚0.4厘米。玉质青白色，纯净无瑕。边缘阴刻弦纹，内雕两周排列整齐的勾连云纹。■

绞丝纹玉环 西汉装饰用玉，江苏省仪征市张集庙山村赵庄西汉墓出土，现藏仪征市博物馆。

直径5.1、孔径2.6、厚0.2厘米。玉质白色，有沁斑。环两面雕琢细密的斜向绞丝纹，绞丝线及底均抛光，边缘略薄。此种器形战国、西汉常见。■

玉环 西汉装饰用玉，江苏省扬州市江都凤凰河汉墓出土，现藏扬州博物馆。

直径1.7、孔径4.4、厚0.4厘米。玉质青白色。器扁平圆形，素面无纹，光滑温润。■

绞丝纹玉环 西汉装饰用玉，江苏省阜宁县合兴村出土，现藏南京博物院。

直径5.5厘米。玉质白色。器透雕双绞丝纹，并以三个绳节相连，构思巧妙。此种双绞丝纹环在安徽老孤堆集战国墓中也有出土，汉代还有一种三重绞丝纹玉环。■

龙兽纹玉环　西汉装饰用玉，安徽省巢湖市放王岗西汉墓出土，现藏巢湖市博物馆。

直径9.94、孔径5.7、厚0.4厘米。玉质白色细腻。环两面浅浮雕各式龙纹和神兽纹。龙纹有的昂首、张口、露齿，有的衔前面的龙尾，有的穿云翻腾，有的团身前视，神态各异。另有一兽，侧身直立，张牙舞爪。内外环缘斜磨出棱。此环纹饰构思独特，工艺精湛，允分显示了汉代玉雕的创造力，是不可多得之精品。■

龙形玉环　西汉装饰用玉，安徽省巢湖市放王岗西汉墓出土，现藏巢湖市博物馆。

最大直径4.16、器身最宽处1.27、厚0.4～0.49厘米。玉质青白色。扁平体，镂雕一龙，团身呈环状。龙张口衔尾，身饰双阴线雕刻的鱼鳞状纹，龙爪收于腹下，以细阴线勾画龙颈、爪及尾的细部，造型具象而独特。■

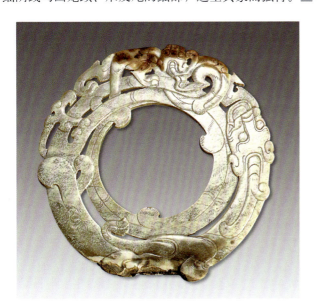

螭龙纹玉环　东汉装饰用玉，江苏省扬州市邗江甘泉老虎墩东汉墓出土，现藏扬州博物馆。

直径10、孔径4.7、厚0.4厘米，玉质青白色，有糖色和水沁。透雕一龙蜷曲两周，其首尾相接成环状，一螭缠绕于龙身之上。以阴刻细线刻画毛纹，反面亦为龙螭的反面形象，构思独特。■

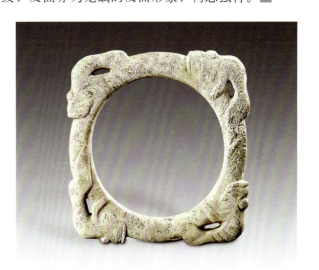

伏人纹玉环　东汉装饰用玉，河南省洛阳市涧西158厂汉墓出土，现藏洛阳市博物馆。

直径9.7、对角长12.7、孔径7.5厘米。玉质青色，已严重受沁为鸡骨白色。圆环素面，四角凸出镂雕四人俯首抱环。人菱形眼，头戴冠，以三道阴刻线饰身。造型别致，较为少见。■

龙凤纹玉环 东晋装饰用玉，江苏省南京市邓府山3号墓出土，现藏南京博物院。

长5.7厘米。玉质青色，已多处受沁为鸡骨白色，尾稍残。龙回首曲身，首尾衔接为环，一凤鸟与龙首相背站于龙身之上，造型优美，线条流畅。此类器汉魏时期出现，以后少见。■

玉环 南朝装饰用玉，江西省南昌市京山南朝墓出土，现藏江西省博物馆。

直径7、孔径3.2、厚0.4厘米。玉质白色。环素面无纹，两侧外缘各有一长方形凸起，造型独特。■

装饰用玉·璜

璜在此期祭祀礼仪的功能已大大减少，目前所见可明确祭祀礼仪用璜者极少，璜的功能已转向装饰用玉。用作装饰之璜多钻有孔，有一孔、两孔、三孔者，可系佩，大多是组玉佩的组成部分，南越王墓玉舞人身前就阴刻一璜和一璧的连缀佩饰，也有单体佩饰。纹饰也趋于复杂，除素面玉璜外，双龙首玉璜较为常见，还有透雕出廓玉璜，形式多样，但基本不脱半弧形璜形。总体来说，汉代玉璜形制多样，魏晋以后，玉璜形佩逐渐减少，纹饰亦趋于简约。

龙凤纹玉璜 西汉晚期装饰用玉，江苏省扬州市邗江甘泉姜莫书墓出土，现藏扬州博物馆。

长11.9、宽4.9、厚0.4厘米。玉质白色。器透雕成扁平状，呈双龙合体，回首对视，中部出廓。上雕一回首玉凤，下透雕卷云纹，两面纹饰相同，以阴线刻细部花纹，造型优美精致。■

龙首纹玉璜 西汉晚期装饰用玉，江苏省扬州市邗江甘泉姜莫书墓出土，现藏扬州博物馆。

长17.6、宽3.2、厚0.3厘米。玉质白色。璜呈双龙首合体，除龙首和边沿以阴刻线勾勒外，余皆素面。龙三角形眼，中间上方、两端下方共有三个圆孔。■

龙首纹玉璜 西汉装饰用玉，河南省永城县芒山镇保安山汉墓出土，现藏商丘市博物馆。

长9.8、宽2.7、厚0.4厘米。玉质白色。片状透雕双龙首连体璜，呈半环形拱，正中有一长椭圆形孔，两端各有一小圆孔，纹饰以阴刻线雕饰，下部出廓透雕卷云纹。■

谷纹玉璜　西汉装饰用玉，江苏省徐州市狮子山楚王墓出土，现藏南京博物院。

长19.3厘米。玉质青白色温润，局部有褐色沁。器两面饰谷纹，谷纹上有阴刻线勾勒的轮廓，边出宽脊，中心钻一单面孔，工艺精致。■

龙首纹玉璜　西汉装饰用玉，安徽省巢湖市北山头西汉墓出土，现藏巢湖市博物馆。

通长17.7、宽2.66～3.53、厚0.27厘米。玉质青白色，有黄色土沁。璜为半弧形，中部饰隐起的勾连谷纹，两端饰龙首，圆眼出梢，中有眼珠，嘴上翘，头部饰有柳叶纹，中上部有一钻孔。此器雕琢精细，有战国遗风。■

龙首纹玉璜　西汉装饰用玉，河北省定县（今定州市）40号墓出土，现藏河北省文物研究所。

长10.8厘米。玉质青白色，局部有沁，已断裂。器透雕成双龙合体璜，龙纹以阴刻线装饰，中部出廓为长卷云纹，龙眼角出须上勾，是西汉常见龙眼形状，龙身饰几何勾连云纹。■

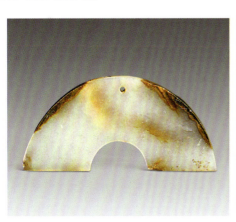

玉璜　西汉装饰用玉，安徽省天长市三角圩汉墓群出土，现藏天长市博物馆。

长5.3、宽1.8、厚0.3厘米。玉质白色，有褐色沁斑。璜半璧形，素面，器上端有一圆穿孔。侧面上有铭文"八十十"。此器抛光极好，有很强的玻璃光。■

龙首纹玉璜　东汉装饰用玉，河北省定县（今定州市）43号汉墓出土，现藏定州市博物馆。

长10.5、宽2.7、厚0.3厘米。玉质青色，有褐色沁斑。器扁平透雕，两龙曲身对视，龙独角，长首，粗眉压眼。在龙身腹部两端各有一钻孔。整体边角圆润，修磨光滑。■

凤形玉璜　汉代装饰用玉，陕西省西安市西郊三桥镇汉墓出土，现藏西安市文物商店。

长9.9、宽4厘米。玉质白色。器作凤鸟展翅欲飞之状。凤勾喙，半圆形眼，头部似鹰，双翅伸展，阴刻毛纹，胸前有羽鳞毛纹，凤首下有一圆钻孔，两翼下也各有圆孔。此佩构思巧妙，造型夸张，较为少见。■

螭纹玉璜　东晋装饰用玉，江苏省南京市仙鹤观高悝夫妇墓出土，现藏南京市博物馆。

长9.6、宽2.9、厚0.35厘米。玉质青色，表面有水

沁。器透雕成半环形，上部一螭虎，昂首前视，绞丝纹尾后卷。螭虎右下方有一短尾猕猴。其他部分阴刻卷云纹。下端中央及左右两侧有三孔。此器与同墓所出其他玉佩可构成一套完整玉杂佩，此璜位于顶端，故又可称珩，风格简洁朴素，与汉杂佩风格迥异。■

玉璜　北齐装饰用玉，山西省太原市南郊王郭村娄叡墓出土，现藏山西省考古研究所。

长5.5、宽1.7、孔径2.3厘米。玉质白色。璜素面，中间略鼓，周边平缓，钻有两孔，此器内外边缘贴有0.3厘米宽的金边，但金箔多脱落，此法装饰玉器，较为少见。■

装饰用玉·觿（冲牙）

目前所见秦代玉觿，如山东烟台芝罘与西安联志村所出玉觿，均无穿孔，为祭祀礼仪用玉。汉代玉觿，多有穿孔，已成为装饰之玉，可用于组玉佩中（亦称冲牙），亦可作单体佩饰。西汉玉觿较多，造型多变，有龙首、兽首、凤首等，也有复杂的出廓玉觿，东汉以后玉觿逐渐减少。

龙形玉觿　西汉中期装饰用玉，江苏省铜山县小龟山汉墓出土，现藏南京博物院。

长11.2、宽2.9、厚0.25厘米。玉质青色，已受沁，没有抛光。器呈扁平状，两面纹饰相同。觿为龙首，嘴部透雕成孔，龙身饰几何勾连云纹，上部出廓透雕螭与凤鸟纹。表面多留有阴刻线的白痕，似有意而为。■

龙形玉觿　西汉装饰用玉，江苏省徐州市狮子山楚王墓出土，现藏徐州博物馆。

长13.5、宽4.5、厚0.2～0.3厘米。玉质青白色，局部有黄褐色沁。龙似半月形，身拱曲而尾尖。身下出廓透雕小游龙，体态弯曲流畅，充满动感。龙身饰勾连云纹，龙耳部有一小圆孔。■

龙形玉觿 西汉装饰用玉，安徽省巢湖市北山头西汉墓出土，现藏巢湖市博物馆。

长8.9、宽2.8、厚0.45厘米。玉质青白色，有褐色沁。透雕一龙回首卷体，尾短出尖成觿尾，两面纹饰相同。龙张口咬一鳍，斧形下颚，身饰阴刻线"二"字纹、柳叶纹等，颈部外缘有一穿孔。■

螭纹玉觿 东汉装饰用玉，河北省定县（今定州市）43号墓出土，现藏定州市博物馆。

长10.1、宽2.8、厚0.3厘米。玉质白色，表面受沁为黄褐色。一端透雕一螭虎回首卷尾，钻一孔，以阴刻线勾勒纹饰，觿尾圆钝光滑。■

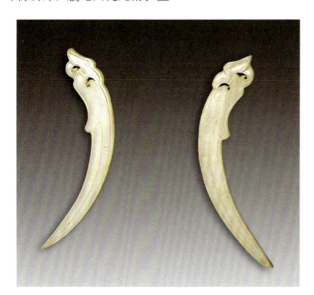

凤形玉觿 汉代装饰用玉，陕西省西安市西郊三桥镇汉墓出土，现藏西安市文物保护考古所。

2件，均长10、宽3.2厘米。玉质白色。觿首透雕成凤首。凤勾喙，圆眼出梢，尾部尖状，身饰一阴刻线中脊，旁饰"二"字纹，为汉代常见之纹饰，其他部分均以阴刻线勾勒，造型简练流畅。■

装饰用玉·韘形佩

韘，又名玦或射决，是古代射箭时戴于右拇指上勾弦的器物。韘形佩又称鸡心佩、心形佩，是由先秦的玉韘演变而来的玉饰。目前考古发现最早的玉韘为商代殷墟妇好墓所出，系实用器。战国以后，其逐渐演变为装饰用的佩玉，即韘形佩，汉代尤为发达。此时仅保持了先秦玉韘的圆孔和三角形出尖，周围装饰丰富且多样化，有螭龙纹、凤纹、云纹等，有的在鸡心顶部附饰，也有的在两侧附饰，以后者为多见，纹饰多不对称，但均为双面雕。韘中间之孔有圆形、椭圆形，东汉还出现一种近似扇形之孔，如河北定县所出，周围纹饰围绕其呈扇状。魏晋以后韘形佩逐渐衰落，其纹饰雕琢趋于平面线刻，较为单调呆板，没有汉代生动有趣。

螭纹韘形玉佩 西汉早期装饰用玉，江苏省徐州市北洞山楚王墓出土，现藏徐州博物馆。

长5、宽3.9、厚0.1～0.7厘米。玉质已严重受沁呈黄白色。器一端出尖角，中有一圆孔，与常见玉韘不同，鸡心的中间圆孔被匍匐在佩上的螭身填满。此佩构思巧妙，正面三螭，背面三螭，相互缠绕盘旋，正面左上部一螭张口瞪目伸出体外，造型生动。通体运用了透雕、圆雕、浅浮雕与阴刻等手法，是汉代鸡心佩中的精品。■

韘形玉佩 西汉中期装饰用玉，山东省巨野县红土山汉墓出土，现藏巨野县文物管理所。

长3.4、宽2、孔径1.4厘米。玉质青白色，表面有褐色土沁。器素面，圆孔，一端略尖，一端呈弧形凸起，此器形又俗称"鸡心佩"，是由勾弦射箭用的鞢演变而来的。此种玉鞢形制还有实用功能，与汉代其他形式鞢形佩有所不同。■

螭纹鞢形玉佩　西汉晚期装饰用玉，江苏省扬州市邗江甘泉姜莫书墓出土，现藏扬州博物馆。

长7.8、宽1.8厘米。玉质白色，微沁。器一面微拱成弧形，一面稍凹，中间圆孔，鸡心体出尖较长，一螭环绕其上，此鞢多处有圆穿孔。■

螭纹鞢形玉佩　西汉晚期装饰用玉，湖南省长沙市五一路7号墓出土，现藏湖南省博物馆。

长9、宽3.7、厚0.55厘米。玉质白色，局部有沁。器长椭圆形，微弧。以浮雕、透雕形式雕刻两螭环绕在鸡心佩中部的椭圆形孔边，以细阴刻线装饰螭之毛纹，工艺精湛。■

龙凤纹鞢形玉佩　西汉装饰用玉，江苏省徐州市北洞山楚王墓出土，现藏徐州博物馆。

长5.6、宽3.2～4.2、厚1.4厘米。玉质青白色，已多受沁。器形如鸡心，一面弧凸，一面内凹，顶出小尖，中央一椭圆孔，身饰勾连云纹，圆孔周围缠绕一凤。凤高冠回首，形象颇为生动，背面一龙，龙头与凤首连作一体，构思巧妙。■

凤纹鞢形玉佩　西汉装饰用玉，广东省广州市象岗南越王墓出土，现藏西汉南越王博物馆。

长11.7、宽3.4、厚0.3厘米。玉质青色，已多处受沁，并留有朱砂。体狭长，正面微拱，背面凹弧，中心一圆孔，上

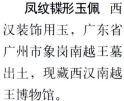

出尖，上部透雕抽象凤纹，线条流畅舒展，似凤似云，两面阴刻长卷云纹。镂雕纹饰附于佩之上方，与一般附饰两侧之鞢不同。此佩出于右夫人墓，位于组佩上方，可见为单体佩饰。■

流云纹鞢形玉佩 西汉装饰用玉，河南省永城县芒山镇僖山汉墓出土，现藏河南博物院。

长7.4、宽4、厚0.5厘米。玉质白色温润。主体为修长的鸡心形，中间一圆孔，一面稍鼓，一面内凹，两边为流云纹，上均以阴刻线勾勒，线条流畅。■

虎纹鞢形玉佩 西汉装饰用玉，安徽省巢湖市放王岗西汉墓出土，现藏巢湖市博物馆。

长4.72、宽4、厚0.44、孔径1.46厘米。玉质白色，有褐色沁。整器以镂雕、圆雕手法琢磨两只虎匍匐在鸡心之两旁。双虎相对，张口獠牙，四足利爪，绳纹长尾拖曳内卷于鞢上，鞢上有阴刻线的卷云纹，造型别致。■

龙凤纹鞢形玉佩 西汉装饰用玉，江苏省宝应县天平镇戴墩汉墓出土，现藏宝应县博物馆。

长6.2、宽5.5、孔径2.2、厚0.4厘米。玉质白色，已大部分受沁。器双面雕，鸡心圆孔下减地浮雕一螭，鸡心旁透雕一龙一凤，龙凤间夹一小凤，龙身和凤身上部都饰有细密的鳞纹，另外龙和螭身上还有小圆圈纹饰，这种圆圈纹在佩的空白处也有出现，此为汉代玉器装饰的一个特征。■

螭纹鞢形玉佩 东汉装饰用玉，河北省定县（今定州市）43号墓出土，现藏定州市博物馆。

长15.7、宽6.8厘米。玉质白色，边缘有红褐色斑。此鸡心佩中心非常见之圆孔，而为长扇形孔，尖角在孔一侧。四周浅浮雕、透雕两螭虎与流云纹，鸡心出尖的一侧有一小凤鸟回首与一螭虎相视，造型较为少见。■

四灵纹镍形玉佩 东汉装饰用玉，河南省洛阳市机车工厂东汉墓出土，现藏洛阳市文物局。

长8、宽6、厚0.3厘米。玉质青白色。镍中心圆孔，鸡心出尖处雕一龟首，圆孔四周为龟背纹。龟首口衔一张口吐信之蛇，合称玄武，旁为朱雀，另一侧为青龙、白虎，工艺精湛。■

龙纹镍形玉佩 西晋装饰用玉，湖南省安乡县黄山头林场刘弘墓出土，现藏安乡县文物管理所。

长9厘米。玉质青色，多有白色沁斑。透雕两龙附饰鸡心佩左右，鸡心尖与龙首上部横置一长方形孔，整体似剪影，龙体背上有凸出扉棱，两面纹饰相同，以阴刻线相饰。■

螭纹镍形玉佩 汉代装饰用玉，现藏天津博物馆。

长7.9、宽5.8厘米。玉质青白色，受沁及经后世盘玩表面已呈黄褐色。透雕一鸡心形佩，鸡心下部浮雕一螭，两旁及上端透雕龙与螭虎。呈龙虎相斗状。螭虎身体从鸡心圆孔中穿过，神态生动。■

螭纹镍形玉佩 东晋装饰用玉，江苏省南京市仙鹤观高悝夫妇墓出土，现藏南京市博物馆。

长8.9、宽8、孔径3.85、厚0.3~0.35厘米。玉质青色，表面有灰褐色沁。器顶部起尖，周围镂空螭虎，扭曲缠绕于鸡心两

侧，以阴线刻饰龙纹及卷云纹，线条流畅，两面纹饰稍不同，但刻线均不抛光，使纹饰之白色线条非常醒目，应是有意为之。■

向后拖曳，尾变形为凤尾，龙身饰隐起的勾连云纹，身外出廓透雕变形云纹，器身中部有一穿孔。整器龙首凤尾，造型别致，体现了汉代玉雕的艺术创造力。■

龙马纹鞢形玉佩

东晋装饰用玉，江苏省南京市仙鹤观高崧墓出土，现藏南京市博物馆。

长9.6、孔径3.9、厚0.3～0.45厘米。玉质白色温润，局部有白色及灰褐色沁。器中为圆孔，两面纹饰不同，一面为张口龙形及一回首龙马形，另一面为两龙及一龙马形，旁饰卷云纹，细部以阴刻线勾勒，纹饰流畅，雕琢风格有东汉风韵。■

装饰用玉·龙形佩

龙形玉佩是此期较为流行的装饰佩玉，其继承了战国玉龙佩的"S"形体态，在用料上较为讲究，所用白玉较多，雕工也更为精湛，饰谷纹者多见。徐州狮子山出土有多件玉龙佩，玉质优良，致密度高，极少沁斑，是西汉玉龙佩的代表之作。东汉以后，龙形玉佩边缘较为圆滑，不似西汉龙佩有锋利的棱角弯钩，造型上也多为静态之龙。

勾连云纹龙形玉佩 西汉装饰用玉，江苏省徐州市狮子山楚王墓出土，现藏徐州博物馆。

通长18、宽11.9、厚0.5厘米。玉质青白色，温润。龙体呈"S"形，中部拱曲方正，张口露齿，长角分叉贴身

谷纹龙形玉佩 西汉装饰用玉，江苏省徐州市狮子山楚王墓出土，现藏徐州博物馆。

长17.5、宽10.2、厚0.6厘米。玉质白色，局部有黑褐色沁斑，有玻璃光泽。器作单体"S"形龙造型，以阴线、浮雕、局部透雕技法刻划龙首细部，颈部有绞丝纹。龙体饰谷纹，以阴线勾谷纹轮廓，龙尾上卷平削，内外边缘斜向出棱。■

谷纹龙形玉佩 西汉装饰用玉，江苏省徐州市狮子山楚王墓出土，现藏徐州博物馆。

长14.6厘米。玉质白色精良，沁斑较少。透雕扁平单体龙，龙昂首曲身，尾如弯钩，上唇上翘，角贴于身，勾爪，身饰排列整齐的谷纹，在龙眼上方钻一小孔。■

勾连涡纹龙形玉佩 西汉装饰用玉，广东省广州市象岗南越王墓出土，现藏西汉南越王博物馆。

长10.2、宽6、厚0.4厘米。玉质青色，严重受沁为黄白色。为扁体椭圆形，透雕两龙张口相对，躯体上卷成拱形相连，上饰凸起勾连涡纹，左右下侧各伸一鳍。两龙间有一兽面，尖云形角，吐长舌与龙一前爪相连。所有弯勾处均十分锋利，这是汉代精工玉器的典型特征。佩边缘共钻有五个小孔，此玉应为组玉佩中最上一件。■

脊，中穿孔，尾分叉，身饰减地浅浮雕卧蚕纹，与外廓相平。两面纹饰相近，一面留有朱砂。此对龙虽出于汉墓，但纹饰特征有战国风格。■

龙形玉佩 西汉装饰用玉，北京市丰台区四路通西汉墓出土，现藏首都博物馆。

长11、宽2厘米。玉质白色温润。龙回首曲身，角分三叉弯曲，身体扭曲为连续"S"形，尾弯曲如勾，线条流畅，造型独特。■

龙形玉佩 西汉装饰用玉，安徽省天长市三角圩汉墓群1号墓出土，现藏天长市博物馆。

长7、宽4、厚0.12厘米。玉质白色，头部有褐色沁。以浅浮雕、透雕和阴线手法雕一"S"形卷曲龙。龙眼以一圆穿孔代替，斧形下颚，龙颈、龙尾都与身相连，造型新颖。■

卧蚕纹龙形玉佩 西汉装饰用玉，安徽省天长市三角圩汉墓群出土，现藏天长市博物馆。

2件，均长14、宽4.3、厚0.7厘米。玉质青色，局部有黄色土沁。龙回首，椭圆形眼，身呈"S"形，背部出

谷纹龙形玉佩 西汉装饰用玉，江苏省扬州市邗江西湖周岗出土，现藏扬州博物馆。

长10.3、宽13.5、厚0.7厘米。玉质青色，表面有白色沁斑。龙曲身拱背，体扁平，身饰谷纹，并以阴刻线饰鳍纹及尾部，口、尾、鳍多处有圆钻孔，雕工较为粗糙，战国、西汉常见。此器形用于墓中随葬较多。■

龙形玉佩

新莽时期装饰用玉，江苏省盱眙县东阳4号墓出土，现藏南京博物院。

长4.7、宽2.8厘米。玉质白色，温润细腻。镂雕一张口团身之龙，龙两角，杏眼出梢，身以阴刻线饰圆圈纹、毛纹、鳞片纹等，尾分叉。西汉以后之龙雕刻多已圆滑，无前期棱角分明之感。■

人形玉佩 西汉中期装饰用玉，河北省满城县陵山1号墓出土，现藏河北省文物保护中心。

长5.4厘米。玉质白色温润，表面有白色水沁。玉人正襟危坐，双手置于几上，头戴小冠，冠带束于颌下，身着交领宽袖长衣，表情严肃。底部阴刻"维古玉人王公延十九年"。从铭文内容看，此玉不仅是艺术品，还有辟邪压胜之功。■

龙形玉佩 东汉装饰用玉，现藏天津博物馆。

长6.3、宽2.4厘米。玉质白色，温润细腻。圆雕一"S"形龙，头前视，身体呈绞丝状，两足，身体中部钻一孔。此器造型富有动感，难得一见。■

装饰用玉·人形佩

秦代出土玉人较为少见，目前所见均为扁平片状，纹饰简单，西安联志村玉人为祭玉坑所出，可能为祭祀用品。汉代发现的玉人，多为舞人，舞姿基本相似，为一袖上扬过头顶，一臂下垂或上举。翘袖折腰者多见，但雕工、玉质差异极大，有圆雕、片雕及简刻、精工等，多为女性形象，并且多出土于女性墓葬中。另外汉代玉人还有翁仲、立人、坐人、俑人等多种形制，男性、女性均有。其中安徽涡阳玉人、满城玉坐人及故宫玉立人对研究汉代人物服饰及生活习惯均有很大的参考价值。翁仲目前出土品较少，因将其作为辟邪压胜之玉，后世仿品较多。

舞人形玉佩 西汉晚期装饰用玉，江苏省扬州市邗江甘泉妾莫书墓出土，现藏扬州博物馆。

长3.1、宽1.4厘米。玉质白色。扁平片状，两面纹饰相同，舞人双臂上举，其中一臂过头，与常见一臂下垂舞人略有不同，衣以阴刻线装饰，下有一穿孔。此舞人形体雕法较为古拙，同墓还出有一对舞人，工精，与永城僖山汉墓所出舞人相似。■

舞人形玉佩 西汉装饰用玉，河南省永城县芒山镇保安山汉墓出土，现藏商丘市博物馆。

长4.5、宽3.95、厚0.3厘米。玉质白色。扁平片状，连体透雕两人对舞，双手上下相握，人物表情及衣纹以阴刻线表

示，一人侧身看旁边舞伴，似在跳一种舞蹈。连体舞人在战国洛阳金村墓中曾有出土，汉代少见。■

顶，上结一枝花，左手甩过腰间，作翩翩起舞状。人物五官清晰，并以阴刻线刻划脑后长发及衣袖纹饰，从头到底有一贯穿孔。■

舞人形玉佩 西汉装饰用玉，广东省广州市象岗南越王墓出土，现藏西汉南越王博物馆。

长3.5、宽3.5、厚1厘米。玉质青色，受沁严重，有剥蚀。表面还残留有丝绢痕迹，有通天孔，为佩饰件。舞人头右侧绾螺髻，身穿右衽长袖连衫裙，袖口和下摆刻出卷云纹花边。舞女扭腰并弯膝成跪姿，一臂上扬，一臂下甩，姿态优美，为西汉舞人的杰出之作。此为圆雕舞女形象，较为少见。■

舞人形玉佩 西汉装饰用玉，河南省永城县芒山镇僖山汉墓出土，现藏河南博物院。

长4.66、宽2.57厘米。玉质白色。扁平片状，双面透雕舞人形象，作翘首折腰状。舞人上扬手臂衣袖稍短，下垂衣袖呈三片状，表情丰富，呈微笑状，身体前倾，腰束网格纹宽带，并以阴刻线勾饰衣纹，上下各有一圆穿孔。■

舞人形玉佩 西汉装饰用玉，安徽省阜阳市临泉西郊古城出土，现藏阜阳市博物馆。

长4.41、宽1.94～2.1、厚0.2～0.29、孔径0.1～0.2厘米。玉质白色。体扁平，舞人一臂上扬过头顶，一臂下垂，长裙及地，翘臀，以阴刻线勾饰五官及衣纹，上下有孔，两面纹饰相同。■

舞人形玉佩 西汉装饰用玉，广东省广州市象岗南越王墓出土，现藏西汉南越王博物馆。

长4.8、宽2.2、厚0.5厘米。玉质已严重受沁为鸡骨白色。舞人穿交领宽袖长裙，腰束带，身佩组玉佩，上环下璜，垂流苏。右手甩袖过头

舞人形玉佩 西汉装饰用玉，江西省南昌市永和门出土，现藏江西省博物馆。

长7、宽2.3厘米。玉质受沁成灰白色。舞女发髻上梳并有装饰，身穿交领长裙，边饰锦地几何纹，腰挂组玉佩，一臂上扬过头，一臂摆于腰间，从上至下贯穿一孔，纹饰工整。■

舞人形玉佩

西汉装饰用玉，安徽省淮南市谢家集唐山九里1号墓出土，现藏淮南市博物馆。

长5.83、宽1.5、厚0.27厘米。玉质已严重受沁为鸡骨白色。舞人侧头，身着细长袖衣上下飘舞，两面纹饰相同，雕刻较为古拙抽象，上衣袖上有一圆穿孔。■

纹，脚蹬履。人物背面下端有一圆孔可供插嵌，头冠顶端有一钻孔。整器纹饰线条细密流畅，人物形神兼备，较为少见。■

舞人形玉佩　东汉装饰用玉，河北省定县43号汉墓出土，现藏定州市博物馆。

2件，均长5厘米。玉质白色，头部有糖色斑块。扁平片状，舞人一臂上举，一袖下飘，以阴刻线勾勒纹饰及五官，雕工较为粗糙，上下各钻一孔。■

人形玉佩　西汉装饰用玉，安徽省涡阳县石乡山崖墓出土，现藏阜阳市博物馆。

长5.75、宽3.23、厚0.15～1.08厘米。玉质青白色，表面有沁斑。扁圆形体，中间厚，两边薄。玉人头戴向右侧外伸下垂的冠帽，身着交领宽袖长袍。腰间系一圆璧形玉佩饰，肩膀上有一平直板状物，饰阴线

人形玉佩　西汉装饰用玉，广东省广州市象岗南越王墓出土，现藏西汉南越王博物馆。

3件，左长1.9、宽0.7厘米；中长2、宽1厘米；右长1.9、宽0.8厘米。玉质均青色，已受沁为鸡骨白色。造型基本相似，平顶，拱手，跪坐，皆男性形象，以阴线刻五官及纹饰，上下有贯穿孔，为墓主组玉佩中的饰件。■

人形玉佩　西汉装饰用玉，陕西省咸阳市渭城区周陵乡新庄村出土，现藏咸阳博物馆。

长8.5、面宽4厘米。玉质青白色，光泽温润。以细阴线刻画人物眉毛、眼睛及胡须，细长眼，薄嘴唇，大

人形玉佩 汉代装饰用玉，现藏故宫博物院。

长4.9、宽1.3厘米，玉质洁白，温润细腻。玉人拱手直立，长裙拖曳，环形发髻，细腰束带，五官以细阴线刻饰。其动作姿态与常见汉代舞人、翁仲不同，较为少见。■

耳，鼻梁较低，有西北人风貌，头带圆冠，冠帽上巾子后搭自然形成一圆孔，头颈部有断残痕迹。汉代玉人像出土较少，目前所见考古出土俑头唯此一件。■

翁仲形玉佩 东汉装饰用玉，江苏省扬州市邗江甘泉双山广陵王刘荆墓出土，现藏南京博物院。

长4.1厘米。玉质青色。全器以较为犀利的深阴刻线琢出玉人的眉、目、鼻，其头戴冠，右衽衣领，长袍曳地，腰间一横穿孔，刀工有"汉八刀"风韵。玉翁仲系仿铜翁仲、石翁仲而来，汉人认为佩挂此物有驱邪辟疫的功效。■

装饰用玉·剑饰

古代用玉装饰铜剑或铁剑，称玉具剑，一套玉具剑饰一般有剑首、剑格、剑璏、剑珌四种。以玉饰剑，目前发现最早出现于西周，三门峡上村岭虢国墓地曾出一铁剑，柄外镶绿松石及美玉。东周时有用玉装饰剑柄及剑鞘，战国已发现四种玉剑饰，但目前还没发现其出现在同一把剑上。完整玉具剑形式始于西汉，如南越王墓、满城陵山刘胜墓、巨野红土山汉墓等都出土过四件玉具剑饰齐备的铁剑。此四件分别为剑首、剑格、剑璏和剑珌。对其定名，目前学术界还有异议，如有将剑璏称剑璲、剑格称剑珥的。剑首与剑格是固定于剑身之饰，由于体形相对较小，不易把玩，传世较少。剑璏和剑珌是附于剑鞘上之物，体形相对较大，并可佩饰把玩，后世多仿，传世较多。玉具剑纹饰主要分卷云纹与螭虎纹两大类，螭虎纹一般多高浮雕，卷云纹有单独装饰，也有与兽面纹结合在一起的。西汉时玉具剑形制、纹饰较为发达，并固定下来，东汉其造型纹饰均继承西汉风格，但出土数量不多。六朝玉具剑虽有发现，但已走向衰落，南京仙鹤观东晋高悝墓曾出有一套完整的玉具剑，其他地方出土完整一套者较少。

卷云纹玉剑首 秦代装饰用玉，湖南省长沙市左家塘1号墓出土，现藏湖南省博物馆。

直径4、厚0.6厘米。玉质白色，有铜绿沁。剑首中部弧凸，上阴刻四朵卷云纹，中部为阴刻网格纹。剑首平面饰谷纹，谷纹以阴线勾轮廓。背面为一圆形凹

槽，可嵌入剑，与此剑首相配有一玉剑璏，上饰几何勾连涡纹。■

代玉剑首较为常见。■

水晶剑首
西汉晚期装饰用玉，河北省邢台市北陈村刘迁墓出土，现藏河北省文物研究所。

长3.5、宽2.3、厚1.6厘米。水晶无色透明。器平面似柳叶形，素面，中间有圆形凹槽，可插剑柄，内有铁锈痕，可知为铁剑具。同时出土者还有水晶剑璏和剑珌，均素面，造型简单，为一套。■

螭纹玉剑首 西汉中期装饰用玉，河北省满城县陵山1号墓出土，现藏河北省文物保护中心。

直径5.7、厚1.2厘米。玉质上佳，白色温润。器中央圆形凸起，上饰四朵连续的卷云纹环绕菱形网格纹。四周高浮雕、透雕两只螭虎，大眼、独角、绞丝形尾，盘旋于剑组之上。整器雕琢精美，为汉玉中的精品。■

卷云纹玉剑首 西汉中期装饰用玉，江苏省扬州市高邮天山乡神居山2号汉墓出土，现藏南京博物院。

直径4、厚0.5厘米。玉质青色，局部有黑色沁。扁圆形，纹饰分内、外两区，中间为圆形凸起，上饰三组相连的卷云纹，并相间以细阴刻线组成的网格纹。外区饰谷纹，谷纹以阴刻线勾轮廓，此种纹饰汉

螭龙纹玉剑首 西汉装饰用玉，广东省广州市象岗南越王墓出土，现藏西汉南越王博物馆。

面径5.1、底径4.9、边厚0.6厘米。玉质白色，有黄色沁斑，上粘有大量朱砂。器正面周边凸起，中间高浮雕一龙两螭，其神态各异，曲身卷尾，相互嬉戏。背面阴刻勾连云纹，正中有一筒形铁箍，为装柄所用。■

螭兽纹玉剑首
汉代装饰用玉，陕西省西安市北郊汉墓出土，现藏西安市文物保护考古所。

长8.5、宽6.5厘米。玉质白色，有褐色沁。利用圆雕、透雕、浮雕、线刻多种技法，饰多条螭龙与小兽相嬉于云间。此器作为一极具想像力和创造力的艺术品，体现了汉玉雕刻工艺的较高水平。■

兽面纹玉剑首 东晋装饰用玉，江苏省南京市仙鹤观高悝夫妇墓出土，现藏南京市博物馆。

长3.35、宽2、厚2厘

米。玉质白色，有褐色沁斑。器顶面呈梭形，侧面圆弧状，顶平，底有凹槽。两面纹饰均为浅浮雕兽面纹及卷云纹，卷云纹间有菱形网格纹。此剑首形制与同墓所出剑璏相似，并与同墓所出剑格、剑璲为同一铁剑上的玉具剑。■

流云纹玉剑首 北燕装饰用玉，辽宁省北票县西官营子冯素弗墓出土，现藏辽宁省博物馆。

直径4、厚1.4厘米。玉质青色，表面有褐色沁斑。圆形隆起，浮雕流云纹，上以阴刻线加饰。底部有一方槽，中心有一圆形穿孔。此种器形玉剑首较为少见。■

兽面纹玉剑格 西汉晚期装饰用玉，江苏省扬州市邗江甘泉姚庄101号汉墓出土，现藏扬州博物馆。

长4.1、宽1.9厘米。玉质白色。剑格连于剑身，主体纹饰为一兽面，大眼，绞丝纹浓眉，卷云形鼻，兽面边饰勾连云纹，地子上有阴刻圆圈纹和网格纹，两面纹饰相同。此器玉质上等，制作精工，是汉玉中佳品。■

兽面纹玉剑格 西汉装饰用玉，广东省广州市象岗南越王墓出土，现藏西汉南越王博物馆。

通长6.6、边长3、宽6、中厚2.7、边厚0.4厘米。玉质青白玉，有黄白色沁斑。因器卡于铁剑上，已被锈蚀胀裂。其中部凸锋特别尖长，造型独特。纹饰主体为兽面，以凸出中脊为线，左右对称，边饰卷云纹，两面纹饰相同。此种形制剑格较为少见。■

纹。整体构思巧妙，匠心独运，是汉玉中之精品。■

螭纹玉剑璏 西汉中期装饰用玉，河北省满城县陵山1号墓出土，现藏河北省文物保护中心。

长9.7、宽2.3厘米。玉质白色温润，表面有白色水沁。器上匍匐一只长尾卷曲的螭虎，螭虎方脸，圆眼，猫耳，尾巴为绞丝状，身姿矫健，螭旁隐起云纹。下为长方形銎孔。■

凤纹玉剑格 西汉装饰用玉，广东省广州市象岗南越王墓出土，现藏西汉南越王博物馆。

横长6.2、中宽4.1、边宽3.7、中厚2.4、边厚0.4厘米。玉质青色，已受沁为鸡骨白色，上有朱砂。中脊凸出，下部为一兽面，以中脊为鼻梁对称分布，左右两侧镂雕对称两凤。凤尖喙圆眼，羽冠。勾喙、腿关节处有如利钩，表里均打磨光洁。此玉雕工精湛，代表了汉代治玉工艺的最高水平。■

龙纹玉剑璏 西汉中期装饰用玉，山东省巨野县红土山汉墓出土，现藏巨野县文物管理所。

长9、宽3、厚2厘米。玉质青色。长方形剑璏上高浮雕一大一小子母龙，两龙相对而视，均曲身卷尾，大龙绞丝形尾，三爪，一前爪踩在小龙尾巴上，两龙背脊均有中脊线，肌肉扭曲有力。此种子母龙题材可能为后代"望子成龙"、"苍龙教子"纹饰的滥觞。■

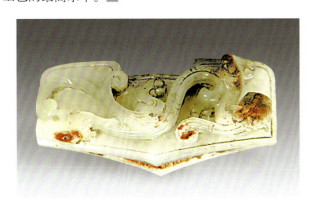

螭熊纹玉剑格 西汉装饰用玉，河南省永城县芒山镇汉墓出土，现藏河南博物院。

长5.9、宽1.9、厚2.2厘米。玉质白色，器为籽料雕琢而成，表面留有红皮。剑格一面用高浮雕及圆雕技法雕一螭虎，匍匐爬行，并利用红皮俏色为螭面，螭后腿被一小熊咬住，形象可爱。剑格另一面阴刻兽面及卷云

勾连乳钉纹玉剑璏 西汉装饰用玉，广东省广州市象岗南越王墓出土，现藏西汉南越王博物馆。

长13.1、宽2.3、厚0.6厘米。玉质已受沁为牙白色。个体较大，正面饰凸起的勾连乳钉纹，并刻有阴线界格，底有长方形銎孔，可供绑缚。南越王墓中还出土有此种形制剑璏多件，上多饰谷纹及勾连涡纹等。■

兽纹玉剑璲 西汉装饰用玉，广东省广州市象岗南越王墓出土，现藏西汉南越王博物馆。

长11.1、宽1.5、边厚0.3厘米。玉质青色，表面有黄色和铁锈色斑。体狭长，两端下卷，正面高浮雕一组群兽。一边为一方首螭虎与一小熊对视，小熊手握绳索。一边一尖嘴螭虎回首与一小虎对视，小虎位于边缘，似要坠落，正伸爪紧握一绳，长绳穿绕于四兽之间，构思奇巧。此器底部銎孔中还残存有缠捆的残绢，剑鞘脊上亦有装璲痕迹，可知此璲是先以胶漆黏合后，再以丝带穿过銎孔缠于鞘上的。■

山1号墓出土，现藏河北省文物保护中心。

长5.9、宽5.4～6.8厘米。玉质温润洁白。器呈梯形，两面饰浅浮雕螭虎纹和流云纹，螭虎略方形脸，猫耳，眉为短竖阴刻线，在一面螭纹身侧还有一凤鸟纹。珌上端为孔，下端饰阴线卷云纹，雕工精细。■

兽面纹玉剑璲 西晋装饰用玉，江苏省南京市中华门外板桥石闸湖西晋墓出土，现藏南京市博物馆。

长10.4、宽2.1、厚1.9厘米。玉质青色，已多处受沁为白色。器表减地隐起兽面纹及对称的勾连云纹，兽面四方眼，双眉以绞丝线为饰并上扬。腹下一长方形孔，此造型玉剑璲在汉代六朝均多见。■

螭纹玉剑珌 西汉中期装饰用玉，河北省满城县陵

兽面纹玉剑珌 西汉装饰用玉，广东省广州市象岗南越王墓出土，现藏西汉南越王博物馆。

长7.3、上宽6.2、下宽4.8、中厚1.5厘米。玉质青色，上多有白色水沁及朱砂。形体为稍束腰梯形，两面纹饰相同，对称减地隐起兽面纹及几何勾连云纹，兽面圆眼，中有阴刻圆眼珠。顶面呈梭形，上阴刻草叶纹，底部有三钻孔。此形制剑珌两汉较为常见，除此纹饰外，还有两面均饰几何勾连云纹者。■

龙凤纹玉剑珌 西汉装饰用玉，江苏省徐州市北洞山楚王墓出土，现藏徐州博物馆。

长6、宽4.6～5.9、厚1.3厘米。玉质白色莹润。器作略收腰梯形，通体以透雕、浅浮雕与阴刻手法雕琢盘旋虬曲姿态各异的螭龙纹和一回首凤纹，工艺精湛，是汉玉中的精品之作。■

虎曲身，一腿压住绞丝纹尾。珌在兽面纹旁有一管钻的圆圈，螭虎眼睛亦为较深管钻，与常见阴刻线勾画眼睛不同，这种圆形管钻痕在汉玉上常见。■

螭纹玛瑙剑珌 东汉装饰用玉，湖南省零陵县东门外文庙1号墓出土，现藏湖南省博物馆。

长3.6、宽2.8、厚2.7厘米。玛瑙质。器形为菱形，上部以红色玛瑙巧雕螭首、身，剑珌身为白玛瑙。利用玛瑙天然鲜艳的颜色雕剑珌纹饰，可谓匠心独运。■

勾连云纹玉剑珌 西汉装饰用玉，河南省永城县芒山镇僖山汉墓出土，现藏河南博物院。

长6.6、宽4.4、厚1厘米。玉质白色，局部有褐色沁。器形近似三角形刀尖状，中部起脊，满身浅浮雕勾连云纹，左右两端各作卷云形镂雕。此器形仿兵器，汉玉中少见。■

螭纹玉剑珌 西汉装饰用玉，湖南省长沙市蓉园13号墓出土，现藏湖南省博物馆。

长6、宽5.9、厚1.2厘米。玉质已严重受沁为鸡骨白色。珌身呈梯形，饰兽面纹，珌上浮雕出廓螭虎纹，螭

装饰用玉·其他

装饰类玉器是此期玉器的主流，其造型、用途亦形式各异，西汉前期尤为丰富，武帝以后总体数量有所减少。组玉佩亦有多种形态，南越王墓出土有纹饰精美的组玉佩11套，且组成之个体精工细作，大多是精彩的艺术品。中期以后，组佩减少，纹饰亦简略。六朝时组佩不仅器形简单，且多为素面，呈逐渐消亡之势。总体来说，秦代因装饰玉发现较少，还无法描绘其面貌。西汉前期是装饰玉的繁荣时期，中期以后逐渐减少，但也出现了一些造型、纹饰活泼精美之器。魏晋南北朝时，玉器制作进入了一个相对落后的

时期，无论是种类、造型、纹饰均无法与汉代的辉煌相媲美。

长4.2、宽2.5、厚0.2厘米。玉质白色。凤昂首曲身，尾后卷，口衔一挣扎的小虫，形象生动。■

鸟形玉佩 秦代装饰用玉，河北省易县燕下都高陌村秦墓出土，现藏河北省文物研究所。

长5.1、厚0.5厘米。玉质青白色。体扁平，中间略有隆起，素面，有铜绿锈，透雕作昂首、长尾竖立的图案式立鸟。鸟形玉器在目前出土秦代玉器中较为少见。■

卧蚕纹玉管
西汉中期装饰用玉，河北省满城县陵山1号墓出土，现藏河北省文物保护中心。

高5.2、直径2～2.2、孔径0.8～1.2厘米。玉质白色，抛光好。圆管微呈喇叭状，稍束腰，身上浅浮雕卧蚕纹。■

凤纹玉簪 西汉中期装饰用玉，河北省满城县陵山1号墓出土，现藏河北省文物保护中心。

长19.3、宽1.5厘米。玉质白色，表面多处受沁。簪首为透雕凤鸟与勾连云纹，中部为凤鸟。凤勾喙，圆眼，尾羽向后，边有卷云纹环绕，另一端已残，似为一鸟首，有眼睛。此种造型玉器目前汉代考古出土品较少。■

龙凤螭熊纹玉饰 西汉早期装饰用玉，湖南省长沙市象鼻嘴1号墓出土，现藏湖南省博物馆。

直径5.4～5.9、厚0.3厘米。玉质青色，表面已受沁为黄白色。呈扁体椭圆状，中间为一近似十边形的凸起，上阴刻水滴纹，正中镶嵌一绿松石，四周透雕龙凤螭熊等图案，相互缠绕连接，栩栩如生。■

玉玦 西汉中期装饰用玉，云南省晋宁县石寨山13号墓出土，现藏云南省博物馆。

28件，最大两件外径3.5～4.4、内径1.9、厚0.09～0.2厘米；最小者外径1.7～2.1、内径0.7、厚0.1～0.2厘米。玉质已受沁为灰白色，为透闪石软玉。器均为扁圆环形，上端正中有缺口，素面无纹，但制

凤形玉佩 西汉中期装饰用玉，河北省满城县陵山1号墓出土，现藏河北省文物保护中心。

作工整，大小相依有序，是石寨山古墓群发掘出土成组耳饰最多、最完整者，出土于墓主左右耳部，佩戴形式特殊。■

云之间。外框上有一半圆形缺口，此种造型玉器较为少见，可能为腰带嵌饰。■

玉耳饰　西汉中期装饰用玉，云南省晋宁县石寨山6号墓出土，现藏云南省博物馆。

11件，最大通长3.7、宽0.2～1.1、厚0.1厘米。均为透闪石软玉，已受沁为灰白至淡黄褐色或灰绿色。表面光滑，形似月牙，两面磨平，有刃边，一端或两端有孔，为耳饰。■

螭纹玉饰　西汉晚期装饰用玉，北京市丰台区大葆台1号汉墓出土，现藏北京市大葆台西汉墓博物馆。

长4、宽2.3、最厚1.7厘米。玉质青白色，温润有光泽。高浮雕一螭虎，头颈前伸，匍匐于玉台上，整体造型小巧精致。■

玉手镯　西汉中期装饰用玉，云南省晋宁县石寨山6号墓出土，现藏云南省博物馆。

直径17.8、孔径6.8、唇厚1.8、厚0.4厘米。为透闪石软玉，玉质灰黄色，已受沁。表面光洁滑润，光素无纹，为扁平圆环状，内沿向两面呈凸唇，截面呈"T"形，器形较大，似商代弦纹凸唇环。■

龙马纹玉饰　西汉中期装饰用玉，湖南省长沙市咸家湖曹嬗墓出土，现藏长沙市博物馆。

长8.8、宽4.4、厚0.3厘米。玉质白色。器呈长方形，片状透雕一龙马纹，马头，身饰飞翼，龙爪，穿梭于流

螭纹玉佩　西汉晚期装饰用玉，北京市丰台区大葆台2号汉墓出土，现藏北京市大葆台西汉墓博物馆。

通长8.9、环径7.1、厚0.5厘米。玉质白色温润。透雕一圆环，内有曲身卷尾螭虎，其眼睛较为独特，为细长阴

刻线，环外顶端出廓雕饰一花蕾形云纹，环上与螭中脊线旁刻"二"字纹，这种"二"字纹在西汉玉器上常见。■

螭纹玉饰 西汉装饰用玉，江苏省徐州市狮子山楚王墓出土，现藏徐州博物馆。

长21.5、宽4.2～7.2、厚0.6厘米。玉质青白色，局部有黄褐色斑。造型略似铲形，透雕一螭虎，身体弯曲呈"S"形，位于铲形框内，头伸出框外，口衔铲边，花冠形角，框外还出廓透雕变形卷云纹。铲形体下端为短柄，柄上一面为兽面纹，一面为阴刻花纹，并钻有

一孔。此器可能为安装在某器物上的饰件。■

组玉佩 西汉装饰用玉，广东省广州市象岗南越王墓出土，现藏西汉南越王博物馆。

此玉佩由32件玉、金、煤精和玻璃等不同质料的饰件组成，长约60厘米。最上是双凤出廓谷纹璧，下为透雕龙凤勾连涡纹璧，再下为一犀形璜，最下端为一双龙首出廓蒲纹璜。其间杂以玉人、瓶形饰、绞丝纹套环、各种质地的珠等。佩主体玉质均为青玉，受沁较重。其中犀形璜杏眼，眼角出勾，身体以浅浮雕勾画出腿部肌肉，尾卷，四蹄内收，头向前冲，有蓄势待发之力，此种犀形璜较为少见，战国洛阳金村墓曾有出土，西汉少见。此佩出土于墓主胸腹间，为墓主生前所系之物。■

凤纹玉饰 西汉装饰用玉，广东省广州市象岗南越王墓出土，现藏西汉南越王博物馆。

长14、宽7.4、厚0.4～0.5厘米。玉质青色，已严重受沁。本器原已折断，特制两个金襻连合。牌形饰左侧一凤昂首站立于一璧上，凤尾长垂，末端回卷托璧，右侧似一串璎珞。佩饰下部似动物尾

巴，其上与璧都饰勾连涡纹。此器造型独特，纹饰刻划精细，用金襻连缀，显示了当时玉料的珍贵。■

卷云纹玉坠饰
西汉装饰用玉,安徽省巢湖市北山头西汉墓出土,现藏巢湖市博物馆。

长径1.7、短径1.5、厚0.5厘米。玉质白色。器两面均以网格纹为地,分左右两半,上饰卷云纹,中有上下贯通孔。■

凤形玉饰 西汉装饰用玉,安徽省巢湖市北山头西汉墓出土,现藏巢湖市博物馆。

长5.5、宽2.8、厚0.4厘米。玉质白色,有黑色沁。透雕两凤,一张嘴伸颈,一回首衔翅,身饰花蕾纹、"二"字纹、网格纹等,精工细作。■

凤形玉饰 西汉装饰用玉,安徽省巢湖市北山头西汉墓出土,现藏巢湖市博物馆。

长6.5、宽4.2、厚0.4厘米。玉质青色,局部有褐色沁。体扁平,两面纹饰相同,镂雕一回首站立的凤鸟,尖喙长尾,两翼上翘,上卷的尾部饰一盛开的三瓣花,首与尾之间有一花苞状饰,以阴刻线相饰,上出方形,有一钻孔,造型新颖。■

鸟形玉坠 西汉装饰用玉,河南省永城县芒山镇僖山汉墓出土,现藏河南博物院。

3件,左长1.7、中长1.6、右长1.4厘米。玉质白色。器形与北京大葆台汉墓所出玉鸟形坠较为相似,似鸠似鸽,在腹部均有一圆穿孔。左边一鸟还有金圈相连。小巧精致,颇为生动。■

凤形玉佩 西汉装饰用玉,河南省永城县芒山镇僖山汉墓出土,现藏河南博物院。

长5.4、宽2厘米。玉质青白色。凤勾喙,杏眼,挺胸曲身,胸前有一朵花蕾,内饰网格,尾部已残,凤颈、底端及尾部都有一穿孔。■

兽面纹玉佩 西汉装饰用玉,河南省永城县芒山镇僖山汉墓出土,现藏河南博物院。

长4.8、宽2.5厘米。玉质白色温润。器略呈长方形,在一小台座上有一兽面,大鼻,大眼,双角上扬,兽面之上为几何纹及透雕卷云纹,身多处饰有绳索纹和网格纹。上下各有一穿孔,造型独特。■

心形玉饰 西汉装饰用玉，安徽省天长市三角圩汉墓群出土，现藏天长市博物馆。

4件，分别长3.4、宽1.7厘米；长3.3、宽1.9厘米；长2.7、宽2.3厘米；长2.7、宽1.9厘米。玉质青色，局部有沁。器均作心形，阴刻边框，中部饰草叶，两侧左右对称为卷云纹和双"二"字纹。此种器形较为少见，可能为嵌饰。■

琵琶形玉饰 西汉装饰用玉，江苏省扬州市邗江甘泉姚庄101号墓出土，现藏扬州博物馆。

长4.1、宽1.9厘米。玉质青白色，温润略有沁斑。琵琶形器表有两条凸棱和三道凹槽，下部有一长方形穿孔，雕工简洁明快。此器为铁刀鞘上的装饰玉。■

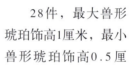

玉串饰 西汉装饰用玉，江苏省扬州市邗江西湖胡场14号墓出土，现藏扬州博物馆。

28件，最大兽形琥珀饰高1厘米，最小兽形琥珀饰高0.5厘米。出于墓主（女性）胸部，可能为生前佩戴之项链，由金、玉、玛瑙、琥珀、玳瑁等制成珠、管、胜、坠、壶、辟邪、鸡、鸭等小饰品，皆有极细穿孔，制作形象生动。■

玉串饰 西汉装饰用玉，江苏省扬州市邗江甘泉姚庄101号墓出土，现藏扬州博物馆。

9件，方胜形玉饰边长分别为1.2、0.8厘米；壶形琥珀饰高1.5厘米；管形玛瑙饰长分别为1.5、1.7厘米；扁壶形玉饰高1.3厘米；鸟形煤精饰高1厘米；羊形煤精饰高0.8厘米；方胜形琥珀饰高0.7厘米。器由多种材料和造型饰件构成，每件均有穿孔可连接佩挂，小巧精致新颖。■

玛瑙瑱 西汉装饰用玉，江苏省扬州市邗江西湖胡场20号墓出土，现藏扬州博物馆。

2件，长2、直径0.75～0.9厘米。玛瑙质缠丝红色。器呈束腰圆柱形，中竖穿孔。此种玉瑱还有琉璃质的。■

螭纹玉饰 东汉装饰用玉，安徽省怀远县唐集汉墓出土，现藏怀远县文物管理所。

长7、宽4.27、孔径1.7、厚2.88厘米。玉质青色，已受沁为黄褐色。透雕三螭扭曲盘卷于一空心圆体四周，相互嬉咬缠绕，十分有趣。此器雕刻生动活泼，且为一立体圆雕之形，殊为难得。■

螭纹玉佩　东晋装饰用玉，江苏省南京市中央门外郭家山东晋墓出土，现藏南京市博物馆。

长7.1、宽4.6、厚0.47厘米。玉质青色，已严重受沁为鸡骨白色。此器中间为椭圆形孔，四周以透雕、浮雕、线刻技法雕刻两条螭虎相互穿梭于器正反之间。从造型上看，此器应为鸡心佩的发展演变形式，只是鸡心尖已演化不见。■

云形玉佩　东晋装饰用玉，江苏省南京市中央门外郭家山东晋墓出土，现藏南京市博物馆。

长7.8、宽3.1、厚0.4厘米。玉质青色，表面有水沁。器为扁平片状，呈如意云头形，光素无纹，上下共有三孔，应为组玉佩之一。■

柿蒂纹玉帽饰　东晋装饰用玉，江苏省南京市仙鹤观高悝夫妇墓出土，现藏南京市博物馆。

高1.8、底径3.1厘米。玉质白色，有褐色沁斑。圆帽形，直壁，顶起台阶，中部顶上线刻圆圈，内有柿蒂纹。直壁上两道弦纹。此器似为杖柄之顶端帽饰。其线刻刀痕与同墓所出玉镖、玉珩等相似，均不抛光，使线条非常醒目，这可能为六朝玉雕的一种特殊处理方式。■

玉佩　南北朝装饰用玉，陕西省西安市南郊小寨出土，现藏西安市文物保护考古所。

3件，上、中长12.8、宽6.3、厚0.6厘米；下长13.2、宽5.5、厚0.6厘米。玉质青色，表面有白色水沁及黄色土沁。均素面，通体抛光。上面两件为云蝠形，头部及尾翼部共钻四孔。下部为梯形玉佩，上钻一孔。六朝时多见这种素面玉佩。■

玉佩　北齐装饰用玉，山西省太原市南郊王郭村娄叡墓出土，现藏山西省考古研究所。

长7.9、宽4、厚0.3厘米。玉质白色。器素面,中间略鼓,四周边薄,作云蝠形,上下共有四个钻孔,边缘贴0.3厘米宽的金边,多有脱落。以金包边,显示了北朝玉器的装饰特点。■

凤纹玉佩 北齐装饰用玉,山西省寿阳县贾家庄村库狄迴洛墓出土,现藏山西省考古研究所。

长9.7、宽4.3、厚0.4厘米。玉质青白色,有少许水沁。器呈云蝠形,上有一椭圆形穿孔,下钻三孔,一面阴刻凤鸟纹及鸟形云纹,另一面阴刻火焰状云纹,纹饰流畅。■

狮纹玛瑙饰 北齐装饰用玉,山西省寿阳县贾家庄村库狄迴洛墓出土,现藏山西省考古研究所。

长径2.7、短径2、厚0.8厘米。玛瑙质紫黑色,边缘有一圈天然白色玛瑙带。器呈椭圆形,中心雕刻一前行之狮,昂首翘尾。此器小巧精致,利用玛瑙的天然之色进行雕琢,匠心独运。■

玉马头 南朝早期装饰用玉,江苏省南京市光华门外石门坎六朝墓出土,现藏南京博物院。

长4.7、宽1.3厘米。玉质白色。圆雕一马首,颈部为六角形,下有一方形孔,中有一小圆洞。此器可能为刀柄,马首颇形象,圆杏眼出梢,耳饰三角卷云纹,栩栩如生。■

丧葬用玉·衣

玉衣又称"玉柙"、"玉匣",是上层统治者专用的殓服,为丧葬玉的最高形制,由金缕、银缕、铜缕或丝缕把不同形状的玉衣片连缀而成。目前发现最早的玉衣片是战国时期的。完整的玉衣形制出现于西汉早期,按人体构造分为头、上身、胳膊、手、腿、脚等几大部分。其制作工艺复杂,并按身份等级以金、银、丝、铜等不同丝线连缀。玉衣制度到三国时期废止不用。目前全国发现的玉衣有数十件(套),除南越王墓和满城汉墓的外,徐州狮子山楚王墓、河北定县中山怀王刘修墓、徐州土山彭城王家族墓、河南永城梁王墓等均有出土,另外还有许多墓葬因被盗而只剩下零散的玉衣片,可见汉代玉衣葬制之盛。

金缕玉衣 西汉中期丧葬用玉,河北省满城县陵山1号墓出土,现藏河北省文物保护中心。

通长1.88米,由2498片玉片组成,以金丝连缀,所用金丝共重1100克左右。玉衣和人体形状一样,分为头套、上衣、裤筒、手套和鞋五部分，头部分脸盖和头套，脸盖上刻出眼、鼻和嘴的形状。上衣由前片、后片和左右袖筒组成，后片的下端做成人体臀部的形状。手呈握拳状，以两璜作为玉握，璜为玉璧改制，头枕镶玉铜枕。此为考古首次发现的保存完整的玉衣。 ■

丝缕玉衣　西汉丧葬用玉，广东省广州市象岗南越王墓出土，现藏西汉南越王博物馆。

　　长173、肩宽44厘米。玉衣由2291块青玉片组合而成，分头套、上衣、裤筒、手套和鞋五部分，分开制作，便于尸体放入。整个玉衣是以朱红色丝线及丝带连缀黏结而成，是我国目前出土完整的玉衣中年代最早的丝缕玉衣。考古出土时，发现尸体是裸体放入，表达了古人认为玉能保持尸体不朽的观念。另外，头套顶部以一涡纹小玉璧置中，璧中圆孔是整个玉衣唯一留有的出气孔，可能也与古人的灵魂观念有关。 ■

丧葬用玉·璧

　　以玉璧殓尸的丧葬形式最早可追溯到良渚文化时期，汉代玉殓葬习俗更为兴盛，在葬以玉衣的高级贵族身上，其胸、背往往铺垫多块玉璧，如南越王墓玉衣上面、里面、下面铺垫有玉璧十九块。中山王刘胜其前胸、后背共置玉璧十八块，王后窦绾有十五块等。另外，棺椁上也多镶嵌玉璧，这是汉人认为玉能保持尸体不朽观念的反映。汉代丧葬用璧，有为随葬而特制的，也有原为生前所用、死后陪葬的。为随葬而特制的，大多制作不精。纹饰有谷纹、蒲纹、涡纹、夔龙纹等多种，玉质多青玉。魏晋以后，随着丧葬用玉的大为减少，玉璧也少有发现。

　　勾连谷纹玉璧　西汉丧葬用玉，广东省广州市象岗南越王墓出土，现藏西汉南越王博物馆。

　　直径15.8、孔径4.2、厚0.3厘米。玉质青白色，表面有白色沁。两面饰凸起的谷纹，三个谷纹以阴线勾连组成三角形的云纹。此玉出于玉衣内，同在玉衣内共十四

块玉璧，以丝绢、麻布缠绕璧孔连在一起，放于墓主身上，可见这部分玉璧是专为殓葬而用。 ■

游龙谷纹玉璧　西汉丧葬用玉，广东省广州市象岗南越王墓出土，现藏西汉南越王博物馆。

　　直径8.8、孔径4.3、厚0.4厘米。玉质青白色，有白色沁斑。璧两面饰谷纹，内圆孔中透雕挺胸曲身之游龙。龙杏眼出梢，斧形下颚，绞丝尾，四爪前后搭于璧缘呈奔腾状。 ■

龙凤纹玉璧　西汉丧葬用玉，广东省广州市象岗南越王墓出土，现藏西汉南越王博物馆。

　　直径30.2、孔径4.7、厚0.5厘米。玉质青色，多处有沁斑及裂纹。全器纹饰被两圈绳纹分为三区，内圈绳纹非同一方向，而是分为相对的四组绞丝纹。内区饰三组回首凤鸟纹，凤尖喙，圆眼，长冠，卷体。外区饰五组夔龙纹，一首双身。内、外区之间为隐起的涡纹，以阴线

勾轮廓。此器以丝带绑缚装饰于棺盖面的四角。目前考古出土品中，璧面纹饰分三区的极少，主要见于战国和西汉时代，南越王墓出土五件，仅此一件为龙凤纹，其余几件内、外区均饰夔龙。■

直径24.5、孔径4、厚0.7厘米。玉质青色。璧两面纹饰相同。中间一绳索纹将纹饰分为两区，内区为蒲纹，外区为四组一首双身之夔龙纹，龙额上有椭圆形网格纹。龙以细阴线刻画，另有规则的深阴刻线，其线底抛光较亮，这是此类玉璧的共同特点。■

龙纹玉璧 西汉丧葬用玉，广东省广州市象岗南越王墓出土，现藏西汉南越王博物馆。

直径26.6、孔径8.8、厚0.7厘米。玉质青色。以三圈绳纹将玉璧分为两区，内区为谷纹，外区为四组龙纹，以变体花草纹分隔。每组以龙首为主体，两侧各有一小夔龙与大龙交体相缠绕，小夔龙形制特殊，似蛇但又有耳，口中吐信。整体纹饰结构复杂，雕工精美。此玉璧出土于棺内，做殓葬用。■

龙纹玉璧 西汉丧葬用玉，安徽省天长市安乐北岗汉墓群出土，现藏天长市博物馆。

龙凤纹玉璧 西汉丧葬用玉，江苏省扬州市双桥乡宰庄汉墓出土，现藏扬州博物馆。

直径19.4、孔径7.1、厚0.5厘米。玉质青色。此璧孔径较大，一绳纹将璧分为内、外两区，内区为涡纹，外区为三组龙凤纹，每组主体纹饰为一龙双凤，每个龙首有双身，各与一凤身相勾连。龙杏眼大鼻，凤圆眼勾喙，身多处饰网格纹与绳纹，纹饰勾勒精工。■

乳钉纹玉璧 西汉丧葬用玉，江苏省扬州市高邮天山乡神居山2号墓出土，现藏南京博物院。

直径22.2厘米，玉质青白色。璧两面饰乳钉纹，中间圆孔部分还有一铜铆钉相连，另有丝带固定玉璧留下的条纹状痕迹，显示此为固定在棺板上的玉璧。■

蒲纹玉璧 西汉丧葬用玉，江苏省扬州市高邮天山乡神居山2号墓出土，现藏南京博物院。

直径15.4、孔径2.5、厚0.6厘米。玉质青白色，有黑色火烧痕迹。璧内外边缘磨平起棱，并有两圈弦纹，两面均饰规整的蒲纹。■

龙凤纹玉璧 汉代丧葬用玉，陕西省西安市北郊枣园南岭出土，现藏陕西省考古研究所。

直径43.2、孔径11.5、厚1.6厘米。玉质已严重受沁为白色和土黄色。璧面以两圈绳索纹将其分割成谷纹与龙凤纹两区，里外边沿亦有阴刻装饰带。龙凤纹分四组，每组以龙首为主体，龙身与俩俩相对之凤勾连相交，纹饰异常复杂精美，璧侧刻有"六百六十一"字样。此璧是目前考古出土品中同类两区玉璧中纹饰最精美的一件。■

丧葬用玉·蝉

丧葬用玉的重要一类就是口琀，此期的口琀主要为蝉形。考古发掘品及传世品均较多。主要分三类，一类为简约形，仅略具蝉的外形，或素面，或简单阴线勾画，体形较小，如南昌老福山玉蝉、扬州高邮神居山玉蝉等。一类为"汉八刀"型，"汉八刀"只是一种俗称，表明其用简单犀利的刀法勾画出蝉的外形，雕工刚劲有力，如扬州甘泉姚庄玉蝉等，较为多见。还有一类为具象型，如徐州狮子山汉墓玉蝉，圆雕和阴刻相结合，描绘出一形象逼真的蝉形，较为少见。三种玉蝉均无孔（有孔者为佩玉，如满城窦绾墓中所出玉蝉），以之为葬，借用蝉的蜕壳再生，比喻超尘脱俗的清洁高尚及生命的再生与延续，人们生时以蝉蜕自名清高，死后借之羽化成仙。

玉蝉 秦代丧葬用玉,陕西省西安市南郊北池头村墓葬出土,现藏西安市文物保护考古所。

长4.8、宽2.5厘米。玉质白色,表面有白色水沁。蝉双眼浅浮雕凸出,眼间以阴刻锯齿纹表现头部,嘴部稍尖。背呈菱形隆起,上以阴线刻相连的圆弧线表示蝉翼,整体简洁生动。■

玉蝉 西汉早期丧葬用玉,江苏省徐州市狮子山楚王墓出土,现藏徐州博物馆。

长4.2、宽1.8、厚0.9厘米。玉质白色温润。蝉刻画逼真,双目凸出,羽翅雕刻清晰,头颈部有一道绞丝纹,羽翅收拢成尖状,形体饱满。此种非常具象之蝉在江苏铜山苏山头西汉晚期墓葬中也有出土,较为少见。■

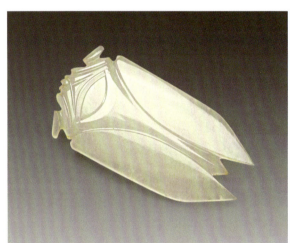

玉蝉 西汉晚期丧葬用玉,江苏省扬州市邗江甘泉姚庄102号墓出土,现藏扬州博物馆。

长5.7、宽2.9厘米。玉质洁白温润。蝉双目凸出,嘴角分明,身上弧线、直线均简洁明快,腹部刻有十二道横线皮纹,尾部尖锐。此蝉刀法犀利,是典型的"汉八刀"玉蝉,为汉蝉中的精品。此种形制玉蝉在河南永城汉墓、河北定县北庄汉墓、江苏盱眙东阳7号墓等均有出土,较为多见。■

玉蝉 西汉丧葬用玉,江西省南昌市老福山汉墓出土,现藏江西省博物馆。

长5厘米。玉质青色温润。蝉素面,造型简单,仅略具蝉之外形。■

玉蝉 西汉丧葬用玉,江苏省高邮天山乡神居山2号墓出土,现藏扬州市汉广陵王墓博物馆。

长2.8、宽1.6、厚0.5厘米。玉质白色。蝉头部两眼微凸,胸部稍凹,以简练的阴刻线勾勒蝉头部和两翼,形体小巧。■

玉蝉 东晋丧葬用玉,江苏省南京市中央门外郭家山东晋墓出土,现藏南京市博物馆。

长6.3、宽3.1厘米。玉质青色,表面有水沁。蝉身中间厚,边缘薄,以阴刻线雕出蝉头、身和羽翼,刀法简练,有"汉八刀"遗韵,但已不如汉蝉刀法犀利、棱角分明。■

丧葬用玉·猪

玉猪是汉代常见的丧葬用玉，多被作为玉握，成对出现。以猪形象随葬，起源很早，河姆渡文化就有猪纹陶罐。以玉猪随葬，源于西汉，盛于东汉，衰落于魏晋。西汉玉猪多具象，玉质一般，受沁严重。西汉晚期至东汉，玉猪用料多用上等青白玉，并一改具象之造型，雕工犀利，简洁抽象，俗称"汉八刀"，其头、尾、底侧面均平直，非西汉玉猪圆鼓状。猪的头部下颌和尾部多有小穿孔。六朝玉猪雕工虽又近似西汉，较为具象，但形体瘦弱，玉质欠佳，多用滑石替代，渐趋衰微。

玉猪 西汉中期丧葬用玉，山东省巨野县红土山汉墓出土，现藏巨野县文物管理所。

2件，均高2.6、长12、宽2厘米。玉质青色，已受沁为乳白色。以阴刻线勾出猪双眼与猪身，猪嘴、耳、蹄也刻画具象，与汉代常见的"汉八刀"猪不同。猪在古代被当作财富的象征，故常被墓主握于手中作为玉握。■

玉猪 西汉晚期丧葬用玉，江苏省扬州市邗江甘泉姚庄102号墓出土，现藏扬州博物馆。

2件，均高2.9、长11.5、宽2.2厘米。玉质青白色，温润。猪吻部前凸，前后蹄都屈收腹下，作伏卧状，短尾，吻下及尾部各有一小孔。以简单犀利的刀法刻画身体，是典型的"汉八刀"型玉猪。以猪作玉握在江苏、安徽一带多见。■

玉猪 西汉晚期丧葬用玉，江苏省铜山县拾屯苏山头出土，现藏南京博物院。

长13厘米。玉质青色，已多处受沁。素面，简洁的两块立方梯形几何体，构成了一抽象的猪，前面小块者为嘴，后面象征猪身，与常见汉代玉猪不同。这类抽象玉猪，专供丧葬，在徐州地区出土多例。■

玉猪 新莽时期丧葬用玉，江苏省扬州市邗江杨寿宝女墩104号墓出土，现藏扬州市邗江区文物管理委员会。

2件，均高2.8、长11.4、宽2.6厘米。玉质青白色，纯正温润。以典型"汉八刀"的简练犀利线条将猪的头、身、腹部刻出。刀锋线条刚劲有力，粗犷挺拔。■

玉猪 汉代丧葬用玉，陕西省西安市南郊三门口汉墓出土，现藏西安市文物保护考古所。

2件，均

高5、长13.5厘米。玉质青色，已受沁为鸡骨白色。猪肥头大耳，吻部前伸，身体滚圆，短尾贴身，十分形象。

汉代玉猪大多较为抽象，此两猪刻画得栩栩如生，较为难得。■

玉猪 东晋丧葬用玉，江苏省南京市中央门外郭家山东晋墓出土，现藏南京市博物馆。

高2.4、长10.6厘米。滑石质。体呈长条形，嘴部凸出，并有三道弦纹，眼、耳、身体肌肉、四肢均以深刀刻出，形体具象而生动。■

丧葬用玉·枕

汉代各诸侯王墓中多有玉枕出土，有日用器兼葬玉的功能，其可分为玉枕和镶嵌玉枕。玉枕如河北定县北庄汉墓所出，以一整块玉雕饰而成。镶嵌玉枕又可分为铜镶玉枕和漆木镶玉枕，前者如满城汉墓及徐州后楼山汉墓所出，均以铜框镶玉片，其玉片有特制的（可能原为生前所用），有改制的，如以残璧或"S"龙改制为饰。后者如徐州狮子山汉墓所出，用特制雕花玉片镶于漆木枕上，两端各镶片形玉虎头。秦与六朝的玉枕目前还没有发现。

镶玉铜枕 西汉中期丧葬用玉，河北省满城县陵山1号墓出土，现藏河北省文物保护中心。

通高17.6、通长44.1、宽8.1厘米。枕呈长方形，两端为铜鎏金的翘首龙头，在枕面、枕底、龙首的铜框上都镶嵌透雕的玉片，玉质青色，上以阴线刻各种螭纹、几何云纹和花纹，镶嵌工艺精细，较为难得。其墓主为刘胜，其妻窦绾墓中亦出一镶玉铜枕，上镶嵌玉片为玉璧改制而成。■

镶玉木枕 西汉丧葬用玉，安徽省天长市三角圩汉墓群出土，现藏天长市博物馆。

通长38.5、通宽11.4厘米。木枕为长方半圆柱体，一壁留门，体中空，两边弧起，中间凹，凹面嵌长方青玉片五片，门两边嵌正方白玉片两片。玉片四角钻孔，表面抛光。■

几何纹玉枕 东汉丧葬用玉，河北省定县（今定州市）北庄汉墓出土，现藏河北省文物保护中心。

高13、长34.7、宽11.8厘米。玉质青色。枕以整块玉琢制而成，长方形，枕面两端隆起，中间下凹。除下凹处外，枕面阴刻几何形云纹，线条流畅简练。如此大型玉器在汉代较为少见。■

丧葬用玉·铺首

铺首是衔门环的底座，始于古代宫门上的犀牛头骨，因犀牛有祥瑞之义，故用之。后多以铜制，玉质少见。汉代玉铺首多为兽面衔环状，应来源于商周青铜器上的兽面衔环耳。

镶玉铜铺首 西汉中期丧葬用玉，河北省满城县陵山1号墓出土，现藏河北省文物保护中心。

通长12.4、铺首宽9.4厘米。铺首铜框鎏金，内镶嵌玉块，玉质白色温润。两侧为两螭虎，下衔环。细部纹饰以阴刻线修饰，主体纹饰为兽面，兽面上方为两对称卷鼻龙纹，边饰卷云纹。■

兽首衔璧玉铺首 西汉丧葬用玉，广东省广州市象岗南越王墓出土，现藏西汉南越王博物馆。

通长18.2、兽首长11.3、宽13.8、厚0.7厘米；璧直径8.9、孔径3.4、厚0.4厘米。玉质青色，已严重受沁为鸡骨白色，上有少许朱砂。兽首近方形，左侧雕一螭虎，兽鼻做成方桥形銎孔，上琢朵云纹，銎孔中穿过一璧，上饰饱满的谷纹，璧可活动，此铺首为一完整玉琢制。兽背面光素无纹，应是嵌于器物上的装饰物。此器造型独特，出于墓主头部。■

兽面纹玉铺首 西汉丧葬用玉，陕西省咸阳市兴平南位乡茂陵附近出土，现藏茂陵博物馆。

长35.6、宽34.2、厚14.7厘米，重10.6公斤。玉质青绿色。铺首主体纹饰为双眼圆凸、长鼻露齿的兽面，兽面两侧及上方浮雕、透雕四灵纹及卷云纹。四灵为青龙、朱雀、白虎、玄武，分饰兽面两侧，兽眼以阴刻圆圈代表眼珠，卷云纹及鼻梁上阴刻花蕾纹与卷云纹，花蕾心以网格纹勾画。兽鼻梁延伸出以衔环，可惜环缺失，器背面有铆孔，孔内残存有金属物，经分析主要成分为铅。此铺首玉质与陕西玉川发现的蓝田玉接近。这件国内目前发现最大的玉质铺首，可能是茂陵陵园门上的装饰品。■

丧葬用玉·其他

汉代丧葬用玉较为丰富，除以上所介绍外，还有玉覆面和七窍玉塞等。在发达的玉衣制度下，玉覆面已经走向尾声，其结构与以前基本相同，又称玉幎目，如徐州子房山3号墓所出，由22片玉片缀成，五官形象大体可辨；徐州后楼山汉墓所出，纯由玉片组成，结构与面容相同，但不分五官；山东长清双乳山刘宽墓所出，鼻为圆雕兼镂雕，与玉衣的脸盖鼓起的鼻形相同。与玉衣流行的同时，七窍玉塞也极为流行，鼻塞、耳塞、阴塞、肛塞多为底大上小的柱状体，配以口琀和眼盖，汉人认为可以使精气不散，肉体长存，这些是道教欲求"长生不死"思想观念的反映。滇国玉器中出土的"珠襦玉柙"则反映了滇文化的丧葬习俗，并和文献记载相合。另外江苏仪征团山还出土有玉鱼，这可能是西周大量以玉鱼随葬传统的延续，只是此期较为少见。

云雷纹玉覆面 西汉丧葬用玉，山东省长清县双乳山济北王刘宽墓出土，现藏济南市长清区博物馆。

复原长22.5、宽24.6厘米。玉质已受沁为鸡骨白色。分别由17块玉片和一鼻罩组成面部，左右对称，有耳、额、脸、腮、嘴、鼻等。最特别处为鼻罩，为整玉透雕而成，形如半锥体镂空，呈立体鼻形，上阴刻云雷纹，下部有两三角形鼻孔。各玉片内侧下棱及鼻罩边缘均有斜穿细微孔，可以相互连缀。■

七窍玉 西汉丧葬用玉。安徽省天长市三角圩汉墓群出土，现藏天长市博物馆。

眼盖厚0.45、底径3.7厘米；鼻塞长2.1、上径0.85、底径0.95厘米；耳塞长2.1、上径0.4、底径0.7厘米；蝉长5、宽2.4厘米；珠径1.7厘米。这组玉出土时共置于墓主头部，包括眼盖、耳塞、鼻塞、口琀各两件，口琀为一玛瑙珠和白玉蝉，蝉头呈三角形，背起脊，头部三角形平面两边各深刻一刀。眼盖为扁圆体，耳塞、鼻塞各为底大上小的柱状体。■

玉珠襦 西汉丧葬用玉，云南省晋宁县石寨山古墓群出土，现藏云南省博物馆。

长约150、宽80厘米。由绿松石珠、玛瑙管珠、玉管珠组成，成串连缀。据考证，这是连接成串缝在纺织物或毛皮上覆盖尸体的尸帘，即文献中记载的"珠襦玉柙"。在云南滇文化中出土有多件这样的玉珠襦。■

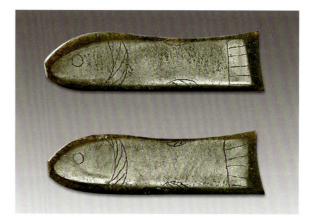

玉鱼 西汉丧葬用玉，江苏省仪征市张集茶场团山5号墓出土，现藏仪征市博物馆。

2件，均长13.3、宽3.5、厚0.9厘米。玉质青色。器两面纹饰相同，以简练阴刻细线刻出鱼头、鳍、尾三部分。嘴稍尖，前端磨平。此鱼出于棺盖上沿口中部，可能为丧葬装饰用玉。■

陈设用玉·仿生兽

西汉圆雕艺术品并不多见，但体现了汉代玉器工艺的高度发展水平。陈设用玉一般多为玉兽，其中分仿生兽和神兽两部分。仿生兽主要是现实生活中动物的表现，有豹、熊、猪、马、羊等，汉代帝王、诸侯多有饲养珍禽异兽的圈牢，内有虎豹犀象、狼熊野羊等等。楚王墓中所见的豹、熊、颈带项圈，形体硕大，应为驯服之形象。另外还有羊、马、猪、猴、鹰、燕等，均形象生动逼真，反映了玉工对动物描绘的准确把握及高超的工艺水平。

玉豹 西汉早期陈设用玉，江苏省徐州市狮子山楚王墓出土，现藏徐州博物馆。

高14.3、长23.5、宽13厘米。青色大理岩质，表面磨光。圆雕一豹侧卧于台座上。双目圆睁，嘴微张露齿。脸侧有鬃毛，以阴刻线相饰，颈部有一镶海贝的项圈，应为一驯服之豹，颈背有纽以系绳或带，长尾从两腿中反卷曲于背上。此器虽为石雕，但石材似玉，故称其玉豹，同墓还出土有豹形铜镇。此器体态硕大，出土于内墓道南侧耳室墓门内南侧。■

玉马 西汉中期陈设用玉，山东省巨野县红土山汉墓出土，现藏巨野县文物管理所。

高1.5、长3.1厘米。玉质白色，温润。马造型生动，后足残缺，应是一立马形象。此种圆雕作品较为少见。■

玉熊 西汉陈设用玉，江苏省徐州市北洞山楚王墓主墓室出土，现藏徐州博物馆。

高6.3、长20.3、宽8.25厘米。玉质青白色，有黑色斑点条带。熊呈蹲伏状，躯体略偏于左侧，圆眼，颈部有项圈，圈上部串饰三枚海贝，以阴线刻画鬃毛。整体造型硕大，表情憨态可掬。其颈戴项圈的造型与狮子山楚王墓的玉豹相似。■

玉熊 西汉陈设用玉，陕西省咸阳市渭城区周陵乡新庄村出土，现藏咸阳博物馆。

高4.8、长8、宽3.3厘米。玉质白色温润，稍带糖色，背部有少许桂花色玉皮，显示为和田玉籽料雕琢而成。熊眼稍圆凸，头部与腿部毛发以浅细阴刻线表现。熊题材纹饰在汉代器物上较为多见，但玉圆雕作品较少见。此器出于汉元帝渭陵附近的附属礼制建筑"长寿宫"遗址，故可能原为宫中陈设。其形态逼真，玉质上乘，是汉代玉器圆雕作品的代表作。■

玉鹰 西汉陈设
用玉，陕西省咸阳市
渭城区周陵乡新庄村
出土，现藏咸阳博物
馆。

　　高2.5、长7.1、
宽5厘米。玉质白色莹润，留有桂花皮及枣红皮。鹰双眼
圆睁，面目凶狠，勾喙短尾，张翅，以"人"字形阴线
与短阴线刻画背部与羽翅。整体造型生动形象，有振翅
欲飞之感。■

玉猪 西汉陈设用玉，陕西省西安市北郊席王村汉
城遗址出土，现藏西安市文物保护考古所。

　　高9、长26厘米。玉质青色。猪呈卧状，阴刻圆眼，
吻部简单刻饰鼻孔、嘴巴，圆耳隐起，并简单勾勒身
体。此器形体硕大，虽简单勾画但形神兼备，又用一整
块碧玉料雕刻，极为难得。■

　　玉羊 北凉陈设用玉，甘肃省武威市灵钧台北凉遗
址出土，现藏甘肃省博物馆。

　　长15.1、宽6、高8厘米。玉质青白色，有黄褐色皮，

为和田玉籽料。羊首微抬，长角弯垂，四腿曲跪，腹部
着地，呈静卧姿。此羊造型丰满、线条流畅，是一件精
工细刻的仿生作品。■

陈设用玉·神兽

　　汉魏六朝玉神兽主要是辟邪及天马、怪兽等。辟邪
的原型为狮子。狮子进入中国内地，最早在西汉武帝之
时，《汉书·西域传》中有："一角者，或为天禄，两
角者，或为辟邪。"《山海经》曰："辟邪之兽，来自
海东神兽，能知人之忠佞，不直者，触而啖杀之。"一
般将形似狮，身披羽翼，头出角的神兽统称为辟邪。辟
邪有驱走邪秽、拔除不祥之意。西汉辟邪多匍匐状，东
汉则出现昂首挺胸，朝天吼之辟邪，另还有蹲坐之辟
邪。此外，西汉还出现羽人骑天马、辟邪的造型，这与
当时人们的求仙观念有关，不仅给兽披上了羽翼，还给
人插上了翅膀，一幅升仙得道、长生不老的画面。东汉
及六朝时，神兽造型更为丰富，但纹饰开始简化，或昂
首挺立，或静卧肃穆，为六朝时出现大型的石雕神兽提
供了借鉴。

玉辟邪 西汉陈设用玉，陕西省咸阳市渭城区周陵乡新庄村出土，现藏咸阳博物馆。

高5.4、长7、宽4.6厘米。玉质洁白温润，稍带黄皮。辟邪呈伏卧状，昂首挺胸，张口露齿，舌上翘，下颚胡须垂至胸前，身披羽翼，以浅刻阴线表现腿部及羽翼处毛纹，整体肌肉感较强。此器出于渭陵的"长寿宫"遗址，可能为宫中陈设器。■

前扶马颈，马张口露齿，鼻孔翕张，身饰羽翼作奔腾状，为一天马形象，其脚踏的平板，雕琢成云纹状。此器出于"长寿宫"遗址，故可能为宫中陈设。■

玉辟邪 西汉陈设用玉，陕西省咸阳市渭城区周陵乡新庄村出土，现藏咸阳博物馆。

高2.5、长5.8厘米。玉质白色，为带皮籽料雕成，身体多处留皮。辟邪张口露齿，四肢弯曲，身饰羽翼，身体微微扭曲做匐匍行走状。辟邪一角，亦称"天禄"，角后端分两叉左右弯曲，以阴线刻画细部。此器出于渭陵的"长寿宫"遗址，可能为宫中陈设器。■

玉羽人奔马 西汉陈设用玉，陕西省咸阳市渭城区周陵乡新庄村出土，现藏咸阳博物馆。

高7、长8.9厘米，玉质洁白，为上好的和田玉籽料。器雕成仙人骑奔马状。玉人发式成束后翘，身穿羽翅状短衣，这种造型在同期铜器、漆器纹饰上常见。人双手

玉辟邪 东汉陈设用玉，陕西省宝鸡市北郊墓葬出土，现藏宝鸡市青铜器博物馆。

高18.5、长18、宽6.7厘米。玉质青色，中带白色条纹，似为蓝田玉。圆雕一辟邪形插座，局部已残。辟邪昂首挺

胸，张口怒吼，身披飞翼，头部及身背部均有插口，尾部有一圆洞，所插之尾已佚。浑身以阴线刻画细部，有圆圈纹、流云纹、羽翼纹等。造型雄健，线条流畅。■

线饰身上毛纹，四蹄弯曲。此器似马非马，似鹿非鹿，应为传说中的神兽——獬豸，传其有辟邪厌胜之用。■

琥珀辟邪　东汉陈设用玉，江苏省徐州市土山汉墓出土，现藏南京博物院。

高2厘米。琥珀质红色。圆雕一蹲立的辟邪，张口露齿，鼻孔粗大，身体浑圆。同处还出土有玉辟邪，神态造型与此类似。■

玉兽　魏晋陈设用玉，现藏天津博物馆。

高6.2、宽7.5厘米。玉质青白色。兽作伏卧式，头较小，嘴稍尖，身体浑圆，圆眼出梢，宽颈，以简练的线条勾勒出身体的轮廓及四蹄，尾贴于臀。整体造型浑朴，与六朝石刻极为相似。■

玉天马　汉代陈设用玉，现藏故宫博物院。

高4.2、长7.8、宽2.6厘米。玉质青白色。马身饰飞翼，昂首伏卧于地，一前蹄立起，飞翼、羽毛、鬃毛均用细阴线刻画，神态栩栩如生。汉代重视马匹，并将其神化，此种天马纹饰，流行于汉魏六朝，多取卧姿。■

玉獬豸　汉代陈设用玉，陕西省西安市西郊三桥镇汉墓出土，现藏西安市文物商店。

高3.7、长4.5、宽1.6厘米。玉质青白色。兽卧状，昂首挺胸，长嘴，圆眼，圆耳，并直立一尖角，以阴刻

玉辟邪　南北朝陈设用玉，现藏天津博物馆。

高7、宽9.3厘米。玉质黄色，温润细腻。辟邪独角，下颌有须，昂首挺胸，身披羽翼，造型古拙有力，与南北朝石雕造像相似。■

陈设用玉·胜、座屏、饰板

此为这时期新出现的较为特殊的陈设用玉。玉胜反映的四灵观念是星象与神话的结合物，使四方观念更为具体化，也是远古"万物有灵"思想的延伸。玉座屏中的东王公、西王母的题材更表现了当时人、神、兽合一的神学思想。两者都体现了对人生命不死的追求，如玉胜上的"长宜子孙，延寿万年"铭刻，玉座屏上仙公、仙母的不死题材，是汉代道教思想的集中反映。天津博物馆的玉饰板，与后代镇纸较为相似，可能也作为文房用具。

"长宜子孙"玉胜　汉代陈设用玉，现藏上海博物馆。

高3.2、长5.5、宽2.1厘米。玉质白色，温润细腻。透雕一玉胜状物，两格栏前分刻篆书"长宜子孙，延寿万年"八字。横栏上雕朱雀，下为龟蛇相绕之玄武，玄武下俯卧一鱼，隔柱外分别雕一青龙，一白虎，其为"四灵"。此为汉代常见之题材，"四灵"也代表了东南西北四个方位。以"四灵"为图案，有辟邪厌胜，拔除不祥之意。■

玉座屏　东汉陈设用玉，河北省定县（今定州市）43号墓出土，现藏定州市博物馆。

高16.5、长15.3厘米。玉质青色，已受沁为黄褐色。此器以四块玉片拼成，上下两层玉片的两端榫部插入两侧玉支架的孔隙之中。支架为两连璧形，圆璧内各透雕一龙，缠绕于正中的长方形榫孔旁，上层玉屏片正中端坐"西王

母"形象，双手抚握，双肩生翼，盘膝高坐，下侧及周围环绕仙女、凤、鸟、麒麟、雁、兽等。下层座屏正中雕"东王公"形象，姿势与西王母相似，四周透雕仙女、龟蛇、熊等形象。此器造型及人物故事繁杂，勾勒精细，是东汉神仙道教题材故事在玉器上的反映，极为少见。■

螭纹玉饰板　南北朝陈设用玉，现藏天津博物馆。

长31、宽3.1厘米。玉质白色，有黑色沁。玉板正面浮雕九螭穿梭于云海之中，造型复杂，姿态各异，栩栩如生。■

玉质容器·杯、盏

此期玉质容器较装饰用玉等其他类玉器为少，其中玉杯较为多见。秦阿房宫出土玉杯，纹饰繁杂华丽，体现了秦代制玉的最高水平。西汉前期，玉杯形式多样化，出现角形杯、铜镶玉杯、高足组合玉杯等，纹饰复杂多变，工艺精湛。以后，玉杯纹饰及形制趋于简化，出现素面玉杯。另外玉耳杯、直筒形杯也多素

面。六朝时，还有素面玉盏，浅似碗，是这时期出现的新器形。

兽面纹玉杯 西汉早期玉质容器，江苏省徐州市狮子山西汉楚王墓出土，现藏南京博物院。

高11.6、口径6厘米。玉质黄色，细腻温润，局部稍有土沁。玉杯呈圆筒状，矮圈足底，平口，弧腹。底足较小，杯身到底自然弧形过渡。杯身纹饰分三区，以弦纹间隔，上端饰兽面纹和勾连云纹，中间和下部分别隐起不同的勾连云纹。杯外壁抛光，内壁没有磨光，仍见有掏膛痕迹。■

勾连涡纹玉杯 秦代玉质容器，陕西省西安市西郊东张村秦阿房宫遗址出土，现藏西安市文物保护考古所。

高14.5、口径6.4、足径4.5厘米。玉质青色，局部受沁为褐色。直筒形，深腹微斜，杯筒纹饰分四区，从上数一、三层纹饰为浅浮雕的柿蒂纹与几何勾连纹，中部为排列整齐的勾连涡纹，最下部为一圈双阴线勾画的浅浮雕如意云纹。杯座为束腰鼓墩形，上有一圈五组以阴线勾勒的交叉"S"纹，下部素面，整体纹饰精细华丽。■

勾连谷纹玉杯 西汉早期玉质容器，广西壮族自治区贵县罗泊湾1号墓出土，现藏广西壮族自治区博物馆。

高11.3、口径4.5、足径3.3厘米。玉质青色，局部受沁为褐色。圆口，直腹，圆足中空。杯身主体纹饰分三区，上下为几何形勾连云纹，中部为凸起的勾连三角谷纹，杯座上部有卷云纹，雕琢精细。■

铜承盘勾连涡纹玉杯 西汉玉质容器，广东省广州市象岗南越王墓出土，现藏西汉南越王博物馆。

通高17厘米，铜承盘高5、径23.6厘米；杯身高7.8、口径4.2、底径2、壁厚0.2厘米；杯足高3.9、上径1.8、下径3厘米。玉质青白色。玉杯的杯身和杯足分开雕琢，杯身为长筒形，平底，纹饰分三区，上下为不同的变形云纹，中部为凸起的勾连涡纹。杯足如柱墩，上端平齐，中有两小孔，与杯底孔正对，以竹钉固定相连。足身饰四朵覆莲瓣及数道弦纹。杯身下部有一玉杯托，似为六朵大小相间的莲瓣，瓣面饰卷云纹，中设大圆孔，使杯身放入。高足杯置于铜承盘之上，承盘上有三条金头银身的龙口衔杯托。全器由玉、金、银、铜、木等五种不同材料组合而成，设计新颖奇巧，构思复杂，为汉玉中的精品之作。■

螭纹玉杯 西汉玉质容器，广东省广州市象岗南越王墓出土，现藏西汉南越王博物馆。

长18.4、口径5.8～6.7、口缘厚0.2厘米。玉质青白色，温润致密，有褐色土沁与铜绿沁。器为整玉琢成的一角形杯，椭圆口，腹内壁光滑，底有管钻痕。杯外壁饰满纹饰，杯底呈绞丝状向上回转，近端分叉成大卷云形。杯身纹饰以一尖嘴尖耳的螭龙为主体，长角与身体、尾羽呈优美的卷云状，回环缠绕布满于杯身，并在空隙处以勾连涡纹为补白。此器集圆雕、镂雕、高浮雕、浅浮雕、阴刻于一身，层次分明，布局巧妙，为中国玉器发展史中不可多得的艺术杰作。■

描金铜座玉杯
西汉玉质容器，安徽省涡阳县石乡山崖墓出土，现藏阜阳市博物馆。

通高8.55、杯高4.5、杯口径4.88、杯壁厚0.56厘米。玉质白色，温润细腻。杯素面，直口，器壁打磨光滑，有裂痕，无底，杯身直接卡入铜座，铜座上鎏金凤鸟纹和卷云纹，工艺精湛。■

螭纹玉杯身 汉代玉质容器，现藏故宫博物院。

高4.5、外径7厘米。玉质青白色，局部有黄色沁。圆筒形，外壁上下各刻两圈弦纹，内刻长勾连云纹。器中部饰四组尖嘴螭纹，螭圆眼，分叉角，分叉的拖曳长尾似凤尾。器形与安徽涡阳所出描金铜座圆筒形玉杯相似，可能原有镶嵌的底座，后缺失，仅剩圆筒形杯身。■

云纹环耳玉杯 汉代玉质容器，现藏故宫博物院。

高9.7、直径4.6厘米。玉质青白色，局部有沁。圆形直口，深腹高足，一侧出环形耳，杯身饰三组纹饰带，分别饰卷云纹、流云纹与如意云头纹。汉代玉杯带环耳者少见。■

玉耳杯 汉代玉质容器，现藏故宫博物院。

高2.2、长16.4、宽6.3厘米。玉质青白色，局部有浅褐色沁。素面，椭圆形杯身，两侧有半月形耳，底平。耳杯又曰羽觞，始见战国，兴盛于两汉，终于唐代。两

打磨光滑，器壁较薄。■

汉常见漆质耳杯，玉质少见，同类型器在徐州狮子山楚王墓中也有出土。■

玉质容器·卮、樽

卮在周秦汉晋之际是广泛使用的饮食器，珍贵的卮多以玉为之，作为饮酒器。《汉书·高帝纪上》有："上奉玉卮为太上皇寿。"表明玉卮用于隆重场面或酒宴，为饮酒器，直壁圆筒形是其主要特征，腹部较深，一般多有环形鋬耳或环形耳，足多为三足，有盖或无盖，玉卮身高一般在10厘米上下，口径一般8厘米左右，容量比铜卮或漆卮小。《说文》卮部中还将卮分为大卮和小卮，玉卮可能多为小卮，够一人饮。樽为温酒或盛酒器，一般比卮器形大，容量也大，两侧常有环耳。汉代玉卮较为多见，且纹饰精致，工艺复杂，造型独特，六朝玉卮继承汉代，只在细部装饰风格上稍有变化。此期玉樽较卮少见，刘弘墓玉樽内残留有墨迹，可能曾作为笔洗使用。

玉杯 三国曹魏玉质容器，河南省洛阳市涧西区正始八年魏墓出土，现藏洛阳博物馆。

高11.5、口径5.2、底径4厘米。玉质白色，温润细腻。杯直口，平沿，深腹，圆座足，足底内凹。器虽光素无纹，但以玉质取胜，器壁厚薄一样，制作精致，极为难得。■

玉盏 北燕玉质容器，辽宁省北票县西官营子冯素弗墓出土，现藏辽宁省博物馆。

高3.3、口径8.6厘米。玉质青色，中有黑点，表面有灰白色沁。素面，口沿处有减地隐起凸弦纹一道，通体

铜框镶玉卮

西汉早期玉质容器，湖南省长沙市马王堆2号墓出土，现藏湖南省博物馆。

高18、口径9.7厘米。玉质受沁呈褐色、灰白色。卮呈八棱圆筒形，由8块长11、宽3、厚0.3厘米的玉片镶嵌在铜框架中构成。

盖、底为玉，盖上置三"S"形铜纽，底附三兽面形足。顶部玉片中心刻柿蒂纹，外圈刻云纹。卮身所嵌玉片为浅灰色，刻云纹及凤纹，底部玉片刻谷纹。■

勾连涡纹玉卮　西汉早期玉质容器，江苏省徐州市狮子山楚王墓出土，现藏徐州博物馆。

高9.85、口径6.7、底径6.1厘米。玉质白色，有褐色沁斑。器为圆筒形，平沿，上有盖。盖中央透雕一五瓣梅花形捉手，外侧一周有三朵旋起的浪花柱，盖面饰勾连涡纹。卮身中部亦饰与盖面相同的隐起勾连涡纹，上部为一周几何纹带，下部在三足上各雕一兽首，兽首之间填勾连纹。此卮无环形鋬耳，造型自然生动，颇具匠心。■

铜框镶玉卮　西汉玉质容器，广东省广州市象岗南越王墓出土，现藏西汉南越王博物馆。

通高14.5、卮高12.6、口径8.6、厚0.3厘米。卮体为一铜框架，镶嵌九块玉片，上饰勾连谷纹。玉片玉质为青白色，有的有铜锈沁。卮一侧有玉环形鋬耳。卮底为一光素圆玉片。器盖为髹漆木胎，顶部立纽已佚，可能也为玉，盖缘还有三枚圆形玉饰。此器出土时有数层织物缠裹，表明此物之珍贵。同墓还有一铜框镶玉带盖杯，与此工艺基本相同。■

朱雀纹玉卮　西汉玉质容器，安徽省巢湖市北山头西汉墓出土，现藏巢湖市博物馆。

通高11.2、口径6.7、底径6.3、足高0.9、卮柄高3、宽2.6、厚0.3、柄孔径1.9厘米。玉质青白色，多处已严重受沁为鸡骨白色。器呈圆筒形，直腹，环耳，子母口，三矮蹄形足。盖微

隆，上置三个高浮雕卷云纽，中饰柿蒂纹，边刻几何勾连纹。卮身环耳处附饰一朱雀，两翼向后延伸于卮上，胸前刻双阴线"几"字形纹。卮身满饰凸起之蒲纹、勾连云纹、桃叶纹、"二"字纹等，底部有四朵如意云纹和网格纹。■

朱雀踏虎衔环纹玉卮 西汉玉质容器，安徽省巢湖市北山头西汉墓出土，现藏巢湖市博物馆。

通高13.1、卮体高9.8、口径7.91、底径7.4、壁厚0.3、足高1.2厘米。玉质白色，有黄色土沁及黑褐色沁。卮体圆筒形，环形耳，深腹，直口，三矮兽首足。卮一侧高浮雕、镂雕一朱雀踏虎衔活环，朱雀头伸出卮口沿，口衔绞丝活环，两羽翼向后舒卷，爪踏一虎。虎挺胸昂首，张口怒吼，绞丝尾向上翻卷，另侧环耳上附饰熊纹。另两侧高浮雕变形羽翅纹。卮身满饰勾连谷纹与云纹，底足亦有三角、菱形几何纹和舒展的勾连卷云纹、网格纹。整体设计巧妙新颖，纹饰繁缛，集圆雕、透雕、浮雕、阴刻于一身，代表了汉代玉雕的最高水平。■

玉卮 西汉玉质容器，江苏省扬州市邗江甘泉巴家墩西汉墓出土，现藏扬州博物馆。

通高5.9、口径8.8、鋬长4.7厘米。玉质青色，有沁斑，已残。器直腹圆筒形，环形鋬耳，素面，器底有三个半球形乳钉足。此玉卮应为饮器。■

龙凤纹玉卮 汉代玉质容器，现藏故宫博物院。

高12.3、口径6.9、足径6.8厘米。玉质白色，有糖色。卮有盖，面弧凸，中心一圆形纽，边饰涡纹及花瓣纹，盖上还有三个高浮雕纽。卮身呈圆筒形，深腹，直筒，环形鋬耳，三兽蹄形足，蹄足上为兽面纹，卮身上下饰涡纹，中间浅浮雕变形夔龙凤鸟纹，以凸出的勾连云纹饰地，鋬耳上亦有纹饰，雕工精湛。■

螭凤纹玉卮 西晋玉质容器，湖南省安乡县黄山头林场刘弘墓出土，现藏安乡县文物管理所。

通高12.9、口径7.6、底径7.8、足高1厘米。玉质已受沁为鸡骨白色。卮有环形錾耳，三足，器身作圆筒形，以勾连谷纹为底，上浅浮雕两螭纹与凤纹，螭尖嘴，长尖耳，长角后拖，身呈几何形弯曲。凤长冠勾喙，体态与螭龙相似。卮口沿为龙纹，下部在蹄足之上雕琢兽面纹，纹饰复杂而有层次。■

仙人龙兽纹玉樽 西晋玉质容器，湖南省安乡县黄山头林场刘弘墓出土，现藏安乡县文物管理所。

通高10.5、口径10.5、足高2厘米。玉质已严重受沁为鸡骨白色，有一道裂纹。器呈直筒形，直口，三熊足，熊缩首拱背蹲坐，腹部下鼓，似在用力承担起器身的重量。两侧有兽首长舌环形耳。器壁纹饰由中间凹带分为上下两组，上组有仙人、螭、虎、云、龙等纹饰，下组有仙人、龙、虎、熊等，仙人长发后飘，大鼻圆耳，身披飞翼，双手捧一歧云纹，一幅羽化升仙的情景，构图复杂，富于变化。■

玉质容器·其他

汉代玉质容器比以往都富于变化，更具特色，此期的玉容器除杯、卮以外，还有玉盒、瓶、水滴、洗、勺等。因玉容器费工费料，非一般工匠所能琢磨，故所见之玉容器均精工细作，为汉玉中之精品。目前出土的玉盒多见于西汉，纹饰精细工整，造型多变。另有水滴、丹药瓶、洗之类容器，对其功能及定名还无

定论，但工艺之精均有共识。玉勺较为少见，为仿漆器之作。

柿蒂云纹玉盒 西汉玉质容器，广东省广州市象岗南越王墓出土，现藏西汉南越王博物馆。

通高7.7、口径9.8、壁厚0.35～0.45、圈足径3、纽高0.8、环径2.8厘米。玉质青色偏黄，局部有褐斑。器身与盖以子母口扣合，盖上一桥形纽，中套一绳纹环，可活动。盖面纹饰分三区，内区为柿蒂八瓣花纹，中间为勾连涡纹，外区四组勾连云雷纹与四组柿蒂云纹相间。盒身纹饰与盖对应两区纹饰相同，下以一圈绳索纹环绕底足。盒盖内阴刻回首双凤，对称分布，脚踩在一似璧的圆圈上。盒盖上原有四个钻孔，后有破裂，另钻两孔用以绑缚。■

兽面纹玉盒 西汉玉质容器，安徽省巢湖市北山头西汉墓出土，现藏巢湖市博物馆。

通高4.4、直径11.1、壁厚0.2厘米。玉质青白色，局部有褐色沁。器由盖、身两部分组成，盖身口沿内镶一圈铜箍。盖顶平，中心饰柿蒂纹，间以乳钉纹及网格纹，里饰

三朵卷云纹，外圈减地隐起几何勾连云纹间以四组兽面纹。外沿呈斜面，阴刻十二组长脚勾云纹，盖身饰凸起的勾连云纹。盒身亦阴刻几何勾连云纹间以四组兽面纹，与盖上纹饰基本相同。此盒规整，雕工细致，为汉玉中精工之作。■

雕、镂空、浮雕、阴刻为一体，是汉玉中之杰作。其手持灵芝，有企盼长生之意，与东汉上流社会普遍寻求神仙不老的思想相契合，又有银盖，故可能为放丹药之瓶。■

龙首玉勺 东汉玉质容器，河南省洛阳市出土，现藏洛阳市文物局。

通长8、勺宽5.5厘米。玉质白色，温润细腻，首部有糖色及黑色沁。器内外抛光，并利用首部糖色巧雕龙首，构思别具匠心。■

辟邪形玉瓶 东汉玉质容器，江苏省扬州市邗江甘泉老虎墩东汉墓出土，现藏扬州博物馆。

通高7.7、瓶高6.8、宽6、厚0.45厘米。玉质青白色。辟邪跽坐，张口露齿，舌上翘，双眼圆睁，小圆耳，双角后伸弯曲，身披飞翼，右手托灵芝，左手垂地，身饰朵云纹、圆圈纹、鳞片纹、三爪形毛纹，胸阔体健。瓶口位于头顶，为圆形，上置环组银盖。此辟邪造型不同于西汉那种屈身匍匐状的辟邪，集圆

辟邪纹玉水滴 汉代玉质容器，现藏故宫博物院。

高5.3、宽4.7厘米。玉质青白色，有黄皮，为和田籽料雕琢而成。器内腹空，外壁浮雕三只辟邪，一大两小，作游戏状。大者张口露齿，颔下有须，腋下有翅，双足

交叉呈坐姿。小者仰望大者，神态顽皮。此器利用俏色巧雕，构思巧妙，可能原有器盖，已缺失。■

螭纹柄玉洗　汉代玉质容器，现藏故宫博物院。

高2.8、长16.8、宽14厘米。玉质青黄色，局部有褐斑。器圆形平底中空，边沿出二处耳柄，一处以流云纹形式出廓，上阴刻一简化龙纹形象。耳柄一处雕龙纹，另外一处减地浮雕龙纹、螭纹及流云纹，细部以阴刻线饰毛纹，均卷体出没于云纹之中。耳柄背面亦以阴线刻划正面纹饰。此器造型别致，极为少见。■

玉质用具·带饰

此期的玉带饰包括带钩、带扣和带銙等。玉带钩主要分两类，一类为整块玉料雕琢而成，另一类由多块玉料拼合，中间以一金属条贯穿而成。前者钩首多为龙首、鸭首等兽首，也有素面钩首，钩腹形态各异，有的饰简单阴刻纹饰，也有的纹饰集高浮雕、圆雕、透雕等为一体。一般西汉造型纹饰复杂精致，形体较大的带钩较多。东汉到魏晋带钩形体较小，造型纹饰向简约化发展。后者带钩构思巧妙，工艺复杂，制作难度也较高。河南省沁阳县官庄秦墓出土的铁芯十节带钩，以十节白玉组成，钩首为龙首，钩尾是虎头，上饰勾连云纹，钩纽在中部。西汉南越王墓所出八节带钩，形体较大，造型生动。这些都是战国多节带钩的延续和发展，到西汉发展到顶端，东汉以后不见。此期玉带饰形式还有一种用于革带上的系列，出现了完整的蹀躞玉带，在汉代时有个别零部件出现，如洛阳出土的玉带扣等，六朝时形式渐趋固定，上海博物馆所藏的鲜卑头，为残件，是与带扣相对应的带头部分。北周若干云墓出土的蹀躞带，其形制源于北方少数民族，魏晋南北朝时正式传入中原。蹀躞带由玉扣、方銙、方銙附环、偏孔环、铊尾等共二十件与鞓后所衬的鎏金铜片组成。蹀躞带是古代礼仪性官服设大带的始源，开唐以后带銙带的先河。

螭纹玉带钩　西汉中期玉质用具，河北省满城县陵山1号墓出土，现藏河北省文物保护中心。

长5.8、厚1.8厘米。玉质白色。钩首为螭虎，钩腹高浮雕、镂雕一尖嘴凤尾螭龙，表面有涂朱痕迹，圆纽。雕工精致，是汉代小型带钩的精细之作。■

龙首玉带钩　西汉晚期玉质用具，河北省邢台市北陈村刘迁墓出土，现藏河北省文物研究所。

长16.5、宽1.4、高2.2厘米。玉质白色。钩首为龙首，钩腹浮雕一龙一螭，龙螭各回首对视，钩身侧边隐起勾连云纹，底部为椭圆形纽。此器玉质较好，纹饰刻画生动，为同类器中佳品。■

铜框龙纹玉带板 西汉晚期玉质用具，江苏省扬州市邗江甘泉妾莫书墓出土，现藏扬州博物馆。

长8.6、宽3.8厘米。外框为铜鎏金的长方形，上雕四条游动的螭龙，框内镶嵌黄色玉片，透雕一龙及流云纹，以阴刻线装饰，其中一角已掉，用白玉片补缺。此种嵌玉带板，汉代较为少见。■

龙虎纹玉带钩 西汉玉质用具，广东省广州市象岗南越王墓出土，现藏西汉南越王博物馆。

长18.8、宽6.2、厚0.6厘米。玉质青白色，有铜绿沁及土沁。龙虎并体，钩首为虎头，钩尾雕一回首龙张口咬一圆环，龙、虎身并列相连，虎爪抓着圆环。器身遍布隐起的变形龙纹，背面光素，扁圆形钩纽居中，构思独特，造型新颖。■

龙首玉带钩 西汉玉质用具，广东省广州市象岗南越王墓出土，现藏西汉南越王博物馆。

2件，均长15、宽0.8、厚0.7厘米。玉质白色温润。钩首、尾均为龙头，钩首龙嘴上翘，钩尾龙张口露齿，中部镂空。钩身细长，饰满勾连云纹，纽为光素椭圆形。两钩基本相同，一钩有铜绿锈。■

龙首玉带钩 西汉玉质用具，广东省广州市象岗南越王墓出土，现藏西汉南越王博物馆。

长19.5、尾宽4、首宽1.6、厚1.2厘米。玉质青白色，

多处已被铁锈所沁并胀裂。全器以铁芯将八块质地相同之玉连缀而成，在钩首及尾部玉块上打圆孔做榫卯结构固定铁芯，各块玉缝隙之间再粘胶，使八块玉牢牢地固定在一起。钩首龙颈细长，嘴微上翘，颈侧以勾连云纹为饰。钩尾龙首直鼻，方框眼，以阴刻圆圈做眼珠，嘴边出髭，龙眉为绞丝纹上卷，独角。中以五块玉做身，两龙共用，腿部肌肉丰满，其关节处毛纹以阴刻线相饰。背部扁圆纽，纽面阴刻勾连云纹。此钩身上多以勾连云纹为饰，加以浅浮雕技法，似两龙穿梭于云气间。■

鸭首玉带钩 西汉玉质用具，安徽省天长市三角圩汉墓群出土，现藏天长市博物馆。

高1.8、长7.2、宽0.9厘米。玉质白色温润，纯净无瑕。钩首作素面鸭头状，腹部浮雕卷云纹，边缘阴刻云气纹、短直平行线等。腹下为椭圆形纽，上刻涡纹。此钩精工细作，是汉玉精品。■

龙首玉带钩　西汉玉质用具，安徽省巢湖市北山头西汉墓出土，现藏巢湖市博物馆。

长14.4、宽1.44～3.44、厚1.1厘米。玉质白色，有黄褐色沁。器体雕两龙两虎，一龙首做钩首，一龙首为钩尾，身体两侧爬伏两虎，其中一虎张口露齿，贴于钩身一侧，后腿及尾翻转于身上，一虎匍匐前行于另侧，钩身上部隐起几何回纹。方形钩组上阴刻两字"二"、"中"。此器造型新颖，是汉玉中难得的精品。■

蝉纹玉带钩　西汉玉质用具，北京市石景山区老山汉墓出土，现藏北京市文物研究所。

长4.6、厚0.3厘米。玉质白色，温润细腻。钩首短小，光素无纹，钩腹起台阶，呈长方形，浮雕一蝉，方形眼，以阴线勾勒羽翅及腹部，腹下为椭圆形组。■

兽首玉钩腹　西汉玉质用具，安徽省巢湖市北山头墓出土，现藏巢湖市博物馆。

通长6.18、最厚1.15、最宽1.83厘米。玉质白色，有糖色及沁斑。器中空，由首、颈、身三部分组成，兽首下有一榫孔，原应有一金属芯将三者连接。兽首直鼻、凸目、双耳呈绳索状卷于颈部，颈以三道凸弦纹表示，兽身隐起勾连云纹。此器应为多节玉带钩之钩腹部分。■

龙首玉带钩　东汉玉质用具，河南省洛阳市瀍河区汉墓出土，现藏洛阳市文物工作队。

长11.5、宽2厘米。玉质青白色，温润，局部有沁斑。钩首为龙首，颈部有三道凸起弦纹，钩腹起三角形棱，腹下为椭圆形组。■

螭纹玉带扣　东汉玉质用具，河南省洛阳市瀍河区汉墓出土，现藏洛阳博物馆。

长8.5、前宽5.6、后宽4.3厘米。玉质白色，表面有红褐色沁。器表浮雕两条螭龙及流云纹。前有月牙形镂空，器背有十对象鼻孔，可缝于革带之上，此种玉带扣汉代较为少见。■

龙首玉带钩　西晋玉质用具，湖北省汉阳县蔡甸1号墓出土，现藏湖北省博物馆。

长4.8厘米。玉质已严重受沁为鸡骨白色。钩首为龙

首，仅简单刻划出轮廓，钩腹圆弧凸出，光素无纹，纽大于腹。■

兽首玉带钩 东晋玉质用具，江苏省南京市仙鹤观高崧夫妇墓出土，现藏南京市博物馆。

高1.9、长5.9、宽1.6厘米。玉质白色温润，有土沁斑。钩首为兽头回首，钩体为三棱凸起，光素无纹，圆纽。■

龙纹玉鲜卑头 南朝时期玉质用具，现藏上海博物馆。

长9.5、宽6.5厘米。玉质白色，温润细腻。器扁平长方体形，四周钻孔。镂雕一双角卷体之龙，龙身饰鳞纹和阴线毛纹，器身多圆洞，可能原有镶嵌物，已脱落。背面两侧各有铭文两行："庚午，御府造白玉衮带鲜卑头，其年十二月丙辰就，用工七百。将臣范许，奉车都尉臣程泾，令奉车都尉关内侯臣张余"。据考证，此为南朝宋文帝的御用之物，是皇帝衮服上的玉带头。■

玉蹀躞带 北周玉质用具，陕西省咸阳市底张湾北周若干云墓出土，现藏陕西省考古研究所。

复原长1.5米。玉质白色，温润细腻。玉带由玉扣1枚、柿蒂纹方銙1枚、方銙附环8枚、偏孔玉环9枚、铊尾1枚，共计20件与鞓后所衬的鎏金铜片组成，出土时，鞓已腐朽成粉末，但玉带具与鎏金铜片仍以金钉铆固在一起。出土时玉带系于墓主腰间，一枚玉环套于玉扣头

上，并挂有蹀躞两枚（象牙鞘小刀两把）。此带是目前发现最早的一条玉带，为研究早期玉带制度和形制等提供了重要的实物资料。■

玉质用具·印

《汉宫旧仪》记载：汉代"皇帝六玺，皆白玉，螭虎纽。""皇后玉玺，文与帝同。"虽然按汉代礼制只有皇帝或皇后用玺才可用螭虎纽，但目前所见中山靖王墓、南越王墓及河南永城梁王墓中玉印均用螭虎纽，诸侯王的僭越似乎是司空见惯的事，故汉代玉印螭虎纽并不少见，只是有些刻印文，有些没有，直到魏晋还有出土。另外还有虎纽、兽纽、覆斗形纽、瓦形纽、桥形纽等各种形制玉印，目前所见汉代玉印形体均不是太大，印文的风格也较为多变，出土玉印中还常见无印文之印。

螭纽玉印 西汉中期玉质用具，河北省满城县陵山1号墓出土，现藏河北省文物保护中心。

通高2.3、边长2.8厘米。玉质青色，已多处受沁为灰白色。印纽为扭曲回首的螭虎，其身躯肌肉厚实，矫健有力，印座起梯形台阶，四周阴刻几何勾连云纹，无印文，非实用器。■

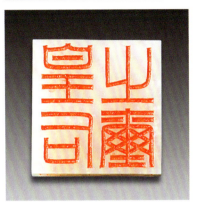

"皇后之玺"玉印 西汉玉质用具，陕西省咸阳市韩家湾狼家沟出土，现藏陕西历史博物馆。

通高2、宽2.8厘米。玉质白色，为和田玉雕琢而成。印面正方形，上凸雕螭虎纽，方形印座四侧阴刻勾连云纹，印文为阴刻篆体"皇后之玺"四字。因此印出土于汉高祖刘邦与吕后合葬的长陵附近，一般都认为此为吕后用玺，是迄今所知汉代帝后用玉玺仅有的一件出土物。■

"长乐富贵"琥珀印 西汉玉质用具，江苏省扬州市邗江甘泉姚庄102号墓出土，现藏扬州博物馆。

通高0.8、边长1.1厘米。琥珀质橘红色。卧兽纽，腹下有一穿孔，印文为线刻阴文"长乐富贵"，为吉语印。此印印文风格与常见汉印不同，印边角已磨制光滑圆润，显系长期佩戴结果。■

"陈乐成"玉印 汉代玉质用具，陕西省西安市北郊张千户村出土，现藏西安市文物保护考古所。

通高1.3、底台高0.6、边长1.3厘米。玉质白色，有白色沁。瓦形印纽，素面，中一穿孔。印台为正方形，下篆刻"陈乐成"。■

"桓平之印"玉印 西汉玉质用具，安徽省天长市三角圩汉墓群出土，现藏天长市博物馆。

通高1.4、边长1.95厘米。玉质白色。方形印体，盝顶之上有桥形纽，纽下有弧形穿孔。印文为白文篆书"桓平之印"，无界格，起落笔有毛边走刀现象，整体布局均匀而舒适。■

螭纽玉印 东晋玉质用具，江苏省南京市中央门外郭家山东晋墓出土，现藏南京市博物馆。

通高1.7、长2.4、宽2.1、厚0.5厘米。玉质青白色。印面无文，纽高浮雕一曲身回首的螭虎，眼鼻深刀雕刻，额中有一竖刻阴线，绞丝形长角，雕刻生动有力。■

玉质用具·司南佩、刚卯、严卯

司南佩与刚卯、严卯是汉代出现的一种新器形。司南佩器形基本一样，因顶端置一勺形，如司南地盘上之勺，故曰司南佩。就目前考古所见司南佩，数量并不太多，均为东汉墓中所出，如安徽亳州凤凰台1号东汉墓中，除出土有一司南佩外，还有一刚卯、一严卯。扬州邗江甘泉除出土一琥珀质司南佩外，还有一白玉质司南佩。司南佩的器形基本相似，所用玉质均为白玉，且温润细腻。此佩流行，与汉代时兴卜筮之风有关，尤其新莽时期，官员升迁、离任抑或故后，都借司南测向之功，以之占卜定乾坤，雕成玉器，随身佩戴，认为其有辟邪压胜之效，故东汉开始流行。刚卯、严卯之意，亦如司南佩，只是将辟邪厌胜之语刻成文字于玉上，意义更为直接而已。刚卯西汉就已流行，至新莽时，因刚卯是颂扬刘姓天下的（"刘"字拆成"卯、金、刀"），刚卯曾一度被禁，东汉时又重新恢复，并把佩戴双印（刚卯、严卯合称）定为国家定制，凡着朝服，必须佩戴。故汉代刚卯、严卯形状、大小均基本相似，此种玉佩后世多有仿制。

玉司南佩　东汉玉质用具，河北省定县（今定州市）43号墓出土，现藏定州市博物馆。

2件，左长3、宽2.3厘米；右长2.5、宽2厘米。玉质白色，温润细腻。均作长方连柱体，上端为勺形，两者形状略有不同。汉代司南佩所用玉材均较好，人们将其佩挂于身，有辟邪厌胜之意。■

琥珀司南佩　东汉玉质用具，江苏省扬州市邗江甘泉三墩东汉墓出土，现藏南京博物院。

长2.5厘米。琥珀质红色。琢一"工"字形方柱体，上下出圆形头，造型是简化的司南佩形。汉兴此佩，除有辟邪压胜之意外，还有指导之意，引申为广闻博学之意。■

玉司南佩　东晋玉质用具，江苏省南京市仙鹤观东晋高崧夫妇墓出土，现藏南京市博物馆。

高2.8、长2.2、宽1.7厘米。玉质已严重受沁为鸡骨白色。器呈"工"字形，顶端上刻一浅勺，下为盘状凹槽，下出圆柱，束腰处有一横穿圆孔。此墓主高崧，曾任侍中等显职，葬于太和元年（366），为墓中所出玉器提供了年代下限。■

玉刚卯、玉严卯　东汉玉质用具，安徽省亳县（今亳州市）凤凰台1号汉墓出土，现藏亳州市博物馆。

刚卯、严卯各1件。均长2.25、宽1、厚1厘米。玉质白色。器呈长方体，四面刻文字。一曰："正月，刚卯既央，灵殳四方，赤青黄白，四色是当。帝令祝融，以教夔龙。庶虁刚瘅，莫我敢当。"一曰："疾日严卯，帝令夔化，慎尔固伏，化兹灵殳。既正既直，既觚既方，赤疫刚瘅，莫我敢当。"两者共66字。刚卯、严卯在汉代一般成双佩戴，是为"双印"。■

玉质用具·其他

汉代玉贝币出土较多，除扬州姜莫书墓外，还有河南永城僖山汉墓及湖南长沙咸家湖西汉墓等，这些玉贝一般玉质也较好，均有孔可穿系，用以随葬，可能是一种财富的象征，而非纯粹的装饰品。北京昌平出土的六朝玉钱，则是作为一种辟邪厌胜之玉佩，更为少见。徐州所出之绿松石子母鸽，栩栩如生，是目前较为少见的玉器微雕作品。

玉贝　西汉玉质用具，江苏省扬州市邗江甘泉姜莫书西汉墓出土，现藏扬州博物馆。

13件，均长1.5、宽1.3厘米。玉质多为青色。形似海贝，中间有一凹槽，两旁分饰斜阴刻线，上下各有一穿孔，可连缀佩饰。■

绿松石子母鸽　东汉玉质用具，江苏省徐州市土山汉墓出土，现藏南京博物院。

长1厘米。绿松石质。母鸽背上立一小鸽，母鸽回首正对小鸽喂食，造型小巧细致，栩栩如生，是少见的微雕艺术品。■

"野游重光"玉币　六朝玉质用具，北京市昌平区清河绒毯厂外窑堆采集，现藏首都博物馆。

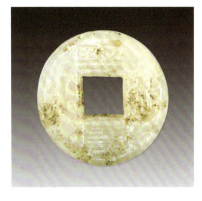

直径2.5厘米。玉质白色。币圆形方孔，钱廓微隆，两面分别减地隐起楷书"野游重光"与"疾鬼疫名"八字。其笔画平直流畅，是六朝时期篆刻的特点。以玉为钱，有辟邪厌胜之用。■

纹　饰

谷纹　战国至汉代玉器装饰纹样，形似谷粒，饱满凸出，抚之有扎手感。制作时先以管钻钻出圆形外形，再打蒲格，再以小砣具修成谷粒形象。南越王墓曾出土未完成的玉璧，上面还保留了这种纹饰的制作工艺。所见谷纹分为两种形式：一种以阴线勾勒谷粒轮廓，一种砣成谷粒旋涡状，无阴线装饰，后一种谷粒自然饱满，制作难度更大，立体感更强。常见于玉璧、璜、管、龙佩等器上。■

涡纹　战国至汉代玉器装饰纹样，形似谷纹，但谷粒顶端平，无扎手之感，似水涡状，故称"涡纹"。制

法与谷纹相似，但起凸平缓，有时将顶面磨平，并以阴线勾勒轮廓，有时各纹饰间的阴线相连。常见于玉璧、环、璜等丧葬用玉及装饰用玉上。■

蒲纹　战国至汉代玉器装饰纹样，系仿古人所铺席子的纹饰。以细砣碾制三组平行交叉线，将纹饰分成一个个小六边形，使中心自然拱起成六边形，顶部平，一般不凸出器表。六边形与六边形间有近似等腰的三角形。常见于玉璧、环等器物上。■

蒲格涡纹　战国至汉代玉器装饰纹样，在蒲格的六边形蒲纹上，再以细砣阴刻一旋涡，顶部依然为平面，常见于玉璧、璜等器物上。■

螭纹　战国至汉魏六朝玉器装饰纹样，汉代螭纹形象颇多，后世螭纹主要在汉代螭纹形式上演化而来。此期螭纹大体分两种形式：一种螭首似虎，故又称螭虎纹，此种螭纹形式也多变，但大体不脱近方形或梯形脸，平嘴，圆耳的近虎形或龙形的脸形，眼多呈圆形或方圆形，有些有细阴线刻的双眼皮，鼻形有直鼻或大蒜鼻，眉常常以阴线细刻，有单线、双线。耳有元宝形耳，有些螭耳中还有圆形的凹坑。西汉晚期至六朝，螭虎耳朵外伸并逐渐下搭，似哈巴狗耳。有独角或分叉形角，尾多为绞丝尾，其肌肉厚实，身姿矫健。常见于玉具剑、出廓璧及各种佩饰上。

　　还有一种螭纹，尖嘴、尖耳、圆眼，似狐面，角拖曳如流云，长且飘逸，常分叉，身体如流云般弯转流

畅，如凤尾。西汉早中期此种螭纹腮部较鼓，除嘴出尖外，脸形近似方脸。东汉以后至魏晋，脸部下巴成尖，无腮帮肉感，尾部更似凤尾，故有人又称其为尖嘴鸟兽纹，其实这种纹饰还是西汉尖嘴尖耳螭纹的演变。此种螭纹多出现于汉代六朝的玉质器皿上及玉佩饰上，如南越王墓玉角形杯、刘弘墓玉卮等。■

卷云纹　秦汉魏晋玉器装饰纹样，云纹形式有多种，除几何状的勾连云纹外，还有各类卷云纹，其形式有似卷涡状的，

有似如意云头形的，魏晋时还出现一种似小鸟状的云纹，均是以砣具勾出阴线云形，有隐起，有平雕。常见于剑首、器皿装饰带及佩饰上。■

乳钉纹 汉代玉器装饰纹样，形似乳钉，排列整齐，无阴线勾勒轮廓，亦无旋涡，制作工艺亦为先管钻出圆形，再减地凸起，以砣具修饰而成。常见于玉璧上。■

勾连云纹 汉代玉器装饰纹样，可分为多种表现形式，一种以细砣阴刻出相互勾连的云纹，一种减地隐起勾连云纹。勾连方式有三角形勾连、"T"字形勾连、云雷纹形勾连、回纹形勾连等，多为几何形勾连。常见于玉环、杯、佩饰上，有些用作填充地纹。■

勾连谷纹、涡纹 汉代玉器装饰纹样，即将谷纹或卧蚕纹以阴线相勾连，或"T"字形勾连，或三角形勾连，呈排列整齐的几何形。常见于杯、璧、佩饰上。■

貘纹 汉代玉器装饰纹样，为一种尖嘴、圆耳的动物，当时被人们视为神兽，传说有辟邪之功，在商周青铜器上可见，亦见于汉画像石和玉器上。此纹饰魏晋时江南还有出现，以后逐渐稀少。■

凤纹 汉代玉器装饰纹样，一般勾喙，长冠或后飘，或上扬。眼有圆眼或出梢杏眼，制作或以细砣勾阴线，或以管钻钻出眼珠形，再进行减地隐起，使之更有立体感。身体较长，羽翅及尾部都似流云般飘逸。西汉凤鸟纹大多无细密的羽翅刻划，六朝时在玉佩上出现高冠长尾，展翅欲飞之凤鸟，身饰羽纹较为具象。此期凤鸟一般做回首或昂首前视状，常见于装饰品、器皿纹饰等。■

龙纹 龙纹是中国玉器史上流行时间最长的纹饰之一，汉代龙纹在继承战国龙纹的基础上又有了许多新的变

化。此期龙纹大体可分为两种形式：一种是侧面龙首形象，其形象也多种多样，大多为杏眼，眼出梢，有些有阴刻圆形眼珠，上眼皮成双刀，一般流行于西汉早期。龙张口露齿，或斧形下颚，或鱼嘴形下颚，上唇向上翻卷，多露出尖锐獠牙，腿部肌肉结实有力。尾部或绞丝形，或分叉成多尾，向图案化方向发展。此种龙纹常见于各种玉佩饰件上。另一种为正面龙纹形象，为一首双身之龙纹，面似兽面，圆方形眼，两角下压，双身左右卷曲，多见于各种分饰两区或三区的夔龙纹璧上。■

其他常见纹饰 此期纹饰丰富多变，除上述以外，还有柿蒂纹、绞丝纹、绳纹、水滴纹、柳叶纹、花蕾纹、"二"字纹、圆圈纹、双"S"交叉纹、鱼鳞毛纹、短平行阴线毛纹、三爪形毛纹、网格纹等装饰器物细部的纹饰，亦有兽面纹、熊纹、鱼纹、四灵纹、猴纹等各种动物纹饰。常见于装饰用玉、动物玉雕和各种器皿的地纹装饰。■

旧玉沿用与改形玉器

旧玉沿用

银鹰座玉琮 西周旧玉，江苏省涟水县三里墩汉墓出土，现藏南京博物院。

通高8.4、射径6.9、孔径5.5厘米。玉质青色，多已受沁。主体为一琮形，素面，镶嵌在一鎏金银座上。银座为四鹰驮一圆形底座，琮上有盖，中间水晶纽，四周有小圆孔可出气。此琮本为西周之玉，鹰座为战国时期，可见琮在战国时就被改制成了香熏，从礼器变为了实用器，并一直沿用至汉代。■

兽面纹玉饰 战国旧玉，陕西省西安市沙坡汉墓出土，现藏西安市文物保护考古所。

长9.7、宽2.1厘米。玉质青白色。器扁平体，下部为一兽面，上为几何回纹体，顶端一较长尖状物，纹饰除下部兽面外，其余部饰变形龙纹，圆方形眼，身体几何弯曲，此种纹饰是秦国玉器的典型特征，故应为汉代沿用前朝玉器。此玉顶端两面斜削如凿，似为玉笄。■

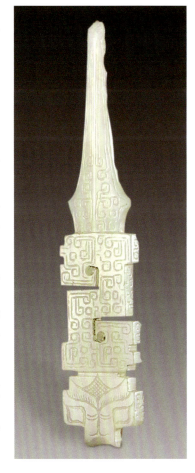

卷云纹玉璜 战国旧玉,北京市丰台区大葆台1号汉墓出土,现藏北京市大葆台西汉墓博物馆。

长10.3、宽3.1厘米。玉质青色。器扁平弧形,左边与中央各有一孔,身饰几何形卷云纹,此种纹饰应为秦国玉器的特征,当是墓主收藏的一件战国玉器。■

改形玉器

蟠虺纹玉饰 西汉改形玉,江苏省扬州市邗江甘泉姜莫书西汉墓出土,现藏扬州博物馆。

2件,左长5.2、最宽3.7厘米;右长4.8、最宽3.4厘米。玉质青色,温润有光泽。体扁平,呈桃形片状。正面为雕琢规整的丝束纹和蟠虺纹,背面平素。纹饰具有春秋时期兽面纹饰的风格。■

兽面纹玉饰 西汉改形玉,江苏省扬州市邗江甘泉姜莫书西汉墓出土,现藏扬州博物馆。

长5.3、宽3.8厘米。玉质青色,有黑色沁斑。器扁平体,半圆形,单面雕刻纹饰。浅浮雕一兽面,身上多

处饰网格纹,有战国遗风,此器为旧玉改制件,右下有一孔。■

螭纹玉饰 西汉改形玉,江苏省仪征市刘集联营谢庄2号西汉墓出土,现藏仪征市博物馆。

高1.4、孔径0.8厘米。玉质白色有黑点。器圆柱形,中有圆孔,身外出脊,每脊上浅浮雕一小螭虎,圆柱体上饰勾连云纹,纹饰不完整,应为战国旧器改制件。■

玉饰 西汉改形玉,江苏省扬州市邗江甘泉姜莫书西汉墓出土,现藏扬州博物馆。

长18.3、宽6.4厘米。玉质青色,有褐色沁。器扁平片状,略呈长方形,素面,在一端角有铭文,此为旧玉改制件,其他字已截去,完整者只有"孝享"二字,铭

文旁有一大圆孔，两面磨制光滑。█

金钩谷纹玉龙　西汉改形玉，广东省广州市象岗南越王墓出土，现藏西汉南越王博物馆。

龙长11.5、宽1.6、厚0.4厘米；金钩长5.9、最宽2.6、最厚0.5厘米。整器由一玉龙和一虎头金钩套合而成，玉质青色，受沁严重。龙体呈扁体"S"形，回首衔鳍，两面饰谷纹。龙尾原已折断，故在断口两旁各钻三孔用以绑缚。金带钩钩首、尾均为虎头，虎头上有"王"字，虎口为套銎，出土时，玉龙尾部从断开处套入銎中，可见此钩是为断折的玉龙专门设计，形成龙虎相争的构图，显示了当时玉器的珍贵及设计者的匠心独运。█

隋唐宋辽金元玉器

隋唐宋辽金元时期的玉器，可分为礼仪用玉、装饰用玉、陈设用玉、玉质容器、丧葬用玉、佛教用玉、玉质用具和仿古玉等类。

从隋唐时期开始，玉器的品种和艺术风格呈现出新的变化，逐渐摆脱了神秘感，向世俗化发展。虽然唐代史书仍记载有璧、琮、璜、圭等玉礼器，但在发掘出土品中极少见。目前所见这一时期玉器多为佩饰、实用器和带饰。其特点是以写实为主，浑厚自然，气韵生动。西安隋代李静训墓出土有戒指、扣、兔、盏等，器形小巧，多为实用品和玩赏物，其中金钿白玉盏和金镶白玉镯琢制精细，色泽柔润，金玉互衬，极具高雅之气。西安何家村唐代窖藏是目前发现数量最多的唐代玉器出土地，计有长杯、带铐、杵及镶金玉镯等，种类较齐全，是唐代制玉工艺的代表作。李贞墓出土的一套玉佩饰，由云形珩、璜等七件玉器组成，形制简单，工艺水平一般，但对于研究唐代佩饰的组合与形制是很有价值的资料。南京南唐李昇墓出土的二十八片玉哀册和河南洛阳市唐代遗址中出土的唐哀帝的玉哀册残片，都是研究唐代礼玉的珍贵实物。西安唐代遗址和杭州五代墓中都出土了玉簪花发饰，亦称"步摇"，做工精细，是晚唐和五代颇为流行的一种饰玉，玉片很薄，并雕有精致的花纹。另外，传世的隋唐玉器也较多，其精品有玉飞天佩、透雕双凤佩、胡人纹带饰、云形杯、骑象人等。从出土物和传世品可以看出，隋唐时期的制玉工艺水平相当高，对于阴刻、浮雕、透雕、圆雕、抛光等雕刻技法已应用得十分熟练，所表现的对象生动自然，线条弯转流畅，纹饰主要有装饰于玉带上的龙纹、凤纹、狮纹、胡人伎乐纹；装饰于玉簪花和玉梳背上的海棠、石榴、牡丹、蝴蝶、鸳鸯、鸿雁、凤鸟纹；装饰于玉杯上的忍冬纹；装饰于嵌金玉佩上的勾连云纹。玉雕所选玉料多为洁白无瑕的羊脂玉，使作品显得富贵华丽。尽管隋唐时期金银器、瓷器、纺织刺绣等十分发达，但玉器仍未失去华贵的地位。陕西扶风县法门寺塔基地宫出土了四枚佛指舍利，其中一枚即放置于特制的玉棺中，可见玉器仍受到人们的尊崇。旧玉的沿用见于西安东郊隋代寺院主持墓出土的玉琮，为新石器时代晚期遗物。隋代王士良墓的玉握猪和唐代永泰公主墓的谷纹璜、镂空出廓璧、走兽游鱼纹珩等，为汉晋时期作品。改形玉器仅见于唐代庆山寺地宫的玉花蕊，为战国晚期的玉剑首改制而成。

宋代玉器的使用不局限于统治阶级，而且为社会各阶层所接受，并逐渐商品化。以禽兽花卉为主题，玲珑剔透工艺之器增多，写实能力较强，形神兼备，其工艺具有极高的造诣，这与当时绘画、雕塑艺术的成熟有密切的关系，许多玉器既有实用性，又有很高的艺术观赏价值。宋代出土玉器有卧鹿、璧、盒、镯、簪、钱、印、环等，传世玉器主要有佛像、兽耳云纹炉、鹿纹八角杯、花卉鸟纹佩及各种小人等，其中玉雕童子的数量较多，造型颇为生动。玉器风格出现世俗化倾向，玉器的制作和使用转向民间，并出现了较大的玉器市场和专门贩卖玉器的店铺，受当时盛行的崇古之风的影响，存在大量的古玉和仿古玉。元代在中国玉器发展史上是承前启后的重要时期，设置了专门的机构来管理琢玉业，出现了像"渎山大玉海"这样划时代的作品。元代出土玉器有贯耳盖瓶、带、带钩、发簪、笔洗等，传世玉器有龙纽押、牧马镇、龙纹活环樽等。这些玉器既继承宋代以来琢玉玲珑剔透的作风，又在雕刻技法上有所创新。宋元玉器纹饰主要有装饰于玉带上的人物纹、云雁纹、龙纹、连珠纹；玉佩上的纹饰丰富复杂，植物类有折枝花、牵牛花、凌霄花、竹节、灵芝、莲花、荷叶等，动物类有孔雀、鸡、鸭、鹅、鹤、鹿、鱼、龟等，神兽类有龙、凤、独角兽、螭虎等，人物类有童子、仕女等。杭州元代鲜于枢墓中还出土有汉代玉剑璏和剑格。

辽、金是北方草原游牧民族建立的政权，其玉器作品多表现自然界的动植物，充满山野情趣。在琢制技法上，辽代玉器接近唐代的玉器作风，而金代的玉器则受宋代影响较大。辽代玉器主要出土于内蒙古奈曼旗陈国公主墓中，有工具形玉佩和龙、凤、鱼等动物形玉佩，多穿以金链。还有玉砚、水盂等实用器和玉带板等契丹礼仪用玉。金代玉器主要出土于北京房山金代石椁墓中，有折枝花饰、折枝花锁、竹枝饰、双鹤衔草饰、孔雀形饰等，构图讲究对称，抛光洁亮，表现出很高的工艺水平。辽金玉器纹饰的主要特点是"春水"和"秋山"图案。"春水"图案为一只鸽子大小的鹘展翅攫住水草中的鹅首，欲食鹅脑。"秋山"图案为奔跑或伫立的虎、鹿，衬以山石和柞树。另外，辽代玉器中的交颈鸳鸯，金代玉器中的鳜鱼、龟游等图案也富有特色。很多玉器纹饰并不是单一的，而是由几种图案组合成的。

器　形

礼仪用玉·带

唐代是使用玉带最为盛行的时期，以带銙数表示等级的高低。完整玉带是由带扣、带銙、扣眼和铊尾组成，其中带銙的样式较多，有方形、半圆形、圆首矩形、有孔尖拱形等，有的方銙下附玉环，扣眼为偏心孔形。带銙背面斜穿的钉孔用于嵌钉在革带上。唐初以十三銙为最高等级，窦皦墓出土的玉梁珠宝蹀躞带，带銙数为十一，符合墓主的身份。西安何家村窖藏出土十条玉带，时代为盛唐。其中九条带銙数为十四，一条为十五，说明此时用銙数已有改变。宋辽金元的玉带形制与唐代相近，新出现了多种样式的带环，以镂空和高浮雕手法展示图案。宋元时期还流行一种在带銙中间贯横孔或在背面两侧置长方形孔以穿革带的做法。

玉梁金筐宝钿真珠装蹀躞带　唐代礼仪用玉，陕西省长安县南里王村窦皦墓出土，现藏陕西省考古研究所。

复原长度约150厘米。玉带表框皆以青白玉制作，框底内嵌金片，在金片上制出花卉图案，并镶彩色玻璃"宝石"，称为"金筐宝钿真珠装"。由三件圆首矩形銙、一件圆首矩形铊尾、八件圆形带銙、一件圆形偏心孔环及忍冬形蹀躞带饰、玉带扣各一件组成。玉表框在唐代文献中称为"玉梁"，此玉带是迄今为止发现的唯一完整的玉梁金筐宝钿真珠装带。　■

狮纹玉带　唐代礼仪用玉，陕西省西安市南郊何家村窖藏出土，现藏陕西历史博物馆。

方銙背面长3.6、宽3.4，正面长3.4、宽3.2，厚0.7厘

米。圆首矩形銙背面长4.8、宽3.4，正面长4.6、宽3.2，厚0.7厘米；圆首矩形铊尾背面长5、宽3.4，正面长4.8、宽3.2，厚0.85厘米。玉质白色，温润细腻。带由十三件方銙和圆首矩形銙、圆首矩形铊尾、玉带扣各一件共计十六件组成。带銙、铊尾的背面均略大于正面，侧面呈斜坡形，正面雕琢出各种形态的狮纹，背面均有对钻的象鼻孔。　■

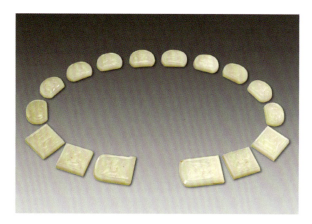

伎乐纹玉带　唐代礼仪用玉，陕西省西安市南郊何家村窖藏出土，现藏陕西历史博物馆。

半圆形銙背面长4、宽3，正面长3.6、宽2.6，厚0.5厘米。玉质白色，晶莹温润。带由十件半圆形銙、四件方銙和圆首矩形銙、圆首矩形铊尾各一件组成。带銙、铊尾的背面均略大于正面，侧面呈斜坡形，正面雕琢出胡人伎乐纹或狮纹。人物或奏乐，或舞蹈，以剔地与细线刻相结合的手法完成，背面均有对钻的象鼻孔。　■

舞蹈纹玉铊尾　唐代礼仪用玉，陕西省礼泉县唐昭陵陵园出土，现藏西安市文物保护考古所。

长10.5、宽5.1、厚0.9厘米。玉质白色。圆首矩形，两面边缘均削棱，正面雕出一跳胡腾舞的男子。

唐代礼仪用玉，现藏天津博物馆。

长10.5、宽5.3厘米。玉质青色，有黑斑。圆首矩形，正面浮雕站立的道人，阴刻线表现细部。道人身着长袍，头侧有两朵祥云，右手执翎扇，左手在袖内。脚旁立一鹿，作回首状。背面有五组象鼻孔。■

胡人长发卷曲，身着圆领窄袖长袍，腰系长裙，身披长飘带，屈肘扬右手，左手摁于臀侧，双手均藏于袖中，脚蹬高筒靴，舞于圆毯之上。背面方形一端削低一层，并在其上对钻出象鼻孔，将革带末端与铊尾钉在一起。■

胡人抱琵琶纹玉銙 唐代礼仪用玉，陕西省西安市东郊韩森寨唐墓出土，现藏西安市文物保护考古所。

长3.5、宽3.2、厚0.7厘米。玉质青碧色。正面边缘呈斜坡状，向内倾斜。中心浮雕一胡人盘腿坐在圆毯上，双手抱琵琶正在演奏。胡人披发于肩，身系飘带与圆毯相接，人像四周有飘带环绕。背面四角各钻一对象鼻孔。■

胡人吹笙纹玉銙 唐代礼仪用玉，陕西省西安市西郊郭家滩唐墓出土，现藏西安市文物保护考古所。

长4.9、宽4.6、厚0.6厘米。玉质白色，边缘略有残蚀。正方形，正面浮雕一盘坐在圆毯上的胡人双手捧笙吹奏，其发分梳两髻，肩披飘带，着紧身衣衫，足穿尖鞋，以细密的平行阴线刻画贴身的衣纹。背面四角各钻一对象鼻孔。■

人物纹玉銙 宋代礼仪用玉，江西省上饶市茶山寺赵仲湮墓出土，现藏江西省博物馆。

4件，均长5.1、宽4.6、厚0.5厘米。玉质青色，有浅褐色沁。方銙正面为无边框的池面，浮雕人物五官清秀，头结发髻，身穿交领大袖长袍，作盘足打坐状。人物姿态有双手捧盂、碗、果盘及弹奏琵琶等。背面均有象鼻孔。■

云龙纹玉带 五代礼仪用玉，四川省成都市五代前蜀王建墓出土，现藏四川省博物馆。

方銙长7.8、宽8、厚1厘米；铊尾长19.6、宽8.2、厚1.1厘米。玉质白色。带由七件方銙和一件圆首矩形铊尾组成。方銙和铊尾正面主体纹饰为盘龙，龙的姿态各异，有的作昂首状，有的作回首状，有的二目合拢。龙身均饰有菱形的鳞纹和四趾龙爪。背面均有象鼻穿孔。从铊尾所刻铭文可知，玉料在永平五年（915）曾经火焚，后被王建发现并命工匠制成玉带。■

雁纹玉铊尾 宋代礼仪用玉，河北省定州市静志寺塔基地宫出土，现藏定州市博物馆。

长4.7、宽2.1、厚0.9厘米。玉质青色，有白沁。器圆首矩形，矩形一端有长1、宽0.25厘米的凹槽。正面浮雕一只展翅飞翔的大雁，翅下有两朵祥云。雁体壮硕，以阴刻线勾勒雁身和翅膀。雁喙细长，引颈作长鸣状。背面有象鼻孔。■

人物纹玉带板 宋代礼仪用玉，现藏故宫博物院。

长6.5、宽4.7、厚1.2厘米。玉料经火烧变黑，局部有鸡骨白色及褐色斑痕。正面边缘有边框，中间浮雕一圆圈，圈内有一身穿宽松长袍的道人盘腿席地而坐。道人手持法器，举手作读经姿态。头顶上有一凸雕的圆点。背面有象鼻孔。■

龙纹玉带环 宋代礼仪用玉，现藏故宫博物院。

长9.1、宽5.2、厚1.8厘米。玉质白色。长方形，上部

略弯弧，下有长椭圆形环。正面通体镂雕海水云龙戏珠纹饰，周边饰连珠纹。背面为长方形圈环，圈面光素无纹，中间下凹，两侧对穿长方形孔供腰带穿插。■

云龙纹玉带环　宋代礼仪用玉，现藏故宫博物院。

2件，均长7.9、宽6.7、厚1.8厘米。玉质白色。圆形片状，周边饰二十颗连珠，中部镂雕云龙纹。龙眼细长，上唇尖翘，角弯至脑后，腹部有节状纹，足为四趾，左上肢有一火珠。带环两侧横贯扁孔，以供穿带，下部有扁环，可悬挂饰件。■

鹿纹玉带环　辽代礼仪用玉，现藏故宫博物院。

长5.9、宽3.5、厚0.8厘米。玉质深青色，有杂斑。长方形片状，浮雕两只昂首的卧鹿，其中一只有角，身后有一棵小树，另一只作回首状。两鹿中间有一棵大叶柞树。整体装饰为"秋山"图案。器下有一扁圆形环，可挂饰件。背面有象鼻孔。■

金扣玉带　金代礼仪用玉，吉林省扶余县金墓出土，现藏吉林省博物馆。

每件带铐长11厘米。玉质白色。带由十八件长方形素面带铐和一件铊尾组成，用金铆钉连缀于马尾带上，带扣为金制。带中间悬佩法螺和金环。■

"春水"图玉带环　金代礼仪用玉，现藏故宫博物院。

长8.3、宽7.5、厚2.4厘米。玉质白色，留有玉皮的褐红色。长方形，正面镂雕鹘捉鹅的"春水"图案，鹅身肥硕，贴近水面，曲颈钻于荷叶之下，鹘俯冲向鹅头，欲啄其脑。下部有一扁环可悬佩物件。带环侧面有一横穿可贯穿束带。■

仕女纹玉带饰　元代礼仪用玉，北京市元大都遗址出土，现藏首都博物馆。

长6.5、宽4.8厘米。玉质白色，细腻晶莹。扁片形，

底纹为镂雕的网状孔洞。主体纹饰为平雕身穿交领宽袖长裙的两仕女，似正朝前行。刻单阴线眉、眼、口，琢双阴线衣裙褶纹。前者手中似捧物，后者双手合于胸前。根据仕女足下残留的边框，推断其为带饰残片。■

"秋山"图玉带饰　元代礼仪用玉，上海市松江区西林塔地宫出土，现藏上海市文物管理委员会。

长6.5、宽2.9厘米。玉质白色，夹杂有少量黑斑。正面浮雕一对牡鹿，相背而立，头顶芝冠，作昂首回顾状。中间有大叶柞树、山石和灵芝。图案主题为"秋山"风格。背面四角有象鼻孔。■

云龙纹玉带饰　元代礼仪用玉，上海市松江区西林塔地宫出土，现藏上海市文物管理委员会。

长8.2、宽4.4厘米。玉质白色，有褐色和黑色斑块。长方形，正面镂雕云龙纹，龙回首作行走状，爪三趾，身后为云朵，体下为连峰，皆以俏色雕成。体表细刻菱格纹为鳞。背面四角有象鼻孔。器下部有用于悬佩饰物的椭圆形环。■

花卉纹玉带饰　元代礼仪用玉，上海市松江区西林塔地宫出土，现藏上海市文物管理委员会。

长6.6、宽3.3厘米。玉质青白色。长方形，正面中央为一圆环，内有梅花形图案，环外上下以花叶衬托。器下附椭圆形环。带饰侧面有横向透孔，以便穿带。■

螭纹玉带饰　元代礼仪用玉，现藏故宫博物院。

长6.6、宽6.3厘米。玉质白色。方形倭角，正面周缘有凸起的边框，框内浮雕一条蟠螭，圆眼，双耳内卷，独角，脑后长发披向两侧。身饰火焰纹，三趾爪。带饰侧面横贯一长方形孔，可穿带。背面光素无纹。■

戏狮纹玉带板 元代礼仪用玉，现藏故宫博物院。

长6.9、宽5、厚1.7厘米。玉质白色，表面有黄褐色玉皮。器呈长方形片状，正面略凸起，背面内凹。正面镂雕松树、柞树、一狮和一胡人。胡人身穿窄袖长袍，头戴圆形高帽，腰系宽带，一手托火珠，一手执绣球戏狮。狮子弓身回首，张牙舞爪，作滚绣球状。狮纹为元代一品官标记和专用图，是元代玉器典型纹饰。■

礼仪用玉·组佩

组玉佩是皇室、贵族和高级官僚使用的礼玉，多见于隋唐时期，继承了魏晋以来的式样。完整的组玉佩由蝙蝠形玉珩、玉璜、梯形玉冲、水滴形玉牙和穿坠的珠、管组成，玉件多为素面。

组玉佩 隋代礼仪用玉，陕西省咸阳市底张湾王士良墓出土，现藏陕西省考古研究所。

由梯形弧边珩、半圆形珩、一对璜、弧边梯形佩和璧形佩组成。梯形弧边珩长13、宽6.9、厚0.5厘米；半圆形珩长12.4、宽5.8、厚0.5厘米；璜通长7.8、宽3.8、厚0.5厘米；弧边梯形佩长13.3、宽6、厚0.4厘米；璧形佩直径6.9、孔径2.8、厚0.5厘米。玉质青黄色，光素无纹。玉佩件为扁平体，具体组合形式是：梯形弧边珩居最上端，半圆形珩其次，再下为璧形佩，两侧为一对璜，弧边梯形佩位于最下端。佩件上均有穿孔，以丝绶相连，并缀以玛瑙、水晶珠。■

蝙蝠形玉珩 唐代礼仪用玉，陕西省乾县永泰公主墓出土，现藏陕西历史博物馆。

长10.4、宽5、厚0.4厘米。玉质青白色。器为组玉佩组件之一，扁平体，形似蝙蝠，光素无纹。脊部为五连弧边形，尾翼之间镂雕成椭圆形孔。头、两翼端、尾部各钻一孔。此佩位于玉组佩的最上端。■

组玉佩 唐代礼仪用玉，陕西省礼泉县李贞墓出土，现藏昭陵博物馆。

大蝙蝠形珩长6、宽3、厚0.2厘米；小蝙蝠形珩长2.4、宽1.3、厚0.2厘米；云纹梯形佩长6.4、宽2.8、厚0.2厘米；璜长2.1、宽0.7、厚0.2厘米；坠长1.5厘米。汉白玉质。扁平片状，光素无纹。此套组佩以石代玉，为随葬的明器，应为墓主生前所用玉组佩的式样。■

梯形玉佩 五代礼仪用玉，江苏省南京市江宁县李璟墓出土，现藏南京博物院。

长9.1、宽4.5、厚0.5厘米。玉质青白色，局部有白色沁斑。器为组玉佩组件之一，扁平体，呈梯形，光素无纹。上边缘为五连弧云头形，两侧边外斜。顶部中央有一圆孔。此佩位于玉组佩最下端。■

礼仪用玉·剑饰

仅见于隋代王士良墓出土的玉剑首，似为魏晋遗风。

玉剑首 隋代礼仪用玉，陕西省咸阳市底张湾王士良墓出土，现藏陕西省考古研究所。

长7.6、前端宽7.4、后端宽7.9、边厚0.4、中脊厚1.5厘米。玉质青色，表面附有铁锈黄色。平面似铲形，光素无纹，中脊厚，两边薄，前端正中钻一圆孔，孔内残留铁樽，应为铁剑柄的后端。■

礼仪用玉·仪仗用具

玉骨朵是某种身份地位的标志，为契丹贵族游猎出行时的仪仗用具。

玉骨朵 辽代礼仪用玉。内蒙古自治区敖汉旗萨力巴乡水泉村辽墓出土，现藏敖汉旗博物馆。

高8.8、长8.4、宽8.4厘米。玉质白色。呈扁球状，表面磨出菱形棱面，中间贯穿五角形孔，内嵌木柄，顶端加铜帽钉。骨朵为辽代帝王、官吏或衙役随身携带的武器，还用作杖击类刑具、卤簿仪仗类器具以及作为某种身份地位的标志。玉质骨朵应为契丹贵族游猎出行时的仪仗用具。■

礼仪用玉·哀册

哀册是以韵文形式颂扬帝王生前功德的一种册文，册简为扁平长条形，上面镌刻册文，有的笔道内填金。目前所见出土的玉哀册有唐代史思明墓、惠昭太子李宁墓，五代前蜀王建墓和南唐李昇墓。宋代哀册仅见于文献记载，未见实物。

玉哀册 唐代礼仪用玉，北京市丰台区王佐乡史思明墓出土，现藏北京市文物研究所。

共出土44枚，多已残断，仅8枚完整，此选4枚。长28.4～28.6、宽2.8～3.2厘米。汉白玉质。哀册形制规整，上下两端1.5厘米处均有直径3毫米的小孔，以便彼此连缀。每

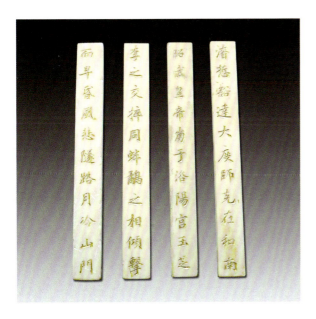

枚玉册均有阴刻行书体文字，笔道内填金，为悼念赞颂的文辞。其中七枚玉册背面浅刻有"哀"字。■

玉哀册 五代礼仪用玉，江苏省南京市江宁县李昇墓出土，现藏南京博物院。

长16、宽7、厚0.3厘米。玉质青色。册由42枚组成，精磨抛光。正面刻楷书文字，多则三行，少则一行，字内填金。背面刻有编号。此枚为"上一"号，刻"维保大元年，岁次癸卯，十子嗣皇帝臣瑶，伏以高祖开基"。■

装饰用玉·佩饰

佩饰是指佩戴或悬坠于人体颈下胸部、手腕、腰间等部位的玉件，种类和数量很多。一般形体不大，正面为浮雕或镂雕的纹饰，有动植物、人物、神兽、几何形等造型，雕琢精美，有很好的装饰效果，背面光素无纹，有穿孔供佩系。还有一种嵌玉，即在圆雕的动物形

玉器上有竖向的穿孔，亦称天地孔，似乎是穿杆嵌插于某种器物之上，当然，也可系绳佩戴，如唐代西林塔地宫的青玉六牙象、宋代的白玉卧鹿形佩等。

兔形玉佩 隋代装饰用玉，陕西省西安市李静训墓出土，现藏中国国家博物馆。

高2、长2.7厘米。玉质白色。兔作昂首状，双目前视，尖口，双耳后抿，四肢弯曲，呈伏卧之势。除首尾有简单的阴线作毛发外，余皆光素。腰部横穿一孔。■

羊形玉佩 隋代装饰用玉，现藏中国文物信息咨询中心。

高2.6、长3.3厘米。玉质青色，有黑色条纹。羊呈跪卧状，昂首挺胸，双眼平视。眼以凹坑表示，头后有硕大的弯曲双角。四肢收于腹下，前后足之间横穿一孔，底部琢有凹槽。■

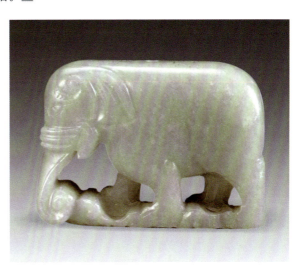

象形玉佩　唐代装饰用玉，上海市松江区西林塔地宫出土，现藏上海市文物管理委员会。

高3.7、长5.4、厚1厘米。玉质青色。象作行走状，鼻下垂，鼻端卷转，左右口角各平出三根象牙。眼作橄榄形，大耳下耷。躯体厚实，腿较粗短。器底刻有花卉纹样。象背和底座上有贯通的天地孔。■

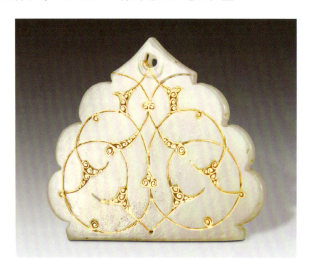

嵌金勾连云纹玉佩　唐代装饰用玉，陕西省西安市唐大明宫遗址出土，现藏西安市文物保护考古所。

底边长4.8、宽4.5、厚0.3厘米。玉质白色。扁平体，近三角形，底边平齐，两侧为对穿的三连弧形，顶部为三角形，钻一圆孔。正面镶嵌错金勾连云纹，金线上遗留有黑色颜料。背面光素无纹。错金图案具有中亚和西亚装饰风格。■

鸟衔花形玉佩　唐代装饰用玉，现藏故宫博物院。

长7.6、宽3.8、厚0.8厘米。玉质青色，局部有褐色沁斑。扁平体，镂雕一只绶带鸟和折枝花叶，以阴线刻画细部。绶带鸟口衔花叶，双翼展开，作飞翔状，翅膀边缘呈锯齿状，中间阴刻羽毛。■

凤纹玉佩　唐代装饰用玉，现藏故宫博物院。

长6.3、宽4.8、厚0.4厘米。玉质青色，局部有褐色沁斑。扁平体，透雕相向的双凤立于莲花之上，外有缠枝莲环绕。以阴刻线装饰细部，两面纹饰相同。纹饰图案与唐代铜镜上花鸟纹相似。■

云鹤纹玉佩　唐代装饰用玉，现藏故宫博物院。

长8.8、宽6.4、厚1厘米。玉质白色。扁平片状，在长条底托上镂雕山石、祥云和两只飞翔的鹤，两面纹饰相同。鹤的双眼以小圆坑和阴刻三角纹表现。底托下有一深长的凹槽，作嵌饰用。■

云鸟纹玉佩　唐代装饰用玉，现藏故宫博物院。

长7.8、宽5、厚0.6厘米。玉质白色，局部有鸡骨白沁斑。扁平体，似水滴形，透雕一鸟，昂首圆眼，双翅展开，长尾飘逸，以阴刻细线为羽。佩周边饰连珠纹，顶端有圆孔。■

孔雀形玉佩　唐代装饰用玉，现藏故宫博物院。

长5.5、宽4.5、厚0.8厘米。玉质青白色，局部有浅褐色沁斑。扁平体，透雕一孔雀，昂首挺胸，尖嘴圆眼，长尾后竖，作展翅飞翔状。尾作如意状云朵，外圈有花边纹，顶尖部有一小圆孔。孔雀形象在玉器上出现最早见于唐代。■

鹦鹉形玉佩　唐代装饰用玉，现藏故宫博物院。

高4.4、长7.8、宽2厘米。玉质白色。鹦鹉圆眼短喙，口部有横穿孔，短翅长尾，身下饰长尾云纹。器底

有一对穿孔，可用于缀饰。鹦鹉是唐代流行的装饰纹样。■

马形玉佩　唐代装饰用玉，现藏故宫博物院。

高4、长6.8、宽3厘米。玉料经火烧通体呈黑色。马伏卧，四肢收于腹下，以浅浮雕和阴线刻出眼、口、鼻、耳及鬃，尾根处透雕一横穿孔。唐代玉马较前代造型趋于温顺，体态肥硕。■

人鹿纹玉佩　唐代装饰用玉，江苏省无锡市扬名乡出土，现藏无锡市博物馆。

长7.6、宽4.4、厚1.1厘米。玉质青白色，有白色和褐色沁。器呈椭圆形，正面中间浮雕一老者，右手搭扶于鹿背，左手指鹿，似有所言语，左边侍立一童子。底部刻缠枝花，沿边缘盘旋而上至顶部。背面为正面图案的背后形象。■

玉珠、玉钩 唐代装饰用玉，陕西省礼泉县昭陵三品亡尼墓出土，现藏昭陵博物馆。

玉珠直径1.2厘米，玉钩长4.5厘米。玉质白色，抛磨光亮。玉珠有纵贯的穿孔，上覆金帽，玉钩柄钻一孔，柄下雕琢四圈平行阴线纹，钩尖琢成花蕾形。■

镶金玉镯 唐代装饰用玉，陕西省西安市南郊何家村窖藏出土，现藏陕西历史博物馆。

2件，均直径8.1、孔径7、厚1.9厘米。玉质洁白温润。以金合页将三段弧形玉连为一体。三段弧形玉等长，内弧壁平整，外弧壁上下沿内敛，中部饰三圈凸棱。每节玉端以金兽面包镶连接，并以两枚金钉从内向外铆固，兽面之间也以铰链式的合页轴相连。其销钉轴可灵活插入或拔出，以便关闭或开启。■

龙纹玉簪花 五代装饰用玉，浙江省临安市玲珑镇

康陵出土，现藏临安市文物馆。

长5.5、宽3、厚0.2～0.6厘米。玉质白色。呈三角形，两面纹饰相同。上部雕刻一条飞龙，下衬如意云纹，似飞龙穿行于云间，以阴线刻画细部。■

凤纹玉簪花 五代装饰用玉。浙江省临安市玲珑镇康陵出土，现藏临安市文物馆。

长10.5、宽4.2、厚0.13厘米。玉质白色。呈弧边三角形，两面透雕凤凰衔绶纹，周边饰缠枝花卉。■

牡丹纹玉簪花 五代装饰用玉，浙江省临安市玲珑镇康陵出土，现藏临安市文物馆。

长7.2、宽4.4、厚0.17厘米。玉质白色。花朵形，阴刻盛开的牡丹花。花蕊下有两个穿孔。■

蝴蝶纹玉簪花　五代装饰用玉，浙江省临安市玲珑镇康陵出土，现藏临安市文物馆。

长10.5、宽4.2、厚0.13厘米。玉质白色。半圆形，透雕展翅的蝴蝶，阴刻其细部。周边有多个圆孔，可用于缝缀。■

龙纹玉佩　宋代装饰用玉，现藏故宫博物院。

长9.4、宽7.1、厚0.4厘米。玉质白色。作海棠式片状，镂雕云龙纹，两面纹饰相同。龙上唇厚且翘，头上有独角，张口吐舌，毛发后披，龙身饰鳞纹，腾跃于云朵之中，上部有一穿孔。此龙形象为典型的宋代玉龙造型。■

龙纹玉嵌饰　宋代装饰用玉，现藏故宫博物院。

长5.9、宽5.4、厚0.5厘米。玉质白色。扁平片状，镂

雕一龙，粗眉大眼，张口露齿，躯体弯曲，三爪锋利，翻腾于卷云中。■

鸡形玉佩
宋代装饰用玉，浙江省杭州市东山弄宋墓出土，现藏杭州历史博物馆。

高2.3、长4厘米。玉质青色，带黄斑。鸡呈卧状，头俯视，高冠，颈、翅和尾以阴刻线和网格纹表示羽翼，雕刻简洁。自鸡背至腹有一穿孔。■

鸟衔花形玉佩　宋代装饰用玉，陕西省西安市南郊曲江池出土，现藏西安市文物保护考古所。

长4.5、宽4.6、厚0.8厘米。玉质洁白细腻。扁平体，镂雕一只展翅的飞鸟，口衔折枝花草，长尾飘逸上扬，尾端分叉。盛开的花朵位于鸟头之上。羽毛和叶脉用阴线刻画，层次分明。此造型为宋代出现的一种吉祥图案，名为"喜报春先"。■

"寿"字环形玉佩　宋代装饰用玉，现藏故宫博物院。

画。鹤腿下端有盘绕的卷云纹。双鹤嘴间的圆环，应为佩系之用。■

直径7.5厘米。玉质青白色，表面有褐色沁。扁圆形体，正面图案分前后两层，前层中部镂雕一"寿"字，下有一龟，旁有灵芝，龟口吐云烟，右侧为一翔鹤。后层为一圆形竹节式环。此器为腰部饰件，所雕龟、鹤、灵芝含有长寿之意。■

孔雀纹玉佩　宋代装饰用玉，现藏故宫博物院。

长7.2、宽4.5、厚0.6厘米。玉质青白色，局部有褐色沁斑。呈半圆形扁平体。镂雕一只回首衔花枝的孔雀，双翼张开，长尾拖曳，下衬祥云。尾、翼羽毛均以细密阴线刻画。■

松鹿纹玉佩　宋代装饰用玉，现藏故宫博物院。

直径6.8厘米。玉质白色。正面镂雕松鹿纹，鹿纹居前，布满画面，松饰于后，呈平而凸起形。装饰图案具有宋代绘画风格。■

鹤衔灵芝纹玉佩　宋代装饰用玉，现藏故宫博物院。

长8.9、宽4.6、厚0.7厘米。玉质青白色，局部有浅褐色沁斑。对称镂雕双鹤立于花丛上，双喙相对，共衔一环，作展翅飞舞状。鹤翅羽毛皆以细密的阴线刻

牵牛花形玉佩 宋代装饰用玉，现藏故宫博物院。

长7.3、宽4、厚1.8厘米。玉质白色，通体有黄色沁。镂雕出牵牛花之梗、叶、花蕾和花朵，枝叶肥厚。阴刻花和叶的脉线。■

鱼鳞和尾鳍。■

凌霄花形玉佩 宋代装饰用玉，现藏故宫博物院。

直径6.5厘米。玉质青白色，局部有黄褐色玉皮。扁圆形，镂雕一朵盛开的凌霄花，花蕊为黄褐色玉皮俏色，花萼和枝叶均饰有细密的阴刻线。■

鳜鱼形玉佩 宋代装饰用玉，现藏故宫博物院。

长6.5、宽3.5、厚0.7厘米。玉质青色，有轻微土黄色沁。扁平体，鳜鱼呈游走状，凸眼阔嘴，口衔荷叶枝，摆鳍甩尾，以细密阴刻线表示鱼鳞和尾鳍。玉佩造型为宋代出现的一种吉祥图案，名为"连年有鱼"。■

鳜鱼形玉佩 宋代装饰用玉，现藏故宫博物院。

长20.6、宽11.3、厚6.7厘米。玉质黑色，有黄白色杂斑。扁平长方体，鳜鱼体形肥硕，宽大的背鳍与尾鳍相连，口衔莲枝，枝上有花苞和荷叶。以细密阴刻线表示

竹枝蟠龙纹玉佩 宋代装饰用玉，现藏故宫博物院。

长7、宽3.3、厚1厘米。玉质白色，留有褐色玉皮。扁片状，镂雕一条龙穿行于竹丛间，龙体细长，无鳞。龙上吻前伸上翘，圆眼长眉，头后长发飘逸。龙的前腿粗壮，足似拳，五爪。竹枝上有竹叶数片，叶尖朝上，龙尾上端雕数朵灵芝式浮云。■

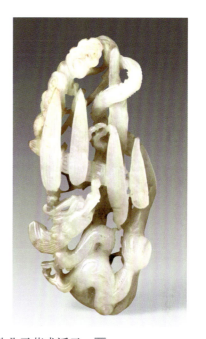

人形玉佩 宋代装饰用玉，陕西省西安市北郊徐家寨出土，现藏西安市文物保护考古所。

长3.4、宽2、厚0.6厘米。玉质青色，表面沁呈白色。扁平体，正面浮雕一人，戴冠，弯月形眉，细眼，直鼻小口。身穿交领宽袖长袍，腰系带，手置于胸前，宽袖飘于腹前，双

腿盘坐。服饰具有宋代的特征。背后平直，原可能是镶嵌在器物上的装饰件。■

童子形玉佩 宋代装饰用玉，现藏中国文物信息咨询中心。

高6.1、宽5.5厘米。玉质青白色。雕两童子，一童子右手屈臂上举莲梗垂向左侧，另一童子左手持莲，右臂上举握住莲梗置于肩后。此器发式及发丝细密的刻画均为宋代典型的玉器工艺风格。■

蕃人形玉佩 宋代装饰用玉，现藏故宫博物院。

长4.5、宽1.5厘米。玉质白色。蕃人深目高鼻，眼睛凸出，阔嘴，八字胡，下巴前凸，双耳戴环，卷发，身着条纹衣，双手搭于胸前，赤足，从头顶至脚跟有一贯孔。■

童子形玉佩 宋代装饰用玉，现藏故宫博物院。

长6、宽2.5厘米。玉质青白色，表面有褐色沁。童子作攀枝状，上身赤膊，后披斗篷，手腕戴镯，着肥大的长裤。双臂和双腿弯曲，攀爬于长枝上，枝叶较长，伸于童子胯下。■

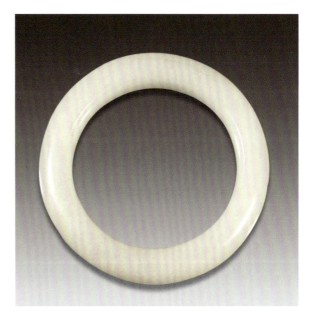

玉镯 宋代装饰用玉，河北省定州市静志寺塔地宫出土，现藏定州市博物馆。

直径9.5、孔径6.7、厚2厘米。玉质青色。圆环形，表面光素，内平外圆。■

童子形玉佩 宋代装饰用玉，现藏故宫博物院。

高7.2、宽2.8厘米。玉质青白色。厚片状，背面有玉璞的褐皮色。童子身穿"米"字纹对襟上衣，下着长裤，腰系长绸带，双手举一盛开的折枝莲花。此器为宋代吉语"连得喜子"或"连生贵子"的典型代表作。■

孔雀形水晶佩 宋代装饰用玉，河北省定州市静志寺塔地宫出土，现藏定州市博物馆。

雄孔雀长7厘米；雌孔雀长6.6厘米。水晶质，晶莹剔透。两只孔雀作展翅曳尾飞翔状，均为四片水晶雕琢连缀而成。雌孔雀冠似水滴直立于头顶，曲颈向下观望。雄孔雀冠如鸡冠花，昂首前视。■

龟形玉佩、龟形水晶佩　宋代装饰用玉，河北省定州市静志寺塔地宫出土，现藏定州市博物馆。

玉龟长2.2厘米；水晶龟长2.2厘米。玉质青白色。龟昂首半缩于龟甲内，四足及尾平伸，背面阴刻龟甲纹。腹部有一象鼻孔。水晶质绿色。龟造型与玉龟近似，体态略丰满，两眼为相通的小孔。■

鱼形水晶佩　宋代装饰用玉，河北省定州市静志寺

塔地宫出土，现藏定州市博物馆。

长8、宽2.5、厚0.5厘米。水晶质透明无瑕。鱼呈游动状，尾鳍摆动，端部稍向下弯曲，胸鳍和后鳍直立作扇动状。口微张，圆眼凸出。鱼鳞和鳍纹用阴线刻出。■

鹿形玉佩　宋代装饰用玉，北京市海淀区北京师范大学清代黑舍里氏墓出土，现藏首都博物馆。

高6.5、长10.6、厚约2.2厘米。玉质青色，温润无瑕。鹿作跪卧状，昂首前视，双耳贴于角下。角为灵芝状，称作"珍珠盘"，角根部琢二排小圆点，上部琢一排小圆点，并以短阴线表示茸毛。四肢收于腹下，短尾紧贴右侧。背面光素，上下各有三对贯通的天地孔，可作嵌插或佩饰之用。卧鹿图案是宋代玉雕的重要题材之一。■

鹿形玉佩　宋代装饰用玉，现藏故宫博物院。

高3.9、长4.8、厚1.3厘米。玉质白色，局部有黑斑。鹿呈回首跪卧状，四肢卧于腹下。头细长，顶部有灵芝状花朵，头后有镂雕树叶两枝。头、背、腹之间有一上下贯穿的扁方天地孔，可穿带做佩饰，也可嵌于器皿盖上做纽。■

独角兽形玉佩　宋代装饰用玉，上海市松江区西林塔地宫出土，现藏上海市文物管理委员会。

高7、宽3厘米。玉质青色，局部有白沁。独角兽昂首挺胸，作蹲坐状。圆眼微凸，上有粗短眉，圆凸鼻，张口露齿，口衔灵芝。头后浓发飘逸，肩部有双翼，尾向上卷起。其左前肢直立，右前肢弯曲，后肢为伏卧状。兽体下刻卷云纹。由头部至底座通穿天地孔，腿部有横孔。独角兽身上毛发的细刻作风是宋代线条的特色。■

鸭形玉佩　宋代装饰用玉，现藏故宫博物院。

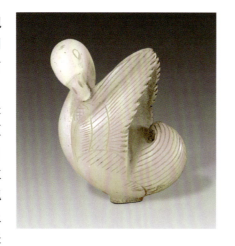

高3.5、长3.1、宽1.7厘米。玉质青白色。鸭作站立状，体态肥硕，尾尖向上卷翘。弯颈张口，正梳理羽毛。其双翅翘起，翅尖并拢。翅面阴刻整齐细密的平行线状羽毛，羽端呈锯齿状。腹下雕双蹼。背部有一天地孔。■

松下仙女纹玉佩　宋代装饰用玉，现藏故宫博物院。

长9.6、宽7.8、厚1.5厘米。玉质青白色，局部有黄褐色沁斑。椭圆扁平体，正面镂雕茂密的松树下立一身穿宽袖长裙的仙女，旁立两侍女，分别手持灯笼、托盘，

盘中盛满仙桃，侍女旁立一仙鹤。人物脚下均有卷云纹，表示天宫仙境的景象。背面无纹，有琢刻的痕迹，周边有孔，可作穿系、嵌饰之用。■

"福禄寿"图玉佩　宋代装饰用玉，陕西省西安市交通大学出土，现藏西安市文物保护考古所。

长6.2、宽5.4、厚0.7厘米。玉质白色，有褐色沁。扁平卵形，正面镂雕山石、松、竹和灵芝，一只乌龟在山石间爬行，口吐仙气蒸腾为朵朵祥云，一只行走的鹿回首仰望天空中飞翔的仙鹤。背面光素，底部有两个透孔供穿系佩戴。主体图案有"鹤鹿同春"、"龟鹤延年"之寓意。■

螭纹玉璧　宋代装饰用玉，上海市松江区西林塔地宫出土，现藏上海市文物管理委员会。

直径7.1厘米。玉质青色。璧内外有边廓线，璧面浅浮雕双螭。双螭造型一致，作游走衔尾状。螭的面部近似三角形，鬃发披肩，双耳耸起，眉外端上竖，内端下弯连直鼻，管钻两只圆眼。背有阴

刻脊线，四肢粗壮。另一面光素平整。边沿立面钻一方孔通至光素的璧面，可作佩挂。■

鱼龙形玉佩　辽代装饰用玉，现藏故宫博物院。

长6.9、宽3厘米。玉质青白色，局部有黄色沁斑。呈扁长方形，镂雕龙首飞鱼身，称为"鱼龙"。鱼龙口衔一颗宝珠，身两侧生双翼，作展翅飞翔状。鱼尾鳍分叉上翘。以阴刻线装饰翅和尾鳍。鱼龙的形象流行于辽金时期。■

玛瑙、水晶串饰　辽代装饰用玉，内蒙古自治区阿鲁科尔沁旗耶律羽之墓出土，现藏内蒙古自治区文物考古研究所。

周长78厘米。由红玛瑙管与水晶珠间隔串联成链状，并连缀心形和长管形金坠各一个

组成。玛瑙管为圆柱形，抛光精亮，中间对钻穿孔。水晶珠为圆球形。以玛瑙和水晶制成的装饰品在辽墓中出土较多，为契丹贵族喜爱的装饰物。■

雁形玉佩　辽代装饰用玉，内蒙古自治区奈曼旗陈国公主墓出土，现藏内蒙古自治区文物考古研究所。

高2.8、长6.5、宽2厘米。玉质白色。圆雕呈交颈而卧之形的两只鸿雁，雁体修长，足收于腹下，颈背间有穿孔。■

鱼形玉佩　辽代装饰用玉，内蒙古自治区奈曼旗陈国公主墓出土，现藏内蒙古自治区文物考古研究所。

2件，均长10.5厘米。玉质白色。圆雕双鱼，一件鱼体弯曲，呈游动状，另一件鱼体宽扁。阴线刻出鱼的眼、鳃、腹鳍、背鳍、尾等部位，嘴部横钻一孔，穿一条金链，共系于一小金环上。■

动物形组玉佩　辽代装饰用玉，内蒙古自治区奈曼旗陈国公主墓出土，现藏内蒙古自治区文物考古研究所。

通长15厘米。玉质白色。由一件璧形玉饰以鎏金银链垂挂五件玉坠组成。璧形玉饰正面阴刻十二生肖形象。玉坠有蛇、猴、蝎、蟾蜍、蜥蜴五种动物形象，代表"五毒"，具有辟邪之功能。■

龙、凤、鱼形组玉佩　辽代装饰用玉，内蒙古自治区奈曼旗陈国公主墓出土，现藏内蒙古自治区文物考古研究所。

通长14.8厘米。玉质白色。由一件玉饰系鎏金银链垂挂五件玉坠组成。玉饰呈长方形片状，透雕绶带纹。玉坠均为圆雕，有摩羯形、荷叶双鱼形、双凤形、双龙形和莲花卧鱼形，皆以阴线刻画细部纹饰。■

妆具形组玉佩　辽代装饰用玉，内蒙古自治区奈曼旗陈国公主墓出土，现藏内蒙古自治区文物考古研究所。

通长18.2厘米。玉质白色。由一件玉饰以金链下系六件玉坠组成。玉饰呈莲花形，透雕、阴刻出花瓣纹。玉坠有剪、觽、锉、刀、锥、勺，为模仿妇女妆具制成。■

人面鸟形玉佩　辽金装饰用玉，现藏故宫博物院。

长7.2、宽6.1、厚1.7厘米。玉质青白色，有褐色沁斑。圆形片状，正面中下部浮雕人首，双眼眼瞳原镶嵌有宝石，后脱落仅存凹坑，阴刻火焰眉、细发及发箍，凸雕蒜头鼻。尖喙，两侧有对穿孔。双耳饰耳环，双臂及四趾爪置于头下。双翅上阴刻羽纹，尾呈扇形，饰钩形对称翎羽，透雕六孔，翅尖搭在尾侧。背面下部雕圆环，旁边有三个等距离穿孔，可缀连在其他器物上。这种图案称"迦楼罗神鸟"，也称"金翅鸟"，盛行于辽金时期。■

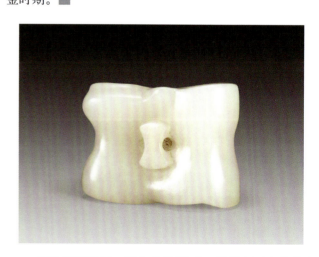

羊距骨形玉佩　辽金装饰用玉，现藏中国文物信息咨询中心。

长3.4、宽2.2厘米。玉质白色。形似羊距骨，腰部有

一穿孔。此器是东北地区常见的儿童玩具，反映了北方少数民族的生活习俗。■

花结形玉佩 金代装饰用玉，北京市崇文区磁器口金墓出土，现藏北京市文物研究所。

长5.8、宽4.4、厚0.6厘米。玉质白色。椭圆形，透雕出四个对称的花结，中心阴刻方格纹。■

折枝花形玉佩 金代装饰用玉，北京市房山区长沟峪金墓出土，现藏首都博物馆。

残长7.3、宽6.5厘米。玉质青白色。通体镂空折枝阔叶八瓣花，花瓣内凹，花边相连，用对称的单阴线表示叶脉。背面刻出枝梗。器有镂空孔，可作穿佩也可为嵌饰。■

鹤形玉佩 金代装饰用玉，北京市房山区长沟峪金墓出土，现藏首都博物馆。

长6、宽8.2、厚0.6厘米。扁平体，略作椭圆形，正面以透雕加阴线刻出一对飞鹤。鹤口衔灵

芝，嘴尖相对，两腿合并且交叉在一起，比翼双飞，左右对称。饰件正中顶部有镂空的穿孔。背面光素留有琢磨痕迹。■

折枝花形玉佩 金代装饰用玉，北京市房山区长沟峪金墓出土，现藏首都博物馆。

长9、宽7.2厘米。玉质青白色。扁平体，略作椭圆形，正面以浮雕、透雕、阴线刻等技法琢刻出枝叶交相缠绕的两朵折枝八瓣花。花瓣肥厚略内凹，单阴刻线表示叶脉。背面刻出枝梗。■

缠枝竹节形玉佩 金代装饰用玉，北京市房山区长沟峪金墓出土，现藏首都博物馆。

长6、宽5厘米。玉质白色。透雕一折断并盘卷在一起的竹枝，于一节间雕出三片竹叶，以单阴刻线表示叶脉，双阴刻线表示竹节，通体镂空。■

龟巢荷叶纹玉佩 金代装饰用玉，北京市丰台区乌古伦窝伦墓出土，现藏首都博物馆。

2件，均长10、宽7、厚1.3厘米。玉质青色。一对系一块玉料对剖制成。椭圆形，正面略呈弧形凹面，以浮雕、透雕技法琢出多层荷叶、茨菰和水草纹，单阴线刻出叶脉。荷叶中心均凸琢一只伸头相向爬行的小龟，衔住荷叶，以双阴刻线琢出六角形龟甲纹。背面简单雕刻枝梗。纹饰图案称为"龟游"，寓吉祥之意。■

绶带鸟衔花形玉佩 金代装饰用玉，北京市丰台区乌古伦窝伦墓出土，现藏首都博物馆。

直径6、厚约0.5厘米。玉质白色。扁圆形，正面略呈弧形，镂空雕琢出五瓣形花朵、花蕾、枝叶。中部雕一只长尾绶带鸟，尾羽分作两股，圆眼尖喙，侧身回首，作琢花状。以短阴刻线显示丰满的羽毛。背面光素，碾制粗犷。■

花形玉环佩 金代装饰用玉，北京市丰台区乌古伦窝伦墓出土，现藏首都博物馆。

直径4.9厘米。玉质白色。平雕六瓣花形。正面外缘微凸起脊，背面扁平。打磨极为光亮。■

绶带鸟衔花形玉佩 金代装饰用玉，黑龙江省哈尔滨市香坊金墓出土，现藏黑龙江省博物馆。

长7、宽3.8、厚0.5～0.7厘米。玉质黄色。平雕一只展翅飞翔的绶带鸟，口衔折枝花，头顶长冠向后飘逸，长尾端部分叉。以阴刻线显示羽毛。■

童子形玉佩 金代装饰用玉，黑龙江省绥滨市中兴金墓出土，现藏黑龙江省博物馆。

高5.1、宽1.8厘米。玉质青色。玉人作立雕形，似儿童，头戴纱帽，身着短衣长裤，左手执蕉叶背于肩上，

右手下垂，颈下佩项链，两腿交叉，作行走状。■

形，在外卷的荷叶上浮雕一条鳜鱼，口衔水草，管钻圆目，阴刻鱼鳞和尾鳍。荷叶呈拱形，正反面叶脉以细阴线琢刻。■

童子形玉佩　金代装饰用玉。现藏故宫博物院。

　高5.8、宽3.4、厚2厘米。玉质青白色，有沁色和土斑。玉人作立雕的童子，三丫髻分别置于头顶及两侧耳上，衣襟向两边敞开，左手握拳，右手托一只鹊。两腿着肥裤，作行走状。■

天鹅形玉佩　金代装饰用玉，现藏故宫博物院。

　长8.7、宽5.3厘米。玉质白色，略带褐色玉皮。天鹅作衔芦飞翔状。圆眼细颈，头抬起，双翅展开，琢刻四排羽状纹，背、尾部亦刻羽纹，双爪并排屈于腹部。此天鹅与"春水"题材中的天鹅形象相同。■

鳜鱼形玉佩　金代装饰用玉，黑龙江省绥滨市中兴金墓出土，现藏黑龙江省博物馆。

　长5.7、宽3厘米。玉质墨黑色。扁平体，镂雕口衔莲荷枝的鳜鱼，以阴线刻出鱼鳞及荷叶的脉络。■

"春水"图玉佩　金代装饰用玉，现藏故宫博物院。

　长5.9、宽3.9、厚1厘米。玉质白色。天鹅体态肥硕，曲颈向上，张口展翅，作挣扎状。一只展翅的飞鹘双爪紧攫鹅头，嘴啄鹅脑，鹘腿系飘带。以阴刻线饰鸟身、羽翼。背面有多处钻痕。此器为典型的女真族"春水"玉纹饰图案。■

荷叶鳜鱼纹玉佩　金代装饰用玉，陕西省西安市范家寨出土，现藏西安市文物保护考古所。

　长3.7、宽2.7、厚1.6厘米。玉质表面已沁成土褐色。略呈扁方

"春水"图玉佩　金代装饰用玉，现藏故宫博物院。

　长7.5、厚2厘米。玉质青白色，局部有黄褐色沁斑。

扁平椭圆形，正面弧凸，通体镂雕一只藏于荷花丛中的天鹅，作惊恐回首状。一只鹘俯冲而下，作追逐状。背面为椭圆环，环两侧有一横穿孔。■

"秋山"图玉佩 金代装饰用玉，黑龙江省绥化市奥里米古城金墓出土，现藏黑龙江省博物馆。

底边长3.9、宽3.5厘米。玉质白色。扁平体，作三角形。两侧边框各饰一树，树梢于上角交接。树下透雕两只站立的鹿，前雌后雄。雄鹿长角弓背，双目前视，雌鹿回眸凝望。双鹿头顶有一只飞翔的大雁。■

"秋山"图玉佩 金代装饰用玉，现藏故宫博物院。

长6.5、宽4.5、厚1.6厘米。玉质青色，局部有红褐色玉皮。扁平体，以浮雕和阴线表现纹饰，一面下部为回首蹲伏的猛虎，上部为林中奔跑的双鹿；另一面为立于枝头的鹰鸟。此器为典型的"秋山"图案。■

卧虎纹玉佩 金元装饰用玉，现藏中国文物信息咨询中心。

长6.8、宽5.9厘米。玉质青色，利用天然黄色的玉皮色巧雕卧虎和柞树，以青玉的本色作山石，用长短阴线来表示花叶的茎脉和虎的毛发。■

凌霄花形玉佩 元代装饰用玉，北京市海淀区北京师范大学清代黑舍里氏墓出土，现藏首都博物馆。

长12.8、宽7.4厘米。玉质白色，温润如凝脂。扁平体，正面透雕交叉盘绕的四朵盛开的凌霄花，花口翻卷，两侧为盘结的花梗。背面平素，上下各有三对穿通的小孔。■

人面鸟形玉佩 元代装饰用玉，现藏首都博物馆。

长4.7、宽4厘米。玉质青色，有黄褐色沁斑。正面呈弧形凸起，平雕人面飞鸟形象。人物圆头，宽眉，双圆眼，双肘外展，小臂和双手垫于颌下，宽大的鸟尾向上伸展。背面呈深凹状，可作嵌饰。此人面鸟图案称为"迦楼罗神鸟"，也称"金翅鸟"。■

孔雀形玉佩 元代装饰用玉，北京市海淀区砖厂工地出土，现藏首都博物馆。

长5.2、宽2.4厘米。玉质白色。圆雕孔雀开屏形象，高冠，圆眼，尖喙，头侧向一边，双翅略展立于圆坛之上，透雕、阴刻孔雀尾翎。■

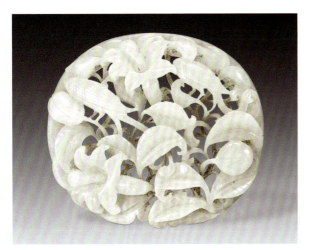

花鸟纹玉佩 元代装饰用玉，现藏首都博物馆。

长8、宽6.7厘米。玉质青白色。椭圆形扁片，镂雕三层

交错的花梗、凌霄花、花蕾及凤鸟。细部用阴刻线装饰。■

螭龙穿花纹玉佩 元代装饰用玉，陕西省西安市东郊田家湾村出土，现藏西安市文物保护考古所。

长径7.6、宽径6.1、厚1.3厘米。玉质白色，有褐色沁。环圈上镂雕繁茂的串枝花叶，花枝纵横交错，由内向外斜出，其间有两枝盛开的花朵。花丛中穿行一条螭龙，头部略圆，圆目大鼻，双耳直竖，鬃发飘拂，四肢匍匐，身体蜷曲。肩部和关节处饰卷云纹。背面中部镂空，螭龙的腰部与环圈之间有一扁长透孔。■

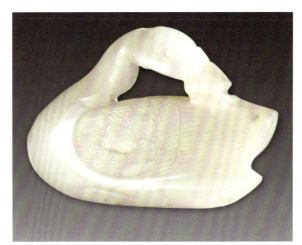

鹅形玉佩 元代装饰用玉，上海市嘉定区法华塔地宫出土，现藏上海市文物管理委员会。

长3、宽2.3厘米。玉质白色。鹅作回首衔物状。阴刻

细圆眼，曲颈，羽翅纹饰分三段，翼根部阴刻叶脉状羽毛，中及尾段以阴刻的平行线条表示。底部琢刻双足。腹背贯穿天地孔。■

鱼形玉佩　元代装饰用玉，上海市嘉定区法华塔地宫出土，现藏上海市文物管理委员会。

长5.2厘米。玉质白色。鱼阔体扁身，头部约占身体面积三分之一。口微张，厚唇，阴刻大圆眼。背鳍凸起，胸鳍紧贴腹下，尾鳍翘起，作划水状，上面阴刻放射状鳍骨。通体阴刻细密菱格纹显示鱼鳞，腹背间贯穿天地孔。■

鱼形玉饰　元代装饰用玉，江苏省无锡市钱裕墓出土，现藏无锡市博物馆。

长4.7、宽2厘米。玉质青色。鱼作鳜鱼形，鳞、鳍、尾均用阴线刻成，阔嘴微张，大圆眼，背鳍直立，鱼尾上翘。■

鱼形玉佩　元代装饰用玉，现藏故宫博物院。

长7、宽3.2、厚1.5厘米。玉质白色，有浅褐色沁。鱼口衔荷叶梗，尾部上翘，鳍张开，作游动状。身上部雕一荷叶，阴刻叶脉，鱼身满布交错的阴刻线，以示鱼

鳞。背部正中有一贯孔，腹部横穿一孔。■

善财童子形玉佩　元代装饰用玉，上海市松江区西林塔地宫出土，现藏上海市文物管理委员会。

高3.6厘米。玉质青色。童子作站立状，脑门处有小块凸起，上面阴刻一短线以象征发髻。面部有阴刻的眉毛、眼眶、鼻子

和口唇。身着紧身短衣，下穿长裤，背后有卷起的飘帛，双手作合十状。善财童子又称招财童子，本是佛教中人物，后演化为被世人敬仰的财神。■

"秋山"图玉佩　元代装饰用玉，上海市松江区西林塔地宫出土，现藏上海市文物管理委员会。

高3.7、宽2.6厘米。玉质青白色。正面镂雕斜立的柞树及宽大对称的树叶，树下有

一头回首鹿，灵芝状冠，尖嘴，圆眼，体态肥壮，右前肢抬起，似行走状。鹿背后有山石，多孔洞。背面平直，有三对象鼻穿，作缝缀之用。■

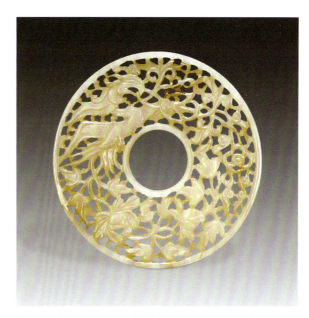

石榴形玉饰 元代装饰用玉，上海市松江区西林塔地宫出土，现藏上海市文物管理委员会。

高6.2厘米。玉质灰白色。圆雕耸立的枝干和相并的硕果。果实作石榴形，有写实的花蒂。石榴是象征多子多孙、家庭兴旺的吉祥物，有"榴开百子"之说。■

冠向后飘逸，以镂雕缠枝牡丹为衬底，构图丰满。背面平素，内外缘各饰弦纹一周。此器应为嵌饰。■

螭纹玉环佩 元代装饰用玉，上海市松江区西林塔地宫出土，现藏上海市文物管理委员会。

长6.5、宽5.2厘米。玉质青色，有褐色玉皮。环作方体圆角形，中空为方形。环的一面高浮雕两条螭虎，作子母螭对视状。母螭圆脸，直鼻连眉，双肩前耸，四肢关节处刻卷云纹，背部有阴刻的脊线，螭尾分叉转卷。子螭作俯卧状，尾部单卷。子母螭均利用俏色雕琢。■

凤穿花纹玉璧 元代装饰用玉，现藏故宫博物院。

直径9.3、厚0.6厘米。玉质青白色，局部有黄色沁斑。正面镂雕在花丛中展翅飞翔的凤鸟，口衔花枝，凤

"春水"图玉绦钩环 元代装饰用玉，江苏省无锡市钱裕墓出土，现藏无锡市博物馆。

长8.3、宽6.7、厚2.2厘米。玉质青色，局部有褐色沁。正面镂雕荷叶、水草为背景，中间一只天鹅潜于荷丛之中，张口展翅，长颈弯曲。天鹅上方有一只鹘，飞于荷叶上，低头寻觅天鹅，伺机捕捉。此"春水"图案题材，构图较复杂，体现出元代特点。■

螭纹玉牌饰 元代装饰用玉，陕西省西安市东郊何家村出土，现藏西安市文物保护考古所。

2件，均直径4.1、厚0.4厘米。玉质青色，有土沁痕。两件纹饰相同，正面浮雕一条螭虎，头部略方，凸鼻长眼，双耳后抿，颈部底凹，长尾卷曲，体躯侧转，盘旋爬行。背部一道较深的阴线刻出背脊。背面不平

整，有浅圆凹痕，近边缘处有对应的两个斜向镂雕弧形穿孔，可供镶嵌。■

婴戏纹玉佩 元代装饰用玉，陕西省西安市北郊六村堡出土，现藏西安市文物保护考古所。

高5.8、宽3.5厘米。玉质青色，有土沁白斑。器略呈三棱体，雕正在嬉戏的两童子，圆脸，额上留发，身着宽袖圆领长褂，以阴线刻画头发及衣服上的褶纹。一童子半跪于地，双手紧握莲茎，头扭向身体左侧，另一童子骑跨于其背部，左手扶着身下童子的额头，右手揪住莲茎。荷叶上有多处穿孔。■

装饰用玉·发饰

发饰指头部装饰玉件，包括发冠、梳背、发钗、发簪、簪花等。玉质发冠自唐代始见，为七梁发冠，宋代时还有莲瓣形发冠。梳背和玉簪花是唐至五代时贵妇人使用的发饰，图案精美，特别是玉簪花磨制极薄，刻纹精细。发钗一般作双股形，唯金代发钗钗股相连处弯曲，颇具特色。

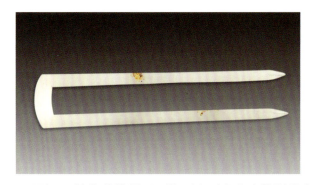

玉钗 隋代装饰用玉，陕西省西安市李静训墓出土，现藏中国国家博物馆。

长8.1、顶端宽1.8厘米。玉质白色。钗为双股，股端相连，顶端宽于下端，截面为圆形，下端渐收为尖状。此类样式的发钗最早见于隋代。■

玉钗 唐代装饰用玉，陕西省西安市电缆厂唐墓出土，现藏西安市文物保护考古所。

2件，上长6.7、宽1.7厘米；下长7.6、宽1.7厘米。玉质白色。两件形状相同，为双股钗。顶端相连为拱形，股扁圆，由上至下渐细，前端近锥形。■

玉簪 唐代装饰用玉，陕西省西安市东郊韦美美墓出土，现藏陕西省考古研究所。

长11.4、直径0.5厘米。玉质白色。圆柱体，首端有花蕾状纽，纽茎下有一圆穿，其旁有一浅孔，另一端较细，整体抛磨光滑。■

花鸟纹玉簪花 唐代装饰用玉，现藏故宫博物院。

长11、宽4.8、厚0.3厘米。玉质青白色，局部有沁斑。由两部分组成，一部分为金制钗插，已残缺；另一部分为玉饰钗头，也称玉簪花。簪花透雕，两面纹饰相同，均为阴刻的丹凤朝阳纹，下部的牡丹花茎上钻两孔。玉簪花是唐、五代时期贵族妇女"玉步摇"上的饰件。■

海棠石榴纹玉簪花 唐代装饰用玉，陕西省西安市唐兴庆宫遗址出土，现藏西安市文物保护考古所。

长10、宽2.8、厚0.1～0.15厘米。玉质白色。扁平片状，两面纹饰相同。造型为一束繁茂的枝叶，三朵盛开的海棠，顶部雕出石榴，花束茎枝上有细镂孔，下端枝茎上有一细孔。■

海棠鸳鸯纹玉簪花 唐代装饰用玉，陕西省西安市唐兴庆宫遗址出土，现藏西安市文物保护考古所。

长11.5、宽4、厚0.15厘米。玉质白色。扁平片状，两面纹饰相同。雕一束繁茂的枝叶及盛开的和含苞待放的海棠。在前端一朵最大的海棠花上，雕琢一对比翼振翅、互相嬉戏的鸳鸯，枝茎两侧有小缺口，用于镶嵌。■

七梁玉发冠 唐代装饰用玉，现藏首都博物馆。

高5.5、长7.2厘米。玉质青色，有姜黄色沁，略夹绺斑。冠口略凹，两侧雕琢成卷云状纹，正面下部有一圆孔，与冠背圆孔相对，后配白玉圆簪贯通其中。冠顶雕琢七梁，故名"七梁发冠"，为古代男子束发之物。■

莲花纹玉梳 唐代装饰用玉，现藏故宫博物院。

长8.15、宽3.45、厚0.1厘米。玉质青色，背面受沁。半圆形片状，梳背呈弧形，两条弧线间透雕莲花叶纹，下面有长短梳齿四十根。此为妇女头饰。■

飞鸿纹玉梳背　唐代装饰用玉，陕西省西安市南郊唐墓出土，现藏陕西历史博物馆。

　　长15、宽5.1、厚0.15厘米。玉质青色。扁平片状，呈半月形，周边略厚，底部平齐，为长条形榫状，可装梳齿。两面阴线刻飞鸿和祥云纹。■

荷花纹玉梳背　唐代装饰用玉，浙江省临安市明堂山水邱氏墓出土，现藏临安市文物馆。

　　长14.5、宽5.7、厚0.15厘米。玉质白色，有褐色沁。呈半月形，一面刻三朵盛开的荷花，花的两侧刻一对相向而立的鸳鸯。另一面刻三朵含苞待放的荷花，两侧各刻一尾鱼化龙。底部有长条形榫，可镶嵌梳齿。■

凤纹玉梳背　五代装饰用玉，现藏故宫博物院。

　　长5.7、宽2、厚0.2厘米。玉质青白色。弧形片状，呈半月形，下边宽平。正、背面随形开光，浅浮雕展翅相戏的双凤，阴刻三角形眼及身体上的翎羽。下部的长扁榫为镶嵌金属梳齿之部位。■

鸳鸯纹玉梳背　五代装饰用玉，浙江省临安市玲珑镇康陵出土，现藏临安市文物馆。

　　长5.1、宽2.1、厚0.15厘米。玉质白色，半透明。半圆形，正、背面各刻有一对相向而立的鸳鸯，其下饰一组如意纹。底边不规则，未经打磨，原为镶嵌接合处。■

莲瓣纹玉发冠　宋代装饰用玉，现藏首都博物馆。

　　高7.3、长8.9厘米。玉质白色，留有土锈斑。冠正面雕琢重叠的莲花瓣，相互对称，冠顶稍平。正面下部琢有一圆孔，与冠背圆孔相对，后配白玉圆簪贯通其中。■

莲瓣纹玉发冠　宋代装饰用玉，江苏省吴县金山天平出土，现藏南京博物院。

　　高6.5、长5.9、宽6厘米；簪长10.5厘米。玉质白色，微泛灰色。四面均雕重叠的莲花瓣。顶部中两片莲瓣前后翻卷接合，自然形成冠顶。左右两侧中央各穿一圆孔，供簪插入。簪为碧玉质，呈圆锥形，尾端稍作折曲，并琢出蘑菇状圆帽。■

孔雀形玉钗　金代装饰用玉，北京房山区长沟峪金墓出土，现藏首都博物馆。

　　长6.5、宽3厘米。玉质白色。其上部圆雕一缩头弯颈

的孔雀，高冠尖喙，舒展双翅，足下延伸一弯曲的钗杆，供插戴。■

双股玉钗　金代装饰用玉，北京市房山区长沟峪金墓出土，现藏首都博物馆。

长15、宽1.7厘米。玉质青色，局部有褐色沁斑。钗股作平行圆柱形，一端弯曲并相连，另一端渐收成锥状。■

丧葬用玉

丧葬用玉是专用于送葬的玉器，除在唐代尚存有竹节形和猪形玉握外，已不流行以玉送葬的习俗了。

竹节形玉握　唐代丧葬用玉，陕西省西安市华文弘夫妇墓出土，现藏西安市文物保护考古所。

直径1.1、长7厘米。玉质青黄色。体呈扁竹节形，素面无纹，抛磨光滑。■

滑石猪　唐代丧葬用玉，陕西省西安市华文弘夫妇墓出土，现藏西安市文物保护考古所。

高1.5、长3.5、宽0.7厘米。滑石质褐色。呈扁体伏卧状，长嘴，大耳，四肢粗大，雕刻出猪腿部蹄子的大致形状，腹下琢出一沟槽。■

玉猪　唐代丧葬用玉，广东省韶关市张九龄墓出土，现藏广东省博物馆。

长5厘米。玉质青白色。猪作伏卧状。以阴线琢刻猪耳、眼、足和尾。■

陈设用玉

陈设用玉主要以观赏为主，器物多为圆雕。有动物、人物、神兽、山形等，形象较为写实。唐代史思明墓出土的山形摆件是最早的一件山子玉雕。

玉女坐像 唐代陈设用玉，陕西省长安县南里王村唐墓出土，现藏陕西省考古研究所。

高13.5厘米。汉白玉质。圆雕女性形象，头梳乌蛮髻，脸庞丰润，柳眉细目，翘鼻小口。上身着交领阔袖短襦，披帛绕前垂于肩后，下穿曳地长裙，双手交于胸前捧一小鸟，坐在束腰长鼓形凳上，凳下为一长方形台座。■

玉武士 唐代陈设用玉，陕西省西安市南郊等驾坡杨思勖墓出土，现藏中国国家博物馆。

高40厘米。汉白玉质。武士立于方座上，头戴幞头帽，腰系革带，足蹬高靴，腰侧佩挂剑、弯刀、弓和弓袋，另一腰侧系箭筒，胸前和背后亦有弯刀、弓袋和箭筒。器体雕有纹饰，局部有贴金。■

玉人 唐代陈设用玉，现藏故宫博物院。

高4.6、宽2.1、厚0.8厘米。玉质青色，有黑色片状沁。立人双目平视，头发向上拢于头顶，戴一方巾。穿交领长袍，腰系革带，合袖于腹前，双手隐于长袖之后，领口及袖口饰阴刻的短斜线纹。■

戏狮玉胡人 唐代陈设用玉，现藏故宫博物院。

高5.7、宽2.2厘米。玉质青白色。圆雕一头戴橄榄式帽的胡人与一侧卧的小狮。胡人作手舞足蹈状，与狮戏耍。■

玉人骑象 唐代陈设用玉，现藏故宫博物院。

高5.5、长7.3厘米。玉质青白色，局部有黄色沁斑。器体长方形，雕刻出一头跪式象，象背上有一人，身着窄袖束腰长袍，足蹬长筒马靴，双腿盘坐于象背。左手放在膝上，右手抬举于脑后。■

玉卧鹿 唐代陈设用玉，现藏故宫博物院。

高2.8、长4.4、宽1.8厘米。玉质青色，局部有皮色。鹿昂首，闭口，目视前方，四肢蜷曲于腹下。其身下平直以示地面，身旁有灵芝一株。俏色雕出珍珠盘式双角和尾后灵芝。背中部至腹部有一圆孔，可系佩，亦可为小型陈设或镇纸、笔架。■

玉狻猊　唐代陈设用玉，现藏故宫博物院。

高2、长5.8厘米。玉质青白色，局部有浅黄色沁斑。圆雕卧状狻猊，圆眼凸鼻，毛发后披，一前腿伏于颌下，嘴底衬一朵祥云。■

玉狮　唐代陈设用玉，现藏故宫博物院。

高3.1、长5、宽2厘米。玉质白色。狮呈蹲卧状，头部较圆，面颊短小，大嘴微张，双耳内卷，胸前挂一小铃，四肢曲卧于腹下。短尾，尾端分三缕，两边缕卷向两侧，中缕较粗大，贴于背部。■

山形玉摆件　唐代陈设用玉，北京市丰台区王佐乡史思明墓出土，现藏北京市文物研究所。

高9.3、长17.7厘米。玉质青色，略带有石性，有自然黑白纹理。山形片状，正面加工成五峰山形，微有起伏，以示沟壑纵横，两边基本对称。背面平素，有磨痕。■

龙纹玉璧　唐代陈设用玉，现藏中国文物信息咨询中心。

直径7.9、厚0.6厘米。玉质青白色，局部有片状和点状黑斑。扁圆形体，以宽阴线琢刻两条互相追逐的龙，龙张口，尖吻，拱背，尾和后肢相交缠。背面平素，有三对穿孔，为缀嵌陈设观赏的玉器。■

玉善财童子　五代陈设用玉，浙江省杭州市雷峰塔地宫出土，现藏浙江省文物考古研究所。

高8.8、宽4.5厘米。玉质青白色，局部有褐色沁。人物为扁平状，头部较大，眉、眼、鼻、口及耳廓内均以阴线刻成，内穿兜肚，外着无领窄袖"米"字纹天衣，下摆飘逸。束腰，足登高靴，两脚外撇，立于祥云之上，双手叉腰，向下俯视。底座为扁方形，中有长方形插孔，

上饰九山八海纹。■

持莲玉童子 宋代陈设用玉，现藏杭州历史博物馆。

高4.1厘米。玉质褐色。童子左腿站立，右腿屈膝抬起。身着无领长衫，背面腰际环绕宽而深的内凹纹，以示腰带。面庞圆润，笑容可掬。左手持莲，右手搔首，为莲花生子的传统题材。■

玉兽 宋代陈设用玉，现藏杭州历史博物馆。

高4.9、长7.5、宽3厘米。玉质黄色。兽卧状独角，双耳下垂，须、鬃以阴线刻成，背部琢磨出大连弧脊柱，尾分三缕贴于臀部左右，爪大而尖利。■

玉神兽 宋代陈设用玉，现藏故宫博物院。

高6.5、长10.2、宽5.3厘米。玉质黄色，局部有褐色绺纹。神兽作回首状，马头，羊须，颈部有浓密的鬃毛，骆驼双峰形背脊，四脚似鹿蹄，跪弯卧地。此类题材玉器的制作年代多在宋元间。■

人物纹玉山子 宋代陈设用玉，现藏故宫博物院。

高14.9厘米。玉质青灰色，局部有褐色沁斑。通体镂空，正面雕一老者坐于松树下，手持拐杖，背靠山石，头束发髻，长髯，身着长袍，下摆飘动。背面一童子身穿长袍呈站立状，身后跟随一鹿，背景为牡丹花及山石。底有孔洞，应为座纽。■

玉熊 辽代陈设用玉，内蒙古自治区巴林右旗白音长汉窖藏出土，现藏巴林右旗博物馆。

高3.8、长6.5、宽1.5厘米。玉质白色。熊弓身伏卧，短尾长鬃，小耳尖嘴。俏色雕出鬃毛和尾毛。■

人物纹玉山子　辽金陈设用玉，现藏中国文物信息咨询中心。

高9、宽19厘米。玉质青色，有较大面积的黄色玉皮。利用玉皮色来巧雕骑鹤的仙人、跟随的童子以及茂密树林中的双鹿。此器遗留的管钻孔痕迹是典型的辽金玉器工艺特点。■

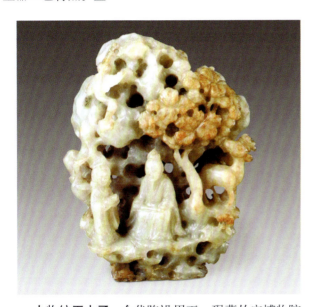

人物纹玉山子　金代陈设用玉，现藏故宫博物院。

高9.5、宽7.5、厚3.5厘米。玉质青色，留有皮色。器体一面琢一棵高大柞树下一仙人端坐其中，双手执拂尘平放于膝上，一仙女侍立于侧，手托一盘，上方有二鹤展翅翻飞。岩石下一只乌龟引头伸颈。另一面琢柞树下两只鹿一卧一立，抬头观望树上嬉戏的小猴。■

人物纹玉摆件　金元陈设用玉，现藏中国文物信息咨询中心。

高3.4、宽5.4厘米。玉质青色，利用黄色的玉皮颜色巧雕虎皮，其余部分为青玉的本色。一戴冠人物端坐于洞石之间，一虎伏卧于身旁。此器图案取材于辽景宗降虎的传说。■

玉兽　元代陈设用玉，浙江省余杭市出土，现藏余杭市文物管理委员会。

长7.1、宽3.5厘米。玉质青色，有灰白色沁。兽眼内凹，粗眉勾卷，大鼻上翘，口部平直，卷云状大耳，四肢屈卧，大爪利趾，尾分三叉，上卷贴于臀部。■

莲托玉龙　元代陈设用玉，现藏故宫博物院。

高12.6、底径6.4厘米。玉质暗青色。龙双角，粗长眉，圆眼凸起，唇部上翘，张口露齿，身饰火焰纹，挺胸翘尾。一前爪踏火珠，一前爪踏莲台，后肢屈蹲于莲台上。莲台为圆形，束腰，饰四层莲瓣纹，底为荷叶纹。底中心有两圆孔，似为嵌插孔。■

玉独角兽

元代陈设用玉，陕西省西安市未央区六村堡出土，现藏西安市文物保护考古所。

高4.8、长4、厚1.5厘米。玉质白色。独角兽呈匍行状，昂首挺胸，张口露齿，突目大鼻，垂须贴胸，双耳后抿，角端部上卷，胁后双翼舒展，大尾下垂。■

玉质容器

玉质容器分饮食器皿、妆盒、文房水具和大型贮器等。饮食器皿为杯和碗，无盖，器口作圆形、葵口形、圆角长方形、多边形等。唐代还有一种专仿金银器的玉质器皿，如唐代何家村窖藏白玉忍冬纹八曲长杯、玛瑙长杯、水晶八曲长杯等，皆是中西文化交流的产物。妆盒是妇女专用盛放脂粉的器皿，带盖，可开启。形体小巧，装饰精美，如西安唐宫城遗址鸳鸯花卉玉盒、辽陈国公主墓鱼形玉盒、乌古伦窝伦墓花卉纹圆盒等。文房水具是洗笔的盛水器皿，较浅，如元代钱裕墓青玉桃形洗。大型贮器是专用来贮藏酒类的容器，如元代的渎山大玉海。

金釦玉杯 隋代玉质容器，陕西省西安市李静训墓出土，现藏中国国家博物馆。

高4.1、口径5.6、底径2.9、金釦宽0.6厘米。玉质白色。杯作大口平唇，深腹，腹向下收敛，底为实足平底。口部内外包镶金片。■

忍冬纹玉杯 唐代玉质容器，陕西省西安市南郊何家村窖藏出土，现藏陕西历史博物馆。

高3.8、口长径10.2、口短径5.5、壁厚0.15厘米。玉质白色。造型为八曲长椭圆形，深腹，圈足，外壁雕琢尖叶忍冬卷草纹。此器形制与波斯萨珊银器相同，是中西文化结合的产物。■

羚羊首形玛瑙杯 唐代玉质容器，陕西省西安市南郊何家村窖藏出土，现藏陕西历史博物馆。

高6.5、长15.5、口径5.9厘米。玛瑙质酱红地缠橙黄夹乳白缟带。造型为弯角形杯，杯口圆形，口沿下有两周凸弦纹，杯身下端雕琢成羚羊头，头上有两只弯曲的羚羊角。羊眼圆睁，眼球外凸，双耳后抿，口鼻端装有笼嘴形金帽，可以卸下。内部有流与杯腔相通，可用之饮酒。■

玛瑙杯 唐代玉质容器，陕西省西安市南郊何家村窖藏出土，现藏陕西历史博物馆。

高3.7、长13.5、宽6.6厘米。玛瑙质深褐色夹乳白缟带及缠丝等多种纹理。杯体为长椭圆形，口沿微敛，腹部外鼓，下端内收，杯腔内底光滑，外底有圈足。此杯可能为研药之用器。■

莲瓣形水晶杯 唐代玉质容器，陕西省西安市南郊何家村窖藏出土，现藏陕西历史博物馆。

高2.5、口长径9.6、口短径6厘米。水晶质透明无色。器形呈八曲莲瓣形，每曲凹凸分明，器表光素无纹。■

云纹玉杯 唐代玉质容器，现藏故宫博物院。

高5.7、宽19.9厘米。玉质青白色，局部有黄褐色沁斑。通体浅浮雕卷云纹，杯口椭圆形，平底，杯内光素无纹。杯把手浅浮雕镂空云朵状纹饰。■

海棠花形玉杯 唐代玉质容器，现藏故宫博物院。

高4.3、长17.6、宽12.2厘米。玉质青色，有瑕斑和褐色沁。杯口为海棠花形，扁腹，腹内有凸起的两道棱线，将其分为三瓣瓜棱形，口沿一侧为一扁片形柄，柄中部有一孔。■

玉杯 唐代玉质容器，现藏故宫博物院。

高3.1、口长径6.9、口短径5、足径2.7～4.4厘米。玉质白色，微带褐斑。杯椭圆形，直口，腹下部内收，椭圆形足，通体光素无纹。杯耳单环形，耳上部饰花瓣纹。■

莲花纹玉杯 唐代玉质容器，现藏故宫博物院。

高6.5、口径7.9、足径4.45厘米。玉质白色，有横向裂纹和褐色沁斑。圆口，口外沿阴刻连珠纹，腹部隐起双层莲花瓣。底有外撇的圈足，足底中心稍向内凹。■

鸳鸯花卉纹玉盒 唐代玉质容器，陕西省西安市唐宫城遗址出土，现藏西安市文物保护考古所。

高1.4、长4.5、宽3.5厘米。玉质青色，侵蚀成灰褐色。方形委角，子母口，盒内抛光。盒盖盒身均剔地雕出花卉和枝叶，顶端凸出部分各镂雕一对嬉戏的鸳鸯，并作为盒的把手。盒盖盒身下端侧面中部嵌金环纽，以便开启玉盒。■

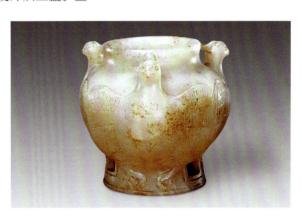

三鸠玉罐 唐代玉质容器，现藏故宫博物院。

高6.8、宽8厘米。玉质青白色，局部有褐色沁斑。罐体圆形，卷沿鼓腹，圈足，足部两边各有一长方形孔。罐肩部有对称的三只鸠鸟，鸠首圆雕，小圆眼，嘴微张，翅膀展开。古代视鸠为"不噎之鸟"，以此寓意老者长寿。■

龙柄玉杯 宋代玉质容器，现藏故宫博物院。

柄高5、口径6～7.7厘米。玉质青色，有沁色。长方八折角形，平底，杯体光素无纹。凸雕龙首柄，龙唇上翘，口含珠，粗眉大眼，颈下阴刻横道节状纹。■

荷叶形玉杯 宋代玉质容器，浙江省衢州市史绳祖墓出土，现藏衢州市博物馆。

高3、口径9.8～11.5厘米。玉质白色。俯视呈两片张开的荷叶，大叶为杯身，小叶覆盖把柄。大叶背面有盛开的荷花和荷叶。镂雕卷曲的茎为杯足和把手。通体阴刻叶脉。■

玛瑙杯 宋代玉质容器，安徽省休宁县朱晞颜墓出土，现藏安徽省博物馆。

高2.5、口径9.8厘米。玛瑙质褐色透明。杯敞口，浅腹，薄壁，小平底。口沿一侧雕新月形耳，耳下镂雕一环形柄。■

龙柄玉杯 宋代玉质容器，现藏故宫博物院。

高2.9、口径11.5、底径6.9厘米。玉质经火烧呈鸡骨白色。扁圆形，直口，平底，杯体光素无纹。杯底中心凸雕火焰珠。新月形杯耳，其上凸雕一行龙，呈戏宝珠状。耳下部为半环形，套一活环。■

龙柄玉杯 宋代玉质容器，现藏故宫博物院。

高7.3、口径14、足径7厘米。玉质白色，有黄色沁斑。杯口、足作花形，龙柄，鼓腹。口沿饰弦纹、斜线纹和云纹，腹部花瓣式六开光，开光内浅浮雕姿态各异的夔龙纹。■

金钿玛瑙碗 宋代玉质容器，安徽省来安县相官乡宋墓出土，现藏安徽省博物馆。

高5.9、口径13.2厘米。玛瑙质褐色透明。碗圆形，直口，腹下收，平底，镶金口。器表光素无纹。■

玉碗 宋代玉质容器，安徽省休宁县朱晞颜墓出土，现藏安徽省博物馆。

高5.8、口径10.2厘米。玉质青灰色，局部有淡黄色沁斑。口沿外撇，深腹，底有圈足。通体光素无纹。■

鹿纹玉洗 宋代玉质容器，现藏故宫博物院。

高6.4、口径10.7～14.5厘米。玉质白色，有深褐色旧色，局部经火烧有黑褐色沁斑。体呈椭圆形，内底部凸雕十一朵如意头式云纹。碗外沿刻山水纹，腹部浅浮雕形态各异的鹿，口衔灵芝草，行走于云海之间。■

鸳鸯柄玉盒 宋代玉质容器，北京市密云县清乾隆皇子墓出土，现藏首都博物馆。

通高9.5、盒径7厘米。玉质白色，局部有侵蚀的黄色绺纹。圆形盒一侧圆雕一对鸳鸯，口、胸部相连。以细阴线刻出冠、眼、羽毛。盒为子母口，打开后将鸳鸯一剖为二，分为两对鸳鸯。■

凤纹玉盒 宋代玉质容器，河北省定州市静志寺塔基地宫出土，现藏定州市博物馆。

高1.6、长5.2厘米。玉质白色。椭圆形，盒盖上浅浮雕双凤，展翅衔一大花篮，盒下侧面微向内凹。盒底面阴刻"千秋万岁"。■

莲花云纹玉盒 宋代玉质容器，现藏中国文物信息咨询中心。

高5.1、直径10厘米。玉质青白色。盒呈圆形，盖顶边沿雕琢四组对称的飘带状长尾云头纹。盒底为一周莲纹，盒的盖沿、底沿呈子母口。■

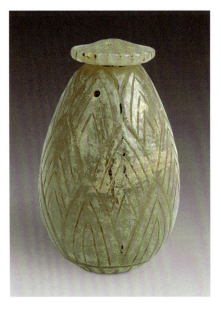

莲苞形玉瓶 宋代玉质容器，浙江省衢州市史绳祖墓出土，现藏衢州市博物馆。

通高6.3厘米。玉质青色。器为莲苞形，由盖和瓶组成。瓶体内空，表面饰鱼鳞纹，平底，底饰菊瓣纹。盖呈蘑菇状，刻菊瓣纹，下有榫柄，可插入瓶口。瓶口两侧及盖面各钻两孔，可穿线提挂。出土时瓶内有红色粉末。■

莲花纹玉杯 辽代玉质容器，辽宁省阜新市塔营子出土，现藏辽宁省博物馆。

高3.5、口径6.1厘米。玉质白色。杯口稍外翻，腹部雕琢细线花纹，上部为水波纹，下部为两层莲纹。圈足外撇，器壁较薄。■

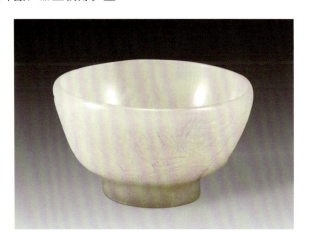

云龙纹玉杯 辽代玉质容器，辽宁省阜新市出土，现藏辽宁省博物馆。

高3.4、口径6.2厘米。玉质白色。直口，腹部雕刻云龙纹，龙作翻腾状，张口露齿，追逐宝珠。底部有圈足。■

鹿纹玉杯 辽代玉质容器，现藏故宫博物院。

高5.8、通宽16.6厘米。玉质青色，局部有褐色沁斑。呈八角形，双耳镂雕螭纹，耳顶作圭形。杯体六面开光，内雕琢跪卧状长角鹿，底纹为蔓草纹，鹿下饰如意形云头纹。■

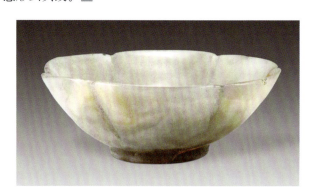

花形玛瑙碗 辽代玉质容器，辽宁省阜新市清河门出土，现藏辽宁省博物馆。

高5.4、口径14.4厘米。玛瑙质白色夹黄丝纹。碗口为六曲花形，敞口，斜弧腹。整器光素无纹，底部有圈足。■

鱼形玉盒　辽代玉质容器，内蒙古自治区奈曼旗陈国公主墓出土，现藏内蒙古自治区文物考古研究所。

通长23.5厘米。玉质白色。玉盒整体呈鱼形，中剖为两半，以子母口相扣合。鱼尾部镶金扣，可开合。鱼嘴下部包金。鱼眼有穿孔，用细金丝穿缀玉饰、琥珀珠、绿松石等。■

螺形玉盒　辽代玉质容器，内蒙古自治区奈曼旗陈国公主墓出土，现藏内蒙古自治区文物考古研究所。

通长23厘米。玉质白色。玉盒作螺形，腹部凿空，上附盖，用细银丝固定。银丝上穿系玉环、玻璃珠和绿松石珠。■

竹节纹玉盒　辽代玉质容器，辽宁省阜新市塔营子出土，现藏辽宁省博物馆。

高17、直径4.4厘米。玉质白色。作竹节式圆筒形盒。盒共六节，最上节为盖，下五节为盒身，两侧有贯耳，以金链穿系。金链下端各镶一蓝玻璃茄形坠，并包叶状金片。■

花卉纹玉盒　金代玉质容器，北京市丰台区乌古伦窝伦墓出土，现藏首都博物馆。

9件，最大高2.1、径4.7厘米；最小高1.8、径4厘米。岫岩玉质。盒为子母口，直壁平底。盖面阴线刻弦纹三道，内各刻一朵花卉。其中三个盒内残留块状物。■

花卉孔雀纹玉盒　金代玉质容器，北京市丰台区乌古伦窝伦墓出土，现藏首都博物馆。

通高15.5、直径12.8厘米。玉质黄绿色。整体呈圆柱形，直壁，共四层，层与层之间以子母口相套合。盖面及外壁阴刻孔雀纹、叶纹、牡丹花纹等。■

龙耳玉杯　元代玉质容器，现藏杭州历史博物馆。

高7、口径8.4、底径3.9厘米。玉质青色。杯直口，弧腹。双耳各为一条攀附于杯口的螭龙，长尾卷于杯壁上，以浮雕手法表现。■

人耳礼乐纹玉杯　元代玉质容器，现藏故宫博物院。

　　通高7.5、口径10.8、底径4.5厘米。玉质白色，随绺纹有黄褐色沁。杯圆形，双耳，内壁琢云朵三十二朵。口沿外阴刻圆圈二十个，腹部凸雕持乐器之女伎乐人五个及一只衔灵芝鹿。杯耳为脚踏云朵的仙女。■

火焰抱珠柄玉杯　元代玉质容器，现藏故宫博物院。

　　通宽18厘米。玉质青白色，局部有黄色绺纹和条状沁斑。杯口为圆形，平底。器柄作三角形，饰火焰环抱宝珠纹，下部有环耳。■

雁柄鸳鸯纹玉杯　元代玉质容器，现藏故宫博物院。

　　高6.5、口径4.5～7.4厘米。玉质青色，有沁色。杯体上粗下细，杯口椭圆形，杯身饰荷叶、荷花、鸳鸯，下部为水波纹，平底，底部琢水波卷成的漩涡。杯下部右侧有雁首式杯柄，作曲颈回首状，头前部连接玉杯。■

山茶花形玉杯　元代玉质容器，现藏故宫博物院。

　　高3.75、口径6.4～6.9厘米。玉质白色，有人为的褐色沁。杯口作五瓣花形，口沿带小凸齿。杯内阴刻五瓣花纹，中心有一圆柱形花蕊，顶端阴刻网纹。杯外侧镂雕莲花枝为器柄。■

蟠螭灵芝纹耳玉杯　元代玉质容器，现藏故宫博物院。

　　高4.6、口径9.6、底径5.6厘米。玉质青色，大部分有腻子沁。杯体和底足作十方形，口沿下饰凸弦纹，杯体光素。半圆形夔式耳，下部有尾，外翘。杯耳上部纹饰为蟠螭纹和灵芝纹。■

龙柄玉杯　元代玉质容器，现藏故宫博物院。

　　高4.9、口径13.9、底径10厘米。玉质青白色。杯圆形，直口，平底，厚壁。外壁浮雕双龙纹，龙细长颈，长发后飘，四足短粗，作回首状。右侧有一龙首柄，头顶有角，长发下垂，目视前方。■

葵花形玉杯　元代玉质容器，现藏故宫博物院。

高5.1、口径8.5厘米。玉质白色，经火烧局部焦黑。杯为六瓣葵花式，内壁琢秋葵纹，底部凸起五瓣状花朵。外壁饰葵花瓣，花瓣上饰细阴线。一侧镂雕缠绕枝叶为柄，杯底有葵叶状足。■

桃形玉洗　元代玉质容器，江苏省无锡市钱裕墓出土，现藏无锡市博物馆。

长11、宽6厘米。玉质青色。玉洗为半桃形，杯柄为镂雕的桃枝、桃叶，枝叶蔓延至玉洗底部，起到平稳的作用。■

渎山大玉海　元代玉质容器，现藏北京市北海公园管理处。

高62、直径150、周长493厘米。重3500公斤。玉质墨色，杂以白瑕。呈椭圆形，外壁浮雕海龙、海马、海鹿等海兽，出没于波涛、江崖之中，内壁琢磨圆滑。因玉石产于渎山，故名渎山大玉海，俗称玉瓮。清乾隆时期于内壁上刻乾隆颂玉瓮诗三首及序文。■

玉质用具

玉质用具是指日常生活中的玉质器物，种类多样，时代特征明显。唐、宋时期有用于进食的玉匙、驱除杂味的狮形香熏、文房用具中的兔纽镇纸和笔山等，而唐代大明宫遗址出土的玉鹰和曲池遗址出土的玉龙首，以及宋代的青玉龙首饰，可能是皇家出行工具上的构件。辽代陈国公主墓的玉臂鞲和玉柄银刺鹅锥则体现了草原民族游牧渔猎的生活习俗。元代富有特色的玉用具是各式带钩、炉顶和玉押。

玉匙　唐代玉质用具，陕西省礼泉县唐李福墓出土，现藏昭陵博物馆。

匙长6.2、宽3.3、柄残长6.5厘米。玉质白色。匙面略呈椭圆形，前端略尖，柄部分为两段，前粗后细，中间有分界。通体抛磨，光素无纹。■

玉匙　唐代玉质用具，现藏故宫博物院。

长20厘米。玉质青绿色，局部有土沁痕迹。匙柄细长，顶端回卷成钩状，勺部凹进较深。通体光素无纹。■

狮形汉白石香熏　唐代玉质用具，陕西省西安市西郊三印厂唐墓出土，现藏西安市文物保护考古所。

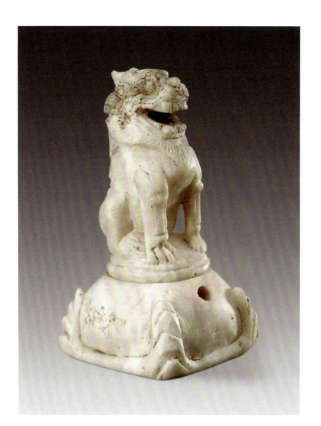

通高12.8、狮高9、底座上口直径4.8、下底直径7厘米。汉白石质。狮作蹲姿，张口露齿，从口中至腹下有一透孔。熏体呈平底深腹敛口盒状，正面亦钻一孔。整体抛磨光滑。■

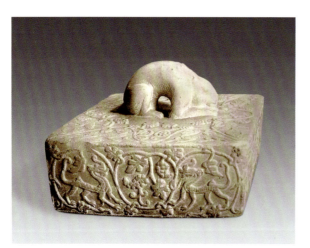

龙凤纹兔纽汉白玉镇　唐代玉质用具，陕西省西安市唐兴庆宫遗址出土，现藏西安碑林博物馆。

通高7.5、通长13厘米。汉白玉质。体呈扁长方形，镇体侧面浮雕龙纹、凤纹及蔓草纹，其上雕琢一伏卧状的兔纽。■

玉鹰　唐代玉质用具，陕西省西安市唐大明宫遗址出土，现藏西安市文物保护考古所。

高5、长11、宽6厘米。玉质青色。近似长方体，雕出鹰首和前半身。鹰圆目尖喙，以砣具碾琢出眼下颈部凹槽及背身翅膀羽毛。后端平齐，正中钻一大孔，背部钻五个圆孔。此器可能是皇家步辇或马车上的构件。■

玉龙首　唐代玉质用具，陕西省西安市南郊唐曲池遗址出土，现藏西安市文物保护考古所。

长18、宽7.5、厚10.2厘米。玉质青色。龙首巨目外凸，粗眉上卷，长吻高翘，张口露齿，头顶后伏平行的双角。后端平齐，内有近似长方形凹槽，在龙头顶双角之间钻一圆孔，与凹槽相通。此器可能是皇室步辇或游船上的构件。■

玉龙首　宋代玉质用具，现藏天津博物馆。

长17.4、宽9.8厘米。玉质青色。龙首吻部上卷，张口衔珠，凸眼粗眉，头顶有双角，头后有披鬣，颈部内空，其壁有穿孔，外表饰鳞纹。此器可能是皇家车舆上的装饰构件。■

"政和通宝"玉币 宋代玉质用具，北京市房山区长沟峪金墓出土，现藏首都博物馆。

直径2.8厘米。玉质白色。方孔圆钱式，阴刻楷体"政和通宝"四字，两面钱文相同。"政"字上方有一小孔。■

通高3.1、兽纽高2、底边长3.2厘米。玉质白色。兽呈伏卧状，阴刻其口、目、耳、腿和尾，腹下镂空，纵向有穿孔。■

海涛纹玉笔山 宋代玉质用具，浙江省衢州市史绳祖墓出土，现藏衢州市博物馆。

高2.3、长10.5、宽1.1厘米。玉质青色。器为长方形，上部挖有三个直径1.8厘米的凹形搁笔孔。器身两侧阴刻海涛纹。■

兔形玉镇 宋代玉质用具，浙江省衢州市史绳祖墓出土，现藏衢州市博物馆。

高3.6、长6.7、宽2.6厘米。玉质白色。兔作伏卧状，双目前视，阴刻爪、耳、须、目和尾，四足间饰毛纹。器底平直。■

水晶笔山 宋代玉质用具，浙江省衢州市史绳祖墓出土，现藏衢州市博物馆。

高6、长13、宽2.1厘米。水晶质透明无色。器为整块水晶琢成，作五峰形，峰顶呈扁圆锥形，峰间凹处可搁笔。■

兽纽玉印 宋代玉质用具，浙江省衢州市史绳祖墓出土，现藏衢州市博物馆。

玉臂鞲 辽代玉质用具，内蒙古自治区奈曼旗陈国公主墓出土，现藏于内蒙古自治区文物考古研究所。

长9、宽3.4、厚0.35厘米。玉质白色，有白沁。呈椭圆形片状，正面略弧，背凹。两侧各有一个椭圆形穿孔，各穿系两条金链。此器是契丹贵族游猎时起架鹰防护作用的器具。■

玉柄银锥

辽代玉质用具，内蒙古自治区奈曼旗陈国公主墓出土，现藏内蒙古自治区文物考古研究所。

通长17.8厘米。锥柄玉质青白色，圆柱形，银锥体末端嵌入玉柄中。此为契丹贵族春季"捺钵"时专用于刺鹅的器具。■

炭灰或温水，用作暖砚。■

玉砚　辽代玉质用具，内蒙古自治区奈曼旗陈国公主墓出土，现藏内蒙古自治区文物考古研究所。

长12、宽7.1、厚2.6、足高0.8厘米。玉质青白色。器体俯视如"风"字形，前端平齐，后端呈弧状，墨池坡形向后倾斜，底面平整光滑并附两个钉足。此器造型是北宋、辽代常见的样式。■

花卉纹玉暖砚　元代玉质用具，北京市丰台区南苑出土，现藏首都博物馆。

通高14.6、长6.2、宽6.2厘米。玉质为黄绿色岫岩玉。砚为正方形，由砚盖、砚、砚底三部分套合组成。砚盖上浮雕四层莲瓣纹，顶端为花蕊，四周镂雕几何纹。砚上有长方形砚池，四周镂雕菊花、牡丹花纹。砚底为束腰式方案形，下有四个蹄形足，正中有方形空间，可容

螭龙纹玉带钩　元代玉质用具，现藏首都博物馆。

长15.5、宽4.6厘米。玉质青白色，局部有黄色沁。龙首为钩形，嘴部平齐露齿，浓眉凸眼。琵琶形钩体上浮雕一螭虎，口衔瑞草，毛发后飘，关节部位阴刻细小的毛发。长方形钩纽。此器造型寓意"苍龙教子"。■

莲花纹玉带钩　元代玉质用具，江苏省无锡市钱裕墓出土，现藏无锡市博物馆。

长7.4、宽2厘米。玉质白色，有浅褐色沁。钩首为莲苞形，阴刻莲纹。钩体呈琵琶形，正面镂雕莲花及水藻纹。钩纽作桥形，并有一长方形穿孔。此器式样较为罕见。■

螭龙纹玉带钩　元代玉质用具，陕西省西安市小寨南乡出土，现藏西安市文物保护考古所。

长12厘米。玉质白色。钩首为龙首，凸眼粗眉，张口露齿。钩体呈琵琶形，表面浮雕一爬行的小螭龙，头与钩首的龙首相对，其周围饰云朵纹，寓意"苍龙教子"。■

螭纹连环玉带环　元代玉质用具，现藏故宫博物院。

通长12、宽5.1、厚2.1厘米。玉质青白色，略有沁色，以籽料雕成。器为由一方环连接的两块方形带饰组成。方环上浮雕灵芝纹，右侧带饰中心有一孔供勾扣，四周浮雕一首尾相连的螭虎；左侧带饰浮雕一口衔灵芝的螭虎，背面有圆形纽，可接束带。■

莲鹭纹玉炉顶　元代玉质用具，北京市元大都遗址出土，现藏首都博物馆。

高3.5、宽3.7厘米。玉质青白色，略有沁色。多层透雕鹭鸶衔莲纹、宽大的荷叶和茨菰，阴线饰叶脉。平底，两侧有两组对穿孔。■

"秋山"图玉炉顶　元代玉质用具，上海市松江区西林塔地宫出土，现藏上海市文物管理委员会。

高3、底径2～2.9厘米。玉质青色。器作圆柱体，图案为一对雄雌鹿站立于柞树丛中。鹿作回首状，三角眼，削竹形耳。柞树叶瓣茂密，其下生灵芝。底座平整，有透孔，可穿结。此器雕刻工艺较粗涩，枝梗林立、叶瓣交错的构图具有典型的元代风格。■

螭纹玉炉顶　元代玉质用具，上海市松江区西林塔地宫出土，现藏上海市文物管理委员会。

高3.1、底径3～4.4厘米。玉质青色。造型为双螭抱石。螭作伏卧状，螭首为鸡心形，猫耳，耳尖下耷，头额微鼓，丹凤眼，直鼻梁，口衔灵芝。长发飘于背上，关节部位有火焰状飘毛，双阴线勾勒出脊柱线。器底有两对穿孔，作镶嵌或结扎之用。此器的螭虎造型具有明显的元代特点。■

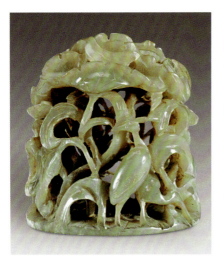

莲鹭纹玉炉顶 元代玉质用具，上海市青浦区任明墓出土，现藏上海市文物管理委员会。

高4.6、底径3.8～4.6厘米。玉质青色。整体多层镂雕，顶部装饰两片莲叶，一叶舒张，另一叶微合。下部是由苇叶和水草穿插交织的镂雕立面，姿态各异的鹭鸶栖息其中。器底椭圆形，有四个透孔。■

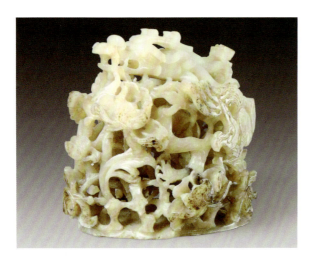

龙穿牡丹纹玉炉顶 元代玉质用具，现藏故宫博物院。

高7.5、底径7厘米。玉质青白色，局部留有黄褐色玉皮痕迹。略作凸弧的圆柱体，通体镂雕一龙穿牡丹花纹。龙首有双角，张口露齿，游动于花丛中，牡丹花枝叶繁茂。此器为元代典型俏色作品。■

虎纽玉押 元代玉质用具，安徽省安庆市范文虎墓出土，现藏安徽省博物馆。

通高2.7、边长3.5厘米。玉质

青色，局部有黄褐色沁斑。纽为浮雕的卧虎，身下有一横孔。面上有剔地阳文画押。押是元代文书契约上签字或代替签字的符号。■

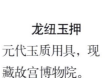

龙纽玉押 元代玉质用具，现藏故宫博物院。

通高4、长5.8、宽5厘米。玉质白色，略有沁色。纽为龙形，四足伏地，躬身低头，长发后披，尾为三歧。面有阳文画押。■

牧马人玉镇 元代玉质用具，现藏故宫博物院。

高5.6、长11.6、宽5.1厘米。玉质青灰色。马作回首跪卧状，其侧为一头戴圆缘尖顶橄榄形帽的牧马人，身着长袍，圆眼，高鼻梁，腮留短须，手拉缰绳，有草原民族的特点。■

玉犬 元代玉质用具,上海市宝山区朱守城墓出土,现藏上海市文物管理委员会。

长6.2厘米。玉质白色。圆雕一犬,作伏卧状,镶嵌在木质镇尺上。犬头部狭长,尖嘴耷耳,小凹眼。身体腹部阴刻三条肋骨线。两前肢交搭于嘴下。后腿作曲卧式,尾下垂。此为文房用品,是当时文人的雅赏之物。■

佛教用玉

佛教用玉在这一时期较为盛行,分佩饰、造像、舍利和经文勒子等。佩饰为玉飞天,平雕,便于佩戴,流行于唐代和辽代。造像有菩萨、观音、佛像等,有些形体较小的观音像下面附有插榫,应是嵌插在其他器物上使用的,如唐代咸通十年玉观音像和五代雷峰塔地宫玉观音像。玉舍利见于唐代法门寺地宫玉佛指舍利,同出的还有盛放舍利的壸门座玉棺、水晶椁子和水晶枕等。

玉飞天 唐代佛教用玉,现藏故宫博物院。

长7.1、宽3.9、厚0.7厘米。玉质青色,局部有浅黄色沁斑。扁平状,镂雕一飞天,身着长裙,肩披飘带,赤足,下托祥云,作飞舞造型。玉飞天是唐、辽代特有的玉器种类。■

玉飞天 唐代佛教用玉,现藏故宫博物院。

长7.1、宽4厘米。玉质白色,局部有褐色沁斑。扁平片状,镂雕一天女形象,短发,裸上身,下着裙,赤足。右手执莲花于耳侧,左手托一珠,一长飘带自肩绕于脑后,腹下有三朵祥云。■

玉佛指舍利 唐代佛教用玉,陕西省扶风县法门寺地宫出土,现藏陕西历史博物馆。

高4.2、上端径1.4、下端径2～2.2厘米。玉质灰白色,内壁呈暗黄色。为仿灵骨而琢制的影骨,装置于由铁函套放的鎏金银棺中。■

玉棺　唐代佛教用玉，陕西省扶风县法门寺地宫出土，现藏法门寺博物馆。

　　高4.8、长6.5、前档宽3.5、后档宽2.7厘米。重95克。玉质白色。形状如木棺，由盖、室、座三部分组成，棺座和棺床呈一体，棺床两侧均镂空三个壶门，前端镂空两个壶门，后端镂空一个壶门。棺体和棺床四角均钻有一孔，可插榫铆合。■

　　水晶椁　唐代佛教用玉，陕西省扶风县法门寺地宫出土，现藏法门寺博物馆。

　　高7、长10.5、前档宽5.5、后档宽4.5厘米。重437克。水晶质透明。形状如木棺，由盖、室、座三部分组成，椁盖顶粘有黄、蓝宝石，前档贴有石榴状金花。■

　　水晶枕　唐代佛教用玉，陕西省扶风县法门寺地宫出土，现藏法门寺博物馆。

　　高9.8、长12、宽7厘米。重1820克。水晶质无色透明。呈上大下小的马鞍桥形，枕面略有侵蚀，底部平整。此枕为唐僖宗所赐佛之卧具。■

　　汉白石菩萨像　唐代佛教用玉，陕西省西安市东关景龙池庙出土，现藏西安碑林博物馆。

　　高73厘米。汉白石质。菩萨头戴宝冠，高发髻，手持莲蕾，身披璎珞，肩绕飘带，臂戴钏，腕戴镯，双腿盘坐于莲花座上。■

　　玉观音像　唐代佛教用玉，现藏杭州历史博物馆。

　　高4.2、宽2.3厘米。玉质灰中略带黄色。观音立于方座上，方座三面阴刻"七月十五日立"六字，头顶及两袖处有穿孔，背后有背光。背面刻有三列文字："咸通十年造观音像，合邑子廿八人，孝父母回缴众生，咸同斯福，供成正觉。"■

玉观音像 五代佛教用玉，浙江省杭州市雷峰塔地宫出土，现藏浙江省文物考古研究所。

高4厘米。玉质白色。观音面部阴刻出五官，头戴宝冠，身着天衣，结跏趺坐于如意云头上。▪

"宣和"经文玉勒子 宋代佛教用玉，现藏首都博物馆。

高5.8、直径1.4厘米。玉质白色。呈八角管形，中通圆孔，两端口部有凹槽。通体各面用双勾阴文刻出楷书体《般若波罗蜜多心经》16行292字，刻"皇宋宣和元年冬十月修内司玉作所虔制"款。▪

玉菩萨头像 宋代佛教用玉，浙江省杭州市见仁里出土，现藏杭州历史博物馆。

高29厘米。玉质碧色，有白色沁斑。头像用一整块玉雕成，菩萨高束发髻，饰宝相花，颈底部有卯孔，可嵌插。▪

玉罗汉像 宋代佛教用玉，上海市松江区西林塔地宫出土，现藏上海市文物管理委员会。

高9.5厘米。玉质青色，背部有褐色沁斑。罗汉头顶有螺髻，额部有圆凸和皱纹，减地浮雕双眉和眼珠。鼻梁高直，颧骨凸起，口微张，双耳大而垂，上有穿孔。身着袒右肩袈裟，佩臂钏、手镯和足钏，作合掌恭敬状。▪

玉飞天 辽代佛教用玉，内蒙古自治区翁牛特旗解放营子辽墓出土，现藏赤峰市博物馆。

长5.2厘米。玉质青白色。扁平片状，透雕，略作三角形。飞天头戴平顶帽，身着短袖衣，长腿裤，肩绕飘带，作飞翔状，身下饰飘浮的云朵。■

玉飞天 辽代佛教用玉，辽宁省喀左县白塔子辽墓出土，现藏辽宁省博物馆。

2件，均长4.6、宽3.5厘米。玉质白色。飞天俯身挺胸昂首，双掌合于胸前，肩披飘带，脚向后伸，身下有浮云。臂、腕戴钏，腰系丝带，从头顶向后弯曲伸出一角状物。■

土，现藏杭州历史博物馆。

直径13.78、孔径4.2、厚1.35厘米。玉质青色。正面浮雕三只爬行的螭虎。背面内区饰涡纹，外区饰细网格纹，中饰四个花结。纹饰图案为仿汉代玉器风格。■

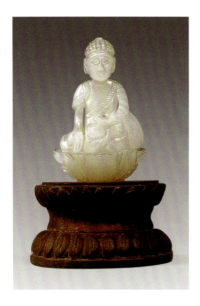

玉药师佛像 元代佛教用玉，现藏浙江省杭州市灵隐寺。

高5厘米。玉质白色。药师佛结跏趺坐，左手置于腹前，右手结施与印。肉髻螺发，身着袈裟。佛坐为仰莲式，莲座中部阴刻细密的网格纹。

勾连云纹玉剑珌 宋代仿古玉，现藏杭州传统工艺馆。

长5、宽4.7厘米。玉质青色，带暗红色沁。双面饰几何形勾连云纹，有一上下贯通的穿孔，为仿汉玉剑饰。■

仿古玉

仿古玉是宋代以来出现的新品种，分为仿古玉器和仿古青铜器玉器两类。仿古玉器有宋代法云弄仿汉青玉三螭璧、元代西林塔地宫出土仿汉灰白玉螭纹璜和青玉兽面纹珌等。仿古青铜器玉器有宋代朱晞颜墓出土青玉兽面纹卣和元代范文虎墓出土白玉贯耳盖瓶，以及传世的青玉兽耳云龙纹炉和青玉龙纹双耳活环樽等。

螭纹玉璧 宋代仿古玉，浙江省杭州市法云弄出

兽面纹玉卣　宋代仿古玉，安徽省休宁县朱晞颜墓出土，现藏安徽省博物馆。

通高6.4、孔径3～3.2厘米。玉质青灰色，局部有黄褐色沁斑。体扁圆，直口，鼓腹，圈足。颈部对称镂雕方形带穿，耳下雕刻昂首曲身的螭龙。两侧腹部剔地琢刻兽面纹。此器为仿商周青铜器之作。■

卷云纹玉璧　宋代仿古玉，上海市松江区西林塔地宫出土，现藏上海市文物管理委员会。

直径8.3厘米。玉质青色。璧内外有边廓线，璧面浅浮雕双行弧背卷云纹，排列整齐，底子处理不平整。另一面为蒲纹，线条排列不齐，纹饰大小不一。卷云纹和蒲纹是汉代流行的纹饰，在宋代亦是一种流行的仿古纹样。■

兽耳云龙纹玉炉
宋代仿古玉，现藏故宫博物院。

高7.9、口径12.9厘米。玉料经火烧后呈青灰色。体呈圆形，敞口，鼓腹，圈足。腹部浮雕加阴刻饰二组海水云龙纹，两侧各镂雕一兽首吞流耳。此器为仿商周青铜器之作，内底刻有清乾隆御题诗一首。■

螭纹玉璲　元代仿古玉，上海市松江区西林塔地宫出土，现藏上海市文物管理委员会。

长6.2、宽2.7、厚1.7厘米。玉质灰白色，带红色玉皮。璲面两端卷沿，浮雕一匍匐状螭虎。螭首圆脸、圆眼，双阴线勾眉，双耳下耷。肩部有火焰状飘毛。璲的另一面为长方形穿孔。此器为仿汉玉剑饰。■

兽面纹玉珌　元代仿古玉，上海市松江区西林塔地宫出土，现藏上海市文物管理委员会。

长3.8厘米。玉质青色。珌平面呈梯形，中腰略收，横截面近似橄榄形，中有椭圆形穿孔。两面均浮雕兽面纹。此器为仿汉玉剑饰。■

玉瓶 元代仿古玉，安徽省安庆市范文虎墓出土，现藏安徽省博物馆。

通高7.1、口径2.7～3.2厘米。玉质白色。体扁圆，有盖，盖面浅浮雕螭虎纹，有两圆穿孔。瓶颈部饰双贯耳，鼓腹，圈足，口腹之间有四圈弦纹。此器为仿商周青铜器之作。■

龙纹玉樽 元代仿古玉，现藏故宫博物院。

高22.9、口径6.4～8.2、底径6.8～9.9厘米。玉质青灰色，有绺纹。直颈阔腹，长方形口，圈足。颈部浮雕云龙纹，两侧有双兽活环耳。腹部饰回纹锦地及四组重环纹。此器为仿商周青铜器之作，是罕见的元代立体玉雕陈设品。■

纹 饰

胡人伎乐纹 唐代玉器装饰纹样，以阴刻线和剔地浅浮雕表现，图案分两种，一种为胡人盘腿而坐，吹奏各种乐器或和唱；另一种为胡人舞蹈于圆毯之上。常装饰于玉带銙等带饰上。■

唐代云纹

宋代云纹

云纹 唐宋玉器装饰纹样，以剔地浅浮雕或透雕表现。唐代云纹图案有两类，一类为多齿骨朵云，云头似"凸"字形团状，其后有一条须状云尾；另一类一条似"品"字形，其后亦带云尾。宋代云纹图案有三类，第一类带"S"形云尾，是经唐代云纹演变而来，但云头略有变化，或呈有齿的团状，或为卷向两侧的旋状；第二类为灵芝式云，整体近似腰圆形，边沿或有齿；第三类为如意形垂云，云头似如意，多个组成图案，无云尾。常装饰于玉佩饰和器皿上。■

鸟纹 唐宋玉器装饰纹样，以阴刻线、剔地浅浮雕、高浮雕或透雕表现。唐代鸟的眼睛呈三角形，翅宽而短，翅尖前翘或指向身后，翅上有细长的阴刻饰

唐代鸟纹

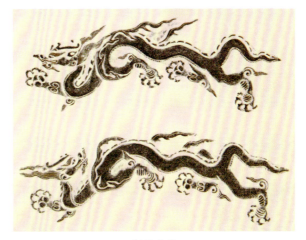

宋元龙纹

龙纹 唐至元代玉器装饰纹样，以阴刻线、剔地浅浮雕、高浮雕或透雕表现，龙形一般头长而细窄，上颚长而尖，唇部略翘，眼形细长，有飘发，龙身似蛇身，鳞纹多呈网格状，龙身龙尾近似于蛇尾，龙爪三趾或四趾。龙的周围往往有云纹和花草纹作衬底。常装饰于玉佩饰和器皿上。■

宋代鸟纹

线，尾则如同花叶的排列。宋代鸟纹中常见衔花绶带鸟、大雁和孔雀。绶带鸟眼为圆坑形或阴线三角形，翅则以一折翅，一伸翅最常见；大雁为细颈，昂首，展翅，翅略向背上方伸展，翅上有前后两排阴线纹表示羽；孔雀眼为阴刻小坑，尾翎仅数枝，其上多以半月形坑洞配以边沿的细阴线表示孔洞，翅上以细阴线为羽。常装饰于玉佩饰和器皿上。■

唐代凤纹

唐代龙纹

元代凤纹

凤纹 唐至元代玉器装饰纹样，以阴刻线、剔地浅浮雕、高浮雕或透雕表现，凤喙短钝，头上有冠羽，双翅展开，尾翎飘逸，末端分三叉，两爪贴腹。凤的周围往往有云纹和花草纹作衬底。常装饰于玉佩饰和器皿上。■

唐代狮纹

元代狮纹

狮纹 唐代至元代玉器装饰纹样，以阴刻线和剔地浅浮雕表现，图案为姿态各异的狮子形象，常装饰于玉带銙上。■

唐代花叶纹

花叶纹 唐至元代玉器装饰纹样，以阴刻线、剔地浅浮雕、高浮雕或透雕表现。唐代花叶纹有海棠、石榴、牡丹、忍冬、卷草、荷花、野菊等，一些花瓣呈圆形而内凹，边缘饰短密的细阴刻线，花蕊呈桃状，或椭

圆形饰网格纹，或为三角形饰细阴线，花叶以大尖叶为主，呈相叠的"人"字形排列，叶中心往往有锥形梗，边缘有细密的短阴线。宋元时期花草纹有荷花、牡丹、折枝花、凌霄花、团花、灵芝、竹、蔓草、百合、石榴、樱桃等，分大小两种风格，大花较厚，较少层次变化，小花雕琢精致，花叶相互叠压，分出层次，八瓣折枝花和五瓣团花的圆形瓣呈球形凹面，百合等较大的花瓣则往往向上翻凸，荷叶则有扇骨或伞股样式的叶脉，花叶较大。常装饰于玉佩饰和器皿上。■

宋代螭纹

元代螭纹

螭纹 宋元玉器装饰纹样，以剔地浅浮雕、高浮雕或透雕表现。宋代螭纹头部或窄长，或横宽，眼、鼻、嘴集中于头的前部，嘴部前探，耳或为前折形圆瓶形，耳部多有螺旋形阴刻线，颈细长，脑后有角或似角的一绺长发，肩肘部或臀部有阴线旋纹。元代螭纹头颈细长，眼无神，"人"字形肩脊线两侧有"二"字形软肋，耳或为圆形，或为带有凹坑的饼状。常装饰于玉佩饰和器皿上。■

"春水"图　辽金元代玉器装饰纹样，以透雕、浮雕和细部阴刻线表现，图案主题为天鹅、鹘或鹭鸶，衬以荷叶、荷花、水草、茨菰等，构图多为天鹅穿行于水草中，鹘啄食天鹅脑部。常装饰于玉佩饰、带饰和炉顶上。■

长条体伏卧状，唇端和臀部平齐，双耳后伏，尾部上端有一孔，以"汉八刀"手法雕琢头部和腿爪。此器为东汉时期的握猪。■

"秋山"图　辽金元代玉器装饰纹样，以透雕、浮雕和细部阴刻线表现，图案主题为虎、鹿，衬以山石、柞树等，常装饰于玉佩饰、带饰和炉顶上。■

胡人驯狮纹　元代玉器装饰纹样，以透雕、浮雕和细部阴刻线表现，图案主题为深目高鼻、头戴高帽、身着窄袖短袍高靴的胡人做逗狮的动作，狮子姿态各异，底纹为植物纹或云纹，常装饰于玉带板上。■

旧玉沿用

玉猪　汉代旧玉，陕西省咸阳市底张湾隋代王士良墓出土，现藏陕西省考古研究所。

高2.4、长11.5、宽2厘米。玉质青色，背面有土沁。

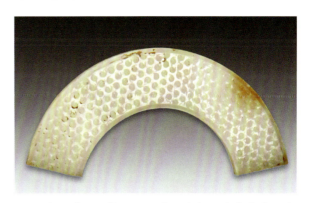

谷纹玉璜　汉代旧玉，陕西省乾县唐代永泰公主墓出土，现藏陕西历史博物馆。

通长14、宽3、厚0.3厘米。玉质白色。弧形，两面雕出谷纹，璜背处有一小孔。此器系由谷纹环改制成璜形佩，为汉代遗物。■

螭纹玉璧　汉代旧玉，陕西省乾县唐代永泰公主墓出土，现藏陕西历史博物馆。

直径7.5、孔径2.2、厚0.3厘米。玉质白色。璧面透雕两条对称回首的螭龙，下端及出廓部分已残，两面纹饰相同。此器为东汉初年的遗物。■

螭纹玉剑璏　汉代旧玉，浙江省杭州市元代鲜于枢墓出土，现藏杭州历史博物馆。

长4.7、宽2.7、厚2.2厘米。通体鸡骨白色，面为拱形，上雕一螭虎，绞丝状尾由一侧穿出，另一侧刻云纹，表面呈玻璃光泽。■

兽面纹玉剑格　汉代旧玉，浙江省杭州市元代鲜于枢墓出土，现藏杭州历史博物馆。

长5、宽2.7、厚0.95厘米。玉质青白色，局部有白色沁斑。双侧饰勾连云纹，中部为兽面纹，双眉间饰网格纹。■

走兽游鱼纹玉珩　魏晋旧玉，陕西省乾县唐代永泰公主墓出土，现藏陕西历史博物馆。

通长11、宽6、厚0.35厘米。玉质灰白泛青色。扁平体，上部透雕一行走状异兽，三角眼，瓶状角，张口翘鼻，四肢粗壮，尾部回卷，脚下踩一条状玉，其上钻三孔，下连一条游鱼。■

明清玉器

明代早期出土玉器的墓葬主要有江苏南京汪兴祖墓（洪武四年）、山东邹县明鲁荒王朱檀墓（洪武二十二年）、安徽嘉山李贞夫妇墓（墓主为朱元璋的姐夫和姐姐）及歙县明墓（永乐年间）、江西新建朱权墓（正统十四年）、四川成都凤凰山明墓等。出土的玉器主要有带板、圭、砚、印、笔架、花形杯、佩、牌、簪、人物、鹿、凤、鹦鹉等玉礼器、实用器和佩饰品。

明代中期出土玉器的墓葬主要有南京徐俌夫妇墓（正德十二年）、上海浦东陆琛墓（嘉靖二十三年）等，出土的玉器有带板、冠饰、簪、人、鱼、蝉、寿字牌等。

明代晚期出土玉器的墓葬主要有江西南城朱翊钶夫妇墓、北京明定陵万历皇帝墓、上海宝山朱察卿墓（万历年间）、江苏南京沐睿墓（天启七年），出土玉器数量较多，有带板、圭、冠饰、碗、花式杯、爵杯、壶、卤、组佩饰、首饰等。

明代玉器器形种类丰富，用玉范围广泛，有朝廷用玉（带板、圭、璧、佩）、文房用玉（砚、印、笔架、镇纸、炉顶）、日用器皿（碗、杯、壶）、服饰与首饰（冠饰、带钩、簪、戒指）、玩赏用玉（寿星、观音、罗汉、太白醉酒、鹿、马、辟邪）、仿古玉（觚、爵、卤、剑饰、刚卯与严卯）等。发现的玉带板除洪武四年的汪兴祖墓为十四块一副外，从宣德始，均为二十块一副，符合文献记载的明代玉带定制。圭、组佩饰和觚、爵等仿古玉器是明代恢复儒家用玉制度和受到复古主义思潮影响的反映。花式碗和花式杯是依大朵的花卉制成碗形或杯形，其外镂空的枝叶伸展缠绕，形成柄或器足，造型生动别致，既可实用，又可陈设观赏，是明代比较多见的器形。炉顶是由元代的帽顶延续而来，在元代官服中，帽顶一般采用多重透雕工艺雕琢花鸟纹或龙凤纹，底面内凹，下有一对牛鼻式穿孔，以供缝缀。这类器形至明代，由于服饰体制改变，用作了炉顶。

明代玉器的纹饰题材多选用具有吉祥寓意的花卉、动物、吉祥图案和文人画，尤其是龙、凤、鹿、麒麟等瑞兽和莲花、牡丹、灵芝、松、竹、梅等花卉图案最为多见。早期继承元代的春水玉风格，构图疏朗饱满，富有生气。晚期繁华细密，趋于程式化，缺乏活力。

明代玉器在琢玉工艺方面，除少数作品仍延续宋元时期的多重镂雕技法外，大多数则变化创新或恢复宋元以前的传统，唐代盛行的隐起纹饰技法再次流行。唐代隐起纹饰技法多用于扁平玉器上，琢出的图案凸起较高，有明显的浅浮雕效果；而明代则多施于玉牌和器皿上，图案凸起极低，抚摸时往往感觉不出是浅浮雕，而且扁平器一般两面的纹饰不相同。多重镂雕技法主要应用于早期的玉带饰、仿生的玉器皿和圆雕作品上。

明代琢玉工艺的另一显著特点是，凡光素无纹和多重镂雕的主体部位均琢磨平滑，抛光莹润，外表多有玻璃质的光泽感；而在次要部位则处理潦草，甚至不打磨、不抛光，往往留有桯钻去料时的加工痕，即俗称的"麻地"。此外，龙的圆凸目和谷纹是由先以管钻确定位置，再磨去周围地子的方法制成，往往会留下圆形管钻的痕迹。这些情况说明，明代工匠在制作玉器时，为减少工时而在背面或地子部位省去了进一步的琢磨和抛光的工序；在器物的主体及易于琢磨的地方，则用细致入微的工艺技法琢磨饰纹；在表面抛光时，是用极细且具韧性之物加以琢磨，从而才会出现玻璃光的效果。

此时，玉业的昌盛，造就了一批身怀绝技的玉匠，明代晚期极负盛名的治玉能手陆子刚便是当时玉匠中的佼佼者。一些刻有"子刚"或"子冈"款的玉器以其精湛的技艺，不凡的构思成为人们热爱的珍品。

到了清代，带有"子刚"款的玉器更是成为人们竞价追逐的对象。

清代是中国最后一个封建王朝，今北京故宫博物院是中国的最后一个皇宫，里面保存了数千件的清代玉器，在台北故宫博物院、天津博物馆、辽宁省博物馆等国内外大型博物馆中也都收藏有大量的清代玉器，为清代玉器研究和鉴定提供了翔实的资料和科学依据。

清代早期（顺治至乾隆二十四年），新疆玉料运往内地的道路不畅，玉器生产处于低谷，清宫造办处玉作坊主要是收拾、改造以前的旧玉及制作小件的佩饰，流传下来的清初玉器作品极少。

清代中期（乾隆二十四年至嘉庆十八年），是清代玉器制作的繁荣时期，也是中国玉器发展史上的巅峰时期。乾隆二十四年，清军平定了新疆地区，规定回部每年分春、秋两季向清廷进贡玉石，北京、苏州、扬州等地的民间制玉作坊也可以从私贩手中购得和田玉料，玉料来源充足；而且这一时期社会昌明，乾隆皇帝对玉器又十分重视和赏识，在北京、苏州和扬州等地都设有专门为宫廷生产玉器的玉作坊，形成了有利于玉器手工业发展的社会环境，因此，清代中期生产的玉器数量多，品质佳，工艺精湛，代表了清代玉器的最高水平，一般在评价清代玉器工艺时指的都是这一时期的作品。

清代晚期（道光至宣统），由于内忧外患，国势衰微，统治者无力顾及玉器手工业，从嘉庆十八年起贡玉减半，道光时期停止贡玉，宫廷玉作基本处于停滞状态。虽然这一时期的民间玉器生产仍在进行，但由于民间生产的目的在于牟利，以制作仿古玉和伪古玉为主，多粗制滥造之作，佳品甚少，在器形种类、纹饰题材和琢制工艺诸方面都没有突破和进展，玉器的质量与乾隆时期相差甚远。

清代玉器的使用范围非常广泛，使用者从皇帝后宫、达官贵族至平民百姓，所用玉器从标志皇帝权力的玉玺、祭祀神灵祖先的礼器到实用的器具乃至服饰和妇女首饰均有，而且有些玉器兼有多种功用。常见的清代玉器主要有朝廷用玉（玺、册、圭、璧、磬、朝珠、扳指、翎管等）、日常生活用玉（碗、盘、碟、杯、盒、唾盂、鼻烟壶、烟嘴、痒挠、笛等）、文房用玉（镇纸、笔筒、笔管、笔架、笔洗、水丞、砚台、印泥盒等）、陈设用玉（山子、插屏、如意、簋、鼎、尊、觚、瓶、花插及圆雕的佛手、荷花、鹿、罗汉等）和佩饰用玉（香囊、带钩、衣扣、扁方、簪、耳环、戒指、手镯及各种祥瑞图案的挂坠）等。

清代玉器的纹饰取材广泛，主要可分为四种：一是具有吉祥寓意的写实性植物、动物和人物图案；二是具有吉祥寓意的抽象化的动植物和几何图案；三是具有绘画风格的山水、楼阁、人物故事图案；四是以乾隆御题诗、御制文作为装饰。

清代玉器器形有器皿、圆雕工艺品和片状器，纹饰制作工艺有阴刻、浅浮雕、高浮雕和透雕，碾玉追求完美。在器皿、插屏及玉牌表面浮雕的山水、人物故事图案，栩栩如生，如同立体的山水画。仿古青铜器造型的器皿，轮廓刚劲挺秀，很有青铜器的韵味。各种透雕的佩饰、香囊更是玲珑剔透，充分显示了工匠巧夺天工的高超技艺。此外，清代玉器上还有金镶玉、铜镶玉、玉镶宝石等镶嵌工艺的运用。

器　形

朝廷典章用玉·带

明代时，玉带已形成定制，即一条玉带由二件铊尾（鱼尾）、八块长方形銙（排方）、四块细长条形銙（辅弼）和六块桃形銙（圆桃）组成，共计二十块带銙为一套。革带前片较长，共十三銙，中央的三台由一块长方形排方和两块长条形辅弼组成，其左右各为三块圆桃，其左右各有一枚辅弼和一块铊尾；革带后片为七块排方。从出土实物看，除了江苏南京明代初期的汪兴祖墓出土的玉带为十四銙以外，其余均为二十銙，符合这种制度。玉带銙上的纹饰，早期保留了宋元多重镂雕的技法，层次过渡自然，图案饱满，刀工粗率。至晚期改为双重镂空技法，明确地区分为主纹和地纹两层，上层的主纹雕琢、抛光细致，呈显玻璃光泽；下层的地纹多为锦纹式的繁密云纹、缠枝花草或光素无纹，雕琢潦草，多不抛光。

灵芝纹金镶玉带　明代早期朝廷典章用玉，山东省邹县朱檀墓出土，现藏山东省博物馆。

铊尾长7.6、宽3.2、厚1.8厘米。玉质白色。由二十块玉銙组成，包括二块铊尾、二块细长条形銙、一块"亚"字形銙、二块半月形銙、六块条形銙和七块大长方形銙，基本符合明代玉带的形制规定，只是在銙的形状上略有不同。带銙上透雕灵芝纹，纹饰分层不明显，层次过渡自然，图案饱满，刀工粗率，留有宋元多重镂雕的遗风，为明代前期玉雕风格。每块玉銙下由金片包镶，背面用铁丝固定于带上。此玉带出土于藩王的墓中，等级较高。■

花树纹玉带　明代朝廷典章用玉，现藏故宫博物院。

铊尾长13、宽2、厚0.7厘米。玉质青白色，局部略有浅褐色斑沁。玉带由玉带板和革带组成，革带外包明黄色绸布。共有二十块带銙，以铜丝结缀在革带上。其中有二块铊尾、八块排方、六块圆桃、四块辅弼，其上均透雕树木、花草和云朵纹，边框镂空透雕"卍"字纹。■

龙纹玉带　明代朝廷典章用玉，现藏故宫博物院。

铊尾长14.9、宽5.5、厚0.9厘米；长方形銙长8.6、宽5.6、厚0.9厘米；条形銙长5.5、宽2.3、厚0.9厘米；桃形銙长5.5、宽5.2、厚0.9厘米。玉质青色。由玉带銙和革鞓组成，革带外包藏蓝色绸布。共有二十块带銙，以铜丝结缀在革带上。其中铊尾、排方和圆桃上透雕穿花龙纹，辅弼上透雕"卍"字、双钱及花朵纹，透雕的纹饰均明确分为主纹和地纹两层。龙头在上，身体盘曲。龙纹的特点是龙须前探，正面猪形鼻，细身，轮形爪，此玉带为明代晚期制品。■

朝廷典章用玉·圭

明清时期的帝王大典和重要礼仪中，仍然使用玉圭。一般是沿用古代尖首圭的形式，有时还根据文献的记载加以臆测，在上面雕刻纹饰。文献记载"谷圭以聘女"。考古出土的谷纹玉圭多发现于女性墓或棺椁内，与记载相符。在出土和传世的明代玉圭中，较多见的是素面玉圭和谷纹玉圭，在北京定陵还发现了山纹玉圭和弦纹玉圭。清代的玉圭形制与明代基本相同，有的是沿用明代或以前流传下来的玉圭。

谷纹玉圭　明代早期朝廷典章用玉，江西省南城县洪门乡朱祐槟墓出土，现藏江西省博物馆。

长15.2、宽5.1、厚0.8厘米。玉质青灰色，似经土蚀，这种玉质是明代比较多见的玉材品种。圭上端呈较宽的尖形，底边略窄，下部的长条形边略向内倾斜，表

面浅琢五竖行谷纹，即文献记载"谷圭以聘女"的谷圭。此圭上的谷纹制法较为粗糙，类似汉代的蒲纹，即以三个方向的平行线切割出六角形的凸起，这是谷纹的一种简化雕法。明代谷纹还有另外一种制法，即以管钻确定一个个圆形谷粒的位置，再磨去周围的地纹。此圭造型古朴，琢工粗放，为明代玉雕特点。■

"圭瑁说"玉圭　清代朝廷典章用玉，现藏故宫博物院。

长41.2、最宽10.6、厚1.1厘米。玉质碧绿色。圭上部略宽，顶端斜削作尖状，下端较窄，两侧斜直，表面饰阴刻戗金文字和纹饰。在饰文字的一面，顶部刻等距离的三连星辰纹，底部偏上阴刻海水江崖纹，其间阴刻楷书朱珪敬书《御制圭瑁说》466字。另一面上部饰口衔飘带的蝙蝠，飘带上拴系"卍"字，底部偏上阴刻海水江崖纹，其间阴刻飞翔的蝙蝠和云朵。这件玉圭是清代根据古代文献记载制作的玉礼器。■

朝廷典章用玉·璧

明清时期玉璧的形制主要是模仿古代的玉璧，以仿古谷纹璧和螭纹璧数量较多，多为一面浮雕两条或两条以上的螭纹，另一面饰谷纹或卷云纹。一般作为礼器使用的璧器形较大，还有一些作为佩饰和赏玩的璧，器体较小，相对较厚。

螭谷纹玉璧 明代朝廷典章用玉，现藏故宫博物院。

直径20.4、孔径5.8、厚2厘米。玉质青色显旧，局部有沁色。内孔雕一龙，廓缘及璧面高浮雕八只螭纹，另一面阴刻谷纹，寓意"教子成龙"。螭头部上宽下窄，两耳外展，额头刻弧形纹，五官集中于头的下部，以管钻刻画眼睛，身体较长，四肢匍匐，较有肉感，但缺乏骨感和力度，分叉状长尾似飘带，为明代螭纹特点。一面浮雕螭纹，另一面饰谷纹，是明清时期玉璧的形制特

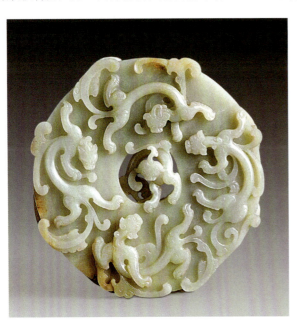

螭纹玉璧 清代朝廷典章用玉，现藏天津博物馆。

直径20、面宽7.2厘米。玉质青色，局部有黄色沁。孔内透雕一螭，两面各高浮雕四只螭纹，共为九螭，形态各异。此璧含义与北京故宫著名的九龙璧相同。■

十二章纹玉圭璧 清代朝廷典章用玉，现藏故宫博物院。

长17.8、宽12.3厘米。玉质白色。圭璧为古代的一种玉礼器。一面圭在上，圭面浅浮雕十二章纹，即日、月、星辰、山、龙、华虫、宗彝、藻、火、粉米、黼、黻。璧面各浅浮雕一只降龙，在璧以外圭的上、下两侧各透雕一螭纹。另一面璧在上，璧无孔，中心圆形开光内浮雕一蟠龙纹，璧面琢谷纹、谷穗纹。在璧以上的圭面刻三星并列纹，在璧以下的圭面琢水波纹。■

朝廷典章用玉·磬

磬为古代的礼乐器，古属八章之石类，用美石或玉雕琢而成，悬挂于架上，以物击之而鸣。另外，佛寺中状如云板的鸣器和钵形的铜乐器也叫磬。

朝廷典章用玉·御宝

又称玉宝、玉玺，是皇帝所用的玉质印章，也称御玺。明清时期的皇帝都有行使权力和具有其他功能的多方宝印，其中也有玉质的玉宝。清代玉宝的印面一般为满汉文对照。

"太平有象"

翡翠磬 清代朝廷典章用玉，现藏故宫博物院。

长26.5、宽24、厚0.7厘米。翡翠质翠绿色，局部略显青白。片状，正面随形浅浮雕巨象。象向右回首，长鼻、长牙抵于臀部。背面雕云纹，中部在一圆形圈内凸雕篆书"太平有象"，以释正面图意。磬上部雕五个松球，中心一松球有孔，穿铜环及挂钩。"太平有象"是清代宫廷玉器最常用的题材之一，大臣贡入宫廷的玉器，常用这一题材赞誉朝廷。■

玉"敕命之宝" 清代朝廷典章用玉，现藏故宫博物院。

高13.4、长12、宽12厘米。玉质青色，间有黑色纹理。方形，上雕双首龙纽，印面刻朱文篆书"敕命之宝"四字，满汉文对照。此宝是清皇帝命令臣僚时使用的。■

描金龙纹玉磬 清代朝廷典章用玉，现藏故宫博物院。

鼓长17.5、鼓博6.1、股长12.5、股博3厘米。玉质碧绿色，表面饰描金龙纹。编磬一般以十六面为一组，它的音律除黄钟、大吕、太簇、夹钟、姑洗、仲吕、蕤宾、林钟、夷则、南吕、无射、应钟等十二正律外，又加四个半音，演奏打击时，发出不同的音响。此玉磬背部有"无射"二字，为编磬中的一件。这套清宫所藏编磬，为乾隆时所制，在重大典礼和演奏韶乐时使用。■

玉"古稀天子之宝"、"八征耄念之宝" 清代朝廷典章用玉，现藏故宫博物院。

2件，均高11、长12.8、宽12.8厘米。玉质青白色。方形，纽为双首龙，龙身中部有横贯孔，内穿黄色丝带。"古稀天子之宝"为乾隆四十五年弘历七旬生日时雕，四面刻"古稀说"。"八征耄念之宝"为乾隆五十五年弘历八旬生日时雕，四面刻"八征耄念之宝记"。这两方玉宝造型庄重，雕工精细，同置于一紫檀木匣内。■

朝廷典章用玉·册

玉册，亦作"玉策"，是以多块玉版联结而成，玉版上刻有文字，记载重要事项，是古代册书的一种。玉册又有封册、谥册和哀册之分，为古代帝王在封禅祭祀时所使用的一种典章用玉。封册，是皇帝册命皇太子及后妃的玉册；谥册是帝王于"祖奠"前一日，在南郊为死去的人请谥号时所读的玉册；哀册则是在帝王死后，将遣葬日举行"遣奠"时所读的最后一篇祭文刻于玉册上，类似现在的悼词，然后此玉册随葬入陵墓。明清时期沿用玉册制度，据《清史稿·礼七》记载："册宝初制用金，康、乾时兼用嘉玉，道光后专以玉为之。"此外，清代还有大量刻有清帝御制诗文的玉册，即玉诗文册，这些玉册不是典章用玉，属于玩赏的范畴。

玉谥册　清代朝廷典章用玉，现藏故宫博物院。

10片，每片长28.7、宽12.8、厚0.9厘米。此玉册为墨玉制成，刻有从1~10的顺序号，册文为满汉文两种文字，汉文是"原皇后尊谥册文：维顺治五年，岁次戊子十一月辛酉朔月八日戊辰，孝孙嗣皇帝臣福临稽首顿首，上言于皇妣，今天下一统，大业已成，皆由祖妣赞相肇祖原皇帝行善笃祐所致也。爰修典礼，用殚孝思，敬荐册宝等上谥号曰原皇后，以垂懿德于万禩谨告"。▪

朝廷典章用玉·佩

这里所说的玉佩，是指由许多玉件组成的组玉佩，古代又称其为杂佩。玉佩是贵族身份的重要象征。在明代，玉佩与玉带一样具有一定的制度，在明万历帝陵及一些藩王墓中出土多套。

描金玉佩　明代晚期朝廷典章用玉，北京市昌平区明十三陵定陵出土，现藏北京定陵博物馆。

通长49.4厘米。顶有金钩，下连玉珩，珩下以瑀、琚、璜、冲牙等和玉珠分五排段贯串缀联而成。在玉珩、玉花和珩形饰上有描金龙纹，其他玉饰上有描金花朵及卷云纹。▪

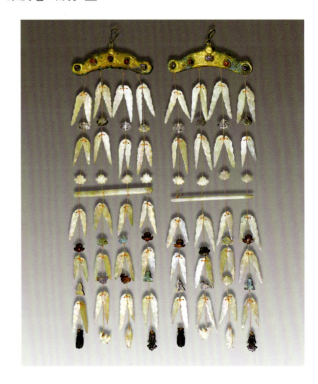

嵌宝石花玉佩 明代晚期朝廷典章用玉，北京市昌平县明十三陵定陵出土，现藏北京定陵博物馆。

2副，均通长61厘米。两副一套，基本相同。顶端为鎏金铜钩和铜璜，铜璜两面镶嵌红、蓝宝石并浮雕二龙戏珠纹。铜璜下有四孔，叶形、花形、蝉形、鱼形等玉饰分四纵列、十一横排穿缀于孔上。■

文房用玉·笔

汉代以后，以帛和纸作为书写材料，而毛笔则是最主要的书写和绘画工具。历代的文人都特别重视笔，除了不断提高笔毛的质量外，在笔管的制作和装饰方面也颇下工夫。明清时期，除了最普遍的竹管和木管，还创制出金银管、象牙管、瓷管、漆管、珐琅管、玳瑁管、玉石管等各种材料的笔管，其中以玉管笔最为高雅珍贵。

螭纹玉笔 明代文房用玉，现藏故宫博物院。

通长23.7、直径1.6厘米。玉质青色，色较深沉，局部呈墨色。笔管与笔帽皆为圆柱形，上下端缘均刻一周回纹带。笔管与笔帽的外壁以浅浮雕技法雕琢螭纹，螭纹两耳外展，额头刻一道弧形纹，五官集中于头的下部，身体呈匍匐状，分叉状长尾似飘带，较有肉感，但缺乏骨感和力度，为明代螭纹特点。通常所见的玉笔只有笔管部分是玉制作的，此器笔管与笔帽配套，用一块玉料琢成，并满雕纹饰，弥足珍贵。■

山水人物纹玉笔 清代中期文房用玉，现藏故宫博物院。

长21.4、直径2.4厘米。玉质青色。笔杆中空，上端嵌碧玉笔斗，下端嵌碧玉。通体采用陷地深雕结合透雕技法，镂雕通景式山林景色，巨石嵯峨，古树参天，天上飘云飞鹤，一湾泉水自山涧淌下。中部一老人遥指空中，观鹤飞翔。下部一童子正在炉边烧火煮茶。景物连贯逼真，立体感极强，使人有如亲临高山

峻岭之感。山水人物题材的玉图画一般都雕琢于面积较大的插屏、笔筒或圆雕成玉山子，此器在直径不足3厘米的笔管上雕琢图画，不仅画面内容丰富，而且工艺精湛，充分反映了清代中期高超的玉雕水平。■

文房用玉·笔筒

明清时期的文人非常重视文房用具与陈设，笔筒用以插笔，是文房必备的用具，同时笔筒上面还饰有各种图案，因此也是重要的文房陈设品，其中以竹雕笔筒和玉笔筒数量较多。明清两代的玉笔筒数量很大，这是因为玉笔筒体积较大，外表适宜雕琢图案，特别是按照文人绘画底稿雕琢的玉图画题材的流行，使玉笔筒成为表现玉雕工艺的重要载体，更促进了玉笔筒的生产。

山水人物纹玉笔筒 清代中期文房用玉，现藏天津博物馆。

高12.9、直径13.9厘米。玉质白色，质地较好。器圆筒形，下承三足。器表陷地深雕绘画式图案，在幽静的山林中，一老者策杖前行，后面一童子手捧灵芝，献给老者。旁边有立鹿、飞蝠，远处峭峰林立，亭阁竞秀，意境空灵悠远。画中部分景物为剔地形成的浮雕，人物、动物、景物均生动形象。这种圆形笔筒是清代最常见的玉笔筒形制，所雕图画式图案也是玉笔筒上最多见的装饰题材。■

山水人物纹玉笔筒 清代中期文房用玉，现藏故宫博物院。

高16.7、长15.1、宽15.1厘米。玉质碧绿色。器方形，筒壁四面均浮雕山水人物图案，山环水绕，翠松茂盛，流云飘浮。四面共雕有九位老人，一个童子。笔筒中插有二支玉管毛笔和一个白玉小如意，深沉稳重，做工精致。笔筒以圆筒形为多，方体者较少。■

文房用玉·笔架

笔架，又称笔山、笔格、笔搁，是放在书案上的一种文房用具，为文人于书写间歇时用来架置湿毛笔的用具。款式多样，制作材料也多种多样，其中玉制笔架是文人所偏爱的一种。明清时期的玉笔架一般作山形，底端平直，上端数处圆凹或尖凹，用于搁笔，还有雕作卧仙形、子母猫形、桥形等造型，一般在器身装饰各种纹样，成为精美的文房陈设品。

桥形玉笔架 清代中期文房用玉，现藏故宫博物院。

高7.3、长22厘米。玉质青白色，略有瑕斑。镂雕一梯形木桥，桥两端呈坡状，桥面平直。下雕两排木桩支撑，上雕横木板纹，一小船上乘坐二人，行驶在木桩支架的中间。桥上行人或骑驴，或挑担，或背物，形象逼真。图案布局自然生动，表现了我国南方乡间的生活景象。此器利用木桥的梯形作支架，以镂雕的人物、动物构成凸榫架笔，设计巧妙，是清中期文房用具中的佳品。■

三羊芭蕉玉笔架 清代文房用玉，现藏故宫博物院。

高10.4、长15.8、宽5厘米。玉质青白色，局部有斑点。器体下部为镂雕的层叠湖石，石缝中生长灵芝、小草，石上卧三羊，寓含"三阳开泰"之意。三羊相距，中间可架笔，左侧镂雕两株并立的芭蕉树，树心中空，可插笔或插花。设计新颖，造型雅致，下配木座。■

文房用玉·笔洗

玉笔洗是明清时期数量最多的文房用品，为盛水洗笔的文具，同时兼具玩赏和陈设的功能。玉洗一般设计巧妙，除了方形、圆形、椭圆形、方胜形等几何造型外，还多见雕作植物造型的，如荷叶形、桃形、海棠形、瓜形、葫芦形、灵芝形等，同时还在器形和花纹方面增强装饰效果，如雕饰龙耳、螭耳、蝠耳、花耳、童子耳等。

葵花形玉笔洗 明代早期文房用玉，山东省邹县朱檀墓出土，现藏山东省博物馆。

高3.2、口径7.3厘米。玉质白色，晶莹润泽。器体为一盛开的葵花形，内凸雕五瓣小花蕊，外镂雕折枝花叶，构成柄与托。这种模仿植物形象的玉器皿最早见于元代，明清时期更加盛行，主要是用作文房的笔洗或水滴，既可实用，又颇具玩赏价值。此器出土于明代藩王墓中，具有珍贵的文物价值。■

葵花形玉笔洗 明代文房用玉，现藏故宫博物院。

高7.4、通长17厘米。玉质青白色，微有褐色沁斑。器呈葵花式，内壁琢四瓣葵花，中心花蕊高凸。外壁镂雕花枝、叶及小花朵，枝叶相连缠绕，底部有镂空的枝叶以为足，口沿枝叶较少处露出洗口。此器雕工犀利，锋芒毕露，具有鲜明的明代玉雕特征。■

桃形玉笔洗 明代文房用玉，现藏故宫博物院。

高6.1、口径9.5～10.3厘米。玉质青灰色，局部有黄褐色斑。洗呈剖开的半桃形，外壁镂雕翻卷的枝叶作为柄与圈足。口沿下阴刻篆书四言诗："君颜如桃，挹而饮之，似盛甘醴，断瑕甚璧。"杯底阴刻篆书"子冈制"。■

荷叶形玉笔洗 清代中期文房用玉，现藏故宫博物院。

高6.1、长13.6、宽9厘米。玉质白色，纯洁温润。洗呈弯卷的荷叶形，底部浮雕一束荷梗，作为器足，洗外雕有叶脉、花蕾、花叶。荷叶形的边缘圆雕莲蓬、荷花、河螺、青蛙、螃蟹，蛙伏于荷叶上，似作鼓噪之鸣，蟹八足皆蜷曲，双钳叠放于眼前，似在小憩，惟妙惟肖。此洗造型清新，雕镂精致，为玉器之上品。■

瓜形玉笔洗 清代中期文房用玉，现藏故宫博物院。

高4.1、长11、宽8.9厘米。玉质青色。形似纵向剖开的瓜，五瓣瓜棱。柄部镂雕瓜藤，藤上生大小瓜叶及一小瓜，叶片曲卷折叠，形态各异，叶脉分明，一大叶贴于洗底成为器足。此洗以瓜造型，寓"绵绵瓜瓞"、"福禄万代"之意。■

叠胜形玉笔洗　清代中期文房用玉，现藏故宫博物院。

高4.8、口径11.8～16.7厘米。玉质白色。器为方叠胜式，外侧雕回纹锦地，腰两侧各雕一如意形耳，耳上部阴刻"寿"字，耳下各垂一活环，平底，底下为四垂云式足，洗内三池互不相通，可贮水。此洗器形别致，琢制规矩，纹饰细腻，既有仿古意韵，又具吉祥含义，为清代中期玉洗佳作。■

童子耳荷叶形玉笔洗　清代中期文房用玉，现藏故宫博物院。

高4.2、长9.5、宽8.2厘米。玉质碧绿色，色稍浅，局部有瑕斑。洗作荷叶形，边缘甚曲。一侧雕一束绳扎荷梗沿洗底缠绕，梗端雕荷叶、荷花、莲蓬。圆雕二童子作洗耳，童子双手扶于洗口，神态活泼自然。■

文房用玉·砚滴

砚滴，又称水滴、书滴，一般口较小，中空，可贮水，用于向砚台上加少量的水，是重要的文房用具，同时也是一种文房陈设品。以动物形造型居多，如兽形、辟邪形、蟾蜍形、鸭形、鹅形、蟹篓形等，还有仿古彝器造型的。

福庆寿纹玉笔洗　清代中期文房用玉，现藏天津博物馆。

高8、宽16厘米。玉质白色。洗池为变形海棠式，口沿上透雕蝙蝠、磬和绶带成为提梁，器体两侧浮雕灵芝作为器耳。下有三个弧形矮足。器体造型别致，采用清代盛行的福、庆、寿装饰题材，寓意吉祥。■

鸭形玉砚滴　清代中期文房用玉，现藏故宫博物院。

高10.2、长10.2、宽7.1厘米。玉质青白色。器呈鸭形，鸭头较小，身体肥硕，口衔一鱼。鸭腹掏空以贮水，水丞开口于鸭背，双翅相连且微张，为水丞之盖，能开启，以榫插于鸭背。"鸭"与"甲"谐音，寓含科举中第之意，作为文房用具的题材，比较受明清文人喜爱。■

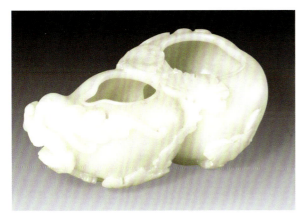

葫芦形玉砚滴　清代中期文房用玉，现藏故宫博物院。

高7、长19.5、宽11.5厘米。玉质青白色。雕卧式束腰葫芦形，葫芦蔓自顶部缘葫芦曲折垂下，其上有六片形态各异的葫芦叶，部分葫芦蔓盘于器底为足。在两个瓜的上端各开一口，中部掏膛作成大、小两个可以贮水的水池，两池间有孔，水可流通。"葫芦"与"福禄"谐音，又因其长藤蔓延不断，常以此表示"子孙万代"之意，为明清时期常见的吉祥图案和造型题材。■

文房用玉·砚

砚是用来研磨颜料的工具，是我国传统的文具种类，有陶砚、漆砚、瓷砚、玉砚和金属砚等。一块精美的砚石，应该具备发墨而不损笔、贮墨而不易干、磨之无声等优点。砚上往往雕琢图案，具有实用与欣赏的双重功能。玉砚就具有上述特点，是文房用玉中的一个重要品种。

玉砚　明代早期文房用玉，山东省邹县朱檀墓出土，现藏山东省博物馆。

通高4.2、长16.2、宽9.2厘米。玉质青色泛绿。长方体，前端作弧形，椭圆形砚池。砚底四角琢有穿鼻，用铁丝固定在木雕的须弥座上。造型简洁大方，琢磨平滑，是玉砚的基本造型之一。■

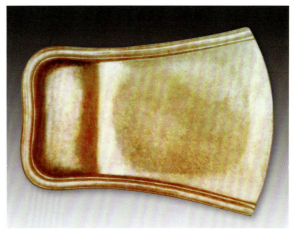

玉砚　清代文房用玉，现藏故宫博物院。

高2、长13.3、宽9.5厘米。玉质青色，浸染旧玉颜色。形如"风"字，砚面边楞凸起并在中间磨凹槽，砚堂近似椭圆，砚池近似长方形，砚底有槽形抄手，内刻篆书"嘉庆御赏"。这件玉砚仿唐"风"字砚形，并进行了人工做旧，端庄古朴，优雅大方。■

文房用玉·臂搁

臂搁，又称秘阁、臂格，是写字时置于腕下的文具，使用时置于尚湿的字迹上，以防墨汁玷污臂部。常作竹节形、书卷形等，饰以竹叶纹、龙纹、螭纹、凤纹等，下部内凹，也有用古玉璏代用者。

书卷形玉臂搁　清代文房用玉，现藏故宫博物院。

长13.5、宽5.6、厚0.8厘米。玉质白色，除下部有二处黄色瑕斑外，大部分莹洁温润。臂搁雕成书卷形，两侧长边向后弯卷，上下端呈弧形，优美别致。正面浅浮雕山石、牡

丹花和绶带鸟图案，一只绶带鸟口衔长绶，寓含"富贵长寿"之意。背面阴刻行书诗文："瑞应翔鸣天下福，长垂寿带祝无疆。"末署"松雪"及阴刻"子昂"方章。此器玉质、造型、图案、做工均为上品，深受乾隆皇帝喜爱，特命工匠巧制木架承托，作为雅致的插屏。■

骆驼形玉镇纸　明代文房用玉，现藏故宫博物院。

高6、长9、宽3.3厘米。玉质青色有瑕。骆驼为卧式，抬首，双目平视，一绺胡须搭于胸前。双耳贴于头两侧，垂至颈部。两驼峰耸起，身两侧肋骨清晰可见，腿部肌腱凸起。四足屈于身下，小短尾。驼之头、胸、峰、尾、足等部饰有细密的短阴刻线，雕刻有力，做工细腻。明代玉兽是在汉代兽形玉器传统上发展起来的，有仿古与写实两种风格，这件玉骆驼形态真实生动。■

竹节形玉臂搁

清代文房用玉，现藏故宫博物院。

长18.6、宽8.1、厚1.4厘米。玉质青色。形如竹板，上下分三节，自下部向上雕一枝竹纹，枝上生出细小枝叶。背面雕一小竹枝自边部伸入，其上立一凤，寓含"鸣凤在竹"之意。■

螭龙纹玉镇纸　清代文房用玉，现藏故宫博物院。

长27.8、宽3.2厘米。玉质淡青色，纯净温润。器呈长条形，上面以高浮雕技法雕琢一只龙纹和两只螭纹。尾端的两只小螭正在嬉玩，一只前爬，一只回首，似观后螭。龙纹雕于首端，龙首，身似螭形，正在回首观望二螭。这种长条形的镇纸，又称镇尺，清代较多见。■

文房用玉·镇纸

镇纸为文房用具，用以镇压书卷，有圆片形、长条形及圆雕人物、动物、植物等各种形状。明代镇纸主要是圆雕动物形，大部分兼具实用与玩赏的双重功能。清代除了圆雕动物和植物造型外，还有专门制作的长条形、圆形等几何形状的镇纸。

生活用玉·碗

玉碗是玉器皿的主要器种，作为明清时期宫廷日常生活用品，数量较多，如清内务府造办处《各作成做活计清档》记载：乾隆十八年（1753），清高宗命在银库玉石中选料，发往南边做玉碗100件。其量之大，可见一斑。玉碗最基本的造型为圆体，表面多雕琢花纹或诗文，还常在圆体的造型基础上进行变化，配盖、托，或配以镶金工艺等。

金盖金托玉碗 明代晚期生活用玉，北京市昌平区明十三陵定陵出土，现藏北京定陵博物馆。

高7、口径15.2、足径5.9厘米。玉质白色，细腻莹润，洁白无瑕。碗为圆体，敞口，瘦弧腹，圈足，表面光素无纹。碗上配有镂空云龙纹金盖，碗下配有二龙戏珠纹金托。金配玉，富丽高贵，透显皇家气派。■

寿字花卉纹玉碗 明代生活用玉，现藏故宫博物院。

高6.7、口径14.5、足径6.7厘米。玉质青色。碗圆形，撇口，深腹，圈足。内壁光素无纹，内底雕隐起篆字"寿"。外壁浅浮雕牡丹、菊花等四朵连枝花卉，花朵盛开，花叶翻卷有致。此碗壁稍厚，形似明代前期瓷碗和漆碗的造型，花卉纹圆润肥厚，也为明代前期风格。■

诗配图葵瓣形玉碗 清代中期生活用玉，现藏故宫博物院。

高6.7、口径15、足径6.7厘米。玉质白色。碗作六出葵瓣形，内外均刻填金诗文，矮圈足。碗内底部琢花朵及六瓣花萼，花萼上分别雕刻一株花卉。碗内壁六个葵瓣上刻隶书乾隆御制剪秋萝诗、鸡冠诗、万寿菊诗、牵牛花诗、玉簪诗和蓝菊诗与其下所刻花卉相对应。碗外壁三瓣雕花卉，三瓣刻与之相对应的乾隆御制咏花诗，分别为菊花诗、秋海棠诗、老少年诗。此碗为宫廷所用器皿，器形制作及诗画的描绘均十分精致。■

高足玉碗 清代中期生活用玉，现藏故宫博物院。

高11.1、口径17.4、足径4.1厘米。玉质蛋青色，纯净温润。碗为圆形，撇口，口缘为花齿形，腹较浅，下为圆柱状高足。外口沿雕琢一周如意云纹，外壁雕竖道条纹，高足部分从上至下依次雕琢兽面纹、蕉叶纹和雷纹。内壁光素无纹，打磨莹润。这种器形为明清时期瓷器中多见的造型，但这样规矩精致的玉制器皿则只有清代中期才能制作出来。■

莲瓣托龙虎纹玉碗　清代中期生活用玉，现藏故宫博物院。

高5.6、口径13厘米。玉质青白色。碗圆形，撇口。口沿有一周凹槽，其上凸雕五个虎面。碗外壁浮雕五组夔龙纹，一组为两只夔龙，头相背，颈部以绳相连，身体分别向两侧曲折延伸，与相邻另一组的夔龙尾相勾连。矮平足，足心微凹，雕七瓣葵花，并饰一周葵瓣纹。碗内底部阴刻隶书"乾隆年制"款。碗下附一碧玉莲瓣式托，托下部为镂空莲瓣形座。■

生活用玉·盘

明清时期玉盘的数量比较多，玉质精美，图案纹饰亦十分精美，主要为宫廷使用。

花瓣形玉盘　清代中期生活用玉，现藏故宫博物院。

高4.6、口径23.7、底径14.7厘米。玉质白色，无杂质。盘为花瓣式，葵瓣卷边底。内外底部琢相同的四大瓣八小瓣花卉纹。碗外壁凸棱上琢楷书乾隆御题"廊庙自有宝"二十四句五言诗，末署"乾隆四十七年岁次壬寅新春月上瀚御题"，并琢减地阳文"古稀天子"和阴文"犹日孜孜"二印。此盘为仿痕都斯坦玉器制作。■

葵瓣形玉盘　清代中期生活用玉，现藏故宫博物院。

高4、口径18.5、足径12.2厘米。玉质青白色。盘为圆形，雕作六出葵瓣式，平底，六出葵瓣式圈足，足

心雕网格状花蕊。内底浮雕一株万寿菊，其上有两朵盛开的菊花，菊旁还雕有两只展翅飞舞的蝙蝠。在清宫使用的数量众多的圆盘中，盘心浮雕图案者并不多见。■

菊瓣形玉盘　清代中期生活用玉，现藏故宫博物院。

高6.3、口径22.5、足径13.9厘米。玉质碧绿色。盘圆形，壁雕作纵向菊瓣，盘底为三重菊瓣纹，盘中心结为花蕊。菊瓣式圈足。这件菊瓣盘边壁极薄，雕成细密的凸凹菊瓣状，表现出了极高的加工技巧，是清代制玉工艺的代表作品。■

生活用玉·执壶

执壶是古代的水具、茶具，为模仿陶瓷器而来的玉器造型，玉执壶主要见于明清时期。执壶的基本形制是主体似细颈肥腹的瓶体，颈部有一个或两个执柄，有盖或无盖，腹部一般以阴刻或浮雕技法雕琢图案。明清时期的玉执壶形制变化多样，除了高、矮不同的圆体，还有方体、竹节式、莲瓣式、羊首式等不同的样式，多赋以吉祥的含义。

金托万寿花卉纹玉执壶　明代晚期生活用玉，北京市昌平区明十三陵定陵出土，现藏北京定陵博物馆。

通高26.5、口径5.3、足径7厘米。玉质青色，有条状褐色斑。壶圆体，细长颈，腹下垂，流略外倾，耳形把手，椭圆形圈足，覆盆形盖，盖顶有圆纽，纽与把手之间有十六套环相连。腹部两侧各有一桃形开光，开光内浅浮雕寿字、万字及海棠花，寓意"玉堂万寿"。底部有一椭圆形金托。■

婴戏纹玉执壶　明代生活用玉，现藏故宫博物院。

高12.3、口径3.8～6.1厘米。玉质青色。抹角四方体，曲流，弧形柄，方盖，立狮纽。肩、腹部在长方和方形开光内浮雕婴戏图，流和柄部琢花果图案。在盖顶狮纽的下方镌"子刚"款，为明代名匠陆子刚的作品。据造型、纹饰考察，此器当为陆子刚的真品，乾隆时期曾有模仿此器雕琢的作品。■

鹤鱼纹玉执壶　明代晚期生活用玉，北京市海淀区北京师范大学出土，现藏首都博物馆。

通高12.7、通长10.3、口径4.4厘米。玉质白色，洁净莹润。壶圆

体，小口，斜肩，腹内敛，平底下有三个水涡形足。直流外撇，镂空龙形柄，圆盖，盖顶上凸立一鸳鸯为纽。肩部浮雕两只兽头，兽头间为两只伫立水中觅食的仙鹤，仙鹤颈部下曲，两翼微张。腹部满饰水波纹，二尾鲤鱼跃出水面，意喻鲤鱼跳龙门。■

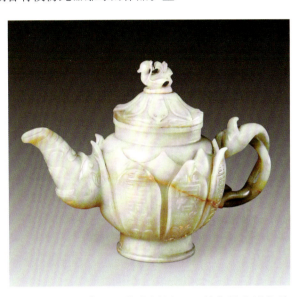

莲瓣纹玉执壶　明代生活用玉，现藏故宫博物院。

通高16.1、口径7.8、足径6.9厘米。玉质青白色，局部有浅褐色斑。壶体呈圆球形，凸雕双层莲瓣，外层莲瓣浮雕"寿"字，兽吞式流，双枝缠绕式柄，浮雕莲瓣纹盖，透雕鸳鸯衔莲纽。■

竹节形玉执壶　明代生活用玉，现藏故宫博物院。

高12.4、口径8.5厘米。玉质青色，微透明。壶体为三节竹节式，五节竹节式壶嘴，双竹枝交错盘扭成壶

柄。圆形平盖，盖纽为一坐式老人，平底，无足，造型独特大方。■

葫芦形玉执壶　清代中期生活用玉，现藏故宫博物院。

高20、通长15、腹宽7厘米。玉质青白色，有瑕斑及皮色。束腰葫芦形，葫芦顶部为盖，盖纽上套一活环。兽首吞物式流，壶柄为变形卷云式，圈足，足外撇。颈及腹部浅浮雕葫芦藤纹。■

牡丹灵芝纹玉执壶　清代中期生活用玉，现藏故宫博物院。

高22.1、腹宽8.8、口径4.8～5.8、足径4.5～5.4厘米。玉质蛋青色，纯净无瑕。壶瘦高，体扁圆，椭圆口、足。覆钵式盖，环状纽上套两活环。镂雕回首凤为柄，其尾端套一活环。兽首吞物式流，颈流之间镂一云托阴阳八卦纹。腹部两面开光，均浮雕牡丹、山石、灵芝等纹，琢磨精细。■

扁圆形玉执壶　清代中期生活用玉，现藏故宫博物院。

高12.6、口径3.3～4.6、足径4.5～5.4厘米。玉质青白色。壶覆钵式盖外饰云雷纹及四夔纹，椭圆形环纽。壶体为扁圆形，短颈，椭圆形口，口沿饰雷纹一周，腹上刻内外相围的云雷纹、卷云纹及细密的折角变形雷纹等。方楞形流，流外雕云纹及三角雷纹，夔龙形壶柄，椭圆形足，足外饰一周回纹。■

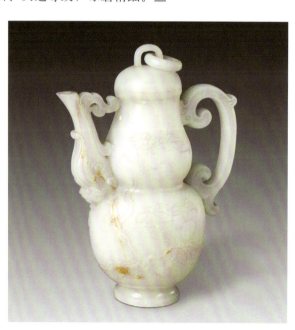

鸠纹玉执壶　清代中期生活用玉，现藏故宫博物院。

高11.7、长16、宽3.5厘米。玉质青白色。壶形似鸠，盖纽雕一卧鸠，腹上立一鸠，腹前又立一鸠。口椭圆，细颈，腹似鸠身，两侧雕翅羽。柄方折，其上雕一荷叶，椭圆足。■

僧帽形玉执壶　清代中期生活用玉，现藏故宫博物院。

高14.2、宽8厘米。玉质白色，质地细腻。壶圆形，盖上雕四垂云式瓣，云瓣之间有蕉叶纹，圆形盖纽。宽长颈外雕变形蝉纹，间饰有蕉叶纹。腹上部雕宽带纹一周，带上饰涡纹，下部饰四组变形兽面纹。短流位于壶顶部，流下套活环。夔式柄，圆形足外撇。■

龙纹玉执壶　清代中期生活用玉，现藏故宫博物院。

高10.4、长17.2、宽10.5厘米。玉质白色，略带人工染色。壶为圆体，半球形盖，蒜头式纽，壶柄由双夔龙

相拼而成，圆形圈足。壶口四周琢四连弧纹，弧纹内琢缠枝莲纹，腹部饰勾连双身龙纹。壶底阴刻隶书"道光御用"。在清代玉器中，带有"道光"款识的器物极为少见。■

生活用玉·杯

杯，又称为盏，形似碗，但体较小而高，为水具和茶具，一般与壶及盏托配套使用，造型多样，主要分有耳和无耳两类。明代以双螭耳杯和透雕花形杯较为多见，清代的杯造型更多，其中以实用价值较高的盖杯数量为多，有的配有盏托。

螭柄玉杯　明代生活用玉，现藏天津博物馆。

高5、宽8.8、口径6厘米。玉质白色温润，有乳浊感。杯呈圆形，直口，深腹，圈足。在杯的一侧镂空一螭作为杯柄，螭头及前爪伏于口沿，后肢及尾贴于杯壁。在杯的外壁以浅浮雕技法雕琢五只形态各异的螭纹。此器雕琢精细，为明代螭柄杯中的佳品。■

螭耳玉杯　明代生活用玉，现藏天津博物馆。

高10.7、宽16.2厘米。玉质碧绿色，中多黑绿色斑点。杯呈椭圆形，直口，深腹，圈足上雕弦纹。杯的两

侧镂空双螭耳，螭头及前爪伏于口沿，尾分两叉贴于杯壁。无耳的两侧腹部各浮雕一只螭纹，均为粗颈、细身、分叉花尾，四肢粗壮，肘部尖锐，其中一螭作回首状，另一螭头搭于杯沿。雕工粗犷，具有明代玉雕风格。■

螭耳玉杯　明代生活用玉，现藏故宫博物院。

高7.5、口径7.1厘米。玉质青白色，局部有沁斑。杯圆体，敞口，深腹，圈足。两侧各镂雕一螭形耳，螭前爪与口抵杯口沿，身体弯成弓形，背有脊齿。杯身外周阴刻松、竹、梅图案。为明代典型的玉杯形制。■

簋式耳玉杯　明代生活用玉，现藏故宫博物院。

高3.4、口径6.8、足径4.35厘米。玉质青白色显旧，此种玉料明代最为多见。杯体较矮，圆直口，圈足。平顶双簋式耳，腹部凸雕三周乳钉式谷纹。这种造型和纹饰的玉杯，为明代典型器物。■

梅花纹玉杯　明代生活用玉，现藏西安市文物保护考古所。

高3.4、直径10.5厘米。玉质青色，局部有黑色斑点。杯呈梅花式，杯外壁镂雕五朵小梅花及枝、叶，枝叶相连缠绕，成为杯柄和足，口沿处有一处枝叶较少，露出杯口。■

龙耳玉杯　清代中期生活用玉，现藏故宫博物院。

通高6、托长17、宽6.3，盏长11厘米。玉质碧绿色，局部有黑色斑点。由盏与托两部分组成。盏为圆形，双龙耳，圈足。托为椭圆形，中心凸起圆座，座外侧饰俯仰莲瓣纹及乳钉纹。托内底部高浮雕双龙纹，二龙首尾相对，各抓一宝珠。盏和托的底部均阴刻隶书"乾隆御用"款。这种器形承袭明代的双耳杯，但雕工变得更为精致。■

莲纹玉杯　清代中期生活用玉，现藏故宫博物院。

2件，均通高17.9、口径7.9、足径6.7厘米。玉质碧绿色有瑕斑。器由杯与杯柄两部分连接而成。杯为圆形，撇口，口沿饰一周雷纹，腹浅浮雕缠枝莲纹，高足，足外饰莲叶纹。杯柄下部为双层圆座，下层圆座饰三组兽

面纹，第二层座为莲瓣式，座上有束腰葫芦式柄，其上浮雕藤、蔓及小葫芦，柄上部又有一莲瓣形座，杯接于座上。■

生活用玉·唾盂

唾盂即用于吐痰的器皿。清代玉唾盂以光素、阴刻或浅浮雕纹饰者为多。

龙凤纹玉唾盂　清代中期生活用玉，现藏故宫博物院。

高6.9、口径11.2、足径4.8厘米。玉质青白色，有瑕斑。盂圆形，口极阔外撇，短颈，颈部饰弦纹一周。凸腹，腹外琢凸起的龙、凤纹，龙与凤皆作行走状，身旁雕有浮云，龙、凤头相对，共戏一火珠。这种腹外高浮雕龙、凤纹饰的唾盂比较少见，为清宫用器，且为同类器中之精品。■

莲菊纹玉唾盂　清代中期生活用玉，现藏故宫博物院。

高15、口径14.2、足径7.8厘米。玉质白色。盂圆体，长颈，撇口，扁圆鼓腹，圈足较高且外撇。颈部琢六个仰形莲瓣，莲瓣上雕小型花瓣。颈下部为一周卷云纹，腹部上下边缘各有一周卷云纹，其间六莲瓣与六簇万寿菊相错排列。■

生活用玉·盒

为一种有盖无柄的器皿，因所盛放的物品不同，盒的体积大小也不等，大至捧盒，小至脂粉盒。除了高、低不同的圆形外，还有方形、花形、动物造型的盒。

五蝠团寿纹玉盒　清代中期生活用玉，现藏故宫博物院。

高8.6、口径14.7、足径11.1厘米。玉质白色，纯洁。盒圆形，平顶盖，圆形圈足，盒身较浅，盖与身以子母口相合。盖顶雕圆形开光，开光中部雕团"寿"字，"寿"字周围雕五蝠，寓"五福捧寿"之意。开光之外浅浮雕缠枝蕃莲纹，盒身亦饰浅浮雕缠枝蕃莲纹。■

花鸟团寿纹玉盒　清代中期生活用玉，现藏天津博物馆。

高8.5、宽13.5厘米。玉质白色，纯洁温润。盒呈委角方形，方形卷足，盖、底均向外弧凸。盖中部方形开

光内雕篆书"寿"字,盖的侧壁及盒身均呈斜坡状,浅浮雕花鸟纹,盒内壁阴刻大雁及云朵纹,端庄富丽。■

环,下有圈足。盖、身表面均浅浮雕圆双蝶、福字、蝠桃和菊花等花纹,寓意"五福捧寿"、"花蝶同春"。■

鹌鹑形玉盒 清代中期生活用玉,现藏故宫博物院。

高6.6、长12、宽5.5厘米。玉质青白色。盒作卧式鹌鹑形。鹌鹑身上琢有长短不一的翎毛,身内掏为空腔,并于翅下有一周子母式盒口,可开启。"鹌"字与"安"谐音,寓意平安吉祥,因此鹌鹑是清代常用的图案和器物造型。■

生活用玉·罐

罐为器体比较高、广的器皿,大多有盖。

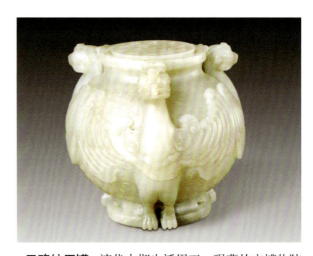

天鸡纹玉罐 清代中期生活用玉,现藏故宫博物院。

高9.7、口径6.5、足径6.5厘米。玉质青白色。罐圆形,小口,口上盖一玉片,上有十六个小孔,状若莲蓬。束颈,腹为球状,浮雕三只天鸡。天鸡面颊饰卷云纹,头顶一根长翎接于罐口,双翅展开,三鸡之翅相连,爪立于罐足上。罐足呈环形,有三透孔,底阴刻填金篆书"乾隆年制"款。■

生活用玉·瓶

玉瓶是一种既可以盛水也可以插花的器皿,因此它兼具陈设与实用的功能。

花蝶蝠桃纹玉罐 清代中期生活用玉,现藏天津博物馆。

高17.7、口径13.8、足径6.6厘米。玉质青白色,质地纯净。器体呈球形,由半球形的罐身和同样形状的罐盖组成,盖组呈莲瓣状,顶部镂雕五螭,肩部镂雕五个活

瓜棱形玉瓶 清代中期陈设、生活用玉,现藏故宫博物院。

高23.7、腹宽10、口径4.4~6.2、足径3.8~5.8厘米。玉质青白色,质地洁净。瓶扁圆体,随瓶体琢凸凹

的瓜棱纹。盖浅浮雕双云蝠捧双桃纹，寓福寿之意。瓶颈两侧透雕蜻蜓展翅状耳，下套活环。在内缩的矮足中央阴刻篆书"乾隆年制"双竖行款。■

蟠龙戏珠纹玉瓶　清代中期陈设、生活用玉，现藏故宫博物院。

高18.1、腹宽10.7、口径3.5、底径2.4～3.9厘米。玉质青白色，纯净温润。瓶扁圆形体，圆口，直长颈，鼓腹，椭圆底。在肩和颈部圆雕蟠龙戏珠纹，龙圆眼凸睛，注视火珠，四肢隐起鱼鳞纹，琢磨细致。■

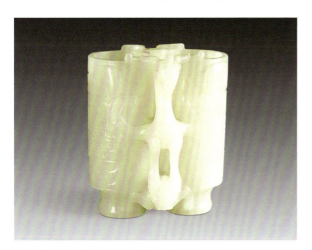

鹰熊纹双连玉瓶　清代中期陈设、生活用玉，现藏天津博物馆。

高8.6、宽7.5厘米。玉质白色，洁净温润。器仿古造型，作双直筒瓶相连式，两瓶间一侧镂雕鹰踏熊，另一侧雕兽面纹。"鹰"与"英"谐音，"熊"与"雄"谐音，寓意"英雄"，是清代极受欢迎的题材。瓶身阴刻龙纹、卷云纹及如意云纹，两瓶间的接口处阴刻篆文"子孙宝之"方章。■

古松纹玉瓶　清代中期陈设、生活用玉，现藏故宫博物院。

高25.3、宽11.8、厚5.7厘米。玉质碧绿色，有瑕斑。器为仿古造型，扁方体，口微敞，颈两侧各有一如意式耳，其下套活环，腹近梯形，方形足，覆斗式盖，长方形叠层纽。腹部两面开光内浮雕古松、岩石和灵芝，一面雕两株松树，另一面雕三株松树，取"五大夫松"之意。足底阴刻隶书"大清乾隆仿古"款。■

"兰亭修禊"图玉瓶　清代中期陈设、生活用玉，现藏故宫博物院。

高31.2、宽17.9、厚6.1厘米。玉质青白色。瓶体横截面为海棠式，宽唇口，短颈，双兽首耳，矮足外撇，盖稍尖，长方形纽。盖顶饰连珠纹和锦带纹，口沿饰一周回纹，瓶口饰两周回纹。瓶体一面阴刻戗金兰亭修禊

图；另一面阴刻戗金楷书《兰亭序》，上部有"时和笔畅"和"乾隆宸翰"篆书印。■

蕃莲纹玉瓶　清代陈设、生活用玉，现藏故宫博物院。

高26、口径6.2、足径8.9厘米。玉质碧绿色，有瑕斑。瓶圆体，小口，唇外卷，短颈，丰肩，深斜腹，凹足，这种瓶的样式俗称梅瓶。瓶满身浅浮雕缠枝蕃莲纹，花朵饱满，花瓣为复瓣，中心露出花蕊，花叶较大且翻卷。梅瓶是中国传统造型，蕃莲纹图案是受外来影响的艺术样式。■

生活用玉·奁

奁为古代妇女盛装各种梳妆用品的器具，形似有盖的钵。清代宫廷使用的奁多为木制，其上雕花并嵌玉，以玉雕者更为美观珍贵。

万年如意纹玉奁　清代生活用玉，现藏故宫博物院。

通高11.7、口径13.8厘米。玉质白色，莹洁温润。器呈圆体，有盖。奁为圆口，大折边宽平口沿，口沿雕有二十个如意头形，腹微外凸，外壁浅浮雕两株灵芝和两株万年青。盖为半球形，顶部为外翻的圆环形纽，纽的外侧透雕有三个等距分布的活套环，盖面亦浅浮雕两株灵芝和两株万年青，与腹部纹饰相对应，寓意"万年如意"。■

生活用玉·鼻烟壶

鼻烟在明代由西方传入中国，清康熙年间中国首创了专门盛装鼻烟之器——鼻烟壶。在皇帝的授意下，清宫造办处下属的各作坊、宫廷控制下的景德镇御窑、苏州和扬州的玉作等，纷纷制造各种工艺的鼻烟壶。鼻烟壶生产在乾隆朝达到高潮，嘉庆朝以后产量下降，但至民国时仍作为一种艺术品在生产。玉鼻烟壶是其中的一个重要品种。

瓜形玉鼻烟壶　清代生活用玉，现藏故宫博物院。

通高6.4、口径0.8厘米。玉质白色，为籽料，局部有黄褐色皮壳。随形雕琢十瓣瓜棱，器壁雕叶茎，其中两片叶子是以黄褐色玉皮雕成，器底部也稍留皮色。盖雕成一个小瓜形，下连象牙匙，设计巧妙。古曰大者为瓜，小者为瓞，称为"瓜瓞绵绵"，寓意子孙兴旺。■

生活用玉·炉顶

明代流行使用香炉，有很多炉的盖纽为玉雕的，古玩界将这种玉器称作炉顶。明代的玉炉顶有很多本为元代官服中的帽顶，这类器形流传至明代，由于服饰体制的改变，帽顶失去实用价值，但这种玉器造型却存世颇多，由于制作精美，受到明人的喜爱，于是改用作炉顶。所以，传世的元代玉帽顶也常被称作玉炉顶。明代也仿照元代帽顶的样式生产玉炉顶，款式自由多样，纹饰和做工方面仍为明代特征。

鸳鸯戏莲纹玉炉顶 明代生活用玉，江西省南城县七宝山明益宣王墓出土，现藏江西省博物馆。

通高4.2、长5.3、宽3.3厘米。玉质青白色，顶部和侧边有黄褐色玉皮。整器透雕鸳鸯戏莲，鸳鸯口衔莲枝，头顶有一长翎，头侧有羽佩，展翅作凫游状，周围镂雕有莲花和荷叶。底部呈椭圆形，有两对牛鼻式穿孔，可以缝缀或镶嵌固定。■

生活用玉·发冠

发冠用于束发，同时具有装饰作用，一般与簪结合使用。

玉发冠 明代中期生活用玉，上海市陆氏墓出土，现藏上海博物馆。

高3.1、长5、宽2.8厘米。玉质青白色，局部有褐色沁斑。冠为长方体，中空，上面微弧凸，通体光素无纹。侧面有三对不同形状的贯孔，下孔为圆形，内可插发簪。■

生活用玉·簪

玉簪用于头发上，有束发、固定发式的作用，同时起到装饰作用，在隋唐时期已有使用，明清时期更加多见。

麒麟纹玉簪 明代中期生活用玉，上海市陆氏墓出土，现藏上海博物馆。

2件，均长11厘米。玉质白色，局部有黑褐色斑。簪为方体，顶端透雕麒麟，底座刻回纹，四面阴刻螭龙纹。在簪体上部有双勾阴线铭文，一件为"福如东海"，一件为"寿比南山"。玉簪的样式、纹饰和文字以及做工，均为典型的明代玉雕特点。■

宝石镶金玉簪 明代晚期生活用玉，北京市昌平区明十三陵定陵出土，现藏北京定陵博物馆。

通长13.5、玉长9.3、宽6厘米。玉质白色，透雕寿字和花朵形，花朵部镶金托红、蓝宝石，背面中部刻"万历戊午年造"。下附金锥簪。此为孝端皇后棺内所出。■

生活用玉·扁方

扁方为清代妇女特有的一种头饰，有束发、固定发式的作用，同时起到装饰作用。

嵌宝石玉扁方　清代生活用玉，现藏故宫博物院。

长31.5、宽3.1厘米。玉质洁白无瑕，莹润亮泽。器长条片状，首端呈弧形，柄端凸起轴头形，其两侧镶嵌粉红色碧玺和小珍珠。在器体正面的两边，以色彩艳丽的宝石粘饰对称的花草图案，枝叶和莲蓬以翡翠粘成，荷花和青蛙以碧玺粘成，小花朵用红、蓝宝石粘成。鲜艳的各色宝石，在洁白细腻的玉质衬托下，如出水芙蓉。■

生活用玉·带钩

带钩是我国古代服饰的重要组成部分，有玉带钩、铁带钩、铜带钩等各种材质。从考古发现看，玉带钩最早出现于新石器时代的良渚文化，是带钩的雏形。至春秋时期，玉带钩的形制趋于成熟。战国和汉代是玉带钩的兴盛期，数量和类型都极其丰富。东汉至南北朝时期，玉带钩数量锐减，造型单调，进入了衰落期。隋唐以后，玉带钩成为玩赏品。元明清三代，玉带钩重又兴盛，最多见的就是钩首雕龙首、腹部雕螭纹的苍龙教子带钩，我们可以从带钩本身的形制及腹部螭纹的形态区分其时代。

嵌宝石玉带钩　明代晚期生活用玉，北京市昌平区明十三陵定陵出土，现藏北京定陵博物馆。

长14.2、腹宽2.5厘米。玉质白色。钩首作龙首，钩身平直，腹下的椭圆形钩组较矮，这是明代玉带钩比较常见的形制。龙额嵌一颗绿宝石，龙睛镶猫眼石。腹部微弧凸，嵌红宝石二、蓝宝石一、黄宝石一。此带钩出于万历皇帝棺内。■

苍龙教子纹玉带钩　明代生活用玉，现藏无锡市博物馆。

长11.7、宽1.8、厚1.8厘米。玉质白色，表面附着土沁。钩首为龙首，钩身平直，其上透雕一螭龙，腹下的钩组较矮，是明代苍龙教子带钩比较常见的形制。龙首的双角后抿，突出的虾米眼，口微张，为明代龙的特点。螭的头略呈三角形，额较宽，五官集中于下部，一绺胡须拖于钩身，四肢匍匐，身体尚未腾空，尾呈花蕾状分卷，有肉感而少力度，是明代螭纹的特征。■

生活用玉·其他

此类玉器包括烛台、器托、花浇等。

花卉纹双擎式玉烛台　清代中期生活用玉，现藏故宫博物院。

高34.4、盘径20.8～28.7厘米。玉质碧绿色，凝重深沉。双擎式烛台上浮雕花卉纹。海棠式底盘，盘壁琢菊瓣纹。花形底足，阴刻填金篆书"大清乾隆年制"三竖行款。此烛台样式新颖美观，是在西方艺术风格影响下产生的新器形。■

莲纹玉器托　清代中期生活用玉，现藏故宫博物院。

高16.8、中层直径17.4、底径6.2厘米。玉质碧绿色。

中国古玉器图典

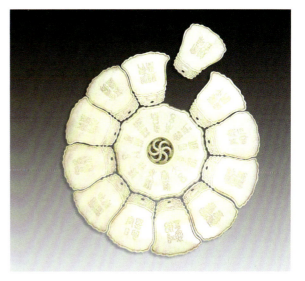

器呈三层莲瓣式，下为一圆形座础。最下层为俯仰莲瓣式座，中层为一双叠莲瓣式盘，最上层为莲蓬式托，边缘雕俯仰莲瓣。各层之间有柱承接，柱较短，中心似球，亦饰俯仰莲瓣纹。玉托上可置放盏、碗等器物。■

龙纹玉花浇 清代中期生活用玉，现藏故宫博物院。

通高7.3、内口径6.5、足径6.5厘米。玉质青色。花浇圆体，口沿较宽，作一周外敞的莲瓣形，龙柄，扁宽形龙首流。盖纽似欲开的小花蕾，盖面镂雕四条蟠螭纹。器腹部雕隐起的夔龙纹。其造型在花浇类器中极为少见。■

装饰用玉·佩

玉佩为用于佩戴的装饰品，既美观，又具有吉祥、厌胜、辟邪的作用。器形有圆雕的人物、动物、植物造型，也有长方形或其他形状的片状器，上面以透雕、浅浮雕或阴刻技法装饰各种花纹图案。

月令纹组玉佩 清代装饰用玉，现藏故宫博物院。

圆形佩直径11.3、厚0.9厘米；花瓣形佩长6.4、宽5.5、厚0.7厘米。玉质纯白无瑕。由一块圆形和十二块花瓣形玉佩组成，十三块玉佩围成一个花朵形。中间的圆形佩的中心透雕六环活心，似花蕊，正面雕水仙、海棠、

万年青和灵芝图案，背面琢篆书阳文十二律吕，即黄钟、大吕、泰（太）簇、夹钟、姑洗、仲吕、蕤宾、林钟、夷则、南吕、无射、应钟；其周边有十二个凸榫，可以榫合花瓣形佩。十二个花瓣形佩上端有孔可以穿系，其正面分别雕水仙、石榴、桂花、菊花、荷花、梅花、杏花、秋葵、牡丹、桃花、芙蓉、芍药十二种花卉，背面琢相应的篆书阳文，分别为仙子凌波、宝珠焕彩、桂鄂飘香、金花庄严、瑞荷清丽、梅蕊传春、杏林吐艳、葵心向日、芍药翻红、绌桃献媚、芙蓉烂漫和安石月辉。十二玉佩的花卉分别与十二月相应，而每一佩所代表的月令又与圆形佩上的十二律吕相对应。■

"斋戒"玉佩 清代装饰用玉，现藏故宫博物院。

长3.8、宽3.1厘米。玉质白色。佩为长方形片状，外框透雕两只相背的夔龙纹，头在上，尾在下，两龙的身体均位于两侧的长边，首、尾相合于上、下的短边中间。佩的中央为圆角长方形开光，正面开光内阴刻填金"斋戒"二字，背面开光内阴刻填金满文斋戒字样。佩的上、下缘中间都有小孔，内系黄丝绳，并加饰两颗珊瑚珠、六组小珍珠和蓝绿丝穗，这种穿绳常见于清宫的

小佩饰。斋戒为清代的重要礼仪，斋戒牌即为斋戒礼仪中使用的佩物。■

装饰用玉·香囊

香囊是清宫中常见实用品，囊体表面细密镂空，中空，可放置鲜花等香物。常见器形有双鱼形、莲花形和三棱柱形等。

莲花纹玉香囊　清代装饰用玉，现藏故宫博物院。

高8.9、宽7.3厘米。玉质青白色，纯净温润，为清代常见玉料。器身呈盒状，由两组对称的弧形器以子母口扣合，两面分五瓣镂雕荷叶、荷花和水草。器上部为包袱形盖，盖面饰浅浮雕五瓣形莲花，盖顶两端有小孔。盖的上部为仿古双首夔龙式提梁，龙身浅浮雕谷纹，提梁中空，中央有孔，两侧下端有榫可插入器盖的小孔中。系绳从提梁、盖的贯通孔中穿入，可以系连器身，当绳勒紧后，器身扣合；当绳松开后，器身自启，内里可填充香料，设计非常巧妙。■

陈设用玉·圆雕人物

人物雕像是中国古代玉器的一个重要题材，其对象主要是受人膜拜的宗教人物、历史英雄、民间传说中的神仙、能带来好运的童子和老人等。人物雕像中数量最多的是佛像。这里所说的佛像，不仅仅指佛祖释迦牟尼的造像，而是广义地指佛教造像，除了佛的尊像外，还包括菩萨、各种护法天神、明王、罗汉以及佛弟子像。其材质有陶塑、金铜铸、木雕、玉雕及各种绘画的佛像等。玉雕佛像多见于元、明、清三代。

玉弥勒佛像　明代陈设用玉，现藏故宫博物院。

底长7.5、宽5.5厘米。玉质白色干涩，表面有大片黄

褐色斑，似经火烤。弥勒佛面庞宽大，长耳垂肩，慈眉善目，袒露大肚，双手扶膝，盘腿而坐。其玉质和雕工均具明代特征。■

玉菩萨像　明代陈设用玉，现藏故宫博物院。

高11.5、底长8.1、宽5.2厘米。玉质青色。菩萨半闭眼，耳轮垂肩，面庞丰满，头戴斜冠，坐于兽背，一足踏莲台，一足抬起踩于兽肩，右手放于膝盖，左手扶兽臀，身着长衣长裤，胸前、腰下饰凸起的璎珞。兽卧莲台，兽首后昂作鸣叫状，凸眼粗眉，数绺长毛发后披，长尾卷于菩萨足边。莲座边凸雕一周莲瓣纹。琢制粗犷有力，为明代玉雕风格。■

玉观音像　明代陈设用玉，现藏故宫博物院。

高17.2、底宽6厘米。玉质青白色，稍有黄色沁。观音面部清秀，眯眼，直鼻，小口，高髻，头发染成黑色，并露出玉质发簪。身材修长，着宽袖长裙，右手托

一童子，左手扶于童子足部，是具有明显祈福象征的"观音送子"。■

膝下，各部衣纹深浅适度，一手搭于另手背，一手半握念珠。与明代观音相比，此像衣着装饰更加厚重繁华，雕琢细致。■

玉佛像 清代中期陈设用玉，现藏故宫博物院。

高13.6、底宽8.3、厚4.1厘米。玉质青色，质地优良。佛像为佛祖释迦牟尼。其头上有肉髻螺发，大耳下垂，眉目修长，眼皮下耷，盘膝坐在须弥座上，结跏趺坐，手作法界定印，腕戴镯。身着长宽衣，肩披巾，胸部饰璎珞及飘带。神态自若，身体比例适度，衣纹潇洒飘逸，应为清中期高手琢制。■

玉观音像 清代中期陈设用玉，现藏故宫博物院。

高28.8、宽10.7、底厚4.8厘米。玉质碧绿色，内含黑斑。观音头披发巾，发结中间饰一盘坐在莲花台上的坐佛。眼睛下垂，胸前饰璎珞。赤足，着长衣，宽袖垂至

玉罗汉像 清代中期陈设用玉，现藏故宫博物院。

高18、宽7.3、厚4.5厘米。玉质青色，有瑕。罗汉秃头，前额凸起一肉瘤，长眉，眼眯成缝，脸有皱纹，两耳下垂，似一慈祥老人。脚踏方头鞋，身穿僧衣，腰系绳带，右手扶带头，左手持一束万年青于胸前。■

陈设用玉·圆雕动物

动物是中国古代玉雕中的一个重要题材。明清时期的动物形玉雕多具有吉祥的寓意，也有一些是日常生活中备受人们喜爱的宠物，形神兼备，惟妙惟肖。明清时期的玉雕动物一般都兼具陈设、玩赏和文房镇纸的多重功能。

玉马　明代陈设、文房用玉，现藏故宫博物院。

高4.5、长8.3、宽3.3厘米。玉质青色显旧。马呈回首卧伏状，右前足踏地，余三足卧于腹下，长尾弯于身体右侧。头较短，阴刻菱形眼，额前及颈后鬃毛下垂。背部凸起脊线，胸与臀部肌肉丰满，造型准确逼真。■

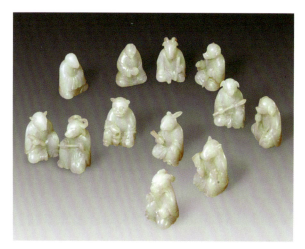

玉十二生肖　清代中期陈设用玉，现藏故宫博物院。

12件，高3.1～3.4厘米。玉质青色。十二件生肖像为坐姿各异、手中持有不同器物的兽首人身像。中国的十二生肖与十二地支搭配，其组合依次为子鼠、丑牛、寅虎、卯兔、辰龙、巳蛇、午马、未羊、申猴、酉鸡、戌狗、亥猪，是中国传统文化的重要组成部分。这套十二生肖形象生动，雕琢细腻，为清代玉雕风格。■

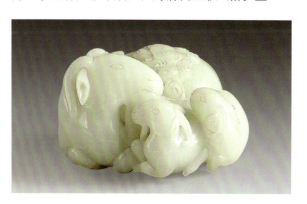

玉羊　清代中期陈设、文房用玉，现藏天津博物馆。

高7.7、宽13.4厘米。玉质白色，纯洁温润。三羊相倚而卧，一大二小，大羊口吐祥云，神态安详，底部平坦。以三只羊象征"三阳开泰"，意寓吉祥亨通，作为岁首称颂之语，是非常受欢迎的玉雕题材。■

玉蟹　清代陈设、文房用玉，现藏故宫博物院。

高3.6、长11.2、宽16.8厘米。玉质白色。两只螃蟹相对而卧，蟹壳微隆，壳上依形起伏，八足伸屈各异，钳爪微张，蟹身下有芦叶、芦花。作品以二蟹为二甲，含有"二甲传胪"之意。清代称二甲第一名为"传胪"。■

玉牛童　清代陈设、文房用玉，现藏天津博物馆。

高14.7、长15厘米。玉质洁白纯净。牛身肥硕粗壮，作慢步前行状。牛背上有一牧童，左手擎鸟，右手持笛，神情悠闲，充满春天的活力和田园气息，牛的四足下有随形的平托座。■

陈设用玉·圆雕植物

明清时期的圆雕植物，与圆雕动物相似，多为具有吉祥寓意的植物品种，形象美观生动，兼具陈设、玩赏和文房镇纸的多重功能。

玉玉兰花　清代中期陈设、文房用玉，现藏天津博物馆。

高10.7、长31厘米。玉质蛋青色，局部有白色沁蚀斑。圆雕一折枝玉兰花，枝干粗壮弯曲，上有三朵竞相怒放的花朵，花瓣丰满，交叠分明，在枝上还雕有七个含苞待放的花蕾，生机盎然。玉兰花是新春福瑞的象征，深受人们喜爱。■

玉荷叶莲蓬　清代中期陈设、文房用玉，现藏故宫博物院。

高12.6、长25.5、口径12.1厘米。玉质青白色，一面微有瑕。底座雕琢水波形，其上左侧镂雕一湖石，向右依次雕莲蓬、荷花和荷叶。莲蓬顶部凸起七粒莲子，其旁花蕾乍放，荷叶边沿卷起呈洗状。荷花亦即莲花，因"莲"与"连"同音，而且莲蓬多子，用以寓意"连生贵子"，是明清时期最常见的吉祥玉雕题材之一。■

翡翠白菜　清代中期陈设、文房用玉，现藏台北故宫博物院。

高18.7厘米。翡翠质，一块料上，白、绿、红三色

兼备。此为一件巧作的陈设艺术品，玉匠利用玉材色泽之变化，雕成一棵形神毕肖的白菜。白色部分做成菜帮，叶柄白嫩，茎脉分明。翠绿部分做成菜叶，自然翻卷，青翠欲滴。菜叶旁一斑红翡，雕一只正在栖憩的蚂蚱，春意盎然。此件原陈设于清廷的永和宫，曾为光绪帝德宗隆裕皇后的陪嫁，是清代最精彩的俏色翠玉之一。■

陈设用玉·山子

玉山子是清代流行的陈设品，一般是以绘画作品为画稿，雕琢山水人物图案，犹如立体的绘画，因此被誉为玉图画。清乾隆四十年（1775）以后，随着玉业的兴盛，出现了被称为"俗式"、"新样"的玉厄现象，为了扼制、扭转这种局面，乾隆皇帝更加大力提倡制作具有高雅气息的玉图画题材玉器，希望借此将玉业引上古典朴雅之路。玉山子是玉图画题材玉器的一个主要品类，所以，随着玉图画玉器成为当时玉器的一个主流，玉山子的制作数量和质量也都达到了前所未有的水平。

"桐荫仕女"图玉山子 清代中期陈设用玉，现藏故宫博物院。

高15.5、长25、宽10.8厘米。玉质白色，为白玉籽料的外壳雕成，表面带有大面积的橘黄色玉皮。构图主体为一门亭，陷于桐荫之下，前有门柱瓦檐，圆形门洞。内有两扇活门，一门闭合，一门微启。门内外各有一仕女，一人以手折花，一人双手捧物，相互窥望。门前两侧利用皮色雕成桐树、湖石、芭蕉，描绘了江南优美的庭园景色。器底刻有乾隆三十八年（1773）御题："和阗贡玉，规其中作碗，吴工就余材琢成是图。既无弃物，且完璞云。"乾隆御制诗："相材取碗料，就质琢图形。剩水残山境，桐檐蕉轴庭。女郎相顾问，匠氏运心灵。义重无弃物，赢他泣楚廷。乾隆癸巳新秋御题。"图案构思与故宫所藏桐荫仕女图油画屏风的图案相同，堪称玉雕史上的一绝。■

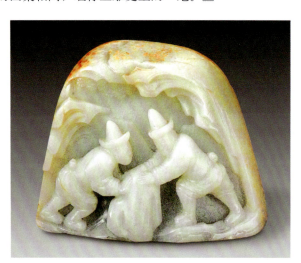

"采玉"图玉山子 清代中期陈设用玉，现藏故宫博物院。

高12、长14.5、宽8厘米。玉质青白色，以玉籽料雕成，作品后半部保留籽玉的皮壳。山子正面采用陷地深雕技法，雕二人弯腰搬动巨型玉石的情景，四周雕山石，山崖间有松枝。背面有乾隆题诗："于阗采玉人，淘玉出玉河。秋时河水涸，捞得璆琳多。曲躬逐逐求，宁虑涉寒波……"后刻"乾隆辛巳春御制"和"比德"、"朗润"二枚印章。此作品真实地表现了清代新疆深山采玉的情景。■

"大禹治水"图玉山子 清代中期陈设用玉，现藏故宫博物院。

高224、宽96厘米，错金铜座高60厘米。新疆叶尔羌青色山料，绺纹多。玉工根据宋人的画稿，利用玉料本身的绺纹和色泽，独运匠心，随形施艺。作品将陡峭险峻的大山、蜿蜒曲折的山道、嶙峋的悬崖以及开山治水的民工们艰苦紧张的劳动场面，表现得淋漓尽致。正面山巅刻"五福五代堂古稀天子宝"方印，左有"天恩八旬"圆印，背面上方刻"古稀天子"圆印，正中刻双行隶书"密勒塔山玉大禹治水图"，下镌乾隆赞颂大禹治水功德的御制诗和注释文。据清宫档案记载，此器原料重达5300多公斤，是于冬季在道路上泼水结冰，用数百匹马拉，近千人推，经过三年的时间，才从新疆密勒塔山运到北京，由画匠设计画样、制成木样后，一并经水路运往扬州琢制，成器后又经水路运回紫禁城，由造办处玉匠朱永泰等镌字后，置于乐寿堂，前后共用十年时间。

它是现存最大的古代玉雕，凝聚了数千人的智慧和血汗，是一件不朽的玉雕艺术杰作。▌

"秋山行旅"图玉山子　清代中期陈设用玉，现藏故宫博物院。

高130、底宽70、厚30厘米，铜座高25厘米。新疆叶尔羌青色山料，多纹绺，并杂黄色斑。此器是以宫内著名画家金廷标所绘《关山行旅图》为样稿，玉匠根据玉材的形状与质色，因材施艺，以淡黄色的瑕斑琢为秋天的草木和落叶林，以纵横起伏的绺纹巧雕耸立的山峰和陡峭的崖壁。山脚和山腰的队队行旅、驮物的骡马，正艰难地穿越盘旋崎岖的山路、栈道。构图层次分明，高深远近比例适当，透视感强，表现出玉匠的高超技艺。此器原陈设于清宫的乐寿堂西暖阁，是清宫的巨型玉器之一，重数千斤，历时四载琢成，是清宫的重要陈设品，乾隆皇帝曾两次赋诗赞颂。▌

"会昌九老"图玉山子　清代中期陈设用玉，现藏故宫博物院。

高114.5、最宽90、厚65厘米，铜座高41厘米。新疆叶尔羌青色山料，有绺纹。此器以唐代会昌五年（845）白居易、胡杲、郑据、刘真、卢贞、张浑、狄兼谟等九位文人士大夫在今河南洛阳香山聚会宴游的场面为题材。玉匠运用浮雕、透雕、玉雕等技法，按透视比例，雕琢出几位老者在山中品茶、下棋、抚琴、观鹤等图案，间以桐荫、亭台、侍童和花草树木为衬托，景物高

远深邃。山顶处有"古稀天子"阳文圆印，正面山崖有填金隶书"乾隆丙午年制"，左上琢"会昌九老图"。背面刻乾隆丁未（1787）正月御制诗，下琢"古稀天子之宝"和"犹日孜孜"二印。据记载，此器所用玉料重约832公斤，玉山之下又配有大型铜座，是宫廷使用的大型陈设品。▌

陈设用玉·插屏

插屏是一种可组装的屏风，宋代开始出现，置于几案上或砚台边，是用以挡蔽风尘和观赏的小型砚屏。至清代，小型砚屏的结构基本上都是屏心与屏座分开，可组合安装的，所以通称为"插屏"，其表面多碾琢绘画题材的图案。清代的玉插屏一般为玉屏心，配木边框和木座。玉插屏是玉图画题材玉器的一个主要品类，所以，随着玉图画玉器成为当时玉器的一个主流，玉插屏的制作数量和质量也都达到了前所未有的水平。

"灯下观书"图玉插屏　清代中期陈设用玉，现藏故宫博物院。

高8.4、宽11.2、厚1.3厘米。玉屏心玉质青白色，稍有黄色瑕斑。器横长方形，一面以陷地浮雕技法雕玉图案，另一面阴刻诗文。正面玉图画雕山间静屋内一老者坐在灯下读书，一童子侍立于身旁，富有立体

感和生活气息。背面在回纹边框内，阴刻隶书"御制赋得灯右观书"诗，末署"臣曹文植敬书"及"臣植"印。■

"松亭人物"图玉插屏心　清代中期陈设用玉，现藏故宫博物院。

长24.7、宽15.1、厚1.1厘米。玉质碧绿色，色泽深沉典雅。屏心为竖立的长方形，一面浮雕人物山水题材的玉图画，图中山石林立，树木葱茏，双檐小亭掩映于林中，一老人坐于松石下，一小童执喷壶浇洒菊花。在图画一角的空白处镂描金御制五言诗："群卉渐消歇，金英殿众芳，一庭含爽气，三经遍清香……"另一面镂刻一百个篆书"福"、"寿"字。■

陈设用玉·如意

如意，起源于爪杖，因爪杖能搔到背部手所不及之痒处，甚如人意，而得名"如意"。又因古人常执之于手中，而得雅号"握君"。明清时期，如意成为寓意吉祥的陈设品。在清宫，每逢帝后寿辰或重大庆典，诸王公大臣都要进贡如意作为贺礼，有时要进贡九盒如意，每盒中装九柄，意寓"久久如意"。

"岁岁平安"玉如意　清代中期陈设用玉，现藏故宫博物院。

2件，均长33厘米。玉质白色，以一整块玉琢制。如意圆头、长柄，头正面用碧玉、花玉、料等材质嵌成谷枝、谷穗，枝上立两只鹌鹑，寓意"岁岁平安"。柄中光素无纹，柄端以青金石镶嵌一夔纹，造型素雅。■

灵芝形玉如意　清代中期陈设用玉，现藏故宫博物院。

长38.8厘米。玉质青色，淡雅温润。器呈灵芝形，首呈一大朵如意形，其上浮雕两只相对的蝙蝠和一火珠纹，外部镂雕一枝小灵芝。柄部采用高浮雕及局部透雕技法，雕琢云龙戏珠、丹凤衔花和灵芝花纹，云龙的身体在柄部上下盘绕，颇为生动。■

陈设用玉·花插

玉花插是以玉雕成的插花容器，同时其本身也是一件陈设观赏品。明清时期的花插造型多样，其中很多模仿动植物形象雕成肖生器皿，所模仿的动物和植物一般都具有吉祥的寓意，形神兼备。同时也有很多是模仿古代青铜器的造型，即以仿古玉器作为花插的。

一小龙。玉匠巧妙利用玉料的黑褐色玉皮，雕成龙须、口沿、背鳍和尾部，鱼体刻鳞纹。龙鱼是中国古代艺术品中常见的题材，具有宗教和吉祥寓意。■

灵芝纹玉花插　明代陈设用玉，现藏故宫博物院。

高24、宽9厘米。玉质青色。器圆筒状。上半部为一灵芝形花杯，花杯外表浮雕四朵灵芝和两朵水仙花，并有丝蔓盘绕。下半部镂雕竹节及灵芝枝叶。采用灵芝和水仙纹，喻含长寿之意。花插枝叶镂雕复杂，但打磨不甚精湛，为明代玉器代表作品。■

梅花纹水晶花插　明代陈设用玉，现藏故宫博物院。

高11.4、口径4.2、足径3.8厘米。水晶质茶色，局部表面留有白色天然体。器圆柱形，中空，可插花，随形圆口，木纹平底足。外表凹凸不平，呈自然树桩状。底和口部凸雕梅枝，以天然白色琢出盛开之梅花，生动自然。在新枝之间琢双竖行阳文草书"疏影横斜，暗香浮动"，并有阴文"子"、"冈"一圆一方两枚印。为琢有"子冈"款的珍贵玉器。■

鳌鱼形玉花插　明代陈设用玉，现藏台北故宫博物院。

高15.6、宽9.55厘米。玉质白色，局部有黑褐色斑。通体雕作竖立的鳌鱼形状，龙首鱼身，口大张，背部附

白菜形玉花插　清代陈设用玉，现藏故宫博物院。

高16、长12.2、宽6.1厘米。玉质青色。器下部琢一扁

三角形底托，表面凸凹不平，中心立一株白菜。白菜粗壮，外周菜叶卷向外侧，内周菜叶竖直向上，菜叶阴阳面均雕出叶脉，中空。所选玉材青色中泛有黄色，极似白菜的颜色，造型逼真，是一件不可多得的艺术品。■

陈设用玉·香炉、香熏

　　明清时期，各种佛事、祭奠活动都需要烧香，因此香具是极为常用的生活用具，兼具陈设与实用功能，香炉是将香插于炉中点燃让其燃烧的器皿，明清时期常以仿古青铜器鼎和簋的器形作为香炉使用。香熏的器壁及盖有镂孔，香烟或香气能从孔中散出。流行用来烧香的除了香炉、香熏，还有一种直筒式香具，被称为香筒或香笼，其基本造型是细长的直筒，上下各有一个扁平的盖顶和承座，主体部分雕镂空花纹，以散发香烟，筒内有一枚小插管，用以插香。

耳，四兽吞足，仿青铜鼎形制。盖上有蟠龙衔莲花纽，盖面饰回纹锦地，上压蟠螭纹和兽面纹。腹部回纹锦地上压浮雕兽面纹。底中央阴刻隶书"乾隆年制"双竖行款。■

兽形玉香炉　明代陈设、生活用玉，现藏故宫博物院。

　　高17.8、口径5.6厘米。玉质青色，局部有深褐色斑沁及绺纹。独角，昂首，张口露齿，四足正立，前两足有羽翅，身上雕龙纹及卷云纹。兽头为盖，腹空，可贮香料，香味透过兽嘴向器外散发。■

兽面纹玉香炉　清代中期陈设、生活用玉，现藏故宫博物院。

　　高14.1、腹径8.5～10、口径7.7厘米。玉质青白色，质地纯净莹润。器圆体，厚唇，束颈，扁圆腹，双兽

螭凤牡丹纹玉香熏　清代中期陈设、生活用玉，现藏故宫博物院。

　　高12.3、口径15.5、底径8.4厘米。玉质白色，有绺纹。器圆体，盖顶平，其上镂雕翔凤穿牡丹纹，盖面镂雕三条螭龙穿牡丹纹，器壁镂雕三翔凤穿于牡丹花丛。平底，底部凸雕成开放的牡丹花。龙凤、花叶形象生动，花上压花，富有层次感和立体感。■

莲花牡丹纹玉香熏　清代中期陈设、生活用玉，现藏故宫博物院。

　　高20.8、口径14.1、足径8.3厘米。玉质深碧绿色，有绿斑。器上尖下阔。盖分五层：顶似花蕾；其下两层均

中国古玉器图典

兽面纹玉香熏 清代中期陈设、生活用玉，现藏故宫博物院。

通高21.8、口径21.6、足径16.6厘米。玉质碧绿色，内含细墨点，质地莹润。熏圆形体，镂空盖，朝冠形耳，耳中间出一螭龙，大圈足外撇。盖顶镂雕蟠龙握珠纹，盖面镂雕缠枝莲花纹。腹部在减地回纹锦地上，浅浮雕兽面纹。足部隐起俯式双层花瓣纹。■

镂雕牡丹花；第四层浅浮雕卷连草叶纹和莲瓣纹。盖面为镂雕折枝牡丹花纹，熏体镂雕莲花、牡丹纹，伴以轮、螺、伞、盖、花、罐、鱼、肠八宝纹，圈足镂雕牡丹花纹。器内置铜鎏金碗以贮香料。器下承铜胎掐丝珐琅座，上置圆饼形镂空白玉托。■

山水人物纹玉香熏 清代中期陈设、生活用玉，现藏故宫博物院。

2件，均高21.5、口径4.1～4.5、底径4.9厘米。玉质青色。器呈方筒形，有盖，上下均有孔。一件器身镂雕树木、山石、小桥、流水，间有樵夫和垂钓者。另一件镂雕山水、树木、亭台房屋，间有耕田和读书者。两件花熏合为渔、樵、耕、读题材，为清乾隆初年琢制的宫廷用品。■

山字纹玉香熏 清代中期陈设、生活用玉，现藏故宫博物院。

通高12.6、玉熏高9.3、直径7.6厘米。玉质青色，局部微有黄色。熏圆筒形，上下口沿各饰一周云纹。圆筒分为两截，各有五个"山"字形榫，相互交错套连，可活动，但不能将两截分开，中间的缝隙可散香气。香熏之下有镂雕紫檀木圆座，其上部有镂雕紫檀木盖。■

蕃莲纹玉熏炉 清代中期陈设、生活用玉，现藏故宫博物院。

通高12.3、口径13.9厘米。玉质深碧色，稍有开片状

玉五供 清代中期宗教祭祀用玉，现藏故宫博物院。

炉高25、口径12.9、腹径15厘米；蜡台高48.3、中间盘径16、底径12.6厘米；花觚高28.7、口径15.9、底径9.5厘米。玉质均蛋青色，质地纯正。炉为圆鼎式，双朝冠耳，三兽吞足，盖顶为透雕云头饰，盖面饰隐起四个变形蝙蝠纹，颈部饰"寿"字，间饰"卐"。烛台由底足、两截柱、一大一小两重盘以铜芯联接而成；花觚由三截嵌接而成，大喇叭口，小鼓腹，外撇的高圈足，表面装饰兽面纹、蕉叶纹、云纹及"卐"、"寿"、"蝠"等纹饰。此为成组五供之中难得的精品，配以掐丝珐琅座，更显庄重高贵气质。■

缓裂。炉体分为上下两部分。上部为圆筒式罩，罩顶为葫芦形纽，其下为六坡屋脊式盖，每条脊棱的下端悬一个白玉铃，盖下部的圆筒壁上为六个方形开光，开光内透雕蕃莲纹。炉身为圆鼎式，腹壁浮雕缠枝蕃莲纹，朝冠形双耳，兽吞式三足。此器可作香炉，也可作为香熏使用。■

宗教祭祀用玉

这类玉器是指举行宗教仪式或祭祀典礼时所用的玉器，主要有五供、七珍、八宝、铃、杵、钵等。五供由一炉、二烛台、二花觚组成。七珍又称七宝，一般指转轮圣王所拥有的世间七种珍贵宝物：轮宝、象宝、马宝、珠宝、女宝、居士宝（又称主藏宝）与兵臣宝。八宝又称八吉祥，是佛教传说中的八种宝物，也可作为佛家的符号：法螺，具有菩萨果妙音吉祥之意；法轮，表示佛法圆转万劫不息之意；宝伞，表示张弛自如曲覆众生之意；白盖，表示偏覆三千净一切药之意；莲花，表示出于浊无所染之意；宝瓶，表示福智圆满具无漏之意；金鱼，表示坚固活泼解脱坏劫之意；盘肠（长）表示回环贯彻一切通明之意。钵是和尚盛饭的盂，据《法显传》云，佛钵出自印度毗舍离，佛祖曾用以吃斋，后传入汉地。乾隆二十二年（1757），皇帝南巡到苏州，见开元寺所供佛钵，大为赞赏，后命良工仿制成玉钵，供于宫内佛堂中。铃、杵是藏传佛教之法器，清代仿西藏喇嘛教铜质的铃、杵，制成玉铃、玉杵，器形极为精致逼真。

玉七珍 清代中期宗教祭祀用玉，现藏故宫博物院。

均通高32、器高11厘米。玉质碧绿色。器分别为轮宝、马宝、象宝、兵臣宝、居室宝、女宝与珠宝，这就是所谓的七珍，又称七宝，是转轮圣王所拥有的世间七种珍贵宝物。每个宝上饰描金、填金花纹，并镶嵌珊瑚、青金石、绿松石等各色小彩石珠。下承紫檀嵌银丝座，木座上部为莲花形，中部为四出戟柱，下部为八方形栏座，上嵌雕花白玉片及铜镀金柱。■

玉八宝 清代中期宗教祭祀用玉，现藏故宫博物院。

通高32.5、器高10.8厘米。玉质碧绿色。器分别为法轮、法螺、宝伞、白盖、莲花、宝瓶、金鱼和盘肠八宝

物。器上均饰描金、填金花纹，并镶嵌珊瑚、青金石、绿松石等各色小彩石珠。下承紫檀嵌银丝座，木座上部为莲花形，中部为四出戟柱，下部为八方形栏座，上嵌雕花白玉片及铜镀金柱。八宝是佛教传说中的八种宝物，每种宝物都有吉祥的含义，所以又称八吉祥，也可作为佛家的符号。■

七佛纹玉钵　清代中期宗教祭祀用玉，现藏故宫博物院。

高8、直径14.5厘米。玉质白色，有瑕斑。钵圆体，直口，深直腹，平底。腹部外壁浮雕七尊佛像，分别为释迦牟尼佛、毗婆尸佛、尸弃佛、毗舍婆佛、拘楼孙佛、拘那含佛、迦叶佛，通称"过去七佛"。钵底雕旋卷水波纹，海水旋出七朵水花，与腹部所雕的七尊佛像相对应。■

刻经文玉钵　清代中期宗教祭祀用玉，现藏故宫博物院。

高8.6、口径10.9、足径9厘米。玉质碧绿色，杂有白色斑点。钵为圆体，敛口，鼓腹，平底。口沿一周刻"般若波罗蜜多心经"，腹壁满刻竖行经文，文字均为楷体并填金。■

莲花形玉钵　清代中期宗教祭祀用玉，现藏故宫博物院。

高7、口径13.8厘米。玉质青白色，局部有黄褐色斑。莲花式底座，其上雕十四瓣莲花式钵，莲瓣上分别雕七佛及七佛偈语，偈语为楷书描金。■

玉铃　清代中期宗教祭祀用玉，现藏故宫博物院。

高18.4、口径9.7厘米。玉质青色。柄和铃由两块玉衔接而成。铃外壁浮雕莲花、梵文、轮形璎珞及杵等佛教纹饰。柄的下端阴刻楷书"乾隆年制"，柄中段雕一佛头，佛冠饰火珠纹，柄的上部中心雕戟头，周围有四个兽首吐出的尖齿与戟相接。铃是藏传佛教之法器，此器为清代仿西藏喇嘛教铜质铃制成，器形精致逼真。■

玉杵 清中期宗教祭祀用玉，现藏故宫博物院。

长12、宽4.3厘米。玉质青色。器仿青铜杵样式，中部稍鼓，阴刻楷书"乾隆年制"。从器中间向两侧背向饰莲花托，托上伸出四个弯曲尖齿，四齿首尾收拢合于中轴。杵是藏传佛教之法器，此器为清代仿西藏喇嘛教铜质杵制成，器形精致逼真。■

痕都斯坦玉器与仿痕都斯坦玉器·痕都斯坦玉器

痕都斯坦玉器简称痕玉，是乾隆皇帝对17～18世纪位于今北印度和巴基斯坦地区蒙兀儿帝国和土耳其鄂图曼帝国生产玉器的称呼。18世纪中叶，乾隆平定新疆南北路以后，这些玉器通过新疆以进贡的方式大量传入宫廷，乾隆皇帝非常喜爱这类玉器，称其为痕都斯坦玉。清宫收藏品有的在器表加琢了乾隆的御制诗文，记载它们是西域的进贡品，原签题多称其为"痕都斯坦玉器"或"印度玉器"。这种玉器玉质莹润，以"水磨"为工具，多仿动植物造型，轻薄精巧，尤其喜欢装饰各种花卉图案。器形有的雕成一朵花形，有的作半个剖开的瓜形。器底常浮雕成一朵平展盛开的花朵。器柄处多立雕作花蕾与缠绕的茎叶，或是一个弯曲的羊头。器表常嵌饰金、银丝和红、绿宝石，与中国传统玉器风格迥异，深得乾隆皇帝推崇。民间玉肆称之为"蕃作"或"西蕃作"玉器。

花叶纹玉碗 清代中期痕都斯坦玉器，现藏台北故宫博物院。

高4、通宽16.2、口径12、底径6.2厘米。玉质碧绿色。器呈六瓣圆形，平底。外壁浮雕莨苕花叶纹，两侧边各雕莨苕叶，由器腹下方伸向口缘，叶尖弯折，附以花蕾、卷叶，形成双耳。底琢一平展的莲花。此器原陈设于紫禁城永寿宫，玉质、器形、纹饰及做工，都是典型的痕都斯坦玉器特点，深受乾隆皇帝喜爱，并于乾隆五十四年（1789）为之作御题诗，加琢于碗的内壁。■

嵌金丝花卉纹玉碗 清代中期痕都斯坦玉器，现藏台北故宫博物院。

高9.7、口径12.9、底径6.7厘米。玉质苹果绿色。器为圆形，两个喇叭花形耳，有盖。腹部和盖装饰花蕾纹，均以金丝嵌饰花纹轮廓，其内嵌白玉为花瓣，红玻璃为花蕊，碧玉为花叶。全器颜色淡雅清秀，制作精致。碗心浅刻楷书"乾隆御用"，盖心浅刻楷书"子孙永宝"。此器原陈设于紫禁城乾清宫，玉质、器形、纹饰及做工，都是典型的痕都斯坦玉器特点。■

花叶纹玉碗 清代中期痕都斯坦玉器，现藏台北故宫博物院。

高10、口径最宽19.2、足径最宽7.7厘米。玉质绿色。碗作八棱形，侈口，斜腹，高圈足，通体透雕花叶纹。器原附绣花布套，上系黄签，签上墨书"嘉庆二十二年七月初十日喀什噶呈进绿玉八棱周身透花碗一件"，签的背面墨书"十匣"二字，可知此器为回部进贡的痕都斯坦玉器，原藏于紫禁城端凝殿。此器的玉质为痕都斯坦玉器中比较常见的种类，器体极薄，透雕花叶纹，是典型的痕都斯坦玉器特点。◼

镶银胆花叶纹玉碗　清代中期痕都斯坦玉器，现藏台北故宫博物院。

高13、口径18.7、底径8.8厘米。碗侈口，深腹，高圈足。腹壁镂雕花叶纹，在花上染赭黄色，在叶上染绿色。高圈足镂雕叶纹，并染成绿色。镶银胆，心和内壁又镶嵌金片。原陈设于紫禁城养心殿。◼

蚌壳形玉盘　清代中期痕都斯坦玉器，现藏台北故宫博物院。

长19.2、宽15、壁厚0.1厘米。玉质青色，局部有褐斑。全器琢成一蚌壳形，琢磨极薄，从造型到琢工都体现了痕都斯坦玉器的特点。原藏于紫禁城端凝殿。◼

海棠形描金嵌宝石玉盘　清代中期痕都斯坦玉器，现藏故宫博物院。

高2.4、口长19.5、宽15.3厘米。玉质青白色，温润晶莹。器作四瓣海棠花式，每瓣作三曲连弧形，内分五池，池内琢勾连凹槽，槽内描金以示花枝，以红绿宝石嵌饰花朵。将器皿分格的方法也多见于痕都斯坦玉器的盘和盒类器形中。◼

瓜形玉杯　清代中期痕都斯坦玉器，现藏台北故宫博物院。

高4.7、长16.6、宽12.8厘米。玉质青绿色。器作半瓜形，柄与底琢为莨苕花叶形。此杯于乾隆三十八年（1773）进贡，内壁加琢乾隆御制诗。柄上所系丝穗可能是在清宫时所加配。原陈设于紫禁城乾清宫。◼

花形玉盒　清代中期痕都斯坦玉器，现藏故宫博物院。

高3.8、通长9.2厘米。玉质白色，光泽莹润。盒为四瓣花形，内分四格，有盖，盖面凸雕莨苕花纹，盖纽及器柄均雕作花蕾形状，足内凹，作四瓣花式。◼

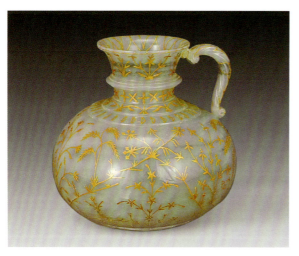

嵌金丝花草纹玉壶 清代中期痕都斯坦玉器，现藏台北故宫博物院。

高13.9、腹径15.1厘米。玉质青色，微泛灰。壶为侈口、短颈、大圆腹、矮圈足、绳状柄。器身以金丝镶嵌花草纹，器底浮雕一朵蕃莲纹。■

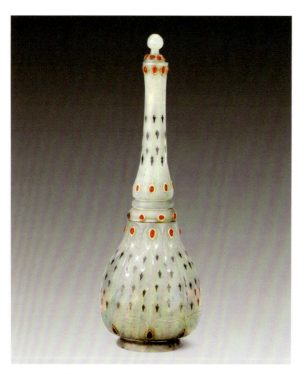

嵌宝石花叶纹玉瓶 清代中期痕都斯坦玉器，现藏故宫博物院。

高20.1、口径1.7、足径4.5厘米。玉质青灰色。瓶体细长，由颈、腹两部分粘接而成。顶有盖，盖周围以金丝托嵌八块红宝石，中间凸起花蕾形纽，纽顶嵌一绿宝石。颈部细长，浅浮雕莨苕花叶纹，并嵌银质小草形片，中部饰金丝托嵌红宝石三周。腹部扁圆形，浅浮雕莨苕花叶纹，并嵌饰银质小草形片，近足处嵌金丝托碧

玉八块。器体造型、花纹的样式和装饰技法都是典型的痕都斯坦玉器风格。■

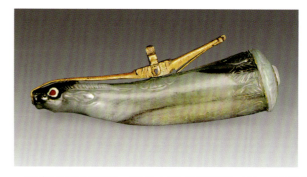

兽角形玉火药筒 清代中期痕都斯坦玉器，现藏台北故宫博物院。

长10.9、宽2.8厘米。玉质青色泛灰，局部为黑玉。全器琢成兽角形，较大的一端有金丝分割出圆盖，但不能开启。较小的一端琢成羊头形，以金丝和红玻璃珠镶嵌眼睛。盖顶饰一花朵，以白玉嵌圆纽作花蕊，周围琢花瓣。筒身琢一周叶纹。筒的上方以铜为柄。火药筒为盛装火药以供塞入枪膛之用，此器可能为玩赏器而非实用品。火药筒是痕都斯坦玉器的一个重要器形种类，器体上花纹的样式和装饰技法也是典型的痕都斯坦玉器风格。■

花瓣形玉匙 清代中期痕都斯坦玉器，现藏故宫博物院。

长24、宽5.4厘米。玉质青色，半透明。匙作花瓣形，壁极薄。近柄处浮雕成莨苕花叶形，上嵌金丝。柄端雕作花蕾形，花蕊处以金丝托嵌一红宝石。长柄略有弯曲，雕作扭丝纹，雕琢精致。这种长柄玉匙是痕都斯坦玉器的一个重要器形种类，器体上花纹的样式和装饰技法也是典型的痕都斯坦玉器风格。■

描金花卉纹玉刀把 清代中期痕都斯坦玉器，现藏故宫博物院。

长13.2、宽5.6厘米。玉质青灰色，微有瑕斑。器体厚重，一端弯曲，另一端向两侧对称翻卷，端口处有凹槽，

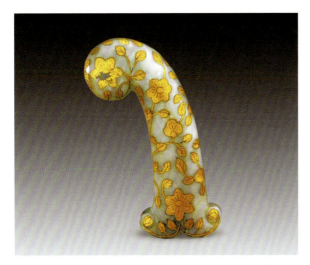

可插嵌刀身。通体满饰描金花卉纹。这种弯曲形状的玉刀把是痕都斯坦玉器的一个重要器形种类，器体上花纹的样式和装饰技法也是典型的痕都斯坦玉器风格。■

痕都斯坦玉器与仿痕都斯坦玉器·仿痕都斯坦玉器

痕都斯坦玉器由于玉质莹润，轻薄精巧，造型别致，深得乾隆皇帝推崇。但进入清宫的痕都斯坦玉器数量有限，不能满足乾隆皇帝的需求，因此他还命宫廷玉匠仿制痕都斯坦玉器。中国玉工琢制的仿痕都斯坦玉往往会带有中国传统的文化和工艺特点，如菊花碗和菊花盘就是中国传统的器形题材与外来审美观念、琢玉工艺完美结合的产物。据说这类正反起伏的薄胎玉器琢制难度极大，主要出自苏州专诸巷玉匠之手，显示出了他们高超的琢玉功力。

菊花形玉碗　清代中期仿痕都斯坦玉器，现藏故宫博物院。

高5.7、口径14.8、足径6.4厘米。玉质青色，略有瑕。碗雕作菊花形，器壁雕三层菊瓣纹，每个花瓣都是外凸内凹，打磨匀净，充分显现出玉质的洁白莹润。内底琢一朵四重花瓣的菊花，中心刻小格纹花蕊。足亦雕

为菊花形。菊花在明清时期是一种常见的吉祥图案，也是中国器形和纹饰的传统题材。这件菊花碗器形如一朵盛开的菊花，胎薄器轻，具有痕都斯坦玉器的风格，为清代中期特有的仿痕都斯坦风格的玉器。■

错金嵌宝石花叶纹玉碗　清代中期仿痕都斯坦玉器，现藏故宫博物院。

高4.8、口径14.1、足径7厘米。玉质白色纯净。碗圆形，撇口，花蕾式双耳，花瓣式底足。外腹下半部以金片嵌饰花叶纹，在大小花朵上镶嵌着一百八十粒红色宝石。底足以金片嵌花草纹。碗内壁阴刻并戗金楷书乾隆御制诗："酪浆煮牛乳，玉碗凝羊脂。御殿威仪赞，赐茶恩惠施。子雍曾有誉，鸿渐未容知。论彼虽清矣，方斯不中之。巨材实难致，良匠命精追。读史浮大白，戒甘我弗为。"并有"乾隆丙午新正月"及"御题"、"比德"印。内底中心琢隶书"乾隆御用"款。此碗于乾隆五十一年（1786）制成，为乾隆皇帝在举行重大庆典时御殿赐茶之用。器形、花纹及装饰技法都是模仿痕都斯坦玉器的风格。■

羊头瓜形玉茶壶 清代中期仿痕都斯坦玉器，现藏台北故宫博物院。

高15.4、长17.8、宽12.7厘米。玉质白色，莹润无瑕。壶身雕作南瓜形，壶嘴立雕为羊头形，底琢一平展为十二瓣的花朵。三条扭丝状玉条连系于雕作荷叶莲蓬的半圆形玉片上，形成提梁。此器原陈设于紫禁城永寿宫。茶壶是中国传统的器物种类。而以动物和植物作为器形和纹饰题材，是痕都斯坦玉器的一个重要特征。这件羊头瓜形茶壶，是典型的中国制作的仿痕都斯坦玉器。■

羊头瓜形玉水丞 清代中期仿痕都斯坦玉器，现藏台北故宫博物院。

高6、长12.6、宽9.3厘米。玉质白色，局部烤染橘黄色斑，以为点缀。全器琢成半个葫瓜形，柄作羊头形，底琢一平展的花朵，是受痕都斯坦玉器风格影响的体现。器壁浮雕云纹、太极图、绵羊、双喜字，是受中国传统玉器的影响。器体较为厚实，也是中国玉器的风格。此器原陈设于紫禁城乾清宫。■

仿古玉·鼎

明清时期，仿古玉器得到很大的发展，逐渐成为玉器种类的主流之一。仿古玉模仿的对象最主要的就是古代的青铜器。青铜鼎本是青铜礼器中熏煮肉食的器皿，其基本形制有两种：一种是圆鼎，一种是方鼎。鼎是古代的国之重器，青铜鼎数量很多，所以在仿古玉中，鼎也是最重要的品类之一，有的还是仿古代青铜器中有铭文的鼎，如召夫鼎。仿古鼎一般器形厚重，玉质优良，雕工精湛。

兽面纹玉鼎 明代仿古玉，现藏故宫博物院。

通高14.7、口径11.95厘米。玉质青色显旧，表面玻璃光较强，为明代玉器特征。器仿青铜鬲式鼎的造型，圆

形，直口，口沿上有二立耳，短束颈，鬲形腹，三圆柱状足。口沿饰双勾山字形纹，短颈部阴刻方雷纹，腹部在雷纹地上压浅浮雕的三组兽面纹，三个柱状足的外侧琢变形蝉纹。紫檀木盖，鸳鸯衔莲盖纽。此器为明代模仿古代青铜器样式所雕的仿古玉，在明代还作为炉使用。■

兽面纹"召夫"玉鼎 清代中期仿古玉，现藏故宫博物院。

高25.15、长20.9、宽13.8厘米。玉质深青色。此器器形、纹饰及铭文均模仿青铜召夫鼎的形制，长方体，口沿有唇，两窄沿上有立耳，腹部四角及两宽面中央皆出戟，四圆柱形足。口沿外饰一周雷纹，腹饰浮雕兽面纹，足外侧饰变形蝉纹。内底刻乾隆御题"和阗贡玉来虽多，博厚尺盈亦致艰。材拟召夫今作鼎，祥非王母昔贻环。亚形还与摹铭款，量采宁当视等闲。事不师古说

闻匪，惄因赏并把吟间。"七言诗，末署"乾隆丙申春正日御题"，并刻"几暇怡情"、"得佳趣"二方章。内侧壁上仿刻古铭文。外底阴刻隶书"大清乾隆仿古"三竖行款。为清代仿古玉中的佳作。■

仿古玉·簋

簋是青铜礼器中盛放饭食的容器，也是食器中最常见的一种，一般为侈口、圆腹、圈足、部分有盖。仿古玉中的簋一般器形厚重，其纹饰也是仿照青铜簋的样式。明清时期的簋除了陈设，往往还作为炉来使用，明代的簋有时还配以木盖和玉炉顶。

兽耳龙纹玉簋 明代仿古玉，现藏天津博物馆。

高10.6、口径11.5、宽19.4厘米。玉质青灰色夹杂墨点，局部有黄白色斑块。器仿西周青铜簋造型，圆形，侈口，颈微束，腹微弧鼓，圈足较高。在两侧的颈腹之间雕兽口吞夔式耳，口沿下浮雕兽头和扉棱，并阴刻夔龙纹，腹部雕竖向凸凹相间的直线纹，圈足雕扉棱并刻夔龙纹。此簋造型圆缓，为明代常见的玉簋造型，雕工简洁粗率，也是明代玉器的特征。■

兽耳兽面纹玉簋 明代仿古玉，现藏故宫博物院。
高7.9、口径8.8厘米。玉质青色，局部有淡赭色沁。

器仿古代青铜簋式样，圆形，侈口，腹下垂，圈足较高。在两侧的颈腹之间雕兽口吞夔式耳，口沿下对应的两侧各浮雕一兽头。颈部饰一周夔龙纹，腹部高浮雕兽面纹。圈足雕四扉棱，并浅浮雕夔龙纹。此簋造型圆缓，雕工粗率，为明代作品。■

兽耳兽面纹玉簋 清代中期仿古玉，现藏故宫博物院。

高15.2、口径21.6、宽31.5厘米。玉质青色，有瑕斑。器仿周代青铜簋形制，圆形，口稍撇，束颈，扁圆腹出扉棱，两侧各有一兽衔沿套环耳，圈足外撇。口沿外饰一周雷纹，颈部雕夔凤纹压卷云纹地，腹部雕雷纹锦地，上压变形兽面纹。底心阴刻隶书"乾隆仿古"四字。此玉簋原配有紫檀木盖，盖内雕"甲"字，它是乾隆年间雕琢的重要仿古器之一。其造型较明代所雕仿古玉簋稍矮，纹饰分主纹和地纹两层，雕工精致，体现出清乾隆时期的工艺特征。■

仿古玉·豆

青铜器中的豆基本形制是上为浅盘、中有握柄、下为圈足，仿古玉中的豆基本是模仿这种造型，并根据所模仿的不同时代的豆，在器表雕琢相应的纹饰。

狩猎纹玉豆　清代中期仿古玉，现藏故宫博物院。

高25.15、口径15.8、宽20.9厘米。玉质碧绿色。豆呈高足碗式，豆口两侧各有一圆环式耳，高足外撇，覆碗式盖，环形盖纽。盖面、腹外及足壁均模仿战国时期青铜器上多见的狩猎纹浮雕人物、飞禽、走兽，盖纽上琢四只夔凤纹。足内侧刻隶书"大清乾隆仿古"六字款。豆盖内阴刻楷书乾隆御题七言诗："和阗绿玉中为豆，命工追琢成百兽。四足双翼无不有，奇形诡状难穷究。较之夏椁胜其质，等己商玉如其旧。式取西清周代图，想侧边左俎之右。意复存古去华嚣，鄙哉时样今犹富。"末署"乾隆丁未御题"，并镌"古稀天子"和"犹日孜孜"二方印。此诗明确指出这件碧玉豆是按照《西清古鉴》上的图样来雕琢的，因此造型、纹饰都有明显的战国时代特征，制作的目的还是扼制当时流行的"华嚣"、"时样"等玉厄现象。■

仿古玉·爵

玉爵为仿古玉的一个重要器形种类，是仿照古代青铜器爵的形制而制作的。在商周时期，青铜爵是一种酒器，同时具有"明上下，等贵贱"标志身份等级的作用。它的造型一般上大下小，口部呈向外大敞的椭圆形，前面有流，后面有尾，腹下为三个外撇的细长尖足。腹部雕刻云雷纹或夔龙、夔凤纹，有的还雕扉棱装饰。

金托龙纹玉爵　明代晚期仿古玉，北京市昌平区明十三陵定陵出土，现藏北京定陵博物馆。

高11.5、腹深5.8、长13.2、宽5.6厘米。玉质白色显旧。器呈元宝形，深腹，圆底，两蘑菇形柱，三柱足，一侧附透雕的龙形把手。爵流及尾的外壁各刻一正面的

龙纹，龙的两前爪各托一字，流部为"万"字，尾部为"寿"字，爵体刻如意云纹。爵下有一金质托盘，中部为一树墩形柱，上有三孔，三爵足插于其中。盘及树墩均镶嵌有红、蓝宝石。这件爵虽然在器形上以青铜爵为蓝本，但加入了明代流行的因素，如镂雕的双螭耳。另外，加金托和嵌宝石工艺也是明代帝王所用玉器上经常使用的装饰方式，古雅华贵。■

仿古玉·觚

明清时期，觚为仿古玉的一个重要器形种类。玉觚始见于明代，其造型和纹饰均模仿古代青铜觚的样式，器体瘦高，有方体和圆体两种，器体分为长颈、鼓腹和高足三部分，器表雕琢兽面纹、雷纹等青铜器上常用的纹饰，有的还雕琢扉棱装饰。玉觚是明代仿古玉中数量最多的一种器形，一般均为出戟方觚。清代玉觚的数量更多，除了出戟方觚，还有圆体、椭圆体、花式等在仿古基础上进行变化的造型，除了作为供器陈设，还作为花插使用。

兽面纹玉觚　明代仿古玉，现藏故宫博物院。

高23.8、口径8.4～8.7、足径6～6.4厘米。玉质青色，微有黄色斑。器方体，分三段，上下两段中空，中段实心。上下两段为八出扉棱，中段为四出扉棱。齿状扉棱上阴刻回纹，上口沿阴刻一周回纹，中段上下边和底边阴刻填斜线三角纹。上下两段阴刻蕉叶纹，中段剔地隐起兽面纹。这是最为典型的明代玉觚造型，器形和纹饰雕琢较为粗率，是明代玉雕的特点。■

龙凤纹玉觚 清代中期仿古玉，现藏故宫博物院。

高22.1、足长13、足宽7.8厘米。玉质青色，有瑕斑。器体较高，分为三段，大敞口，微鼓腹，高足外撇。器体横截面为海棠式，每面中部出扉棱。口缘处镂雕一戏珠龙纹。上段和下段的外侧饰四组变形蝉纹，腹部饰双夔凤纹和双夔龙纹。这种出扉棱玉觚承袭明代的出扉棱方觚，但器体较为矮胖，横剖面也变化为海棠形，较为圆缓，在器形和纹饰的雕琢上也变得精致细腻，与明代粗犷的作风不同，具有清代玉器精雕细琢的特征。■

玉觚 清代仿古玉，现藏故宫博物院。

高33、口径19.6厘米。玉质碧绿色，有黑色斑点。器

形仿古器，略有变化。长颈，大口外撇，鼓腹，足形与颈同而略矮。颈两侧各饰一龙头，其下套一活环。横截面为海棠花形，腹部四面向外弧凸，颈、足部雕纵向的凹棱纹，通体只琢磨出几道与器形相应的竖棱，不细刻纹饰，简洁大方。■

仿古玉·觥

觥是明清仿古玉的一个重要器形。青铜觥是盛酒的器皿，其基本形制为椭圆体或方体，前有宽流，后有柄，圈足或四足，无盖或配有兽头形盖。

龙纹玉觥 清代中期仿古玉，现藏故宫博物院。

高24.6、长17.4、宽8.2厘米。玉质碧绿色，有瑕。器根据玉料上宽下窄的情况，相玉赋形，制成上大下小的器形。曲口，口沿饰一周雷纹，其下的颈部模仿战国早期玉器上的云谷相杂纹浅浮雕一周卷云纹带，再往下刻一周绳索纹，将颈部与腹部分隔开。腹部浅浮雕夔龙纹，龙口朝上，两腮分于觥腹两侧，腮部向外有较长的卷云状饰。龙颈较短，雕三层鳞片，其上阴刻网格纹。龙首及觥腹纹饰间填饰卷云纹。觥口内刻隶书"乾隆年制"横排款。这是比较简单的仿古玉造型，因用与青铜颜色相近的碧玉雕成，更具古朴韵味。■

龙纹玉觥 清代中期仿古玉，现藏故宫博物院。

高14、口径5.2～9.6厘米。玉质白色，有瑕斑及烤色。器椭圆体，口稍敞，椭圆圈足。短流，流之下圆雕凤首，颔下套一活环。柄部镂雕一螭，螭的前肢及头伏于器口，后肢与尾贴器壁，腹部腾起，可穿手执之。在口沿及腹部共饰有三周阴刻的雷纹带，腹部的两道雷纹

仿古玉·壶

　　壶是盛酒的容器，一般器体较高、小口、窄颈、宽鼓腹。壶的形状多种多样，有圆壶、方壶、扁壶、弧形壶、贯耳壶、蒜头壶等。在明清时期仿古玉器中，壶的数量极大。

　　带之间雕琢方折的拐子龙纹，这是明清时期流行的由古代夔龙纹衍生出来的一种装饰纹样，虽有仿古意味，但又有明显的时代特征。此器造型也在仿古器的基础上进行了创新，使古雅的造型增添了活泼的时代气息。■

兽面纹玉觥　清代中期仿古玉，现藏故宫博物院。

　　高18.7、口径7.4～15.8、足径4.2～7.7厘米。玉质碧绿色，局部有黑色斑点，玉色鲜亮，是清中期的玉材特点。器扁圆体，上宽下窄。盖为卧兽形，盖中央桥形钮中套一活环，盖身饰浅浮雕夔龙纹和卷云纹。觥的腹部雕琢四组对称的扉棱，这是商周青铜器上常用的装饰。颈部以凹弦纹相隔，其上饰浅浮雕夔龙纹，其下饰兽面纹，柄为兽首吞夔式，椭圆形圈足较高，上饰一周蕉叶纹，这些纹样也都是仿自古代的青铜器纹饰。足底阴刻

龙纹玉壶　清代中期仿古玉，现藏故宫博物院。

　　高26.5、宽16厘米。玉质青色，有瑕斑。器扁体，腹部肥圆，矮盖，菊花式钮，颈部有两兽衔环耳。盖外饰上下相对的三角形几何纹带。颈部有两条空白间隔带，口沿下饰一周上下相对的三角形几何纹带。颈部饰一周窃曲纹带，这是西周时期青铜器上常见的装饰纹样。腹部饰勾连夔龙纹，两面各有五个龙头，这种纹饰是明清时期比较常见的仿古纹饰，是由古代青铜器上的夔龙纹演变而来，俗称"拐子龙纹"。足底阴刻楷书"大清乾隆仿古"款。这是清代比较典型的仿古玉壶的造型，纹饰、雕工也是典型的清代中期玉器特征。■

云雷纹玉壶　清代中期仿古玉，现藏故宫博物院。

　　高32.5、宽18.8、厚11.5厘米。玉质碧绿色，间杂黑色斑纹。器侈口，细颈，颈下有一对兽衔环耳，宽鼓腹，椭圆形圈足微外撇。颈部饰八组变形蝉纹组成的纹饰带，蝉头朝下尾朝上，这种纹饰见于古代青铜器上，一般以纹饰带的形式出现，装饰于器腹的上缘或下缘。腹外饰凸起的五道弦纹，每两道弦纹间刻饰细密的云雷

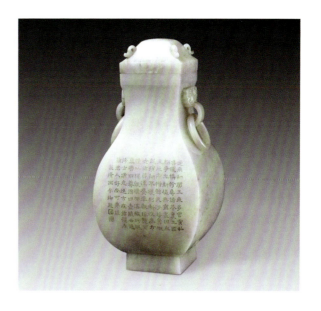

题诗文玉壶　清代中期仿古玉，现藏故宫博物院。

高24.5、口径6.8、腹径10.7～11.6、足径6.3厘米。玉质青色，一侧有浅赭色。器方体，直口，细长颈，宽鼓腹，方足。盖微凸，光素无纹，在四角斜棱上凸雕四个鸟首形饰。腹部光素，一面阴刻隶书乾隆丙午御题诗，这段御制诗反映了清代玉业的现状及仿古玉盛行的历史背景，具有重要的史料价值。底部中央阴刻隶书"大清乾隆仿古"竖行款。根据诗文内容，此器当是乾隆时期苏州专诸巷玉匠仿汉铜壶式样琢制的，为乾隆仿古器之代表作。■

纹，此种纹饰为模仿春秋战国时期青铜器上的纹饰。壶底阴刻篆书"乾隆年制"款。■

鱼鸟纹玉壶　清代中期仿古玉，现藏故宫博物院。

高42.6、口径13、足径12.7厘米。玉质青色，有绺纹和白色瑕。器敞口，细颈，圆腹，圈足，腹部上下各雕有两个相对的兽衔环耳。口沿下阴刻隶书七言诗十二句，末署"乾隆壬午御题"，镌阳文"会心不远"和阴文"德充符"二方章。颈部有三道凸弦纹，下二道之间饰云雷纹。腹上部有三道空白间隔带，其间饰两周浮雕的动物图案，其中有鱼、鸭、龟等，这种装饰纹样是模仿战国时期青铜器上的狩猎纹并加以演化而来的。壶底阴刻隶书"大清乾隆仿古"三竖行款。■

兽面纹玉壶　清代中期仿古玉，现藏故宫博物院。

高24、口径7.8、足径8厘米。玉质碧绿色。器呈方体，直颈，肩部两侧有兽衔环耳，大腹，方足，平顶盖。盖顶饰兽面纹，两侧饰垂云纹，四角凸雕带尾圆环。颈部中间有一周云纹带，其上饰仰蕉叶纹，其下饰俯蕉叶纹。

腹部饰浅浮雕兽面纹。足底中央阴刻隶书"大清乾隆仿古"三竖行款。◼

仿古玉·尊

尊是大侈口、束长颈、鼓腹、高圈足的酒器，其形似觚而体较宽肥。还有一些动物造型的酒器被称为鸟兽尊。在仿古玉器中，这两类尊都可见到，一般在装饰纹样上也模仿青铜器尊的样式，有的还在器形和纹饰上进行变化，加入一些明清时期玉器的流行因素。

龙纹玉尊　清代仿古玉，现藏故宫博物院。

高16.3、口径9.5～16.1厘米。玉质青白色。器形模仿古代青铜尊的形制，大侈口，束长颈，鼓腹，高圈足，同时在此基础上有所变化。器体呈椭圆形，颈上部四面各镂雕一蝴蝶套活环式耳。蝴蝶纹非常写实，不见于古代的青铜器上，而是明清时期常见的生活化的装饰题材。器颈部浅浮雕变形夔纹，这是明清时期常用的一种在古代夔纹基础上变化而来的仿古纹样，腹部剔地深雕双龙纹和双螭纹，足外饰十二朵如意形云纹，这些是清代常用的装饰纹样，雕工精致，为清代仿古玉的佳品。◼

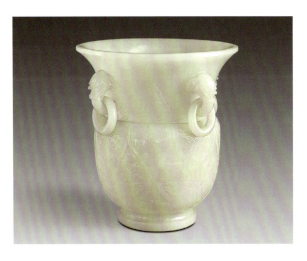

龙纹玉尊　清代仿古玉，现藏天津博物馆。

高16、口径16.6、足径8.4厘米。玉质白色。器形基本仿照古代青铜尊的形制。撇口，束颈，圆鼓腹，圈足。颈部雕四兽首衔活环，兽额圆鼓，凸眼，长耳。器壁以浅浮雕结合阴刻技法雕琢夔龙纹、斜格纹和蕉叶纹，琢磨精细，为清代中期玉器特征。◼

羊纹玉尊　清代仿古玉，现藏故宫博物院。

高14.3、口径7.8、足径7厘米。玉质黄色，局部有绺纹。器侈口，圆腹，膛直且深。颈部有一周凸起，腹部等距雕琢三只羊首，寓"三阳开泰"意。羊的腿部与圆形底托相连。此器可陈设，也可兼作花插。◼

天鸡形玉尊　清代仿古玉，现藏故宫博物院。

高21、长17、宽7.5、口径5.5～7.9、足径7厘米。玉质青色，闪淡碧色。器作天鸡负尊式，尊置于天鸡背上。尊为主体，侈口，扁方形腹，足外撇。尊的颈部浅浮雕仰蕉叶纹，腹两侧减地浮雕兽面纹，足光素。天鸡形似鸡或凤，纹饰别具风格。鸡冠部镂空为卷草状，口衔卷草，尾部与翅膀饰翎羽纹，身体满琢麒麟纹。器身重，刀法粗，当为清代晚期作品。■

仿古玉·匜

在古代青铜器中，匜是注水器，基本器形呈椭圆的瓢形，前有宽流，后有柄，腹下有足。匜也是明清时期仿古玉的一个重要器形。

螭柄凤纹玉匜　明代仿古玉，现藏故宫博物院。

高7.8、长5.8、宽3.6厘米。玉质青色，局部有褐色绺斑沁。器长方体，口略外撇，委角长方形圈足亦微外撇。腹部两侧各浮雕一只凤鸟，凤鸟作站立行走状，头部伸出器壁外。镂雕螭形柄，螭头高翘，前爪抓匜口，身体弯屈，缺乏力度，为明代螭纹特征。■

螭柄云龙纹玉匜　明代仿古玉，现藏天津博物馆。

高13.7、宽10.7厘米。玉质青色，局部有绺裂。器体

瘦高，椭圆形剖面，口外撇，束颈，垂腹，委角长方形圈足上雕多道凸弦纹。口沿刻一周回纹带，腹部阴刻卷云纹和龙纹，柄镂雕成一螭，螭头高翘，前爪抓匜口，后肢和尾部贴于器腹，身体弯屈，缺乏力度，为明代螭纹特征。■

龙柄玉匜　清代中期仿古玉，现藏故宫博物院。

高10.2、长15.5、口径6.6～13.2厘米。玉质青白色。匜之口缘甚曲，流槽阔而短，椭圆形足，后部雕方折的夔龙形柄。虎头式盖，盖前端为兽面，盖顶中部有一伏虎形纽。盖内雕刻楷书乾隆御题五言诗，末署"乾隆丙申新正上瀚御题"。此诗介绍了乾隆皇帝为扭转当时的玉厄现象而提倡仿古玉的情况，具有很高的史料价值。原配紫檀木座，座背阴刻填金乾隆御题诗，诗文与器盖内刻诗相同。■

曲柱柄兽形玉匜　清代中期仿古玉，现藏天津博物馆。

高21.5、宽18.3厘米。玉质白色，纯洁温润。器分盖和身两部分，器身下部为圆鼎形，鼎下为四个蹄形足，

鼎上连接兽形匜，兽首张口为流，颌底套一活环，双曲柱并连作为器柄，盖纽镂雕花形套环。器身、盖的表面均以浅浮雕结合阴刻技法雕琢兽面纹和夔龙纹，纹饰繁复，工艺精湛。◼

仿古玉·卮

卮是明代仿汉代酒器卮而雕琢的玉器造型，一般圆体，直筒形，一侧有环形把手，平底，三兽首足，有盖。表面浅浮雕谷纹、涡纹、夔龙纹、夔凤纹等汉代常见纹饰。

螭凤纹玉卮 明代仿古玉，北京市海淀区北京师范大学出土，现藏首都博物馆。

通高10.5、口径6.8厘米。玉质青白色。器圆体，直筒形，一侧有环形把手，平底，三兽首足，有盖，盖顶中央有一圆纽，周围有三个卧狮。器腹外满琢谷纹为地，其上隐起螭虎和夔凤纹。盖顶饰兽面纹，沿饰云龙纹。环形鋬手上雕一象，鋬内有剔地阳文篆书"子刚"二字，是迄今所知"子刚"款玉器中极为难得的精品。◼

仿古玉·蚩尤环

在良渚文化玉器中，有一种具有特色的器形种类，器体作宽扁的环状，内壁平直光滑，外壁以浮雕加线刻琢出四个相同的龙首形装饰，俗称"蚩尤环"。清乾隆时期，仿制这种器形并加以变化，制成可以开合的连环，并在上面刻诗文，充分体现出乾隆时期玉雕技术的高超精湛。

兽面纹玉蚩尤环 清代中期仿古玉，现藏故宫博

物院。

直径7.2厘米。玉质白色，纯净莹润。此器形、纹饰均仿良渚文化玉器中的蚩尤环，但又有创新。环侧切为二，凸凹相对，两环相套可错可合。环外细刻四蚩尤首及两组兽面纹，环内侧阴刻楷书戗金诗句："一、合若天衣无缝，开仍蝉翼相连；二、乍看玉人琢器，不殊古德澹禅；三、往复难寻端尾，色形底是因缘；四、雾盖红尘温句，可思莫被情牵。"四合榫处分别琢有"乾"、"隆"、"年"、"制"。◼

仿古玉·刚卯、严卯

据传汉代玉刚卯、玉严卯上面所刻的文字是巫师的祝词，内容大致相同，一般为："正月，刚卯既泱，灵殳四方，赤青白黄，四色是当，帝令祝融，以教夔龙，庶疫刚瘅，莫我敢当。"明代玉严卯的文字与通常所见大致相同，但个别玉刚卯上的文字与通常所见差异较大。

玉刚卯、玉严卯 明代中期仿古玉，上海市陆氏墓出土，现藏上海博物馆。

左刚卯长2.2、宽0.3厘米；右严卯长2.1、宽1.1厘米。玉质青白色。刚卯为八面体，阴刻文字。铭文为："疾日刚卯，帝令尊化，顺尔固化，伏兹灵殳，既正既直，

既觚既方，庶使刚瘅，莫我敢当。"严卯为四面体，双排铭文，内容为："疾日严卯，帝令尊化，顺尔固化，伏兹灵受，既正既直，既觚既方，庶使刚瘅，莫我敢当。"一般汉代的玉刚卯、玉严卯字体细劲挺秀，字迹较浅，有的字难以辨识，而这两件明代仿品的字体粗拙，铭文差异较大。■

仿古玉·猪

汉代人为了让人的尸体保持不腐，用玉来殓尸。一般要在死者的七窍塞玉，在口中含玉蝉，在手中握玉猪，这种现象在汉代已经形成一种定制。在明代复古、慕古思潮影响下，这种汉代常见的殓葬玉器也成为仿古的对象。

玉猪 明代仿古玉，江西省南城县岳口七宝山明益宣王墓出土，现藏江西省博物馆。

2件，均高2.7、长10.5厘米。玉质青绿色，通体人工染成黄褐色牛毛纹沁，这是明代鉴藏家所珍爱的古玉沁色。器体为长方柱状，仿汉代玉握猪的形状，平嘴，上唇微上翘，以细阴线刻划出圆眼和耳形，身体部分光素无纹，与常见的汉代玉猪以"汉八刀"技法雕刻四肢者相比，雕工少而磨工细，表面呈现玻璃光泽，反映了明代玉雕抛光的特点。■

仿古玉·鸡心佩

鸡心佩又称鞢形佩。鞢是古代射箭时戴在右手大拇指上勾弦的用具，至西汉以后变为片状，中央为上端带尖的椭圆形，两侧透雕龙纹或凤纹附饰，成为专门的佩饰。宋代以后，仿古玉逐渐盛行，鸡心佩成为仿古玉的一个重要品类。宋代的鸡心佩多雕螭虎纹，并施以染色做旧手段，清代的鸡心佩玉质优良，器形规矩精致，雕琢繁华的夔龙、夔凤纹。另外，也有经过染色做旧的伪古玉鸡心佩。

玉鸡心佩 清代仿古玉，北京市海淀区北京师范大学出土，现藏首都博物馆。

2件，白玉鸡心佩长8、宽5.7厘米；碧玉鸡心佩长7.7、宽4.6厘米。白玉纯净洁白，碧玉鲜艳亮泽。器仿汉代鸡心佩的形制，中央的主体似鸡心形状，上端尖锐，下端圆浑，两侧及内孔边缘以透雕和浮雕技法装饰夔龙纹、夔凤纹和云气纹，纹饰华丽繁复，雕琢精致细腻。康熙时期玉器极为罕见，此器出土于康熙时期墓葬中，且玉质、做工均佳，展现出清代琢玉工艺的水平，极为珍贵。■

仿古玉·铭文璧

铭文璧主要出现并流行于东汉时期，其基本形制是在玉璧的璧面或孔内、廓外的附饰部位透雕文字。东汉常见玉璧上的铭文有"长乐"、"宜子孙"、"长宜子孙"等。清代乾隆时期制作的铭文璧，虽然玉质精美，做工也很精致，但在镂空的工艺及文字的形态上，都与东汉作品风格迥异。

"长宜子孙"玉璧 清代仿古玉，现藏故宫博物院。

长13.5、宽8.1厘米。玉质白色，无瑕斑。器扁平片状，上部镂雕相对的双龙，头顶云纹。下部璧内雕双龙凤及篆书"长宜子孙"四字。左右侧边缘分别琢

"乾隆年制"和"覆字一百八十八号"，并装于"珍符衍庆"楠木册及木函内。■

纹　饰

人物纹

福禄寿三星纹　明代玉器装饰纹样，以象征福、禄、寿的三位老人作为图案的主题，寓意吉祥。居于图案中央的是三位老者，均着长袍，长须飘拂。在其下方有两个童子，周围还有代表吉祥的瑞鹿、仙鹤和葫芦，并有祥云环绕。图案主体均以减地隐起技法碾琢成浅浮雕效果，立体感较强，也结合使用阴刻技法勾画云朵纹作为地纹。明清时期的福禄寿题材，还有利用蝙蝠、寿星和鹿为"福禄寿"之谐音来表现的情况。有阴刻、浅

浮雕、高浮雕等多种装饰技法，在器皿、陈设品、装饰品等各种器形上都有使用。■

五子登科纹　清代玉器装饰纹样，雕琢五个童子，一个居于中心，正身正面，其余四个分布于其周围，侧身扭头，头梳发髻，身着长衫，形态各异，生动活泼。童子在中国明清艺术品中，是喜庆吉祥的象征。刻五个童子，寓意"五子登科"。一般以透雕结合阴刻技法装饰于片状佩饰上，或以浅浮雕技法装饰于佩饰及器皿表面。■

动物纹

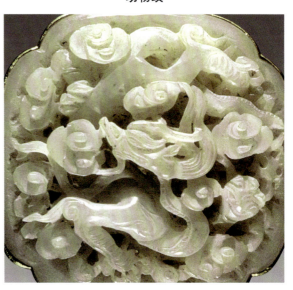

云龙纹　明代早期玉器装饰纹样，龙头侧视，向前探须，头发较多，向后上方飘拂，细颈，四肢粗壮，肘部有毛，爪呈风车形。龙身四周雕有云朵，龙身在云朵中忽

隐忽现。以高浮雕结合多层透雕技法雕琢，延续元代玉雕风格，是明代玉器特征。明代早期以多层镂雕技法雕琢的云龙纹，主要见于玉带铸上。在明清时期，这种在云中穿行的龙纹非常多见，有阴刻、浅浮雕、高浮雕等多种装饰技法，龙纹的身体特征也非常细致，在器皿、陈设品、装饰品等各种器形上都有使用。■

透雕龙纹　明代晚期玉器装饰纹样，龙身细长，卷曲呈"S"形，张牙舞爪。双眼圆凸，长须前探，猪形鼻，浓发前卷。细颈，风车形爪，毛笔形尾。采用双层透雕技法雕琢，龙纹为上层的主纹，下层的地纹为锦纹。这种透雕的有地纹的龙纹主要用于明代晚期的玉带铸。■

双螭纹　明代玉器装饰纹样，以浅浮雕技法，雕琢一大一小二螭。大螭头上宽下窄，卷云形双耳紧竖，额部较宽，刻一弧形纹，身体较长，有肉感而无骨感，四肢呈攀附状，但软弱无力，尾较长，分两叉如飘带，口含灵芝，回首观顾小螭。小螭形如大螭，头与大螭相对，似争抢灵芝，嬉戏玩耍。一般以透雕、浅浮雕或高浮雕技法雕琢，多装饰于片状器或器皿表面。■

双龙戏珠纹　明代中期玉器装饰纹样，双龙呈左右排列，中央为火珠纹，周围有祥云环绕。一龙作升势；一龙作降势。龙的身躯细长如蛇，满刻鳞纹，颈、腹和尾大致等宽。圆形双目（俗称"虾米眼"），鼻似如意形（俗称"猪嘴"），两侧长出两条龙须，头发较浓并前冲（俗称"怒发冲冠"），龙足为三爪，保留了宋元时期龙的特征。龙及火珠纹均以减地隐起技法碾琢成浅浮雕效果，立体感较强，地子上的云朵纹也结合使用阴刻技法。这种以浅浮雕结合阴刻技法雕琢的双龙戏珠纹，主要用于片状玉饰表面，也见于器皿和装饰品。■

三螭纹　清代中期玉器装饰纹样，以透雕技法雕镂三只螭纹，两大一小。螭头似虎，方腮，大直鼻，鼻头雕刻如意纹，大眼，眼角上挑。身躯扭曲幅度较大，四肢支撑有力，肘部细刻短毛纹，腹部腾空，尾较长，尾端雕成花蕾状。神态活泼，灵动有力，装饰繁华，为清代螭纹特点。一般以透雕、浅浮雕或高浮雕技法雕琢，装饰于佩饰品或器物上。■

三龙戏珠纹 清代玉器装饰纹样，龙是中国传统的装饰图案，明清时期多见双龙戏珠纹，而三龙戏珠纹则较为罕见。此器在贯耳瓶的颈腹外部，高浮雕三只蟠龙，一龙盘于瓶颈处戏玩一颗火焰宝珠，另二龙雕于瓶腹，身弯曲，头朝上，目视宝珠。三龙皆短身，长发，双角，作起舞状。身旁有浅雕浮云，表示三龙游于空中。清代戏珠龙纹，多以高浮雕结合透雕技法来表现，也有浅浮雕或阴刻者。前者多见于器皿，后者多见于平面器形。■

云龙纹 清代玉器装饰纹样，五条龙隐显于云海中。龙头较大，高额凸眼，如意形鼻，两根长须飘拂，毛发浓密，身较长，脊部有一条由连珠纹组成的脊线，每只龙头前方各有一火珠。在龙身的周围满雕灵芝式云朵纹，层层叠起，布满全器。以多层次的高浮雕技法雕琢，立体感非常强。多装饰于器皿外部，纹饰部分丰满且较有厚度，增强器物的厚重感。■

坐龙纹 清代玉器装饰纹样，龙呈正面，坐姿。额头隆起，鹿角，虾米眼，如意鼻，张口吐舌，长须下垂，锯齿形眉毛和颊髯。身躯盘卷如蛇，满刻网格状鳞纹，三爪，花叶形尾，为清代标准龙形之一。周围雕牡丹花枝，这种穿行于花草间的龙，俗称"穿花龙"。一般以透雕或高、低不同的浮雕技法，雕琢于饰品或器皿表面。■

双凤纹 清代玉器装饰纹样，凤为中国古代艺术品中的常见的传统图案，为神化的禽鸟。常见成对出现的双凤纹，两凤相对，喙衔灵芝，颈部刻划长羽，身饰鳞纹，翅与长尾下垂，尾端翎羽弯卷，足踏于尾上。以透雕结合阴刻技法雕琢，精细华美。常装饰于玉佩饰或玉器皿的表面。■

花鸟纹

菊花纹 明代玉器装饰纹样，在玉杯的腹部，阴刻结合隐起技法，雕琢一折枝花卉图案。在一条花枝上，花叶繁茂，大花大叶，两朵花朵已经盛开，还有两朵含苞待放的花蕾。通过隐起与浅凹的对比，显现出花瓣的弧度与弯卷，并以细密的网格纹来表现花蕊。写实花卉是明清时期常见的装饰题材，这件玉杯上的菊花纹图案结构简洁大方，疏密得体，具有明中期玉器风格。■

浅浮雕玫瑰花纹 明代玉器装饰纹样，在器体的外壁连续雕琢四朵花卉，其中有玫瑰、牡丹、菊花等。玫

瑰花呈盛开状,花瓣向外舒展,中央露出斜网格纹的花蕊,花朵外伸出花蕾和花叶,花纹排列疏朗,花瓣肥厚丰满,为明代花纹风格。常见于各种生活器皿上。■

天鹅穿花纹 明代玉器装饰纹样,图案中,一只天鹅伏于繁茂的荷花丛中,曲颈探引,张口嘶鸣,羽翅阴刻鳞纹,形象准确,灵活生动,这种图案是由金代春水玉演绎而成的。春水玉源于契丹族的"春捺钵"制度,一般是表现鹘(海东青)在荷叶、莲花和水草中捉天鹅的情景,较早见于金代,元代和明初期继续流行,清代也有仿制。金元时期的春水玉一般是采用多层透雕技法,虽然玉料不厚,但所表现的景物有多个层次,立体感更强,而且背面保留了加工时的桯钻痕迹。明代的春水玉,虽是采用多层透雕工艺,但相对来说,层次较少,立体感较弱。这种图案一般装饰于玉牌饰或玉带钩上。■

透雕牡丹花纹 清代玉器装饰纹样,器体满琢数朵折枝牡丹花,周围皆镂雕花叶,花朵在上,枝、叶相互叠压,富有层次感和立体感,生动形象。这种浮雕与透雕相结合的多层透雕技法出现于宋代,流行于金元及明

代前期。清代中期重新应用这种镂雕技术,主要运用于香熏、香炉、香筒、香囊等香具上,既有散发香味的实际功能,又有陈设观赏功能。■

双蝠葫芦纹 清代玉器装饰纹样,在一圆雕的扁形束腰葫芦的顶部,透雕葫芦藤,藤沿葫芦下垂,其上结蔓、叶及四个小葫芦,还有两只蝙蝠,皆浮雕于大葫芦之上。"葫芦"与"福禄"谐音,又因其长藤蔓延不断,用以表示"子孙万代"之意,象征子孙万代繁荣兴旺,为明清时期常见的吉祥图案。蝙蝠的"蝠"与"福"同音,因此又以蝙蝠和葫芦在一起的图案寓意"福禄"。葫芦纹在玉器上应用得非常多,常以浅浮雕技法雕琢,多见于玉器皿、陈设品及佩饰品的表面。■

松鹤纹
清代玉器装饰纹样,松树是深受明清时期文人喜爱的绘画对象,为"岁寒三友"之一。仙鹤是代表长寿的禽鸟。以松树和仙鹤为对象,表现"松鹤延年"的主题,是明清时期非常流行的艺术

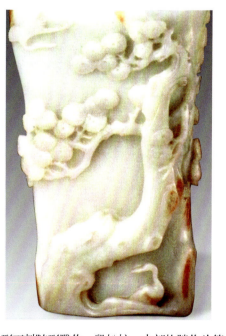

题材。将一块柱形玉料随形雕作一段松桩,内部掏膛作为笔筒。外壁高浮雕松鹤纹,下部雕琢一土坡,坡上长一株巨松,松干横卧而上曲,纵贯全器,松枝上长满一团团的松针。松下一卧鹤,回首而望,空中又一鹤,绕松而飞。图案布局疏密适中,松树表现饱满逼真。这种图画式的松树一般用浮雕技法,雕琢于文房所用器皿或插屏表面。■

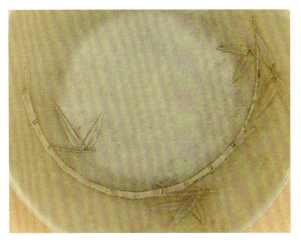

竹枝纹 清代玉器装饰纹样，竹子是深受明清时期文人喜爱的植物品种，常作绘画的对象，为"岁寒三友"之一。这段竹枝纹以浅浮雕技法琢于圆形器皿内，竹枝随器形弯成弧形，枝干上的竹节刻画清晰，干上长出一簇簇的竹叶，惟妙惟肖。在玉器中，竹纹除了以浅浮雕技法雕琢，还多见以透雕和阴刻技法来表现。因为竹子在中国人心目中，尤其是文人心中，被赋予君子的品格，具有崇高的地位，所以常以竹子为题材，装饰于器皿和佩饰器上，尤其多见于笔筒等文房用具。■

件纹样的名字中一个字的谐音，组成"海晏河清"，也有称"河清海晏"，即天下太平，寓意吉祥。这种以动物和植物名称的谐音组成的吉祥纹饰，多以浅浮雕技法雕琢，装饰于器皿或佩饰的表面。■

梅花纹 清代玉器装饰纹样，梅花是深受明清时期文人喜爱的花卉品种，为"岁寒三友"之一。玉器中的梅花图案，一般是雕琢折枝或整株梅花，在虬曲的老干上，长出细枝，细枝上分布盛开的梅花和含苞待放的花蕾，有的还在旁边雕出松、竹、蝴蝶或岩石。一般以透雕、高浮雕或隐起浅浮雕技法雕琢，常装饰于器皿或佩饰品上，尤其多见于笔筒等文房用具。■

福寿双喜纹 清代玉器装饰纹样，一株生长茂盛的万年青，叶细而长，弯伸自如，脉络清晰，并有花蕊从株中窜出。在万年青根旁，还生长着一株灵芝，二者结合亲密，相得益彰。万年青永不枯萎，寓意长寿，灵芝有仙草之说，也寓意长寿。以浅浮雕技法雕琢，生动形象，富有立体感。在雕琢此纹的这件玉盘内，原置有一柄银镀金如意，当为清晚期置入盘内，如意柄上阴刻楷书"福寿双喜"四字，点明此纹饰的含义。这种以动物和植物名称的谐音组成的吉祥纹饰，多以浅浮雕技法雕琢，装饰于器皿或佩饰的表面。■

"海晏河清"纹 清代玉器装饰纹样，明清时期，流行以寓意吉祥的动植物形象作为玉器的装饰图案。这件碧玉盘的内底浅浮雕海棠、燕子、荷花和蜻蜓，取每

几何纹

谷纹　明代玉器装饰纹样，明代的谷纹类似于乳钉纹，是模仿东汉时期的谷纹制作的，而东汉时期的谷纹则是对战国与西汉时期带谷芽的谷纹进行简化，省略谷芽，成为圆形的乳钉。明代的谷纹制作更加简化，其制作方法是先以小管钻确定谷粒的位置，再将其周围的地子磨去，使乳钉凸起。因制作粗糙，往往地子打光不平，在谷粒的周边保留管钻的痕迹。一般装饰于玉杯等器皿和玉圭等仿古器形上。◼

夔龙纹　明清玉器装饰纹样，在阴刻的雷纹地子上，雕琢夔龙纹，每两只夔龙身体相互交缠，根据器体的面积大小及其与纹饰的比例，或绕器体周身连续分布，或分层分块呈几何式布局。这种纹饰是由古代青铜器上的纹饰演变而来的，一般以浅浮雕或阴刻技法雕琢，装饰于仿古玉器上。◼

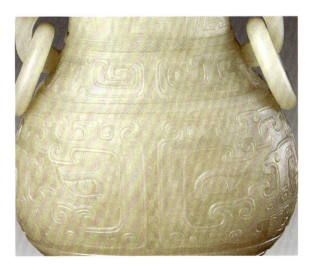

兽面纹　清代玉器装饰纹样，兽面纹，又称饕餮纹，这种纹样仿自商周时期青铜器上的饕餮纹，在清代

流行的仿古玉中极为常见。兽面纹主要由两只大眼、两眼中间的大鼻及与鼻相连的眉毛构成，有嘴或无嘴。一般以阴刻或浅浮雕技法雕琢，装饰于仿古玉器皿的腹部，是仿古玉器中最常见的主体装饰纹样。◼

蝉纹　清代玉器装饰纹样，为仿古代青铜器的纹饰，每个蝉由圆眼、一组横弦纹表示的颈部和两个重复三角形组成的翅膀构成，数个相同的蝉纹组成蝉纹带。一般以阴刻或浅浮雕技法雕成，装饰于仿古玉器皿的颈部和腹下部。◼

蕉叶纹　清代玉器装饰纹样，为仿古代青铜器纹饰，每片蕉叶呈长三角形，在轮廓内阴刻叶脉，较大的叶片与较小的叶片交替排列，组成蕉叶纹带，分为俯式蕉叶纹带和仰式蕉叶纹带两种。一般以阴刻或浅浮雕技法雕琢，装饰于仿古玉器皿的颈部或腹下部。◼

簸箩纹　清代玉器装饰纹样，形似以柳条编的簸箩上的图案，相同长度的圆条形凸起沿同一方向排列，每相邻的两行间断处相交错。一般以隐起浅浮雕技法雕琢，凸凹变化自然，极若手编的柳条效果。多装饰于鼻

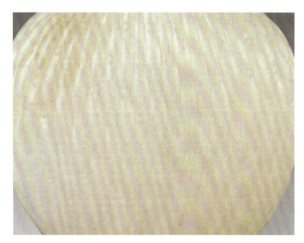

烟壶等小型器物上，布满全器，浑然一体。■

太极纹 清代玉器装饰纹样，在双弦纹圈内，雕环绕的双鱼纹，即太极图。以阴刻和减地隐起技法雕琢而成。《易·系辞》上：“易有太极，是生两仪，两仪生四象，四象生八卦。”气运动而分阴阳，由阴阳而生四时，因而出现天、地、风、雷、水、火、山、泽八种自然现象，推衍为宇宙万事万物。宋代朱熹以为太极即是理，总天地万物之理，便是太极。太极图是中国古代的传统图案，常见于各种玉器造型和其他门类的工艺品上。在玉器中，一般以阴刻或浅浮雕技法雕琢，装饰于佩饰、陈设品或器皿上。■

八宝纹 清代玉器装饰纹样，八宝又称八吉祥，是佛教传说中的八种宝物，也可作为佛家的符号。以佛教中常见的法螺、法轮、宝伞、白盖、莲花、宝瓶、金鱼和盘肠作为装饰图案，它们是佛教的八种宝物，俗称“八宝”，民间视为吉祥之物，又称之为“八吉祥”，

具有较浓重的宗教色彩。法螺，具有菩萨果妙音吉祥之意；法轮，表示佛法圆转万劫不息之意；宝伞，表示张弛自如曲覆众生之意；白盖，表示偏覆三千净一切药之意；莲花，表示出于浊无所染着之意；宝瓶，表示福智圆满具无漏之意；金鱼，表示坚固活泼解脱坏劫之意；盘肠（长）表示回环贯彻一切通明之意。一般以阴刻

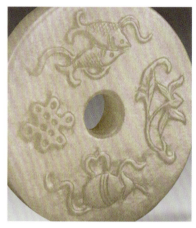

或隐起浅浮雕技法雕琢，通常按上述顺序排列，多装饰于佩饰、器皿的表面。■

团花纹 清代玉器装饰纹样，以减地技法雕琢出圆形台面，在各个圆形台面内，浅浮雕瓜蝶、葫芦、

葡萄、佛手、荷花、蝠桃、石榴等团花图案，间饰蝠衔磐、蝠衔"卍"字图案以及团"寿"字、团"喜"字等图案，寓意吉祥。这种浅浮雕的团花纹，需要大面积减地，非常耗费工时，地子打磨光润，纹饰立体效果较强，充分显示了制玉技艺的高超和玉器的珍贵价值。团花纹图案常装饰于陈设性器皿和佩饰品的表面。■

玉图画

饰等片状器上。■

"羲之爱鹅"图　明代玉器装饰纹样，此图案以文人画中常见的"羲之爱鹅"故事为题材，王羲之头戴纱帽，长髯下垂，身着宽袖长袍，端坐于地上，一手捧书，微笑观鹅。一少年侧坐于其身边，抚摸鹅颈。鹅身体肥硕，昂首翘尾。二人周围雕琢松树、山石作为背景。王羲之，字逸少，东晋琅琊临沂人，居于会稽山阴，为中国古代著名的书法家。据说，王羲之素爱鹅，并从家鹅的行水方式上，悟出了用笔的方法，故有"羲之爱鹅"的典故。此图以明代流行的隐起浅浮雕技法碾琢而成，同时还保留有宋元时期玉雕的遗风，即人物与背景略有立体感，背景部位制作较粗，遗留下桯钻去料的加工痕迹。图案构图饱满，人物面部碾磨细致生动。这种图案常用于器皿或片状玉饰的表面。■

"对弈"图　明代玉器装饰纹样，在"亚"字形框内，雕松竹荫下二位老者坐于石桌旁，欣然对弈，另外二位老者端坐一侧，观摩助兴，还有两位童子侍立其后。画面布局丰满，疏密适中，所表现内容恬静幽雅，气氛祥和，富有生活情趣。画面以透雕技法雕琢，人物和景物均有层次感，是宋元时期多层透雕技法的延续。这种玉图画题材在清代中期以后比较盛行，在明代作品中较为少见，主要见于玉带钩、玉佩

"西厢记"图　清代玉器装饰纹样，在双喜形开光内琢"西厢记"故事图，画中莺莺携红娘于院中焚香拜月，祈求平安。张生执扇立于花墙边假山之上，含情脉脉。衣冠均是明代模样。虽院墙布置仍为传统手法，但山石和松树已掺杂

西洋画影响。一般以浅浮雕技法雕琢于牌饰、插屏等片状器或器皿的表面。■

"刘海戏蟾"图　清代玉器装饰纹样，在光平的地子上隐起浅浮雕，画面刘海手执一串铜钱，正戏耍一蟾。据《陕西通志》，刘海名哲，号海蟾子，好黄老之

学，弃官，从正阳子隐修终南山成仙。民间以其号有蟾字，遂或以为其形为蟾，故衍生出"刘海戏金蟾"一说。一般是以浅浮雕技法，雕琢于佩饰或器皿的表面。■

"麻姑献寿"图 清代玉器装饰纹样，麻姑头挽发髻，身着长袍，手捧酒坛，衣袂飘然，线条流畅，雕琢精致。麻姑是神话中的仙女，曾历东海三次桑田之变，足见其寿。

三月三日西王母寿辰，设蟠桃盛会，群仙往瑶池祝寿，麻姑以灵芝酿酒为贺礼赴会，故旧时多以赠麻姑画像作为贺女寿的寿礼。一般以透雕或浮雕技法雕琢，作为佩饰或装饰于器表。■

"印公坡老比学"图 清代玉器装饰纹样，位于画面中心、正在切磋学问的两位老者为印公和坡老，身后的学童或洗耳恭听，或窃窃私语，神态各异。构图上有疏有密，右上角空白处阴刻楷书乾隆御制诗："七百余年玉带遗，笑他佳话竟何为。印公出口遂成偈，坡老围腰竟失仪……"既点明图意，又起到了文图并茂的艺术效果。在雕琢技法上，图案部分采用高浮雕技法，将人物及其所处的环境立体化。文字部分为平面处理，相得益彰。诗配画的图案主要用于插屏、山子、器皿等体积较大的玉陈设品和器皿上。■

"鹤鹿同春"图 清代玉器装饰纹样，依玉料形状琢瘦高的山形，山上长有松树，山腰处有一寿星老人挂杖而立，旁有祥鹿、仙鹤相伴，寓意鹤鹿同春，福寿延年，这是明清时期玉雕常用的吉祥题材。以圆雕、浮雕与透雕技法相结合，这种立体的玉图画题材一般用于玉山或陈设摆件上。这件玉山琢磨细致，不见加工痕迹，是清中期的作品。这种题材多见于圆雕和平面雕的玉图画中，装饰于插屏、笔筒、山子等器形上。■

"西园雅集"图 清代玉器装饰纹样，"西园雅集图"是一个历史故事画题，西园为北宋驸马都尉王诜的府第，当时的文人墨客多雅集于此。宋神宗元丰初年，王诜曾邀请苏轼、苏辙、黄庭坚、米芾、李公麟、蔡肇、李之仪、晁补之、张耒、秦观、刘泾、陈景元、王钦臣、郑嘉会及日本籍的圆通大师等共十六人游园。他们都是当代著名人士，米芾以此事为记，李公麟曾以此为题作画两幅，一幅作于元丰初王诜家，另一幅作于元祐元年（1086）赵德麟家。之后

有很多画家以此画题作画，一般是通过几组文人士大夫在林中活动的不同场面，表现他们闲适自在的生活情趣。多以浮雕技法雕琢，装饰于插屏、笔筒等时作玉陈设品和文房用品的表面。■

中，竹林密布，天上有浮云，地上有山石、溪水，远处有小童，林中一亭，七人于其附近或立或坐，或提笔下书，或围坐畅谈。人景逼真，铺陈有序。一般以深雕、浮雕、透雕及阴刻技法装饰于插屏、笔筒等时作玉陈设品和文房用品的表面。■

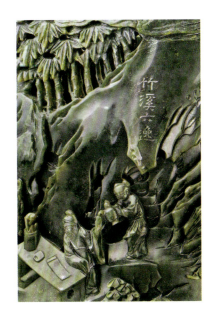

"竹溪六逸"图 清代玉器装饰纹样，画面的山、树、竹林中有一条小溪，溪边有亭台，六位老人或饮酒，或观景，或吟诗，姿态各异。在一块山石上，琢隶书"竹溪六逸"，点明图意。据文献记载，唐开元末年，李白与孔巢父、韩准、裴政、张叔明、陶沔六人，居于泰安府徂徕山下之竹溪，每日纵酒酣歌，时号"竹溪六逸"，为此题材典故之出处。一般以深雕、浮雕、透雕及阴刻技法装饰于插屏、笔筒等时作玉陈设品和文房用品的表面。■

文 字

阿拉伯文字

明代玉器装饰纹样，在白玉幻方的正面中央一圆形凸起内，阴刻阿拉伯文字："万物非主，唯有真宰，穆罕默德，为其使者。"反面方框内有四行十六格，每格内填一阿拉伯数字，数字形体是13世纪时的阿拉伯文，隶定为现代通用的数码字，是继陕西元代安西王府遗址出土的铁幻方后的又一重要发现。以阿拉伯文字作为装饰的情况也常见于明代青花瓷器上，这是明代社会对外经济、文化交流加强的一种反映。文字为阴刻而成，笔触较粗，线条滞涩，与明代刚卯上的字迹相同，为明代玉雕文字的特征。这种阿拉伯文字主要雕刻于伊斯兰教徒佩以护身的幻方表面。■

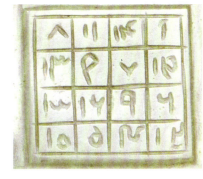

"竹林七贤"图 清代玉器装饰纹样，据文献记载，魏晋间阮籍、嵇康、山涛、向秀、阮咸、王戎、刘伶七人，相与友善，常宴集于竹林之下，时人号为"竹林七贤"，成为后来文人喜爱的艺术题材。一般以图画形式表现于各种材料上，在玉器中也可见到这种题材。图案

乾隆御题诗《三清茶》 清乾隆时期玉器装饰纹样，三清茶是清乾隆、嘉庆年间的宫廷雅事之一，在紫禁城的重华宫举行茶宴，所用之茶以梅花、佛手和松实烹制，故名三清茶，乾隆皇帝为此题乾隆丙寅（乾隆十一年，1746）小春五言诗一首，全文如下："梅花色不

妖，佛手香且洁。松实味芳腴，三品殊清绝。烹以折脚铛，沃之承筐雪。火候辨鱼蟹，鼎烟迭生灭。越瓯泼仙乳，毡庐适禅悦。五蕴净大半，可悟不可说。馥馥兜罗递，活活云浆澈。偓佺遗可餐，林逋赏时别。懒举赵州案，颇笑玉川谲。寒宵听行漏，古月看悬玦。软饱趁几余，敲吟兴无竭。"此诗见于乾隆御制诗初集第三十六卷《三清茶》。阴刻楷书，诗文及署款均戗金，与深沉的碧玉色相衬，华贵高雅。此诗多见于清乾隆时期各种材质的茶碗外壁。■

天干地支 清代玉器装饰纹样，在圆形或椭圆形区域内，雕琢天干、地支文字，把十个天干与十二个地支依次配合起来，组成六十对，周而复始，叫做"甲子"或"六十花甲子"，用来表示时间顺序，是中国古代历法的独特创造。有阴文和阳文两种雕法。

一般是在片状器的两面分别雕刻，一面刻甲、乙、丙、丁、戊、己、庚、辛、壬、癸，称天干，另一面刻子、丑、寅、卯、辰、巳、午、未、申、酉、戌、亥，称地支。主要装饰于佩饰或陈设品上。■

痕都斯坦玉器纹饰

莨苕花纹 清代中期痕都斯坦玉器装饰纹样，一株株的莨苕花均为侧视，连续排列，每株莨苕花的中间为一朵已经盛开的花朵和两枝含苞未放的花蕾，其两侧各有一朵向内弯曲的花朵。相邻的两株莨苕花之外侧花朵被扎在一起，其下部的空白处又雕一小株莨苕花。采用浅浮雕结合中间打凹的技法雕琢，这是痕都斯坦玉器特有的雕琢纹饰方法。一般装饰于圆形器的周身。■

镶嵌莨苕花纹 清代中期痕都斯坦玉器装饰纹样，每株莨苕花的中间为一个含苞未放的小花蕾，其两侧各有一朵正视的已经盛开的花朵，下为三层叶片。采用镶嵌的技法制作花纹，以金丝镶成花朵的轮廓和花枝部位，以与器物本身玉质颜色反差较大的碧玉镶嵌花朵和叶子部分，这是痕都斯坦玉器常用的装饰方法。一般装饰于圆形器的周身。■

莨苕花朵纹 清代中期痕都斯坦玉器装饰纹样，花朵为六瓣，花瓣肥厚，边缘略翻卷，圆形花蕊内丝丝花蕊雕琢细腻。以浅浮雕技法琢磨，立体感强，有丰满肥润的手感。一般雕琢于痕都斯坦玉器或者仿制痕都斯坦玉器的底部，作为器足使用。■

描金蕃莲纹 清代中期痕都斯坦玉器装饰纹样，蕃莲花朵一正一倒，相间连续排列，以带有花蕾的藤枝相连，花朵丰满，枝叶柔软，线条优美。花纹以金漆描绘

而成，局部有脱落痕迹。一般装饰于痕都斯坦玉器或者仿制痕都斯坦玉器的圆形器盖或器身上。■

一朵正视已经盛开的花朵和两枝含苞未放的花蕾，其两侧的侧枝长有侧视的花朵和花蕾，相邻的两株莨苕花之间又有一小株莨苕花。采用镶嵌的技法制作花纹，以金丝镶成花朵的轮廓和花枝部位，以红玻璃珠镶嵌花朵，以绿玻璃珠镶嵌花芯、花叶和每株花的根部。嵌金银丝和宝石装饰花纹是痕都斯坦玉器常用的装饰方法。其制法是先按设计图案的需要，在玉质表面雕刻凹槽，然后将金丝和宝石嵌入其中，再磨平、抛光。这种纹饰常见于痕都斯坦和仿痕都斯坦的玉器上。这种连续排列的莨苕花纹，一般装饰于圆形器的周身。■

旧玉沿用与改形玉器

旧玉沿用

错金嵌宝石花草纹 清代中期痕都斯坦玉器装饰纹样，这件器物的纹样中央为以金片镶嵌的团状草叶纹，其周围以金片嵌饰花叶纹，花朵用一百八十粒红色宝石镶嵌而成，精致华美，为仿痕都斯坦玉器纹样的精品。其制法是先按设计图案的需要，在玉质表面雕刻凹槽，然后将金丝和宝石嵌入其中，再磨平、抛光。这种纹饰常见于痕都斯坦玉器和仿痕都斯坦玉器的器物上。■

错金嵌宝石莨苕花纹 清代中期痕都斯坦玉器装饰纹样，一株株的莨苕花连续排列，每株莨苕花的中间为

谷纹玉圭 清代沿用明代旧玉，现藏故宫博物院。

长21.3、宽6.3、厚0.9厘米。玉质青色，表面有黄褐色人工烤色。圭扁平长条形，上端为尖形，体琢五竖行乳钉状谷纹，造型古朴，琢工粗犷，为明代玉圭风格。下配木座为清乾隆时期制作，木座凹槽内刻楷书"大清乾隆年

制"款，四边阴刻填金十二章纹，底刻"有虞十二章"铭。■

兽形玉砚滴 清代沿用明代旧玉，现藏故宫博物院。

高5.1、长12.7、宽6.5厘米。玉质白色，有点状杂质。圆雕异兽形，粗眉大眼，双角卷耳，长发后披，口衔一羽觞，前肢饰羽翼，后肢饰火焰纹。背部一圆孔，膛内掏空，可贮水。雕工粗犷，为明代玉雕特征。在两前肢之间有"乾隆年制"隶书款，为清代后刻。■

改形玉器

玉佩 明代用前朝旧玉改形玉，江西省南城县七宝山明益宣王墓出土，现藏江西省博物馆。

2副，均通长66厘米。这种玉佩形制始于曹魏时王粲改制，沿用至明清。包括银钩二、珩二、瑀二、琚二、璜四、冲牙二、玉坠滴八和玉珠六百余颗，分段贯串缀连而成，上有铜钩用以挂佩。■

兽面纹玉琮 清代改形玉，现藏台北故宫博物院。

高18.8厘米。玉质呈深浅交杂的褐色加绿色。琮为新石器时代良渚文化旧玉，一面干涩，或曾经火烧。高方柱体，上大下小。外壁自上而下交替琢刻神人兽面纹，共四节。外壁直槽处，加琢了御制诗。清宫为其配置了珐琅铜胆和木座。■

玉圭 清代改形玉，现藏台北故宫博物院。

长30.5厘米。圭为新石器时代龙山文化旧玉，一面牙黄泛灰色，另一面上半部牙黄泛灰，下半部红褐色，刃部近黑色。窄长梯形，平直正刃。刃上颇多使用崩伤痕，柄部有一圆孔，柄端有残缺。圭之中段两面有浮雕纹饰，上下段加琢了乾隆御制诗和玺文。清宫为其配置了木座。■

玛瑙杯 清代改形玉，现藏故宫博物院。

　　高5.3、口径8.5、足径2.4厘米。米汤色有浅酱色纹带玛瑙质。体呈八角形，口外撇，双灵芝形拱耳，小圈足，通体光素无纹。底中心阴刻隶书"乾隆年制"双行款。此器耳部的灵芝纹雕琢粗糙，但刀法有力，一耳下尚留有未经打磨的加工痕，当为明代作品，清乾隆时期进行改制并加琢款识。▮

仿古玉辨伪与鉴定

仿古玉产生的原因

仿古玉的产生，同社会经济的发展、社会风俗的变化、玉器使用的传统及古玉市场的影响关系密切。一般的工艺品，多兼有艺术与实用两重价值，实用价值强的作品，其艺术风格往往受社会时尚的影响较大。玉器的材料较珍贵，故主要用于陈设与佩戴。人们佩玉不仅为了表示自身的品德追求，而且还兼有辟邪、去疾的意图及对某种神灵的崇拜。这样人们就产生了玉越古越好、越旧越好的心理。在玉器发展过程中，传统的力量表现得非常突出，某种样式、某种图案的玉器，可能在很长的时间内流行，西周时的某些玉器往往近似于商代作品，汉代的某些玉器又往往近似于战国时期的作品，对传统的追求，古玉的崇尚，是仿古玉产生的因素之一。

古玩市场的存在是仿古玉产生的另一个因素（图1）。收藏古物是保存人类文化遗产、弘扬民族

图1 古玩市场一角

精神的重要方式。但仅有博物馆及少数收藏者，可以通过考古发掘等非市场方式获得藏品，多数收藏者的藏品是通过市场收集的。古玉的收藏更是如此，收藏古玉往往是富裕了的人们追求的一种文化经济活动。真正的古玉数量少而市场价格高，这样仿古玉便可以质次的玉料、简捷的工艺获得很高的经济收益，只要古玉的价值被市场认可，仿古玉的出现就在所难免了。

古玉鉴定的意义与方法

玉器鉴别是古器物鉴别的一个组成部分，它大约出现于宋代，有其独立的鉴定方法，古人很重视这方面经验的积累总结。如今，玉器鉴别的重要性更加明显，玉器鉴别的意义主要表现在下列几个方面：

大量古玉器流传于世，需要进行鉴别

我国是崇尚玉器的国家，用玉传统悠久，同时，玉器的使用量也非常大。例如在浙江余杭反山、瑶山良渚新石器时代文化遗址中发掘到的玉器就超过千件，在其他良渚文化遗址中也发现了大量的玉器；河南安阳殷墟妇好墓中出土的玉器有700多件；山西曲沃西周晋侯墓地出土的玉器也有数千件。这些情况表明，大量使用玉器并非一朝一地之现象，而是贯穿于历朝历代之举。

在材料特征上，玉材有其特殊性。同陶瓷材料相比较，玉材不易破碎，即使破碎后，人们也不会像对待瓷片那样，将碎玉丢弃，而是进行修改后重新使用，商代玉器中有大量的弧形动物，其中很多都是用残断玉环再制的（图2）。可以看出，玉器是使用历史长、用量大、耐使用、更新换代慢、淘汰率低的产品，同时它又流传广泛。我们很难估算出古往今来人们制造了多少玉器，但可以肯定，数量非常之大。而就其材料特点来看，因自然损坏而消失的作品较其他器物而言要少。大量玉器被人们视为珍品而代代传递，在某些家族中，有传承了几代的玉器是常见的。

同其他器物一样，很多玉器被当作随葬品埋入了

图 2 商代用残玉环改制的玉器

地下，故自古而来，盗挖古墓葬的现象一直很严重（图3）。一些地区的古墓葬，十墓九空，墓中器物早已又经人世。一般来说，古墓葬中器物多为有机物，易腐烂，经年而不朽的物品主要是陶瓷器、金属器和玉器，而这些器物中，陶瓷器易破损，贵金属则往往在传世过程中被熔炼而改铸新物，唯玉器被破坏的可能性较小，且古人多认为凡经墓葬埋过的玉器，不唯无恶无邪，反而更增神道，经土咬尸浸，即成为避邪厌胜的良

图 3 古墓中的盗洞

品，备受青睐喝彩。因而有相当数量的随葬玉器出土后又流传于世。

传世玉器中有相当数量的古玉，又有相当数量的仿古玉，这便是传世玉的现状。流传在世的玉器需要鉴别有下列原因：首先，人们很难知道传世玉器的准确年代。玉件一般都很小，上面又没有文字，也很少有相伴的参照物，多数持玉者，以至某些藏家，并不知道自己所持玉件的准确年代，这就需要进行鉴别。其次，玉器的仿制非常普遍，仿制古玉和制造假古玉是玉行中的重要内容，尤其是古玉市场出现后，假古玉的制造更为普遍（图4）。假古玉用料次，工艺简单，冒充真古玉出售则能卖很高的价钱，可谓暴利。另外，一些玉匠本身的艺术修养差，不肯下功夫设计好的作品，只是参照古

图 4 古玩市场上的仿古玉

玉或其他玉件进行仿制。因而在传世玉器中或玉器市场上，玉器真假混杂，好坏混杂，对于购买者来说，需要对所收玉器进行鉴别。

发掘出的玉器需要进行分析、识别

我国古代盛行厚葬，在一些时期、一些地区实行着制度化的葬礼，墓葬中的器物按照入葬者的身份设置。一般情况下，墓葬中的器物与入葬人的财富占有量与自身爱好有关。在发掘墓葬中往往会出现随葬物品中含有许多前代器物的情况。由于玉器的更新换代慢，前代器物备受重视，墓葬中出现前代玉器或古玉的现象时有发生，这种情况在明代之后的大型墓葬中常能见到（图5），因此对发掘中出现的玉器也要进行分析，确认出土玉器的真实年代。

通过鉴别确定玉器的价值

鉴别玉器的直接目的是确定玉器的材料、艺术性、

图5 清代墓葬出土的明代带有"子刚"款的玉器

制造年代、使用方法，以及揭示它所代表的历史和文化内涵，从而确认它的价值。从历史上看，收藏玉器一般是经济繁荣后人们的一种自然选择，近数百年来人们对古玉的收藏热情更加高涨，这里面包含着巨大的价值追求。同时，假古玉制造的规模也不断扩大，真假古玉之间存在着巨大的价值差别。这种差别的识别也要通过鉴定来完成。

玉器鉴定的重要性推动着玉器鉴定方法的探索和发展。宋代吕大临的《考古图》和元代朱德润的《古玉图》是对古器物进行著录、研究的著作。书中收录有一些玉器，而且进行了说明，从中可以看出宋、元时期人们进行的古玉收藏与识别的活动。图录所收作品虽有古玉，当代作品也有一定数量，但图录并没有对古玉进行年代的科学划分，因而可以认为宋、元时期，玉器的鉴定方法尚未成熟。明代的古玉鉴定情况在《格古要论》、《遵生八笺》等书中都有反映。明早期曹昭著《格古要论》是专门指导人们进行古器收藏的著作，带有识别器物真伪的内容，但在玉器的时代划分上，也没有确定准确的类型特点。《遵生八笺》著于明代晚期，书中涉及很多旧玉和古玉作伪的情况，反映了明后期人们对古玉的认识。

清代玉器的鉴别情况，反映在清代人的论玉著作中及清代宫廷档案里。清代人论玉，散见于清代的文人笔记中，也有专门的论玉文章、著作，所论鉴别玉器的真伪以陈原心《玉纪》和刘心白《玉纪补》最有影响。其

中谈了很多制玉材料、古玉的色彩、制造古玉的方法及识别方法等内容，非常专业且系统化。清代宫廷档案记载了宫廷中古玉贡入、分类、鉴别、收藏的情况，从中可以看到对玉器中的三代玉、汉玉、唐玉、宋玉和旧玉的划分，以及对玉器做旧、染色的研究及辨伪情况。

20世纪以来，古玉鉴别的研究加快。20世纪前半叶，从事古玉鉴别的主要是收藏家、文物商人及少量的考古工作者，后半叶随着考古研究的发展及博物馆、考古研究所专业人员的扩大，专业工作者利用考古学的方法来研究古玉鉴别，使玉器鉴定纳入了科学的轨道。玉器鉴定的基础认识来自对考古发掘资料的研究。近数十年，我国田野考古取得了丰硕的成果，尤其是以墓葬为单元的文化遗址中发现了大量遗物，几乎各时代、各历史时期的玉器都有出土（图6），这些玉器有明确的时代特点和文化特点，为我们了解各个时期或地区的玉器提供了准确的材料。玉器鉴定过程中要对被鉴定的玉器进行不同内容的类型分析与对比，因而掌握有关资料的全面性及对比方法的科学性是非常重要的，在进行玉器鉴定前要做大量的准备工作，要积累经验、掌握资料。

玉器鉴定前的一项基础工作是对玉器的考古发掘材料进行整理、排比、分析，这是玉器鉴定工作者必须亲自做的。在进行资料研究时要注意下列几点：第一，全

图6 西周虢国国君墓随葬的大量玉器

面掌握材料，尽量避免遗漏。文化遗址中遗存的玉器同当时社会所能提供的玉器相比，数量毕竟很少，考古发掘到的玉器又是文化遗存中的一部分，在这样的基础上进行玉器的时代类型特点概括，基础已经很薄弱，可能会出现很大的误差，如果对现有材料不能全面把握，就很难正确地把握古玉的类型特点。第二，要细致地分析和观察现有材料，科学地把握材料，以取得正确的认识。玉器鉴定水平的高低，往往取决于对古玉类型特点的把握，能否正确地把握古玉的时代特点，又往往取决于对考古资料的观察与分析。观察的目的，不仅要看到大家都注意到了的玉器的一般特征，而且要能进行普遍意义上的概括。观察已知古玉器所得到的认识，在识别传世古玉时是非常有用的（图7）。

观察分析考古发掘材料的途径主要有两条：一是到博物馆去看展品，这时要准备一个放大镜，认真地、一

图7 考古工作者在观察分析出土的玉器

点一滴地看。一些文物鉴定工作者谈到研究古玉时常讲要"上手"，也就是拿在手中慢慢地看（图8）。研究古

图8 文物工作者在"上手"看玉器

玉器的学者，到博物馆将两三件作品看几个小时是常有的事。同样，一些制造仿古玉的高手，到博物馆花几天时间看一两件展品也是常有的事，由此可知看展品的重要性。二是要通过文献与图册进行古玉类型特点的归纳。因为博物馆的展品往往是局部作品，不可能把各地区的同时代作品集中于一处。也不可能将一地区某一时代的作品全部展出，通过文献扩大信息量是必要的。在进行古玉时代特点归纳时，要排出不同器物的时代发展序列，了解器物在发展中的演变，各发展阶段的特点，不同时期的区别点。不了解区别就无法鉴别，在目前的条件下，文献与图册对于研究工作是非常必要的。第三，要独立进行古玉器的特点归纳，因为玉器鉴定过程对于每一位鉴定者来说都是个人行为，要独立地拿出自己的结论，在此基础上进行多人之间的协作。如果没有独立进行过古玉类型学研究，人云亦云，就很难有独立的识别、鉴定古玉的能力。但是在独立归纳时，要注意结论的准确性，对于任何结论都要有足够的鉴定支点，常见到一些鉴定者，在行业中摸索多年，但想法离奇，不着边际，往往在多方劝告下亦不知反思。此种不能同外界交流，不能听取不同意见，不能随着资料的发现而修正自己原有认识的鉴定者，是难以取得正确的鉴定结论的。

玉器鉴定的另一个基础，是对个体玉器的熟知。必须记牢一定数量的典型作品。玉器鉴定过程中，形象化判断是非常重要的环节。在这一判断过程中，很少从抽象的概念出发做出结论。鉴定者往往要根据记忆中的典型作品进行比较，最初的判断多是这类作品是否出现过，也就是"见过"或"没见过"，其后是"特点对"或"特点有疑问"，在此基础上进一步分析才能做出结论。不熟悉一定数量的代表作品，就难进行这样的比较。一般来说，玉器鉴定者在最初阶段，需记牢一二百件作品的特点，包括材料、造型、颜色、纹样、加工方式等方面。如果进一步的话，要把这些作品的典型特征进行排比，形成类型发展的序列认识。

除了对古玉的类型特点把握外，还需要掌握古玉作伪的方法，了解假古玉的特征。在这一基础上进行古玉真伪的鉴定，在鉴定过程中经验、见识起着重要的作用，鉴定的主体要凭借已掌握的知识进行分析判断。鉴定一件玉器的年代，首先要确定作品的类型归属，明确作品具有的时代特点。具体地说，要进行造型、纹样、制造方法方面的判断。这里要注意玉器各方面特点的一致性，就是说从各个角度来判断，得出的结论应有一致

性，应为同一时代、同一地区的玉器特点，不能多特征拼凑。如果出现了不同，则要另行分析，应以最晚的时代特征为基准。在得出初步的类型归属意见后，便要进行真伪的判断，这时，同样需要进行造型、纹样、材料、加工工艺方面的分析，还要判断是否有人工伤残、人工染色和人工做旧，而这时有关古玉作伪方法方面的知识，对鉴定中所见过的假古玉特点的了解，就显得非常重要了。由于假古玉的制造方法太多，目前又无专门部门进行假古玉标本的归纳，要进行重要鉴定时，鉴定主体要自备举证方法，因而有条件的，要进行有关的资料整理。

判定古玉真伪是非常困难的，鉴定时鉴定者往往会遇到三种情况：要在短时间内明确作品为古玉；在短时间内能判定作品为假古玉；一时不能做结论，对作品真伪要进一步研究。判定古玉真伪时，要注意下列几个方面：

1. 对玉器材料进行识别。古代使用的玉材是多种多样的，尤其是新石器时代到商代的几千年里，多种矿物均被用来制造玉器，这一时期的矿物质加工的非实用性生产工具类器物都可能是玉器。因为当时玉器用材的统一标准尚难建立，只是就地取材，玉材的使用是多方面的。同一种玉材，在色泽上亦千变万化，古玉的制造便是在这种多种矿物和同一矿物的多种表现中取材。通常玉材的选择会受到地域的限制，有很大的局限性。商代以后，玉材标准趋于一致，但每一时代的玉材选择都会受条件的限制。主要是开采条件不能超越矿物分布条件，特定时期的玉材用料，只是某些矿物的特定部分。这一部分玉材往往区别于同种矿物的特定特点。这就需要认真研究，仔细观察、掌握。

2. 制造风格的统一性。每一时代的玉器在造型、纹饰和反映的文化内涵上都有自己的特点，即所谓时代特征，对于一件玉器，它的制造时代一般只有一个。少量的可能被二次改动，因而在这些特点上要有统一性。

3. 加工特点的判断。几千年来，玉器制造基本上是用砣具进行的，变化不是很大。但加工方式上，每一时期都有自己的特点，鉴定家称为"刀工"，据刀工判断玉器制造年代，鉴别真伪，是鉴定过程中必须进行的。

4. 依据玉色判断新旧。玉器制成后，玉表面因暴露于空气中，或埋于地下，或经人体接触，或其他原因，会产生颜色变化。例如，故宫博物院存有一部分明代玉带，为典型的明宫遗存，未曾入土，其中一些带板，表面已成旧色，同新玉作品有明显的区别（图9），其原因在于长时间的空气氧化。这表明玉材表面是可以出现新旧变化的。但这种变化非常缓慢，且受到多种因素影响。如果把玉器置于较为封闭的状态下，它的颜色变化就会十分缓慢。

图9 故宫博物院藏明代玉带

5. 要注意玉器的体积。一些时代的玉器在体积上大致有一个变化范围，特殊的小或大的作品为假古玉的可能性就很大。

以上是判断玉器新旧真伪的一般方法。进行判断的出发点有两个：第一是已掌握到古代玉器的特点，依此对被鉴定的玉器进行判断；第二个是已掌握作伪方法。应该注意的是，目前古玉做旧的方法非常多，而且效果同真古玉的旧色又非常接近，这就给鉴定带来了困难，需要认真研究和对待。

古代仿古玉作伪历史和特点

古代仿古玉的历史可以划分为宋代、明代、清中期、清晚期和民国初年等几个阶段。这几个阶段玉器的仿古情况往往相互交叉并有类似，有一些情况目前还不十分清楚仅能进行大体上的了解。

宋代经济与文化发展十分繁荣，给文人学者的文化活动提供了条件。对文化的反思和对古物的研究探索是文化活动的重要方面，金石考据学、古器物学、史学研究都有很大发展，也推动着收藏活动的开展。当时，无论研究者还是收藏者，获得古物的途径主要是市场，因而这种活动促进了古物市场的发展，又促进了仿古作品的发展。从目前发现的材料看，宋代仿古玉中较多的是仿汉代玉器，汉是持续了数百年的强盛帝国，盛极之时，统治者不会想到日后的衰败，陵墓中大量使用陪葬品，其中有数目非常多的玉器。朝代更替，汉室衰败，汉墓的被盗掘使大量汉器流传于世，宋代流行的古玉中，汉玉应占一定数量，这也是仿汉宋玉出现的因素。典型的宋代仿古玉中，有仿古兽面纹玉、仿古螭纹玉、仿古蝉纹玉、仿古卷云纹玉（图10）等多种类别的作品。

图10 宋代仿汉代鲽形玉佩

仿古玉器在明代的发展，主要得益于古玩市场的扩大和收藏古器之风的盛行。曹昭在《格古要论》序中言："近世纨绔子弟，习清事古者亦有之。"收藏之热自明初至明晚期愈演愈烈，不仅古器，当朝作品亦被收藏，收藏热推动了仿古玉的发展，《妮古录》说："见百乳白玉觯……吴门陆子刚所制。"陆子刚是治玉名家，作品以小件玉佩饰最为常见，从上述文献可看出，陆子刚制造了许多仿古器皿，他所制仿古器皿样式、风格往往与古器有别。目前已知的子刚款仿古器皿有三件，代表了明代三类不同的仿古器皿。第一件为合卺杯，故宫博物院藏。状如相连的双桶，桶间雕一鸟踏兽，意为英雄。杯身琢有诗句，并有"合卺杯"、"子刚制"字样（图11）。这类英雄合卺玉

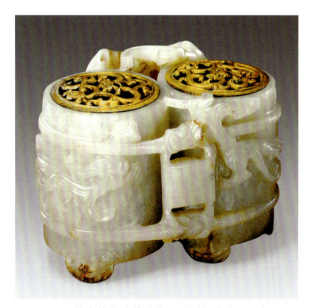

图11 故宫博物院藏明代"子刚"款合卺玉杯

杯，故宫博物院藏有多件，其中一些作品，较之此件明晚期作品更为古朴，个别作品可能为宋代所制。第二件为觯式杯，主体似古铜器之觯，无盖，略小，其外琢交错的环形纹及排列的变形蝉形，夔式柄，柄下端琢款。在传世玉器中，有较多的单螭耳仿古杯，杯略高，或似觯，或似匜，杯外饰仿古卷云纹，这类作品中，有的被定为宋代制造，有的被认为是清初的作品，这件"子刚"款玉觯，刻款部位与北京师范大学出土的子刚款玉樽略同，制造年代当属明晚期。传世的单螭耳仿古觯，多属这一时期的作品。第三件是北京师范大学出土的玉樽，粗筒形，三兽首式足，盖中部有圆饼式纽，环纽雕三小兽，单环形柄，柄下端琢"子刚"二字，杯外饰夔凤纹及密集的小卷云纹。类似的作品，故宫博物院亦有收藏，以"子刚"款玉樽为依据，此类仿古玉樽多数都可定为明代制造。除以上三类仿古器皿外，明代的仿古玉器皿还有鼎炉、瓿、角杯、匜杯、壶等。这些器物的时代确定，仅需依据玉材色泽、加工特点及纹饰特点即可做出判断，其中一些很可能是宋、元时期的作品。

明代仿古玉中还有很多环玦佩饰，明人高濂在《遵生八笺》曰："近日吴中摹似汉宋螭玦、钩、环，用苍黄染色边皮葱玉或带甜淡墨色玉，如式琢成，伪乱古制，每得高值。"这段记述说明明代人确实在进行着仿古玉的制造，这种制造不仅摹似，还进行染色做旧。但是，今天所能确定的明代制造仿古玉佩饰并不多，原因在于明代仿古与宋代仿古极易混淆。故宫博物院藏有一件"子刚"款玉佩，仿古夔龙纹，两龙首相对，身相连，两龙首间有镂雕装饰，玉佩整体呈环状。玉佩上进行了做旧处理，但光泽较亮，棱角分明，整体上不如宋代玉器圆润。一般来说，宋代仿古玉更接近汉代作品，但纹饰滑嫩不足；明代仿古玉较粗硬，不精致。另外，常见的明代仿古玉中还有较多的玉剑饰和玉容器。玉剑饰较汉代的作品粗大，纹饰也不如汉代作品精致。仿制的玉容

图12 故宫博物院
藏明代三足环把带盖玉樽

图13 清代黑舍里氏墓出土的鲽形玉佩

器有玉樽和玉角杯，制作精细，用料讲究，工艺水平很高（图12）。

清代仿古玉在仿古玉器中占有重要位置，同宋、明时期的作品比较，目前能见到的清代作品要多得多，清代仿古的范围和方法较以往也有较大的发展。

清初制造仿古玉的情况，目前我们了解的并不多，北京师范大学清索额图之女黑舍里氏墓中出土的两件鲽形玉佩（图13），为清初制造的仿汉代玉器，但器物纹饰有变化，没有按照汉代纹样去做，作品未进行做旧处理，为仿古玉，非假古玉。台北故宫博物院及北京故宫博物院皆藏有数件玉杯，杯上进行了做旧处理，并在附件上附有乾隆撰写的《玉杯记》，记述了玉工姚宗仁指认其杯为姚祖所制，并道明做旧方法。这些玉杯之形或纹饰，多数并无古意，乃做旧者凭想像而制，其中一件矮杯上有仿古兽面纹，一件杯盘上有明代螭纹，说明当时确有一些仿古作品，是拟照旧物而制的。

乾隆时期制造的仿古玉可以分为两种：一种以好玉而为，不进行做旧处理，或刻乾隆年号，"乾隆仿古"年号多用于器皿，玉件多用"大清乾隆年制"。另一种以边皮糙玉而为，进行做旧染色，与旧玉器相似，是假古玉。所制古玉之形，一是来源于图谱，如《三礼图》、《古玉图》或其他一些器物图录等。还有就是比照实物而制，其

图14 清代乾隆时期仿古雷纹玉瓶

中有仿古鼎青铜器（图14）、玉礼器、动物、人物、佩饰等，种类非常多。已知的有仿新石器时代至商周时期的琮、蚩尤环、人面纹斧，仿汉代玉鲽形佩、玉鸟、玉剑饰、玉宜子孙佩（图15）、四灵环，仿唐、宋时期的玉人等，还有一些夔纹璧、兽面纹璧、谷纹璧、兽面纹佩、龙纹佩等。既不按照古器，也无图册对照，似古非古。做旧的方法也很多，在材料上有用边皮糙玉制造（图16）的，亦有用旧玉器再刻花，将旧玉器再行染色等多种手法制作的。在染色方面手段更为复杂，有一些极易识别，也有一些是很难识别的。

图15 清代仿汉代"长宜子孙"玉璧

清晚期到民国初年，民间制玉业发展迅速，很多古玩行兼做假玉器，但由于时代和考古发掘材料的限制，制玉者对古玉的理解并不深刻，作品往往功力不足，给人一种似真似伪的感觉。民国时出现了一批较高水平的仿古玉，其中的一些作品现在仍被当作古玉收藏，这类器物在制造上仿古者下了很大的工夫。制作这类玉器的主要特点是慢功，制作者往往用很长的时间对器物进行做旧和盘磨，使其色泽深、老，不似现在一些作品那样生、冷，民国时期好的仿古玉作品亦应视为玉器精品。

图16 清代乾隆时期利用玉料边皮旧色仿制的鹰兽纹玉斧

现代仿古玉作伪特点和方法

20世纪80年代以来，我国诸多省份都出现了假古董制造的高潮，假古玉制造又是首当其冲。在具有现代生产技术的条件下，仿古玉的仿真程度是非常高的。不同地区制造的仿古玉，仿旧方式多种多样。现代仿古玉的制造是同考古发现、古玉鉴定学的发展紧密联系的，很多考古学的研究成果被仿古玉者所借鉴。一些古器物的特征刚被发现，便在假古玉中出现。假古玉制造者熟悉古玉鉴定，很多制造方式是针对古玉鉴定而来的。一些鉴定经验或诀窍刚一披露，作假者便把它运用到了假古玉的制造中，使鉴定经验成为过去。因此，识别现代仿古玉，必须时刻了解古玉仿伪技术的发展及特点。要认真分析真古玉的特征，善于观察、比较，只谈真伪而少讲缘由。

现代假古玉的制造有如下特点：

1．按照古玉器如式仿制。这一方式自古有之。故宫博物院存有一些清代仿古玉，仿制品与原件存于同一匣内，尺寸、样式、工艺非常接近。新作品又做了旧，很难区别。这类器物在现代作品中更多。由于现代制玉者中一些人手中无真玉可仿，因而变换方式，照图册仿制。市场上能见到很多仿图录玉件，如仿红山文化玉

图 17 按照原器仿制的战国玉璧

龙、玉鸟，仿汉代玉马、玉兽，仿战国玉璧、玉璜、玉佩等（图17）。

2．局部照古器仿制，略微带有变化。这些做法亦自古有之，尤其是清代的一些玉器，往往在局部采用古器造型，但多数不做旧。现代的仿古玉者，为了掩饰仿古的意图，使自己的作品不被别人识破，在仿古时加以变

化，这类作品常给人一种看不明白的感觉（图18）。

3．拼接。拼接是各类仿古器物中都采用的方法，把不同器物的局部凑到一起，组成新的作品。这样的作品，细看时，哪一个局部，都使人觉得对，但整体风格不伦不类，有时还会出现将不同时代风格的作品拼到一起的现象（图19）。

图 18 局部略有变化的仿古玉

4．想像。这类作品略有一点古器的意味，但带有很大的想像成分。造型奇特，工艺倒颇为古朴，使人感到不知为何物，不知为何用。而出售者又能编造出很多故事。鉴玉者遇到这类作品时尤需注意（图20）。

5．模糊。这是古玉做旧的一种方

图 19 拼接成的仿古龙纹玉斧

法，把玉器表面纹饰做得模模糊糊，细部纹饰似有似无，

图 20 想像出来的仿古玉器

很像古玉受蚀的样子。这类作品上往往出现不该模糊的纹饰反而模糊不清的现象。尤其是一些仿古璧、璜，上面的谷纹模糊，是人为而致。事实上，古玉器中纹饰模糊的作

图 21 纹饰模糊的仿古玉器

品是有的，但数量很少，模糊纹分布得又很合理，鉴别时需要注意（图21）。

6. 披纹。即在一般的器物上加饰古代纹饰，如在方形印色盒上加上战国卷云纹、蟠螭纹等。因而在识别古玉时不仅要看纹饰，还要看造型，求得纹饰及造型的统一（图22）。

7. 重色。仿古玉做旧时，一般都进行人工染色。许多作品带有重色，最常见的为黑漆古、枣皮红及石灰沁。黑漆古整体为黑褐色；枣皮红整体为红褐色，色厚重而不见玉材本色；石灰沁为白色，作伪者或将器物表面烧成斑驳状，斑坑中施色，或于器物表面烧出一层，白而微透，或于玉上制出一块一块斑若石灰膏，或呈斑片状（图23）。

图 22 加饰"S"形纹的仿古玉环

图 23 人工染红褐色做旧的仿古玉器

8. 特型。体积超大或较常见作品构图复杂，有很强的特殊感。另外，作品样式与已知图录上玉器相同，或与某些铜器、陶瓷作品局部相同时，就要认真分析这件作品是否采用了移植方式进行造型设计（图24）。

在鉴定古玉时，要特别注意识别玉料的质量。俗话说："好玉不做旧"，原因之一是旧玉中好玉非常少，

仿之工大价格高；其二，好玉不易沁色，蚀染的色是浮色，浮在表面，没有旧意，所以好玉不做旧。做旧的玉是次玉，有绺裂、有杂质的玉，这种玉质地粗糙，软硬不均，蚀变的沁色深浅不一，可深入内部，有与古玉同样的沁色效果，所以做旧多

图 24 造型特殊的仿汉代心形玉佩（正、反面）

以次玉为之。

现代仿古玉所使用的玉料多为青海玉和俄罗斯玉，这两种玉料都是20世纪90年代初期开发出来的，在市场上多充和田玉料销售，但温润程度不如和田玉。青

图 25 各色青海玉料

海玉产于青海格尔木市南面的阿尔金山，矿物成分为透闪石，颜色有白、灰白、灰色等，还有藕色带绿、白中夹黑色等混合色（图25）。多数玉料总体感觉发灰粉色，往往夹带有条状透明筋线（俗称"水线"）。青海玉储量大，开采容易，价格便宜，已成为目前仿古玉料的主流。特别是仿制清代大件炉、瓶、人物等，非它莫属（图26）。俄罗斯玉料产于俄罗斯远东西伯利亚的东、西萨彦岭，矿物成分为透闪石，颜色有白、青白和青色，多杂有墨点和糖色，有山料和籽料之分（图27、28）。俄罗斯玉料储量和产量都较大，质量高于青海玉，价格也较高。一些体形较小的明清玉件，如手把件、"子刚"牌等，就是用俄罗斯玉料制作的。另外，近年来市场上出现很多人造的和田籽玉。这种人造籽玉是用小块山料在滚筒里磨滚后，再用染料染出籽玉红皮（图29）。

20世纪90年代以前，仿古玉

做旧仍然采用传统的方法。以北京玉器厂为例，做旧玉的传统方法是：待仿旧产品作成以后，一般是抛光到乌亮的时候，将产品放入梅杏干水中煮几天，直到将玉上的杂质、裂纹、油脂腐蚀成不光亮状，或出现坑洼麻点后取出，再在产品表面涂以血竭、地黄、红土、炭黑、油烟，经火再烤，使色浸入内部，擦拭干净，再放

图 28 俄罗斯玉籽料

图 26 用青海玉料制作的仿清代玉瓶

图 29 人工制作的和田玉籽料

入油、蜡锅中浸油，恢复表面油状光泽即成仿旧玉。如果将这样的仿旧玉埋入地下半年、一年，再经常浇些水，取出后效果更好。有时为了仿古人玩过的旧玉效果，还用麦糠揉搓，用皮肤磨蹭，用皮擦拭。

从20世纪90年代开始，现代化工技术被引入仿古玉做旧领域，使得仿古玉制作水平大为提高。现代仿古玉做旧方法主要有：

1．酸性做旧。主要原料是氢氟酸、硝酸和硫酸等。一般方法是用含十分之一的氢氟酸溶液，将器物浸泡4～10个小时左右，即产生了所谓白灰皮。如器物某些地方加添其他颜色，则在浸泡前用蜡将不需作灰皮的地方封上隔离。一般添加的颜色有红、黄、黑和咖啡色等几种。加红色时用碱性橙，亦有用朱砂的；加黄色用高锰酸钾，做出的黄色称为铁锈黄；加黑色用硫化汞或一般黑色染料。着色时先将器物加热，再在需加色的地方涂上颜料，深浅视需要而定。此外，有的用硝酸、硫酸各一半再加50％的水浸泡器物，主要作用是浸入缝隙，以便使人感觉灰皮已深入到器物的内部。还有一种是用医院牙科用的牙骨粉将做好灰皮和加好色的器物全身封闭后打磨；或用环氧树脂加上磷苯二甲酸、二丁脂、乙二胺涂满器物，烘干后打磨；或用一种叫"水晶透明漆"的将器物涂好后打磨等。上列方法的目的是使器物在打磨后能表现出所谓的玻璃光，更具有"汉代古玉"的感觉（图30）。

2．火烧做旧。一般是用氧化钙（石灰）把涂上氢氧化钠的器物裹好，放到锯末里闷烧二天，烧出的白色称之为鸡骨白。如想在器物上做出牛毛纹，在闷烧二天后（这时玉器的温度约在300度左右）拿出用冷水激一下

（即浸几秒钟），就会产生所谓牛毛纹；如果在高锰酸钾的冷水中浸一下，就会产生血色牛毛纹。玉器需着色的部分也要在300度时浸入染料中。也可在需做黑色的地方加上硫化汞裹烧。器物在烧好和加色过程完成后，再用砂纸加上猪油进行打磨出光。火烧玉件一般无玻璃光，显得较硬，所仿器物至多像宋或明清件。还有直接放在火上烧或放在氢氟酸内浸泡后打磨的，效果一般较

图31　火烧做旧制成的仿古玉

差，容易识别（图31）。

3．碱性做旧（又称高压做旧）。是将待做旧的玉器打磨后，在需作色的地方涂上硫化汞（黑）或三氯化铁（黄）等，然后用氢氧化钠和碳酸钠、硅酸钠按一定比例混合，加点猪油将器物包裹在内，放到封闭的不锈钢制作的高压釜内。加压的同时加温，压力一般控制在80～120个大气压，温度控制在160～200度，均用仪表控制，约需时4

图30　酸性做旧制成的仿古玉

图32　碱性做旧制成的仿古玉

天即成。取出后用二氧化碳热风吹干，然后用硫酸还原，表面就呈现出白灰皮和玻璃光，有色的地方就自然沁入色泽。此法主要是仿新石器时代到战国的器物，做成后器物的色及所谓皮壳能浸到较深的地方，不易鉴别（图32）。

仿新石器时代玉器

常见的仿制新石器文化玉器为仿红山文化、良渚文化及其他文化玉器。市场上收集的红山文化玉器中有许多为仿制品，为了鉴定玉器的真假，了解作品的流传历史是必要的。一般来讲，红山文化玉器有如下特征：所用之玉类似岫岩玉，但硬度高，透光度低于岫岩玉。特点类似新疆和田玉，常见的有青黄色及青绿色两种玉料。作品或为片状，或为圆雕。片状作品较薄，边缘处更薄，似有刃。圆雕作品多呈柱状。玉器加工中大量使用开片、钻孔技术及线条装饰技术，开片以线切割为主，即用线条拉磨而成。钻孔的孔壁光滑，孔径有变化。常见的线条有四种：一是宽而浅的阴线槽，槽两侧呈坡状；二是粗阴线，线槽较深，不甚宽，或组成网格纹饰于兽身，或在兽头眼部呈环状；三是细阴线，线条纤细若丝，且很浅，用于兽面的局部装饰；四是细弦线，也就是凸起的细线，较少见，仅见于玉蝉之身。目前，仿红山文化玉器大量出现，原因在于人们对红山文化玉器的重视，也在于红山文化玉器的许多品种造型和纹饰都十分简练，极容易仿制。常见的仿红山文化玉器主要有玉鸟兽形饰和片形玉器。仿制的玉鸟同遗址中发现的玉鸟非常相似，不是经常摆弄这些器物的人很难断定它们的真伪。一般来说假的红山文化玉鸟在大小、厚薄及线条的粗细运用上还有不足之处，所用的材料同红山文化玉器也有区别。兽形玦为圆柱弯成的环形，一侧有缺口，缺口的一端雕兽头，头较大，耳上竖，呈大三角形。传世玉器中，属红山文化的玉兽形玦确实很多，有一些属于商代作品，尺寸、样式有很多变化。仿制的作品形状往往不准确，尤其是头形、眼形和钻孔的方法，同真实作品有一定的差距。仿制红山文化片状玉器，形状多不规则，且具有边缘薄，中部厚的特点，判断它们的真伪，主要依据其材质及其新旧程度。

新石器时代良渚文化遗址出土了大量玉器，器形主要有琮、璧、璜、镯、冠形器、柱形器等，品种多，出土量大。故宫博物院收藏有刻着乾隆御制诗的良渚文化玉器，说明清中期时，良渚文化玉器已被大量发现。仿制良渚文化玉器的活动出现的很早。宋代龙泉窑瓷器中有仿良渚文化的琮式瓶，因而在宋代就可能出现了仿制的良渚文化玉器。明清两代，仿古玉器发达，其中有许多作品是仿良渚文化玉器。近几年，玉器制造行业中出现了以拙工粗料追逐高利的风气。仿古玉出现高潮，其中大量仿良渚文化玉器。仿制的良渚文化玉器同真正的作品有许多区别。主要表现在以下几个方面：

1. 材料。良渚文化玉器所用材料可分为两类：一类为阳起石——透闪石族矿物。质地近似新疆玉，硬度高，微透光，但质地较新疆玉更细密，光泽感较弱，颜色近于青绿色，与目前能见到的各色新疆和田玉皆不同。第二类为细石状的青绿色或青黄色玉，硬度较低。表面研磨细腻。有些作品玉色斑驳，有些还带有云母状闪光斑，一些人称之为假玉。多数仿良渚文化玉器用料同良渚文化玉器有别。有些是真正的新疆玉，有些是产地不明的阳起石或蛇纹岩族矿物。

2. 沁色。良渚文化玉器的沁色有多种，浙江地区出土的玉器多带有石灰沁，呈暗白色。江苏地区出土的玉器多带白色雾状水沁。另外江苏地区还出土过牙黄色的玉器。仿制的良渚文化玉器沁色与真玉有别。常见的有假玉石灰沁，在微带白色的硝石上粘上白色，用醋水洗后则脱去。烧烤褐色沁，色暗褐，近似于黑，如烧煳的锅巴。烤糖色沁，似红糖之色，又兼微裂纹。其色似透明不透明。黄赭色沁，布满器表面，色均匀。

3. 纹饰。良渚文化玉器以兽面纹、神人纹、鸟纹最常见，仿制的纹饰往往给人一种不真实的感觉，常见的问题有几种：一是画蛇添足，在纹饰上增加一些奇怪的装饰。二是刀法生硬，没有良渚文化玉器应有的刀工。三是随心所欲，纹饰图案太离谱，不着边际。

4. 器形。常见的仿良渚玉器有玉琮、柱形器、冠形器。它们的形状与真正的良渚文化玉器往往有别。玉琮的形状应为方柱体，多节玉琮上部略宽于下部，仿制的玉琮往往把中心做成上下直立的筒状，角部的凸出很明显。

仿新石器时代玉器举例：

图 33 仿红山文化玉钩形器

仿红山文化玉钩形器（图33） 作品呈片状，前端为弧形刀，一侧出钩，内部外出一榫，其上有孔，内与援之间有栏。作品样式与红山文化玉钩形器近似，但棱线生硬，不同于红山文化作品。内的端部又出榫，与红山文化作品也不同，所用玉材花斑明显，无旧玉感觉。

图 34 仿红山文化玉龙

仿红山文化玉龙（图34） 作品所用玉料暗绿色，无光泽，整体似"C"形，一端为龙首，巨眼，阔嘴，长角，龙身素而无纹，中部有一通孔。作品所用玉料与红山文化玉器不同，龙形过于死板，眼大无神，尾部生硬，无古朴之意，应是一件仿制品。

图 35 仿红山文化玉鹰

仿红山文化玉鹰（图35） 玉料似石质，无玉质感。外形有红山文化玉鹰风格，但细部差别较大，鹰爪近似长方形，头部略呈尖状，双翼无翅纹，均与红山文化真品不同。

图 36 仿良渚文化玉琮

仿良渚文化玉琮（图36） 表面红褐色斑为后染，人面、兽面纹线条为砣具加工，与良渚文化玉器不同，为仿良渚文化玉琮。

图 37 仿良渚文化多节玉琮

仿良渚文化多节玉琮（图37） 作品长114.5、宽15厘米，超出已确认的良渚文化多节琮。对体积超大的作品，应引起注意，视为疑点。作品为方头，表面白斑局部深厚，与良渚文化作品不同。

图 38 仿良渚文化神人兽面纹玉琮

仿良渚文化神人兽面纹玉琮（图38） 作品为两件长玉琮相接，这一样式的作品在目前已知良渚文化玉琮中尚未见，作品的花纹、图案线条过于纤细平滑，与良渚文化玉器不同。

图 39 仿良渚文化玉璧

仿良渚文化玉璧（图39） 作品两面各饰二个凸起的神人兽面纹，图案边线不正，是人为的仿古图案。目前发现的良渚文化玉璧，皆较厚，玉质不好，尚无带神人兽面图案的，与这件作品特点有别。此璧两面皆有图案，与良渚文化玉器常规不符。

图 40 仿良渚文化玉斧

仿良渚文化玉斧（图40） 此斧的边棱圆滑，同新石器时代作品不同。兽面图案为细阴线刻出，图案的加工方式、细部结构皆不同于良渚文化玉器。

图 41 仿良渚文化玉刀

仿良渚文化玉刀（图41） 器为刀形，较厚，无孔，前端尖而上挑，用玉近似于蛇纹岩类玉料，主要部位琢刻细阴线仿良渚文化兽面纹。这一式样的玉刀，成型需要较高的技术，新石器时代尚未见，且玉刀无孔，不能悬挂又不能接柄，不符合一般规律，图案细而无力，结构又不同于良渚文化玉器，为明显的仿古制品。

图 42 仿齐家文化玉琮

仿齐家文化玉琮（图42） 方柱形，中有孔，表面光素无纹，一面表面为红糖色，一面玉色糟白，外形与齐家文化玉器近似，但孔壁直而径圆，且直径无明显变化，为仿齐家文化玉器。

图 43 仿齐家文化联璜玉璧

仿齐家文化联璜玉璧（图43） 玉质近似齐家文化玉料，但灰白沁色为人工所染。璜上的小孔及璧的中孔较直，是现代机械加工的特征。

仿商西周玉器

在宋代文献中，出现过"碾玉商尊"等名目，但在已知的宋代玉器中，尚未发现仿商代玉器。目前发现的早期仿商代玉器，是清代宫廷制造的一批仿古玉斧。玉斧上分别饰有属新石器时代龙山文化玉器或商代玉器所饰的纹样。仿商代玉器纹样以鸟兽纹为主，同真正的商代玉器纹饰有很大区别。另外，带有鸟兽纹的玉斧，在已知的商代或其前代的玉器中尚未发现。仿商代玉器的高潮出现在20世纪的中晚期，目前见到的仿商代玉器多为民国及其后的作品，这类作品又分为两种，一种为20世纪上半叶所制，一种为20世纪后期所制。

民国初年的仿商代玉器，目前能见到的已经不多了，一些作品为博物馆或私人所收藏，并视为真正的古玉。仿制器类大致如下：

1. 仿礼器。璧、琮很少见，多见于玉戈。作品用料往往同真正的商代玉戈有区别。所用之料有三种：其一为近似于浅色的岫岩玉料，不如岫岩玉透光亮强，表面染白色水沁；其二为青绿色玉料，其上烧烤做旧，近似于黄褐色沁色；其三为近似于大理石的石料，但纹理不若大理石明显。这些仿古玉戈，似比照真正的商代玉戈而制，但与商代的玉戈也有区别。

2．仿玉兽、鸟。所制作品皆为片形玉器。有正面玉兽面、侧面玉兽、侧身玉鸟，用青色或灰色矿物质为原料，又加烧烤拟古，作品上饰有纹饰，比照商代纹饰特征，但线条的琢磨功夫不够，流于滑软。

近十年，市场上出现了一大批仿商代玉器。由于文物鉴别术的暴露，作伪者依鉴定家之言而行，因而作品更不易识别。目前见到的作品主要有四种：

1．仿玉人。有圆雕立体人和片形人两种。商代立体玉人，过去从未发现。近几十年间，考古工作者发掘了一些大型的商代墓葬，出土了一些立体玉人，其中最著名的是河南安阳殷墟妇好墓出土的跪式立人。这件玉人被发现后，出现了许多仿制品，有些刻有相同的双阴线饰纹，饰纹同殷墟出土的作品一样，但尺寸、雕工相差甚远。有些只有其形，其细部有很大变化，它们在一些书籍中被当做汉代作品。20世纪90年代，江西新干大洋州商代大墓出土的玉器中有一件圆雕蹲式玉羽人。其人有四肢，腰两侧有小翅，嘴前凸，钩形。这件作品被宣传后，市面上就出现了玉羽人的仿制品。仿制品同真正的作品略有区别。但在眼形、头形上不同于真实的作品。一般来看，商代制造的立体玉人非常少，因而样式也不统一。同已知作品相类似的仿商代片状玉人也很多，一般是按照图录仿制，样式同已知商代玉人大体相似，但风格、韵味不同，所饰双阴线纹的结构与商代玉器纹饰有别，眼、嘴、鼻的样式也同真实作品有别。商代玉人的嘴宽而大，微凸，宽鼻，眼部雕法很多，或于四边形凸起上刻一阴线，呈"一"字形，或为双阴线"臣"字形。仿制的玉人，五官雕法往往很随意。

2．仿立体玉兽。商代的立体玉兽在近几十年发现的较多，影响最大的是河南安阳殷墟妇好墓出土的玉虎和玉熊。最常见的仿商代立体玉兽就是玉虎和玉熊。妇好墓出土的玉虎和玉熊较方，似方柱，身上有精致的纹饰，以双阴线方折纹为主，仿制的作品在身体弧线、饰纹等方面同真实的作品相差很远。

3．仿玉兽面、玉鸟、玉兽。样式很多，以片形为主。有一些是仿照图片造的，但器物的大小、厚薄、纹饰往往同商代的作品有别。

4．仿玉戈。数量较多，作品一般较厚，用材往往与商代作品用材不同。

仿西周玉器最早出现于何时，目前尚难肯定。属宋—明体系的仿古玉器中尚未发现仿西周纹饰的玉器。清代仿古玉器异常发达，目前已发现有仿新石器时代、商代、战国、汉代以至唐代风格的玉器。当时人们对西周玉器的认识尚不明确，但收藏已成系统。吴大澂的《古玉图考》中已收录带有纹饰的西周玉器，说明当时西周玉器已被人们重视，仿制西周玉器的条件也趋于成熟。清代仿古玉有见古即仿的特点，对当时人们收藏的主要玉器，社会上都有仿制，仿西周玉器的存在也是必然的，但哪些是清代制造的仿真正周代风格的玉器目前尚难确定。

目前社会上流传的仿西周风格玉器主要是当代作品，其中一些是在旧玉上加琢花纹。由于西周玉器花纹结构较一致，因而判定作品时除了研究图案外，还需研究加工方式。较多的仿西周玉器是先仿再做旧，常见作品有鹿、璜、柄形器、鸟等，作品所用玉料与西周作品不同，非新疆透闪石玉，表面旧色与西周作品也不同。

仿商西周玉器举例：

图44 仿古玉牙璋

仿古玉牙璋（**图44**） 牙璋为片状玉器，长条形，一端有内凹的刃。《周礼》有"牙璋以起军旅"句，但所指为何物并不明确。吴大澂《古玉图考》将这类玉器定为"牙璋"，一些研究者多用此称谓。早期牙璋见于山东大汶口文化遗址，晚期见于西周玉器，作品一般较薄，大者略厚，刃口呈很小角度的坡状。这件作品表面灰白色沁为酸性做旧所致，厚度超应有的比例，刃口角度大，呈陡刃状，是明显的仿制品。

仿古兽形玉玦 （**图45**） 兽形玦自红山文化到商代玉器中

图45 仿古兽形玉玦

有较多作品。主体为大头、细身，此作品细头粗身，已失古器之意，兽身装饰有脊齿及细阴线鸟纹，但与商代作品比较，脊齿松散而不太紧凑，细阴线花纹在商、西周玉器装饰中很难见到，此作品图案又非常特别，非商、西周玉器装饰风格。

仿古玉爵杯（图46） 玉质青色。青铜爵造型，一侧有兽吞式柄，双柱，三足，杯身光素无纹。商周时铜器与玉器用途各不相同，造型上不会互仿。此玉爵杯无商周铜器纹饰，外表颜色亦是人工染色，为仿古玉器。

图46 仿古玉爵杯

图47 仿古玉觹

仿古玉觹（图47） 玉质较杂，呈深浅不一的褐色。觹首作鸟首形，"臣"字眼，勾喙，羽状足，觹下端较弯，饰蝉纹。此器局部形制虽有商周风格，但纹饰的线条流畅而随意，不见断续的"跳刀"现象，整体造型也不见于商周玉器，应为仿品。

仿古玉人（图48） 质料似为黄色石英岩，透明度较高，有较多的细小裂纹。作半蹲状，赤裸上身，露双乳。头戴平顶帽，圆眼张口，身上饰圆圈纹。商周时期玉人造型较多，从站立状到蹲跪姿态均有，但头

图48 仿古玉人

部造型和衣纹与此器差别较大，且不见身上饰圆圈纹者，故此器为仿古之玉。

仿古裸体玉人（图49） 玉人满身白色沁，呈站立状，裸体，双手扶胯。此器造型明显仿河南安阳殷墟妇好墓裸体玉人，除造型略为近似外，纹饰、雕工均有差异，应为仿品。

图49 仿古裸体玉人

仿春秋战国玉器

仿春秋风格的玉器出现的较晚，现在能见到的多是近、现代的仿古作品，个别的为清代作品，主要有：

1．仿虎形玉片。虎形玉片流行于春秋及战国早期。玉片较薄，虎身有方折"S"形纹、"人"形纹和卷云纹，虎头较方，唇上卷。仿制的虎形玉片，一般是照实物或拓片制造的，在尺寸、纹饰上同真器无大差别，差别主要在用玉、沁色和做工方面。所用之玉多较次，硬度、光泽都不够。沁色以灰白色为多，做工也较差。但也有做得非常好的，为赭色铁锈沁，用玉及做工极佳，与真器几无差别。

2．仿玉佩。形式多种多样，多数是照图片仿制，形式与真器差别不大，常见的有两种纹饰，一种为阴线琢出的勾连纹，线条纤细规整；另一种为隐起的蟠虺纹，器表面有排列整齐的丘起，其上以阴线琢蟠虺纹。做法同春秋玉器近似，尤其所制扁片形佩，极似春秋时的作品，但作品稍厚，花纹较新。

仿战国玉器产生于何时，目前尚难定论。有学者认为唐代就已出现，但在唐代墓葬的考古发掘中并未见到仿战国玉器，目前能够确定的宋代仿古作品中，个别玉器带有战国玉器风格，但整体风格与战国玉器相差甚远。在明清时期的仿古作品中，有较多的仿战国作品，较常见的有璧、环、剑饰、佩等。这些作品用玉较精，制造工艺也很讲究。近、现代制造的仿战国玉器较多，主要有佩饰、璧、璜、剑饰等。玉佩用料以岫岩玉为多，加人工染色。染色多为水沁或石灰沁，较常见的有

双龙佩、"S"形龙佩、虎形佩等。一些玉佩上饰有云纹或谷纹，纹饰死板呆滞，与真正的战国作品有很大的区别。目前市场上还能见到仿制的战国人形佩，这些作品多数是按照图录样式再略加变动，有些则与图录所载图形完全一样。战国玉佩中，有一些作品样式大体一致，如"S"形龙、虎形佩等，还有一些作品是独立设计的艺术品，可能制造时有一对，不会同时制造许多件。所以，同某些已知作品相似的特殊形式的作品，后仿的可能性就很大了。近现代仿制战国的玉璧、玉剑饰，所用之玉及纹饰加工上，较真正战国作品相差甚远。

仿春秋战国玉器举例：

图50 仿古卷云纹玉环

仿古卷云纹玉环（图50） 玉质青绿色，有白沁。环体饰卷云纹和"S"形纹，有春秋玉器纹饰的作风，但纹饰布局松散，雕工无古拙之感，仿制意味较重。

图51 仿古卷云纹玉璜

仿古卷云纹玉璜（图51） 玉质青绿色，有大面积白色。两端有扉棱，表面饰阴线卷云纹。作品用玉硬而不透，白色为玉料所含，在春秋战国玉器中，此种玉料未见使

用，且阴线卷云处未见凸起，应为仿春秋玉器。

图52 仿古卷云纹玉璧

仿古卷云纹玉璧（图52） 玉质青色，有赭色斑。表面饰五周花纹，每周花纹为凸起的"S"纹与网格纹组成的二方连续图案。一般来说，凸起的"S"纹与网格纹见于春秋及战国早期玉器，但图案层层递缩，越往内越小，并不是这时期玉器风格，这时的多周图案应数量递减。此作品为仿古。

图53 仿古粗绳纹玉环

仿古粗绳纹玉环（图53） 圆形，较厚，内外缘部较薄，表面饰凸起的排列弧线。作品近似于战国时期流行的绳纹环，较战国时期作品的细致程度略差，目前考古发掘到的玉器中尚未见到这类作品，此器表面有较厚的人工染色，疑为仿古作品。

图54 仿古龙鸟玉佩

仿古龙鸟玉佩（**图54**）　玉质青色，局部白色。透雕一龙，尾为鸟首，战国玉器风格。作品略厚，玉料白色多，青色少，白而不透，非战国玉料特点，龙身饰阴线花纹在战国龙形佩中亦少见，判断为仿战国玉器。

图55 仿古龙凤玉佩

仿古龙凤玉佩（**图55**）　玉质青色，局部有赭色。器蛇身，两端各为龙头、凤头、兽足。此作品中龙、凤皆为战国、汉代玉器风格，但将其与蛇身组合，古玉中未见，疑为仿制。

图56 仿古玉兽面

仿古玉兽面（**图56**）　玉质青色，表面有白沁。透雕兽面

图案，以阴线刻画细部，似战国风格。阴刻线条较粗宽，流畅程度不够，沁色为人工所致，当为仿品。

仿古玉跪人（**图57**）　人为跪式，螺髻，披发，束带，手持大环。跪式玉人在战国玉器中较多见，中国国家博物馆即藏有2件战国玉人，似骑似跪。汉代玉人主要为站式，个别跪式为舞人。此作品中人物服饰与战国作品有别，装饰花纹有战国玉器风格，表面颜色有浮斑，为仿战国风格玉器。

图57 仿古玉跪人

图58 仿古双龙环形玉佩

仿古双龙环形玉佩（**图58**）　双龙首相对，尾部对卷，龙爪伏于尾上。此器造型奇特，虽有战国风格，但龙首细部不同于战国玉龙，而且龙爪和弯曲的尾梢为现代想象图案。

仿古玉盒（**图59**）　扁圆筒状，盖上伏一螭虎，盒身两侧有对称的螭虎形耳。盒盖和盒身饰勾连纹。战国玉盒存世极少，此盒勾连纹虽琢制规整，但螭虎造型及神态与战国风格相差甚远，为仿制之器。

图 59 仿古玉盒

仿秦汉魏晋南北朝玉器

自宋以来，仿汉代玉器经久而不断，是历代仿古玉主要品种。宋代制造的仿汉代玉器在器物的造型及花纹上与汉代作品有所不同，且一般不染色做旧，明代的仿汉代玉器略显粗笨，宋、明仿古玉中有少量染色做旧的作品，染色方式自有特点，与清代以后的作品有所不同。

目前市面上流传的仿汉代玉器，清代以前的作品并不多，最常见的是近现代及当代的作品。作品的种类涉及汉代玉器的方方面面，可分为两类：一类为与汉代作品风格相似的玉器，一类是加入了一些非汉代艺术内容的作品。对于第二类作品，通过对汉代艺术品的研究及特点的认定，然后加以比较便可识别。对于第一类作品则需要综合研究加以判断。最常见的仿汉代玉器有下列几种：

1．仿玉衣。仿汉代玉衣之风主要流行于近十年。河北满城汉墓玉衣出土后又有多套汉代玉衣被发现，缕别有金缕、银缕、铜缕和丝缕。为宣传中国古代文化，国内各地玉器厂复制了多套作品，作品用料好，不进行做旧处理，与真实的汉代玉衣区别主要在于看新旧，但由于玉衣片工艺简单，墓中情况又多于变化，识新旧亦非易事。20世纪80年代后，仿制汉代玉衣成为玉器业仿古作伪的重要内容，一些作品为整套玉衣，一些作品为局部的四肢及手套、鞋靴，皆为玉片组成，而其中以银缕者为多，银色有黑锈，个别的作品用金缕。从墓葬出土玉衣的情况看，缕线一般多已断朽，玉片散落而无整体形状，缕线成型的，皆为后人修复。仿制的作品，玉片或薄或厚，皆可被识破。厚度相宜的，要看玉色、玉材、穿孔等方面情况而识别。其中以玉色新、旧较难判断，所见有人工烧黑、烧白及染褐色的。

2．仿玉猪。常见的汉玉猪多为入葬时人手所握，又称为玉握，以柱状及片状两种最为常见。柱状玉猪，截面下方而上圆，头部变细，猪身有简单的阴线界出的四肢、眼、耳。这类玉猪的仿制品，当代玉器中较多。识别时要注意玉材的选用、阴线的处理及底面处理三个方面。

3．仿玉辟邪。汉代辟邪是神化了的立体造型动物，有一些为玉镇，可镇坐席还可藏于袖，以便衣袖下垂，用于案头亦可做镇纸。另外一些体腔内空的玉辟邪，可贮水，或为砚滴等文具。目前发现的汉玉辟邪，考古发掘品加传世品的总数不过13件，而仿制品则是大量的，可分为宋元仿、明仿、清仿、现代仿制等不同类型，汉代作品具有小头、张口、凸眼、短肢、有翅等特点，仿制品则神韵不足，头、翅、足、尾中有不合汉代风格之处。

4．仿各类玉动物。汉代玉雕动物中较常见的作品为马、羊、鸠，另外还有玉制的熊、豹、牛等。仿汉代动物中以玉马、玉羊为常见，作品在头形、尾、身形方面与汉代作品存在着明显差距。

5．仿各类玉佩坠。汉代玉器中玉坠、玉佩饰占有较大的比例，作品有玉环、玉璜、玉冲牙、玉龙形佩、玉人、玉刚卯、玉翁仲、玉舞人、玉心形佩、玉觿，以及玉具剑所饰剑首、剑格、剑璏、剑珌等。这类玉器的仿制品在现代大量出现，与真品相比，多数仿汉代作品的造型、图案欠准确，少数作品做得非常像古物，需认真判定真伪。

6．仿玉璧。有仿汉代的谷纹璧、双身龙首璧，所用玉料与汉代作品接近，图案、装饰也仿得很像，但色泽、工艺有不足之处。

魏晋南北朝时期的玉器作品数量不多，整体上延续了汉代风格但略有变化，据这一特点，一些人把传世作品中与汉代风格玉器相似但又有区别的作品纳入这一时期制造的器物，用这种办法确定的一些魏晋南北朝时期的玉器，往往为近现代的仿汉代玉器。现代玉器中有一些依考古发掘资料制造的仿魏晋玉器，主要有杯、羽觞、印、带阴线花纹的佩。

仿秦汉魏晋南北朝玉器举例：

仿古龙螭玉佩（**图60**）玉质青色，表面浮色深重，似土咬。雕龙、螭共一细长身，身下又接一凤头，身侧饰小夔龙。作品将螭、龙、凤集一蛇身，这种组合在汉代玉

图 60 仿古龙螭玉佩

器中未出现，是依汉代风格进行的再设计。表面白斑为人工染色，应是仿汉代风格玉器。

图 61 仿古鸠首角形玉杯

仿古鸠首角形玉杯（**图61**） 作品外形似角，由粗转细，杯外有谷纹并阴线。目前考古发现的角形杯均为汉代作品，玉鸠在汉代非常流行，此作品的主要基调应为汉代玉器，但鸠首浑圆而短喙，已失汉意，为仿古作品。

图 62 仿古兽鸟玉佩

仿古兽鸟玉佩（**图62**） 玉质青色，表面有较多的浮色。器中部为一兽头，长身盘旋，尾部为鸟头，兽、鸟皆一足，兽身之外又有一小兽。兽头似汉代风格又有差别，勾嘴及头顶之翎状角都似鸟，若为鸟头则作品离汉更远，且表皮重色为人工所染，判断为仿古作品。

图 63 仿古双螭玉佩

仿古双螭玉佩（**图63**） 玉质青白色。器片状，较厚，下部为底托，其上雕子、母二螭。大、小二螭在汉代玉剑璏上多见使用，此作品仿其风格，螭形有汉意，但螭头结构更似明代图案，为仿汉玉器。

图 64 仿汉鸟首玉带钩

仿汉鸟首玉带钩（**图64**） 钩头部分为鸟首，刻画细致，钩腹似鸟身，腹部凸雕一螭，屈身似爬行。鸟首带钩战国时已出现，汉代发展为鸟首、鸟身共现的全鸟形，但在鸟形带钩上雕螭，不是汉代玉器风格，且作品中鸟嘴宽阔，螭头简俗，无汉代图案风格，作品为仿汉风格带钩。

仿古兽面纹玉佩（**图65**） 作品似剑珌，表面饰兽面纹，上下两端贯一通孔，兽面的平眉、平行四边形眼眶有汉

图 65 仿古兽面纹玉佩

代兽面风格，但鼻下卷云纹不正，卷云两侧饰纹去汉甚远，作品为仿汉风格玉器。

图 66 仿古螭龙玉佩

仿古螭龙玉佩（图66） 玉质青色，表面有多处浮色。器椭圆形，凸雕一龙一螭相对。龙的前胸有横节纹，这一风格出现于南朝以后，螭头有长发，为宋、元风格，由此判定此玉饰为仿古作品。

图 67 仿古玉辟邪

仿古玉辟邪（图67） 玉质青白色，表面有人工染的褐色。辟邪为蹲坐状，狮头体壮，自胸前至背后有一缕卷云纹。作品似汉玉风格，但与汉代玉辟邪相比有较大差距：其一，头部较圆，脑后及关节无须发；其二，身上云纹和尾部装饰不见于汉代辟邪；其三，玉料缺乏温润感，不似和田玉，故判定作品为仿古玉器。

图 68 仿古玉饰件

仿古玉饰件（图68） 作品上部为立体雕琢的玉辟邪，中部为长尺，下部为夔式装饰。从玉辟邪来看，头、尾具汉代玉兽风格，但目前发现的汉代玉辟邪，翅羽为前后两组，此作品仅有腰部一羽，且似羽非羽，前足造型又显无力，判定为仿汉玉器。

仿古玉人（图69） 作品为柱状玉人，长袍，细腰，长发后披上卷。这一类勾卷方式主要出现于战国、汉代玉器上，人物所着长袍亦见于汉代玉器。但作品用玉青色而多斑，与汉代所用青玉有别，赭色又为后染，疑为仿古玉人。

图 69 仿古玉人

仿古玉舞人（图70） 器扁平片状，透雕舞人，阴刻五官及衣纹细部。此器外形很似汉代玉舞人，但面部眼、鼻、口的线条与真品差别较大，透雕部分不够流畅利落，模仿痕迹明显。

图 70 仿古玉舞人

438

仿唐宋辽金元玉器

仿唐代玉器的大量出现是在近代及其后，较多见的作品为带板、梳背、人、兽、饰花朵玉环。所见到的仿唐代玉器，主要存在着几个方面的疑点：

1．材料的选用。目前见到的唐代玉器主要为白玉作品、少量的白玉带墨玉作品、青玉作品。仿制者使用的材料很杂，绝大多数不用好玉料，尤其玉带板，用的多为杂玉。

2．沁色的染色。带有沁色的唐代玉器非常少见，一些学者认为，将好的白玉埋入地下也是很难沁入颜色的，因而对有沁色的唐代风格的玉器，要认真分析作品所沁是否为人工染色做旧。

3．图案有误。一些作品在造型及局部图案的组织方面失去唐代风格，或刻意模仿，或掺杂想像。一些图案中波状线使用的不合规律，给人模仿不当的感觉。

4．光泽。唐代玉器光泽一般都不太强，个别作品略好，但也达不到战国、汉代玉器表面玻璃光的光亮程度。对于表面光泽很强的唐代玉器，需加以注意。

至迟在明代，人们已开始进行宋玉的仿制，器形主要为螭纹环、钩类器，这一现象使得今人难以分辨宋、明之物。

仿宋代玉器的大量制造主要在现代，目前市场流传的主要有下列几种：

1．仿玉童子。童子玉器在唐代就已出现，宋代数量日增，四川广汉宋代窖藏和重庆华蓥南宋安丙家族墓都出土有玉童子，此一题材玉器延续到了明、清时期，其间作品风格多有变化，当今作品或仿宋代风格，或仿明清风格，种类很多。目前见到的仿宋代古玉有白玉和青玉两种料，工艺简单，求神而不求工精，且不为买家所认可，当今市场价格并不高。由于玉料较好，因而沁色很少，若有沁色，亦如锦上添花，作品更显光亮。因其价位偏低，当今仿制者多不肯用好料制造，所见仿制品少有白玉，用青玉者亦非高档青玉料。作品为次玉或次玉染色，所制伪古色，色泽僵死而无活性。再加上造型与局部图案方面的差别，多数作品是易识别的。

2．仿玉透雕作品。宋代的镂雕及透雕作品包括有立体及平面雕两种。近几年，随着对宋代玉器研究的深入开展，各种出版物中公布了许多典型风格的透雕作品。仿制的作品多见于两类，一类为照原物仿制，

如炉顶、炉纽类玉件及透雕的松下仙女类玉片饰，这类仿制品多有雕制不精的缺点，工艺与原物不同；另一类为照原物风格另行设计，图案的细部组织与宋代作品的风格往往不同，繁简的安排亦有不当，与宋代作品相比，风格走了调。

3．仿玉鱼。玉鱼为常见的玉件，多为挂件，宋、元时期的玉鱼有其独特风格，古朴不俗，与真实的鱼有较大的区别。随着近年宋、辽、金、元考古发现的增多，仿制的作品也较多地出现，主要品种有玉制鳜鱼及仿陈国公主墓出土的长身有鳞鱼，由于这类作品造型简单，一般有身直、尾活、网状鳞的特点，仿制起来比较容易，辨别新旧时要依据玉材、玉色、细部表现进行判断。

4．仿玉剑饰。考古发现的宋、元时期的玉剑饰主要为剑格、剑珌、剑璏，有螭纹、兽面纹、卷云纹作品，同明代作品相比，宋代作品较精致，用玉也较好，造型自有特点，如椭圆、方片状剑格，两腰呈直线的剑珌，与战国至汉代作品不同。现代的一些仿古剑饰，依宋、元作品样式而制，但往往出现图案走形等情况，须加以注意。

辽、金、元玉器中的一些品种或图案流传到了清代，造型及花纹发生了变化，与最初的作品有很大的区别，识别起来并不困难。近现代的玉器中有较多的仿辽、金、元风格的玉器。常见作品有如下几类：

1．仿春水图案玉器。春水图案玉器流行于金、元两代，仿制的作品多见于片状玉。一般来看，金、元时代的作品图案简练而有层次感，所留出的空间较小，动物的动感较强，已见到的仿制作品，构图一般较疏朗，图案细碎，无时代感。

2．仿雄鹿图案玉器。金、元时期的雄鹿或双鹿图案玉器，是当代玉器制造者的主要仿制对象，仿制者中有能抓住原作特点的，很像金、元时期的作品，不足之处在于玉材的选用，尤其是玉皮颜色的运用、树形的表现、鹿的肌肉、颈部及腿部的表现力不够，给人神韵不足的感觉。

3．仿玉飞天。仿制的玉飞天主要产生在近、现代，其中一部分为仿唐、宋风格作品，一部分为仿辽、金风格作品，仿唐、宋作品变形，仿辽、金玉飞天则身形不明确。

4．仿玉鱼。目前市面上见到的仿宋、辽、金、元玉鱼，以下列几种最常见：a.仿宋、元时期的鳜鱼、有鳞鱼；b.仿宋、元时期的鲨鱼；c.仿辽代边缘呈直线

状的长身鱼；d.仿龙首有翅飞鱼、摩羯鱼。仿制作品有几种情况，一是以图册发表的作品为本，照样仿制，一是略加变化。唐、宋以后，一件好的玉器设计往往影响很长时间，所以遇到这类作品就需认真分析。一般来说仿制的作品数量应是很多的，对于这一类玉器的鉴别，需认真判断其新旧，并依据佩坠的佩戴特点看其设计的合理性，对局部过薄、过细的作品列为可疑。

5．仿立体玉件。宋、辽、金、元时期，较多地使用了立体玉件，最常见的是炉顶、帽顶类作品，还有大小不一的各种玉纽。其中又以镂雕玉件最为突出，目前市场上出现的仿制品图案松散，剔除部分较多。

仿唐宋辽金元玉器举例：

图 71　仿古玉带板

仿古玉带板（图71）　玉质青白色，经人工做旧局部呈黑色。正面纹饰为胡人盘坐于地，胸前置一长鼓，双手张开作击鼓状。此器纹饰不够细密，纹道较粗，胡人形象不传神，仅具形似而已，为仿唐代玉器。

图 72　仿古玉骆驼

仿古玉骆驼（图72）　玉质黄色。器作卧式骆驼形。旧色黄玉骆驼在传世玉器中较多，其中一些肌肉圆润，有条丝状旧色的被认为是宋代作品。此作品玉色似染，驼头造型复杂，非宋代玉雕动物风格，为仿宋玉器。

图 73　仿古鹅式玉水杯

仿古鹅式玉水杯（图73）　玉质青色，表面颜色苍旧。器作鹅形水杯。宋元瓷器、玉器中都有鹅式杯，与此杯形状近似。观此作品，表面颜色似人工所染，鹅颈长而细，翅羽繁密不简练，形似宋元作品而细部皆非，为仿制宋元风格玉器。

图 74　仿古玉带板

仿古玉带板（图74）　玉质青白色。图案题材为"秋山"玉风格，一鹿回头张望，周围衬以柞树叶。带板嵌在铜框内。此器雕工粗糙，纹饰刻画不够细致，鹿神态较生硬，嵌铜框的做法有画蛇添足之感，判定为仿辽金玉器。

图 75 仿古鸟衔花玉佩

仿古鸟衔花玉佩（图75） 玉质灰白色，有绺裂。绶带鸟体过于丰满，双翅表现生硬，不够自然，三歧尾模仿意味较重，鸟身下面的五瓣团花雕刻粗糙，为仿宋金之玉器。

图 76 仿古玉带扣

仿古玉带扣（图76） 玉质青黄色，有白斑。两块钩环相搭，表面有镂空的螭衔灵芝纹，作品玉色较偏，不同于一般宋元玉器所用玉料，螭的头型小而模糊，镂空工艺也显松散，因而属仿元代风格玉器。

仿明清玉器

明代玉器的风格为研究者和收藏者所熟悉，尤其是对器皿、带饰、环形器、卧马、童子、"子刚"款玉器和佩坠的造型及纹饰特点更为了解，为迎合人们的喜爱心理，近现代仿制的上述类别明代玉器也就应运而生。

仿制的明代玉器皿见于执壶和玉杯。明代多见高型执壶，壶扁形，下部比上部宽，此类玉壶定陵曾经出土。由于明代玉器的市场价格较低，因而仿制的明代玉器多不用好料，以次料为主。明代非常重视玉带饰，常见作品有带钩、带环及带板，用料较好，青玉、青白玉者为多，并有少量绿玉制品，多数作品为传世品，经过盘磨，表面光亮。仿制的明代带饰，多数用料有所不及，原因在于一块好的明代带板市场价格多为数千元，而同等玉料制成的现代玉牌饰，市场价格或可超过万元，所以，用上等玉料制

成的仿明代玉带饰数量非常少，且为数年前玉价偏低时所制，作品工艺也有所不及。目前市场上常见一些仿明代玉器风格的玉佩坠，玉料较差，工艺很粗糙。

仿清代玉器主要见于仿制清代宫廷玉器。宫廷玉器制造的高潮在乾隆年间，并一直延续到嘉庆初年。此时，宫廷玉器已存有相当的数量，能满足需要。之后，宫廷财力较为紧张，玉器制造趋于停止，而民间玉器制作这时日益发展，但作品中仍有宫廷玉器风格在延续。

仿制的清代风格玉器可分为以下几类：

1. 仿具有一般清代风格的玉器作品。这类器物有器皿、摆件等，制造时参考了传统的明清玉器，因而在器物的造型、风格上有明清玉器的特点。

2. 仿乾隆年玉器皿。这类作品成本较高，采用好的玉料，精工细做。仿制品或较乾隆时期的作品器形、图案略有变化，或直接照图册仿制原物，常见有玉炉、尊等。

3. 仿清代玉山子。清代玉山子艺术性较高，乾隆常称一些有画意的山子为玉图，并以画家的画稿为蓝本进行制造。山子作品有较好的陈设性，因此现代多有仿制，但大多作品意境构图远远不及清代作品。

4. 仿清代玉牌。清代多有供人佩戴的玉牌，较明代作品略大。牌上的图案有夔龙、夔凤、云纹等，还有吉祥图案和吉祥语句，并署"文玩"、"子刚"款等，今人多仿制。

仿明清玉器举例：

图 77 仿古兽面纹玉执壶

仿古兽面纹玉执壶（图77） 蛇纹石玉质。壶形有明代执壶风格，壶腹饰兽面纹。作品所用之玉的颜色不似古玉之色，兽面眼小而复杂，为仿明作品。

图78 仿古玉方壶

仿古玉方壶（图78） 玉质青色。壶长方形，上部较窄，表面光素，盖上有链。方壶角部下凹，称委角，此类方壶明代已出现。此壶局部有明代风格，但形状不规整，壶柄多弯曲，不同于明代玉器风格，为仿明玉器。

图79 仿古寿字菱花形玉杯

仿古寿字菱花形玉杯（图79） 玉质青色，偏暗色，有黑斑。杯截面呈菱花形，外表光素，两侧有耳，耳上有"寿"字。此类玉杯明代已出现，于明清两代较为流行，此器大而高，为仿明清玉器。

仿古螭纹玉璧（图80） 玉质青色。璧一面凸雕三螭，另一面为谷纹。在明代，这种式样的玉璧很流行，此作品与明代玉璧相似。但此作品中孔较小，且不圆，厚度较一般明代作品要大，所饰螭纹形状特别，头部剥蚀为人工所致，故此器为仿明代作品。

图80 仿古螭纹玉璧

仿古竹节式玉杯（图81） 玉质青色。杯身似三节竹筒，旁有竹枝式杯柄。明代玉器中已出现竹节式玉杯，且对其后的玉器发展有一定的影响，此杯就是受明代竹节杯影响而产生的作品。造型有明代玉器的风格，但所饰蝙蝠为清代图案风格，为近代仿制明代风格玉器。

图81 仿古竹节式玉杯

仿古玉托杯（图82） 玉质青色，带有糖色。盘杯相连，托盘略显小，盘沿饰兽面纹。杯有龙形双耳，杯腹亦饰兽面纹，杯体大而厚，形似明代作品，但细部不同，为仿明玉器。

图 82 仿古玉托杯

图 83 仿古石榴双童玉摆件

仿古石榴双童玉摆件（图83） 玉质青色。镂雕大石榴并双童。造型、工艺近似古代玉器，童子服饰为明清玉器风格，但头部、脸形不似，为仿明清玉器。

图 84 仿古松鹤纹树桩形玉笔筒

仿古松鹤纹树桩形玉笔筒（图84） 玉质青色，色偏暗。形似树桩，其外饰凸起的鹤、鹿、松图案，含祝寿之意，作品图案与造型为明清常见风格，但此作品用玉为古代玉器中未见，为仿明清作品。

图 85 仿古三多玉笔洗

仿古三多玉笔洗（图85） 玉质青色。洗椭圆形，其外镂雕灵芝、佛手、桃、石榴、蝙蝠，造型、图案具有清代玉器风格，但作品玉料与清代玉器不同，为仿清代玉器。

图 86 仿古太师少师玉摆件

仿古太师少师玉摆件（图86） 玉质青色。雕子母二狮。子母狮又称太师少师，宋元玉器中已有此类作品，一直延续到清代。此作品狮头复杂，尾形多变化，尾端多卷，造型较一般古代作品复杂，为仿清代玉器。

仿古四足玉瓶（图87） 玉质暗青色。瓶盖顶有花式四环纽，瓶颈部饰蕉叶并花耳活环，腹饰蕃莲花，四叶式足，足上部各有一象头，带环，造型和纹饰具有痕都斯坦玉器风格。但痕都斯坦玉器中不见高足及足上带环作品，此器表面有较重的染色，属人工做旧，为仿清代痕都斯坦玉器。

图 87 仿古四足玉瓶

仿古兽耳玉提梁卣（**图88**）　玉质青色。卣瓶形，提梁上饰夔纹，腹饰夔纹、兽面纹，两侧为兽耳。仿古铜器造型的玉器在乾隆时很流行，此器表面糖色较重，兽面及兽耳不似清代风格，应为仿清玉器。

图 88 仿古兽耳玉提梁卣

古玉研究主要文献索引

A

《安徽省出土玉器精粹》：安徽省文物局编

台北：众志美术出版社，2004年。

《敖汉文物精华》：邵国田主编

呼伦贝尔：内蒙古文化出版社，2004年。

《安阳殷墟出土玉器》：中国社会科学院考古研究所编著，唐际根主编

北京：科学出版社，2005年。

B

《宝玉石鉴赏指南》：赵振龄、陈康德编著

北京：东方出版社，1992年。

《斑斓璀璨——中国历代古玉纹饰图录》：张永昌编

扬州：国家文物局扬州培训中心，1995年。

《宝玉石鉴定指南》：董振信著

北京：地震出版社，1995年。

《宝玉石快速鉴定》：朱宇著

北京：中国书籍出版社，1995年。

《宝玉石》：赵振龄、陈康德著

北京：东方出版社，1996年。

《北周隋唐京畿玉器》：刘云辉编著

重庆：重庆出版社，2000年。

《北京文物精粹大系·玉器卷》：《北京文物精粹大系》编委会等编

北京：北京出版社，2002年。

《冰清玉洁——中国古代玉文化》：古方著

成都：四川人民出版社，2004年。

C

《陈大年所藏玉器石器琉璃器说明书》：陈大年编著

1937年，南京举行教育部第二次全国美术展览会，所藏约800件，编制说明书。

《长安瑰宝》：陕西省博物馆编

西安：陕西人民美术出版社，1985年。

《传世古玉的辨伪与鉴考》：杨伯达主编

北京：紫禁城出版社，1994年。

《尘封瑰宝——江西配合基本建设出土文物精品》：江西省文物考古研究所编

南昌：江西美术出版社，1999年。

《出土玉器鉴定与研究》：杨伯达主编

北京：紫禁城出版社，2001年。

D

《东周吴楚玉器》：殷志强、丁邦钧编著

台北：艺术图书公司，1993年。

《东方文明之光——良渚文化发现60周年纪念文集》：徐湖平主编

海口：海南国际新闻出版中心，1996年。

《东亚玉器》（Ⅰ、Ⅱ、Ⅲ）：邓聪主编

香港：香港中文大学中国考古艺术研究中心，1998年。

《滇国玉器》：赵美等编著

北京：科学出版社，2003年。

《大汉楚王——徐州西汉楚王陵墓文物辑萃》：中国国家博物馆、徐州博物馆编

北京：中国社会科学出版社，2006年。

G

《古玉图》（一卷）：岭南玉社辑

岭南玉社丛书本，1925年。

《古玉图考补正》（一卷）：郑文焯著

艺海一勺本，1934年。

《古玉考》（一卷）：刘子芬著

梅县刘氏石印本，上海，1925年；美术丛书四集第十辑本，1936年。

《古玉图说》：梁慧梅著

新会冷香园彩印本，1939年。

《古玉图录初集》（四卷）：黄濬编著

北平尊古斋，1940年。

《古玉图考》（二册）：（清）吴大澂撰

上海同文书局石印1889年手稿本，中华书局，1948年。

《故宫玉器选萃》（续辑）

台北：故宫博物院，1973年一版；1976年二版。

《古玉鉴裁》：那志良著

台北：国泰美术馆，1980年。

《故宫古玉图录》

台北：故宫博物院，1982年。

《故宫博物院藏痕都斯坦玉器特展图录》：邓淑苹编

台北：故宫博物院，1983年。

《古玉精粹》：故宫博物院编

上海：上海人民美术出版社，1987年。

《古玉辨》：刘大同

刘氏待价轩精印本，1940年；博雅斋，1976年；中国书店，1989年。

《古玉精英》：傅忠谟著，傅熹年整理

香港：中华书局股份有限公司，1989年一版；1995年3月二版。

《古代玉雕大全》：艺术家工具书编委会主编

台北：艺术家出版社，1991年。

《古玉图籍汇刊》：那志良编

台北：汉华文化事业有限公司，1978年；增订本，正言出版社，1991年。

《"古玉图考"导读》：邓淑苹编

台北：艺术图书公司，1992年。

《古玉考》：杨伯达著

香港：徐氏艺术基金出版，1992年。

《古玉考释鉴赏丛编》：书目文献出版社编

北京：书目文献出版社，1992年。

《古玉新鉴》：刘良佑著

台北：尚亚美术出版社，1993年。

《古玉至美》：殷志强编著

台北：艺术图书公司，1992年。

《古玉鉴赏与收藏》：冯乃恩编著

长春：吉林科学技术出版社，1993年。

《古玉鉴识》：张广文著

桂林：广西师范大学出版社，1993年。

《古玉器》：周南泉著

上海：上海古籍出版社，1993年。

《古玉博览》：周南泉著

台北：艺术图书公司出版，1994年。

《古玉鉴赏与收藏》：李泽奉、刘如仲主编

长春：吉林科学技术出版社，1994年。

《故宫文物大典》（三）：杨伯达主编

福州：福建人民出版社，1994年。

《关氏所藏中国古玉》：杨伯达著

香港：香港中文大学文物馆，1994年。

《古玉掇英》：傅熹年编著

香港：中华书局香港有限公司，1995年。

《故宫环形玉器特展图录》：杨美莉编

台北：故宫博物院，1995年。

《故宫珍宝》：高和、李文善主编

北京：紫禁城出版社，1995年。

《故宫藏玉》（中英文对照）：故宫博物院编，张广文、张寿山撰稿

北京：紫禁城出版社，1996年。

《古玉鉴藏》：张尉著

北京：中国轻工业出版社，1996年。

《古玉》：马九喜著

济南：山东科学技术出版社，1997年。

《古玉鉴定通论》：殷志强、潘薇著

高雄：晔瑾出版社，1997年。

《古玉鉴定指南》：宋惕冰、李娜华标点

北京：燕山出版社，1998年。

《古玉史论》：杨伯达著

北京：紫禁城出版社，1998年。

《古玉史话》：卢兆荫著

北京：中国大百科全书出版社，2000年。

《古玉——华夏瑰宝》：刘小莘、张锡瑛著

天津：天津科学技术出版社，2001年。

《古代玉器通论》：尤仁德著

北京：紫禁城出版社，2002年。

H

《衡斋藏见古玉图》（二卷）：黄濬著

北平尊古斋影印本，1935年。

《皇帝的印玺》：那志良著

台北：广文书局，1964年。

《海外遗珍·玉器》（一）

台北：故宫博物院，1986年。

《黄河文明展（1986年）》：中国对外文物展览公司编

东京：中日新闻社，1986年。

《海外遗珍·玉器》（二）

台北：故宫博物院，1991年。

《汉玉研究》：张景鲲著

扬州：江苏广陵古籍印刻社，1991年影印。

《海峡两岸古玉学会议论文集》（Ⅰ、Ⅱ）：钱宪和主编
台北：台湾大学理学院地质科学系印行，2001年。
《杭州古玉》：杭州历史博物馆李海主编
北京：文物出版社，2003年。
《红山玉器》：于建设主编
呼和浩特：远方出版社，2004年。

J

《精致温润的玉器》：那志良著
台北：行政院文化建设委员会，1986年。
《集古珍赏》：集古珍赏编辑委员会编
北京：文物出版社，1989年。
《集古聚珍》：苏州文物商店编撰
上海：上海书画出版社，1996年。
《汲古丛珍——辽宁省文物总店建店三十五周年》：辽
宁省文物总店编
北京：文物出版社，1997年。
《金沙淘珍》：北京大学考古文博院、成都市文物考古
研究所编
北京：文物出版社，2002年。
《晋国奇珍——山西晋侯墓群出土文物精品》：上海博
物馆编
上海：上海人民美术出版社，2002年。
《晋侯古玉——山西晋侯墓地玉器精品展》：澳门特别
行政区民政总署编
澳门特别行政区民政总署文化康体部制作，2002年。
《金沙玉器》：成都文物考古研究所编
北京：科学出版社，2006年。

L

《洛阳金村古墓聚英》（增订本）：梅原末治编
京都：小林出版部，1944年。
《辽宁省博物馆》：辽宁省博物馆编
文物出版社（北京）、日本讲谈社（东京），1983年。
《良渚文化玉器》：浙江省文物考古研究所、上海市文
物管理委员会、南京博物院编
文物出版社（北京）、两木出版社（东京），1989年。
《洛阳出土文物集粹》：洛阳市文物工作队编
北京：朝华出版社，1990年。
《辽宁省博物馆藏宝录》：辽宁省博物馆藏宝录编辑委
员会编

三联书店（香港有限公司）、上海文艺出版社（上
海），1994年。
《良渚古玉》：张明华编著
台北：渡假出版社有限公司，1995年。
《良渚古玉》：浙江省文物局编
杭州：浙江人民美术出版社，1996年。
《良渚文化研究——纪念良渚文化发现六十周年国际学
术讨论会文集》：浙江省文物考古研究所编
北京：科学出版社，1999年。
《凌家滩玉器》：安徽省文物考古研究所编
北京：文物出版社，2000年。
《洛阳文物精粹》：王绣主编
郑州：河南美术出版社，2001年。
《洛阳古玉图谱》：洛阳师范学院、洛阳市文物局编
郑州：河南美术出版社，2004年。

N

《南京博物院藏文物》：南京博物院编
北京：文物出版社，1965年。
《南京博物院》：南京博物院编
文物出版社（北京）、日本讲谈社（东京），1984年。
《南越王墓玉器》：广州西汉南越王墓博物馆、香港中
文大学文物馆、求知雅集编
文物出版社（北京）、两木出版社（东京），1991年。
《南中国及邻近地区古文化研究——庆祝郑德坤教授从
事学术活动六十周年论文集》：邓聪主编
香港：香港中文大学出版社，1994年。
《牛河梁红山文化遗址与玉器精粹》：辽宁省文物考古
研究所编
北京：文物出版社，1994年。
《牛河梁遗址》：朝阳市文化局、辽宁省文物考古研究
所编
北京：学苑出版社，2004年。

P

《坡头玉器》：李百勤、张惠祥著
太原：《文物世界》杂志社，2003年。

Q

《秦汉玉印图录》：倪玉书编著
北平，1942年。

《群玉别藏》：邓淑苹著

台北：故宫博物院，1995年。

《契丹王朝——内蒙古辽代文物精华》：中国历史博物馆等编

北京：中国藏学出版社，2002年。

R

《认识古玉》：吴棠海著

台北："中华民国"自然文化学会，1994年。

S

《陕西出土文物》：陕西省博物馆编

北京：文物出版社，1976年。

《陕西省博物馆》：陕西省博物馆编

文物出版社（北京）、日本讲谈社（东京），1983年。

《山西文物选粹》：山西省文物事业管理局编

太原：山西人民出版社，1989年。

《山东省博物馆藏品选》：山东省博物馆编

济南：山东友谊书社，1991年。

《三星堆祭祀坑出土文物选》：四川省文化厅文物处等编

成都：巴蜀书社，1992年。

《上海博物馆藏良渚文化珍品展》：香港博物馆编

香港：香港市政局出版，1992年。

《四川省博物馆》：四川省博物馆编

文物出版社（北京）、日本讲谈社（东京），1992年。

《石雅》：章鸿钊著

1918年载《说玉》，上海：上海科技教育出版社，1993年。

《说玉》：桑行之等编

上海：上海科技教育出版社，1993年。

《陕西新出土文物集萃》：陕西省考古研究所、西安市文物管理处编

西安：陕西旅游出版社，1993年。

《山东文物精粹》：山东文物事业管理局、山东美术出版社编

济南：山东美术出版社，1996年。

《上海博物馆·中国古代玉器馆》：上海博物馆编

1996年。

《隋说古玉》：隋年生、王春元著

北京：中国青年出版社，1997年。

《陕西新出土文物选粹》：陕西省考古研究所编著

重庆：重庆出版社，1998年。

《丝路考古珍品》：新疆维吾尔自治区博物馆编

上海：上海译文出版社，1998年。

《山西省博物馆馆藏文物精华》：山西省博物馆编

太原：山西人民出版社，1999年。

《三门峡虢国女贵族墓出土玉器精粹》：姜涛等编著

台北：众志美术出版社，2002年。

《史前琢玉工艺技术》：钱宪和、方建能著

台北：台湾博物馆，2003年。

《商代江南——江西新干大洋洲出土文物辑粹》：中国国家博物馆，江西省文化厅编

北京：中国社会科学出版社，2006年。

T

《陶斋古玉图》（二册）：（清）端方原稿，王大隆编

上海来青阁石印本，1936年。

《天津市艺术博物馆》：天津市艺术博物馆编

文物出版社（北京）、日本讲谈社（东京），1984年。

《台北故宫博物院藏新石器时代玉器图录》：邓淑苹编

台北：故宫博物院，1992年。

《天津艺术博物馆藏玉》：天津艺术博物馆编

文物出版社（北京）、两木出版社（东京），1993年。

《庭州文物集萃》：昌吉回族自治州庭州文物集萃编委会、昌吉回族自治州文物保护管理所编

乌鲁木齐：新疆美术摄影出版社，1993年。

《天地之灵——中国古玉漫谈》：古方著

成都：四川教育出版社，1996年。

W

《五省出土重要文物展览图录》：五省出土重要文物展览筹备委员会编

北京：文物出版社，1958年。

《文物光华》（一）

台北：故宫博物院，1984年。

《文物光华》（二）

台北：故宫博物院，1986年。

《文物精华》：陕西省博物馆编

西安：陕西旅游出版社，1992年。

《文明的曙光——良渚文化》（余杭市政协文史资料 第十辑）：余杭市政协文史资料委员会、余杭市文物管理委员会、余杭市良渚文化学会、余杭市城建局编

杭州：浙江人民出版社，1996年。

《吴国王室玉器》：姚勤德、龚金元著

上海：上海人民美术出版社，1996年。

《文物鉴赏丛录·玉器（一）》：国家文物鉴定委员会编

北京：文物出版社，1997年。

《文物鉴赏丛录·玉器（二）》：国家文物鉴定委员会编

北京：文物出版社，1998年。

《文明的曙光——良渚文化文物精品集》：中国国家博物馆、浙江省文物局编

北京：中国社会科学出版社，2005年。

《文物藏品定级图例·玉器卷》：国家文物局文物鉴定委员会编

北京：文物出版社，2005年。

X

《新疆维吾尔自治区博物馆》：新疆维吾尔自治区博物馆编

文物出版社（北京）、日本讲谈社（东京），1991年。

《西藏文物精粹》：西藏自治区文物管理委员会编

北京：紫禁城出版社，1992年。

《细说古玉》：徐正伦著

香港：有成书业有限公司，1992年。

《寻迹拾贝——刘氏藏玉》：古方主编

北京：文物出版社，2006年。

Y

《玉说》：唐荣祚撰

北京怡然印字馆北京石印本，1912年。

《玉纪正误》（一卷）：李凤廷撰

广州：岭南玉社丛书本，1925年。

《奕载堂古玉图录》（一卷）：（清）瞿中溶撰

瑞安：陈氏湫漻斋本，1930年。

《玉雅》：李凤公撰

广州：岭南玉社铅印本，1935年。

《玉纪》（一卷）：（清）陈性撰，（清）杜文澜校

益森公司铅印本（书签题校定玉纪 精本），1912年；

广州：岭南玉社丛书本，1925年；美术丛书初集第二辑，上海神州国光社，1936年。

《玉纪补》（一卷）：（清）刘心王撰

广州：岭南玉社丛书本，1925年；玉说荟刊本，1931年；美术丛书初集第二辑，上海神州国光社，1936年。

《玉器》：那志良著

台北：广文书局，1964年。

《玉器》：天津市艺术博物馆编

北京：文物出版社，1965年。

《玉石古器谱录》：杨家骆编著

台北：世界书局，1968年。

《有竹斋古玉图谱》：（日）滨田耕作编，那志良、王循诒译

日本大正十四年（1925年）出版。上下两册，上册为《中国古玉概说》，附《有竹斋古玉实例图》，下册为彩版。台北：台湾中华书局，1971年。

《玉器通释·上、下》：那志良著

台北：1964年一版；1975年二版。

《殷墟玉器》：中国社会科学院考古研究所编著

北京：文物出版社，1982年。

《玉器辞典》：那志良编著

台北：雯雯出版社，1982年。

《玉——中国传统美德的象征》（中英对照）：台湾历史博物馆编辑委员会编

台北：台湾历史博物馆，1988年。

《玉宝和中国文化》：姚士奇著

南京：江苏古籍出版社，1990年。

《玉器史话》：张广文著

台北：天工书局，1990年；北京：紫禁城出版社，1991年二版。

《云南省博物馆》：云南省博物馆编

文物出版社（北京）、日本讲谈社（东京），1991年。

《玉萃图谱》：郑方振编

香港：心源出版社，1992年。

《玉器》：韩保全主编

西安：陕西旅游出版社，1992年。

《玉器鉴赏》：高大伦编著

桂林：漓江出版社，1993年。

《玉说汇编》

北京：书目文献出版社，1993年。

《玉器购藏与鉴赏》：王铁柱著

北京：中国致公出版社，1994年。

《玉典》：张君默编著

香港：天地图书有限公司，1994年。

《玉石器的故事》：袁旃主编，邓淑苹文字撰述

台北：故宫博物院，1995年。

《玉器》：璘冰、刘露著

合肥：黄山书社，1995年。

《玉器（上）故宫博物院藏文物珍品全集》：周南泉编

生活·读书·新知三联书店（北京）、商务印书馆（香港）有限公司，1996年。

《玉器（中）故宫博物院藏文物珍品全集》：周南泉编

生活·读书·新知三联书店（北京）、商务印书馆有限公司（香港），1996年。

《玉器（下）故宫博物院藏文物珍品全集》：张广文编

生活·读书·新知三联书店（北京）、商务印书馆（香港）有限公司，1996年。

《玉器——南京博物院珍藏系列》：徐湖平等编

上海：上海古籍出版社，1998年。

《玉石器的故事》：邓淑苹著

台北：故宫博物院，1999年。

《玉石——玉饰之趣》：戴苏兰著

北京：地质出版社，1999年。

《玉魂国魄——中国古代玉器与传统文化学术讨论会文集》：费孝通主编

北京：燕山出版社，2002年。

《玉石之路探源》：骆汉城等著

北京：华夏出版社，2005年。

Z

《支那古玉图录》：梅原末治编

京都：桑名文星堂，1945年。

《浙江新石器时代文物图录》：浙江省文物管理委员会、浙江博物馆编

杭州：浙江人民出版社，1958年。

《中国的玉器》：那志良著

台北：广文书局，1964年。

《中华人民共和国出土文物》：文物出版社编

北京：文物出版社，1975年。

《中华人民共和国出土文物选（中英文对照）》：中华人民共和国出土文物展览工作委员会编

北京：文物出版社，1976年。

《中国器物艺术——"温润圆熟话雕玉"》：刘良佑著

台北：雄狮图书公司，1976年。

《中国古代玉器》：台北历史博物馆编

台北：1981年。

《中国古代玉器》：台湾历史博物馆编

台北：1981年。

《中国古玉书目》：杨建芳编

香港：香港中文大学出版社，1982年。

《中国文物——玉器》：那志良编著

台北：光复书局，1983年。

《中国玉雕》：叶仪编

香港市政局和敏求精舍合办的中国古玉展览（1983年）目录。

《中国玉雕》

香港：香港艺术馆编印，1984年。

《怎样鉴定古玉器》：栾秉璈著

北京：文物出版社，1984年。

《中国历史博物馆》：中国历史博物馆编

文物出版社（北京）、日本讲谈社（东京），1984年。

《中华五千年文物集刊·玉器篇（一）新石器时代至商前期》：邓淑苹编

台北：中华五千年文物集刊编辑委员会，1985年。

《中国美术全集·工艺美术编·9·玉器》：中国美术全集编辑委员会编，杨伯达主编

北京：文物出版社，1986年。

《浙江文物》：浙江省博物馆编

杭州：浙江人民出版社，1987年。

《中国出土古玉》（第一册）：杨建芳编著

香港：香港中文大学出版社，1987年。

《中国传统美德的象征——玉》：台北历史博物馆编

台北：1987年。

《中国玉器历代史》：张文骥著

香港：香港艺美图书公司，1978年一版；1990年二版。

《中国古玉图释》：那志良著

台北：南天书局有限公司，1990年。

《中国文物精华（1990）》：中国文物精华编辑委员会编

北京：文物出版社，1990年。

《中国玉》：许燕贞译

台北：艺术图书公司，1990年。

《尊古斋古玉图录》：黄濬编著

上海：上海古籍出版社，1990年。

《中国玉雕》：沈追鲁编著

北京：经济日报出版社，1991年。

《中国玉器大全》：艺术家工具书编委会主编

台北：艺术家出版社，1991年。

《中华五千年文物集刊·玉器篇（汉代）》：钱伊平编

台北：中华五千年文物集刊编辑委员会，1991年。

《中华之美——中国古玉》：王震球著

台北：汉光文化事业股份公司，1991年。

《曾侯乙墓文物艺术》：湖北省博物馆编

武汉：湖北美术出版社，1992年一版；1996年二版。

《中国文物精华（1992）》：中国文物精华编辑委员会编

北京：文物出版社，1992年。

《中国玉器图案集》：范淏编著

上海：上海书店，1992年。

《中国古代玉器》：昭明、利群编著

西安：西北大学出版社，1993年。

《中国古代玉器鉴定》：李光红、施俊编著

西安：西北大学出版社，1993年。

《中国文物精华（1993）》：中国文物精华编辑委员会编

北京：文物出版社，1993年。

《中国玉器全集·1·原始社会》：中国玉器全集编辑委员会编，牟永抗、云希正主编

石家庄：河北美术出版社，1993年。

《中国玉器全集·2·商—西周》：中国玉器全集编辑委员会编，陈志达、方国锦主编

石家庄：河北美术出版社，1993年。

《中国玉器全集·3·春秋战国》：中国玉器全集编辑委员会编，贾峨主编

石家庄：河北美术出版社，1993年。

《中国玉器全集·4·秦汉—南北朝》：中国玉器全集编辑委员会编，卢兆荫主编

石家庄：河北美术出版社，1993年。

《中国玉器全集·5·隋唐—明》：中国玉器全集编辑委员会编，杨伯达主编

石家庄：河北美术出版社，1993年。

《中国玉器全集·6·清》：中国玉器全集编辑委员会编，李久芳主编

石家庄：河北美术出版社，1993年。

《中华五千年文物集刊·玉器篇（二）》：杨美莉编

台北：中华五千年文物集刊编辑委员会、故宫博物院，1993年。

《中国玉器时代》：曲石著

太原：山西人民出版社，1991年；山西古籍出版社，1994年。

《中国的宝石和玉石》：栾秉璈著

乌鲁木齐：新疆人民出版社，1994年。

《中国和阗玉》：唐延龄、陈葆华、蒋壬华著

新疆人民出版社（乌鲁木齐）、台湾地球出版社（台北），1994年。

《中国考古文物之美1·辽宁红山文化坛庙冢》：文物出版社、光复书局企业股份有限公司编

北京：文物出版社，1994年。

《中国考古文物之美10·陕西扶风法门寺地宫》：文物出版社、光复书局企业股份有限公司编

北京：文物出版社，1994年。

《中国考古文物之美2·河南安阳妇好墓》：文物出版社、光复书局企业股份有限公司编

北京：文物出版社，1994年。

《中国考古文物之美4·山西太原赵卿墓》：文物出版社、光复书局企业股份有限公司编

北京：文物出版社，1994年。

《中国考古文物之美5·湖北随县曾侯乙墓》：文物出版社、光复书局企业股份有限公司编

北京：文物出版社，1994年。

《中国考古文物之美6·河北平山中山国王墓》：文物出版社、光复书局企业股份有限公司编

北京：文物出版社，1994年。

《中国考古文物之美8·湖南长沙马王堆西汉墓》：文物出版社、光复书局企业股份有限公司编

北京：文物出版社，1994年。

《中国考古文物之美9·广州南越王墓》：文物出版社、光复书局企业股份有限公司编

北京：文物出版社，1994年。

《中国历代玉器鉴赏》：张寿山著

北京：中国广播电视出版社，1994年。

《战国玉器研究》：俞美霞著

台北：南天书局有限公司，1995年。

《中国古玉断代与辨伪·3·古玉人神仙佛卷》：周南泉编著

台北：文沛美术图书出版社，1995年。

《中国古玉精华》：张庚编著

石家庄：河北美术出版社，1995年。

《中国古玉玩赏》：萧国镛著

台北：南天书局有限公司，1995年。

《中国历代玉器精品100件赏析》：马九喜编著

济南：山东科学技术出版社，1995年。

《中国玉石雕刻工艺技术》：赵永魁、张加勉著

北京：北京工艺美术出版社，1995年。

《中华五千年文物集刊·玉器篇（三）》：杨美莉编

台北：中华五千年文物集刊编辑委员会、故宫博物院，1995年。

《中华五千年文物集刊·玉器篇（四）》：吴棠海编

台北：中华五千年文物集刊编辑委员会、故宫博物院，1995年。

《中华五千年文物集刊·玉器篇（五）》：吴棠海编

台北：中华五千年文物集刊编辑委员会、故宫博物院，1995年。

《周原玉器》：刘云辉编

台北：中华文物学会，1996年。

《中国文物精华大辞典·金银玉石卷》：史树青主编

上海辞书出版社（上海）、商务印书馆（香港）有限公司，1996年。

《中国肖生玉雕》：钟华培等编

香港：香港艺术馆，1996年。

《中国玉器鉴赏》：薛贵笙主编

上海：上海科学技术出版社，1996年。

《中国古玉鉴赏与收藏》：吴清编著

上海：上海书店出版社，1997年。

《中国古玉研究》：林巳奈夫著、杨美莉译

台北：艺术图书公司，1997年。

《中国文物精华（1997）》：中国文物精华编辑委员会编

北京：文物出版社，1997年。

《中国古玉鉴——制作方法及矿物鉴定》：钱宪和、谭立平主编

台北：地球出版社，1998年。

《中华五千年文物集刊·像生器篇》：杨美莉编

台北：中华五千年文物集刊编辑委员会、故宫博物院，1998年。

《中国玉器鉴定与欣赏》：张广文著

上海：上海古籍出版社，1999年。

《中华国宝——陕西珍贵文物集成（玉器卷）》：王长启主编

西安：陕西人民教育出版社，1999年。

《浙江考古精华》：浙江省文物考古研究所编

北京：文物出版社，1999年。

《中国巢湖文物精华》：李晓东、钱玉春主编

北京：五洲传播出版社，1999年。

《中国古代玉器目录》：邱东联、谈雪慧、王建宇编著

广州：南方出版社，1999年。

《中国古代玉器图谱》：常素霞编

石家庄：河北美术出版社，1999年。

《中国历史博物馆馆藏捐赠文物集萃》：中国历史博物馆保管部编

北京：长城出版社，1999年。

《中国古玉文化》：臧振、潘守永著

北京：中国书店，2001年。

《中国古玉研究论文集》（上、下册）：杨建芳著

台北：众志美术出版社，2001年。

《中国玉文化玉学论丛》：杨伯达主编

北京：紫禁城出版社，2002年。

《中国玉器》：方泽编著

天津：百花文艺出版社，2003年。

《中国古玉研究论文集》（上、下册）：杨建芳著

台北：众志美术出版社，2003年。

《中国古代玉器艺术》（上、下册）：张永昌、云希正主编

北京：人民美术出版社，2004年。

《中国古玉——发现与研究100年》：张明华著

上海：上海书店出版社，2004年。

《中国古玉研究文献指南》：赵朝洪主编

北京：科学出版社，2004年。

《中国玉文化玉学论丛续编》：杨伯达主编

北京：紫禁城出版社，2004年。

《中国玉文化玉学论丛三编》：杨伯达主编

北京：紫禁城出版社，2005年。

《中国出土玉器全集》（15卷）：古方主编

北京：科学出版社，2005年。

《中国古玉》：白文源著

北京：五洲传播出版社，2005年。

《贞石之语——先秦玉器精品展图录》：广东省博物馆编，肖洽龙主编

广州：岭南美术出版社，2006年。

附录：器形与纹饰条目索引

附录：器形与纹饰条目索引

中
国
古
玉
器
图
典

后　记

2004年9月，文物出版社决定编写一部图文并茂的中国古玉工具书《中国古玉器图典》，以满足广大专业人员和业余爱好者的需要。该书由主编古方确定编排宗旨，制定该书具体的框架结构和工作计划，并组织专家学者分头写作。在全体撰写人员的共同努力下，仅仅用了两年的时间就保质保量地完成了写作任务。

该书的出版，体现了所有撰写人员高度的责任感、严谨的工作态度和积极合作的团队精神，是大家辛勤劳动的结晶。本书的撰写者大多数为中青年学者，他们年富力强，有着丰富的专业知识，而且能够将现代科学技术熟练运用于写作中，这是本书能够在短时间内完成的重要条件。参加撰写人员有（以姓氏笔画为序）：马金花、古方、员雪梅、张广文、周晓晶、赵永魁、徐琳、黄耀全、曹楠、喻燕姣、臧晓寒。各部分撰写分工如下：

中国古代玉文化概述：古方

玉料及产地：古方

制玉工艺：赵永魁、古方

器形与纹饰·新石器时代玉器：员雪梅、马金花

器形与纹饰·夏商西周玉器：喻燕姣

器形与纹饰·春秋战国玉器：曹楠

器形与纹饰·秦汉魏晋南北朝玉器：徐琳

器形与纹饰·隋唐宋辽金元玉器：古方、臧晓寒

器形与纹饰·明清玉器：周晓晶

仿古玉辨伪与鉴定：张广文、古方、黄耀全

古玉研究主要文献索引：员雪梅

全书最后由古方进行修改和统稿。本书责任编辑张征雁对全部稿件进行了细致的审订、整理和编排，并就图片的选配做了大量具体工作。文物出版社资料摄影信息中心提供了很多珍贵的图片。邢开仁先生和北京市文保文物鉴定中心也提供了很多图片资料。本书在编写过程中，得到了许多文博考古部门的协助和支持，谨此一并致谢。

编　者

二〇〇六年九月